本书编委会

主　　任：王　纲

副 主 任：来颖杰　　虞汉胤　　赵　磊

成　　员：沈世成　　邢晓飞　　郑　毅　　莫璟华　　楚蓓蓓
　　　　　李　攀

本书编写组

李　攀　　郑梦莹　　王思琦　　季　方　　张　俊

一颗文心济时代

之江轩———编著

（上）

浙江人民出版社

图书在版编目（CIP）数据

一颗文心济时代 / 之江轩编著． -- 杭州 ：浙江人
民出版社，2023.4（2025.2重印）

ISBN 978-7-213-11066-5

Ⅰ．①一⋯ Ⅱ．①之⋯ Ⅲ．①社会科学–文集 Ⅳ.
①C53

中国国家版本馆CIP数据核字（2023）第073650号

目 录

寻梅正是好时候

> 越冬迎春的梅花，既代表着越过寒冬的坚强，即使面临再困难的处境，依然生机盎然；又带着对新年的美好祝愿，飞雪迎春，终能等到山花烂漫的一刻。

春桃、夏荷、秋桂、冬梅，过了冬至，就是杭州人开始赏梅的季节了。如果趁元旦假期去灵峰或者超山的话，已经能看到零星的梅花了。

自唐宋以来，赏梅在杭州就成了雅俗共赏的生活情趣。这个时候，如果有一场雪能够凑趣而下，踏雪寻梅，就更有风味了。

"冰雪林中著此身，不同桃李混芳尘。"梅花成就了众多文人墨客笔下的诗词书画，也为杭州人增添了一份冬日的雅致。

一

杭州的赏梅，可以从大名鼎鼎的白居易说起。

也许是江南的风光实在醉人，在离开杭州后，白居易写过很多回忆杭州生活的诗。其中一首是回忆看梅花的："三年闲闷在馀杭，曾为梅花醉几场。伍相庙边繁似雪，孤山园里丽如妆。"

诗中的伍相庙就在吴山，也就是说，在唐代，吴山、孤山一带就有梅花了。

赏梅之风，盛行于民众之间。高濂在《四时幽赏录》中，就将雪后寻梅作为冬天幽赏之事。

"梅花院士"陈俊愉曾说，唐宋以后，杭州就奠定了中国赏梅东南地区中心的地位。西南中心，则在成都。

到了南宋，杭州的社会经济文化繁荣，讲究雅致生活的杭州人，将种梅、赏梅作为了生活艺术的一部分。

曾在杭州生活过的爱国诗人陆游，就是一位爱梅如痴的人。他在一首梅花诗中写道："何方可化身千亿，一树梅花一放翁。"可见，看着漫山的梅花，陆游只恨自己一双眼睛看不过来。

据明《万历杭州府志》记载："西湖之梅以孤山为奇绝，然迩来颇不甚多，惟九里松抵天竺一路几万梅，俗称梅园。他处虽繁皆莫逾此。"

这里说的梅园，就是现在的灵峰探梅一带。宋代开始，灵峰陆续有种植梅花的记录，但大规模种植梅花，还要到清代，并成为了著名的赏梅之处。

郭沫若、朱自清、徐志摩等人都曾到灵峰探过梅。

朱自清到灵峰的时候已经是黄昏了，他说："梅花并没有开，但那珍珠似的繁星似的骨都儿，已经够可爱了；我们都觉得比孤山上盛开时有味。大殿上正做晚课，送来梵呗的声音，和着梅林中的暗香，真叫我们舍不得回去……"

杭城的梅树，从现在开始逐步进入花期，一直延续到来年的春天。

"江南无所有，聊赠一枝春。"江南冬天的梅花，是大自然带来的馈赠，而富有诗意的人们，又赋予了梅花更多精神上的美好寓意，如折梅送友，寄送的是越过冬季的江南春意。

二

孤山、灵峰、超山、西溪，是杭州最有名的赏梅胜地。此外，湘湖、花港、钱王祠、虎跑、长桥等，也是适合邂逅梅花的地方。

爱梅的人，将看梅花分为了寻梅、探梅、赏梅三个时期，每个时期，都有不同的意境。

所谓寻梅，就是每棵梅树刚开了两三朵，也就是现在的这个时候。这个时候去看梅，享受的是寻找的期待与快乐。

比如孤山，因为"疏影横斜水清浅，暗香浮动月黄昏"一句诗，孤山的梅花自有一种出尘脱俗的风味。

不用等月色起来，从孤山路而入，就能看到一棵棵梅花树了，花不用太多，防止眼睛顾不过来。在暗香浮动之中，感受苏东坡、林和靖、姜夔等古人带来的诗情画意，一抬头，透过疏影横斜的枝头，望见冬日的西湖，心情更显舒怀。

至于探梅，是指梅花开了百分之二三十，这一时期大约在春节前后，因此也有梅花开时是新年的说法。

比如灵峰。沿着植物园的小径而上，一路上都能看到盛开的红梅，吸引着人往里头一探究竟。

灵峰探梅景区内，种植着6000多棵梅花、蜡梅，有绿萼、龙游梅、杏梅、江梅等百来个品种。在这里，可以走近细看，也可以登上瑶台，远观那一片云蒸霞蔚。

赏梅是指梅花基本都开了，大片大片的梅花绽放，赏心悦目，可以一直赏到3月左右，适合呼朋唤友一起出门。

比如超山梅花，以"古、广、奇"著称。"古"指种植年代久远；"广"指区域广，最兴盛时期绵延十里；"奇"，说的就是别的地方的梅花只有五瓣，唯独超山梅花却有六瓣。

看过超山的梅花后，郁达夫说："开的时候，香气远传到十里之外的临平山麓，登高而远望下来，自然自成一个雪海。"

实际上，杭州人日常说的赏梅，是梅花和蜡梅的统称。这两种完全不同的植物，却因为精神的相通，经常会被误会。

据说，杭州年代最长的蜡梅，是在老龙井御茶园的两棵宋梅，有800多年的历史了，相传是苏东坡好友辩才大师所种。

每年冬天，只要循着花香，就能找到这两棵蜡梅。不知道当年的苏东坡，有没有在花边跟好友饮酒作诗过。

除了赏梅，南宋以后，以梅子、梅花制作食物、饮料兴盛。在杭州，这样的习俗一直延续到今天。

用梅花酿一壶宋韵悠长的梅酒，泡一壶绿萼梅花茶，围一块"宋梅有约"真丝拉绒围巾，再现宋人"风雅处处是平常"的生活方式和隽永深沉的生活美学。

"暗香浮动"的梅花，在"色、香、姿、韵"之外，又多了一种滋润人间精神的方式。

三

凌寒怒发的梅花，也蕴含着中国传统文化中坚韧、不屈、清高、傲骨的精神。

文人墨客对梅花可谓是情有独钟，在历代的诗、书、画、印中，我们都能深深地嗅到一股股梅花的清香。

"不要人夸颜色好，只留清气满乾坤"的王冕，是清高孤傲；"无意苦争春，一任群芳妒。零落成泥碾作尘，只有香如故"的陆游，是坚贞不屈；"墙角数枝梅，凌寒独自开"的王安石，是坚持自我。

与兰、竹、菊同为"四君子"，与松、竹并列"岁寒三友"，梅花的精神，就如同它独有的"暗香"，默默滋养着城市的气质，激励人们不屈于困境。

不过，看梅是一件雅俗共赏之事，对你我而言，不必在意如何用词语描绘梅花之美，看着或红或白或粉的梅花，有家人朋友陪伴，自然是一件赏心乐事。

在民间，梅花还有"五福花"的俗称，梅花的五个花瓣代表着福、禄、寿、喜、财。赏梅，吉祥而喜庆。

越冬迎春的梅花，既代表着越过寒冬的坚强，即使面临再困难的处境，依然生机盎然；又带着对新年的美好祝愿，飞雪迎春，终能等到山花烂漫的一刻。

古人称，赏梅有二十六宜：淡云，晓日，薄寒，细雨，轻烟，佳月，夕阳，微雪，晚霞，珍禽，孤鹤……

其实，只要有合适的心情，寻梅，正当时。

钱伟锋　执笔

2023 年 1 月 1 日

走过 2022 年的十点感悟

> 我们既要直面生活中所有的困难与心酸，也要铭记每一份拼搏和感动，更应该把这一年的感悟转化为前行路上的勇气和力量。

历史的年轮又转了一圈，2022 年已正式落下帷幕。

对于很多人来说，这一年过得尤为艰辛和漫长。都说百年变局和世纪疫情交织在了一起，我们从未有过今天这样的真切感受。放眼全球，政治对立、经济低迷、社会分化、军事对抗，加上极端天气影响和接连不断的突发事件，这个世界进入了"困难模式"。

但真要与 2022 年告别的时候，难免总会回望过去。这是因为多少有些不舍，更是因为每一次竭尽所能都刻骨铭心，也都在创造新的历史。

习近平主席在二〇二三年新年贺词中说道："路虽远，行则将至；事虽难，做则必成。只要有愚公移山的志气、滴水穿石的毅力，脚踏实地，埋头苦干，积跬步以至千里，就一定能够把宏伟目标变为美好现实。"

我们既要直面生活中所有的困难与心酸，也要铭记每一份拼搏和感动，更应该把这一年的感悟转化为前行路上的勇气和力量。

感悟1：实力是回应质疑的最好方式

那场无与伦比的冬奥盛宴，相信至今依然让人记忆犹新。然而，每逢中国承办大的赛事活动，耳边总少不了"没有能力承办"的质疑，甚至一些别有用心的国家对我们进行攻击抵制。6年多的筹备路，每一步走得都很艰辛，全球首个"双奥之城"来之不易。

直到"最快的冰"的惊艳亮相、"新晋顶流"冰墩墩的走红，节气倒计时、"人类共同的雪花"的中国式浪漫横空出世，我们用自己的软硬实力给了质疑一次最有力回击。

特别是很多人感叹，从夏奥到冬奥，中国奥运健儿变得更加从容自信。不论是徐梦桃四届冲金"终如愿"的坚持与执着，短道速滑"你先走"的团结与传承，还是苏翊鸣、谷爱凌们的果敢与朝气，无不寄托中国年青一代永不停步、永不服输的英雄梦想。

冬奥圣火虽已熄灭，但它点燃的希望与精神永不落幕。

感悟2：冲突再远也没有人能够置身事外

当我们还沉浸在冬奥的喜悦中，万里之外的俄乌冲突开启了。

战场上的断壁残垣，是数以万计的生命代价。有些国家因此"断了气"，有些地方因此"断了粮"，有些产业因此"断了链"，战火从年初烧到了年尾，整个地球遭受影响，那个昨日的世界短期内回不去了。

历史和现实反复证明，冲突之下，既没有绝对安全的世外桃源，也没有哪个国家能置身事外、作壁上观。俄乌冲突的影响，已不只是两个当事国家之间的"连环"。明眼人都清楚，这是大国博弈的角逐场，有人在背后"做局"，并将在全球形成影响深远的连锁反应。

此外，疫情反复、阵营对抗、通胀高企、能源短缺，等等，种种漩涡和暗流让世界变得并不太平。联合国秘书长古特雷斯表示，2022年，在全世界各地，有1亿人为躲避战争、野火、干旱、贫困和饥饿而迁移。

世界各国不是乘坐在190多条小船上，而是乘坐在一条大船上，休戚相关、命运与共。无穷的远方，无数的人们，都与你我有关。中国积极推动构建人类命运共同体，具有深刻的现实意义。

感悟3：稳进比冒进更容易接近成功

佩洛西的飞机降落台湾那一晚，很多人彻夜无眠。有血性的中国人都会感到愤怒，因为这触及了我们的底线，因为祖国统一是我们心头最大的夙愿。

不管是白宫国会"唱双簧"，还是对台政策"切香肠"，都掩盖不了美国的司马昭之心。祖国统一是我们的最终目的，而外部势力的干涉只是这条道路上的插曲，不会扰乱我们沉着应对、稳中前进的脚步。

历史钟声的每一次敲响，都有它的回音。佩洛西窜台后，我们的军机和军舰越过所谓的"海峡中线"实现了常态化巡航，台湾当局蔡英文支持率骤降，民进党在后来的地方选举中惨败，而我们赢得了世界范围内更为广泛的理解支持。

这也再次证明，历史是在无数次博弈中尘埃落定的，鲜花总是绽放在布满荆棘的道路上，我们需要的是耐心和信心。

感悟4：没有抄来的现代化

2022年，我们迎来了中国共产党第二十次全国代表大会。党的二十大的如期举行，为这个变乱交织的世界注入了强大"确定性"。面对"世界怎么了""人类怎么办"的困惑，大会给出了"中国式现代化"这个中国方案、中国模式。

或许有人疑问，全球已经有约10亿人口实现了现代化，我们为什么不照着"范本"抄作业，而要花大气力自己搞？

西方国家实现现代化，本质上是恃强凌弱的掠夺，是建立在牺牲他人前提下的帝国主义、殖民主义和金融霸权。这样的现代化与当今时代主题相悖，更与中国特色社会主义相悖。

中国式现代化是基于自己国情的中国特色，是人、物、制三者协调共进的现代化，目标、打法、路径都颇显"中国式"。不仅如此，作为后来者，我们还将直面西方没有解决的共同富裕等难题，为那些既想发展又谋求独立的发展中国家提供新的选择，其艰难程度和意蕴深度可想而知。

任何的现代化都没有"标准答案"，正是14亿中国人民的生动创造提供了解题思路。

感悟5：谁有都不如自己有

"三室两厅"的中国空间站，自由展翅的C919国产大飞机，霸气侧漏的第三艘航母"福建舰"，一鸣惊人的第三代核电"华龙一号"……

上天、入地、下海，2022年的中国"硬核突破"纷纷亮相，每一个"大国重器"背后都是满满的自主知识产权，是我们不再仰人鼻息的一次次宣示。

从"出差3人组"到6人顺利"会师"太空，从短期驻留到常态化进驻空间站，何止是人数和时间的变化；从2017年大飞机首飞成功，到2022年获得型号合格证，又何止是迈过了产业化这道关。

现在我们有多骄傲，过去就有多心酸。从一穷二白走来，科技工作者接力奋战几十年，中国人却期盼了千百年。

向那些无名英雄致敬，向那些把整个青春都献给星辰大海的科学家们致敬！

感悟6：所有的走红都有迹可循

2022年，身边有很多人"忽然间"火了：治好精神内耗的二舅，直播清流董宇辉，再到"二次翻红"的刘畊宏、王心凌，等等。潮流易逝，打动我们的东西却始终闪亮。

人生没有白走的路，所有横空出世的奇迹，都是有迹可循的因果。《本草纲目》的出圈有天时地利，但更多是刘畊宏30年坚持健身打下的专业基础；人们为董宇辉的博学与有趣而买单，也是为行业动荡中的百折不挠与理想主义而喝彩；在二舅走红的背后，我们更感动于一个人如何在苦难中坚韧不拔，挣扎前行……

新鲜猎奇的内容或许能在短期内吸引眼球，但那些厚积薄发与用力生活的勇气，却始终是我们普通人的心之所向。正因如此，那些在暗夜中咬牙坚持的故事才显得格外动人。

感悟7：反思是为了更好地前行

2022年，一系列不幸的消息接踵而至，有人说互联网的记忆只有七天，但有些事情我们不会轻易忘记。回想起东航客机坠毁、自建房坍塌等灾难事故，我们的悲伤还在；回想起一些令人震惊的恶性案件，我们的愤怒还在。

唯有直面现实问题，推动社会点滴进步，才能避免不幸重蹈覆辙。这些事件发生后，各领域安全排查整治紧锣密鼓地展开，"扫黑除恶"行动力度更大了，新修订的妇女权益保障法也在回应着公众对男女平等的期待。不幸事件之后的社会重建行动，同样需要我们一起来跟进，一起来参与。

反思是一种力量，它的作用，是为了推动社会更好更稳地前行。

感悟8：能否夺冠从不看纸面数据

卡塔尔世界杯的诸神黄昏下，梅西和阿根廷终于如愿。补上球王的最后一块拼图，也激励了所有平凡人难以舍弃的梦想。

论纸面数据和实力，阿根廷不及诸多强队，但它却拥有弥足珍贵的团结和坚韧。凝聚球队的灵魂人物梅西，创造机会，提携后辈，以责任和担当带领球队一路向前；一群从小就将梅西视为榜样的年轻球员在场上奉献一切，彼此信任，相互成就，最终让这支球队走到了荣耀之巅。

足球是一项团队运动，没有人能够凭一己之力夺得大力神杯。人人都为成就梅西而努力，最终人人都成为英雄，这便是阿根廷的伟大之处。

再耀眼的数据，也抵不过所有人为同一个梦想而拼尽全力。

感悟9：走出疫情最终要靠14亿人民

疫情下的大江南北，大家都难。没有谁比我们自己的国家更爱她的人民。但作为一个拥有14亿人民的大国，防疫路上走的每一步，都必须极其慎重。

经过三年鏖战，病毒弱了，我们强了。经多方论证，我们及时对防疫政策作出主动优化，制定出台了"新十条"；再过几天，新型冠状病毒也将正式调整为"乙类乙管"，这些都标志着14亿中国人民对疫情的大反攻大决战已正式拉响。

疫情防控没有绝对完美的方案，只有保障绝大部分人利益的最优解。最近，身边的人在很短时间内都"阳"了，也确确实实出现了买药困难、担忧恐慌、症状较预想严重等状况，这是14亿人口大国走出疫情绕不开的阵痛。

拥有世界上最长窗口期的我们，有些困难需要共同面对。这个时候，每个中国人都应挺直腰板，决战到底，用一场酣畅淋漓的胜利与疫情做最后的告别。

感悟10：谁说对弈平凡不是英雄

回望2022年，对我们每个人而言都不容易。

有人被疫情围困在方寸之间，抢菜、囤菜，陷入漫长的静默；有人被"大厂毕业"，开始为房贷、车贷、信用卡而焦虑……上不完的网课，难以为继的生意，史上最难的毕业季，没能成行的目的地。

但我们走过来了，我们一起站在这一年的末尾。我们共同承受经济形势的冲击，携手面对疫情的考验。特别是医护人员、公安干警、社区工作者等一线抗疫人员，书写了无数个同心抗疫的感人故事。

在诸多不确定性中努力过好自己的生活，直面平淡或艰辛的人生，不曾停下脚步，这本身就是一种意义。

马克思曾说，历史不过是追求着自己目的的人的活动而已。在这场绝无仅有的旅途中，为了生存和理想，我们在洪流中劈波斩浪，我们见证彼此拼命奔跑的模样，英雄的模样！

"犯其至难而图其至远"。一年过去了，别忘了给自己一点掌声。每一个努力拼搏的你都值得，每一个追寻远大目标的你终将得偿所愿。

倪海飞 谢滨同 桑隽漾 执笔

2023年1月1日

金庸的衢州情缘

今天，在这方水土之上，温雅豪迈的衢州人，读先生作品，踏寻先生足迹，体悟金庸的家国之思与侠义情怀，何其快哉。

千古文人侠客梦，几代人的青春里都住着一个金庸。

在衢州市柯城区石梁镇麻蓬村的"金庸武林广场"上矗立着一块石碑，碑上所题的小诗，正是2004年12月金庸老先生时隔62年后回访母校衢州一中的题字：

温雅豪迈衢州人，同学少年若弟兄。六十年中常入梦，石梁静岩夜夜心。

金庸先生曾说："我的许多创作灵感来自衢州。"金庸先生是海宁人，他与衢州之间为何有如此之深的情缘？"六十年中常入梦"，他把梦中的哪些情景幻化为笔下的武侠风云？

一

1940年7月，金庸离开丽水碧湖，穿过松阳、遂昌、龙游，一路来到省立衢州中学即今天的衢州一中求学。彼时，为避战乱，衢州中学从城区迁到了石梁镇。

石梁镇位于衢城西北约10里。当时，衢州中学分为初中、高中、简师及附小，最多时有40多个班级，分散在石梁镇和上、下静岩村。金庸就读的高中部就设在"翠岗萦抱、阡陌纵横"的下静岩村，而静岩村与远近闻名的武侠村——麻蓬村相邻，并与石梁溪一脉相依。麻蓬村人男女老少皆会武功，"十三太保拳"在该村代代相传。

石梁求学期间，金庸成绩全班第一，其为人处世内敛、稳重、正派、儒雅。来衢不久，班长改选，金庸任班长。

那时，金庸与同学王浩然、江文焕三人经常同出同进，宿舍的床位连号，教室的座位基本上排在一起，吃饭也在同一张桌子上。晚自修下课后，他们时常到小店里加餐，三人同吃一大盘炒年糕或炒面，吃得津津有味。只要天气允许，他们仁常常一起沿着石梁溪散步，观沿途自然风光，或躺在溪边树下休憩，谈论时局政事。

"在衢州中学的两年，是我最快乐、最难忘的时光。"金庸后来曾回忆，当时，衢州中学建有图书馆，藏书颇丰，"尽管当时读书条件很艰苦，但衢州中学的老师对我很好，学习氛围也很浓，我受益很多。我当时在校图书馆借阅了许多书籍，特别是《万有文库》中的古今中外名著"。

1929年开始的训育制是国民党推行党化教育的一个重要手段。

1941年11月，衢州中学学生反对时任训育主任，金庸也因参与活动，被列入"过激学生"名单。好在校长陈博文原为省教育厅督学室主任，很是爱护学生。他坚持尽量减轻对学生的处罚，使学校尽早复课。金庸因此免于被开除的命运。

1942年5月24日，日军攻陷金华，衢州危在旦夕。学校决定停课疏散，毕业班也就提前毕业。在江文焕母亲支持下，在日军攻破衢城的前一天，金庸与江文焕、王浩然等同学一起，踏上了西南求学之路。

二

这段少年记忆，长留在金庸心底，也从他的笔端流露。于是，金庸的武侠梦中，多的是与衢州相关的人和事。

在早期新武侠作品《碧血剑》中，金庸虚构了石梁派、龙游帮，书中40余处提到石梁。比如，第四回"矫矫金蛇剑　翩翩美少年"中，金蛇郎君所留的藏宝图后写着两行字："得宝之人，务请赴浙江衢州石梁，寻访女子温仪，赠以黄金十万两。"书中，龙游帮帮主荣彩、沙老大及其帮众，石梁派温氏五祖及温家众人，金蛇郎君之妻温仪与女儿温青青皆为衢州人氏。

"射雕三部曲"刻画的"为国为民、侠之大者"郭靖，与黄药师、欧阳锋、黄蓉、欧阳克、江南七怪在桃花岛发生了诸多恩怨纠葛。衢州百姓多以为，桃花岛的原型，正是静岩村的溪中岛。此外，金庸先生虚构铁掌帮帮主裘千仞成名武功之一"水上漂"的灵感，也来源于春夏之际水漫麻蓬村海龙堰，村民行走于堰上如在水上漂行。

《笑傲江湖》中写到，令狐冲曾乔装成"吴天德"，赶往福建途中，在廿八铺遇到恒山派弟子；仙霞岭上，令狐冲第一次使用吸星大法，将恒山派弟子从魔教伏击中救出。廿八铺、仙霞岭，都在今天的衢州江山市。

这段少年记忆，也成了在金庸心中厚植家国之思与侠义情怀的渊薮。

1941年5月，日寇在衢州投细菌弹，衢城暴发鼠疫。金庸的同班同学毛良楷染上鼠疫。班主任姜子潢拿出钱，重金雇了两名农民把毛同学抬至衢江中的一艘隔离船上。

战乱年代染上鼠疫，几近被判死刑。作为班长的金庸心里虽害怕，但义不容辞，他在黑夜中跟在担架的后面，直至江边，与毛良楷垂泪告别。金庸自谦："整个抗战期间，自觉有点勇气的事就只这么一件。"

金庸笔下的群侠，不少都有卓然洒脱的精神人格，有一种家国情怀，一种见义勇为、持守正义、重信然诺的世间道义，一种积极、健康、向上的价值理念。

三

衢州这方水土，又是怎样孕育金庸的家国之思、侠义情怀的呢？

抗战时期的衢州中学，有一个阵容强大的国文老师群，王西彦、袁微子、陈康白、陈友琴、曹百川、张厚植、方光焘、屠伯和、何植三等先后在校任教。那时学生每天都要写一篇自拟题目的短文，日记簿由学校统一印发。金庸在作文课上经常第一个交卷，大家争相传阅。

离衢 3 个月后，金庸在《东南日报》副刊发表了 6000 多字的《千人中之一人》文章。从此文看，金庸对《圣经》、西塞罗、巴尔扎克等都很熟悉，可见在衢州时获得的良好教育对他的文学成长有巨大作用。

金庸痴迷围棋，一生到处拜师学棋。他捧着两盒围棋来到衢州中学，令王浩然觉得很不寻常。课余时间，金庸教会王浩然下围棋。有时下棋互不服输，他们也会追追打打闹着玩。金庸还把求教围棋的信寄到千里之外的桂林，因为当时围棋名家汪振雄主持的围棋研究社就设在桂林。

借由围棋这个文化媒介，金庸与王浩然、江文焕建立了深厚情谊。浩然、文焕等同学以及诸位老师的"温雅豪迈"，麻蓬的尚武民风，又深刻影响金庸侠义情怀之养成，为他送毛良楷至衢江隔离船、反对训育主任埋下伏线。

金庸还是一名体育运动爱好者。衢州中学的体育课不限于田径和球类练习，每周还有一次爬山比赛。白云山、东山尖都留下金庸等人的身影。白云山上俯视石梁镇，田野丘陵连绵，一片郁郁葱葱。石梁溪碧水如带缓缓流过，袅袅炊烟环绕茅舍瓦屋，恍若世外桃源。

读书、交友、下棋、作文、爬山……构成金庸难以忘怀的高中时光。着黄卡其制服和黄学生帽的他，时常哼起校歌："三衢要冲，九峰巍立，万壑争流水滔滔，聚千百英豪修学励行习体操，适应抗战中需要。狮子般力量，骆驼般精神，勇猛、沉着，钢铁般意志，陶冶、训练、不屈不挠，哪怕世界狂涛，哪怕顽敌凶暴。同学们，增进智能，负起责任，期把我国家重新建造。"

石梁溪、白云山、烂柯山，心中思念、常常入梦。金庸所唱校歌"期把我国家重新建造"，何尝不是"修身齐家治国平天下"的儒家梦想？

后来，金庸推崇"富贵不能淫，贫贱不能移，威武不能屈"的孟子，并将这种推崇融入洪七公、郭靖、萧峰等形象的塑造中，当与衢州当地所浸染的浩荡儒风、家国之思不无关系。

"我推崇至大至刚的大丈夫气概。所谓浩然之气，就是侠气，就是性情中人。"金庸运用的是武侠这一大众喜闻乐见的题材，抒写世道人心，浸润着厚重的历史与文化，承载着其在南孔衢州浸润的"大丈夫气概"和"浩然正气"。

先生之风，山高水长。影响时代的文学大师，艺术价值可超越时空，其思想价值历久弥新。今天，在这方水土之上，温雅豪迈的衢州人，读先生作品，踏寻先生足迹，体悟金庸的家国之思与侠义情怀，何其快哉。

郑晨　执笔

2023 年 1 月 2 日

新闻发言人底气从哪里来

> 新闻发布是系统性工程，新闻发言人从来不是"一个人在战斗"。做好新闻发布工作，功夫在"场"外、幕后。

前段时间，我们在一篇文章中列举了《新闻发布的七种低级错误》。网友留言跟评："做好新闻发布工作贵在两个真，'真实、真诚'。""这是一道由人民来当考官的面试题。""新闻发布也应该人民至上，不应该发布至上。""发布会的意义：发布事实，回应关切！"

也有业内人士评论："可见新闻发言人是'高危岗位'，每场新闻发布会都是'压力测试'。"的确，对于新闻发言人而言，准确发布信息、及时回应关切，也许可以得60分以上；发布失误，则是0分甚至负分；一次常规发布，舆论场上也许不见"水花"，然而一次意外失手，可能迅速"出圈成名"。

尽管很难，优秀的新闻发言人却始终追求及时准确之上的精彩出彩。

近日，浙江公布了2023年浙江新闻发言人名录，省市两级党委、政府及91家省级单位新闻发言人集体"亮相"。那么，在闪光灯下坦然自若、游刃有余、笑傲江湖，新闻发言人的底气从何而来？

一

新闻发言人是党委、政府及其部门的代言人，代表官方发声表态，是党委、政府与媒介、公众沟通的桥梁。

1983年，中国正式建立新闻发言人制度。到今天，新闻发言人已成为现代化治理体系的"标配"：从中央到地方，各级党委、政府都设立新闻发言人，常态开展新闻发布活动。

新闻发言人身份特殊、自带"光环"，还有鲜明的风格：有的严谨庄重，说话滴水不漏；有的言辞犀利，令人拍案叫绝；有的大气从容，尽显大国风范；有的智慧风趣，谈笑间樯橹灰飞烟灭……

然而，无数的刷屏圈粉、"高光时刻"背后，是发言人勇于捧"烫手山芋"、做"热锅蚂蚁"、受舆情"烤"验的"负重前行"。

一位前新闻发言人说，担任新闻发言人就是承担使命职责、直面风险挑战的过程，在这个过程中，感受事业的波澜起伏，经受传播变革的考验，承受舆论潮汐的冲击，是一段激情燃烧的岁月。

同时，我们也应看到，有的地方和部门，虽然设置了新闻发言人岗位，却少有机会和平台让新闻发言人亮相、发声。甚至有的发言人曝光率、知晓度为零，成了"稻草人""隐形人"，直到离任还未"发言"。

二

那么，为党委和政府代言、为时代发声的新闻发言人，应有哪些自我修养，才能有底气担起这份使命和责任？笔者归纳，至少要做到4点。

专业，是基础。新闻发言人是复合型人才，既"胸怀国之大者"，政治上立得住、不含糊，又懂本部门本领域的政策法规、业务知识，还懂新闻传播规律和发言技巧，以新闻语言转化文件语言，"话"龙点睛拆除各种视听障碍。专业人做专业事，新闻发言人把握理念、熟悉要领，并通过一定实践形成肌肉记忆，才能在聚光灯下应对自如。

傅莹曾担任全国人大会议新闻发言人，在举行新闻发布会前，她和团队往往需要准备近70个问题，经过反复打磨—记忆—复述，并在会前开展模拟演练，直到所有准备工作就绪，新闻发言人带着微笑正式走上发布台。

自信，是姿态。新闻发言人代表组织，一言一行都应展示开放、坦诚、自信的形象。发布台上，还可能会面临各种各样的提问挑战，有的火药味十足，有的敏感难答，有的甚至设置了陷阱。无论遇到怎样的挑战，都要保持良好心态，坚持积极回应、正面引导，让事实深入人心、问题越辩越明。

在外交部记者会上，有记者提到"驻华外国记者协会（FCCC）"发布关于外国记者在华工作环境的年度报告，称中国政府对发表令其不悦报道的外国记者施压。发言人当场请同意报告的记者举手，无一人举手，轻松化解了挑衅。

无我，是境界。无我，就是要忘记自我，不计较个人得失，始终把国家利益、人民利益和党委、政府公信力挺在前面。尤其是在重大突发事件、热点敏感问题发生时，能够站得出来、冲得上去，敢于站在风口浪尖，面对困难压力保持定力耐力，解疑释惑、化异为同、凝心聚力。

比如我省某部门一位新闻发言人，曾因解读疫情防控政策不够精准引发舆情而受到批评。事后，发言人带领团队第一时间作了复盘反思，不久后再次主动走上发布台回应公众关切，取得了良好反响。

精彩，是追求。"立场是国家的，表达是个人的。"要在众声喧哗的舆论场赢得眼球、赚得流量，新闻发言人必须练就一身"过人本领"，比如让"金句"成为"头条"的能力，比如创新表达、让人耳目一新的能力，比如驾驭全媒体传播的能力等。

在国台办的一场记者见面会上，新任新闻发言人第一次和媒体见面，用普通话、闽南语、客家语三种语言打招呼，一下子拉近了与公众尤其是台湾同胞的距离，一举赢得公众的好感。

三

新闻发布是系统性工程，新闻发言人从来不是"一个人在战斗"。做好新闻发布工作，功夫在"场"外、幕后。这里，笔者还有4句话。

第一句，做得好才能说得好。实际工作有"硬伤"，指望新闻发言人扭转乾坤、力挽狂澜、化腐朽为神奇，是绝不可能的。新闻发言人最大的底气，是实事求是。当然，有经验的新闻发言人能够化危为机，让已发生的"坏事"变为推动问题解决和工作改进的"好事"。

第二句，新闻发布是"一把手"工程。一方面，各单位的主要负责人是"第一新闻发言人"，具有一锤定音的天然优势，要带头做好新闻发布；另一方面，新闻发言人做好工作需要得到组织授权和支持，各级党政机关主要负责人要对新闻发言人给予爱护、帮助和支持，为新闻发言人工作创造宽松环境，鼓励新闻发言人主动发布信息。

第三句，新闻发言人不只是一个人。新闻发言人制度是一项政治制度安排，一个发言人背后要有整套机制作支撑、工作团队来保障。比如，每年精彩纷呈的两会新闻发布会，背后就有一支强大专业的发布团队，由法学、经济学、国际关系学、传播学等各领域的专业人士组成。

第四句，容错机制不可缺位。新闻发言人不是圣人、完人，无心说错一两句话，只要不是原则问题，是可以被原谅的。但遇到问题哑然失语、胡言乱语，造成严重舆论危机，那是不能被原谅的。要积极鼓励新闻发言人发声，为他们"站台""打气"，宽容他们的失误，一起为发言人成长创造良好环境。

今年是杭州亚运之年，也是中国新闻发言人制度建立40周年。浙江新闻发言人队伍如何担当作为，讲好中国故事、展现浙江精彩，让我们侧耳倾听、拭目以待。

杨昕　执笔

2023年1月2日

"土味"村歌如何唱响

> 泥地长出来的"歌"，究竟能长多高、飞多远？风儿知道，云儿知道，老百姓更知道。
>
> 只有根往下伸，歌声才能传上云霄。

岁末迎新之际，各地烟火气渐浓，乡村也恢复了往日的热闹。

浙江衢州，103场"村晚"正在酝酿中，村歌演唱是其中的必备节目。丽水、温州等地，也在紧锣密鼓地排演最新创作的村歌，试图将"村晚"搬到"云"上，让海外华侨也能听到家乡的歌谣。

不需华丽灯光，田间地头、村口树下，都是一出好戏。

之江大地上的"村歌热"现象，由来已久。早在九年前，浙江就曾举办全省的村歌大赛，将散落各地的乡村好声音搬上舞台。前段时间，一场村歌故事会在衢州江山大陈村唱响，以"一村一歌一故事"的形式，展现了浙江山区26县强村富民的生动实践和村民的文化自信。

一波波接续而来的村歌热潮引发思考：浙江的村歌为何而生、缘何而兴？很多"土味"村歌又为啥唱不响亮？

一

村歌，主唱是村民，唱的是村事。它的萌芽与繁荣，与浙江"千万工程"实践带来的山乡巨变密切相关。

2003年，习近平同志履新浙江不久便启动了"千村示范、万村整治"工程，拉开了建设美丽乡村的序幕。近二十年，一个个落后乡村告别"脏乱差"、变身"绿富美"，一座座文化礼堂在广袤的田野上相继落成，村民们在自己的舞台上放声歌唱。

2007年，江山市大陈村创作了第一首村歌《妈妈的那碗大陈面》。村支部书记汪衍君带着村民自编自导自演自唱，一不小心唱进了中央电视台，让曾经名不见经传的大陈村从此一歌扬名。

"那芳香诱人的大陈面……不管我们走得多么远，故乡永远在我们心间。"歌声走过十余载，也把江山唱成了"中国村歌发祥地""中国村歌之乡"。

从大陈村起步，万千乡村蝶变的美丽印记，化作一首首动人的村歌。

"一壶龙井，一壶月光，西山杜鹃相思梦长，转山转水入转塘。"杭州村歌《爱在转塘》，描绘出一幅浓淡相宜、诗意洒脱的山水人文画卷。在武义，一曲别样的《乡村新闻发布会》传递出村民的幸福心声："别看我们村子小，新闻头条来聚焦，幸福是最美的头条。"

绿水青山的故事、创业致富的故事……之江大地上真实发生的故事，都是村歌创作的鲜活素材。村歌不是凭空编造出来的，而是从希望的田野上"长"出来、从老百姓的心里唱出来的，能让听者

"望得见山、看得见水、记得住乡愁"。

可以说，村歌是乡村振兴的一种标识，也是文化自信的一种表达，更是精神共富的一种符号。浙江的"村歌热"现象，也折射出村民对精神文化的渴求，寄托了大家对乡村未来发展的朴素期许。

二

过去十多年来，浙江村歌文化耕耘不辍，整体创作质量与数量都在持续提升。但值得思考的是，繁荣的村歌创作生态背后，为何没有出现一首脍炙人口的"国民热曲"？

有人说，村歌的基因决定了它只能自娱自乐。它总是限于一方水土，太富有地域特色导致注定无法被广泛传唱。但理一理时间线，我们会发现，村歌的传唱史其实可追溯至千年前。那些诞生于田间地头的小曲小调，也能传遍四方。

好的村歌，就像一面面镜子，折射出特定的时代风貌、社会生活与百姓心声，拥有穿越时空的生命力。

《诗经》中的"风"就是地方民间歌曲的合集，采自乡村百姓日常生活，里面有"关关雎鸠，在河之洲"的浪漫情思，有"采采芣苢，薄言有之"的劳作之乐，也有"岂曰无衣？与子同袍"的同仇敌忾，使今人得以身临其境地感受周代民生百态。

好的村歌，就像一声声号角，在艰难时刻唱响希望之声，传递出鼓舞人心的力量。

延安时期，农民李有源根据陕北民歌《骑白马》的曲调，编出了《移民歌》，用黄土地里的哼唱表达老百姓对共产党的深情。这首村歌被广泛传唱，后来经过延安文艺工作者整理、删修后，成了红艳如火的《东方红》。

最近，因世界杯"出圈"的网络神曲《早安隆回》，也是一首地域性很强的作品，但这并不影响它受到大众喜爱。"你是那夜空中最美的星星，照亮我一路前行……"歌词看似只是抒发对小县城隆回的热爱，却唱出了向阳而生、逆势而上的中国精神、中国力量，感染激励了无数人。

人类在同一片星空下，总有共通的情感。一首歌能否被传唱，关键在于它是否有对自我生活与时代感受的强烈表达，能否抓住每个人心中最柔软、最向往的那个角落，是否唱出了普通人的悲欢离合与酸甜苦辣。

反观当下，大多数村歌动辄歌词宏大叙事，如同喊口号式的歌词既打动不了当地人，更打动不了外地人；又或者不够精细，为了创作而创作，草草走个"流程"，词作者、曲作者甚至不了解村里的实际情况；有的缺乏本地特色，束缚于固有格式，"村口一棵大樟树，樟树下面有条河，樟树旁边一条溪，溪水旁边人欢笑"，村村皆是如此。

真正有泥土味、青草气的表达并不多，真正能唤起共通情感、内心共鸣的旋律并不多。这样的村歌，注定只能一唱而过、难以传唱。

三

作为新时代村歌的发源地，浙江如何持续激发高质量的村歌创作，让"土味"村歌跨越山海、广泛传唱？

村歌要坚持在地"主旋律"。创作须挖掘村庄本原特质，展现原汁原味的民俗民风，描真景、讲真事、抒真情。这样的村歌，内容熟悉，语言亲切，情感相融，村民唱起来才会眼里有光、嘴角有笑。

比如前段时间的村歌故事会，开场序曲引用的"廿八都山歌"，起源于明清时期的省级"非遗"音乐，淳安作品《田园睦歌》与武义作品《心墙》分别融入睦剧和婺剧的所在地戏曲元素，都是弘扬当地特色传统文化的有益尝试。若缺了文化根基，村歌与村、与民都是陌生的，无法产生深度联结。

文艺工作者要当好"和声"。发自村民内心的旋律，就像一颗珍贵的"原石"，虽然内在光芒无限，但也需要专业力量助其迸发能量。音乐家不妨作为一支公益力量下沉到乡村，成为农民情感的表达者、民众心声的代言人，在歌词、节奏、旋律上多下功夫，让村歌在保留个性的基础上，更加契合主流大众的音乐审美与情感需求，打磨出传唱大江南北的村歌精品。

传唱半个世纪的村歌《采茶舞曲》，就是由专业人士、浙籍知名作曲家周大风创作。他在泰顺县东溪乡随村民上山采茶时有感而发，周恩来总理还对其中两句歌词进行了修改完善。如今，《采茶舞曲》在全世界发行了100多种版本的唱片，更在G20杭州峰会上律动全场，成为展示浙江茶文化的一张"活名片"。

而归根结底，村子富、村民乐，才能奏响村歌"交响乐"。村歌的舞台属于村民，土地本身就是他们祖祖辈辈辛勤耕耘、世世代代接续奋斗的"舞台"。只有让乡村的发展越来越好，老百姓的日子越过越好，村民心里面的那朵花才能绽放，心里面的那首歌自然就流淌出来了。这才是这个时代最动听的声音、最动人的村歌。

泥地长出来的"歌"，究竟能长多高、飞多远？风儿知道，云儿知道，老百姓更知道。

　　只有根往下伸，歌声才能传上云霄。

　　　　茹雪雯　周国清　徐霞　黄于群　毛卓兴　姜梦倩　执笔

　　　　　　　　　　　　　　　　　　　　2023 年 1 月 3 日

重温不朽的篇章

> 实践是检验真理的唯一标准，这既是一个哲学命题，也是一个现实命题。这句话曾经影响和改变了一代人的思想，直到今天，依然是指引我们攻坚克难往前走的主流价值。

1月2日早晨，南京大学哲学系教授胡福明去世，享年87岁。他的逝世引发了人们的广泛关注，因为他是40多年前那场真理标准大讨论的代表人物、《实践是检验真理的唯一标准》一文的主要作者。

文章合为时而著，歌诗合为事而作。他曾在接受采访时说："《实践是检验真理的唯一标准》这篇文章是时代的产物，是应时代的要求而产生的，也是人民的呼声。"

斯人已逝，文章千古。《实践是检验真理的唯一标准》中蕴含的实事求是精神从未过时。

一

1976年10月6日，党中央一举粉碎"四人帮"，结束了"文化大革命"的十年动乱，举国上下，一片欢腾。

彼时彼刻，中国再次徘徊在新的十字路口。中国发展的逻辑是什么？到底要怎样才能实现现代化？这些自近代以来就盘桓在中华民族心头上的问题，再次横亘在全党全国人民面前，亿万人民都迫切希望找到答案。

转折的年代呼唤思想解放的浪潮。很多问题在理论上仍然模糊，人们的思想依然禁锢。邓小平同志提出"完整地、准确地理解毛泽东思想"后，破除"两个凡是"教条的理论力量也开始积蓄。

1977年10月，南京大学哲学系教师胡福明写了一篇题为《实践是检验真理的标准》的文章，寄给《光明日报》。后来，不少同志也参与研究修改这篇文章，几易其稿，最终于1978年5月11日，以《实践是检验真理的唯一标准》为题在《光明日报》头版以特约评论员文章的形式公开发表。

《实践是检验真理的唯一标准》指出，检验真理的标准只能是社会实践，理论与实践的统一是马克思主义的一个最基本的原则，任何理论都要不断接受实践的检验。文章重申了中国共产党实事求是的优良作风，冲破了"两个凡是"的严重束缚。

一石激起千层浪，中国社会思想解放的滚烫气息借由这篇文章喷薄而出，一场席卷中国的真理标准大讨论由此掀开。一时间，大江南北各种报纸上赫然醒目着同一个标题，无数人争相阅读同一篇文章，知识分子们开始书写同一个主题。理论界的这声巨响让沉默许久的中国大地爆发出阵阵轰鸣。

历史需要不时回眸才能更好看清。不断丰富的历史细节向我们展示，写在报纸上的文字如何一笔一画形塑了历史。《实践是检验真理的唯一标准》在时间和实践的检验下历久弥新，这一历史文献以及围绕其所展开的争鸣，即使放到整个近代以来人类思想史和社会发展史上看，也堪称"思想改变世界"的经典范例。

全文六千多字，激荡四十余年。

二

正如《实践是检验真理的唯一标准》一文指出，检验真理的标准是什么？这是早被无产阶级的革命导师解决了的问题。

中国共产党诞生以来，伟大力量正是从实事求是中来，从理论联系实际中来。可以说，中国共产党就是靠实事求是起家并不断发展起来的。

1943年冬天，延安小沟坪山脚下的中央党校大礼堂将要竣工时，人们左看右看，总觉得少点什么。党校的负责同志想在正面挂一个校训题词，于是找到了毛泽东。毛泽东沉思片刻，饱蘸浓墨，挥毫而就，"实事求是"四个雄健洒脱的大字跃然纸上。

拉近历史的镜头，我们会发现：从点燃"工农武装割据"的星星之火，探索出一条农村包围城市、武装夺取政权的革命道路，到创造"人类史上最伟大的行军"，靠的是实事求是；从迅速完成国民经济恢复和三大改造，到"贫穷不是社会主义，发展太慢也不是社会主义"，靠的也是实事求是；从开启改革开放到以中国式现代化全面推进中华民族伟大复兴，靠的还是实事求是。

邓小平说:"我是实事求是派。""我读的书并不多,就是一条,相信毛主席讲的实事求是。过去我们打仗靠这个,现在搞建设、搞改革也靠这个。"1978年,在中国面临向何处去的重大历史关头,邓小平强调实事求是是毛泽东思想的精髓,推动进行各个方面的拨乱反正。

《实践是检验真理的唯一标准》一文指出:"毛主席说:'真理只有一个,而究竟谁发现了真理,不依靠主观的夸张,而依靠客观的实践。只有千百万人民的革命实践,才是检验真理的尺度。'(《新民主主义论》)'真理的标准只能是社会的实践。'(《实践论》)这里说:'只能'、'才是',就是说,标准只有一个,没有第二个。"

习近平总书记多次在重要场合深刻阐明实事求是的思想路线。他指出:"我们党的历史反复证明,什么时候理论联系实际坚持得好,党和人民事业就能够不断取得胜利;反之,党和人民事业就会受到损失,甚至出现严重曲折。"

在浙江工作期间,习近平同志关于"实事求是"作出过一系列重要论述,始终坚持实事求是的工作理念、工作方法。

《习近平在浙江》一书提到,浙江位于东部沿海,几乎每年都有台风来袭。每一次台风来袭时,习近平同志都亲自到防汛指挥部指导防台抗台工作。他提出要求:"不死人、少伤人","台风来到之前,要防;台风来的时候,要避;台风结束的时候,要抢(抢修水利设施)"。这是既实事求是又灵活机动的理念,指明了对付台风的策略,最大限度地保护了群众的生命安全和财产安全。

习近平同志坚持调研开局、调研开路,问计于基层、问计于群众,每年至少用三分之一以上时间深入基层和部门调查研究,用脚步阐释了"实事求是"最深刻的含义。他说:"几年下来,我几乎跑遍了浙江的山山水水,也跑深了与浙江广大干部群众的真切感情,并在实践中逐渐跑透了浙江的省情市情县情。"

党的十八大以来,习近平总书记高度重视理论联系实际。他指出,实事求是,是马克思主义的根本观点,是中国共产党人认识世界、改造世界的根本要求,是我们党的基本思想方法、工作方法、领导方法。他强调,加强党的理论教育,要坚持实事求是,坚持理论联系实际的马克思主义学风,坚持问题导向,注重回答普遍关注的问题,注重解答学员思想上的疙瘩,反对主观主义、教条主义、形式主义,防止空对空、两张皮。

三

当今世界,百年未有之大变局正在加速演进,我国在迈向实现中华民族伟大复兴的道路上,总会遇到千奇百怪、花样万千的问题。怎么样冲破迷雾,怎么样应对挑战,怎么样开考破题,《实践是检验真理的唯一标准》给了我们新的思考。

正如文中谈道:"客观世界是不断发展的,实践是不断发展的。新事物新问题层出不穷,这就需要在马克思主义一般原理指导下研究新事物、新问题,不断作出新的概括,把理论推向前进。"文章也鲜明指出:"躺在马列主义毛泽东思想的现成条文上,甚至拿现成的公式去限制、宰割、裁剪无限丰富的飞速发展的革命实践,这种态度是错误的。"

对于我们而言,刻舟求剑不行,闭门造车不行,异想天开更不行。不论过去、现在和将来,我们都要坚持一切从实际出发,理论联系实际，在实践中检验真理和发展真理。

比如，近期，我国从保护公众健康、促进经济发展、实现社会稳定的多重目标出发，根据疫情发展态势和病毒变异情况，不断动态优化调整疫情防控措施，就是从实际出发、考虑全社会全局利益作出的实事求是的决策。

此外，去年底召开的中央经济工作会议明确提出，"坚持稳中求进工作总基调，坚持实事求是、尊重规律、系统观念、底线思维，把实践作为检验各项政策和工作成效的标准"。中央直面当前经济形势恢复面临的压力，对严峻挑战进行了深度预估研判，要求按经济规律办事，更加强调结果导向，充分体现了坚持"实事求是"的原则，也体现了共产党人高度务实的精神。

"我们不仅承认实践是检验真理的标准，而且要从发展的观点看待实践的标准。"历史和实践都证明，违背了实事求是，就要栽跟头、吃苦头。

《实践是检验真理的唯一标准》一文所否定的"两个凡是"，就是违反了实事求是原则，严重影响了冤假错案的平反，影响了各个领域的拨乱反正。

不管是成语中纸上谈兵、拔苗助长、盲人摸象、削足适履等典故，还是上世纪五六十年代"大跃进"、人民公社化伴随的后果，抑或是面子工程、政绩工程造成的不良影响，以及各种经验主义、教条主义、主观主义等带来的教训，这些都告诉我们，任何时候、任何情况下都要坚持用客观、全面、辩证的认识论去认识世界，用历史和发展的眼光看待问题，不唯上，不唯书，只唯实。

实事求是，既是我们党铸就辉煌的重要法宝，也是我们党再铸辉煌的重要法宝。

四

实践是检验真理的唯一标准，这既是一个哲学命题，也是一个现实命题。这句话曾经影响和改变了一代人的思想，直到今天，依然是指引我们攻坚克难往前走的主流价值。

在笔者看来，坚持和发展实事求是，至少要做到以下几点。

说得好不如干得好。再好的主意和想法都需要通过实践去检验和证明，才能知道行不行。与其开会表决心喊口号、左顾右盼，不如抓紧时间把事情实实在在地落实下去。最近，浙江针对疫情防控的重点人群，给予了更多的关注和保护，陆续为全省60岁以上老年人免费发放"防疫包"，有网友评价浙江的这个"暖心之举"实则是"救命之举"。疫情当前，就需要大力抓好老人儿童防护、重症治疗、药品供应等方面工作，让纸面上的各项政策落地见效，让人民至上的理念得到真正体现。

没有调查就没有发言权。说一千道一万，不如深入一线，亲眼所见、亲耳所闻。政府部门在作决策时要多到群众中走一走、看一看，多听听老百姓的意见，特别是对于涉及群众切身利益的事情，更不能生搬硬套、草率决策。对于一个单位、一个部门而言，如果失掉群众的信任和支持，失去了公信力，即使获得再大的经济利益也是得不偿失。

脱离实际往往就是形式主义。从前期的疫情防控中，我们更加深刻感受到，一旦脱离了实事求是精神，工作就会偏离靶心，民生就会浮于表面，民怨就会不断积聚。比如，一些地方实施简单"一刀切"，导致群众求医问药困难重重，基层工作人员疲惫不堪却劳而无功，企业物流"断链"难以为继。这些事例都在警醒着我们，只有念好实事求是真经，才能站稳人民立场，让防疫工作更精准、民生工作更高效。

要解决问题，并且要解决真问题。坚持实事求是，也强调坚持问题导向。一切从实际出发，随机应变，因地制宜地分析问题、思考问题、解决问题。目前，疫情上升高峰正在到来，保健康、防重症有不少硬骨头要啃，不少短板弱项要补，比如如何保障群众的就医用药，不出现大范围的医疗资源挤兑；如何做好重要民生商品的保供稳价等。只有从问题导入，望闻问切，才能找准钥匙打开锁。

哲人陨落，幽思长存。重温不朽的篇章，从中汲取前行的力量，也是对逝者最好的缅怀和悼念。

王人骏　云新宇　徐毅　陈培浩　执笔

2023 年 1 月 3 日

"30强"如何再增"新面孔"

> 没有创新，企业就会止步不前，就没有文化发展的永续动力，也就无法赢得市场、赢得人心。

最近，光明日报社和经济日报社联合发布了第十四届"全国文化企业30强"名单，浙报传媒控股集团有限公司、浙江出版联合集团有限公司、华数数字电视传媒集团有限公司、浙江华策影视股份有限公司等4家浙江企业榜上有名。浙江入选企业数量连续三年位居全国各省、自治区、直辖市首位。

以近13%的占有率领跑榜单，浙江文化企业确实好样的，应当点赞。但在盘点收获、分享喜悦的同时，我们也要保持一份清醒。

笔者翻看"30强"榜单发现，不止浙江的4家企业多次上榜，不少企业都是熟悉的"老面孔"，部分企业更是连续多年上榜。

我们不禁思考，"30强"为啥多是"老面孔"？又如何培育更多的"新面孔"？

一

全国文化企业"30强"榜单，一年一动态更新，每年只有30家企业能够入选。对文化企业来说，这个荣誉的分量很重。

有人说，不包括港澳台地区，全国31个省（区、市），加上中央文化单位，有那么多文化企业，而"30强"只有30家，平均下来，每个省还分不到一个名额，竞争可谓异常激烈，能够脱颖而出，很不容易。

作为全国文化企业中的"王牌"，"30强"是反映我国文化产业发展和文化企业规模实力的重要品牌。每年上榜的30家文化企业，在报刊、出版、影视、新媒体等领域组成了我国文化企业的"最强阵容"，引领着全国文化产业的发展方向。

正因如此，每年的评选，都需要经过推荐单位和评选单位的层层遴选和把关。不仅要评估主营业务收入、净资产、净利润等经济指标，也要考察企业研发投入、知识产权、细分领域的"专精特新"等创新内容，更看重包括宣传文化主业以及社会贡献度等因素在内的社会效益。可见，"30强"对企业的"全面发展"有着更高的要求。

盘点14年来"30强"的评选结果，会发现名单中有不少业界的"常青树"。其中，中国出版集团公司、中国电影股份有限公司、浙江出版联合集团等7家企业连续14年入选，实现了该评选设立以来的"大满贯"。此外，上榜13次的企业有2家，入选12次、11次、10次的企业分别为3家、7家和2家，这些"常青树"几乎占到了全部企业数量的四分之一。

二

为什么"老面孔"能长期霸榜？

作为全国文化企业的排头兵，这些"老面孔"们一路基业长青，他们身上的许多共性，或许能助我们找到答案。

"大满贯"文化企业，很多都是名副其实的"改革派"，是国有文化体制改革的受益者。

比如，中国国际电视总公司，1997年实行重组整合，20多年来配合央视重大战略与改革举措，发展新业态、布局新媒体，年均营收增长率近20%。再如，浙江出版联合集团，在2003年被列为全国文化体制改革试点单位，是全国省级出版集团中整体改制的先行者。近20年间，其出版和发行两项主要业务，带动集团驶入高速发展的快车道，目前已成为进入全国少数几家"三百亿"集团方阵的大型企业，出版主营业务收入突破百亿元，净资产突破两百亿元，总资产突破三百亿元。

同时，这些企业始终把社会效益放在首位，坚持正确导向，坚守文化主业，做强专业板块，保持了良好的发展定力。

比如，已经8次上榜的华策影视，是"五个一工程"奖、飞天奖、金鹰奖等诸多大奖的"收割机"，其出品的电视剧《外交风云》《绝密使命》《我们的新时代》等破圈热播，电影《万里归途》《刺杀小说家》叫好又叫座。再如，江苏凤凰出版传媒集团拥有9家出版社、1家都市类日报，其中6家出版单位均为国家一级出版社。

而更为关键的是，即便是"老面孔"，它们也常有新发展，并根据新变化、新市场，不断创新自己的业务，形成新亮点。

比如，连续6次上榜的浙报传媒控股集团，已不再单单是一家提供新闻信息服务的企业，也是研发"天目云""天枢"等技术平台的"集团军"，是华东地区单体最大数据中心的运营商，是城市大脑数字驾驶舱的开发者，构建了快速生长的数字文化生态。

再如，华数集团是第三次上榜。在广电网络行业经营普遍困难的形势下"逆势上扬"，2021年整体盈利能力持续提升，实现净利润10.28亿元，同比增长7.04%。这背后，是华数集团率先完成数字电视整体转换，推出双向互动电视，最早实现从传统广电运营商向智慧广电运营商和数字服务提供商转型。

由此可见，没有创新，企业就会止步不前，就没有文化发展的永续动力，也就无法赢得市场、赢得人心。

多次上榜的企业，也是文化"走出去"的生力军。比如，浙江出版联合集团与"一带一路"沿线20多个国家合作，建立了海外分社和主题书店；华策影视已向全球220多个国家和地区输出超过15万个小时影视内容，海外新媒体平台订阅用户已超1400万；芒果超媒不断加强国际传播的创新探索，芒果TV国际App用18种语言推荐了100多部优质华语文化类纪录片，下载量超6100万，覆盖全球195个国家和地区。

虽是"老面孔"，但这些企业从未止步不前，而是仍在旺盛生长，成为文化产业各领域的领航者。

三

从2015年第七届开始，主办方专门附加设置了"30强"提名企业，每年20家，"后起之秀"踏浪而来。然而，8年来，上榜提名企业的浙江企业只有大丰实业、乌镇旅游等7家，还不够多，其中还包括了5家目前或曾是"30强"正式上榜的企业。

面向未来，浙江如何培育壮大更多"30强"的"新面孔"，以及更多"30强"的"预备军"？这是我们必须思考的问题。

笔者认为，可以从以下几方面发力。

有句话是这么说的："让自己变得不可替代的方式有两种，一种是做别人做不了或者不愿做的事情，一种是把人人都能做的事情做到顶尖。"对于文化企业来说，也是如此，最为关键的，就是要坚持正确导向，聚焦文化主业，拥有自己的知识产权结构，包括自己的文化IP、一定的技术优势等"杀手锏"，努力实现"双效统一"。

同时，利用互联网平台在细分行业做精做深，主动拥抱数字化浪潮，也是企业"风生水起"的"不二法门"。如此次"30强"的榜上新星米哈游，也是互联网头部企业，排名中国互联网企业综合实力百强榜第13名。

当然，在企业发展中，没有金融的坚实后盾，就难有新灵感的喷涌。可文化企业大多属于"中小微""轻资产"，现实中常常遭遇传统金融机构的忽视。如何让"轻资产"不再"随风飘荡"？

作为"文化＋金融"的支持力量，金融机构可以完善资产评估体系，打破"无形资产""轻资产"评估难的现状，开发更多适应文化产业发展特点的金融产品，撬动更多社会资本投向文化企业，增强文化资产的流动性，做实产业发展的基础。

据公开资料显示，截至2022年8月底，我国A股市场上，文化传媒上市公司的总市值为1.22万亿元，明显低于金融板块、制造业板块，也低于农业板块的1.67万亿元。就现状而言，目前文化产业通过证券市场的融资还十分有限，未来"文化＋金融"领域可以有更广阔的合作空间。

此外，文化企业需要有与发展相适应的文化人才。文化产业离不开创新创意的驱动。有专家指出，既有宽广人文视野，又有精深产业理念的复合型、高素质经营管理人才，是目前文化产业重点需要的人才。

可喜的是，不少文化企业已经谋求在全球范围实施人才战略，比如去年底，传播大脑科技（浙江）股份有限公司（筹）就重金招聘CTO。此外，许多高校也纷纷成立动漫等涉及文化创意的专门学院，部分企业例如华策影视也发展了职业教育。相信，未来人才匮乏的局面有望得到解决。

很多上榜"30强"的企业曾经都是中小企业，它们的培育是一个长期的过程。只要坚持耕耘，给予充分的阳光雨露，这些文化创意的种子就一定会更快地生根发芽，长成参天大树。

我们有理由相信，未来的"30强"榜单上，浙江会出现更多的"新面孔"。我们期待，在文化市场的大潮中，"前浪"和"后浪"，一起奔涌。

郑思舒　桑隽漾　执笔

2023 年 1 月 4 日

《早安隆回》为什么就火了

> 每一首歌唱的是不同的故事。我们在海量的短视频中读到了形形色色的人间故事。我们可以感受"孤勇者"的英雄主义、体会"人世间"的辛酸苦楚、目睹古人眼中的"烟雨平生"，可以在不同的作品中汲取精神力量。

"你是那夜空中最美的星星，照亮我一路前行……"

只要旋律一起，相信很多人一定能哼上几句。它好像有种"魔力"，让你无法"摆脱"它。

这就是《早安隆回》，2022年末最火的一首歌曲，没有之一。

今年跨年，湖南卫视邀请歌曲创作者袁树雄现场演唱，再次奏响了这首世界杯期间"爆红"的神曲。有数据显示，这首歌在抖音平台的播放量已经超过140亿，并且还在快速上升。

这首歌旋律简单、歌词纯粹，没有复杂的艺术加工，是怎么收获了众多网友喜爱的呢？

一

《早安隆回》是袁树雄为自己的家乡隆回所作的一首歌。你也许对这个歌名感到陌生，但看到这个画面，脑海里立马就能浮现出这首BGM：

世界杯总决赛后，阿根廷夺冠，梅西捧着大力神杯、弓着腰，一小步一小步地走向领奖台。这个短视频的背景音乐就是《早安隆回》，梅西的每一小步都完美地踩在了歌曲的节奏上，可以说是"毫无违和感"。

梅西夺冠带来的感动，搭配歌曲所传达的热血，一下子点燃了网友们的情绪。当晚，这个短视频就火遍了各大平台、传遍了朋友圈，这首歌也成为了励志、梦想的代名词，成为了许多正能量短视频的"专属BGM"。

然而，也有许多年轻人对这首歌的"出圈"表示不解。有人说，这明明是一首2020年创作完成的歌，听起来却有点像华语乐坛20世纪80年代的摇滚乐，像一首"新的老歌"。

殊不知，节奏感是这首歌的最大特点之一。当熟悉的鼓点响起，人们仿佛回到了时髦、大胆的80年代。那个年代，节奏感是一股不一样的风，吹遍大街小巷。年轻人拎着手提式录音机，穿着牛仔衣、喇叭裤，顶着爆炸头、戴着太阳镜，随着摇滚乐的强烈律动而摇摆……他们唱着当时最流行的音乐，尽情表达着内心的欢愉。

人类对音乐的审美感受本身就是与生俱来的，强烈的节奏感最能表达人类的情绪。《早安隆回》释放了人们的感动，也唤醒了人们心中沉寂的热情和斗志，和网友们一拍即合。

二

不少网友说，"2022世界杯主题曲没火，东方神曲《早安隆回》却火了"。袁树雄本人也没想到，这首歌颂家乡的歌竟然"爆"在了世界杯赛场上。

那么，《早安隆回》为什么能从世界杯一路火到元旦？

偶然背后有必然，《早安隆回》与梅西、世界杯的气质吻合在了理想主义。生而为人，总要在生活当中，通过某些器物、活动汲取精神力量。

音乐的魅力无穷大。歌词里这种叫作"星星"的东西，可以是"偶像"，可以是"理想"，也可以是"情怀"。不管它以什么命名，都代表一种遥远的、理想主义的力量。

在袁树雄的歌中，家乡隆回是他的"星星"，他在"星星"的带领下前行。而对于球迷们来说，梅西、C罗、克罗地亚的莫德里奇等一众球星则是"夜空中最美的星星"，照亮这一代人的青春"一路前行"。我们都在别人的故事中观照自身，体育如此，艺术也是如此。

网友纷纷留言，"这首歌给了太多人坚持下去的力量""时代歌曲，疫情过后必然登顶""被世界杯唱火的歌曲"……面对如潮好评，袁树雄惊喜地表示心情像坐了一趟过山车，他说："说心里话，作为一名创作者，作品能够被大家接受认可、传唱并且使用，我很开心。我想它的成功主要是有一种正能量。现在社会很需要正能量！"

节奏旋律简单"上头"的"洗脑神曲"与短视频绝对是天生一对，既可以为世界杯配乐，也可以用在任何积极向上的生活情境当中。因此，在短视频平台上，很多短视频作者似乎都默契地选择了这首歌的高潮部分，用它表达亲朋相聚的狂欢、烟花绽放的惊异、纵情舞蹈的喜悦……所有的欢乐情绪，也都会随着这首歌曲一起摇摆。

三

《早安隆回》火了，写歌的人与歌中的隆回也走进了大众视野。

原创作者袁树雄，在跨年晚会的舞台上，显得很特殊。他今年51岁了，是一名基层文艺工作者，既不是流量大咖，也并非唱跳俱佳，更不是"小鲜肉"。尽管如此，这位"大器晚成"的选手还是"收割"了一波收视率。也正如这首歌给听众带来的感觉一样，"理想主义"不只是理想，努力就会变成现实。

2020年疫情以来，袁树雄创作了几首跟疫情有关的歌。2020年底，他创作了《早安隆回》，祈祷家乡人民平安幸福快乐。

这首歌写的隆回，是湖南邵阳的一个县。在这首歌之前，好多人不知道隆回在哪。一个来自吉林的小伙子说，自己很久没出去旅行了，但听到这首歌，他"一路前行"，自驾逾3000公里，每天开车10个多小时，用时7天终于来到了隆回。他一路直播，到达隆回高铁站时还与袁树雄见面，对着直播镜头唱起《早安隆回》。

这些年，一首歌带火一座城市的案例并不鲜见。歌曲《成都》的传唱让成都这个城市勾起人们的向往；歌曲《可可托海的牧羊人》描述的爱情故事，让新疆伊犁的那拉提大草原成为口口相传的浪漫之地……

可见，优秀文艺作品对城市形象的提升是显而易见的。正如我们在《文艺作品是城市的最好代言》一文中提到的，一部优秀的文艺作品，就是城市最好的广告。它们像一个个有机细胞，支撑起一座城市的涵养和腔调。然而，广为传唱、受到好评的好歌还是太少，《代表浙江的好歌在哪里》就写到，步入新时代，浙江还没能有一首有代表性的好歌。

贴近大地、抒发真情，这是袁树雄的创作经验，或许能提供一些启示。十多年前，从外地漂泊后回到家乡，他成为一名乡土音乐人。"我更接近老百姓了，音乐就更有生命力了。"袁树雄说，"我们经常下乡，随时会拿起音乐来记录在乡村看到的人和事，表达自己的心情。"

四

有人说，"世界杯结束了，这首歌就该'凉凉'了吧？"而袁树雄认为，这首歌歌颂的是坚忍不拔、勇敢奋进、曙光就在前头的思想，它是有能量、有生命力的。

这首歌曲，底色是曙光。三年前疫情暴发，袁树雄写这首歌的初衷之一是表达"疫情终将过去"的希望，是对所有人守得云开见月明的讴歌。尽管以家乡隆回为切入点，但袁树雄希望借此折射整个中国的力量与曙光，疫霾终散尽，春暖花自开。因此，也有人说，《早安隆回》不止于世界杯、不止于隆回。这首歌的背后，是奋进与希望的力量。

其实，我们生活最朴素的愿望就是希望付出会有收获。梅西对待足球运动是这样，我们对待生活也是一样。不管是元旦还是春节，浓厚的节日氛围中，就藏着我们向往美好生活的朴素愿望。

当下，短视频作品承载着人们的百态人生，同时也带火了一波音乐作品。"莫听穿林打叶声，一蓑烟雨任平生""祝你踏过千重浪，能留在爱人的身旁""爱你孤身走暗巷，爱你不跪的模样"……这些美好的旋律不断奏响在我们耳旁。

每一首歌唱的是不同的故事。我们在海量的短视频中读到了形形色色的人间故事。我们可以感受"孤勇者"的英雄主义、体会"人世间"的辛酸苦楚、目睹古人眼中的"烟雨平生"，可以在不同的作品中汲取精神力量。

《早安隆回》温暖着平凡的你我。新的一年，愿所有人平安健康，伴随着《早安隆回》，保持不服输的精神与向阳而生的生活态度。

王云长　执笔

2023年1月4日

耳朵里的"声"意经

> 到底，有声书的本质还是书。面对市场化、数字化挑战，更应避免走上"娱乐至死"歧途，只追求经济利益、忽视社会效益，万万使不得。

清晨的大街，不管是开私家车还是搭乘地铁、走路还是骑车，总能看到多数人耳中塞着耳机。"耳朵经济"正润物无声地渗透到我们日常生活的方方面面。这其中，听书正在成为许多人的习惯，引领阅读的新风潮。

纵观整个听书市场，可谓"声"势浩大。据报道，2021年中国有声行业市场活跃用户规模达8亿人次，2020年用户规模则为5.7亿人次。此外，早前已有预测显示，2022年中国有声读物市场规模接近百亿元。

这个将传统出版产业与数字技术结合，化"实"为"虚"的新经济形态，是如何俘获广大读者芳心的？

一

听书，顾名思义，竖起耳朵、解放双眼。最早的有声书出现在上世纪 30 年代的美国，服务对象是盲人，录制内容包括莎士比亚戏剧、通俗小说等。而在我国，早年听书活动主要是通过收音机听评书、民间轶事等。

得益于互联网技术的发展，如今的听书主要发生在手机"小屏"。一种是演绎式，把图书文字转化为声音；另一种是解读式，把书本的要义讲解给听众。App 听书成为大众主流选择，无论何时何地，都可以戴上耳机，打开软件，听你所听。

不难发现，听书天然具备"伴随式"特征，让读者"一心二用"成为可能。白天闲暇散步，听个广播剧放松一下；临睡前，助眠鸡汤文从手机中娓娓道来。这种新兴的文化消费方式既不会"打扰"当下的行为状态，又能让读者在配音演员声情并茂的朗读中"声"临其境，用另一种"姿势"享受阅读的快乐。

据笔者不完全统计，网络文学和个人成长两个类别的有声书，最受读者欢迎。《明朝那些事儿》在喜马拉雅平台播放量过亿；"得到"App 专为职场人士拆书解书，传授人生成长经验，收获一大批粉丝拥趸。

这折射出听书的背后，是越来越快的生活节奏和日益激烈的社会竞争。年轻人为了满足文化审美需要，以期获得陪伴式、沉浸式阅读体验；同时由于知识迭代引起本领恐慌，希望高效地利用碎片化时间吸收知识，实现自我增值。

与看书比起来，听书不受时空限制，轻松、便捷成为最大优势。但进一步思考，听过就等于看过、读过了吗？其实不然。

经过大白话处理的有声书，"茧房效应"不同程度存在。像《史记》这种原汁原味的鸿篇巨制，卡夫卡、普鲁斯特、乔伊斯的意识流、荒诞派作品，仅靠个把小时的剪辑音频来解读，恐怕很难掌握其中的精髓。

对读者来说，被动状态接收声音信息，也会影响阅读深度。如果某个章节没有听明白，就像看肥皂剧一样，跳过去一两集，也就过去了。被念出来的作品成了易于消化的流食，久而久之，读者便失去了啃硬骨头的兴致。

二

不过，无论是听书、看书还是读书，都是人们的阅读习惯，彼此并不冲突。它们适用的场景和带来的体验不一样，不仅可以互相补充，还能各自赋能。反观听书行业本身，诸多风险问题正日益凸显。

最大的问题是侵权屡禁不止。有声书将文字作品经播讲者录制成音频后，上传至听书平台。这其中要经过内容生产方、音频制作方以及网络经营平台等多个版权主体，涉及复制权、改编权、表演者权等，授权链条长、主体多，一不小心就会造成权利"断链"。

以头部平台喜马拉雅为例，自成立以来收到的5000余条法律诉讼中，有近90%属于版权纠纷。比如个人主播随意复制、加工原创作品并接受打赏，平台未经授权将有声读物"拿来"免费播放，这些都侵犯了原作者版权。

就算不涉及侵权，作品同质化严重、品质良莠不齐也多被读者诟病。一些内容生产者为追求眼前利益，在选题策划上盲目跟风、低水平重复，内容集中于言情、悬疑、穿越等主题，既破坏了出版行业的生态平衡，也难以树立具有市场辨识度的品牌。

比较突出的现象是，一个主题火了，立马就有成百上千个相似的音频蜂拥上架。比如搜"鬼吹灯"，就有《鬼吹灯之摸金天师》《诡吹灯之山海妖冢》《黄皮子坟》等N个类似书名，皂帛难分、鱼龙混杂，以至于有读者发出"不要再消耗这个IP"的哀嚎。

本应在内容端大展作为的出版社，一定程度上存在"纸书本位"观念，数字转型动力不足，能力也不够。现实情况是，听书市场已经被几大平台瓜分殆尽，此时入场，也只能为他人"做嫁衣"。

就外部环境来说，市场监管的确还存在漏洞。技术层面上标准化水平偏低，现有的数字出版物技术检测方法已不能满足行业需求；部分有声书通过刺激性标题、图片，试图吸引读者；在儿童有声书领域，涉黄、涉暴内容仍然不断出现……这些都恐成监管的"灰色地带"。

三

算起来，当下流行的听书，从开始出现到盛极一时，不过短短10年时间。起步晚、步子大，发展速度迅雷不及掩耳，大家有目共睹。想要长远发展下去，"野蛮生长"总是不可行的。

说到底，有声书的本质还是书。面对市场化、数字化挑战，更应避免走上"娱乐至死"歧途，只追求经济利益、忽视社会效益，万万使不得。

随着媒介变革和社会发展的交织演进，笔者坚信"内容为王"

仍未过时。从读者的角度来看，成为精品有声读物，优质的文本、丰富的演绎、出彩的音效三个要素缺一不可。比如《〈红楼梦〉全本有声剧》一书，对录音演员、后期剪辑都提出了高要求，成品达到了电影级别的听觉享受。在喜马拉雅平台上，目前播放总量已突破1.2亿。

出版商在内容把关和版权方面，具有其他人无可比拟的优势，倘若能跳出传统出版思维，不断挑战现状和经验，整合多方资源，用声音抵达广大读者，就能实现各方共赢。比如上海译文出版社专门成立了有声书团队，开发"译文有声"小程序，利用图书的衍生权进行变现，实现为纸质书导流，在业内外引发热烈反响。

再看平台方，如果能匹配读者需求，开发合适的产品线，就能吸引读者。眼下，各大音频平台从传统的有声书，到相声、脱口秀、在线课堂以及各类知识付费内容，将各种领域的内容聚合在一起，既有即学即用的"短、平、快"题材，又有让读者领略经典的长周期产品，确实有风"声"水起之势。

必须要说，好内容还需技术"撑腰"。加快人工智能应用，通过语义、关键词识别对文本内容进行分析和判断，并与数据库进行匹配，及时发现不合规内容。利用大数据绘制画像，为读者推送更精致的产品，减少"噪音"干扰。

如今，著作权人维权意识已经越发强烈，有关协会也在积极推进有声读物的授权业务，只要不断完善相关法律法规，明确平台应有的监管审查责任，行业版权乱象就会得到有效遏制。也许需要的时间比较久，但必须现在就要努力。

未来，媒介还会持续变化。听书，这本"声"意经能否继续念下去，还需社会、行业、政府各方共同探索，一起努力。

相信音美以感耳，只要规矩立起来、"声"态好起来，听书必将蔚然成风。当一本本精品图书化作悠扬的声波传入耳朵时，读者就能感受到"声"入人心、如饮甘泉的乐趣。

郑黄河　执笔

2023 年 1 月 5 日

和合调查的三大"法宝"

> 今天，重温田家英和合调查，我们看到的正是深、实、细、准、效的工作作风，更感受到共产党人无私无畏的纯粹品质。只有心中装着群众，事事为人民打算，才能得到群众真心实意的支持。

1961年1月的一天，年关将近，嘉善县和合生产队来了位特殊的客人。他猫腰钻进贫农王老五家的草棚，揭开锅盖，细细察看里面正在煮着的羊头草、胡萝卜等。从食堂打回的薄粥已烧成了糊糊状。

听说来的客人是中央的大领导，王老五很惶恐：不知道该说点啥？万一说了真话，领导不开心怎么办？

可是这位客人很随和，三五句话一聊，就让王老五卸下"盔甲"，就像竹筒倒豆子般，掏出了真心话。从身上穿的、锅里吃的到田里收成、过年打算，从新中国成立前一直问到1960年，既谈情况，又算账对比，在王老五家一坐就是三个多小时。

来者正是田家英。此后，他撰写了4万多字的《魏塘人民公社和合生产队调查》，王老五一家就是报告中6户典型之首，记载达2800多字。

正是这次调查研究，直面了肆虐农村的"五风"问题。当时发生了什么？今天我们从这次调研中又能看到什么？再翻开珍藏在嘉善县档案馆内的田家英调查笔记，我们一探究竟。

一

1958年，"大跃进"、人民公社化运动开始后，以浮夸风、共产风、瞎指挥风、命令风以及干部特殊风为主的"五风"问题在全国农村泛滥。

虚报产量是干部浮夸中危害最大的一项。1960年，在自然灾害严重的情况下，各地还在攀比虚报。如和合生产队，当年的亩产稻谷指标定到1471斤，争取指标定到了2416斤。而实际亩产量只有291斤，甚至比1959年还减产三分之一。

农民缴不出粮食只能把口粮抵上。于是，种粮之人无粮吃，出现了文章开头农民没米下锅的一幕。素称"鱼米之乡"的嘉善，跟全国其他地方一样，也有饿、病、逃、荒、死的现象。

为了掌握真相，找出度荒办法，毛主席派田家英带领一个调查组赴浙江农村，选一个最好的生产队、一个最坏的生产队调查。其中要调查的"最坏的生产队"，就是当时的嘉善县魏塘公社和合生产队。

1960年前后的3年里，和合生产队的生产力遭到严重破坏，猪、牛、羊大批死亡，农具大量损坏，土地肥力下降，劳动者体质变弱，放眼看去是"人瘦、牛瘦、田瘦、船漏"的"三瘦一漏"。

"一年做到头、空空两只手",社员一年平均收入不到18元。

譬如开头提到的和合生产队四小队副队长王老五家,全家七口人,家里只有一间12平方米的草棚,所有家当共计:一张竹垫床、一张地铺、三条棉被、一张桌子、几条板凳和一只行灶。

"不能怨天尤人,也不是什么民主革命不彻底,病根子是由上刮下来的'五风'。"田家英一语道破了当时农村问题的症结所在。其实,基层同志对此并非一无所知,只是闷在了心里。田家英却说出了他们不敢说的真话。

二

调查研究最重要的是"求是",最难的也是坚持"求是"。60多年过去了,和合调查时至今日仍然备受推崇。人们钦佩的,正是在当时的情况下,田家英仍能坚持摸实情、讲真话的大勇气、真担当。

田家英的和合调查,始终坚守了三大原则。

第一个原则:直插一线摸实情。

田家英反复告诫组员,不能飘着,要落地,只有群众才了解真实情况。当时陪同的公社干部看到调查组任务太密集了,就劝说"田主任"看几个就行,全公社情况都差不多。没想到田家英一脸严肃:"我们要的材料,必须自己看到、听到,决不能有半点道听途说的假东西,不然中央知道的事情就不真实了。"

晚上,调查组点一盏煤油灯,讨论白天搜集到的第一手材料。有时甚至连灯也没有,就在漆黑的教室里激烈讨论。环境如此艰苦,调查工作却是有声有色。干部社员都愿将自己的肺腑之言向调查组倾诉。

第二个原则：抓住典型剖麻雀。

如何抓住问题？首先得了解民情、掌握实情，搞清楚症结在哪里，而这就需要练好调查研究的基本功。调查组刚进村时，找人就像捉迷藏。过去数年的历史包袱，不仅让基层干部缄口，也让村民不敢多说。为了找到真问题，调查组就分开阶层办座谈，还像开头一样钻草棚入户走访，抓取第一手资料。

比如在后来递交中央的报告中，王老五这样的农民家庭，田家英在和合生产队选了6户，最后成了中央决策时重要的样本。

第三个原则：敢说真话不附和。

深入群众是倾听意见的通行证，敢说真话就是查找问题、解决问题的"敲门砖"。以公社食堂问题为例，当时的大环境，支持发展公社食堂的声音是绝对主流。此前组织上还下发了规定，明文支持食堂的发展。如有反对，稍有不慎可能会"引火烧身"。

但田家英心中雪亮。调查中，许多农户都向他表达了对公社食堂的意见，"上面吹牛皮，社员饿肚皮"。他走了好几个地方，心情沉重："社员生活真艰难啊！"同行的同志担心反映问题冒风险，但他果断决定如实向中央汇报，破除了上上下下一片缄默的情况。

三

"浙江宣传"的《总书记为何老惦记这个事》一文，讲到"调查研究"染上了"假""秀""虚""傀""空"五症。归根结底，调查研究如果不能为老百姓解决实际问题，不能推动工作促进发展，就没有开展的价值。

田家英和合调查并不是走马观花，而是俯下身子真抓实干、真见成效。

1961年2月6日，在杭州刘庄，田家英向毛主席如实汇报了浙江调查组的工作。毛主席当即就纠正"五风"问题、退赔问题、生产队规模和体制问题、自留地问题、食堂问题、干部问题作了7条指示。

遵照毛主席指示，和合生产队从2月17日起，开展了以贯彻《中共中央关于农村人民公社当前政策问题的紧急指示信》为中心的整社工作。接着，田家英调查组在和合生产队开展了《农村人民公社工作条例》（即"六十条"草案）的试点。

经过两年努力，至1963年，和合生产队就出现农业全面复苏、社员生活改善的好局面。

正如一同参与调研的逄先知记叙的那样："1965年12月，田家英和我又一次去和合生产队，旧地重访，一种难以抑制的激情充满心田。今日杭嘉湖农村，呈现一片欣欣向荣的景象，同1961年那衰败破落的情景，形成鲜明对比。"

《习近平浙江足迹》记载，2002年12月26日，浙江省委办公厅收到一份材料——曾担任过浙江省委书记的薛驹撰写的《一次非同寻常的调查研究——关于1961年农村调查研究的情况》。当年，陪同田家英调查的正是薛驹，时任省委副秘书长。他在这份材料里写到，1961年至1962年的农村调查，在我们党的历史上具有非同寻常的意义。

2003年1月5日，时任浙江省委书记习近平阅批返回：薛驹同志的文章很有意义，建议省委理论学习中心组结合部署调研课题，专题学习一次调查研究问题，届时可参考薛驹同志这篇文章，加深体会。

2003年2月25日，"之江新语"在《浙江日报》开篇，讲的就是调查研究，要求"全省上下大兴调查研究之风，各级领导干部在调研工作中，一定要保持求真务实的作风，努力在求深、求实、求细、求准、求效上下工夫"。

磨刀不误砍柴工，做好工作的前提，就是充分、真实的调查研究。

今天，重温田家英和合调查，我们看到的正是深、实、细、准、效的工作作风，更感受到共产党人无私无畏的纯粹品质。只有心中装着群众，事事为人民打算，才能得到群众真心实意的支持。

【档案资料】

嘉善档案馆馆藏田家英在和合调查时的工作笔记本，长15.5厘米，宽11厘米，共计190页，由田家英后人提供原本复制而成。笔记本封面印有奔马图案及"跃进"字样，扉页为毛主席所言："希望有更多好作品出世。"笔记内容均由钢笔书写，其中有多处红墨画线，记录时间为1961年1月21日至2月10日。

孔越　朱鑫　费辰昊　执笔

2023年1月5日

不缺流量，飞来峰缺什么

> 当我们游飞来峰时，是以山、水、石为媒，看到历久弥新的生活美学和石窟文化的艺术美感，让今人跨越时空，找到精神文化共鸣。

2023年新年期间，杭州飞来峰景点迎来了众多祈福的游客。这座小山峰的红火，一直都在延续。

在去年"中国历代绘画大系"成果展上，飞来峰石窟群就惊艳了一把：江南也有石窟造像？实际上，飞来峰上不仅仅有造像和济公传说的故事，还隐藏着众多历史文化故事的"开关"。

"溪山处处皆可庐，最爱灵隐飞来峰。"这座苏东坡笔下的最爱之处，为什么从古至今都这么红？不缺流量，飞来峰缺什么？

一

"试问飞来峰，未飞在何处。"飞来峰虽然不是飞来的，但有一个现象却非常有趣。

外形上，和四周北高峰、天竺山、美人峰相比，飞来峰矮了一半还不止；地质构造上，周围群山多为石英砂岩，飞来峰却属于石灰岩。

从这两者来说，飞来峰的确有点"不合群"。

关于这种现象，《中国名胜地质丛书》有一个说法：飞来峰一带最早有三套地层，从外到内分别是石英砂岩、砂泥质岩石和石灰岩。在漫长的地质运动中，岩层弯曲变形，再加上风化和流水侵蚀，最坚硬的石英砂岩变成了外围高耸的山峦，石灰岩变成了相对低矮的飞来峰，而岩性松软的砂泥质岩石，则成为了沟谷或缓坡，恰好把飞来峰和周围山峦分割开来。

天生自带石灰岩的"天然优秀基因"，在地下水溶蚀作用下，飞来峰形成了许多奇幻多变的洞壑，正合了古代文人赏怪石、观奇景的雅好；传说故事带来的"浪漫主义色彩"，这里被百姓认为是杭州祈福最"灵"的地方，为"仙灵所隐之地"。

也正是因为这两大原因，自五代起，在飞来峰造像的行为逐渐兴起，吴越王钱镠就是其中之一。

彼时的吴越国，百姓安居乐业，湖山一望弥千里，钱镠笃信佛教，开山凿窟便是为了祈求风调雨顺、保境安民。

此后千百年间，来此造像的古人们也大多和钱镠一样，为国为家为己祈福，具有杭州市井特色的祈福文化也成为了飞来峰的一大特色。

五代至元代，飞来峰上先后开凿了115龛397尊造像，是我国江南地区现存规模最大的石窟造像群。其中，元代造像尤其珍贵，弥补了我国五代至元代石窟艺术的空缺。

飞来峰造像是"有血有肉"的艺术，在飞来峰上，看得到唐代的遗韵、宋代的精巧，元代的汉梵交融也能得以一观。不同于北方石窟造像的宏伟厚重，飞来峰造像艺术与山水融合，宛如来自江南的一位"俊俏闺秀"。

唐代曾任杭州刺史的卢元辅，在飞来峰顶留下了西湖群山间迄今为止发现的唯一摩崖唐诗题刻。

二

明代文人袁宏道在《飞来峰小记》中言："湖上诸峰，当以飞来为第一。"

宋代以来，飞来峰就是当之无愧的网红地。飞来峰的岩壁之间，也留下了众多文化、艺术以及历史故事，当你触摸到某个"开关"之时，也许就打开了一段历史的卷轴。

如摩崖石刻。就像现代人喜欢在朋友圈"打卡"一样，古代文人雅士游山玩水一时兴起，会在石头上刻下题名。

飞来峰目前有题刻200多处，是杭州乃至浙江摩崖题刻最为集中的地区。

飞来峰的摩崖石刻，还是一座书法宝库，如有北宋书法家沈辽的题名、元代周伯琦的篆书《理公岩记》、韩世忠儿子韩彦直12岁的颜体《韩世忠翠微亭题名》。

在飞来峰东南侧的青林洞，有一处题名："自净慈南屏、下天竺过灵鹫，遂游灵隐而归。"这是当年杭州知州苏颂留下的。

苏颂是专家型官员，被称为中国古代的达·芬奇，横跨天文、医学多个领域，曾建造了世界上最古老的天文钟"水运仪象台"。

他为官五十多年，历仕仁宗、英宗、神宗、哲宗、徽宗五朝，官至宰相。在杭州期间，他在飞来峰留下的石刻就有不下四处，可见对这里的喜欢。

熙宁九年（1076）的一天，苏颂带领一众官员游玩，在飞来峰结束行程后，意犹未尽的他，在此题刻。苏颂刻下的这条路线，也是宋代杭州官员们的经典游线。

青林洞口，还有一行写满了人名的题刻——"李琮、朱明之、杨景略、黄颂、胡援、林希元丰二年五月四日游灵鹫洞"。写题款的林希是苏轼的继任者，亲手题写了"苏公堤"。题刻旁边还有一行文字，是清代西泠印社"创社四英"来此游历"打卡"留下的。

寻踪飞来峰，处处有人文故事。飞来峰的半山腰，有一座翠微亭，原是南宋抗金名将韩世忠为悼念岳飞所建。名字来源，就是岳飞那首著名的《池州翠微亭》。

飞来峰顶，留下了王安石的《登飞来峰》："飞来山上千寻塔，闻说鸡鸣见日升。不畏浮云遮望眼，自缘身在最高层。"如今，塔早已不复见，"不畏浮云"的精神却长存。

一座山峰，形成于地壳运动的偶然之中，在后人对它的解读和体悟中形成了其特有的气质，历经千年风雨后，依然能看到古人的文化艺术底蕴、经世济民的理想和雅致的生活情趣。

三

小时候看过济公故事的，对飞来峰肯定印象深刻。不仅如此，连1986版《西游记》都曾在这里取景。

但是，这座小山峰有何独特之处，除了祈福之外，却鲜有人说得清楚。

不缺名气和流量的飞来峰，却缺少一个能将这份气韵掰开揉碎讲清楚的打法。

无论是摩崖石刻还是石窟造像，分散在高低不齐的崖壁之间，游客品鉴"沉默"的山石，自然比不上"四般闲事"那么有意思。至于飞来峰上的诗词故事，更需要用心才能体会了。

因此，虽然飞来峰是一座蕴含丰富的文化宝库，但当很多游客慕名而来，进入景区后，对着一座海拔只有168米的小山峰，却不知道有何看头。"觉得它不过就是一座山而已，于是感到索然无味，匆匆打卡而归，甚至再也不会去第二次"，灵隐景区管理处副书记、文博研究馆员邵群告诉笔者。

笔者以为，要想方设法让游客实现从"看山是山"到"看山不是山"再到"看山还是山"的转变，这就要为飞来峰的艺术、历史进行归纳、提炼，寻找到全新的表达方式。

"看山不是山"，就是要看到山背后承载的深厚历史文化。酒香也怕巷子深，特别是面对新一代的互联网原住民，"出圈"的契机非常重要。因此，要充分利用新媒体平台、活动策划等形式，把飞来峰的石窟文化、宋韵文化及其周边的历史故事创新性地展现、表达出来。

现实中的飞来峰，可以有更多的科技加持，比如建设数字展示馆，让游客在虚拟环境中也能产生身临其境的感受，从而兴起探寻飞来峰的念头。

比如，在"中国历代绘画大系"上，浙江大学文化遗产研究院利用3D石窟复原技术，在千里之外完整再现了洞窟的原貌，让参观者宛若置身冷泉溪旁，沉浸感十足。

当然，最后要"看山还是山"，就是说要让人们对飞来峰形成一个系统性的认知，打响飞来峰的整体品牌。这就要将这些掰开来讲的故事，融合到一起，形成体系，努力将飞来峰打造成杭州宋韵文化的一座高地。

自然风光、石窟造像、摩崖石刻、传说故事……林林总总的遗迹，组成了飞来峰特有的文化。当我们游飞来峰时，是以山、水、石为媒，看到历久弥新的生活美学和石窟文化的艺术美感，让今人跨越时空，找到精神文化共鸣。

山石不语，并非无言。

王艳颖　执笔

2023 年 1 月 6 日

政务号怎样破解"成长的烦恼"

> 在地球上每个点凿下去，只要足够深，都可能到达地心。移动互联时代，政务新媒体的地位和作用只会加强，不会减弱。如何守"政"创"新"，答案就在一锹一锹的行动之中。

网上有段话，"你的粉丝超过1万，你就是一本杂志；超过10万，你就是一份都市报；超过100万，你就是一份全国性报纸；超过1000万，你就是电视台"。

现在，不少政务新媒体的粉丝以百万计。据统计，早在2020年12月，全国经过新浪平台认证的政务机构微博约14万个。在浙江，现有各类党政机关官方账号近4000个，其中"美丽浙江"官方抖音号、"青春浙江"官方微信号粉丝数均超过1000万。

2009年，全国首个官方认证的桃源县政府微博"桃源网"上线，拉开我国政务新媒体发展的序幕。随后，全国各级党政机关、事业单位、公益组织，纷纷进军政务新媒体领地。

14年过去了，政务新媒体已经成为与专业媒体、自媒体并驾齐驱的一支重要力量。但是，政务新媒体该如何摆脱"成长的烦恼"，不断突破、创新？

一

政务新媒体是应运而生的。截至2022年8月，我国网民规模已达10.51亿，其中手机网民规模达10.47亿。

群众在哪里，工作就做到哪里。建设政务新媒体，某种程度就是走到舆论场中搞宣传，把"政府"推到指尖屏端，离人民群众近些、再近些。

不管是日常信息发布，还是政策深度解读，乃至政务舆情及时回应，政务新媒体都发挥着重要作用。不管是转发、跟评、点赞还是拍砖，政务新媒体都激活公众参与传播、参与政治的热情和能量。比如，2023年省政府为民办实事项目网络征集，推出24小时后，浙江发布单篇微信阅读量就达21万，吸引3万人投票参与。

随着"互联网＋政务服务"的深入推进，接受政策咨询、提供各类政务服务甚至信访投诉，政务新媒体的功能愈加立体丰富。如，浙江、广东推出的省内政务服务平台"浙里办""粤省事"，就打造出具有示范意义的数字政府建设标杆。

从长征路上的标语、传单，到新中国成立之初的布告、通报，再到如今百花齐放的政务新媒体账号，不论宣传动员、信息发布、政务服务的形态和平台如何变化，为人民服务的初心和宗旨从未改变。

二

在遍地开花、高歌猛进的发展过程中，政务新媒体也面临着一些"成长的烦恼"。笔者将其归纳为以下六类：

有人开、缺人管，"虎头蛇尾"。有的单位开办官微时，信心满满、摩拳擦掌。一旦长期运作，觉得很累、很麻烦，加上效果不如预期，各方面就懈怠了，特别是应有的审核把关机制也形同虚设。如，2019年，有网民发现，认证为某县委宣传部的官方微博，多次发布"测算合婚开财运"的宣传图。当地回应称，该微博长期弃置，2016年疑似被盗号。类似这样的"僵尸""睡眠"账号，既浪费了行政资源，也对党委、政府形象造成损伤。

有平台、缺运营，"装样子"。有的官微原创内容更新乏力，于是就"注水"拼凑，以转载为主，久而久之，用户粉丝觉得看不看都行，遂果断"取关"。也有一些单位，缺乏专业人员力量，采取外包形式。但承接单位仅仅把工作当成任务项目，随便拉支编辑队伍，发一条算一条，缺乏高质量、有特点的内容，编发的人不用心，用户粉丝自然难走心。

有应对、缺能力，要么"掉链子"，要么"捅篓子"。有的官微缺乏用户思维和服务意识，对用户的信息需要、阅读体验等爱理不理，或者没有完善的处理机制作支撑，不敢直接面对群众和回应群众，对网民提出的意见、反映的问题等往往含糊其辞、随意应付。特别是在重大突发事件舆情和热点问题回应时，能力不足，出现反应迟钝甚至应对不当情况。

有架子、缺温度，自说自话。有的官微话语表达方式陈旧，严肃有余、活泼不足，甚至成为一味宣传成绩的平台。不善用网言网语，却出现官话套话，以致"水土不服"引发舆情。某地官微曾经在通报突发事件处置进展情况时，全文243字，结果有220字在讲各级领导如何重视，因此"触雷"，被各方质疑批评。此外，新媒体的灵魂是互动，目前仍有一些官微对评论的认识不深、重视不够，或者直接放弃评论区，一关了之，或者只听表扬，容不下批评，甚至建议也不听。网上有句话"无评论，不新闻"，应用到政务新媒体方面，"无互动，不官微"。

有渠道、缺精准，效果受限。有的单位"跑马圈地"，在多个平台开设账号，但囿于采编力量限制，采取"一稿批发"模式。其实，每种平台的特性不一样，要采取针对性的传播策略。如，微博平台适用于政务信息以及重大事件的快速发布和及时更新；微信平台适用于发布内容更加具有深度的政务信息资讯，并承载政府部门单位的部分服务功能；短视频平台则适用于向公众传递更具感染力的生动细节、场景故事。

有任务、缺奖惩，动力不够。有些基层官微，或者用户粉丝量较小的官微，缺乏策划推广手段，粉丝量上不去，吸不住"粉"，破不了"圈"，就选择了"躺平"。个别单位平时不过问官微，一旦惹了祸，就是"小编"的错；一些地方针对政务新媒体的考核指标单一，设置不科学，奖惩不到位，这些都可能导致政务新媒体运营团队主动性不够、创造性缺乏。

以上种种，涉及认识、能力和保障三个层面。政务新媒体看似是一个账号，但远不止一个账号，背后是人心，是立场，是态度，是情感。

所以，小编不是小编，平台应有灵魂，微言可见大义。做好政务新媒体，需要直面正视，有啥问题就解决啥问题，综合问题就系统解决。

三

传播如水，以变为不变。守"政"创"新"，才是政务新媒体的永恒之道。

守"政"，就是严守政治立场、政务本位，守好公信力这个生命源。

互联网上，众声喧哗时，突发事件后，热点问题上，网民最期待的是党委、政府的权威声音。一字一句、一图一帧，都要尽可能精准回应关切，都要尽可能经得起细看热议。在近年多起社会舆情中，由于政务回应不够充分、到位，导致一波未平、一波再起，值得警醒。

平时发布内容，也要在真实、准确、权威的基础上，亲民情、接地气，增加"含政量"，增强可看度。如，"上海发布"注重微信下方评论互动答疑，单条评论最高点赞量达到数万。"代表官方，不打官腔""因为走心，所以耐看"，努力做好党委、政府面向群众的信息窗口、形象窗口与服务窗口，政务新媒体才能正道直行。

如果说公信力是"源"，传播力就是"流"。担得起期待，真正有影响，政务新媒体必须创新传播之道。

有"新"的样子，不能新瓶装旧酒、换汤不换药，要发挥新媒体的优势，让政务信息可读、可听、可视、可感起来，给人耳目一新、赏心悦目的感觉。G20杭州峰会期间，网上出现歪曲安保管控措施的谣言段子。浙江连续推出多期"捉谣记"，以"红段子"回应"黑段子"，取得意想不到的效果。如针对"汽车后备箱中的红酒被要求每瓶喝一口"的段子，就有评论说："这真是编段子的没醉，听段子的都要醉了。"

有"新"的能力，敢于在网络大海里游泳弄潮，不断更新工具箱，尝试新平台、新渠道、新方式，努力出新出彩出圈。如，"温州交警"抖音号推出"网红"公安小姐姐，注重以案说法、说理，收获660万粉丝。

有"新"的功能，推出更多有用有温度、可感可及的政务服务，努力成为群众的日常陪伴者、通勤小助理。去年初，一位市民在"深圳卫健委"微信公众号上留言求助，小编火速在留言区回复"电话发我"。短短四个字，让"深圳卫健委"冲上了微博热搜第一。

具体到运维层面，可以"瘦身健体"，该关停的关停，该合并的合并，集中精力做强主账号，选派主力军进入主战场。从2021年下半年开始，浙江推进基层政务新媒体规范化，将政府机构账号从8823个清理整合至2577个，形成一县（市、区）一主账号的"1＋N"体系。

同时，注重"握指成拳"，搞清楚自己的核心优势在哪里、目标人群是哪些，做到有所为有所不为。国家地震台网官方微博"中国地震台网速报"采用机器人写稿，确保地震信息第一时间发布。

再就是"合纵连横"，建立协同联动的政务新媒体矩阵，同频共振壮大主流声音。如，前年，"浙江发布"联合国家部委官微建立联动传播机制，开展"共同富裕看浙里"活动。

在地球上每个点凿下去，只要足够深，都可能到达地心。移动互联时代，政务新媒体的地位和作用只会加强，不会减弱。如何守"政"创"新"，答案就在一锹一锹的行动之中。

徐伟伟　执笔

2023年1月6日

最爱常山胡柚那一抹苦

> 微苦的人生才是完美的人生。胡柚的酸让人止渴，胡柚的甜让人愉悦，胡柚的鲜让人流连，唯有胡柚的苦让人清醒、让人思考、让人深邃。

人生百味，各有所爱。然而，诸味里以苦味最不讨人喜欢。哪有自找苦吃的？

不过，有一种水果的苦味却深得很多人的爱，那就是浙江衢州的常山胡柚。

这种苦味，是胡柚有别于其他水果的独特之处，也是常山人记忆里的家乡味道。

—

谈到常山胡柚，很多人第一印象就是这个水果有点酸、有点甜、有点鲜，还有点苦。小小的果实，把人生的味道演绎得淋漓尽致。

胡柚的苦，是微微的苦。

就像一位作家这样写道："荔枝是甜的，但甜得太猛烈了。柠檬是酸的，但酸得太端庄了。黄连是苦的，但苦得太粗鄙了。唯有常山胡柚酸甜适度，甘中微苦。"

初入口时，或许会感觉些许苦涩，待到回味时，却会让人体会到它的甘甜。就像生活，甜来得太容易之时，苦就显得尤为珍贵。只有尝过苦之滋味，才能让我们感受到更为强烈的甜蜜和快乐。

但同时，胡柚并非总是苦的。

俗话说，橘生淮南则为橘，生于淮北则为枳。常山胡柚是常山县特有的地方柑橘品种，系酸橙的栽培变种，距今有600多年栽种历史，也只有常山县的地质土壤种出来的胡柚口感才最佳。而什么样的胡柚才好吃？这里面的门道可不少。

当地人有妙招：挑胡柚，要挑扁平、果皮细腻的，颜色黄中略有微红为佳。大小也有讲究，12月到次年2月，挑果径95—100毫米的，到了二三月份，挑果径90毫米左右的，再到四五月份就挑80毫米左右的，这样就能挑到酸甜可口、果汁饱满的胡柚了。

十分的新鲜混着五分甜、三分酸、二分苦的复合口感，对常山人来说，这是一抹舌尖上的乡愁，更是一份味蕾里的思念。

正如有人说的，胡柚是一种耐得住寂寞的水果。它需要时间的沉淀来提升自己的价值，历经严冬才能让淀粉转化为糖、让果肉从白变为黄，最终迎来华丽蜕变。很多人喜爱胡柚，或许也正因它这"慢热"但又"长情"的品性。

笔者有一好友，是一位文艺界人士，平时素爱食胡柚，一首《品柚》小诗推敲了12年，写了多个版本，最近朋友圈又新发了一版："外裹黄金内溢香，酸甜润爽性偏凉。山中悟道千年久，九转成丹一味长。"

一边闻着胡柚花香，一边吃着柚果，胡柚为什么能让喜爱它的人百吃不厌？答案写在每一位食客心里。

二

胡柚味道虽然独特，但如果仅仅把胡柚作为一种水果来看待，多少有点"不识庐山真面目"。

常言道，良药苦口利于病。这句话用在常山胡柚上也十分合适。

常山胡柚性甘、平，味略苦、微寒，属中医学上少有的凉性水果。民谣里常称它，青果是中药，黄果是水果；小时候是中药，成熟了是水果；晒干了是中药，剥皮吃是水果；加冰糖煮是中药，直接吃是水果。

据《本草纲目》记载："柚（气味）酸、寒、无毒，有消食、解酒毒，治饮酒口气，去肠胃恶气，疗妊不思食、口淡之功能。"

中医里还有个"橘井"的典故。西汉时期名医苏耽，有一次有事外出，临走时他对母亲说："明年天下疾疫，庭中井水，檐边橘树，可以代养。井水一升，橘叶一枚，可疗一人。"没想到，来年果有疾疫，远近悉求其母治疗，皆以得井水及橘叶而治愈。

在常山民间，胡柚青果片也一直被当作中药使用，并且有以胡柚果肉加冰糖，蒸后口服来治疗感冒咳嗽的方子。早在1995年，常山县人民医院根据本地民间处方，遵循中医理论，以常山胡柚皮、枇杷叶等试制出的胡柚枇杷止咳露，用于560例上呼吸道感染以及急慢性支气管炎等患者的治疗，总有效率为96.2%，止咳化痰功效显著。

因此，当地还流传着"常山胡柚利于肺""常食胡柚，健康无忧""吃了胡柚一担，省去药费一半"等说法。

胡柚还未成熟时的小青果，采摘下来晒干切片后被称为"衢枳壳"，2018年被列入浙江公布的新"浙八味"中药材培育品种之一。

2020年，常山胡柚研究院开展的一项实验结果更是证明了这枚果子的功效。研究选择与人类基因有着87%高度相似性的斑马鱼进行实验，发现常山胡柚提取物对肺炎斑马鱼有明显治疗作用，主要表现为抗炎作用、巨噬细胞改善作用、降低炎症相关因子等功效。

胡柚当之无愧是药食兼用的"果中珍品"。

三

浑身是宝的胡柚，常山人谁家不种几棵呢？

笔者家中的父母，也种了几亩地的胡柚，曾经每年都给家里带来一笔不菲的收入。但是随着2000年以来柑橘产业竞争的加剧，胡柚价格越卖越低，原来2元一个的"瑰宝"，曾跌至每斤两三毛钱都无人问津，最后不得不砍掉大部分，只留几棵自己食用。

胡柚的沉沦让常山人感到心酸、惋惜，"常山胡柚比水贱"的无奈更让人心痛。这个有点苦的胡柚未来之路到底在哪里？众多常山人为之探索。

常山人讲，从2016年开始，来农户家收胡柚的小贩收购价一年比一年高，优质胡柚从每公斤几毛钱涨到了现在5元以上，许多人又萌生了再种胡柚的想法。

这一变化让人欣喜。细究前因后果，原来从 2016 年胡柚小青果被纳入《浙江省中药炮制规范》开始，胡柚产业就迎来了转机。

从过去"鲜果独大"到直播带货、果汁畅销、"青果入药"……短短几年时间，常山就涌现出近 30 家精深加工企业，已成功开发出"饮、食、健、美、药、香、料、茶"八大系列近 80 种产品，双柚汁、NFC 胡柚汁等畅销市场。

常山胡柚药用价值更是吸引了药企关注，国药老店胡庆余堂开发出"庆余常山胡柚膏"，上市两年来累计销售突破 60 万瓶；华润江中制药集团推出"江中常山胡柚膏"，首批上市 10 万箱产品销售一空。

胡柚也像它自己的口味一样，历经了苦，迎来了甜，正在变身摇钱树、致富果的道路上不断"涅槃"。

微苦的人生才是完美的人生。胡柚的酸让人止渴，胡柚的甜让人愉悦，胡柚的鲜让人流连，唯有胡柚的苦让人清醒、让人思考、让人深邃。

品胡柚如品人生。

在这个漫长的冬日，何不让我们剥一个胡柚、榨一杯胡柚汁、泡一壶蜂蜜柚子茶，然后细细品味，放下焦虑，来收获不一样的感悟。

徐毅　执笔

2023 年 1 月 7 日

"后疫情时代"，文旅如何"满血复活"

> 从长远来看，老百姓的消费欲望是可以引导的、消费信心是可以提振的、消费能力是可以激发的，文旅发展肯定会持续向好。尽管当下的挑战依然巨大，但最难的时候已经过去，寒冬正如同孕育着彩蝶的蚕茧，等待释放新的生机活力。

"The world is changed."这是电影《指环王》里的一句台词，也可以说是今天这个世界的写照。

从武汉疫情的猝不及防到全国的动态清零，从奥密克戎袭来的步履不易到"集中过峰"的同舟共济，再到"乙类乙管"的靴子落地，很多人说我们开始走入"后疫情时代"。这个时代，世界已大不同，对文旅行业发展来说更是如此。

走出疲惫期，大家都渴望用文化重拾温暖，用风景"治愈"病痛，遭受重创的文旅行业也仿佛来到了黎明之前。可是，起风了，如何把复苏的船帆张得更满，如何让回血回暖之路走得更顺利，或许还有不少问题值得我们思考。

一

　　会有报复性消费么？压抑了3年之久，人们心中也许有一个预期，就是几近停摆的文旅行业会迎来一波需求反弹。

　　最近各大订票平台的火爆似乎印证了这一点。作为防疫"新十条"出台后的首个小长假，今年元旦不少地方的旅游业正在回暖。

　　有报道显示，仅黄山风景区1月1日全天游客接待量就达10873人，同去年元旦相比增长了57.88%；在去年12月28日，美团平台上元旦期间目的地为"三亚"的旅游订单就已环比增长484%。

　　正如有网友说，"要把这三年没做的事情补回来"，人们的出游热情在逐步升温。在生活的城市内看展、观影、看演出，走出生活圈，去西藏自驾、去海里潜水、去高山徒步……心里早已蠢蠢欲动。

　　这说明，随着疫情防控政策不断优化和各行各业有序复苏，人们对未来的预期更加积极乐观，也更愿意为"诗和远方"买单。大家出游了，市场回暖了，各类主体有生意可做了，文旅行业也就有了"挺过来""走出来""跑起来"的希望。

　　加之不少地方正密集出台一系列扶持激励政策，因此文旅消费的"春天"也越来越值得期待。但预期向好之下，摆在文旅行业面前的现实难题并不少。

　　从他国数据上看，情况不如想象中乐观。就拿早已放开入境政策和疫情常态管控一年多的日本来说，2022年11月，访日游客达到93.45万人，这是自2020年疫情暴发后首度逼近100万大关。但如果放到2019年，那时月均访日游客是265万。可见，放开后距离完全复苏还有差距。

进入"后疫情时代"，过去三年产业链的反复失血更令人头疼。行业人才的大面积流失，中小文旅企业资金链断裂，不是一句"复工"就能马上喊回来的。产业基础设施更是不增反降。有报道称，自2014年以来，我国影院数、银幕数首次出现负增长，截至2022年3月，全国影院数量较2021年减少380家，银幕数减少1821块。

可见，疫情长期影响下的市场修复还需要一个"观望—试探—恢复—增长"的过程。文旅行业在未来一段时间面对的或许仍是"苟着消费"，"满血复活"也难以一蹴而就。

二

如何因时而动、休养生息，在科学调理中恢复生气？

或许有人已经发现，"后疫情时代"，出于安全、消费欲望等多种因素考量，"近程高频"休闲度假游取代"远程低频"观光游的变革步伐还将进一步加快。

携程数据显示，2022年国庆期间，浙江、北京、广东等地周边户外旅行订单量同比2021年分别实现222%、100%、70%的增长。此外，飞盘、皮划艇、骑行等城市新运动玩法，在国庆期间销量同比增长425%。在复苏浪潮中，将喝到头道汤的或许还是城市周边游、乡村旅游、大休闲产业。

同时，疫情让人们对规模化人员聚集更为警惕。"人多的地方不去"，这句长辈们曾经的叮咛，正成为越来越多人的共鸣。疫情过后，不少人更"懒"了、更"宅"了，连家门口的超市都"累觉不爱"，买菜都要叮咚上门了，倘若今天的文旅产品和文旅服务还需要消费者去费脑子、花精力地"众里寻他千百度"，那可能会应了一句"调侃"——以前我们竞争不过桌上的麻将，今天也同样竞争不过被窝里的手游。

反之，如果能把高质量的产品服务，个性化、精准化地送到老百姓的家门口，甚至递到手中、喂到嘴里，就有望于变局中开新局，率先抢占时代浪潮中的文旅风口。

比如，浙江近年来推出的"15分钟品质文化生活圈"，8288个覆盖全省的"文化圈"，方便群众走出家门步行15分钟即可享受高品质公共文化服务。还有"浙里文化圈"数字应用，通过用户精准画像，让文化生活场景变得触手可及。这些都是较为成功的尝试。

文旅深度融合虽然是老命题，但"后疫情时代"的"救市"，需要用文化的守正创新，共同把这篇文章写出新精彩。

一方面，文化不能有"破烂的衣裳"。优秀传统文化的创造性转化、创新性发展需要借旅游的加持来"包装"，让有内涵的文化有看头也有说头。另一方面，旅游也不能"孤身走暗巷"。好看的皮囊终要以有趣丰富的灵魂来支撑，旅游业还需持续加强对特色文化、特色资源的挖掘、整理和研究，将其转化为优质文旅产品，真正让游客眼里看过了以后，在心底留下点什么。

曾经的浙江，所谓的"普罗旺斯薰衣草小镇"就超过20个，游客来了不知道该玩哪个。如今，大家不再你抄我、我抄你，背后的策略其实是深耕特色、因地制宜。比如"百县千碗"，一个文旅融合的小切口产品，4年来，以2865道"百县千碗"菜品为代表的美食IP逐渐成为地方文化旅游发展的重要竞争力，不仅做成了"微品牌"、拓展了产业链，还撬动了大消费。

当然，玩得放心，还要玩得安心。在新的消费需求不断升级的今天，文旅更要"绑牢行业的安全带"。

有人说，3年抗疫下来自己更"惜命"了，"什么惊险刺激都离远点"；也有人表示苟完三年要"报复"了，微博上一个"放开后你想干点啥"的投票，跳伞就排在第二位。但无论面对哪一类人，文旅从业者都应考虑到：大家出来旅游，保证安全始终是第一位。建立完善全链条安全防范机制，才能为"诗和远方"护航。

三

14亿多人口的大国，市场依然在，机遇依然在。开拓市场、把握机遇，不仅要靠文旅从业者的共同努力，也需要政府部门的积极作为。

前不久，中央经济工作会议指出，"大力提振市场信心，把实施扩大内需战略同深化供给侧结构性改革有机结合起来"。"后疫情时代"的文旅行业在需求和供给两侧都有发力空间，关键是要行动起来，加强政策供给。

比如，在需求侧，疫情防控政策优化为文旅需求的释放创造了条件，各地该怎么刺激消费、扩大需求？在供给侧，各地如何丰富文旅产品、提升文旅服务质量？

其实，归根结底，是要解决信心不够的问题。有业内人士指出，目前文旅市场主体缺乏投资信心，消费者缺乏足够的消费信心，游客对旅游目的地的接待能力、服务质量信心不足。

信心比黄金更珍贵。笔者以为，对政府部门来说，至少可以从四个方面重建信心：

如何让市场主体更有活力？三年疫情，不少文旅企业遭受了损失。可以拿出硬核政策奖补文旅企业，比如杭州市计划投入专项资金，实施旅行社引客奖励、会奖旅游专项补助等系列措施，也可以通过政银企合作的形式助力企业融资，帮助有质量的文化和旅游项目申请地方政府专项债券。除了帮企业回血，还可以帮企业减负。比如河南焦作市就支持旅游企业争取政策恢复发展，包括实行景区贷款贴息补贴，对旅行社继续实施100%暂退旅游服务质量保证金，等等。

如何让消费者对文旅消费更有动力？这方面的办法有很多。比如，举办"浙江文旅消费季"等主题活动，继续发放文旅消费券，支持A级收费景区实行免费开放或优惠票措施。再如，杭州就宣布，1月起至3月底，杭州西湖景区17个收费景点免门票。甘肃平凉市组织实施景区门票优惠减免等十大行动，其中景区门票优惠减免行动将持续至今年4月30日。此外，相关部门也需加强"吃住行游购娱"各环节监管，让老百姓旅游开心、舒心、放心。

如何创造文旅新业态，多一些"私人订制"的魅力？近年来，在各类创新要素驱动下，催生了不少文旅新业态新模式，丰富了老百姓的旅游体验，不再是简单的"白天看庙、晚上睡觉"。如今，人们对旅游的选择已经从"有没有"转向了"精不精""好不好"，个性化、分众化、专业化的旅游需求日益凸显，体育休闲游、研学游、康养游、体验游等正成为新热点。因此，也要主动适应这一趋势，因地制宜、因势利导，培育"旅游＋体育""旅游＋教育""旅游＋健康"等一批"旅游＋"新业态，同时加快数字赋能，积极主动运用5G、大数据、云计算、虚拟现实、人工智能等新技术，让科技为文化旅游插上翅膀。

如何丰富文旅产品供给与服务，让美丽浙江更有引力？目前，跨省游已全面恢复，出入境旅游即将有序恢复。今年，杭州将举办亚运会，浙江将举办一系列国际性文化旅游活动，这些都是向全国、向世界擦亮浙江文化标识、展示浙江形象的契机。去年，浙江启动了"文艺星火赋美工程"，通过创新机制、创新模式，促使省市资源下沉和全社会资源激活。新的一年，当文艺不限于剧场、不囿于围墙，而是能更好地走进公园、走进街坊、走进社区，"诗和远方"就近在眼前。

人间烟火气，最抚凡人心。从长远来看，老百姓的消费欲望是可以引导的、消费信心是可以提振的、消费能力是可以激发的，文旅发展肯定会持续向好。尽管当下的挑战依然巨大，但最难的时候已经过去，寒冬正如同孕育着彩蝶的蚕茧，等待释放新的生机活力。

韩昱　执笔

2023 年 1 月 7 日

鹅湖之会的启示

> 在互联网普及的今天，人的思想和观点交汇更加直接，在某些领域也更加激烈。但我们是否能常怀鹅湖之会先贤遗留下的那种风骨，求同存异，兼容并包，不让极化成为互联网观点碰撞的唯一取向，值得我们思考。

800多年前，一场由金华人邀约促成的辩论会，首创书院会讲之先河，这就是著名的"鹅湖之会"。

南宋淳熙二年（1175）六月，信州鹅湖寺迎来了四位思想家——金华学派的吕祖谦、理学家朱熹和心学大咖陆九渊、陆九龄兄弟。

"鹅湖讲道，诚当今盛事。"促成这场盛会的，是"婺学"领袖吕祖谦。

吕祖谦与朱熹亦师亦友，与陆九渊、陆九龄兄弟也是思想融汇的神交。他全力促成这场鹅湖之会，为的就是要调和理学与心学，从这两种看似针锋相对的哲学思想中获取具有普世人文价值的思想。

不党同伐异，不立场先行，而是以双方思想碰撞之交汇，以人格影响之魅力，循循善诱，谦和温润。

吕祖谦在800多年前的这些努力，放眼当下，仍有参考价值。

在互联网普及的今天，人的思想和观点交汇更加直接，在某些领域也更加激烈。但我们是否能常怀鹅湖之会先贤遗留下的那种风骨，求同存异，兼容并包，不让极化成为互联网观点碰撞的唯一取向，值得我们思考。

一

理学和心学之争，在南宋已进入高潮。

特别是在朱熹和陆九渊、陆九龄这三位"弄潮儿"出现后，南宋文坛对于理学和心学的争论已经趋于白热化。

理学强调天理，强调客观规律，抵制人之欲望。心学强调个人感悟，提倡"随处体认天理"。

当时朱熹高举理学大旗，在东南声势日隆。陆九渊、陆九龄却开心学先河，探索出了一条截然不同的认知路径。特别是陆九渊，提出"心即理"之说，尝言："宇宙便是吾心，吾心即是宇宙。"

陆九渊与朱熹在当时齐名，双方的观点却截然不同。两人多次公开辩论，双方孰是孰非，成为当时南宋文坛的学术热点。

同样在宋韵文化中留下浓墨重彩的思想家吕祖谦却对此有自己独到的见解。他的个人学术观点，在很多方面是赞成朱熹的。可他并没有因此就开始站队。

相反，他积极邀请朱熹和陆九渊、陆九龄一起讨论"教人法"

（即认识论）的问题，并且希望从中调和双方的观点。

自古有文人相轻之说，在这种学术观点争论的焦点时刻，敢于站出来提倡调和和兼容立场对立各方的观点，是非常需要勇气和技巧的。

二

那么，吕祖谦为何能够成功组织鹅湖之会？

首先，识文如识人，吕祖谦对朱熹和陆九渊的为人有深刻了解，对双方的心胸有足够信心。

从个人感情来说，吕祖谦和陆九渊、朱熹都是亦师亦友。他与双方有频繁的学术接触，还孕育出了个人友情，史料多次记载他与两人的同行同学之谊。

吕祖谦对两位学术大咖有过一段经典的评语："元晦（朱熹）英迈刚明，而工夫就实入细，殊未易量。子静（陆九渊）亦坚实有力，但欠开阔。"

这一评价，连两位先贤都认为不失公允。

其次，与吕祖谦温润谦和但又不失坚定的性格有关。善于倾听，敢于明辨，不失初心，吕祖谦的人生一以贯之。

吕祖谦在服父丧期间，多名学子慕名而来，希望吕祖谦开学授课。吕祖谦有感于学子们对学问的执着，就免费馨陈所学，每日家门口聚集学子人数超过三百余。

讲学期间，陆九渊和汪应辰等人多次劝说吕祖谦，一是要坚守纯孝之心，二是边服丧边讲学对身体不利，也不利于学生全身心吸收学问。吕祖谦很快采纳了这些意见，但又考虑到实际情况，多数学生远道而来，没办法短时间内突然遣散。

他坚持把讲学举行到了当年底，随后才陆续请学子离开。

吕祖谦的坚定，体现在不为功名所迷惑，拒绝站队，坚持直言。

乾道六年（1170），吕祖谦升任太学博士，并兼国史院编修官、实录院检讨官，获得了觐见皇帝的机会。当时的宋孝宗，经历了隆兴北伐的大起大落，对战和摇摆不定。大臣们则各自站队，分为主战派和主和派。

针对北伐的问题，吕祖谦却仗义执言，既没有附和主和派全盘否定北伐，也没有支持当时激进盲动的主战派，而是提出"让妄言空谈不敢在陛下面前呈现，然后再与几位大臣定成算而次第行之"的意见，委婉地批评了宋孝宗此前绕开三省和枢密院直接对金不宣而战的鲁莽做法。

正是因为吕祖谦的这种温润而又不失坚定，促成了鹅湖之会这样的思想盛会落地。

三

淳熙二年（1175）六月，鹅湖之会，在吕祖谦的多次努力下，终于成行。

会上，吕祖谦虽然不是参与辩论的主角，却是这场盛会的"定海神针"。

史料记载中的鹅湖之会，围绕辩论主题"教人法"，朱熹和陆九渊的争论一度非常激烈，可谓是针锋相对。

九渊门人朱亨道有一段较为详细的记载：论及教人，元晦之意，欲令人泛观博览而后归之约，二陆之意欲先发明人之本心，而后使之博览。

朱熹主张"格物穷理"，二陆主张"发明本心"，双方多次处于不欢而散的边缘。

会上，吕祖谦并没有表态站队，而是"甚有虚心相听之意"。吕祖谦确实也有学术倾向，他内心更认同朱熹的观点。但他也不否认，二陆主张的"教人法"在精神内化过程中具有积极作用。

针对双方的争议，吕祖谦现场就能做出较为公正的评价。

他提出"讲贯通绎"是治学教人的根本法则，双方都不能否定。同时也指出，观点较为激进的陆九渊的局限性在于因人废理。谓："大抵陆子静病在看人而不看理。"

后世对这场论战的记录和认识，往往把谁胜谁负看得很重。其实，鹅湖之会，是一场思想上的碰撞和交汇，并非决定胜负的角斗场。会上，朱熹、陆九渊依旧各执己见，陆九龄则在吕祖谦的影响下，放弃了原本坚持的观点。

四人在日后虽然境遇不同，但都没有因为这场会上的争论而产生龃龉。各方在日后争论依旧，但和吕祖谦的情谊却没有任何变化，在吕祖谦去世后，陆九渊仍然追念之，将其视为伯乐。

和而不同的论战结果，也是吕祖谦这位讲究"实学"的谦谦君子，最愿意看到的。

四

鹅湖之会，吕祖谦和朱熹、陆九渊等人突破了所谓文人相轻的魔咒，做出难得的学术尝试。鹅湖之会后，朱子理学和二陆心学都先后发扬光大，在明宋时期交相辉映。

时至今日，鹅湖之会对于身处信息洪流中的人们来说，仍然具有现实意义。

在现在的互联网中，焦点热点几乎每时每刻都在发生，围绕这些热点，各种不同的声音层出不穷，其中不乏为了流量站队互撕、为了立场抱团伐异等错误行为。

比如，针对防疫、烟花爆竹燃放等群众关心的问题，以极化的方式去撕裂受众，成为不少流量平台的套路。

回味鹅湖之会的盛况和吕祖谦的心路历程，我们不妨给自己来这三剂上网冲浪的清醒剂。

守住底线理性讨论。在网络里可以百花齐放，可以讨论，甚至争论。但争论应该有边界，不能动不动就捕风捉影，滥用人身攻击的套路。更不能牵强附会，风闻言事，看到只言片语就随意扣帽子。这不是表达观点，而是在搅浑水。理性表达，客观批评，不但要批更要学会判，提供建设性意见，不做无妄之言。

求真务实不信谣言。网络里的流量党，往往将事实放在一边。只要能博取眼球，就九分假里掺一分真，开始搅动舆论。诸如"国产疫苗打空气"等各种所谓的阴谋论也接踵而至。作为网友，我们不但要理性表达更要理性获取。对网络里的信息，要善于去伪存真。当一个危言耸听的观点或者信息出现时，不妨多问几个为什么，多看看同类观点和权威信息，也许就不会被迷惑。

谦虚谨慎善于反省。网络时代，人人都有话语权，正因为如此，更不能以流量聚集而得意忘形，更要谦虚谨慎，提升自我认知能力。错误的观点一旦被放大，危害性可能超出想象。我们同处于一片舆论场里，舆论场玉宇澄清，风清气正，网络人士的发展空间才更加广阔。不妨把上网也作为一种自我修养提升的过程，人无完人，时时多反省，定能发现新的视界。

互联网时代，让我们每天都践行类似鹅湖之会的思想碰撞，这是科技赋予我们的最大确信。但正因为思想观点交流更便捷了，我们才更要谨慎指尖输出的内容。善未易明，理未易察。举轻若重，心存光明。唯有如此，方能不负这时代之进步。

徐健辉　执笔

2023 年 1 月 8 日

中国人为什么爱回家过年

> 唯有回到老家，这个年才是完整的，才是生动鲜活的。家里总留着一盏最温暖的灯，照耀着回家过年的路，这是所有游子心里的最大期盼。

每到临近过年，人们打招呼的方式渐渐都变成了："你什么时候回家？""你多久没回家了？"

1月7日，是2023年40天春运的第一天。春运，被称为"地表最大规模人口迁徙"。经交通运输部门初步分析判断，短短一个多月时间里，客流总量预计约为20.95亿人次，比去年同期增长99.5%，恢复到2019年同期的70.3%。

对于很多三年没回老家过年的人来说，这也将是最为温馨、最为期待、离家最近的一次春运。

疫情三年，让多少游子与家人天各一方，让多少老人望穿秋水，让多少留守儿童苦思父母？而今年，这一切的相思、期盼、等待，相信都将化为阖家团圆的喜悦和美好。

中国人为什么如此执着回家过年？今年回家过年，有什么不同？

一

回家过个团圆年，是流淌在中国人血脉里的基因，是中国人重土情结最为淋漓尽致的展示。

在古代，由于山高路远，想回家过个春节并不容易，游子们只能把思乡的情感寄托在诗词里。如唐朝诗人王湾只能在旅途中遥想家乡过年的盛景，他将心中的苦闷寄托在诗中，写下《次北固山下》："海日生残夜，江春入旧年。乡书何处达？归雁洛阳边。"而清词人纳兰性德写"风一更，雪一更，聒碎乡心梦不成，故园无此声"，旅途中的情绪就更为惆怅。诗佛王维写得很委婉，"君自故乡来，应知故乡事。来日绮窗前，寒梅著花未"，问的是梅花，想的是亲人。

这种浓厚的乡土情怀、团圆愿望，最后都浓缩凝练在这平仄起伏的方块字中。

到了现代，回家依旧是过年最重要的日程。但改革开放初期，春节运力还不太发达，过年回家对游子来说是又喜又愁的事。喜的是，辛苦一年，终于可以回家团聚；愁的是，回家的车票却一票难求。曾经有多少人在火车站彻夜排队却买不到票，只能暗自落泪；又有多少人曾欣喜若狂拿着站票，颠簸几十个小时也要回家。

还记得2008年初，中国南方遭遇百年一遇的特大雪灾。当时的铁路大动脉京广线列车全部瘫痪，差不多有40万人被困在了广州火车站达11天之久。那一年的春运，成了中国人对过年回家难记忆最深刻的一幕。此后，高铁发展突飞猛进，困扰了中国人几十年的回家难、买票难的春运难题，终于得到了解决。

为何回家之路如此不易，中国人还是要想着回乡过年呢？因为中国人看重根脉，唯有老家的氛围、儿时的味道、父母的亲情，才是最治愈人心的。

由于中国城乡的二元结构，游子们平时在大城市、发达的东南沿海打拼。很多人自嘲，回了老家，就从陆家嘴的CBD精英杰瑞、迪森，变成了村口的"狗剩""二蛋"，原来的西装笔挺变成了花衣棉裤。在家里，大家卸下重负和面具，无拘无束地做回自己，找回儿时的轻松快乐。

有网友说，年轻时总向往着远方，远方才有梦想，但总有几个人，盼着你回家，家才是一生的方向。正如《回家的路》唱道："回家吧，幸福。幸福，能抱一抱父母。说一说，羞涩开口的倾诉。灯火就在，不远阑珊处。"

唯有回到老家，这个年才是完整的，才是生动鲜活的。家里总留着一盏最温暖的灯，照耀着回家过年的路，这是所有游子心里的最大期盼。

二

回家过年，是思念与亲情最直白的表达。正如有网友说：过年不是父母最盛大的节日，你回家才是。

虽然有不少人吐槽着，"不想面对七大姑八大姨的关心""不想听到父母的唠叨"，但回家的脚步却诚实地透露了想家的心。许多网友不告诉父母，自己悄悄回家，偷偷拍下视频，记录父母看到自己的那一刻惊喜的表情。视频里，有欢快鼓舞，也有感动落泪，但这些都是积攒了的思念最真诚的流露。

然而，从2020年开始，这种大规模的团聚突然被按下了暂停键。在被疫情困扰的三年里，"提倡就地过年"成了新风尚。

为了防疫大局，为了安定祥和，游子们做出了情感牺牲，留在了奋斗的城市，不再拖家带口回家。而居住的城市也展现了极大的温情和善意，用各种温暖的举措，让留下来的游子们也能享受到过年的欢乐。如杭州，近两年一直给留杭过年的务工人员发现金大红包，让人感到很温馨。

这几年，很多人跟老家的亲人之间，更多地只能通过视频等方式在"云上"过年，那种最炽热的情感只能暂时深藏心底。但时间久了，真的会憋出乡愁来。游子的心声家乡听得到，他们心里的委屈家乡也都懂。

比如有些地方，在防疫政策调整优化前，就已对游子张开怀抱，展现得极为温情。如在2022年12月初，湖南省张家界市桑植县县长梁高武，公开喊话在外打工的游子春节回家过年，"有钱无钱回家过年，欢迎你们回来"，获得点赞无数。

去年过年，北京一年轻姑娘，给老家嘉兴的社区打电话询问返乡政策，社区人员解释了半天，最后说了一句："想家了吧？想回来就回来吧！"短短一句暖心问候让无数人破防，许多人写下"你永远可以相信浙江"。

偶尔也有个别地方摆出一副冰冷的面孔，令人心寒。比如，最近，就有一地依然在倡导不要回乡过年。官方最后解释，说是发布人员误把内部掌握的文件擅自发布，已对其进行批评，将相关文章火速删除。陈述的理由听上去言之有理，看上去用心良苦，但依然遭到了回家心切的网友们的冷嘲热讽。

现在，三年过去，游子们再也不用为各地采取的防疫措施发愁，再也不用担心村干部、邻居可能会有些异样的目光，可以自由、安心地回家了。回国入境也不用再隔离，长期旅居海外的游子也可以顺利回国了。即便远在天边，但跟家乡也只有一张机票的距离。

三

有人说，过年是中国人最重要的"仪式感"，而这份"仪式感"只有在老家感受才最为强烈。最近在社交平台上，第一波回乡的人们已经开始准备杀年猪、灌香肠、办年货了，"年味儿"越来越浓，也催促更多的游子该踏上归家的旅途了。

过年的"仪式感"不仅在于过节本身，更在于让一年来的忙碌、辛苦在这段时间里得到沉淀和慰藉，吃几顿家乡饭、感受家庭温情，给自己充充电、打打气，鼓起信心，迎接充满希望的下一年。

对每一个小家庭来说，过年是一次重新出发；对于国家这个大家庭来说，亦是如此。

三年的疫情，我们国家一路走来并不轻松。今年我们终于迎来"乙类乙管"后的第一个春节，三年来大家累积的回乡过年、探亲访友、旅游观光等出行需求集中释放。可以预见，今年春节定将是"年味儿"浓厚热烈的一年。

但不能忽视的是，现在还处在"海日生残夜，江春入旧年"的特殊交汇时期，一线城市的感染高峰已过，但一些小城市、广大农村的感染还在过峰。而且农村地区的医疗配套毕竟薄弱很多，回家后，亲朋好友互相走访，聚集性活动会更加频繁，新冠病毒感染向偏远农村地区扩散的风险将明显增大。

有专家建议，可以提前做好一些防护物资的准备，比如准备一些口罩、手消的防护用品以及干湿消毒纸巾、手巾等，还要注意个人卫生，尤其是随时保持手卫生，避免接触公共的物品，等等。也可以搭一把手，备一些退烧、抗病毒的药，带给老家的父母和邻里乡亲，因为那里用药要困难一点。总之，多一分对自身健康防护的重视，多一份对父老乡亲的牵挂，总没错。

回家的心情是急切的，但回家路上要注意安全。据公安部交通管理局分析研判，今年春运交通安全形势更加复杂严峻，不仅面临主干公路交通流量增大、自驾和客运出行风险加大、农村地区交通安全风险加大、冬季恶劣天气影响等交通出行的相关因素，还会与疫情防控新阶段的诸多衍生风险相互交织。安全才能回家，千万不要忽视。

因此，过年的气氛可以热热烈烈，但健康平安仍然是第一位的。我们希望，大家能在安定祥和的氛围中度过这个春节，也一起迎接充满活力的兔年。

无论个人还是国家，都太需要这样一个热烈祥和的盛大节日来驱散压抑心头三年的阴霾，拥抱一个全新自由灿烂的未来。

今年的回家路是顺风路，今年的除夕夜是团圆年。祝福即将背上行囊、踏上归程的你，一路顺利，平安到家。

赵波　执笔

2023 年 1 月 8 日

苏东坡如何走出人生的黄州

我们这一生，不管是工作还是生活，如苏东坡一样，总会遇到自己的杭州或黄州。

假如一个人前半生一直顺风顺水，被视为最重要的后起之秀，但人到中年却遭受种种打击，被扔到了最边缘，家里还有十来口人嗷嗷待哺。遭遇这样的变故，他该何去何从？

这个倒霉蛋刚好是苏轼。他因反对新法，被人捕风捉影在诗文里找到"罪证"，结果深陷"乌台诗案"。历经130天的痛苦折磨后，他被发配到了黄州——长江边的一个穷苦小城。那一年他已45岁，给他治罪的宋神宗比他还年轻十来岁，完全看不到复出的希望。

那么，苏东坡是如何跨越低谷，走出人生的黄州的？昨天是苏东坡986岁生日，我们一起走进他的人生。

一

我们先得明白，苏东坡是个普通人，和你我一样，也会害怕恐惧，而不是天生就云淡风轻、把苦难当财富的。

先看他当时所处的政治环境。朝廷给他安排了个黄州"团练副使"，但只是虚职，其他权力、待遇都没有。说白了，他是被当地官府重点看管的，不能随意离开本地。和被发配沧州的林冲相比，除了脸上没打金印，不用去看守草料场以外，其他的差别并不大。

且朝廷里的政敌们还没收手，正在翻他主政徐州时的陈年旧账，罗织新的罪名。这政治压迫的阴影一直盘踞在他心头。

其次，生活上的落差也很大。

住得非常差。他刚来时，没地方住，只能借住在寺庙里；后来，家里十来口人都迁来了，没地安顿。经人帮忙，把长江边的临皋亭——一个水上驿站，当成了全家的落脚之地。

钱不够用。他原不以钱财为意，从不积蓄，但现在他俸禄全无，朝廷只象征性给点食物。全家只得精打细算，把一个月开销的铜钱全挂在屋梁上，每天取下一串，刚好150文，够家里一天最基本的开支。即便如此节俭，这钱也只能撑上一年。

更可怕的是孤独。黄州地处偏僻，信息闭塞，几乎与世隔绝。由于"乌台诗案"，那些和他有诗文来往的人，很多被连带处罚——重的免官，轻的罚铜。

由此很多朋友为自保，都不往来了。他偏又是个不甘寂寞的，这整日没有朋友一起把酒言欢，就愈加闷闷不乐。他感叹："黄州真在井底。"

他只好白天整日睡觉，晚上出去瞎逛。写点文字，处处小心翼翼，害怕祸从口出；喝点小酒，也不敢酩酊大醉，唯恐酒后失言。

他觉得自己就如同定惠院小山坡上那株海棠花一样，只能幽独地开放在黄州这个苦寒之地——"雨中有泪亦凄怆，月下无人更清淑"。除了孤芳自赏，别无选择。

这一切的凄苦，都被他浓缩在那首《卜算子》的词里——"谁见幽人独往来，缥缈孤鸿影""拣尽寒枝不肯栖，寂寞沙洲冷"。

人虽到了黄州，但心底是惶恐的，身子是蜷缩的，他拒绝走进去。

二

到了黄州一年多，这情况开始改观，那时他的积蓄即将用光。

为解决生计，他靠朋友四处奔走，侥幸在东门外的小山坡上得了一块荒地，有五十余亩。虽然这块地荆棘丛生、瓦砾遍地，但他如获至宝，带领一家人热火朝天干起来。早耕田、晚织布，晒得黑、干得苦，当朝大才子变成了地道的农民。

辛劳了许久，收成总算比他的偶像陶渊明好得多。陶渊明是"种豆南山下，草盛豆苗稀"，纯粹种了个寂寞；他第一次就收成了大麦二十余石，度过了青黄不接的断粮期。

他雅兴不减，还在田边上盖了五间农舍，在正厅墙壁上画满了雪景，称其为"雪堂"。他怡然自得，给自己取了"东坡居士"的号。他慢慢打开了自己，在简陋之处学会了诗意栖居。

他与生俱来的"社牛症"，让他在当地也获得了一堆朋友。边上的农民和他打成一片，帮他盖房种地；本该监视他的官员，和他倒成了知己，逢年过节请他喝酒。而远在杭州的朋友，每年都雇人送来钱物，捎来杭州特产。他从此不再寂寞。

当地很普通的风景，在他笔下，被描绘成了"诗和远方"；寻常的猪肉，经他点石成金，成了让人垂涎欲滴的东坡肉。他完全不顾及罪官身份，发起育儿会，解决了当地沉疴已久的"杀婴恶俗"。他开始买田置业，准备长期在黄州过普通人的生活了。

这一切，便如他词里所言——此心安处是吾乡。

当苏轼成了苏东坡，他便走进了黄州，并与之融为一体，从仕途的失意中走出来，和苦难握手言和。

三

但这样远远不够，唯有走出黄州，把人生的苦难咀嚼成艺术的高峰，才能成为不朽的苏东坡。

苏东坡在黄州待了四年两个月，但留下的文字足以照耀千古。

他无聊度日时，会细品"殷勤昨夜三更雨，又得浮生一日凉"；他酩酊大醉时，会感叹"小舟从此逝，江海寄余生"；他遭遇大雨时，会潇洒地"莫听穿林打叶声，何妨吟啸且徐行"。这一切的吟咏，都成了宋词的瑰宝名篇。

他在苦雨来袭时，写出了《寒食帖》这样的书法杰作，被后人誉为"天下第三行书"。他的《记承天寺夜游》《书临皋亭》都是笔记小品的绝佳之作。

他的《念奴娇·赤壁怀古》唱着"大江东去"，吊古伤今，成了豪放词的代表作。他的前后《赤壁赋》继承发扬了老庄的思想，清幽旷远，文采飞扬，成为宋代文赋的巅峰之作。

黄州的赤壁，本来默默无闻，不算主流正宗，经苏东坡"三咏"后，这"东坡赤壁"甚至超越了三国赤壁，成了后人的网红打卡点。

黄州让苏东坡沉淀了下来，给了他第二次艺术生命，让他迎来了创作的又一次高峰。这是仕途顺风顺水时办不到的。

我们这一生，不管是工作还是生活，如苏东坡一样，总会遇到自己的杭州或黄州。

杭州的苏东坡，总体是快乐的，当着通判、知州，要么游山玩水、结交好友，与民同乐；要么疏浚西湖、营造苏堤，为民造福。通达时，总要昂扬奋进，实现经世济民的价值。他那时的文字是轻灵的、通透的。

黄州的苏东坡，是愁苦的，被弃置流放，可他依然在穷山恶水中看到了无边风景，经一番咀嚼转化，在诗词、文赋、书法上都达到了自己的巅峰。他此刻的文字是厚重的、深沉的。

如果没有黄州的艺术磨炼，我们或许只能看到那个才气纵横千古的苏轼，却见不到那个历经沧桑后"万里归来颜愈少"的苏东坡，感受不到那种直击人心、穿越千古的力量。

要是不幸碰到了人生的黄州，你该如何走出呢？

赵波 执笔

2023 年 1 月 9 日

"最美"是一股什么风

> 凡事在局外呐喊议论，总是无益。躬身入局，方有成事之可冀。
>
> "浙"里的"最美"，从来不是踽踽独行，而是你我共同拾级而上。

时代的浪潮波澜壮阔，却在润物无声之处孕育无穷力量。

前些天，2022年度"最美浙江人·浙江骄傲"人物揭晓。在"浙里办"App"最美浙江人"应用上，全民推荐的"最美人物"有16000人次之多，大家纷纷点赞，之江大地盛产"最美"；浙江省委、省政府主要领导第一时间看望"最美"典型，更让人们感慨，崇尚英雄才会产生英雄。

起初，从2011年"最美妈妈"吴菊萍开始，"最美"还只是一个反映人们价值判断和内心赞许的修饰词。而逐渐地，经过时间的沉淀与发酵，这两个字已演变为一种无处不美、无时不美、无事不美的社会现象。

这不禁令人发问："最美"是一股什么风，席卷之江大地？坚持礼赞凡人善举、弘扬最美精神，究竟给浙江带来了什么、又留下哪些启示？

一

从"时代楷模"钱海军身上，我们看到"博爱""奉献"；从免费发放4万粒布洛芬的宁波"80后"药店夫妻身上，我们看到"暖色调"的凡人善举；从不顾自身安危跳入冬日冰海勇救沉船人员的许波身上，我们又看到"无畏"的大爱……

解读"最美"，读懂他们如何标注浙江人的精神高度，先要了解"浙"里头的文化积淀、现实机理及实践逻辑。

10.55万平方公里的道德沃土，自古孕育着节节拔高、向阳生长的"最美之花"。"浙"里拥有一片滋养"最美"的社会文化氛围，也有一群自觉践行"美"的"热心肠"。

《宋史·地理志》里，把浙江人的文化气质概括为："人性柔慧，尚浮屠之教，厚于滋味，善进取。"善良、智慧、温柔、进取、开放、互助……构成了浙江人世代相传的文化基因，"最美浙江人"的涌现是意料之中的，深深根植于浙江这方水土。

发自内心的尊崇，让"最美"有了更强大的生命力。"最美现象"释放出的效应，将每个人的生活与"最美"紧紧相连。那点点滴滴的感动向你我昭示着：总有一些责任值得坚守，总有一些美好值得追求。人们的精神世界，被来自平凡生活中的每一次感动充盈着。

有了美，还离不开传播美、放大美的渠道。这些"最美"典型之所以能形成放大效应，除了事迹本身感人外，也得益于公众以敏锐的视线捕捉"最美"，媒体借自身的平台放大"最美"，互联网用前所未有的效率传播"最美"。这些都是"最美现象"蔚然成风的重要条件。

特别是进入移动互联网时代，浙江独具特色的互联网基因，常常以燎原之势将一个视频、一张照片、一句温暖话语传播出去，让感动直抵千家万户。

早在2011年，浙江"最美现象"就开始受到关注。这份关注始于互联网。有一天，吴菊萍用双手接住了一个幼小的生命，这个平凡的女人创造了爱的奇迹。事发当天，微博上关于吴菊萍勇敢救人的消息就被转发了上万次，网友们纷纷跟帖致敬；而去年，嘉兴桐乡，2名"90后"用惊魂38秒，徒手接住6楼坠落女童。通过互联网短视频，他们那句"根本没有时间去看马路上有没有车子、自己会不会被撞上，就不顾一切地往对面冲过去"，令无数网友动容，"感谢这世上善良的人"。

一件件"网事"，久久感动你我，感染着越来越多人起而行之，用行动诠释"爱'美'之心，人皆有之"。

从实践逻辑看，浙江的"最美现象"不是英雄们的"独舞"，而是党委、政府高度重视，社会各界积极响应的"大合唱"。把道德的种子一颗一颗播撒下去，成就了这边厢的奋斗之美、奉献之美，那边厢的向善之美、诚信之美。

早在2014年，浙江就印发了《浙江省道德模范待遇保障若干规定》，2022年又印发《关于进一步规范提升"最美浙江人"选树宣传工作的实施意见》，从挖掘培育到选树宣传，从正向激励到关心关爱，浙江构建起一整套制度规范，让越来越多的人变成"最美现象"的参与者、创造者。

从民间发掘，到官方弘扬，再回归全民学习践行，通过这样一种模式，崇尚英雄、礼遇典型、学习模范的氛围正愈发浓厚。

二

爱美、敬美、尊美，"最美人物"和"最美现象"究竟给浙江带来了什么？

是他们，播下了"最美"种子。船的力量在帆上，人的力量在心上。"最美现象"给人们带来心灵上的慰藉，更激发出人们对真善美的由衷认同。

"宣传战士"徐利民，为了实现"让上山文化成为万年中国标识"的远大目标，不遗余力地推动"上山文化"申遗，用生命挖掘弘扬上山文化。最终，他因积劳成疾逝世。他常说"人总要为什么而燃烧"，让人们感受到"功成不必在我，功成必定有我"的大格局。

像他一样，许许多多的浙江人，不论是领导干部还是普通民众，都兢兢业业，在各自道路上点亮微光。他们播下温暖与爱的种子，对抗着畏难、摆烂、躺平的情绪，汇聚成一股股精神暖流，荡涤心灵，引领社会崇德向善。

是他们，塑造了"最美"风景。"最美浙江人"，让我们真实地感受到了人格的魅力，感受到英雄并不遥远，就在自己身边。

90多岁的"诚信奶奶"陈金英，面对公司困境，拒绝申请破产避债，耄耋之年仍在摆摊卖羽绒服，用十年时间还清2077万元债务。可见，古有以"孝、义、信"传家的"江南第一家"郑义门、以"戒欺"立堂规的胡庆余堂，而今，这品格依然在传承。

在浙江，还有很多这样的风景。他们有的彰显大爱情怀，有的展现忘我精神，有的具备进取锐气，这些都宛如最真实的人间烟火，治愈戾气、柔软人心、温柔岁月。被打动的网友说，"冬天里的他们，充满了人性光辉，让人无比暖心"。

是他们，促进了社会善治。选树"最美人物"，号召"最美行动"，有利于促进社会问题的解决，推进社会治理现代化。个人与社会的"双向奔赴"，让更多善行得到褒扬、更多善意得到呵护、更多善良得到传播。

车让人、人快走，"礼让斑马线"成为浙江的文明风尚；24小时书店的温暖之地，方便了清洁工、外卖小哥、流浪者等群体歇一歇脚；共享药箱解决了疫情特殊时刻群众缺药的燃眉之急。"最美"源于群众，更普惠群众。温暖之行、善心之举，实实在在让社会变得更美好。

也是他们，凝聚了向上力量。追求至善美德一旦融入人们的血液中，就会转化为责任担当，最质朴的感情力量也会成为促进经济社会发展的奋进力量。

习近平总书记强调，"实现我们的目标，需要英雄，需要英雄精神"。浙江的"最美们"，或于危难中逆行、或于困境中坚守、或于平凡中奉献、或于创新处突破，为浙江创造经济社会快速发展的非凡奇迹凝心聚力，提供了精神支撑。

深入挖掘身边的典型，广泛宣传源于平凡的感动，将进一步把"最美"的标杆立起来、"最美"的责任担起来、"最美"的力量聚起来、"最美"的效应放大起来，精彩谱写中国式现代化浙江篇章。

三

2022年度"最美浙江人"评选已告一段落，表彰了先进，树立了榜样，激励了大众。结合这次评选，回顾十多年实践，不难发现，推动"最美现象"从"盆景"变为"风景"，有一些宝贵经验。

选树"最美"，缺少不了善于发现美的眼睛。像这次的"最美浙江人·浙江骄傲"年度人物中，80%是平民百姓，都是群众、媒体从基层一线发现的"最美人物"。持续健全完善"最美"发现培育、选树宣传、学习实践机制，从各行各业、各个群体中去挖掘，才能让更多平凡却伟大的人脱颖而出、家喻户晓。

榜样是看得见的哲理，弘扬"最美"，当发挥好先进典型的榜样作用。任何领域中的"最美"，都是引领时代发展的"先锋"。他们身上闪耀着时代最需要的优秀品质。发挥好"最美人物"的示范引领作用，有助于引导全社会深入培育和践行社会主义核心价值观，推动形成人人崇尚"最美"、人人争做"最美"的局面。

呵护"最美"，要健全激励关爱"最美人物"的保障措施，激起"最美"的多米诺效应。"好人有好报"，才能影响更多人去争做"好人"。在浙江农村，"最美婆媳""最美退役军人"等可在文化礼堂悬挂最美榜、英雄榜，村干部会敲锣打鼓为"最美家庭"送牌匾。很多地方设置了"最美基金"，帮扶有困难的"最美"，不让英雄流血又流泪，让更多善行得到褒扬、更多善意得到呵护。

传播"最美"，要与社会生活各个方面相融合，落地生根才能开花结果。"最美之花"不会凭空绽放，是从平凡社会"最美"土壤里孕育出来的。把弘扬"最美"与群众性文明创建、学雷锋志愿活动相贯穿，与市民公约、乡规民约、家训家风等行为准则相融入，与"助人为乐""见义勇为""诚实守信"等相结合，使"美"的影响像空气一样无所不在、无时不有。

党的二十大报告指出："发挥党和国家功勋荣誉表彰的精神引领、典型示范作用，推动全社会见贤思齐、崇尚英雄、争做先锋。"

凡事在局外呐喊议论，总是无益。躬身入局，方有成事之可冀。

"浙"里的"最美"，从来不是踽踽独行，而是你我共同拾级而上。相信，"最美"将在攻坚克难中、向善博爱里、大义正气间浸入越来越多浙江人的血脉和骨髓。浙江"最美"省份的底色，也将越来越暖、越来越亮。

吴丽华　徐毅　何诗航　执笔

2023 年 1 月 9 日

畅销榜上的青春文学去哪了

> 浮华的青春文学会散场，但青春不会，文学也不会。

年度阅读榜单是数亿读者的阅读风向标，映射了一年里中国读者的喜好。新年伊始，是各大平台集体晾晒年度读书榜单的时候。近几天，豆瓣、微信读书、当当、抖音都新鲜出炉了各类榜单。

各大阅读榜单定位不同，品位不一，入选榜单作品各有千秋。但不约而同的是，曾经煊赫一时的青春文学作品几乎都看不见了。

有多少人还记得年少时读过的那些青春文学？《悲伤逆流成河》《梦里花落知多少》《三重门》……尽管回忆起来略显青涩，但你无法否认，这些曾火遍大江南北的文学作品是那个年代无数人青春时期的集体记忆。

和这些榜单一致，实打实的销售数据也同时印证了青春文学的散场。如中金易云的出版大数据，榜单的前百名，熟悉的青春文学作家唯有张嘉佳还在"孤军奋战"。韩寒、郭敬明、饶雪漫、七堇年等陪伴"85后""90后"整个青春期的作家群体，早已不在畅销之列，散如烟云。

畅销榜上的青春文学，去哪了？

一

每一个时代，都有自己的代表文学。

有种观点认为，青春文学是从 1996 年郁秀的《花季·雨季》一炮而红的，后来在《萌芽》杂志举办的新概念作文大赛的推波助澜下，产生了韩寒、郭敬明、张悦然等一大批年轻作家。一时风起云涌、拥挤不堪的赛道上，站满了一大批渴望一夜成名的文学青年。

其中，最有代表性的是韩寒和郭敬明。两人都在新概念作文大赛中杀出了一条血路。韩寒，代表了"80 后"的独立和叛逆。作品从《三重门》开始，到《零下一度》《像少年啦飞驰》等一直霸榜。郭敬明，则为万千少男少女打造了一个华丽奢靡的幻想世界，小说《小时代》《夏至未至》等被拍成影视剧。两人的作品从 21 世纪初开始，都在畅销榜上持续霸榜，只能用"炙手可热"形容。

接下来几年，刘同的《谁的青春不迷茫》、张嘉佳的《从你的全世界路过》等，也引起年轻人追捧，但热度似乎已经不如韩、郭当年那样如日中天了。

青春文学为何能壮大？用"时来天地皆同力"形容最为贴切。

"80 后""90 后"是第一代独生子女，作为一个代际群体，他们的成长困惑受到社会的极大关注和重视。同时，他们又刚好处于改革开放的起飞期，日趋丰富的物质和精神供给，让社会能从容地为他们量身打造文学产品。

而出版业和涌入的资本也看到了这个巨大的商机，顺势而为塑造了青春文学这个类型，满足和迎合了新消费群体的情绪共鸣。

《萌芽》杂志举办的新概念作文大赛，让一批青年写手脱颖而出，引起众多关注。郭敬明的背后是出版界的黄金搭档"金黎组合"，韩寒的身后是畅销书高手路金波。他们熟谙畅销规律，掌握了那个时代的流量密码。那时，人们也分不清了，他们讨论和关注的到底是"80后""90后"的青春，还是"80后""90后"的文学。

而韩寒的特立独行和郭敬明的精致浮华都有大量粉丝追随。后者还招兵买马，创办了《最小说》杂志，聚集了笛安、落落等一大批青春文学作家，希望复制另一个"郭敬明"。"最文化"曾一度占据青春文学75%的市场。

二

青春文学为何盛极而衰？"时来天地皆同力"，下半句便是"运去英雄不自由"。

伴随青春文学一起成长的那群年轻人，早已从象牙塔步入社会。他们的物质世界和精神天地已不同往日，阅读需求和喜好也变了。若回首遥想年轻时痴迷过的那些文字，他们除了感慨万千，或许也会不禁自嘲："原来，当年我还看过这些小说。"可见，读者在成长，青春文学若没有跟上步伐，就只能被留在原地。

移动互联网的高速崛起，让年青一代拥有了更为广阔的天地和眼界。他们可以在微博、微信、抖音、B站等新媒体平台上任意驰骋、指点江山，而不用在青春小说的世界里苦苦寻觅一个独立叛逆的偶像；时代日新月异，年轻人也用不着在《小时代》这样的华丽文字里寻觅、背诵奢侈品的品牌Logo了；而对校园爱情故事着迷的女生们，互联网上海量网文更能迎合她们的口味喜好。

随之而来的就是，对市场敏感的文学推手们也放弃了这块阵地。如路金波成立了果麦文化，摒弃了如同流水线一样打造青春文学作品的生产方式，成了公版书赛道的开拓者。2021年，果麦文化前20名作品榜单里已看不到一本青春文学作品的影子。而《萌芽》杂志，虽还在坚持不懈地举办新概念作文大赛，但再也没有推出现象级的青春文学人物了。前段时间，教育部公布的45项全国性竞赛活动名单中，已举办20多年的新概念作文大赛黯然退场。

退场的根子，还是出在青春文学自身上——缺少文学的思想性。像少儿文学，一直长盛不衰，因为是一群有生活积淀和生命感悟的成人作家在深耕。他们既懂少儿，也通文学，这种作品就有生命力。而青春文学全是一群同龄人在写，表达更多的其实是情绪——孤独、叛逆、炫富、伤痛、浮夸，而唯独少见思想。他们对时代和青春的认识也一直停在表层，悬浮空中。情绪的煽动确实能共情一时，但只有深刻的思想才能让作品成为经典。

没有真正的文学，谁会为逝去的青春一直买单呢？

三

"青春"和"文学"，都是美好的词语。青春文学虽已在畅销榜上散场，但我们还是希望它能浴火重生。那么青春文学如何重建？

既显青春之名，更要文学之实。像青春时期的王勃写《滕王阁序》，一文出，四座惊，千古流芳；像十九岁的苏辙写《上枢密韩太尉书》，文辞恳切，不卑不亢，才华毕显，入选《古文观止》；像十七岁的夏完淳写《狱中上母书》，家国大义，母子情深，催人泪下。

国外如塞林格的《麦田里的守望者》，道尽了年轻的迷惘无绪；歌德的《少年维特之烦恼》，写尽了青春的缠绵深情；屠格涅夫的《初恋》，将青春期的多愁善感展现得淋漓尽致。

这些文章和作品，都是典型的青春文学，既展现了青春的昂扬和深情，又文辞美如珠玉，文学价值厚重，所以百年千载之下，读之犹能动人，成为脍炙人口的青春作品经典。

既要共情共鸣，更要积淀思考。好的青春文学作品之所以能成为不朽的文学杰作，主要是因为有两个核心价值：一是写出了主人公的青春个性和特征心灵；二是写出了产生他们的青春心理的独特时代。这是作品吸引年轻人的流量密码和底层逻辑。

由此可见，青春文学不应是无病呻吟的浮华文字、矫揉造作的病态诗篇。她既要懂青春的爱与痛，写出人性的善与恶，更要能刻画出大时代的身影和主线，而不是停留在个人的小天地里。在校园故事和青春情怀之外，要有更深层次的共鸣和沉淀，其作品才能拥有真正的生命力。

既要青春写手，也要名人大家。青春文学原来都是一群年轻人在自我画像、自我狂欢，再加上一些出版机构推波助澜，成名大家很少挤入这个赛道。年轻写手有激情，但文笔稚嫩，人生的积淀和哲理的思考明显欠缺，容易造成虚火的场面。

希望有更多成熟的成人作家涌入这片园地来，如同少儿文学名家那样，真正地俯下身子，直通年轻人的悲欢，道出青春的喜乐，不为浮名，不为慕利，为年青一代拨开人生十字路口的迷惘，打造一个健康昂扬的精神世界。如杨沫的《青春之歌》、路遥的《平凡的世界》，虽已久远，写的也是不同年代生人的青春故事，却超越了时光，成为真正的经典。

浮华的青春文学会散场，但青春不会，文学也不会。

赵波　郑林红　执笔

2023 年 1 月 10 日

主题宣传怎么避免"谁写谁看，写谁谁看"

> 因为真诚永远是必杀技，优质的内容永远是稀缺资源。形式主义少一点，我们就不缺读者和观众。

近年来，各级媒体在主题宣传方面加强理念、机制、方式创新，取得了显著成效，涌现了一大批具有现象级传播效果的精品，受到广大网友的好评，很好地起到了统一思想、凝聚力量的作用。

然而，不可否认的是，从总体上来看，仍然有一部分主题报道的投入和产出是不成正比的，即使动用了大量人力、物力、财力，也会陷入"谁写谁看，写谁谁看"的怪圈，一时间难以走出来。

俗话说，铁打的桩头能拴马，纸糊的凳子不中用。表面上热热闹闹、声势浩大，却不能解决现实问题，甚至还起反作用，这就是一种形式主义。在主题报道中，形式主义万万要不得。

一

在实际工作中，主题报道形式主义的"花架子"有以下这么几种表现。

有的表现为重声势不重效果。一些主题报道看似规模大、频次高、力度强，堪称洋洋大观，打开电视机、翻开报纸、点开客户端，铺天盖地而来。然而，它们在内容上常常千篇一律、高度雷同，有的居高临下、空洞说教，照搬照抄领导讲话和政策文件，挖掘解读不够，生动鲜活不足。

有的表现为模式化套路化。有的会议活动报道，不考虑会议本身层级、规模和性质，一律沿用套路，比如，电视画面总是"领导特写＋会场全景"，文字报道动辄"会议要求""会议强调"，八股味浓郁，却忽视了会议传递的核心思想、其与群众的关系是什么、会场内外打动人心的细节有什么。

有的表现为"摆拍作秀"。有的媒体为了所谓的报道效果，刻意"导演"出"新闻现场"，让本该"沉"下去的主题报道"浮"了上来，既不扎实，也没诚意。

比如，为了体现基层学习的覆盖面，有的媒体选择老人在食堂用餐时拍摄宣讲画面或者到医院住院区取景，老人细嚼慢咽吃顿饭、病人吃药挂水，本就不怎么方便，还要配合当听众、鼓鼓掌，让人看了"累觉不爱"。

还有的表现为追求"新、奇、特"。近年来，随着媒体融合深入推进，记者们都掌握了"十八般武艺"，大型直播、短视频、Vlog、长图、H5，可是有的报道看似琳琅满目、豪华艳丽，却往往因为没有高质量的内容作支撑，让大家从一开始的眼前一亮，慢慢走向审美疲劳。

以上种种形式的报道，都明里暗里摆脱不了形式主义的影子，令读者、观众看了敬而远之，不想买账。

二

不可否认的是，主题宣传的形式主义由来已久，成因也是错综复杂。

新闻媒体本身存在的问题自然不容忽视。有的媒体负责人和记者认为，重大主题报道是规定动作，只要按时交差、领导通过即可，至于群众爱不爱看，根本没在考虑之列；还有的记者习惯了"拿来主义"，单位的素材、互联网上的内容，拼一拼、凑一凑，就是一篇报道，哪里谈得上见人见事见思想。这其中，既有记者不愿意深入基层一线、花大力气深耕内容的原因，也有新闻单位内部考核制度所引起的连锁反应。

造成主题报道形式主义的，亦有外部环境因素。比如，有的地方为了在"同题作文"中别出心裁博眼球，就挖空心思造"现场"弄噱头，根本不知道这其实是往"坑"里跳；为了"抢大新闻"，八字还没一撇的事，非要来个"兵马未动，舆论先行"，硬着头皮也要整一篇报道、拍一个片子出来。

祛主题宣传形式主义之疾，要将主观的"内因"和客观的"外因"结合起来，一道对症下药，方能内外兼治，久而根治。

对一些地方的各级领导机关和领导干部来说，脑子里要时刻绷紧力戒形式主义这根弦，在学习贯彻落实会议精神时，往深里走、往实里走，往老百姓的心里走，以扎实工作、务实举措赢得民心。这样媒体在报道时，自然有"料"可挖，有话可说，有故事可讲。

而对一些媒体来说，报道采制过程也要注意甄别内容，拒绝成为形式主义的"搬运工"。最重要的是要改革内部机制，激励记者深入一线，俯下身、沉下心，到群众中去，真正用心用情用力写出好稿子。

此外，重大主题报道特别是会议精神报道，记者的学习不能流于表面，要学在前，学深学细学透，深刻领悟党和国家事业发展大政方针和战略部署，真正消化吸收，才能更好地输出，把深奥的道理讲浅，把枯燥的理论讲生动。

三

当我们剥除主题宣传形式主义的"外壳"时，还要再掌握一些原则技巧，规避一些误区，打破思维定势，摆脱路径依赖，以新打法换取主题宣传的大流量。

《之江新语》中的两篇文章，或许能给我们一些启示——

《虚功一定要实做》中说："道理要说清楚讲明白，但任何道理要深入人心，都不能光靠说教，要有一个好的载体，通过积极探索和创造更多更加贴近实际、贴近群众、贴近生活的有效载体，使精神文明建设活动开展得有声有色、富有实效。"开展主题报道，这个载体就是新闻呈现的形式，而虚的形式需要实打实的内容来支撑。

《文风体现作风》一文中写道："最要反对的是空话连篇、言之无物的八股文，那种'穿靴戴帽'、空泛议论、堆砌材料、空话连篇、套话成串、'大而全'、'小而全'等弊病，都要防止和克服。"这段话击中了新闻形式主义的要害，从文风切入，找到病灶，就得及时"手术"。

虚功实做和改进文风，都是克服主题宣传形式主义的有效方法，应当用好这些消除形式主义的"真经"。

具体来说，笔者认为，有以下技巧可以供作参考：

想一想，能引起大家关切和共鸣的是什么。重大主题报道的内容是党委、政府的重要决策部署、中心工作和时代主题，没有一样不与广大人民群众的切身利益、长远利益相关联。新时代的伟大成就，群众的亲身经历、切身感受，党委和政府的重要部署、重要安排，与群众对未来的期盼高度契合。找到重大主题与群众关切的交会点、情感的共鸣点，就能取得事半功倍的宣传效果。

问一问，群众想听爱听的语言是什么。爱因斯坦曾经用一个生动的比喻来介绍他的相对论，"一个男子与一个漂亮的姑娘在一起待一个小时，他会觉得像一分钟一样快；而让他在夏天的火炉边待一分钟，他会觉得像一个小时一样漫长"。艰深晦涩的科学理论一下子说明白了。

主流媒体长期以来有着权威、严肃、可靠的形象，但难免也伴随着高高在上、难以靠近的刻板印象。只有摒弃空洞的说教、"教师爷"式的训话和文件式的枯燥表达，用群众的语言、平等的姿态，把话说到群众心坎上，才能让新观点新论断真正"飞入寻常百姓家"。

找一找，有没有什么细节能抓得住，讲得出好故事。《弱传播》中有一个观点，"从大自然的传播现象看，越弱的东西越好传播"。而一些主流媒体在进行重大主题报道和理论宣传时，常常想着宣传好根本、主干，认为这才是重点核心，一旦宣传到树叶，就觉得是旁枝末节。

主题宣传往往需要在"主题"足够的同时，也善于捕捉细节，以小切口反映大主题。在宣传一段时间的伟大变革时，除了用数据和大块头的文章展现，还可以从一个村庄、一个家庭、一个个体的变迁切入，这样的讲述反而能引人入胜。

比如，2019年，习近平总书记会见全国退役军人工作会议全体代表。94岁的张富清紧紧握着总书记的双手，激动地说道："感谢总书记，感谢党中央。我是党培养的，我要紧跟党走，做一名党的好战士。"总书记俯下身，双手紧握住老人的手，深情地说："你都做到了。你是全党全国人民的楷模！保重身体，健康长寿。"这样的一幕被在场的记者记录下来，在社交平台广泛传播。英雄和领袖握手的一幕，感动了无数人。

此外，还要把扎实的内容和多样的形式结合起来。做好主题宣传，除了新闻报道，还要注重互联网"短平快"的传播规律，精心制作各种新媒体产品，弹好协奏曲，进一步强化宣传效果。当然，优质、有吸引力的内容是大前提。

经常有人自怨自艾式感慨，互联网带来形形色色的内容，在海量的讯息狂潮中，传统媒体的主题报道没人看了。事实上，很多时候，只是需要为主题报道存在的形式主义散一散"瘀"。

因为真诚永远是必杀技，优质的内容永远是稀缺资源。形式主义少一点，我们就不缺读者和观众。

余丹　王千钧　执笔

2023年1月10日

45年前那只"报春鸟"

> 为什么《哥德巴赫猜想》能在那个年代让人们如此激动振奋？或许是因为徐迟借由陈景润的故事，表达了浓浓的爱国情愫、攀登科学高峰的坚定意志、抗争困厄的坚韧毅力等。这些，都写进了人们的心里。

习近平总书记曾说，历史，总是在一些特殊年份给人们以汲取智慧、继续前行的力量。

1978年就是这样一个年份。

这一年，党的十一届三中全会召开，吹响了改革开放的号角。这一年，全国科学大会召开，向全党全国发出了"向科学技术现代化进军"的号召。也是这一年，一篇报告文学与这些事件一起，印在了人们的脑海中。

当年，《人民文学》一月号刊发湖州作家徐迟的报告文学《哥德巴赫猜想》，一时间，拥抱科学、憧憬未来，成为亿万中国人的心声。人们将《哥德巴赫猜想》称为"报春鸟"。这个"春"，是科学的春天，是文学的春天，但归根结底，是时代的春天。

位于徐迟故乡南浔镇的徐迟纪念馆，藏有一页《哥德巴赫猜想》手稿，记录了这部作品的诞生。有些泛黄的纸张上，字迹依然有力。

又是新年伊始，万象更新。今天，我们借由这份手稿，重温徐迟与《哥德巴赫猜想》的故事，探寻时代脉动中的文学力量。

一

"一九七七年元旦，我曾攀登一座三千二百米钻井的钻塔，到了塔顶，瞭望广漠的田野。俄而红日东升，光照大地……一个新型的社会结构呈现在我的面前。"

在《〈哥德巴赫猜想〉后记》中，徐迟曾这样写道。这是作家眼前的万千景象，也是大地回春的时代气象。

要实现"四个现代化"，关键是要实现科学技术现代化。1977年，中央决定于次年春在北京召开全国科学大会。

得知这一消息，《人民文学》杂志着手策划专题稿件，迎接大会召开。经讨论，编辑部决定以数学家陈景润为对象，推出一篇报告文学。

谁来写？编辑们不约而同地想到了徐迟。

这个湖州作家写过诗，翻译过外国文学，当过战地记者。作为报告文学作家，早在1956年，他就以著名画家、美术史家常书鸿为主人公，撰写《祁连山下》，并于1962年在《人民文学》发表，以李四光为描写对象的《地质之光》也即将在1977年发表。

在那个年代，徐迟的作品总是展现出关注知识分子与社会主义建设的独特视角,这也让他在众多作家中独树一帜。

然而,1914年出生的徐迟此时已年逾花甲。当《人民文学》编辑周明联系上身在武汉的徐迟时,他正准备办理退休,返回老家南浔。周明回忆,接到邀约后,徐迟在电话里的声音很激动,对于采写陈景润一事他很高兴,但只是说"试试看"。

数学这个陌生领域好不好写?陈景润这个"科学怪人"好不好采访?虽有疑问,但徐迟还是踏上了北上的旅途。

回过头来看,《哥德巴赫猜想》的诞生,既有偶然,也有必然。如果没有《人民文学》的约稿,徐迟或许就此进入平静的退休生活。看似机缘巧合的背后,是时代选择了徐迟,呼唤他拿起手中之笔。

二

很快,徐迟来到北京,在中关村中科院招待所安营扎寨。

那段时间里,徐迟进行了深入采访和大量调查研究,采访日程从白天排到晚上,他认真倾听不同评价,他说:"这样才能做到客观地全面地判断。"

要写好数学家,首先要了解数学。为此,徐迟专门"啃"下马克思的《数学手稿》,并先后阅读了《堆垒素数论》《数论导引》等专业著作。而读得最多的,还是陈景润的论文。

《哥德巴赫猜想》可以说是一幅人物的工笔画像。为了写出一个真实、立体的陈景润,徐迟跟随数学家的足迹,出入中科院数学所的图书馆、办公室,一起进食堂、一起聊天,陈景润也逐渐向他敞开内心世界。

然而还有一处徐迟尚未涉足，那就是陈景润解析哥德巴赫猜想的那间房间。陈景润从来不让人进自己的房间，但徐迟想，不看看这间小屋，又怎能写出他攻坚克难的环境氛围。于是，在与数学所党支部书记李尚杰的共同"谋划"下，他们一同上楼，走进了这间小屋。

这间六平方米的小屋，仅有一张单人床、一张简陋的办公桌、一把椅子。墙角有两个麻袋，分别堆满了演算稿纸与换洗衣物。陈景润说，他有时不用桌子，将一角褥子掀起，趴在床板上就思考演算起来。

所有这些细节，构成了一个有血有肉的知识分子形象，也因此有了徐迟的那句"数学家的逻辑像钢铁一样坚硬"。几经修改后，报告文学《哥德巴赫猜想》终于完成。

"何等动人的一页又一页篇章！这些是人类思维的花朵。这些是空谷幽兰、高寒杜鹃、老林中的人参、冰山上的雪莲、绝顶上的灵芝、抽象思维的牡丹。这些数学的公式也是一种世界语言。"

在《哥德巴赫猜想》中，徐迟以散韵兼行的诗化语言，牵动着读者对科学攀峰、思想解放的情感共鸣。当《人民文学》主编张光年接过送审稿，这位创作过组诗《黄河大合唱》的老诗人连声激赏。

《哥德巴赫猜想》一经刊发，就在社会上激起阵阵思想的涟漪，读者争相购买传阅，媒体纷纷转载。

1978年2月16日，《光明日报》用两个半版面的篇幅，从头版开始全文转载《哥德巴赫猜想》。而当天，这份报纸一共只有四个版。次日，《人民日报》再次全文转载。

为什么《哥德巴赫猜想》能在那个年代让人们如此激动振奋？

或许是因为徐迟借由陈景润的故事，表达了浓浓的爱国情愫、攀登科学高峰的坚定意志、抗争困厄的坚韧毅力等。这些，都写进了人们的心里。

三

徐迟曾说："这时我似乎已从长久以来的冬蛰中苏醒过来。"

因《哥德巴赫猜想》而苏醒的，不仅仅是作者本人。

从那之后，曾经"小众"的报告文学也迎来了春天。以《哥德巴赫猜想》为先导，理由的《高山与平原——记数学家华罗庚》、柯岩的《奇异的书简》等一批表现知识分子的报告文学作品喷涌而出。据统计，仅1978年，全国各类报刊就发表相关作品270余篇。

与此同时，崇尚科学的思想迅速萌发。《哥德巴赫猜想》发表后，陈景润的办公室，多了一麻袋的读者来信，不少表达出对数学的热情。文章发表当年，中科院数学所计划招收27名研究生，却吸引了全国1500余人报考。

正如在徐迟百年诞辰纪念座谈会上，中国作协主席铁凝说的那句："《哥德巴赫猜想》因此远远超出了文学的范围，汇入了思想解放的大潮，成为时代精神的嘹亮号角。"

文学的时代，需要时代的文学。

在一次谈话中，徐迟曾指出："各个历史时代有各个时代的文艺形式。唐诗、宋词、元曲不用说了，社会主义时代的文学形式，恐怕主要是特写、报告文学，是写真人真事、写列传……这样一个壮丽时代，这样众多的英雄人物，最好的体裁是二万字左右的特写、报告文学、列传。"

《哥德巴赫猜想》的故事，有力印证了这一点。

诗歌也好，报告文学也好，文体虽然不同，但立时代潮头、发时代先声的创作之道一以贯之。

如今，在南浔，"徐迟报告文学奖"永久落户，中国报告文学馆对外开放。水晶晶的江南小镇精致秀美，因文学而承载起历史厚重。

新时代东风浩荡，文学如何再攀高峰？

45年前那只"报春鸟"告诉我们：文章合为时而著，歌诗合为事而作。

俞旭东　季方　执笔

2023年1月11日

浙江宣传工作的五点要求

> 事在人为，人为事兴。锚定什么样的目标，有什么样的队伍，才能干出什么样的事业。

近来，有网友调侃说，"浙江宣传"啥都宣传，时政、社会与文化，理论、传媒与历史，体育、航天与饮食……似乎无所不包、啥都能聊。今天，我们就聚焦本业，聊一聊宣传工作。

习近平总书记强调，宣传工作是党的一项极端重要的工作。置身以中国式现代化全面推进中华民族伟大复兴的壮阔征程，深耕以"两个先行"打造"重要窗口"的浙江大地，我们该怎么守正创新，开创宣传工作新局面？

1月10日上午，浙江省委书记易炼红走访省委宣传部时强调"五个一"：以"一片丹心铸忠诚"的政治站位，牢牢掌握主流思想舆论的主动权；以"一支笔杆担道义"的使命担当，发出塑造浙江形象的最强音；以"一马当先闯新路"的开拓意识，争当引领思想舆论场的弄潮儿；以"一子落地满盘活"的格局视野，打造文化事业发展的新高峰；以"一以贯之重勤廉"的标准要求，锻造本领高强、勇挑重担的主力军。"五个一",既是任务,也是期望,还是要求。

那么,怎么理解"五个一"?作为浙江宣传战线的一员,我们该怎么落实好"五个一"?

一

事物发展总有内在机理,事业进步遵循逻辑规律。"五个一"是践行习近平总书记提出的"举旗帜、聚民心、育新人、兴文化、展形象"使命任务的重要体现,标注了浙江宣传工作的大逻辑。战略上怎么谋划、战术上怎样布阵、战法上如何创新,题目、钥匙、答案都在其中。

"一片丹心铸忠诚"是根本要求。人们常说,宣传部门是党的"喉舌",意思是为党和人民说话。简而言之,宣传思想工作本身就是政治工作,宣传干部自然要把旗帜鲜明讲政治、对党绝对忠诚作为第一位的原则和要求。对党忠诚和对人民负责是统一的。讲政治不是喊空洞的口号,而是要落在具体的实践当中,体现在一言一行,贯穿于方方面面,努力成为主流思想舆论场上的护旗手。

"一支笔杆担道义"是本质属性。回顾党的百年奋斗历程,"笔杆子"和"枪杆子"对立党立国、兴党兴国、强党强国至关重要。作为宣传干部,除了政治可靠之外,落笔成文是不可或缺的基本功。我们要手握笔杆当战士,不仅懂宣传,还要善宣传,围绕中心、服务大局,弘扬主旋律、把握时度效、传播正能量,把各项工作扎实做好、出新出彩,发出塑造浙江形象的最强音。

"一马当先闯新路"是奋斗姿态。什么叫开拓?面对宣传工作的环境之变、话语之变、格局之变，开拓不是重复模仿别人，也不是因循守旧，而是要实事求是、创新实干，不断推进理念创新、思想求新、工作出新，勇于变革、勇于实践、勇于创造，让宣传工作持续提质升级，努力打造更多从0到1的突破跃迁、从省域到全局的精彩蝶变，争当引领思想舆论场的弄潮儿。

前进的道路总是布满荆棘。宣传工作面临着不少风险挑战，甚至是惊涛骇浪。往宏观里说，世纪疫情叠加百年未有之大变局，不确定不稳定因素有很多，意识形态领域的斗争汹涌澎湃；往微观里说，任何一项业务工作的突破都考验着我们的定力、执行力和创造力。比如，当前媒体深度融合进入深水区，打造省级重大传播平台已经提上日程，这是我们打赢移动互联网舆论战翻身仗的关键一招。唯有敢破善立，方能有所作为。

"一子落地满盘活"是战术打法。浙江历史文化底蕴深厚，是中华文明的发祥地之一。过去十年来，浙江文化事业加快发展，文艺精品不断涌现，文化产业增加值持续增长。然而，对标打造新时代文化高地、文化强省的目标，浙江文化事业、文化产业还有很大提升空间。我们要找到重点所在、抓住关键落子，推动文化产业继续做大做强，打造文化事业发展的新高峰。

"一以贯之重勤廉"是底线本色。不廉无以立身，不勤无以成事。对广大宣传干部而言，干干净净做事、清清白白做人是始终要坚守的原则。我们要不断发掘人才、培养人才、重用人才，以讲政治、敢斗争、优作风、讲奉献作为人才队伍建设的重要标准，锻造本领高强、勇挑重担的主力军。

二

有人说，从更高的标准衡量一项工作，不能满足于达到"及格线"，而要追求好了还要再好。

"五个一"是赋予浙江宣传战线的新要求新任务，需要每一名宣传人心之所向、行之所往，在行动中抓好落实。该怎么做？笔者以为，至少要聚焦以下几个方面。

站位更高、胸有大我。干事创业，站位有多高，事业就有多大。宣传思想工作与中心大局密不可分，干的虽然是一域之事，尽的却是全局之功，展现的是整体之貌。

当下的浙江，许多方面的工作都承担着为全国先行探路的重要任务。像高质量发展建设共同富裕示范区，奋力推进"两个先行"，努力打造"重要窗口"，许多方面的探索都是开创性的。这就要宣传部门胸怀"国之大者"，善于把工作放到大局中去谋划和推进，始终站在群众角度去思考问题、开展工作。

格局更大、眼界宽广。能否观清大势、把握大局最能体现是否有战略视野、心胸格局。浙江是习近平新时代中国特色社会主义思想重要萌发地，有着丰富的资源、丰沃的土壤，深耕浙江、读懂中国、影响世界既是先行责任，也是自我加压。理应用形神兼备、雅俗共赏的传播方式，实现以理导行、以行入理，用浙江的实践成果、制度成果、理论成果，展现人类文明新形态的丰富内涵和美好图景，生动回答中国共产党为什么能、马克思主义为什么行、中国特色社会主义为什么好。

作风更实、追求极致。想就想明白、做就做极致、干就干出彩。宣传战线面广域宽，理论工作、新闻宣传、文明创建、文化建设、文艺创作、网络传播等都直接与百姓民生紧密相连，是可观可感可触的。做得怎么样，皆在民意闲谈中。

发出塑造浙江形象的最强音，是宣传工作的大方向。走好这步棋，需要取法其上、一步十算的战略谋划，也需要眼里有光、破旧立新的弄潮气魄。今年，只提宣传宣介这一项工作，共同富裕、"八八战略"、杭州亚运、省域品牌等主题宣传，都需不落俗套、独树一帜，只想取得合格成绩是不够的。这就要我们把目标定得高一些，把招数想得多一些，既要有"一语定乾坤"的黄钟大吕，也要有"四两拨千斤"的独门秘技，在社会万象中找到闪光点、传播好声音。

底板更牢、守好阵地。意识形态听上去离我们很远，但其实无处不在、无时不在。有些领域的现实问题，甚至容易发酵传导向意识形态领域，抓不好就是"100－1＝0"。

特别是当下疫情防控政策优化调整后，怎样疏导公众情绪，做好聚共识、强信心的文章，影响着人心走向。唯有挖深意识形态安全的"护城河"，推动人心安定、网络安靖、阵地安宁，才能用宣传工作的"稳"为全局的"进"保驾护航。

三

事在人为，人为事兴。锚定什么样的目标，有什么样的队伍，才能干出什么样的事业。"一片丹心铸忠诚""一支笔杆担道义""一马当先闯新路""一子落地满盘活""一以贯之重勤廉"，既是对事、更是对人，既是姿态、更是状态。每个"一"的潜台词，就是用不一样的担当，成就不一般的事业。

精神高度决定事业高度。俗话说，取法其上，得乎其中。有什么样的精气神，才能干出怎样的事业来。面对百年未有之大变局，置身移动互联网时代，"举旗帜、聚民心、育新人、兴文化、展形象"，每项任务都不是轻轻松松就能实现的。重任当前拼者赢，狭路相逢勇者胜。时刻保持着沸腾状态、奋进姿态，讲政治、敢斗争、优作风、讲奉献，凡事对标一流，处处力争更好。

能力总是走在任务的前面。习近平总书记指出，宣传思想工作是专业性很强的工作，没有几把刷子是干不了的，没有高素质、好把式、真功夫是干不出漂亮活的。当前，宣传思想工作的环境、对象、范围、方式发生了很多变化，不管是在移动阅读时代抢占主阵地、传播好声音、凝聚正能量，还是创作生产人民群众喜爱的文字、图片、产品，都需要练就过硬本领。好文章、好作品不是随随便便就出得来的，把构思变成文字、图片、产品，需要有与之相匹配的能力。

实干担当才能成就事业。干工作，勤而不廉要出事，廉而不勤会误事，不廉不勤必坏事。风清气正的政治生态是事业发展的强大保障，勤政为民的赤诚初心是干事创业的内驱动力。新时代新征程上面临着新挑战新变化，"铁肩担道义，妙手著文章"始终没变。改变传统宣传的固有印象，全面展现宣传战线的崭新气象，需要发扬好传统、传承好作风，做到干净加干事、干事且干净，善为有为、实干担当。

弄潮儿向涛头立，手把红旗旗不湿。现在，2023年的大幕已经拉开。新的一年，时不我待。面对新的目标任务、新的风险挑战，我们该怎么科学应对？怎么赢得主动？怎么交出高分答卷？相信真正读懂做实了"五个一",我们就能找到方向、干在实处,以新打法开辟新空间,以新业绩赢得新尊重,在时代浪潮中展现浙江宣传人的能力与担当,在全国、全世界面前更好发出浙江声音、讲好浙江故事。

徐毅 朱越岭 李攀 执笔

2023 年 1 月 11 日

重读丰子恺

> 丰子恺做到了，师自然，赴热爱，把对祖国、对人民的爱倾注于画卷，即使被误解、被中伤，仍胸怀磊落。

如果铺展中国近现代文化繁星漫天的长卷，从中找寻100多年来真正雅俗共赏的国民艺术家，相信很多人会举起丰子恺的牌子——

他的漫画人见人爱，简简单单透万千；他的随笔充满人间情味，平平淡淡见真章。"丰迷"遍布海内外，"丰子恺热"长盛不衰。丰子恺的漫画被中宣部、中央文明办选用，成为宣扬新时代文明新风和社会主义核心价值观的艺术载体，在中国的大街小巷频繁刷脸、在网络空间一再刷屏。

今天，我们一起重读丰子恺，看他如何在时代的风云变幻中发现日常生活之意趣，传递古典美学的意境，找到他在100多年后依然老少通吃的文化密码。

一

"子恺"两个字的意思是"安乐的人"。可他的人生经历并不如此。他生逢战乱，1937年被迫离开故乡桐乡石门湾，携一家老小艰辛逃亡，"走了五省，经过大小百数十个码头"。

逃难路上，丰子恺就地取材，拿起毛笔蘸上墨汁，寥寥数笔，余韵悠长。

他自称"儿童崇拜者"，用画笔写下"育儿日记"，孩子们的童真与日常跃然纸上。儿子瞻瞻小时，花生米掉地了，小猫不肯吃糕了，泥人打碎了，都哭得不能自已。丰子恺不烦，他看到的是童趣："瞻瞻尤其可佩服，是身心全部公开的真人，什么事体都拼命地用全副精力去对付。"他还把瞻瞻的哭画下来，旁边逗趣地加上："BROKEN HEART"（心碎）。

他"师自然"，笔下万物可爱。田园清新，草木有灵，鱼虫有情，连盯着蛋壳发呆的母鸡都活脱脱地充满生命力。

他爱诗画江南，早期漫画皆以江南风物为题材，他更爱杨柳、燕子这些江南巷陌的寻常之物。在他现存的4000多幅漫画中，杨柳的丰姿出现在200多幅中，让他有了"丰柳燕"的别号。

丰子恺漫画风格受到西洋印象派画风的熏染和日本漫画家的影响，而最根本的是吸收继承了中国传统文人画的闲适气息，赓续了中国意境，萧疏淡远，活泼酣恣。

报纸上说丰子恺画画"不要脸"，连泰戈尔都高赞他："脸上没有眼睛，我们可以看出他在看什么；没有耳朵，可以看出他在听什么。高度艺术表现的境地，就是这样。"

他还是妥妥的"斜杠青年"，在散文、书法、美术、音乐、篆刻、翻译等方面，都很有造诣。鲁迅也表示，自己的译本不如丰子恺译的易读。

战乱之际，别人是落荒而逃，他是"艺术的逃难"，因为心中有爱，所见世界也变得有情。丰子恺被迫逃离了原生的故乡石门湾，艺术成为他心灵的栖息地、他的精神故乡。

他发现美、记录美，也创造美。他的漫画和散文，都是用意深刻，笔触却生动可爱，妥帖而有余味，至今读来，仍蕴含着治愈人心的力量。

丰子恺说："我的心为四事所占据了：天上的神明与星辰，人间的艺术与儿童。"一代文学大师俞平伯如此评价他：一片片的落英，都含蓄着人间的情味。

二

丰子恺艺术的魅力，也就是他人格的魅力。

他曾说："我以为世间人与人的关系，最自然最合理的莫如朋友。"夏丏尊、朱自清、周作人、郑振铎、俞平伯、马一浮……从清末童子、辛亥少年、民国青年，到共和国知识分子、老艺术家，丰子恺与现代中国几乎同时起步，与丰老交游的社会名士也纷纷登场。但无论是艺术家，还是平民，丰子恺都与他们平等相交。

今天，我们且说说他与李叔同的灵魂之交。

丰子恺小时候吟唱的《祖国歌》，曾令他和很多爱国者热血沸腾。后来他考入浙江省立第一师范学校，发现写歌的人正是自己的老师——祖籍嘉兴平湖的李叔同。从此他深入师门，与李叔同结下延续一生的师生情谊。

师承李叔同，丰子恺不但在绘画上日益精进，在音乐上也接受了严格的训练。1921年丰子恺去日本游学，其中一项重要任务就是去音乐研究会学小提琴。丰子恺出版了诸多普及音乐理论的书籍，大多为编译，其中《音乐入门》从1926年初版后重印了30余次，直到今天，中国的出版界仍在出版此书。

师承李叔同，丰子恺在教育上"教惟以爱"，"一棵树摇动另一棵树，一朵云推动另一朵云，一个灵魂唤醒另一个灵魂"。

李叔同50岁生日时，丰子恺决定画50幅护生画为他祝寿。10年后，又在战火中完成了第二集的60幅。后来，弘一法师回信说："希望在70岁时，收到第三集70幅……100岁时满百幅。"

"世寿所许，定当遵嘱。"一诺一生，皓首不移。丰子恺花费40年时间，完成了从信仰的守护里而来的画作《护生画集》，延续了李叔同的悲悯，画满了他对人生和万物的省思。

"我敬仰我的老师弘一大师，是因为他是一个像人的人。"做一个像人的人，这也是丰子恺的毕生追求。

三

家是最小国，国是千万家。打开尘封的旧画，翻看泛黄的《缘缘堂随笔》，丰子恺的喃喃情语犹在耳畔，有关家乡亲人、有关他所爱着的家与国。

浙北丰饶腹地、鱼米之乡的浙江石门湾，是丰子恺数度逃离又数度回归的故乡。他描绘故乡风土，感怀于熟悉的一草一木，哪怕被夷为平地只剩断壁残垣，在越贴近故乡大地的时候，越能感受到生命最初的美好。

丰子恺作为一名爱国主义文艺青年，发出艺术救国之号召，用抗日宣传画的形式发挥他的作用。由于后方物资紧缺，油画等艺术形式是不可能了，丰子恺便使用毛笔画漫画，材料易取，便于登报，于是发展出了如今我们看到的风格。

国学大师马一浮对丰子恺说："勿望尽力发挥非战文字，为世界人道留一线生机，必愈加亲切，易感动人。"

丰子恺做到了，师自然，赴热爱，把对祖国、对人民的爱倾注于画卷，即使被误解、被中伤，仍胸怀磊落。

每个人，每段悲欢忧乐，都在丰子恺的艺术人生和作品中找到共情点——在你挫败连连，内心兵荒马乱、无处安放的时候，不妨重读丰子恺；在你感受到在温水煮青蛙的庸常岁月中逐渐沉没危险的时候，不妨重读丰子恺；在你远赴重山、奔赴梦想，心中思念牵挂故乡的时候，不妨重读丰子恺。

他教我们保持最纯净的人生趣味而不坠入俗务，不坠精神。丰子恺的人生与艺术，犹如一场长盛不衰的公众美育，浸着中华传统文化的美，借着现代文明精神的壳，一再重生，永不过时，那是因为搭准了人人追求美好生活的脉。

丰子恺曾说，人生有三层楼，一是物质生活（解决温饱），二是精神生活（文化艺术），三是灵魂生活（信仰）。

人生的三层楼，你走到了第几层？

邓钰路　徐婷　执笔

2023 年 1 月 12 日

今年浙江两会看什么

> 两会是浙江政治生活中的一件大事，
> 也是浙江百姓的"家事"。

浙江进入两会时间。这是党的二十大后，浙江召开的首次省两会，也是一次承前启后、继往开来的换届大会，其重要性不言而喻。

当前，战"疫"进入新阶段，但外部环境仍充满不确定性，如约而至、聚焦国计民生的两会，如何用法律、政策、举措等制度上的确定性，向群众、企业传递信心？人大代表和政协委员，又将关注哪些议题？诸多看点值得关注。

一、经济如何"轰油门"

2023年，发力"拼经济"。最近，摩根士丹利、高盛、摩根大通等国际投资机构，纷纷上调对今年中国经济的增速预测。

浙江作为经济强省，此次两会对经济增速主要预期目标如何设定，备受各界关注。

对浙江而言，一个积极、有进取心的经济增速目标，有利于引导社会各界预期，提振"拼经济"的信心，推动经济运行处在合理区间。

2021年，浙江全省生产总值已站上7万亿元大关。2022年，省第十五次党代会报告提出，预期到2027年全省生产总值达到12万亿元。这意味着下一个五年，浙江仍需要保持相对较高的年均增速。浙江有压力，但也有底气。

车速提得快，油门就要踩得深。此次省两会将出台哪些举措，为浙江经济发展"加油"？

近期，浙江动作频频。"千项万亿"工程启动实施，拉动有效投资；"千团万企"拓市场，稳外贸……两会前，浙江又发布"8+4"政策体系，为扩大有效投资、科技创新、"415X"先进制造业集群培育等八大领域都送上了政策大礼包。

这为此次两会谋划未来发展思路、出台相关政策举措，营造了声势，也定下了基调，值得我们拭目以待。

在两会上，对于已出台的一系列"拼经济"政策如何精准高效实施，代表、委员们将充分讨论。届时，会上出台的新政策，有望与现有政策一起，发挥叠加效应，红利将进一步释放。

这是浙江必须抓住的一次机遇。有经济学家将中国经济的反弹比喻为"弹簧效应"，前期弹簧被压得越重，回弹幅度也会越大。

"广大浙商要抓住经济修复和重振的机遇，先行一步，取得下一轮竞争中的主动权。"浙江省政府咨询委员会学术委副主任刘亭说。

二、改革如何破藩篱

改革，始终是两会上代表、委员们关注的热词。

近期，浙江提出要深入实施好营商环境优化提升"一号改革工程"。省委改革办也公布了2022年度浙江省改革突破奖的拟获奖名单，金奖案例中，不乏数字赋能投资审批提效重大项目提速、国家营商环境创新试点改革等优化营商环境、为企业松绑赋能的案例。

这都明确了浙江全面深化改革的一个方向：浙江要为企业，特别是民企创造更好的大环境。这是企业所需，也是政府所向。

值得一提的是，今年两会有一项重要议程——审议《浙江省促进中小微企业发展条例（草案）》。浙江对中小微企业的创业支持、产业扶持、培育引导、区域协调发展促进等热点问题，将在立法层面进行探索、突破。

这个条例有望成为浙江全面深化改革的又一重要成果。

为什么重要？目前，浙江有近300万家中小微企业。过去，有人将在浙江如野草般蔓长的大量中小微企业，比喻为"草根经济"。而今，更多高技术、高学历人才投身创业，许多中小微企业也越发聚焦高新技术。

如何通过改革，破除这些企业身上的制度性藩篱，及时赋予它们更多的阳光和雨露，使其朝"专精特新"发展，乃至健康成长为"参天大树"，是浙江推动民营经济高质量发展的又一关键点。

在去年末召开的中央经济工作会议上，习近平总书记强调，明年经济工作千头万绪，要从战略全局出发，抓主要矛盾，从改善社会心理预期、提振发展信心入手，抓住重大关键环节，纲举目张做好工作。

对民营经济大省浙江而言，稳预期，怎么稳？提信心，怎么提？民营经济的发展，不仅是一个发展问题，更是一个改革问题。浙江省政府咨询委员会副主任史晋川，此前提出过一个观点——用高质量发展来推动民营经济的发展，本质就是用改革来促进经济的高质量发展。

"四张清单一张网"改革、"最多跑一次"、政府数字化转型、全面推进数字化改革……浙江已经积累较好的改革基础。要继续让"干部敢为、地方敢闯、企业敢干、群众敢首创"，就必须以思想的再解放推动改革的再攻坚。

这次两会，也将是调动各方面积极性，把浙江改革攻坚精神进一步激发出来的关键大会，这同样值得我们期待。

三、创新如何涌活水

党的二十大报告指出，"创新是第一动力"。在中国式现代化的新跑道上，创新站上了更加突出的位置。

"无论是制造业、商贸零售还是高新科技，都需要强烈的、持续的创新意识，毕竟没有创新就谈不到市场竞争力。"刘亭说，"创新驱动引领高质量发展"的主线，需要各行各业遵循。

在每年政府工作报告中，一个"硬指标"越来越为人所关注——研发投入强度。该指标反映一地在科技创新上的投入，也在很大程度上体现了新旧动能转化的程度和高质量发展的水平。

研发投入强度达到3%就意味着达到了创新型国家和地区中等水平。此次两会上，浙江如何加大科技创新力度，研发投入强度能否实现从 2% 到 3% 的重大跨越，也是各方关注焦点。

目前，浙江已布局了一批高能级实验室、重大科学装置，但科技创新实力仍需要加快提升，创新链产业链深度融合还不够，需要进一步破局。

企业是创新发展的主体。这需要用好社会主义市场经济体制下科技创新新型举国体制，加强重点企业、研究机构的协同机制建设。比如，时下各方关注的平台企业，加强前沿技术研发和应用推广，激发其创新活力、增强核心竞争力等。

创新需要人才引领。浙江要有一种全球眼光来培养、引进、用好人才。省政协委员、西湖大学副校长仇旻说："每一位教授都像一个光子，不断集聚、激发，为浙江科技创新发展作出更大贡献！"能否把西湖大学等单位在自主培养人才、全球引进人才、用好人才方面的探索经验，进一步固化为政策举措，两会是一个重要契机。

浙江省发展规划研究院副院长兰建平说，从前，浙商创业凭的是"四千精神"，现在还要多一条科学家精神，科学企业家、企业科学家正成为主流。我们的创新发展要有人去上课、写文章、做实验，同样要有人把论文写在地上、市场里。

四、实事如何进心坎

两会是浙江政治生活中的一件大事，也是浙江百姓的"家事"。每年省两会，大家的一个重要关注点是民生实事。

然而每年的社会情况都在发生变化，群众的所需所盼也有所不同，怎么持续让桩桩件件民生实事办进群众的心坎里？

问需于民、问计于民，找准"点"很关键。民生实事提出前，广泛征求、充分吸收群众意见，由人大代表票决；民生实事提出后，每一项都有跟踪监督，特别是2022年，浙江省政府首次在政府工作报告之外，单独列出"十方面民生实事落地落细清单"，并在"浙里办"同步上线民生实事数字化应用。

对浙江来说，高质量发展建设共同富裕示范区，不是一个停留在纸面上的方案，而是要群众更加真实可感。伴随美好生活需求的不断提升，群众从看重"有没有"，到更看重"好不好"，关心优质公共服务能否均衡可及。

此次两会的民生实事征集过程中，就突出更高品质、更高标准。比如，群众关心的教育助学方面，浙江提出省内优质高中对山区26县和海岛县开展帮扶，让相对偏远地区的学生也能和城里孩子一样享受优质教育。

缩小地区差距、城乡差距、收入分配差距"三大差距"，始终是共同富裕示范区建设的重中之重。根据省第十五次党代会提出的目标，到2027年，居民人均可支配收入达到8.5万元，城乡居民收入倍差缩小到1.9以内，地区居民收入最高最低倍差缩小到1.55以内。围绕这些目标，此次省两会将提出哪些新举措，人们也非常关注。

习近平总书记在新年贺词中说："经过艰苦卓绝的努力，我们战胜了前所未有的困难和挑战，每个人都不容易。"

战"疫"三年，浙江广大干部群众经受住了考验，也付出良多。正因为不容易，新的一年里，大家对美好生活才更加向往和珍惜。

政府继续"过紧日子"，保障人民"过好日子"。冬去春来，这次两会对于民生实事的重视，正是对社会热点、民生关切的最好回应。

施力维 钱祎 执笔

2023 年 1 月 12 日

从政府工作报告读出信心

> 没有一种努力是白费的。我们在应对风险挑战的过程中变得愈加强大，积累了更多经验，我们也就有底气说：不怕难、难不怕。

时间进入 2023 年，伴随着疫情防控政策的优化调整，很多人担忧：今年的经济形势怎么样？生意好不好做？钱袋子会不会更鼓？一些已经返乡的务工者，心底可能正在盘算，春节后该去哪里找工作？浙江企业能提供怎样的岗位和收入？这些想法都可以浓缩成一句话：明天会更好吗？

1 月 12 日上午，浙江省十四届人大一次会议隆重开幕，省长王浩作政府工作报告。看报告学报告，读出什么？关键是读出信心。

结合政府工作报告，回顾过去这一年乃至五年来浙江的改革发展实践，我们或许能对报告的感受更加具象、更加立体，也更能强烈感受到，立足当下、迎接明天，我们是有充足信心的。

过去三年，疫情对浙江经济社会发展造成了很大冲击，当前很多群众的生活仍然存在不便，千家万户有着各自的烦恼，企业发展还面临不少挑战，前进道路上也不会一帆风顺。此时此刻，我们最需要的是信心。经济社会发展离不开信心支撑，尤其是在爬坡过坎的艰难时刻，多一分信心，就多一分跋山涉水的勇气，多一分攻坚克难的力量。

然而，信心不是从天而降的，也不是凭空而来的。我们的信心从哪来？我们就结合政府工作报告，聊一聊信心。

一

有人说，那些你走过的路、看过的风景、读过的书，没有一样是无用的，它们都藏在你的气质里。对一个人来说如此，对一个省份亦然。

浙江的信心首先来自过去我们成功应对了许多风险困难，屡屡涉险滩、爬陡坡、闯难关，并取得了浸透着汗水的沉甸甸的成绩。

习近平同志在浙江工作时就强调："浙江改革开放二十多年走过的道路，就是一条在不断克服困难中前进的改革创新之路，就是一段'发展出题目，改革做文章'的历程。"

今年政府工作报告提到，过去一年，浙江有效应对需求收缩、供给冲击、预期转弱三重压力，统筹打好疫情防控、经济稳进提质组合拳，经受住了超预期的冲击和挑战。"超预期"三个字，足见形势之难、步履之艰。

过去五年，同样是历经艰辛，成绩也令人鼓舞：共同富裕示范区建设扎实开局，经济发展质量显著提升，浙江经济社会发展站上了新的更高起点。城乡居民收入继续稳居各省区第一位，城乡居民收入倍差从2.04缩小到1.94，这些都关系到浙江群众对美好生活的切身感受。

应对风险困难，教会了我们能力方法。一路走来，难免有各种可以预见和难以预见的风险困难。在逆风逆水中开好顶风船，我们长了才干、壮了筋骨，增强了斗争本领，学会了更多发现问题、解决问题、推动发展的方法，学会了在多目标动态平衡中寻求最优解，等等。比如，面对世纪疫情的重大冲击和风高浪急的外部环境，疫情要防住、经济要稳住、发展要安全，该怎么统筹兼顾、综合施策？我们碰到过漩涡，遭遇过风浪，但我们在游泳中学会了游泳。再如，全省全面推进数字化改革，很多党员干部掌握了数字化技术，树立了数字化思维，运用数字手段推进工作的意识和能力得到增强。

应对风险困难，锤炼了我们的精神斗志。同困难作斗争，是物质的角力，也是精神的对垒。从新中国成立初期，我们战胜了血吸虫灾害，到21世纪之初，我们打赢了防治非典型肺炎的攻坚战，再到近些年，我们抗击疫情，精神力量一直都是我们的强大武器，各种困难也让我们的精神斗志变得更加强大。过去五年来，浙江战胜了一个又一个挑战，取得了一个又一个收获，这是弘扬浙江精神的具体实践，也让我们更深刻地体会到爱国精神、担当精神、求真务实的精神、命运与共的精神。

没有一种努力是白费的。我们在应对风险挑战的过程中变得愈加强大，积累了更多经验，我们也就有底气说：不怕难、难不怕。

二

游泳总会呛水，跑步难免崴脚，往前走就一定会遇到困难和挑战。有时候，信心缺失源自发现不了问题。看到问题后，才能有望冷静分析、科学处置，才会增强信心。

对困难和挑战做到心中有数，对问题认识得越充分、越深刻，不断寻求破解困难的"钥匙"，拿出解决问题的"药方"，今后努力的方向就会更明确，自然就有了"打赢这一仗"的信心。

诚然，在困难中保持信心很难，但回头看，浙江"打怪升级"的路，就是这样走出来的。

远的不说，很多人应该还记得，21世纪之初，浙江的一些企业频繁遭遇反倾销诉讼、贸易设限。《习近平浙江足迹》写过一个"不敢钉8颗纽扣"的故事：国外某品牌服装一件售价上千元，而位于象山的加工企业，只敢为每件衣服钉6颗纽扣，尚有微薄利润；如果将纽扣数量增加到8颗，就无利可图。

刚到浙江工作的习近平同志不回避困难，正是因为看到了浙江块状特色产业的优势和不足，看到了产业发展演进规律和信息化带来的机遇，所以才提出要以"腾笼换鸟"的思路和"凤凰涅槃""浴火重生"的勇气，加快推进经济增长方式转变。在坚持走新型工业化道路的战略指引下，浙江的产业结构不断转型升级，逐步从"低小散"转向"高精尖"，以"高质量"取代"高增速"。

备豫不虞，为国常道。今天，我们所处的环境不是未知数，面临的困难和问题清晰地摆在我们面前。比如政府工作报告提到：创新发展能力不足，创新链产业链深度融合不够；缩小"三大差距"、满足人民对高品质生活的需求还需持续发力；绿色低碳发展和能源保供稳价还面临不小压力；等等。政府工作报告紧紧围绕问题，提出了今后五年发展的总体要求和目标任务，部署了2023年的发展目标和重点工作。

病灶找到了，药方也拿在手上。从"浙"出发，每个人内心应该更笃定、更踏实。

三

一年一度的省两会，是社会各界共商大事、凝聚共识的一个平台。该怎么让群众更有获得感和幸福感，该怎么为企业排忧解难，该怎么加强政府自身建设，这些是政府工作报告以较大篇幅突出的重点内容。

比如，政府工作报告中提出千方百计增加群众收入；充分激发各类市场主体活力；扩投资促消费；统筹发展和安全……政府努力为企业、群众提供有力保障，比如，重申坚定不移落实"两个毫不动摇"、促进"两个健康"；比如，强调聚焦办好民生实事，让政府做的事成为百姓满意的事。企业、群众在各自的跑道上加速奔跑，如此同心同向同行，有利于开启下个五年高速发展的序幕。

回想改革开放40多年来，浙江经济社会发展取得历史性成就，站上新的更高起点，力量源于何处？是党和政府始终与广大群众、企业想在一起、干在一起、拼在一起。干部敢为、地方敢闯、企业敢干、群众敢首创，为浙江发展腾飞带来了无穷力量。

浙江干部敢为是出了名的。20世纪50年代，时任永嘉县委副书记李云河率先在温州永嘉县搞起农村家庭联产承包责任制改革；改革开放初期，谢高华喊着"出了问题我负责"，拍板给路边摊市场开绿灯，才催生出世界第一大市场。为了浙江发展、人民幸福，虽千万人，吾往矣。

无中生有、有中生新，浙江地方发展具有扭转乾坤的魔力，而这源于地方敢闯。嘉善是全球最大的木业加工基地，却没有森林；海宁有全国最大的皮革市场，却不产皮草。浙江的地方发展验证了那句话：如果没有奇迹，就让自己成为奇迹。

浙江企业更是敢干，立足浙江、奔向世界。疫情政策调整后，企业包机出海抢订单。如今，600多万名浙商深耕国内市场，200多万名浙商遍布全球各个角落，带动就业人数以千万计。"一有阳光就灿烂，一有雨露就发芽"，即便再难再苦，浙江企业从未停下前行脚步。

浙江群众敢于率先打破旧框框、闯出新路子。全国第一份工商个体户营业执照、全国第一批股份合作企业、全国第一个私人钱庄……40多年前，被改革开放春风唤醒的温州人，率先挣脱计划体制的束缚，用双脚丈量祖国山河，创造了太多的"第一"。

习近平同志在《之江新语》中写道："有人说，浙江经济就是老百姓经济，但是老百姓经济并不是说党委、政府是无所作为的，恰恰是党委、政府尊重群众的首创精神。"浙江的发展底气，就是源自政府与企业、与人民互相尊重、互相信任、团结协作的"浙江模式"。

征途漫漫，没有谁是一个人在战斗。千万人并肩同行，我们都是彼此前行的信心与勇气。

四

信心的背后，还有政策红利能量的持续"加持"。

往大了看，中央经济工作会议为今年我国经济把脉定调，明确要求从战略全局出发，更好统筹经济政策和其他政策，并从着力扩大国内需求、加快建设现代化产业体系、切实落实"两个毫不动摇"、更大力度吸引和利用外资、有效防范化解重大经济金融风险等方面，释放了推动经济运行整体好转的强劲信号，为经济发展提供了难得机遇。

从浙江看，我们坚持全力争取政策、创新政策、用好政策，用真金白银帮助市场主体应对冲击、增强信心。去年年初，浙江第一时间出台"5＋4"稳进提质政策包，第一时间承接落实国家稳经济一揽子政策，接续出台稳经济38条、79条政策以及面向服务业领域特困行业、中小微企业、个体工商户的纾困政策，健全政策直达快享机制，全力推动经济稳进提质、回升向好。全国工商联发布的《2022年万家民营企业评价营商环境报告》显示，浙江位列第一。

今年，浙江在"5＋4"稳进提质政策体系的基础上迭代升级，集成创新形成了"8＋4"政策体系，即扩大有效投资、科技创新、"415X"先进制造业集群培育、现代服务业高质量发展等8个重点领域政策包，财政金融、自然资源、能源、人才等4张要素保障清单。

此次政府工作报告，再次释放了利好的政策举措，比如建设浙江特色现代化产业体系，推进教育强省、科技强省、人才强省建设，大力推进数字化改革，以及实施扩大有效投资"千项万亿"工程等十大工程，等等。有的是对过去的延续升华，有的颇具开创性、创新性。各种各样的政策举措，彰显的是一届接着一届干的决心，传递出的是浙江政府将越干越好的姿态。我们也就有理由相信，浙江发展将越来越好，人们的日子会越过越好。

站在新的起跑线上，挑战前所未有，任务艰巨繁重。惟其艰难，方显勇毅；惟其磨砺，始得玉成。只要我们找准"政策眼"、用足"含金量",把政策给到位,把项目落实好,就一定能把政策红利源源不断地转化为改革优势和发展胜势,困难就能被战胜,信心就会越来越足。

明天会更好吗?毛泽东同志有过一句名言:"我们的同志在困难的时候,要看到成绩,要看到光明,要提高我们的勇气。"路在脚下,事在人为。明天的一切,归根结底取决于我们今天有多大信心,有多少行动。

王人骏 云新宇 刘雨升 陈培浩 执笔

2023年1月12日

文澜阁《四库全书》传奇

> 这背后，一定是一种深深的情怀，是对中华文脉赓续传承的信念与坚守，是为了将这些宝贵的精神财富留给子子孙孙，传至千秋万代。

断桥、白堤、孤山，是杭州西湖最受游人欢迎的去处。只是很多人不知道，隐身于其中的，还有一套中国古代规模最大的丛书——《四库全书》。

1772年，乾隆皇帝下了一道旨令，要求辑佚库书、广征遗书，开启了编撰《四库全书》的按钮。十多年后书成，分送全国七阁保藏，其中一阁就是西湖畔的文澜阁。

《四库全书》共36000多册，因分经、史、子、集，故名四库，基本囊括乾隆中期以前中国历代主要典籍，总字数近8亿，远远超过了《永乐大典》的3.7亿字。

8亿字什么概念？一个人从一出生开始读，每天3万字，也要读到70多岁。

这部集大成之作，背后有着怎样的故事？今天且来一探究竟。

一

众所周知，丛书编抄耗资巨大。征书、整理、抄写、校订，每一个环节都投入了大量的人力、物力、财力。但"雁过留声，人过留名"，汇聚天下能人志士来修典，既是彰显文治、招揽人才的重要手段，也是国家实力的秀场。乾隆下了大决心。

从征书开始，为了表彰进书者，清廷制定了奖书、题咏、记名等奖励办法：

"奖书"，即凡进书500种以上者，赐《古今图书集成》一部；进书100种以上者，赐《佩文韵府》一部。"题咏"，即凡进书百种以上者，择一精醇之本，由乾隆皇帝题咏简端，以示恩宠。"记名"，即在提要中注明采进者或藏书家姓名。

当时，激赏之下，民间积极响应，七年时间共征集图书12237种，其中江苏进书4808种，高居榜首；浙江进书4600种，位列榜眼，两地总计约占总进书数的80%，足见江南文化之鼎盛。

乾隆任命纪昀（晓岚）担任《四库全书》总纂官，先后选拔了3826人担任抄写工作，并规定每人每天抄写1000字，每人一天工钱2.5钱白银。8亿字的《四库全书》共抄写七部，56亿字花140万两白银。

七部《四库全书》分藏南北七阁，史称"北四阁"和"南三阁"。

"北四阁"，即紫禁城文渊阁、圆明园文源阁、沈阳文溯阁、承德避暑山庄文津阁。四阁命名将浩瀚的文化典籍喻作江河之水，水由"源"出，汇合成"渊"，再由"津""溯"流而上。"南三阁"，分别为扬州大观堂文汇阁、镇江口金山寺文宗阁、杭州圣因寺行宫文澜阁。

文澜阁落成于乾隆四十九年（1784），从乾隆六十年（1795）开始对外开放。据史料记载，文澜阁也是四库七阁中唯一向民众开放的。文人学子可入内阅看，在办理手续后，还可以把书借出抄录，首开世界公共图书馆之先河。用乾隆的原话讲："俾江浙士子得以就近观摩誊录，用昭我国家藏书美富。"

此举极大地促进了清中叶以来浙江学术的传播和繁荣，孙星衍、阮元、陆心源、孙衣言、马一浮等顶尖学者都曾在文澜阁读书校书。

二

《四库全书》修成后几经沧桑，不出百年就有数套抄本在战火中被焚毁，现仅存"三部半"。

文源阁本毁于英法联军火烧圆明园，镇江文宗阁、扬州文汇阁的《四库全书》焚毁于1853年间的太平军战火。只有文渊阁本、文津阁本、文溯阁本和文澜阁本传世，其中"半部"文澜阁《四库全书》最为跌宕起伏。

1861年，太平军攻入杭州，战火纷飞，文澜阁沦为兵营，阁中藏书散佚四处。

最早发现散佚文澜阁《四库全书》的，是杭州著名藏书家丁申、丁丙兄弟，他们家里原本就有"八千卷楼"藏书楼，为了躲避战乱，躲在离杭州十来里路的留下镇。

有一天，丁申外出购物时，发现包装纸"皆四库书也"。他惊叫："文澜阁书得无零落在此乎？"事不宜迟，丁氏兄弟雇用人员，连夜到文澜阁，从残垣断壁中抢救散落的库书，同时民间高价收购，这两个富家"傻公子"散尽家财，共抢救回文澜阁本8689册，约为总数的四分之一。

对于丁氏家族来说，书是维系族魂的纽带。丁氏兄弟冒着生命危险保存下来的，是江南文脉存续的星火之光，其祖训"吾聚书多矣，必有好学者为吾子孙"同时也折射出一代代浙江藏书家的信念与坚守。

1915年，浙江图书馆首任馆长钱恂秉承丁氏遗志，启动"乙卯补抄"。但在他启动此项工作10个月后，袁世凯便将其调到北京。他没有放弃补抄工作，在呈请袁世凯批准后，他又在北京设立了补抄文渊阁四库全书馆，把抄写人员安置在北京家中，还从文渊阁借出《四库全书》供以补抄。

"乙卯补抄"历时七年完成后，时任浙江省教育厅厅长张宗祥又通过向浙江社会各界募捐筹集补抄经费，开始"癸亥补抄"。

对募款抄书的事，张宗祥还约法三章：非本省人就是富可敌国也不募；本省九府属每府皆能有人捐助最好；每一股以500元为定额，如果财力不足可以几个人拼成一股，不成股的不募，凝聚浙江民间力量抄书修书。

1924年12月，"癸亥补抄"胜利完成。自此，遭兵燹之劫、散佚大半的文澜阁《四库全书》，经丁氏兄弟、钱恂、张宗祥相继三次发起并组织大规模拾遗补阙，得以恢复旧貌。

文澜阁《四库全书》，可以称得上是集结浙江几代学人心力的"百衲本"。

三

文澜阁《四库全书》的故事还远未结束。

1937年卢沟桥事变，这部失而复得的文澜阁《四库全书》还来不及喘息，又面临了战争的威胁。1945年，抗日战争一结束，曾经为了躲避战火辗转浙、闽、赣、湘、黔五省，落脚重庆的文澜阁《四库全书》究竟该还归何处，引来了各种争执。

国民党当局设想将文澜阁《四库全书》运往南京，但张宗祥以该书补抄时全用浙籍人士募捐之资，未用政府一笔一纸为由据理力争，后经浙江参议会代表民意，电告南京政府，此议才作罢。几经周折，文澜阁《四库全书》在颠沛流离八年多后，终于回到杭州。

历经三百多年，七阁中书与阁仍然在一起的也只有文澜阁一处，甘肃"文溯阁本"原来在沈阳，故宫"文渊阁本"现在台湾，"文津阁本"也已离开承德，安家中国国家图书馆。

如果说决策者修书有彰显其英明领导、规范社会道德行为的重要考量，那么像丁丙、丁申、钱恂、张宗祥这样一代又一代的藏书家修书、护书、藏书，又是为何？

这背后，一定是一种深深的情怀，是对中华文脉赓续传承的信念与坚守，是为了将这些宝贵的精神财富留给子子孙孙，传至千秋万代。

盛世修典，寄托着中国人的一个理想和一种精神。《四库全书》盛世开工缮写，虽有"四库七阁"的灾备远见，但也难逃乱世的流离散佚，成书、护书、抄书的背后是一种守护中华文化根脉的精神。

这套历经磨难的国宝藏书，是中华文脉薪火相传生生不息的见证，堪称中国文化史上一大奇观、一大奇迹。

中华文明是世界上唯一从未间断传承的古老文明，一个重要原因便是历代典籍对文化的记录、爱书之人对典籍的珍藏。《四库全书》载记中华千年文史，仁人志士补抄迁移，守书护书，以共同目标接力，终使这部皇皇巨著延续至今。

一代人有一代人的使命，一代人有一代人的担当。如今，杭州国家版本馆在之江大地上拔地而起，又仿效文澜阁造阁藏书，将这文明之火赓续传承，续写时代华章。

张璞　执笔

2023年1月13日

什么是"一号改革工程"

> 营商环境不是一日形成的，肥沃的土壤、丰沛的阳光雨露也不是"天上掉馅饼"。

老百姓过日子，开门七件事：柴、米、油、盐、酱、醋、茶。企业过日子，开门事有几件？注册登记、用水用电、纳税退税、银行融资……企业这些"开门N件事"，归结起来都离不开"营商环境"。

在这次浙江省两会上，就有一项重要议程——审议《浙江省促进中小微企业发展条例（草案）》，聚焦进一步优化营商环境，打开中小微企业发展空间。在政府工作报告中提出要实施优化营商环境"一号改革工程"，加快打造全国营商环境最优省。

笔者注意到，去年12月13日，省委书记易炼红在杭调研企业并召开企业家座谈会时就强调，要全面提升优化环境促开放，实施营商环境优化提升"一号改革工程"，坚持问题导向、目标导向、效果导向，对标最好，努力把浙江打造成为集聚高端要素的"磁场"、企业创新创业的"沃土"、现代治理的"范本"。

营商环境为何如此重要？在营商环境有口皆碑的浙江，为何还要继续提升营商环境？改革的新打法和新动作又有哪些？

一

老百姓买房要挑好物业，孩子上学要挑好学校，企业要办得好、成长快，也要挑肥沃的土壤和清新的空气。哪儿的营商环境好，人才就往哪儿跑、资金就往哪儿流、项目就在哪儿建。

营商环境，好比市场经济的生长之"土"，也是市场主体的生命之"氧"，被认为是地方经济发展的"风向标"，也是地方软实力、生产力和竞争力的综合体现。

从企业和企业家的角度理解，营商环境的感知是立体直观的，就是看经营方不方便、办事便不便捷、执法规不规范、赚钱安不安心。

而在政府层面，营商环境却是"牵一发而动全身"的综合性大工程，涉及政务环境、法治环境、市场环境、生态环境、人文环境等多个领域，牵涉部门众多，打破壁垒、协同配合的难度不小。

营商环境提升难，不仅在于点多面广，还在于火候和精准度的把握。有人说，好的营商环境就是政府"该出手时就出手，该放手时能放手"，也是企业"有求必应、无事不被扰"。

市场环境时刻在变，"怎么出手见疗效，怎么放手不乱套"更考验政府对症下药、精准施策的微操水平，维持经济活力与秩序的平衡并不简单。

二

浙江是民营经济强省，政府市场"两只手"经过多年磨合，营商环境有口皆碑。2022年11月，全国工商联公布的万家民营企业评价营商环境年度排名中，浙江位居第一。

营商环境不是一日形成的，肥沃的土壤、丰沛的阳光雨露也不是"天上掉馅饼"。

早在2003年，习近平同志在浙江工作时就明确提出要再创环境新优势。这里所指的环境不仅包括能源、交通等基础设施在内的"硬环境"，还包括政策、服务、金融、社会信用和法治建设等在内的"软环境"，比如"信用浙江"建设、法治建设和机关效能建设等。

此后，浙江还推出"四张清单一张网"改革、"最多跑一次"、政府数字化转型和全面推进数字化改革等，"人人都是营商环境，事事关系营商环境"的理念在浙江深入人心，"干部敢为、地方敢闯、企业敢干、群众敢首创"的氛围蔚然成风。

那作为"优等生"的浙江，为何要把优化营商环境列为"一号改革工程"？

优化营商环境是动态演进的，没有最好、只有更好，没有完成时、只有进行时。走在前列的浙江更要保持领跑的状态和担当。

从当前来看，牵住营商环境这个"牛鼻子"，对于"后疫情时代"经济活力的恢复、市场信心的提振、创新创业的升温，以及人才引进、就业回暖、民生改善等具有现实意义。正如有专家认为，经济社会发展的动力，源于市场主体的活力和创造力，这在很大程度上取决于营商环境。

国际形势也让人"操碎了心"。变革和动荡两种趋势持续演进，团结与分裂两种取向相互激荡。人类社会这艘巨轮穿越世纪疫情的波涛，又遭遇地缘冲突的飓风、阵营对抗的漩涡、通胀高企的暗流、能源短缺的寒潮，前路充满颠簸动荡。

环顾我们身边，需求收缩、供给冲击、预期转弱的"三重压力"不小，特别是浙江作为民营经济大省，有的民营企业还在经历着市场的冰山、融资的高山、转型的火山等"三座大山"，有的企业还有税费有增无减、政策缺乏连续性、市场准入差别对待等困扰，等等。受疫情影响，中小微企业、个体工商户生产经营困难较多。

从长远来看，随着我国经济转向高质量发展，传统的劳动力、土地等生产要素的比较优势正在逐渐减弱，制度供给成为重要的核心竞争力。浙江也需要适应形势变化，与时俱进地优化营商环境。

三

稳预期、强信心的关键所在，就是不断深化改革，把持续优化营商环境这个"一号改革工程"向广度延伸、向深度拓展，既让国内企业家们吃下定心丸，形成稳定预期，真正做到放手弄潮，又可以在更高开放水平上形成良性循环，吸引更多全球高端要素。

"一号改革工程"，顾名思义，优化营商环境是一个系统工程，也是一个渐进工程。同时，这是"一号工程"，排在头等位置，是"一子落满盘活"的战略要塞。还有，这是"改革工程"，势必要动奶酪、破藩篱，甚至还要涉险滩、打硬仗。笔者以为，至少有以下四个方面需要把握好。

要让市场主体更能"如鱼得水",推动市场"无形之手"和政府"有形之手"协同高效、亲密无间。比如,不少企业都曾有"放手一搏"的豪情壮志,但有时囿于"审批事项杂、监管束缚多、求人办事难"而不得不选择"贴地飞行",因此审批程序要"应减尽减、能减尽减",真正把企业家当成自己人,想他们所想、急他们所急。

敢于动真碰硬,进一步深化改革。如今,优化营商环境,容易解决的问题基本都已解决了,剩下都是难啃的"硬骨头"。只有通过深化改革,坚持问题导向,清除体制机制障碍,才能进一步激活潜力。比如,深化要素市场化改革就很关键,要释放更多市场新动能。

还得以法治的理念手段让市场主体安心放心。法治是最好的营商环境。稳定、公平、透明、可预期的市场环境才能让大家真正放下"后顾之忧"。政府要当好"守夜人",加强社会信用体系建设,让守信者畅行天下、失信者寸步难行,也要加大违法惩戒力度,让守法者处处通途、违法者寸步难行,共同守护一个风朗气清的法治环境。

如何吸引更多全球高端要素,更好参与国际合作和竞争?作为对外经济大省,我们还须主动对标国际一流、世行标准和国际惯例,对标国内其他先进省份的经验做法,主动接轨最高标准、最佳模式,把更多世界一流企业引到浙江,也让更多浙江企业去国际市场闯荡翱翔。

总而言之,真正推进好实施优化营商环境"一号改革工程",需要我们拿出一流的干劲,施行一流的举措,对标一流的标准,最终努力呈现一流的成绩。

王云长　沈於婕　张俊　执笔

2023 年 1 月 13 日

杭罗不止姓"杭"

"活起来"只是开始,"活得好"才是目的。

杭罗,是"绫罗绸缎"中的罗。它是由纯桑蚕丝织造的丝绸面料,因多产自"丝绸之府"杭州而得名。自古以来,杭罗与江苏的云锦、苏缎并称为中国的"东南三宝"。

早在宋代,春夏之交时,京杭大运河上便已是一片繁忙景象,船只来来往往,运送着精美的罗布。这些货物,将成为上自达官显贵、下至百姓人家竞相追捧的"钱塘名物"。直到现在,老底子的杭州人仍记得,在过去穿得起杭罗,是蛮体面的。

然而,历经时代涤荡,当年"机户万计"的盛况早已不在。如今,仅在杭州上城九堡的一家丝绸厂,还能隐约听见老织机的隆隆声响。

杭罗究竟有着怎样的历史渊源?走到今天,它又将如何找到蝶变之道?

一

中国五千年丝绸文化里，绫、罗、绸、缎代表着不同时期纺织技术的变化。它们源于蚕桑，成于机杼，因为织造的方法不同，最终导致形状和穿着感的差异。

其中，罗有孔眼，比较透气，在南宋比较流行。杭罗的盛行，就是从这个时候开始。

柳永的《望海潮》中便有"户盈罗绮"的描述，李清照也曾在"轻解罗裳"间寄情辞赋，聊表相思闲愁。诗人庾信为了答谢北周赵王招赐予其的一袭杭罗锦衣，撰下《谢赵王赉白罗袍袴启》的骈俪，更以"未有悬机巧缫，变蹑奇文，凤不去而恒飞，花虽寒而不落"形容杭罗之妙。

在被誉为"世界第一部农业科普画册"的南宋名卷《耕织图》中，就绘有一部提花机，画中挽花工与织花工正相互配合，织造着烦琐的罗布花纹。

杭罗之所以珍贵，其一是原材料好。杭嘉湖平原一带气候温润，是种桑的理想之地，这一带生产的"湖丝"也是上好的桑蚕丝，因此便有了业内的那句"织杭罗，用湖丝"。

其二是技艺精。在钱塘水土滋养下的桑蚕丝，要历经浸泡、翻丝、牵经、穿综、穿筘、打蜡、摇纤等一系列工序，方可上机织造。其中，别具一格的"水织法"需经过一次次绞扭，织就出三梭罗、五梭罗、七梭罗等不同提花，粗坯再经精炼、染色，才能织成精致的杭罗。

《梦粱录》中有云："罗：花素，结罗、熟罗。"在那时，罗已拥有许多品种，由杭罗制成的生活用品也深深渗入百姓生活中。

"钿车罗帕，相逢处，自有暗尘随马。"比如杭罗制成的罗帕，既作为待字闺中少女的随身用品，又作佩戴饰物，是象征爱情的定情之物。而作为高档衣料，杭罗曾是不少家庭留给女儿作嫁妆的"压箱底"珍品。此外，罗帐、罗裙、罗衫等，都印证了古代杭州人对杭罗的喜爱。

到了民国时期，曾经的上海"三大亨"黄金荣、张啸林、杜月笙三人，更是经常穿着白色杭罗长衫出入各种高档场所。彼时上海滩名流亦纷纷效仿，唱戏的角儿、商界的大佬、富家的公子小姐，都少不了几件杭罗长衫、旗袍。

"中国有礼仪之大，故称夏；有服章之美，谓之华。"一匹杭罗，以传统技艺传承千年，因品质而闻名中国，在经纬之间，织就了中国服饰之美。

二

杭罗繁盛时，从养蚕的到开染坊的，一应俱全，整个产业链里起码有上千户人家，大小作坊不计其数，尤以古艮山门机神庙一带为最盛。其中，技艺尤其精湛的机户被民间誉为"巧儿"，更是无比光荣的称谓。

拂梭千年间，生产杭罗的织机几经变革，但生产流程仍保持着大量精细缜密的手工技艺。由于工艺复杂，杭罗历来传人不多，加上一段动荡岁月的洗礼，杭罗的织造技艺险成绝迹。直至改革开放后，在一位邵姓"巧儿"的重新操持下，幸存的几台织机才在小小作坊里再次发动起来，勉强续上了杭罗织造的千年传承。

如今，在杭州乃至全世界范围内，只有邵氏后人接管的杭州福兴丝绸厂，还在"孤独"地用传统工艺生产杭罗。

在机械生产的时代，传承一门老手艺确实不容易。对新手而言，学习繁杂的杭罗织造工艺，要从最基本的打结学起，最少需要7年时间才能学成全部技艺，单是这份学习的决心，已鲜有人具备。更何况，传统的水织法对制作者要求极高，要经常把手置于浸泡蚕丝的水中，即便是在寒冷的冬天也不例外，因此手部皮肤皲裂溃烂便成了常态。大多数人吃不了这份苦，不少人学到此处也就打了退堂鼓。

而随着时代发展，时装工业的"快消"理念早已深入人心，仅靠传统工艺无法满足人们的需求，杭罗的"窘境"更进一步地显现。

匠心独具，是中国传统手工技艺的优势，但在新技术的冲击之下，这一优势也成为它们破茧重生的劣势：继承难、市场化程度低、受众面小。

不经大破大立，何以晓喻新生。日渐没落的织造技艺，需要在创新中寻找传承发展的曙光。

三

杭罗姓"杭"，但不止于姓"杭"，它是中国的，也是世界的。作为"丝绸之府"的杭州，延续杭罗的意义，不仅在于用丝线串联起丝绸文化的脉络，还在于联络起东西方文化交流的新通道。

2005年末，杭州市委、市政府杭罗织造工艺的保护工作正式启动，市级"非遗"申报于2006年顺利通过。2009年9月，"杭罗织造技艺"作为中国蚕桑丝织技艺中的重要代表性子项目，被联合国教科文组织批准列入"世界非物质文化遗产"名录。

入选"非遗"的杭罗，在迎来社会各界重视的同时，也从自身的改革出发，开始了新一轮的起步：在传承技艺和市场化的夹缝间，探寻"活起来"的道路。

酒香也怕巷子深，老手艺传承需要全情的"吆喝"。回想杭罗最风光的年代，也是杭罗在百姓中知晓度、使用率最高的时候。要想找回杭罗曾经的"风光"，首先得提高杭罗在大众中的认知度。

近几年，杭罗正逐渐走进更多人的视野。比如，中央电视台曾多次深度探访报道杭罗，浙江卫视《"中国好时节"春分篇》上，《盼春织》再现杭罗织造"非遗"文化，舞蹈演员们在大型织布机下旋转舞动，将一丝一线串联交织的过程呈现出来，转身之间，也将有着数千年历史的桑蚕文化娓娓道来。

传统手艺想要飞入寻常百姓家，也可以尝试与潮流元素进行更多"碰撞"。国潮兴起，给杭罗传承发展提供了一个很好的机遇，可以探索更多元的 IP 转化。目前，已经有许多国产品牌主动向杭罗伸来橄榄枝，在潮流鞋服、数字藏品、母婴产品中探索跨界合作，让"翼纱薄似空"的杭罗被越来越多年轻人所熟知。

传承"非遗"，要坚守传统技艺，也要探索制定现代化工艺"标准"。不可否认，技术的快速发展给传统手工艺带来了冲击，但也应看到，正是借着技术发展，才能让传统手艺大幅提高生产效率，从而在市场中占据更重的分量。比如，杭罗传承单位福兴丝绸厂与浙江理工大学成立了课题组，站在"顶层设计"的高度研讨杭罗工艺提升改良，在实现工艺现代化的同时，着手制定相关领域的工艺标准，便于批量化生产。

　　近十多年来，杭罗作为展现中国传统文化的窗口，频繁出现在G20杭州峰会、世界互联网大会、进博会等盛会中，代表浙江礼赠宾客。

　　"活起来"只是开始，"活得好"才是目的。随着国潮文化逐步深入人心，我们坚信，在传承和创新"双轮驱动"之下，千年杭罗，未来可期。

何嘉成　石龙华　执笔

2023年1月14日

浙商的安全感从哪里来

> 让"无形之手"充分施展，让"有形之手"更加有效，浙江也成为有为政府与有效市场亲和的典范。

提起浙江，除了如诗如画的江南风光，还有一个深入人心的印象是，浙江人特别会做生意。这是有依据的。

据统计，目前浙江市场主体超过900万户。此外，还有数量庞大的浙商深耕国内市场乃至全球各地。可以说，浙商是目前中国最活跃的商人群体之一。

但对大部分民营企业家来说，过去三年并不好过。国内外疫情形势延宕反复，国际环境复杂多变，全球经济遭受重创。在艰难的处境下，浙江民营企业却能迎难而上。去年9月，全国工商联发布2022中国民营企业500强榜单。论上榜数量和总营收，浙江都是"双料冠军"。

今年省两会上，省政府工作报告中提出，坚持"两个毫不动摇"，充分激发各类市场主体活力，以及"推进民营经济高质量发展""大力弘扬企业家精神和新时代浙商精神"。

"创业创新闯天下，合心合力强浙江。"我们不禁思考，浙商的信心从何而来？中流击水的安全感又是如何构建起来的？

—

电视剧《县委大院》中有个情节，老崔准备在光明县开家火锅店，结果一个营业执照变更手续，老崔一跑再跑，材料一交再交。最后，火锅店迟迟没法开业而被迫转让。

政府部门对市场主体的关心和支持到底有多少？这是影响安全感的重要因素。

广大浙商长期耕耘的民营经济，是浙江经济的最大特色和最大优势。但罗马不是一天建成的，浙江民营经济的雄厚基石也不是一蹴而就的。浙江各级政府，努力为浙商在广阔世界实现梦想提供了满满的安全感。

回想本世纪之初，由于对市场经济的认识还不统一，浙商群体承受着质疑和压力：民营经济的发展，会不会蚕食社会主义公平？非公有经济的发展，会不会动摇公有制的主体地位？

当时在浙江工作的习近平同志却不这么看。他在多个场合高度肯定浙江民营企业和浙商群体："浙江最大的优势是民营经济先发优势。""我们浙江的民营企业家很不容易，党和政府一定不能瞧不起他们，要亲近他们，给他们支持。"

这样引领时代的观点与后来一些经济学家的研究不谋而合。有学者发现，中国经济增长最成功的地区不一定是自然资源最丰富的地区或者发展基础、区位条件最有利的地区，而是政府与市场结合最完美、匹配最成功的地区。

此后各个阶段，浙江各级政府对民营企业和民营企业家群体始终是高看一眼、厚爱三分，努力为浙商创新创业营造最优环境。

比如，几天前，浙江省商务部门率浙江省赴香港投资促进团奔赴香港，开启招商推介、商务洽谈，由此掀开"投资浙里"全球大招商年"走出去"招商的大幕；一个多月前，也是该部门带队、包机，推动"千团万企拓市场抢订单"，在全国燃起一把"拼经济"的火。

浙江，"既关心浙商飞得高不高，更关心浙商飞得累不累"。比如，针对民营企业发展遇到的暂时性困难，为了提升纾困政策实效和获得感，去年一年浙江就为市场主体减负4000亿元。

让"无形之手"充分施展，让"有形之手"更加有效，浙江也成为有为政府与有效市场亲和的典范。

二

从企业经营者角度来看，不敢投资生产、缺乏安全感的一个原因，就是不确定性：新官会不会不理旧账？说好的政策会不会变？

加强法治保障，有利于提升民营企业的安全感。在这次省两会上，审议《浙江省促进中小微企业发展条例（草案）》成为一项重要议程。

事实上，浙江连续多年通过立法支持保障民营经济，这成为浙商信心很重要的来源。早在2006年，浙江就出台了《浙江省促进中小企业发展条例》，在法律层面，为打开民营企业发展空间。随后，在2020年，浙江出台《浙江省民营企业发展促进条例》，这是全国第一部促进民营企业发展的省级地方性法规。那以后，《浙江省电子商务条例》等10余部与民营经济发展息息相关的地方性法规又相继出台，一套较为完备的法律体系逐渐形成。

在政策层面，浙江政府全力争取政策、创新政策、用好政策，努力让那些群众有感、企业受益的好政策继续实施下去，这是浙商群体敢于应对冲击、面对不确定性的确定性。正如去年7月底的中央政治局会议强调的那样，"要发挥企业和企业家能动性，营造好的政策和制度环境，让国企敢干、民企敢闯、外企敢投"。

比如，去年，浙江省政府制定了"5＋4"稳进提质政策体系，并因势迭代、动态调整。五轮政策实施下来，企业获得感足足的。今年省政府工作报告中提出，将"精准高效实施'8＋4'经济政策体系，推动经济稳进提质"作为2023年重点抓好12方面工作之首。

"制度是经济增长的根本原因"——这是经济学家道格拉斯·诺斯的著名观点。在他看来，欧洲在16世纪到18世纪初所建立的现代金融制度、现代公司制度等才是欧洲兴起的真正原因。而制度的好处在于界定并限制选择，减少了交易中的不确定性。

有恒产者有恒心。从一系列法规和连贯的政策体系中，不难看出浙江政府对于加快发展的紧迫感、责任感，也不难看到浙江支持民营经济发展是可信的承诺。从制度意义出发，政府为企业爬坡过坎铺路，为浙商提振信心架桥，足以让大家吃下安心发展的定心丸。

三

政府的"扶持之手"对民营企业的发展当然重要，但安全感也来自于浙商群体长期以来自身所积累的发展经验、自我认同。浙商的安全感，也是自己给的。

《习近平在浙江》一书记载，在浙江工作期间，习近平同志就把浙江民营经济经历的"走遍千山万水、说尽千言万语、想尽千方百计、吃尽千辛万苦"的"四千精神"纳入浙江人文优势的内容，提出"进一步发挥浙江的人文优势，积极推进科教兴省、人才强省，加快建设文化大省"。

浙江广大人民群众为发展生产力、过上好日子所涌流的首创精神、奋斗精神，是财富来源，也是底气来源。

回顾浙江民营企业的发展历史，我们发现，浙商群体不会等到万事俱备才动身，只有即刻启程。滚石上山，再难也要"活下来，并要活得好"，是几十年来浙商生存发展的真实写照。

1979年，18岁的温州人章华妹为了生计偷偷摸摸地在自家门口摆小摊卖纽扣还担心被抓的时候，不会想到在第二年她就会拿到中国改革开放后的第一张个体工商业营业执照。

1982年，第一个敢同县委书记吵架要求开放城乡市场的义乌人冯爱倩，也不会想到她脚下的这块土地未来将成为"天下第一大市场"。

1997年，吉利创始人李书福开始造汽车时，更不会想到有一天他的汽车能跑遍全球。

面对特定时期社会物质财富匮乏、总体科学技术水平较低、计划经济烙印影响深厚的经济背景和"一缺技术、二缺资金、三缺人才"的客观条件，那一代浙商凭着自己的努力拼搏，挟着一股开拓进取、敢于担当的精气神创出了一片广阔天地。

接上交接棒，在传承父辈事业的同时，新一代浙商逐渐崭露头角。他们抓住人工智能、大数据、云计算等新兴产业迅猛增长的风口，一点点为浙企拓展空间、闯出新路。

当前，中美经贸摩擦、全球疫情等加速产业链转移，百年未有之大变局下，浙商生存发展环境发生了重大变化。大道向前，征途如何？这又成为不少民营企业面临的现实问题。

但正如"足球诗人"贺炜的金句所说："请不要相信胜利就像山坡上的蒲公英一样唾手可得，但请相信，世上总有美好值得我们全力以赴。"

浙商兴则浙江兴，浙江好则浙商好。

2023年是经济社会发展活力恢复之年。面对"后疫情时代"的新形势新课题，浙江和浙商，更要直面困难、放眼未来，把安全感做足，把信心提起来，把油门踩下去，在机遇与挑战中书写新的篇章。

云新宇　执笔

2023 年 1 月 14 日

家乡的腊味为啥总让人惦念

> 浙江的腊味，真真是"中国腊味版图"的冰山一角。浙江人爱腊味，凭的是那份对风物的极致雕琢，更因为深爱着滋长这些风物的那一方水土。

再过几天，天南海北的年夜饭桌，将被各类菜肴挤得满满当当，而若要论哪一样菜品当有资格占据一盘之地，腊味或可全票当选。

"无腊不成冬，无腊不成年。"一看到腊味，便知道是年要来了，与家人团聚的日子不远了。此时此刻，你家的屋檐下、露台间、院子里，是否正摇曳着香肠、腊肉、咸鱼？当尘封了近一年的长竹竿、簸箕又被拎出来的那一刻，多少人的乡愁随着袅袅炊烟飘向远方。

一

有人说，腊味是人类与时间抗争的力证，也是人类与时间和解的象征。

在生存环境恶劣、食物不易保存的年代，人类储存食物的智慧在味蕾的驱使下，迸发出了巨大潜能。烟熏、火烤、风干……先民们竭力与时间对垒，最后创造出了这一人间珍馐——腊味。

要想"吃透"腊味，得先从这个"腊"字说起。相传在上古夏朝时，人们于农历十二月合祭众神叫作"腊"，因而十二月叫腊月。而此时天朗且干燥，西北季候风流行，肉类不易变质且蚊虫不多，所风干腌制的肉类，统称腊味。

"腊"字，"月"为肉，"昔"字的本义是日下晒干肉，需长久时间而非一日之功，便引申为"往昔"之义。一口腊味，咀嚼的是一段过往。

作为老少咸宜的中国传统食品之一，腊味已有数千年的历史。《周礼·天官》记载："腊人，掌乾肉。凡田兽之脯、腊、膴、胖之事……"可见，在周朝便已有腊肉。

生活在春秋时期的孔夫子曾毫不隐讳地向门生"索要"腊肉：自行束脩以上，吾未尝无诲焉。其中的"束脩"通常的说法便是"十条腊肉"。

在漫长岁月中，任时间长河如何淘洗，腊味传承不绝。中国人对食物很执着，做法花样百出，一道腊味也要折腾出个乾坤。或蒸、或煮、或炖、或炒、或吃火锅，不管你用什么方式烹饪腊味，都不失为佐酒下饭的好菜。

腊味充盈着丰收的喜悦，挥洒着活色生香。对很多人来说，在家乡异彩纷呈的味觉谱系里，腊味或许就是最耐人咀嚼回味的那一道佳肴。

二

腊味，是中国人的味觉"公约数"。

虽然最初的腊味或与美味相去甚远，但在一代又一代勤劳且智慧的国人共同努力下，如今的腊味俨然成了各地美食的中流砥柱。

百家腊味百家晒，晒出腊味百家味。若要细数中国的腊味，一个"腊味宇宙"恐怕都承载不下。地上跑的、天上飞的、水里游的，皆能化作醇香的腊味，用"万物可腊"来形容一点也不夸张。

腊味从原料种类来说，就有腊肠、腊肉、腊排骨、腊鱼、腊鸭、腊鸡等；从不同地区的口味做法来说，有的人喜欢广式的甜，有的人就爱好川腊的辣，有的人钟情湖南的烟熏味，而有的人独爱浙江的鲜。

浙江这么一片富饶丰美的鱼米之乡，也是一片隐匿的腊味王者。

就拿宁波人来说，吃鱼随时令而变：春品鲜，夏吃活，秋嗜肥，到了冬日，便是个"鲞"字当道。"鲞"即剖开后晾干的鱼，便是腊鱼。在宁绍话中，"鲞"与"想"同音，吃鲞寓意着"有想头"。

唐人陆广微的《吴地记》里有一个掌故，讲的是吴王阖闾率军乘船入海却遭遇风暴，被困海中，食粮殆尽之时，一大群"金色鱼"迎面游来，吴军煮食之方才化险为夷。阖闾回师、设宴犒军时，又想吃那"金色鱼"，主事官员奉上鱼干，吴王吃了拍案叫绝，故书美下鱼为"鲞"。

"经得起清蒸考验的鱼鲞，才是好鱼鲞。"用东海大黄鱼做的白鲞，之于宁波吃客自是顶顶好的。只需加少许葱、姜和绍酒蒸食即可。当一盘泛着金光、透着海风的清蒸黄鱼鲞上桌时，视觉、嗅觉便已被牢牢俘获。吃前放米醋里揾一揾，再入口咀嚼，肉质坚实而绵软，鲜味竟碾压出网海鲜。

威名远播的金华火腿，自是浙江腊味里绕不开的那一条腿。金华四面环山，气候和地理环境都为火腿的腌制提供了天然条件，经过上盐、整形、翻腿、洗晒、风干等程序后，数月即可做成。一只完整的金华火腿按不同部位还被分为滴油、中方、上方、火踵、火爪。其中上方是肉质最好的部位，可做传统名菜"蜜汁火方"。近几年出现的切片火腿，对不善烹饪的年轻人十分友好，只需轻煮几分钟，便可享受这份工序繁复的鲜美和直白浓烈的乡愁。

当然，还有杭州的酱鸭。有人说，"杭州人的年味，是从一只酱鸭开始的。"每年小雪节气一过，一排排以形似提琴的酱鸭为首的酱货便挂满了杭城的街头巷尾。阳光下，油亮棕红，十分诱人。伴随着酱香，年味愈发厚重浓郁。嚼着酱鸭，聊着家常，是很多杭州人一年中最简单最美味的食事。

浙江的腊味，真真是"中国腊味版图"的冰山一角。浙江人爱腊味，凭的是那份对风物的极致雕琢，更因为深爱着滋长这些风物的那一方水土。

三

绵厚坚实的腊味里，蕴藏着悠悠岁月。

孩提时代，不少宁波人经常在一个个百无聊赖的午后，仰头眯见垂挂在湛蓝天空上的那一串串暗红腊肠，低头望见齐整躺在竹匾里，飘溢着鱼腥味和咸香味的那一排排白净鱼鲞。

年长离乡后，方知腊味绝不仅仅只是一道年味菜肴，它们收下了阳光，也收走了游子们的过往时光。

晚清重臣曾国藩自道光十八年（1838）中进士、入翰林后，宦海浮沉三十余载。不论是刚入仕时做京官，还是之后带领湘军与太平天国鏖战，又或是任两江总督之时，曾国藩的家书中一次又一次提到的，是家乡那一份腊味。

1842 年，曾国藩在致父母的信中说："此间现熏有腊肉、猪舌、猪心、腊鱼之类，与家中无异。"1844 年，写给几位弟弟的家书中，曾国藩提及所收老家特产："所付诸物，已接脯肉一方、鹅肉一边、杂碎四件、布一包、烘笼二个，余皆彭雨苍带来。"

而时至 1866 年，白玉堂老家给曾国藩寄送的腊肉，一次就是 23 斤。

远在异乡的日子，一日三餐有了腊味相伴，故乡的风、光、雨、雪，似乎就萦绕在身旁，从未消散。

正如《舌尖上的中国》里说的那样：这是盐的味道，山的味道，风的味道，阳光的味道，也是时间的味道，人情的味道。这些味道，已经在漫长的时光中与故土、乡亲、念旧、勤俭、坚忍等情感和信念混合在一起，才下舌尖，又上心间，让我们几乎分不清哪一个是滋味，哪一种是情怀。

时间与空间，是横亘在游子与故乡间的高墙。而腊味硬是在这巍巍高墙上凿出个洞，凑近窥闻，便可暂解乡愁。

今年过年，回到故乡或仍因故远在他乡的你，会选哪一盘腊味，给过去一年画上一个完满的句号？

王晓石　执笔

2023 年 1 月 15 日

15分钟，如何"圈"出美好生活

> 当有了更多举步即达、"抬脚"就到的文化空间和活动，当群众有了更多休闲娱乐的选择、精进自我的机会，或许才能更深切地体会到，共同富裕不只是物质富裕，也是精神富有。

15分钟，你能干点什么？是步行一公里、吃一顿饭，还是听三四首歌曲、刷几条短视频？如今，15分钟，作为一个时间尺度，还是衡量生活便捷度与幸福感的标尺，比如全国很多地方打造的"15分钟社区生活圈""15分钟健身圈""15分钟医疗圈"等。

1月12日，浙江省十四届人大一次会议开幕，省长王浩作政府工作报告，并公布了2023年十方面民生实事。其中也有一个15分钟圈，那就是新增"15分钟品质文化生活圈"3000个。

这个圈有多大？大概是5平方公里。圈里有多少人？常住人口大约5万到10万。这两个问题都比较容易回答。那么，进一步要问的是，为何要将"文化圈"列入民生实事，又如何"圈"出美好生活？

一

或许有人会问，15分钟指的是步行时间，还是车行时间？

实际上，"15分钟品质文化生活圈"，指的是以村、社区为圆心，步行15分钟，约1至1.5公里划圈，圈内必须有3个以上公共文化设施。

具体到社区，这个"圈"被进一步细化：比如，在义乌江东街道塔下洲社区，出家门1分钟，就能到达社区文化活动中心；出小区向西走8分钟，可抵达江滨健身步道；向北步行约7分钟，就来到了义乌市文化广场……又如，在杭州市钱塘区白杨街道划定的6个"圈"中，既有经过改造后的城市书房、成长驿站，也有围垦文化公园、娃哈哈工业旅游示范基地等。

可以说，"文化圈"，将居民的学习、生活、交流等需求串联了起来，形成了一个个"文化聚落"。

民生实事关键在于让群众"有感"。对原本文化设施偏少的地区来说，群众感受到的变化更是真切实在。

比如，通过建设"文化圈"，舟山普陀将公共文化服务延伸至白沙、东极等9个偏远小岛，并更新了渔民画展厅、历史文化博物馆、文化礼堂、农家书屋等设施；又如，景宁县大漈乡的村民，白天可以去农家书屋看书或参观展览，晚上可以到广场上看表演或跳广场舞，身心都有了安放之处。

不可否认，"文化圈"里的部分文化设施是现有的，也可能建成好多年了，这些老场地如何持续吸引群众呢？

这里面，活动的开展就非常关键了。如温州文化馆因地制宜打造了"温州鼓词荟""市民文化露台""群星剧场"等品牌服务，西湖区转塘街道组织开展雕版印刷、制茶技艺等特色活动，让"文化圈"不仅有"硬装"，也有特色"软装"。

值得肯定的是，在"文化圈"里，群众能够更方便快捷地找到文化、休闲、艺术、体育等设施和活动，生活内容变得更加多姿多彩，生活品质也在攀升。

二

那么，我们已经有一些大型的公共博物馆、图书馆了，为何还要将"15分钟品质文化生活圈"作为一项民生实事？将这几个字"拆"开看，或许能找到答案。

先说"15分钟"。有人说，现在家家户户几乎都有代步工具了，比如车行15分钟，群众也不会不愿意去，何必要自加压力，打造步行15分钟可至的"文化圈"呢？

实际上，相比乘车，漫步的过程更能让人感受空间的魅力，更有助于从微观尺度去发现城市或乡村，体会那些真正对人而不是仅仅对机动车友好的细节。因此，以步行时间丈量，更能促动我们深入地去观察城乡，去发现那些令人流连忘返的地方。

再说"品质文化生活"。除了衣食住行等基本供给，生活也要有阳春白雪式高层次的供给。而这些文化空间，有利于调动居民对生活的热爱，唤醒百姓对本土文化的关注，提升群众的生活品位和审美能力。也许在今后的社会里，被称为基础设施的并不只是公路、自来水管和输电线，这些文化空间也将成为人们生活中不可或缺的基础设施。

最后说"圈"。如果说大型公共文化设施是市民享受文化服务的"点"，那么，一个个"文化圈"，圈出的则是公共文化服务的覆盖"面"。眼下，大型公共文化空间多数集中在城市中心区，很多人不愿为了一个展览、一场活动，在路上多花费时间。而"文化圈"，圈起的面积虽然不大，但地理位置便民，让"幸福就在家门口"。

三

其实，"15分钟品质文化生活圈"不是今年第一次被列入浙江省政府民生实事。2022年就已被列入，去年的目标是8000个，全省实际建成了8288个。

平心而论，这个数量并不少，可是仍有一些老百姓并没有体会到这些就在身边的"文化圈"，究其原因是多方面的。

其中，自然有信息不对称的因素，比如老百姓并不知道"文化圈"的打造，或是虽然享受过服务，但并不知道这就是"文化圈"打造的成果；还有就是需求不匹配，有的地方以老年居民为主，但周边的"文化圈"偏重年轻人的需求，老年人不愿意去，就感受不到"文化圈"的价值；此外，一些"文化圈"里的阵地虽然建好了，但因为资金、管理、人员等跟不上，活动无法常态化开展，让人吐槽"有圈无品"。

那么，"文化圈"如何有圈也有品呢？笔者认为，可以从以下几个维度入手。

每一项民生实事都要做好信息公开，"文化圈"也是如此。"圈"内的文化空间，无论是新建还是改造的，都要亮出来。比如，可以将"文化圈"的标识牌，在显著位置张贴，并公示开放时间、服务项目、活动内容等信息，为群众直观呈现每一个"文化圈"情况，接受群众监督。同时，也要用多种方式扩大宣传，在此过程中，可能会有老百姓反映问题，但只有在建设过程中把出现的问题解决了，才能最终获得群众的认可。

同时，要树立"用户思维"，思考群众需要什么，怎样能让人们想来、爱来、常来。造型别具一格、设计小众独特、装潢精巧时尚的文化空间，的确让人"初见乍欢"。但如何让群众倾心以赴，要有"真本事"。

比如，很多文化礼堂、文化家园，不仅有健康、教育等功能，邻里还可以喝茶聊天、看书听戏，满足了多样化的需求。又如，有的文化空间随时"恭候"群众，像温州的上百家城市书房24小时开放，让人感觉无论何时，总有一盏灯为人们留着一束光。再如，浙江连续多年举办"我们的村晚"，农民演、农民看，人人都可做"民星"，直达马斯洛需求层次"塔尖"。让群众在文化空间有收获、有成长，才是培养"回头客"的关键。

也有人提出，如何让生活在武林门的张三，和居住在山区的李四都能享受高品质的文化生活？在一定程度上，数字赋能缓解了这个"矛盾"。2022年10月，浙江省文化和旅游厅发布了"浙里文化圈"小程序，不仅能查看身边"文化圈"内的文化设施，报名参加文化活动、文艺社团等，还能免费在线学习音乐、美术、书法、曲艺、摄影、舞蹈等多种艺术课程。

此外，"文化圈"内的设施不是建成就完事了，更需要有人来管理和运营。如杭州市萧山区引导社会力量，向"圈"内的文化设施委派"文化管家"，策划文化活动，组建文化团队，开展艺术培训，增强"用户黏性"，这都是可以借鉴的。

在公共文化空间的运营经费方面，除了依靠财政保障，我们也要探索，如何以市场化的方式，更大程度地整合资源，创新管理运营机制，最大限度地让群众受益，满足群众需要。

未来，当有了更多举步即达、"抬脚"就到的文化空间和活动，当群众有了更多休闲娱乐的选择、精进自我的机会，或许才能更深切地体会到，共同富裕不只是物质富裕，也是精神富有。

郑思舒 桑隽漾 刘雨升 邢吴翔 执笔

2023年1月15日

从太阳得到启示的诗人

今天的人们，怀揣艾青的诗，接过他手中的"火把"，用自己的方式，用自己的语言，描绘着新时代、礼赞着新的未来。

"当它来时，我听见，冬蛰的虫蛹转动于地下，群众在旷场上高声说话，城市从远方，用电力与钢铁召唤它。于是我的心胸，被火焰之手撕开，陈腐的灵魂，搁弃在河畔，我乃有对于人类再生之确信。"《太阳》，是诗人艾青写下的一首诗。

在艾青的诗歌中，"太阳"是重要创作意象。他写过很多关于太阳的诗：《太阳》《向太阳》《太阳的话》……他的一生历经沧桑，屡遭浮沉，但诗歌却充满了光与火。

为什么艾青如此喜欢写太阳？他从太阳那里又得到什么启示？

一

"双尖山，双尖山，你是群山的母亲，群山怀抱着你，像是你的儿孙……"从金华城区往东数十里，有一座名闻遐迩的双尖山，山下的畈田蒋村，孕育了20世纪中国文学史上的诗坛泰斗——艾青。18岁前的时光，艾青都在金华度过。

今天的浙江省博物馆孤山馆区前的草坪上，立着一块石碑："国立艺术院"旧址。这里就是18岁的艾青曾驻足过的地方。

1928年，对绘画和手工艺兴趣浓厚的艾青，考入国立艺术院绘画系，从金华双尖山来到杭州西湖畔学习、创作。他的油画老师是王月芝，中国画老师是潘天寿，水彩画老师是孙福熙，院长是国画家林风眠。

第二年春天，他就踏上了前往巴黎的路。艾青曾经说过，他到了巴黎，才理解了林风眠校长为何看了他的画后对他说，"去国外吧。"——当时，要想开阔视野、提高思想境界，得迈出国门看一看。

罗马诗人贺拉斯说："诗歌就像绘画。"诗歌和绘画，人类文明的双生花，从艾青身上生长出来。也正因如此，他创作的诗歌，令人产生诗中有画的感受。

在巴黎，艾青不仅获得了创作诗与画的灵感，也接受了革命的火种。其间，他读了不少俄罗斯批判现实主义小说、十月革命小说诗歌、欧洲象征主义流派诗歌，开始对诗感兴趣。

太阳象征的是光明和希望，越是动荡的岁月，来自太阳的能量就越炽热，因为它可以用来对抗黑暗。

从巴黎回到上海时，艾青已是中国左翼美术家联盟的一员。1932年6月12日，艾青和美术青年们正在上世界语课，突遭法租界巡捕逮捕，江苏省高等法院第三分院以"宣传与三民主义不相容主义"的罪名，判处他有期徒刑6年。

在马斯南路监狱，雪花从狭小的窗口飘落，艾青奋笔写下他的代表作《大堰河——我的保姆》，"大堰河，今天，你的乳儿是在狱里，写着一首呈给你的赞美诗，呈给你黄土下紫色的灵魂……"正是在那暗无天日的6年里，艾青脱胎换骨，掀开了他诗歌创作高峰期的扉页。

抗日战争全面爆发时，国土大片沦陷，百姓流离失所。偌大的中国，人们被战争拖入一个无法自拔的泥沼，一幕幕悲剧的场景，令艾青心乱如麻。

1937年冬天的一个晚上，艾青写下名作《雪落在中国的土地上》，"中国，我的在没有灯光的晚上，所写的无力的诗句，能给你些许的温暖么"。"为什么我的眼里常含泪水？因为我对这土地爱得深沉"。第二年，艾青写下《我爱这土地》，这来自灵魂深处的声音，并不能抵挡任何一颗子弹，但它为当时那个满目疮痍的世界留下了一个见证。

如今，当我们再念起艾青的诗歌，依然可以从词句间感受到炽热的火把在燃烧。

二

在艾青的诗中，精神"即使是磷火，还是在燃烧"。这般信念的火种融入慷慨激昂的文字中，让他自己，包括许多人从他的诗歌中找到了奋斗的事业和方向。

1941年，"正带着嘶哑的歌声，奔走在解放战争的烟火里"的诗人终于见到了他苦苦求索的希望。这一年，艾青由周恩来安排前往延安。次年5月，艾青被邀请参加由毛泽东主持召开的延安文艺座谈会。毛主席曾颇为风趣地说，我们有两支军队，一支是朱总司令的，一支是"鲁总司令"的，即"手里拿着枪的军队"和"文化的军队"。文化军队是"团结自己、消灭敌人必不可少的一支军队"。

此后，艾青的精神思想也有了进一步蜕变。很快，他的脚步奔赴向南泥湾。在这片塞上江南，艾青被热火朝天的劳动景象和秧歌锣鼓感染，自告奋勇组成秧歌队表演起来，演遍了杨家岭、王家坪、桥儿沟、南泥湾……

从1941年3月到1945年9月，艾青在延安生活了整整4年。如果说在延安之前，艾青是个动荡岁月中的热血诗人，那么在延安，他则成了一位信仰更加坚定的党的文艺工作者。

站在延安的黄土高坡上，诗人艾青的思绪蔓延开，来自太阳的信仰变得更加坚定。

他用诗句书写自己的理想："自从我知道了在这世界上有更好的理想，我要效忠的不是我自己的家，而是那属于万人的一个神圣的信仰"；他也拷问自己的灵魂："在一个伟大的时代里诗人应该如何全身心地将自己奉献出来。"

与此同时，他一直思考中国新诗的出路。他曾这样写道，"新中国的创造需要着诗——需要高度的表现了现实的，表现了战斗的英勇与坚强的，深刻的，感人的诗"，这是艾青追求的诗学，以一字一句，表达内心的热切呼唤。

新中国成立那天，当毛泽东洪亮、深广、持久的声音在天安门上空回荡，一个新时代如同国旗一样冉冉升起。艾青作为国旗、国徽图案评选组组长也在现场。此时的他，又按捺不住心中的那股热量："我们爱五星红旗，像爱自己的心。没有了心，就没有了生命。我们守卫它，它是我们的尊严；我们跟随它，它引我们前进。革命的旗，团结的旗。旗到哪里，哪里就胜利。"

三

"我们的诗神是驾着纯金的三轮马车，在生活的旷野上驰骋的。那三个轮子，闪射着同等的光芒，以同样庄严的隆隆声震响着的，就是真、善、美。"

在艾青看来，诗人要鞭策自己，把自己的情感和思想与正经历着的革命事业联系在一起，日夜为这事业而痛苦着去寻觅。在他的诗学中，诗不是简单的情绪抒发，也不是简单的哲理书写，而是把生活的经验通过诗人的构思，凝结成象征性的含义。

以长诗《火把》为例，他将"火把"这个意向用诗句一句一句地推动，推动成一个火把的长龙，从山下向山上漫去，盘盘绕绕，呈现出火把的游龙。返璞归真的字里行间，却以磅礴的气势表现了中华民族所焕发出的振奋精神和英雄气概。

在《黎明的通知》中，他这样写道，"我从东方来，从汹涌着波涛的海上来，我将带光明给世界，又将带温暖给人类……请他们用虔诚的眼睛凝视天边，我将给所有期待我的以最慈惠的光辉，趁这夜已快完了，请告诉他们，说他们所等待的就要来了"，随之而来的是一个日新月异、蒸蒸日上的中国……

他所追求的，是通过诗歌的书写，让语言具有一种像是经过烈火淬炼过的品质。

1996年5月5日，艾青离开人世。二十余载时光匆匆，我们仍在怀念着这位从太阳得到启示的人民诗人，我们从他真实的形象、真实的语言、真实的诗中，领受金色光芒。

今天的人们，怀揣艾青的诗，接过他手中的"火把"，用自己的方式，用自己的语言，描绘着新时代、礼赞着新的未来。

2021年，"艾青诗歌奖"正式设立，首届诗歌奖共收到了281部参评著作诗集，有259部通过预审。参评者中，青年诗人作品占比超过三成，体现了中国诗歌旺盛的生命力。

新时代，生养他的这片土地，孕育了新的希望。人民诗人艾青播撒下的种子，已经生根发芽，向着太阳。

谢滨同 俞鸽 执笔

2023年1月16日

绿就是金

> 我们今天追求的绿色致富，是对传统意义上的"富"和资本堆出来的"富"的超越，这种"富"将改写现代化的增长方式，在理论上和实践上都是一种创新。

今年元旦，第一波"阳康"陆续以旅游方式犒劳自己。在浙江，西溪湿地、千岛湖、天目山、莫干山等景区凭借良好的生态康养环境成为"阳康"们"出关"的首选地。春节小长假将至，"与绿水青山赴一场约会""来一次说走就走的旅行"也被列入很多人的计划中。

以绿色、康养为主题的文旅消费不仅让"憋了三年"的人们对高品质生活有了新期待，也给绿水青山的守护者们带来了就业致富的新契机。

省政府工作报告提出，将"推进生态文明建设先行示范，打造生态文明高地"列为今后五年的重点任务之一；将"实施县城承载能力提升和深化'千村示范、万村整治'工程"列为今后五年的十项重大工程之一。

浙江在"生态富民"的路子上走了很多年。如今，奋力推进"两个先行"，更加需要写好生态这篇大文章，让"生态富"的境界更高。

一

《习近平在浙江》一书中写到，习近平同志在浙江工作期间，经常对身边的人说：生态太重要了。在他看来，光是绿水青山还不够，还需要发展经济，百姓还要增加收入。他曾多次讲过，生态效益、经济效益、社会效益，三大效益必须统一。光讲生态效益，不讲经济效益，生态效益也没有保证。

他特别关注浙江欠发达山区的发展，对如何缩小区域发展差距、加强欠发达山区扶贫开发的重要性和规律性进行了实践探索与理论思考，提出以"加快绿色发展、生态富民"为代表的一系列创新思路。

比如，《习近平在浙江》中记载，习近平同志曾强调：保护环境就是保护生产力，保护一方青山绿水就是发展。《习近平浙江足迹》中也提到，在浙中山区磐安调研当地农家乐发展情况时，他告诫当地村干部，发展旅游经济必须要有好的生态环境。

2003年，在习近平同志亲自推动下，浙江开展了"千村示范、万村整治"工程。全省各地涌现出一批示范村，如安吉余村、高家堂村，临安白沙村等。这些村将环境整治、古村落保护与旅游业开发相结合，农家乐、观光休闲农业等成为农村经济新的增长点。"千万工程"成为浙江"生态富民"的一次生动实践。

从美丽生态、美丽乡村，到美丽经济、美好生活，绿色成为浙江发展最动人的色彩，生态文明建设成为探路共同富裕的关键抓手。

二

从安吉余村、淳安下姜村、开化金星村再到奉化滕头村、磐安花溪村……浙江涌现出一大批生态致富的"明星村"。

省政府工作报告中提到两组数据，全省集体经济年经营性收入50万元以上行政村占比超过50%，城乡居民收入倍差从五年前的2.04缩小到1.94。可以说，这些美丽乡村的"蝶变"之路就是绿色致富的发展之路。

中国古代对"富"的理解，停留在简单朴素的"仓廪实""衣食足"，古人的生态观与财富观几乎不相干。人类进入工业革命以后，很长一段时间内，将现代化建立在大量能源的消耗、环境破坏上，比如20世纪发生在西方国家的"世界八大公害事件"，时刻警醒人们生态换经济的"黑色增长"代价惨重。

笔者以为，我们今天追求的绿色致富，是对传统意义上的"富"和资本堆出来的"富"的超越，这种"富"将改写现代化的增长方式，在理论上和实践上都是一种创新。

实践证明，传统"靠山吃山"式发展，完全依托大自然的馈赠，解决不了老百姓高质量就业，更谈不上让老百姓发家致富。只有写好转化文章，将"靠山吃山"转化为"靠山发展"，才能实现真正意义上的"富"。

比如，发展乡村旅游、民宿产业、农村电商等新兴业态，把优质的生态环境转化为更高的经济收益；比如，通过市场机制赋予生态产品合理的价格，进行有价有偿的交易，让山水有情也有价。

人们追求的高品质生活需要"美丽"来装点，享受绿水青山也是一种民生福利。因此，绿色发展不仅仅体现为经济上的收益，还有"卖方"思想观念的转变和"买方"精神体验上的满足。

三

从"盼温饱"到"盼环保"，从"求生存"到"求生态"，从"卖资源"到"卖风景""卖文化"，从穷山村变身"网红村"，浙江围绕"生态富"做文章，走出了多条致富的路径。

这些年，浙江的民宿成了"香饽饽"。比如在丽水，"丽水山居"已成为民宿产业的标杆，年接待游客超3609万人次，实现营收37.6亿元，农民在家门口坐地生财，城乡融合发展之路越走越顺。

素有"群山之祖、诸水之源"之称的磐安县，则依靠中草药开辟了一条"就地取材"的淘金之路。从山上一株寻常小草，渐变成富民一大支柱产业，再演化成一座知名江南药镇。药农们从"地里刨食"变为"地里掘金"，家家种药材、镇镇闻药香成了一道风景。

除了借助产业发展将生态优势转化为高质量发展优势，浙江还不断进行体制机制创新改革，破解疑难杂症。

比如，浙江在国内率先启动集体林地地役权改革，"你承诺保护，我兑现补偿"，让当地村民坐享良好生态环境的果实。衢州开化钱江源国家森林公园通过权利让渡撬动252平方公里生态保护，3100余户村民以保护换补偿。近年来，奔着良好生态环境去开化旅游的人数逐年攀升，当地年旅游总收入早已超过100亿元。

不仅如此，浙江还率先打造了一把丈量全省生态价值的"绿色标尺"，探索实施生态系统生产总值（GEP）核算，推行生态产品价值实现机制。比如，衢州市常山县通过组建"两山银行"，将各类生态资源归集整合统一开发，并赋予其经济价值。如今在常山，绿水青山亦能"投资"。

"人不负青山，青山定不负人。"浙江没有辜负这片青绿，而这片青绿也回馈了浙江。

四

"生态兴则文明兴，生态衰则文明衰。"作为绿水青山就是金山银山理念的发源地，浙江该如何继续走深走实"生态富民"的路子？

"生态富民"要与乡村振兴、民生福祉紧紧连在一起，不妨整合好"绿"的资源，最大限度让"沉睡"的乡村"资产"活跃起来，让高品质的"绿"源源不断转化为在城乡之间不断流动的"富"。

比如，相邻近的村庄可以抱团发展整合资源，精心规划，划分多功能区域，进行整体开发，实现"风景美"向"共富美"、"一处富"向"处处富"提升；比如，可以将水果林和低效工业用地、民居村落等进行整合，推进景村融合；比如，抢抓疫后复苏时期"治疗康养"等康养旅游产品庞大的市场需求，共同发力赢得发展机遇。

浙江有两万多个村社，千村千面，在资源禀赋、发展阶段、区位条件、功能定位等方面存在差异。提升"两山"转化效率，实现更高境界的"富",还需因地制宜、因时制宜。

比如,在生态环境基础较差的地区,通过复绿、增绿等夯实可持续发展根基,实现"添绿增金";生态环境底子好、特色产业较发达的地区,可以发展"生态＋"产业和打造生态品牌,延伸上下游产业链,实现"点绿成金";生态环境优良、资源丰富、区域生态文明体制改革创新能力较强的地区,则可建立绿色资本市场、发展绿色金融,更好实现"借绿生金"。

绿水逶迤去,青山相向开。以绿水青山为底色,以"厚实家底"为基础,沿着生态优先、绿色发展的方向走,乡村振兴的路子将越走越实,浙江百姓的致富路将越走越宽广。

王人骏 张博文 执笔

2023 年 1 月 16 日

你还会捧起一本杂志看吗

> 改变不一定能活，但不改变，就一定
> 活不好，甚至活不下去。

不知大家是否还记得，从前纸质杂志给我们留下了多少美好的回忆？

等车的间隙、躲雨的片刻，在报刊亭前翻翻新到的杂志也是一种乐趣。曾经，几乎家家户户都要订几本杂志，在80后、90后的童年记忆里，《故事会》《漫画大王》都是小伙伴之间的"谈资"。每到岁末订杂志的高峰期，无论大人小孩，都期待着能订一本心仪的刊物。

而如今，很多人也许都记不起，上一次翻开杂志是什么时候的事了，以前在大街上随处可见的报刊亭，也已难得一觅。看不看杂志，似乎变得无关紧要了。

现在，还有多少人会花时间看杂志？纸质杂志又该怎样融入新媒体的时代？

一

杂志曾经是人们阅读的主流渠道之一。对很多人来说，也许一年也没时间读上一本书，却很难不翻上几本杂志。

在以前，不论是《读者》这样的国民读物，还是《故事会》那样的通俗口袋书，都如同今天的微博热搜、微信大号。这也说明了，"爆款"从来都不是互联网时代才有的事物。

纸质杂志往往都有自身明确的定位，让爱好某一领域的读者在其中收获知识和乐趣。比如，由作家巴金和靳以创办的文学双月刊《收获》，是文学爱好者的"白月光"，当代文学史上许多有影响力的作者都曾在上面发表文章。有人说，《收获》就是中国当代文学的简写本。

此外，《大众电影》记载了中国的光影岁月，曾创造出电影杂志单期发行量的最高世界纪录；《科幻世界》作为深受青少年读者喜爱的科幻类期刊，曾激发了一代青年对科学、幻想的热情；《读者》最高单期发行量曾超1000万，在亚洲期刊排名第一，世界综合性期刊排名第四。

那时候，杂志的关注度，一点也不亚于热门影视剧和畅销书籍。人们隔着半个月到一个月才能等到新鲜出炉的杂志，"从前慢"的美好，让并不富裕的日子多了几分憧憬。

然而，一切过往，皆为序曲。

近十年，互联网发展日新月异，新媒体崛起势不可挡，传媒格局迎来了风云变幻的历史性时刻。纸质刊物日渐式微，一些过去的好刊物纷纷落作"时代的眼泪"。

一到岁末盘点，总能发现有一批刊物没能昂首步入新的一年。回望2022年，1月，由郑渊洁主办的承载着无数人回忆的《童话大王》停刊；11月，旅游杂志《孤独星球》中国版宣布将于2023年正式停刊；12月，聚焦城市青年生活的杂志《城市画报》宣布将于2023年1月起休刊。

有人说，纸质刊物的黄金时代已经就此落幕。

二

物之兴衰，理有固然矣。

从过去的辉煌到如今的"失宠"，有些刊物甚至逐渐沦为食之无味、弃之可惜的"鸡肋"存在。纸质刊物走入困境，有其必然的因素。

一方面，互联网冲击带来巨大的外部环境变化。有了网络的加持，以电子刊物为代表的数字化阅读满足了大部分的阅读需求，原本属于纸媒的市场正在被微信、微博、抖音等新兴媒体形态瓜分。

尤其是自媒体兴盛，使人们的阅读习惯从纸质阅读向碎片化阅读转变。《2022国民专注力洞察报告》显示，当代人的连续专注时长，已经从2000年的12秒下降到了如今的8秒。当专注力成为"稀缺资源"，倍速播放的视频、"5分钟看完一部电影"、"10分钟看完一本名著"等层出不穷的速食文化，因此也就更能吸引受众的眼球。

另一方面，纸质刊物也有"先天不足"。由于纸面载体限制，纸质刊物信息容量相对有限，且一旦发行内容便不可更改。因此，出版流程较长、传播方式单一等，都使得纸质杂志难以实现信息的扩展交互。

如今，技术的发展带来了传播的变革，拓展了获取信息的渠道。想了解民生时事乃至国际动态，各类新闻客户端都会带来一线信息；想看最新赛事直播，登上各大视频点播网站即可随时收看；想要学习某一领域的专业知识，更是不必等待半个月、一个月后的期刊了。

难道，纸质刊物终将成为新媒体时代所淘下的沙吗？

三

步入互联网时代，纸质刊物纵然面临着来自四面八方的挑战，但机遇依旧存在，关键还需找对自身定位，敢于突破革新。

纵观媒体市场，2021年中国传媒产业总产值达29710.3亿元，增长率从上一年的8.40%提升至13.54%，发展形势如火如荼。纸刊如何在其中分得一杯羹？不破不立，破而后立。只有在被变化塑造之前创造变化，纸刊才有发展的可能。

还有个别充斥着无效信息循环的纸刊，"编者即是读者"，从"印刷厂"到"废纸篓"，必须尽快整改、适时而变，该关停的关停，该压缩的压缩。

改变不一定能活，但不改变，就一定活不好，甚至活不下去。在笔者看来，纸质刊物要想突出重围，主要有三条道路。

第一条道路是坚持"内容为王"，走精品路线。

与新媒体相比，深度分析、精品报道始终是传统媒体的优势所在，这恰好为纸刊留出了以内容取胜的窗口。

比如，《三联生活周刊》作为一份综合性新闻和文化类周刊，其主打栏目"封面故事"，用一张有感染力的封面"抓人眼球"，再用一组采访深入、阐述透彻的长篇报道，对时下热点进行不同层次、不同角度的解读，填满读者对碎片消息"背后的故事"的好奇，如同读短篇小说一般让人酣畅淋漓。

纸刊大可以突出专业化优势，抓好内容建设，把真实信息、优质内容、正确观点作为核心竞争力，不断推出有思想、有品质的优秀作品。

第二条道路是拓宽"需求思维"，走用户路线。

传播是面向受众的传播，内容再好，如果不能有效地对接用户需求，就难以实现自身价值。不少纸刊之所以走向衰落，本身就因为其产品意识、用户思维还比较弱。实际上，纸刊拥有电子刊物无法比拟的优点，如纸张能呈现冷冰冰的屏幕所没有的墨香、精美特刊可用作收藏。只有放大优势，在自己的产品与受众之间建立有效链接，纸刊才能重焕生机。

如《中国国家地理》杂志社坚持专业化、分众化，推出面向青少年的《博物》杂志，普及自然、人文、科学等知识，传递博物学的神奇，成为青春版的《中国国家地理》。

第三条道路是大胆"拥抱变革"，走流量路线。

好风凭借力，送我上青云。传媒新时代，纸刊也可以引入互联网基因，通过新技术实现图文、图表、动漫、音视频等各种形式"多条腿走路"，向新媒体借力、向全媒体转型。

比如，《读者》主动借助互联网放大影响力，其微信号订阅用户近680万，日均活跃粉丝数200万，《读者》喜马拉雅号音频累计播放量突破10亿次，纸质发行量自2019年实现止跌回升。

对纸质杂志来说，每逢转折点，也必迎来突破口。明晰定位、与时俱进、及时调整，技术的变革就不会只是阻拦发展的"绊脚石"，也将是撬动更大发展的"支点"。

相信，凭借技术创新和内容创新双轮驱动，纸质杂志也能迎来"春天"，重新让爱好阅读的人们，拾起过去的那份期待与憧憬。

谢鸣 苏畅 执笔

2023 年 1 月 17 日

勤廉并重是党员干部的"原生像"

> 浙江能不能继续走在前列，取得新成绩，还得看广大党员干部能不能保持勤廉的良好状态，豁得出去、干得出来。

有人常问：什么样的干部才是百姓心中的好干部？其实，这从人们对电视剧角色的评价中，不难找到答案。

前不久开播的电视剧《县委大院》中，光明县县委书记梅晓歌勤勉尽责有担当、踏实肯干有作为，令人印象深刻；《人世间》中，一身正气、两袖清风的周秉义在观众心中立起了党员干部的好标杆；还有《春风又绿江南岸》中的主人公严东雷，敢讲真心话，敢啃"硬骨头"……

可见，始终把人民放在心中的干部，就是好干部；实实在在、干干净净的干部，就是好干部。

省政府工作报告提出，切实加强政府自身建设，特别提到了"建设干净干事的廉洁政府"。在笔者看来，勤廉并重是评价各级政府部门和党员干部的一个重要标尺，"勤和廉"应该是政府部门和党员干部的"原生像"。

一

习近平同志在浙江工作期间曾在《之江新语》发表过一篇题为《要"干事",更要"干净"》的文章,文中谈到,领导干部更要怀着强烈的责任感认真干事,怀着如临如履的心态保持干净。

他是这么说的,也是这么做的。《习近平在浙江》一书中记录下这样的细节:习近平同志对工作的标准很高,工作上不当"甩手掌柜",从来都是亲力亲为。他的讲话稿,每次自己先列一个提纲或口头一条条说得很详细。稿子出来后,他都还要亲自反复修改,几易其稿才最终成型。在作出一个决定、制定一项政策之前,他都要亲自深入基层去调研;政策制定下来后,他还会亲自到基层去督促落实……

除了工作勤勉、立说立行之外,习近平同志对自己和家人的要求也十分严格。比如,他在福建工作时,按照福建的传统,春节有给小孩送红包的习俗,每年春节期间,他只要听到门铃声,就会让彭丽媛老师赶快把孩子抱到楼上。这样,既坚守了坚决不收礼的原则,又避免了尴尬局面。

在习近平同志的推动下,浙江还通过机关效能建设,打造"高效、廉洁、勤政、务实"的政府新形象,再创体制机制新优势,以此推动了新一轮的发展。干干净净地做人、踏踏实实地做事,为民、务实、清廉,也形塑了浙江党员干部的"整体面貌"。

二

"勤"体现的是一种作为，"廉"体现的是一种作风，二者相辅相成、互相作用。省委书记易炼红在杭州调研时强调，牢记"领导干部勤而不廉要出事，廉而不勤会误事，不廉不勤必坏事"，生动阐明了勤和廉的辩证关系。

"不廉"就是腐败，这是社会公认的，也是为老百姓所痛恨的。从无数落马官员的忏悔中，可以看到，一旦廉的底线失守，人生就会踏上不归路，哪怕你有再好的才华、再高的学识、再强的能力都无济于事，就如同一件洁白的袍子，染上了一点墨，就永远也洗不掉。

"不勤"也是一种腐败。有的干部鼓吹所谓的中庸之道，主张"多干事不如少犯错"，沉浸于明哲保身之中。有的干部虽然不吃不拿不卡不要，但也不干事，对群众的诉求视而不见；有的干部高高在上，为民办事能拖则拖，能绕则绕，设置无形障碍；有的干部落实惠民政策搞变通、打折扣，使得民生红利"永远在路上"。

好干部不仅要拒做贪官，也要拒做庸官、懒官。占着位子不作为是一种"权力浪费"，也是一种"变相腐败"。倘若基层党员干部怠政懒政，惠民好事就会变成伤民坏事，不仅伤了群众心，还折损了群众的信任和支持。重要岗位领导干部如果不作为不干事，就会耽搁一方发展、错失历史机遇，造成的损失更加不可估量。

三

过去一段时间，关于浙江的分析文章常常刷屏，"浙江现象"格外引人瞩目。"浙江现象"背后的关键密码，或许就藏在浙江干部身上。

如果说浙江干部有哪些本事，那么最大的本事之一就是勤奋不息。"别人都在干，坐不住""干得没别人好，抬不起头""今日事今日毕，再晚都不过夜"，这些话经常挂在浙江干部嘴边。

浙江干部等不起、坐不住的紧迫感本来就很强，再加上各地还会以"赛马比拼""打擂亮相"的形式让各单位、各部门来赶考，使得干部时刻保持"满血"的状态，把群众也带动了起来，于是全省上下形成了争先恐后、你追我赶的干事氛围。比如前段时间政府领着企业去海外抢订单，仅去年12月就拿到了意向订单180多亿元，"有为政府"广受好评。

如果说浙江干部有哪些特征，那么廉洁奉公肯定是集体特征之一。

浙江省政府工作报告中提到，去年一年浙江新增市场主体74.9万户，增长14.7%，全国工商联公布的万家民营企业评营商环境年度排名位居第一。正如省外媒体所言：浙江干部在为企业服务的过程中体现的是一种"负责思维"，而不是"避责思维"，更不是"拔毛思维"。他们能站在企业发展的角度，想方设法帮助解决问题，而不是先考虑自己能从中得到什么好处。

习近平同志在《之江新语》中写道："浙江民营经济比较发达，各级领导干部一方面要支持民营企业发展，要亲商、富商、安商；

另一方面，同企业家打交道一定要掌握分寸，公私分明，君子之交淡如水。"正是因为浙江的政商关系"亲而有度""清而有为"，广大市场主体活力才被充分激发出来。

干部敢为、地方敢闯、企业敢干、群众敢首创。这四个"敢"的底气何在？"干事且干净、干净加干事、干事能成事"的勤廉追求就是最好的注脚和诠释。

四

浙江能不能继续走在前列，取得新成绩，还得看广大党员干部能不能保持勤廉的良好状态，豁得出去、干得出来。

我省政府工作报告提出要建设"五个政府"，即建设旗帜鲜明讲政治的政府、为民造福的服务政府、奋发有为的实干政府、依法履职的法治政府、干净干事的廉洁政府。打造人民满意的政府，说到底就是要做到"勤廉"二字。

坚持勤廉追求的一个根本前提就是要做到"总书记有号令、党中央有部署，浙江见行动"。坚定捍卫"两个确立"，坚决做到"两个维护"，特别是要把总书记留给浙江的"八八战略"一以贯之地坚持下去，把党中央决策部署坚定不移地贯彻下去。

勤廉追求有没有融进党员干部的骨子里，关键看有没有"把屁股端端地坐在老百姓的这一面"。俗话说"屁股决定脑袋"，屁股的方向坐对了，自然就能设身处地为群众着想，决策才不会跑偏，工作也能让群众满意。

坚持勤廉追求，还需要保持"坚持事不避难、义不逃责，脚踏实地、埋头苦干"的工作状态。干部的精气神直接影响着一个地方的发展程度,"拼"也是地方的核心竞争力。迎着"老大难"就上,碰到"硬骨头"敢啃,接到"烫山芋"不甩,保持"想就想明白、做就做极致、干就干出彩"的拼劲,就肯定能够拿出"第一等的工作"。

"善于用法治思维和法治规则想问题、做决策、办事情"是党员干部保持勤廉的一条底线。干事创业也要讲规则,不仅要事出有"因",还要事出有"据"。头顶始终高悬利剑,才能对哪些"必须为"、哪些"不可为"时刻保持清醒。

坚持勤廉追求,最终要形成"干部清正、政府清廉、政治清明、社会清朗"的良好生态。对于党员干部而言,要勤掸"思想尘"、多思"贪欲害"、常破"心中贼";对于组织而言,一边要讲严明纪律,纠治"四风",一边要建立容错纠错机制,允许试错,宽容失败,为改革创新者壮胆撑腰,让勤廉在党员干部中蔚然成风。

总而言之,对于党员干部来说,干事是"敲门砖",干净是"护身符",既干事又干净的干部才是组织眼里、群众心中的好干部。

王人骏　执笔

2023 年 1 月 17 日

《中国奇谭》何以触动人心

> 到了信息爆炸的互联网时代，文艺作品要传得开，则不仅得本身实力过硬，还须掌握新的打法，"酒香也要常吆喝"，"酒香也要会吆喝"。

年关将至，国产动画《中国奇谭》悄然点起了一把火。

这部动画短片集在今年元旦正式上线，仅一周播放量就突破4000万；1月16日，动画团队宣布其在B站播放量达成1个亿"小目标"。

活跃于各大社交平台的"自来水们"纷纷对影片竖起大拇指、奔走安利，用不断刷屏的弹幕表达喜爱，一向要求苛刻的豆瓣评分也高达9.5。

与此同时，各类短视频平台的解读和二创蜂拥而来，"小猪妖"登上热搜，网友评价"看完后劲很大"，也有人认为"中式故事与中式美学"正归来，"国产动画还能战"，媒体点赞该片是"进化的国漫，不变的中国浪漫"。

截至发稿时，《中国奇谭》尚未完播，但从前期表现，也可以一定程度觉察出它能够被广大网友喜爱、收获如此掌声的缘由。

一

《中国奇谭》与以往主要面向低龄儿童的动画不同，以"奇谭"为主题，糅合了诸多中国古代民间文化元素，定位为"中式志怪"短片集。

动画故事中，主角们看似是远离人间世态的"小妖怪们"，但凭借现实寓言般的情节塑造与代入感较强的情感表达，让不少观众"被狠狠地共情了"。

比如，开篇即爆款的《小妖怪的夏天》，虽脱胎于《西游记》，却一改将目光集中在英雄人物身上的传统，反以"小猪妖"这个"Nobody"来当主角。

在这部短片中，观众看到它在"熊教头"的指挥下一会儿要做一千支弓箭，用来攻击唐僧师徒四人；一会儿要去刷锅，用来烹饪唐僧肉；一会儿要去砍一千斤柴，兢兢业业却免不了被一顿苛责与诘难……

于是大家感叹：

"原来我们都是小猪妖"
"妈妈以为我们顶呱呱，结果在外面给别人当'猪毛刷'"
"在家是祖上三代的宝贝，却是别人眼里的'抹布'"
……

虽然有些夸张，但就是这样一个出身平凡、本事平凡的小猪妖,让我们看到了每一个现实生活中"打工人"的职场生存状态。而到最后,小猪妖遇到孙大圣,拥有了一个温暖结局,也正是在告诉我们,也许每个人心里都有翻不过的"浪浪山",但只要守住心中的善良和勇气,很可能就会走出一番不同的天地。

还有,怪奇寓言风格的《鹅鹅鹅》,含蓄地探讨了人性中的爱与欲望,层层嵌套的剧情下是深不可测的人心。正如不少网友深有共鸣地感慨,只有喝多了的时候,才敢把深爱的人拿出来回忆,清醒了又再次把她埋在心底,总归是要坚强面对理想和现实。

第三个故事《林林》,讲述的是狼女林林因孤独而涉足人类世界,她渴望寻求伙伴的认同,却因此让自己和母亲陷入危险境地。身份认同是我们成长中都会遇到的重要一课,我们该如何认识自我和他人?这个故事令人深思。

可以说,《中国奇谭》没有跌宕起伏的剧情,也没有高高在上的说教,而是用真实可感的细节,将角色与现实中一个个具体的人相映照,有血有肉,有情感、有爱恨、有梦想,也有内心的冲突和挣扎。

"小妖怪们"在这个寒冷的冬天爆火,为一颗颗饱经风霜的心灵燃起了一盏温暖的灯。

二

我们说《中国奇谭》就不能只说《中国奇谭》,还得聊聊绕不开的"上美影"。

《中国奇谭》是由上海美术电影制片厂(简称上美影)和 B 站联合出品的动画集,这是他们首次合作。

上美影是国产动画的"领头羊"，曾给中国动画带来一个个高光时刻。比如，中国第一部彩色木偶片《小小英雄》、第一部彩色动画片《乌鸦为什么是黑的》、第一部水墨动画片《小蝌蚪找妈妈》、第一部折纸片《聪明的鸭子》、第一部尝试商业化运作的动画电影《宝莲灯》……

60多年的光阴里，上美影创作的一系列代表作品，让70后、80后至今想起，都会有说不完的回忆。"上美影"，在观众的心中留下了一抹独特的色彩。

"不模仿别人，不重复自己"，是上美影的重要创作精神。而它的作品也向世界展示了"民族的、艺术的"中国动画，以至于在那个年代，让宫崎骏老爷子都不惜漂洋过海来"讨教"艺术。

到了信息爆炸的互联网时代，文艺作品要传得开，则不仅得本身实力过硬，还须掌握新的打法，"酒香也要常吆喝"，"酒香也要会吆喝"。

新兴网络平台B站对《中国奇谭》有推波助澜作用。正如主创导演说的，"视频平台有一种新的意识，不光是把动画作为一个短期营利的商品，而是意识到了自己有添砖加瓦的责任，对一些比较有探索性、个性化的动画创作予以支持，对动画未来的发展有了更长远的眼光"。

这次上美影与B站的比翼双飞，让《中国奇谭》实打实火出圈，"带货"能力非同一般。大批动画迷涌入动画周边产品的官方旗舰店，现阶段小猪妖摆件等多款周边产品已经售罄。

三

"不要让中国基因、中国特效成为创作的负担，而是要让传统文化、让国风'为我所用'。"《中国奇谭》动画团队的创作理念给人以启示。

相信大多观众都注意到，《中国奇谭》从人物设计到动画色彩再到故事场景，都饱含浓郁的中国味儿，不时给人"似曾相识"乃至"灵魂共鸣"的感觉。比如，《小妖怪的夏天》就巧妙地将中国经典IP《西游记》里的情节作为故事背景，当嫉恶如仇的齐天大圣挥舞着定海神针扫清妖怪巢穴的那一刻，观众更能代入到小猪妖当时的心境，回忆起儿时那个已经遥远的英雄梦想。

诚然，中国文化源远流长，古人留下来的传世经典数不胜数，但仅仅是得其"形"还远远不够。神似胜于形似。文化作品要既叫好也叫座，还须有饱满的精神内核作为支撑。像近年来一些以中国古代神话传说为题材的动画电影，有的虽然画面精美、特效绚丽，令人眼花缭乱，却没能给观众留下深刻印象，究其原因，是这些作品只顾形式而忽视了对精神内核的挖掘。

在汲取"中国精神"的菁华上，《中国奇谭》就更上一层楼。故事篇幅虽不长，却涵盖了对人们普遍关心的一些主题的探讨，比如人性的善与恶、生命价值如何实现、社会认同等。这些主题都是开放性的，但对它们的思索伴随着很多人的一生，也映射在中国的传统文化之中。就像总导演提到，《中国奇谭》中虽然也有神话和妖怪，但神话其实是"人性的具象化表达"。在晕染开的画面里，《中国奇谭》给观众多带来了一份"此中有真意，欲辨已忘言"的沉思。

除此之外，《中国奇谭》的叙事风格富有中国美学特征。无论是《小妖怪的夏天》，还是《鹅鹅鹅》，八个故事均采用了多种美术风格与制作手法，既有传统的二维、剪纸、水墨，又有CG、三渲二的现代技术。比如《林林》，3D动画与素描相结合，古朴的埙声、箫笛声与唯美的唱词相融，还有低饱和、低反差的色彩运用，渲染出雪山冷冽的氛围感，把东方美学呈现了出来。

正如《中国奇谭》创作者感慨，"我们手里有那么好的牌，中国文化中国风自己就是王炸"。如何学古不泥古、破法不悖法，让中国文化中国风变成好作品、吸引大流量，值得我们持续付出努力。

2023年，是中国动画诞生百年之后的新起点，《中国奇谭》无疑开了个好头。期待今后我们能找回更多"童年记忆"，在动画作品中领略更多的中国文化中国风。

王云长　沈於婕　执笔

2023年1月18日

浙江传媒变革再出"大招"的深意

> 从这盘大棋的每一个落子，我们都能看到，浙江干的就是要回归宣传初心，推出的一项项举措杜绝"花架子"，杜绝"纯炫技"，而是以实实在在的改革举措破冰前行。

面对舆论生态和传播格局的急剧变化，主流媒体夺回眼球、占领阵地，已经时不我待。传媒业如何变？新闻宣传怎么办？

今天（1月18日）上午，浙江省级融媒体技术平台——传播大脑科技（浙江）股份有限公司将正式揭牌成立。这一平台将为浙江省媒体深度融合发展提供强大的技术支撑，同时也为全国媒体融合发展创新探路。

从去年推出"浙江宣传"微信公众号，到筹建省级重大新闻传播平台和省级重大文化传播平台，到推进市级媒体融合发展，再到建设"传播大脑"，浙江宣传文化系统为寻求传媒领域变革突破作出了一系列探索，努力开启一整套不一样的打法。

这背后，我们看到了主流媒体为加快适应舆论生态、媒体格局、传播方式变化而作出的自我逼迫、自我颠覆、自我重塑，看到了宣传人手握笔杆当战士的努力和作为。路是走出来的，事业是干出来的。在这变革时代，可怕的不是选错赛道和办法，而是没有走出舒适区的勇气。只要出发，就为时不晚。

一

在移动互联网迅速普及的今天，微博、今日头条、小红书等新兴传播平台强势崛起、群雄逐鹿，传统主流媒体话语权持续旁落，舆论场发生了颠覆性变化。很多人特别是年轻人，将大量时间花在小屏上，报纸、电视等媒介对他们已经丧失了吸引力。这是媒体转型必须正视的现实。

宣传工作要立在浪头上，旗帜要飘在看得见的地方。塑造主流舆论新格局，浙江清醒地看到主流媒体存在的短板与不足、面临的激烈竞争与挑战。在笔者看来，至少有以下四道坎不容忽视：

第一道坎，是技术之争。技术是打造平台的地基，也是影响传播的要素。没有技术支撑的平台就是空中楼阁，命脉永远掌握在别人手中，而没有技术加持的传播就不可能实现精准触达。目前，与中央主要媒体和头部商业平台相比，浙江省级媒体融媒体技术优势和人才储备还有欠缺。在一些媒体单位，所谓的指挥大屏建了不少，但是内容生产方式、传播方式仍然十分传统，技术人才被边缘化，缺乏成长和上升通道。5G、人工智能、物联网、区块链等先进技术运用更是有较大差距，技术资源分散，缺乏有效整合。

第二道坎，是平台之争。面对新的传播格局，平台优势、渠道优势是决定性优势。而浙江目前的新闻传播平台还很散、乱、小，各自为战，不同程度存在规模大而不强、产品多而不精、力量散而不融、重大原创能力明显弱化、产业经营困难等问题，缺乏有影响力的大平台，在关键时刻发不出浙江的声音，与浙江的经济、政治、文化地位不相匹配，与建设"重要窗口"的要求还有差距。很多传统主流媒体只好"寄人篱下"，跑到商业头部平台上面开设账号。说到底，就成了只是长在人家"皮"上的一根根有思想的"毛"。

第三道坎，是运营之争。头部商业平台运营自成体系，形成了一整套行之有效的模式，在市场竞争、用户抢占中占有优势。例如，据报道，字节跳动 2021 年全年营收约 580 亿美元，约合 3678 亿元人民币，其中广告商业化收入约 2500 亿元。而据国家广播电视总局数据，2021 年全国传统广播电视广告收入为 786.46 亿元。营收数据的背后，是传播力、影响力的彼长此消。与头部商业平台相比，我们的运营能力还存在很大提升空间，吸引用户、汇聚人才、创造效益、营造良好生态的解决方案还不够有效。

最后一道坎，则是话语之争。推进传媒领域变革，最终的目的是要抢夺话语权。当前，主流声音难以进入移动端、主导互联网、触达年轻人，民间话语与官方话语割裂加剧，舆论的话语权被网络媒体、社交媒体和自媒体不断抢占，它们构建的话语体系更受受众喜爱，这也刺激着浙江新闻媒体加快回归新闻宣传本质，以符合受众需求的话语方式抢回话语权。

二

党的二十大报告提出："加强全媒体传播体系建设，塑造主流舆论新格局。"

对浙江来说，打造深耕浙江、读懂中国、影响世界的新型重大媒体传播平台，组建一支在互联网上拥有广泛影响力的传播"航母舰队"和一个高度集成的主流舆论阵地，是浙江为赢得传媒竞争、重塑舆论格局作出的探索，也是浙江打造新时代文化高地的应有之义。

组建传播大脑科技（浙江）股份有限公司就是浙江的一个大动作。从去年6月开始筹建省级重大新闻传播平台和省级重大文化传播平台，到现在岁末年初发布筹建"传播大脑"、全球招聘CTO公告，再到今天"大脑"正式挂牌，浙江日报报业集团、浙江广电集团、浙江出版联合集团、浙江文化产业投资集团四大省属文化国企共同参与其中，如此大阵仗、大手笔，足以显示浙江推进媒体改革的底气、决心和力度。

自去年5月30日上线以来，"浙江宣传"微信公众号这艘"破冰快艇"向着互联网传播深水区不断迈进，被学界与业界称为一股清流，为宣传文化系统带来了活力与变化。回过头看，"浙江宣传"公众号是浙江重塑媒体传播体系的支点和切入口，"说人话、切热点、有态度"就是"浙江宣传"公众号打通民间舆论场和官方舆论场的有益尝试，为浙江传媒业改革提供了规律性认识。

近来，浙江市级媒体的改革步伐正在加快。去年11月28日，衢州市新闻传媒中心（传媒集团）挂牌成立，全新打造的三衢客户端上线。这是继绍兴、湖州提前步入赛道、浙江省启动市级媒体深度融合发展工作后，第一家正式挂牌的市级融媒体中心。继而，台州市新闻传媒中心（集团）、嘉兴市新闻传媒中心（传媒集团）相继挂牌……浙江市级媒体深度融合发展工作驶入快车道。预期今年上半年，整合改革任务全面完成。

此外，浙江县级融媒体中心已经有成功经验在前，比全国提前一年普及，目前正不断迭代升级，全面提质增效。而借助数字化手段，浙江创新开发新闻舆论数字化改革系列应用，倾力打造"舆论引导在线""国际传播在线"等，聚焦核心业务场景推进运作，已经取得明显成果。

在一整套创新打法之下，以优质内容为核心、以技术创新为支撑、以全省打通一体为底盘的独属于浙江的全媒体传播体系正在加快形成。

三

不忘初心，方得始终。从这盘大棋的每一个落子，我们都能看到，浙江干的就是要回归宣传初心，推出的一项项举措杜绝"花架子"，杜绝"纯炫技"，而是以实实在在的改革举措破冰前行。

组合拳已经打出，能否打出一片新天地、干出一番新成效，需要时间的检验，也需要决策者因地制宜、精准施策、以变应变。

在这方面，"浙江宣传"公众号前期积累的经验值得借鉴。从创办之日起，"浙江宣传"就不断在话语方式、管理模式上自我重塑，不在主题策划等方面自我设限，抛掉高高在上的姿态，只讲老百姓感到共情共鸣的话，构建互联网传播话语体系，创造条件让更多有梦想、有担当、有情怀的人，放手去写、放胆去闯、放情去拼，用新的打法让读者感受到，沧海横流的舆论场上，我们必须也可以有一席之地。我们也希望以此带动全省宣传战线识变应变求变，积极行动起来。

大平台意味着大集成，包含了技术、人才、内容、资源等各方面的整合。整合的效果如何，决定着平台最终的传播力、影响力。浙江打造两大省级重大传播平台，只有坚持资源有机整合，破除不同单位、层级、部门之间的藩篱，以及广播电视、报纸和新媒体采编发环节的壁垒，才能真正实现信息内容、技术应用、平台终端、人才队伍、管理手段共享融通。

新平台、新公司的成立运行，还必须形成灵活有效的新机制与之配套，如此才能释放新活力、产生新气象。推进媒体改革，打造重大平台，浙江需要从体制机制改革发力，重塑原有的新闻生产机制，不断探索更灵活、更开放、更富创新力的组织模式。特别是突破"老一辈领导小一辈"的传统模式，相信年轻、拥抱年轻，不束手束脚，不过度干扰，相信年轻人最后会带来不一样的惊喜。

说一千道一万，内容永远是根本。媒体转型发展的优势，最终要靠内容的优势体现出来。不管传播手段如何迭代、技术水平如何升级，都要坚持做优质内容的提供者、引领者，努力用好文章向受众提供深度、权威、专业、多元的内容；都要坚持开放评论互动，倾听读者声音……这些也是被实践证明的制胜法宝，需要充分发挥好、运用好。

从"浙江宣传"公众号到重大传播平台，从市级媒体整合到省级技术平台融合，浙江传媒业变革的棋子已经落下。未来舆论场争夺战况如何，让我们拭目以待。

徐毅　张诗妤　执笔

2023年1月18日

由一颗"大脑"发起"破壁计划"

> 回顾整个媒介发展史，技术一直是媒介演进的重要动力，媒体融合叙事中技术更是"元问题"，牢牢占据"C位"。

岁末年初，有人选择归来，有人选择出发。

今天上午，传媒界一场"破冰"行动在浙江起航：传播大脑科技（浙江）股份有限公司正式揭牌成立。一颗"大脑"的面世，承载了媒体融合探索之路上的众多期待。

这是一家"市场机制＋国有控股＋资本加持"的科技型产业公司，由中共浙江省委宣传部指导，浙江日报报业集团、浙江广播电视集团、浙江出版联合集团、浙江省文化产业投资集团四大省属文化国企共同发起，接下来，将全力打造浙江媒体技术统一支撑平台和媒体技术统一对外出口，为新平台建设提供技术支撑。

前不久，它在全球重金招聘CTO的消息，已经引起一波关注。如今，这颗"大脑"正式投入运转，意味着浙江省市县媒体融合"一张网"的时代开启了。由此，浙江将努力打造引领媒体技术创新的新势力，为数字赋能传媒发展提供浙江方案。

一、这颗"大脑"被寄予厚望

或许有人会疑惑，各家媒体都有自己专业的技术人员，为什么还要专门成立一家科技公司？

回顾整个媒介发展史，技术一直是媒介演进的重要动力，媒体融合叙事中技术更是"元问题"，牢牢占据"C位"。

21世纪以来，新的媒体形态出现，紧贴着主流技术体系的发展。比如数据技术的发展，衍生出了"数据新闻"；移动互联技术的应用，开创了移动阅读时代；人工智能的出现，让"记者终将被写稿机器人取代"的论调甚嚣尘上；算法推荐机制，成为了互联网信息流动的核心逻辑，让传统媒体被"大厂"远远甩在身后；而5G的渐渐普及，元宇宙的"未来已来"，则为局面又添了一把新火。

可以说，整个媒体融合进程中，谁能抓住技术风口，谁就能在竞争中占据主动。

早在2014年8月18日，中央全面深化改革领导小组审议通过了《关于推动传统媒体和新兴媒体融合发展的指导意见》，媒体融合上升到国家战略层面。"发令枪"一响，当时国内有融合"家底"的媒体集团，纷纷入局。

今天，打开全国任何一家主流媒体的"两微一端"，都能看到文图音视争奇斗艳，全媒体记者"提笔能写，对筒能讲，举机能拍"，技术融合带动的融合新案例也在不断涌现。然而看上去花团锦簇的局面下，有一些改革，改着改着就改不动了，一些融合，怎么融也融不出实效了。

首先，技术水平不够用了。有学者认为，未来的媒体融合不是将"世界容纳进一个媒介"，而是"世界作为一种媒介"。如今常见的融媒形态不少是简单相加的"拼图式"融合，或者组织结构打散重组的"洗牌式"融合，已经不能满足媒体深度融合发展和壮大主流声量的需要。

其次，资源分散带不动了。以浙江省内为例，"天目云""新蓝云"和各地方融媒力量"三分天下"，不可避免造成资源分散、业务重合、利益冲突之类的内耗，削弱了技术支持的有效性。

再次，外部竞争比不过了。这些年商业互联网媒体借助技术优势高速成长，这些平台上的一句话、一张图、一段视频，就可能在10亿多网民中掀起舆论狂潮。传统媒体不仅"打"不过人家，还要到这些平台上去开账号"借船出海"，为他人作嫁衣裳，受制于人。

最后，格局思维跟不上了。缺乏战略格局和系统思维，过多关注传媒控制资本而忽视了用资本壮大传媒主业，或者用传统思维的"旧船票"去登新媒体这艘"新船"，就会导致一些媒体集团"起了个大早，赶了个晚集"，规划路径失效，在互联网传播中的音量放不大。

关于媒体融合的发展瓶颈，有专家这样总结道，"有爆款，没用户；有流量，没平台"。如果主流媒体没有自主平台，就没有自身赖以生存和长足发展的土壤，面临的局面将比较尴尬。

这样的背景下，一个更加智慧的技术平台，志在对内赋能省、市、县三级媒体，对外拓展市场和用户，为我国媒体改革输出技术、提供服务，实现平台效应的最大外部化，率先探索主流媒体传播技术底座构建的新模式，无疑是被寄予厚望的。

二、这颗"大脑"未来能做啥

浙江传媒界的集结号，声声传递着媒体融合的使命与责任。

这颗"传播大脑"未来能做什么？将通过哪些探索实现"用数字解读传播，用技术传递价值"？或许我们可以从这几个方面来细看。

比如，众人划船，可将优势资源"一网打尽"。体系上"横向到边、纵向到底"，技术上"一朵云""一张网"，逐渐把全省融媒力量纳入进来"同桌吃饭"，共享开源技术，共建开放生态。其中有两个关键字，一是"聚"，聚合优质资源，提高内容生产效率；二是"推"，实现超精准、全覆盖的推送，为文化传播、信息服务、智慧治理等打开想象空间。简单来说，就像用超大计算量和超强资源库，打造一个"永不下线的新闻策划会、信息发布会、现场协调会、合作洽谈会"。

比如，技多不压身，基础稳了才能"大展身手"。组建队伍上，招聘CTO、网罗顶尖人才；融媒技术研发上，在场景协同、资源共享、数据共融、运营共助等方面搞突破，技术基础夯实了，才能充实进击的底气，打破商业平台的技术垄断，实现真正完全的自主可控，当新的技术风口来临时，有实力"抢滩"。

比如，有条件"先行一步"，就有责任率先破解难题。媒体融合进程中，有很多共性问题，浙江有胆量冲锋，也希望在探索中为众人找到"闯关密码"。一方面，在全国尝试省内省属文化国企强强联合，集中力量办大事；另一方面，高价买来的技术不好用、用不灵，在破解外部合作时，瞄准体制机制壁垒问题，尝试让统一技术平台牵动人、事、制度、思想认识的融合，勇闯"无人区"，努力为全国媒体转型提供可参考的打法。

再如，正能量也可以成为"大流量"。让市场机制促活力，让国有控股做保障，让资本加持链资源，补短板、强长板，让官方舆论场和网络舆论场相互叠加有效覆盖，众多小声道汇聚成大喇叭。媒体融合不仅是为了守住主流媒体舆论阵地，进一步扩大主流价值影响力版图，更重要的是声入人心，让大众愿意听，愿意"一键三连"。

这些年，浙江在数字化改革中积累的理念优势、制度优势、人才优势，为"传播大脑"打下了一个个闯关"Buff"。反过来看，系统思维合纵连横，主动出击扛起责任，提高站位先行先试，这些创新之举，也将充实浙江数字化治理的"工具箱"，丰富浙江数字文化的内涵。

"传播大脑"是新平台、新技术、新传播，定位新、机制新、业务新。以之为基底汇聚的新能量、新势力、新智慧，将推开下一阶段媒体融合新世界的大门。

三、这颗"大脑"的神经元是人才

人类大脑拥有 860 亿个神经元，关乎人的一举一动。而驱动"传播大脑"，也需要一个个生命力强大的神经元，也就是人才。

在今天的挂牌活动中，中国工程院院士、阿里云创始人王坚讲到了一个很有感触的细节：很多人会把大脑的英文翻译成 brain，但"传播大脑"这家公司很有心地把它翻译成 mind。brain 讲的是外形，mind 讲的是外形产生的东西。一词之差，背后可见其深意：传播大脑不只是一个平台，更在意的是这个"大脑"里面产生的东西。

这些东西由谁来生产？谁来传播？

新闻媒体竞争关键是人才竞争，媒体优势核心是人才优势。如果说技术是媒体深度融合的起点，那么人就是起点的起点。

此前"传播大脑"公司全球重金招聘CTO，释放了一个重要信息，那就是：主流媒体，求贤若渴。新公司筹建过程中，相关负责人很直白地表示"短时间内结构性缺人"。为了让专业的人干专业的事，新公司不仅招兵买马，也组建了智囊团：挂牌当天，七位国内传播领域大咖组成的战略顾问团集体亮了相。

技术是传播的纽带，但驱动技术的每一步都离不开有能力、有抱负的媒体人。搭平台只是第一步，不仅要"修马路"，还要让"马儿跑起来"。对外广发"英雄帖"，对内搅动现有生态，尝试新思路、新打法，向"大厂"学习，向"强者"请教，"在游泳中学会游泳"，这一套组合拳，击破的不只是媒体转型的旧局，也是让想干事的人能成事、能开新局。

当然，媒体融合行至当下，我们碰到难啃的"硬骨头"不少。其中最难的，就是改变人的思维。过去十年媒体融合经验告诉我们，主流媒体要想真正实现内容和技术的相互赋能，在下一个十年提升竞争力、掌握自主权，还需让数据思维、产品思维、社会治理思维、技术前瞻意识等真正入脑入心，从上至下贯穿。

从"浙江宣传"公众号的诞生，到"传播大脑"的横空出世，在融媒赛道中，浙江传媒界奋力奔跑，努力争先创优。在开拓数字版图上，不会止步于此。

张萍　执笔

2023 年 1 月 18 日

日历书依然畅销的背后

> 碎片化的生活从未停止人们对于仪式感的追求。

春节将至。扫尘土、备年货、祭灶王、贴春联……家家户户都迫不及待地开启了过年节奏。作为年货中的"点睛之笔"，日历书成了越来越多人岁末年初的"必更品"，逐渐形成一道新兴的文化景观。

纵观今年的日历书市场，虽然品种数较前两年有所回落，但"卷"势依然不减。

传统文化和文学艺术类题材占据半壁江山。《故宫日历》《敦煌日历》《颐和园日历》等诸多日历书，背靠老牌出版社得天独厚的优质内容资源，搭乘"国潮"东风，演绎着中国式美学浪漫；文学艺术类题材中，《惜福阅历》《麦家陪你读书日历》等借助品牌与名人效应，让这些日历书生而"自带光环"，构建起持续稳定的流量池。

各种造型新颖、趣味十足的日历书更是层出不穷，备受年轻人青睐。言仓《旅行日历》将日历做成机票样式，《地球日历》利用撕页设计做出了独特亮点，山脉起伏、岛屿汪洋随着一页页日历纸的撕下慢慢浮现，最终呈现的是一个3D纸雕地球模型。

人们在感叹这些日历书匠心独运的同时，也不禁疑惑，在这个万物皆可数字化的时代，纸质日历的存在似乎略显多余，日历书究竟凭什么俘获消费者的"芳心"？

一

历书自古以来就是中国传统文化的重要载体。古代劳动人民从长期的农耕实践中提炼出智慧结晶，创造了农历和二十四节气，并由此产生了官方印制的"皇历"。伴随政治文化的变迁与演化，官方"皇历"开始走向民间，被泛称为长辈熟知的"老黄历"，日历书便是在"老黄历"的基础上发展起来的。

与传统挂历不同，日历书将日历装帧成册，赋予了时间日历新的文化属性。

现代日历书真正走入大众视野是在2010年之后。2009年故宫博物院以《故宫日历》1937年版为蓝本复刻推出新版，拉开了文化日历书的序幕；2016年日历书开始呈现井喷式增长，品种数高达114种，这一年也被称为国内的"日历书出版元年"；2018年至今，日历书市场逐步沉淀，消费者渐渐回归理性，日历书也开始呈现图书化、精品化的发展趋势。

作为日历和图书有机融合的产物，日历书的功能与价值更为多元：企业单位发日历、亲朋好友送日历、情侣们定制日历、怀旧者收藏日历……我们从日历书里看到的，是人们用时间倾注与沉淀的情感。它是根植于大众内心的精神文化窗口，里面有着大千世界。

不难发现，日历书的文本内容通常是细分的、轻量的、精炼的，强调视觉表达，契合了移动互联时代的人们对于碎片化、拼贴式、影像化阅读的偏好。这些相对独立存在的、非连续的文本蕴含着"留白"艺术，让每个人都能结合自身生活经验，进行自我投射式的意义解读，形成个体此刻的心境写照。

碎片化的生活从未停止人们对于仪式感的追求。日历越撕越薄，岁月越摞越厚，很多人在这"一日一撕"中获得了强烈的情绪体验和心理上的自我满足。撕下的是日历，告别的是昨日的悲欢离合。

二

日历书市场蓬勃发展的数年间，出版机构取得了不小的经济效益，也引发了不俗的社会反响。但我们必须看到，"热闹"的背后同样隐藏着诸多亟待解决的问题。

版权问题永远是出版业的"痛点"。"浙江宣传"曾在《图书盗版何时休》一文中提到，图书盗版一直"野火烧不尽，春风吹又生"，这一现象在日历书市场亦然。面对可观的利润回报，一些无良商家投机取巧，将粗制滥造的仿品以不到正版一半的价格出售，甚至将没有正规授权的文化元素，冠以"故宫风""国博风"等名号，不仅扰乱了市场秩序，更直接影响到原出版商的品牌价值。

物竞天择，日历书市场在经历多年沉浮后早已蓝海不在，行业创新能力似乎也越来越接近"天花板"。创新难以为继，同质化现象便趁势而生。许多出版机构缺乏对创意产品开发的深度思考，依葫芦画瓢地跟风市场。多款日历书选题雷同、书名相近，模式上也如出一辙，很难看出差异性和独特性，怪不得网友们纷纷直呼"挑花了眼"。

不得不提，在这个"颜值即正义"的时代，日历书在装帧设计上可谓下足了功夫。全彩印刷的内页、极为考究的封面和纸张选材、提升质感的烫金烫银工艺，有的还会在书口上进行立体全彩喷绘，将精致"武装到牙齿"。但所谓"羊毛出在羊身上"，生产、设计成本的上升直接导致日历书价格水涨船高。

有相关数据显示，2019年版日历书的平均定价就突破了百元大关，超出心理预期的售价往往让人望而却步。

从发行数量与印数上看，日历书板块已基本完成从增量市场向存量市场的过渡，虽然影响力余温还在，但已非时下图书市场的宠儿。"头部赢家通吃"局面依然难以被打破，如今一提到日历书，大多数人心中的归类仍是"《故宫日历》和其他"。某些细分领域的日历书虽然吸睛，但碍于受众面过窄，难以进入公众视野。

三

日历书要想从"畅销"走向"长销"，实现高质量精品化发展，眼前这些"拦路石"必须一一移除。

千篇一律的文本题材容易使市场趋于疲软。文化为魂、创意为纲，不同的出版机构应注重对文化内涵的解读，形成具有独特品牌价值的风格特色，避免将文化元素"脸谱化"呈现。

以业界"鼻祖"《故宫日历》为例。在"故宫"这一超级 IP 的基础上，出版社针对故宫的建筑、文物、历史等文化资源进行了全方位的深度开发、改造、创新，结合生肖主题，做到了"岁岁年年有新意"。同时，故宫出版社在规避抄袭方面，利用防伪丝和二维码，让读者可以"一扫验真假"，一定程度上降低了盗版率，无形中强化了消费者的版权保护意识。

值得注意的是，打造文化精品并非等同于高成本的"特品""奢品"，而是在保证文化内涵和审美价值的基础上，尽可能制作出"接地气"的日常读物。出版商可以考虑适当推出平价的日历单品，针对不同层次的产品实行差异化定价，让不同受众都能购买到物有所值的日历书。

全域数字化改革背景下，出版机构也应主动拥抱新兴技术力量，融入科技感元素。譬如，日历书中的"常青树"《单向历》最早将 AR 技术与手机 App 结合使用，用户通过扫描纸质页面，就可以在单向历 App 上玩趣味游戏，观看生动立体的虚拟空间画面。当下人们并不缺少制作精良、内容上乘的图书产品，相比这些来说，书中的增值服务更能刺激读者的消费欲，实现更多转化销量。

万物皆有生老病死，每一代产品都有它的生命周期。年画、挂历、连环画这些也曾风靡一时的出版物，终究逃不过被时代淘汰的命运。下一次我们会在哪里看到日历？在卖场里，在手机上，还是在元宇宙中？我们不得而知。

但究其根本，产品应随时代起舞，才能与市场共生。出版机构在深耕日历书领域时，既要追逐时下热点，更要着重思考如何延长它的生命周期和价值链。唯有推陈出新，方得柳暗花明。

新的一年，愿我们翻开日历，发现无论世事如何变化，每一个日子都值得期待。

林奕琛　执笔

2023 年 1 月 19 日

今天的文艺大师从何而来

> 历史车轮滚滚向前，现在，我们正跨入一个崭新的大时代，文艺的时代接力棒也需要向下一代交接。

近段时间，第十六届精神文明建设"五个一工程"、浙江省第十五届精神文明建设"五个一工程"、浙江省高层次人才特殊支持计划等各类评审评选结果相继出炉，又一批文化、文艺界领军人物涌现，也让"文艺新浙军"备受关注。

"浙江宣传"昨天提到，这几天，一部名为《中国奇谭》的短片动画集横空出世，让国漫再次"封神"。稍加了解便知道，《中国奇谭》的总导演陈廖宇就毕业于中国美术学院附中。

创作出闪光的作品并非易事。那么，在"文艺新浙军"的成长过程中，我们如何才能助他们一臂之力，让人才跃上金字塔的"塔尖"，让"新浙军"逐渐化身"新大师"呢？

一

正如国学大师王国维所说，"凡一代有一代之文学"。其实，无论是文学还是文艺，都天然地与时代发生着或鲜明或隐蔽的联系。艺术家与时代的关系，就在于时代造就了文艺大师。

回溯历史，每一个不同的时代，都会有不同的文艺大师出现。建安七子、唐宋八大家、苏黄米蔡、明清小说四大家……一代代名家大师灿若群星，他们虽生于不同的时代，却都有着耀眼又辉煌的艺术成就。

及至近现代，每一位标志性的文艺名家，其作品从形式到内容，无一不镌刻着鲜明的时代印记。比如，林风眠在西学东渐态势之下，始终秉持"调和中西"的理念，在上世纪开创了美术教育的"黄金年代"；焦菊隐、谢晋等一代名导演的出现，又恰好与当时我国国力不断提升、群众文化意识觉醒有着密不可分的联系。

可以说，在文艺民族化、时代化的进程中，文艺精品与人才不断涌现。

历史车轮滚滚向前，现在，我们正跨入一个崭新的大时代，文艺的时代接力棒也需要向下一代交接。

无论是为油画艺术添了浓墨重彩一笔的画家全山石，以一杯清茶写出江南气韵的作家王旭烽，还是不断追寻越剧艺术新表达的戏剧艺术家茅威涛，抑或是从田间地头磨炼出来的莲花落表演艺术家翁仁康，他们的文艺思想、艺术表达、创作内核，都需要新的一代人来接替、来传承。

习近平总书记曾如此寄语文艺工作者："新时代需要文艺大师，

也完全能够造就文艺大师！新时代需要文艺高峰，也完全能够铸就文艺高峰！"

当然，我们决不能困囿于"好汉只提当年勇"。这个时代，相比谢晋、王旭烽、茅威涛等人的青春时代，无疑是物质与文化都极大丰盈的时代，自然也有更多的诗篇值得我们去抒写。

在百年未有之大变局中，又会有怎样的名家大师涌现？新一代的浙江文艺大师们，都充分准备好了吗？

二

其实，浙江从未停止、放松过对文艺名家的培育。

这些年来，浙江花大力气打造了省宣传文化系统"五个一批"人才工程，并细分为领军人才、青年英才和培育项目三大类。

在这些优质项目的引领之下，我们不仅实现了中青年文艺人才在各个领域的发力，也看到了"新峰""新松""新荷"等广大"新"字头青年人才的冒尖。婺剧伉俪杨霞云、楼胜，便是在"新松计划"浙江省青年戏曲演员大赛中脱颖而出，通过"名家孵化计划"的培育，技艺日臻精湛，如今已成"夫妻梅"。

按理说，在如此丰厚的项目滋养下，新一代的文艺大师应该"打出来"了。但反观现实，浙江鲜有新一代重量级文艺大家，书法界、美术界、文学界、戏剧界、影视界等，都需要有专业实力和社会影响力兼具、德艺双馨的新一代名家大师。

不禁要问，"文艺新浙军"都去哪儿了？

其实，文艺大师从来不是天造地成的，而是需要花费时间和精力去不断培养、培育的。但是，在当下这样一个高度碎片化、视像化的社会环境中，要想把文艺名家培育成文艺大师，还有一段不小的距离需要跨越。要破解这一难题，政府引导、社会氛围与艺术自觉缺一不可。

文艺大师的出现，少不了政府搭台。不管是舞台艺术、造型艺术，还是影视、文学、文博，每一个门类的文艺人才都需要展示自我的平台。就目前的情况而言，许多项目只停留在"评人才"这一步，一评了之、评而不管、评而不用，都是存在的现实问题。此外，推动艺术创作也需要政府投入资金。

政府搭台只是一个开端，大舞台还是需要文艺大师来"登台唱戏"，而"唱好戏"的前提则是"有戏可唱"。

如何让艺术家深入生活、有感而发地创作？首先应该通过组织发动、政策激励、营造生态等，鼓励艺术家沉下去、深下去，在实践生活中积累素材，捕捉灵感。同时，搭建一个良好的创作空间也是一条路径，之江编剧村、莫干山艺术村的建立，已经开了一个好头。中宣部"五个一工程"获奖作品《问天》、蒋胜男新作《天圣令》，皆是在莫干山完成的创作打磨。

此外，优秀的文艺作品，往往还是文艺大师苦心孤诣的成果，大师的成长必然离不开艺术家的艺术自觉。"吟安一个字，捻断数茎须"，便是艺术创作自觉的生动写照。

单田芳也好，梅葆玖也罢，大师之所以为大师，是因为在他们的艺术生命里，永远没有一朝成名、一劳永逸，有的只是十年如一日的躬耕艺海、持之以恒。

三

这是一个文艺界人才辈出、大有可为的时代。党的二十大提出"推出更多增强人民精神力量的优秀作品",我们比任何时候都迫切需要文艺大师来续写精神谱系,吟唱美丽诗篇。

然而,在15秒就能成名的时代,在流量为王的风潮之下,似乎人人都成了"艺术家"。回过头来思考,若是人人都用手机创作,还能诞生谢晋吗?

即使在今天这样一个视觉化程度很高的时代,我们依然有必要且必须要去深入挖掘创作的内涵。因为,伟大的时代需要伟大的艺术家,也必将造就伟大的艺术家——能让你眼神聚焦、热血沸腾、心灵柔软、思想迸发的艺术家,而不是只会提供靡靡之音,只能让你消磨时间也消耗人格的"廉价快餐"和"电子榨菜"。

曾经的大师已远去,今后的文艺高峰该由谁来创造?浙江又该如何讲好文艺大师脱颖而出的故事呢?笔者有两句话。

一句话:重点领域的紧缺人才培育。比如,在舞台艺术领域,我们缺的不是演员而是编剧,缺的不是作品而是精品。因此,在育人才的过程中,就要牵住"牛鼻子",抓住薄弱项目,把自身的短板补上来,让原有的长板长起来。

当然,除了重点领域外,我们也应当关注基层文艺人才的困境。资金少、项目缺、评职称难,都是摆在基层的问题。所以,在关注高精尖的人才之余,也需要让优质资源下沉到山区、基层。比如,目前已在推行的"文艺两新"职称评价体系改革,就创造性地突破了身份、学历、资历等硬性条件限制,为基层与新文艺群体提供了更多向上生长的机会。

另一句话：育人才之外还要引人才。文艺人才的流动无可厚非。但是，人才要流得出去，更要能引得回来。只有以求贤若渴的姿态，不断推动浙籍文艺名家回归，借助艺术乡贤的乡愁与乡情，才更有可能打造出具有浙江气质、浙江特色、浙江辨识度的文艺精品。

诚然，文艺人才培育是一项艰巨的系统工程。但道固远，笃行可至；事虽巨，坚为必成。无论是在传统的农耕社会，还是信息迅猛发展的现代社会，我们都需要也必须要有文艺大师。

《中国奇谭》的火爆全网，让我们看到了新一代文艺大师"出圈"的希望。或许，未来的茅盾、谢晋、施光南、沙孟海，已悄然来到我们身边。

我们也期待，当代中国文学家、艺术家能像泉水一样奔涌而出，让中国文艺的天空更加群星灿烂。

祝融融 周天津 沈勇 执笔

2023 年 1 月 19 日

带本好书回家过年

> 不热爱读书的个体是无知无畏的，不热爱阅读的民族是无趣无望的。

今天是腊月二十九。鲁迅日记里的这一天，他大概会拟好一张书单，借着春节去淘一淘。1913年春节，他曾四逛书市，购书60多册。

春节是个长假。对多数人而言，奔忙一年，春节最主要的事情就是放松，走亲访友是情感的交流，游山玩水是对身心的滋养，大快朵颐是对味蕾的慰藉，让一年绷紧的身心松弛下来。而在众乐之余，我们也可选择片刻的独乐——读读书。

今天下午，著名作家阿来领衔，"书香迎新 读以致远"TALK SHOW 的6位（组）领读者在线上开讲，他们将从自身经历与行业实践出发，与大家共同探索阅读。我们还要向读者报告一个好消息：继第一本《笔墨当随时代》之后，"浙江宣传"的第二本书《与时代肝胆相照》也快要和大家见面了。

度过三年艰难的疫情时光后，我们的精神世界其实也需要被滋养和治愈。在返乡路上带上一本好书，在春节期间打开一本好书，给这个春节来点不一样的书香年味吧。

一

在春节这段热闹时光里安心读书，并非突发奇想，古人早就如此了。

明孝宗弘治七年（1494）的除夕之夜，当大家都在"除夕更阑人不睡"喜迎新岁时，明代"江南四大才子"之一的文徵明，却静静地独自一人开始读书作诗。这一年，文徵明25岁，他已经习惯了这样日复一日地读书、写字、作画。关于这一年的除夕，文徵明自己有诗为证，"人家除夕正忙时，我自挑灯拣旧诗。"

文徵明十多岁时就开始学习书法、绘画，在他90岁那一年，他在写字的过程中突然仙去。这70多年中，他手里的笔从未停顿，除夕读书写字只是他努力的缩影之一。也正是这样的勤奋，让少年时天资平平的文徵明终成一代书画宗师。

和文徵明一样在春节期间读书的文化名人还有不少，比如陆游在74岁时曾写过一首诗《戊午元日读书至夜分有感》——"傍架讨寻书散乱，倚屏吟啸发鬑鬑"。如此高龄还这样勤奋，这也让陆游成为了中国历史上最高产的诗人。又比如宋代的书法大家米芾，在1099年的"元日"，也就是大年初一，在家中反复品读唐太宗的真迹《唐文皇手诏》，突然得到灵感，写下了中国书法历史上灿烂夺目的草书精品《元日帖》。

而在诗人黄庭坚看来，三日不读书，就觉得自己"言语乏味，面目可憎"。时间如流水，"逝者如斯，不舍昼夜"，为避免"老大徒伤悲"的懊悔，古人便不分春节假日，日夜苦读勤练，才大有收获，终成大器。

人不读书，其犹夜行。纵观人类历史，很多文明半路夭折，唯有中华文明数千年从未中断，正是通过延绵不绝的方块字、声声入耳的读书声，才被一代代薪尽火传。虽然，中华历史有过秦始皇暴戾至极的焚书坑儒，也有梁元帝愚蠢至极的江陵焚书，但我们祖先对书的情感却一直炽热。我们引以为傲的四大发明中，有两项都和书息息相关——造纸术和活字印刷术，可见中华民族对阅读和书籍的重视。

二

那么作为现代人，为什么要在春节读书？无他，志趣尔。

所谓读书，就是在文字里抵达"身不能至，心向往之"的地方，可以思接千载，视通万里，达到"吟咏之间，吐纳珠玉之声；眉睫之间，卷舒风云之色"的神思状态。

在众声喧哗之余，翻开书，摩挲着纸张，细嗅书香，能在斗室之间跨越时空，与古今先贤对话，在方寸之间神游四海，寻觅异域风情。

古人读书，欧阳修有"马上、枕上、厕上"之趣说。只要是书，顺手拈来，就可进入阅读世界，但状态不同，所以读的也有分类，所谓"坐则读经史，卧则读小说，上厕则阅小辞"。

而春节我们读书，也可以进入这种无拘无束的自在状态。"红袖添香伴读书"，是温情浪漫；"雪夜闭门读禁书"，是面红耳赤；"夜雨孤灯乱翻书"，是惬意自得；"三更灯火五更鸡，正是男儿读书时"，是勤勉奋进；"寂寂寥寥扬子居，年年岁岁一床书"，是钟爱一生。不管如何，有好书陪伴，就是开卷有益。

不过，不管春节期间读什么书，要想真有收获，不能浮光掠影地看过——必须要下硬功夫，要手到眼到心到。不能真的跟着陶渊明——"好读书，不求甚解"，那是他已达到了很高的境界。

即便才气纵横如苏轼，也是老老实实下硬功夫。苏轼记忆力超群，但为了背诵经典史籍《汉书》，他曾经连续三次抄写《汉书》。最初一段事，他抄文中的三个字作为标记来背诵，之后减到两个字，最后减到一个字，直到滚瓜烂熟，可以轻松背诵全文。

三

春节期间，该读怎样的书？读书是很个人的事，开书单容易，要想打动人却很难，因为众口难调。

不过，笔者稍作建议，如在旅途之中，可看轻松的游记，飞机高铁上翻看下如刘子超的《午夜降临前抵达》、植村直己的《远山在呼唤》等，光看书名，就让人激起"世界那么大，我要去看看"的愿望。

如在家闲暇度日晒太阳，可看《世说新语》这样的短章，"大抵南朝皆旷达，可怜东晋最风流"，也可读读张岱、归有光的明清小品，文字隽永，情真意切。

如有大把的时间可浪费，可把《资治通鉴》这样的大部头啃上一两卷犒劳自己，这里有真实的中国过往。

如纯粹想挑战自己的耐性，读读马尔克斯的《百年孤独》、米兰·昆德拉的《不能承受的生命之轻》、马塞尔·普鲁斯特近似天书的《追忆似水年华》，也未尝不可。

习近平总书记是酷爱读书之人。1969年新年刚过，他从北京来到陕西省延川县文安驿公社梁家河大队插队。不到16岁的他，却随身带着两个沉重的箱子——箱子里装得满满的都是书，一路辗转火车、卡车、徒步。插队期间，他听说一位从北京来的知青有《浮士德》，更是徒步30里去借。

而现在，我们读书不用如此艰难了。网上书城一下单，心仪的图书便唾手可得；一个读书 App，更是能把海量的新书藏在手机里。那种"凿壁偷光""悬梁刺股"读书看书的感人故事已恍如隔世了，现代人更多的是"书非借不能读也"的那种尴尬状态。

尽管手机上能随时查阅，非常便捷，但笔者还是建议带本书回家，纸质书更有温度，更有心有灵犀的书香气息，有一种阅读的仪式感，既是一种致敬过往岁月的总结沉淀，也是一种探寻未知的重新出发。

不热爱读书的个体是无知无畏的，不热爱阅读的民族是无趣无望的。到今日，获取知识的渠道虽已千变万化，但万变不离其宗，文字才是真正的深度阅读。看书，短短几小时能让你领略到完全不同的人生风景。和古人先贤一样，捧起一本书，沉下心去阅读，对今天的我们同样意义非凡。

三年的疫情已接近尾声，未来是充满希望的日子。星霜荏苒，居诸不息，兔年的钟声即将敲响，带一本喜欢的书回家，去迎接崭新的未来。

而你会带哪一本书踏上归程呢？

赵波　唐延松　许雪娟　执笔

2023 年 1 月 20 日

从总书记新春关切中读出什么

> 通过一次次新春慰问，我们看到960多万平方公里的广袤大地上发生的变化，深刻影响着每一个家庭、每一个个体，老百姓的日子正越过越红火。

18日，新春佳节前夕，习近平总书记在北京通过视频连线看望慰问各行各业的干部群众。接到"视频邀请"的，有防疫一线的医务人员、福利院的老年朋友、能源保供企业的员工、高铁站的干部职工、农产品批发市场的商户和群众、乡村基层的干部群众……

来自首都的关心关怀，通过一声声温暖的嘱托飘进全国各地的千家万户。

春节前给基层干群送祝福，是习近平总书记从党的十八大以来一直坚持的习惯。往年这个时候，他都要抽出时间"出远门"，到基层走一走，深入群众中间，同大家拉拉家常。

关山内外，行程万里。少数民族村寨中、陕北黄土高坡上、北国边陲哨所内、北京胡同院落里，都留下了总书记与群众同在一起品年味的温馨场景。

从遍布大江南北的一步一履中，从一声声新春问候中，能读出什么？

一

笔者首先想到了两句话。

第一句：品年味、送祝福。幅员辽阔的神州大地，悠久的历史文化，孕育出独具特色的春节文化和地方民俗。习近平总书记入乡随俗，常常以当地特有的风俗习惯同大家喜迎新春。

比如，2014年在内蒙古，总书记用无名指蘸上银碗盛着的鲜牛奶弹了三下，祝福来年风调雨顺，五畜兴旺，人民幸福安康；2020年在云南司莫拉佤族村，总书记敲响三声木鼓，为乡亲们送上新春祝福……

还有，在北京的胡同里同老街坊们一起包饺子、贴"福"字、炸饹馇，在山西老乡家中亲手做了一个枣花年馍，又在登高年馍上点了一颗红枣……跟随总书记的身影，我们感受到浓浓中国年的味道。

第二句：问冷暖、听民声。倾听百姓最真实的声音，是新春关切的生动注脚。

今年，通过视频连线，习近平总书记同塔里木油田公司轮南油气储运中心西气东输第一站克拉集气区员工亲切交流。节日期间大家能轮休吗？你们在外过年，年货都准备好了吗？春节期间，你们如何抓安全生产、确保平稳供气？

这一声声问询，让人想起，2013年春节前夕，在兰州市城关区"虚拟养老院"，习近平总书记细致地询问饭菜价格，端起一个盛满饭菜的餐盘为老人送上；2018年春节前夕，在四川大凉山贫困户吉好也求家中，他关切地掀开床褥、摸摸被子，看看够不够厚实。

对群众的冷暖有多在意，关怀就有多细致入微。柴米油盐，"菜篮子""米袋子""果盘子"，总书记的新春关切关乎烟火气，关乎千千万万中国百姓的幸福生活。

十多年间，虽然走的地方、看望的对象各不相同，但是习近平总书记对基层群众的牵挂与关心没有变，让人民群众过上更加美好生活的心愿和期望没有变。正如总书记强调，看看大家还有哪些困难，听听大家新年有哪些打算，分享大家迎接新春的喜悦。新春关切当中，充满着令人感动的温暖。

二

家是最小国，国是千万家。新时代以来的伟大变革，带动着每一个"小家"的变迁。

年复一年，沿着习近平总书记的足迹，通过一次次新春慰问，我们看到960多万平方公里的广袤大地上发生的变化，深刻影响着每一个家庭、每一个个体，老百姓的日子正越过越红火。

完成脱贫攻坚、全面建成小康社会的历史任务作为党的二十大报告列出的十年来"对党和人民事业具有重大现实意义和深远历史意义的三件大事"之一，背后蕴含的是习近平总书记时时放心不下的牵挂。他说："新年之际，我最牵挂的还是困难群众，他们吃得怎么样、住得怎么样，能不能过好新年、过好春节……"

张家口市张北县德胜村，气候寒冷、土地贫瘠，曾是个典型的贫困村。2017年1月，春节前夕，一个天寒地冻的日子，习近平总书记冒着严寒、踏着皑皑白雪来到这里，看望慰问困难群众，与基层干部群众一起算扶贫账、谋脱贫计。

到2020年6月，用了3年多时间，德胜村最后一户贫困户达到脱贫标准，从此"坝上穷村"成历史。到了2021年底，当地村民人均纯收入从2016年的5800元提至1.93万元，村集体收入由2018年的1.6万元提至206万元。人们都说，德胜村得胜了。

这个巨大的变化，让笔者想起一个故事。在浙江工作期间，习近平同志就有春节前下基层看望慰问群众的习惯。

据新华社报道，2003年1月，新春将至，时任浙江省委书记的习近平冒着雨雪，来到位于宁波余姚四明山深处的横坎头村。当时村里还没有水泥路，全村没有一个公厕，许多人家都还用露天粪缸，"山大石头多，出门就上坡"。习近平同志神色凝重："只有老区人民富裕了，才谈得上浙江人民的共同富裕；只有老区人民实现了小康，才谈得上浙江真正实现全面小康。"

20年来，横坎头村人牢记总书记嘱托，不等不靠，苦干实干，深挖特色资源，发展红色旅游，壮大特色农业，村民开上了新车、住进了新房、过上了好日子，成为浙江众多美丽乡村的一个缩影。

从农村到城市，从衣食住行到医疗养老，跟随着总书记的新春足迹和新春嘱托，我们看到了中国为实现千年小康梦"一个也不能少"的努力，也看到了共同富裕道路上，大家对美好未来的憧憬和信心。

三

去年初，有中央媒体对党的十八大以来习近平总书记春节考察的新闻报道作了分析，统计出总书记常常"挂在嘴边"的"高频词"："发展""群众""建设""小康社会""乡村振兴""创新""生态文明"……一张词云图，直接反映出那些习近平总书记最惦念的事。

我们看到，这当中，不仅有对百姓冷暖的呵护，还有对重点领域发展情况的思量，有对"国之大者"的密切关注，特别是，往后的一段时间里，国家和社会还需要办好哪些大事，未来有哪些走向。

创新作为引领发展的第一动力，始终是萦绕在总书记心头的要事。2015年新春在陕西，中科院西安光学精密机械研究所，总书记要求广大科技人员树立强烈的创新责任和创新自信；2021年新春在贵州，总书记通过视频察看"中国天眼"现场……

新春考察创新项目，是为了以时不我待的紧迫推进科技自立自强，让创新的引擎在新的一年动力更足、马达声隆隆。

在总书记的关切当中，一项项重大工程、一个个"国之重器"、一次次创新突破，为国家未来发展储备下更多确定性。我们看到，新时代以来，中国在一些关键核心技术领域实现突破，战略性新兴产业发展壮大，载人航天、探月探火、深海深地探测、超级计算机、卫星导航、量子信息、核电技术、新能源技术、大飞机制造、生物医药等取得重大成果，中国进入创新型国家行列。

总书记的新春足迹里，还体现着对文化建设的重视。比如，2015年、2019年、2021年春节前夕，总书记分别在陕西参观西安市博物院，在北京考察前门东区的胡同文化，在山西考察了被称为"保存最为完好的四大古城"之一的平遥古城。考察点年年不同，背后对优秀传统文化的深切情怀一以贯之。

　　循着总书记的嘱托，中国文化事业日益繁荣，文化建设不断结出硕果。就拿浙江这一年来说，"中国传统制茶技艺及其相关习俗"成功入选人类"非遗"代表作名录，"中国历代绘画大系"圆满结项，宋韵文化传世工程深入推进，德寿宫暨南宋博物馆建成开放，杭州国家版本馆建成开馆……一个郁郁乎文哉的浙江更加光彩照人。

　　为了攻坚克难"一点也不含糊"，为了实现伟大复兴的历史进程"一步也不拖"，无论是就业、医疗、社保等衣食住行的"民情报告"，还是科技创新、文化建设、生态保护等"发展清单"，总书记驻足处，总有暖暖的问候、勃勃的生机。

　　国家民族好，千家万户才好；千家万户都好，国家才能好，民族才能好。在中国式现代化新征程上，只要每个人、每个家庭和我们的国家双向奔赴，一同拼搏奋斗，向着美好生活迈进，未来一定更生机盎然、欣欣向荣。

　　愿借天风吹得远，家家门巷尽成春。

　　新春，是一年之始，是希望最充分、情感最凝聚、愿望最释放的时节。此时此刻，让我们一起迎接新的一年，祝福家家美满，祝福国泰民安。

桑隽漾　郑思舒　徐毅　执笔

2023 年 1 月 20 日

年味是个什么味

> 年味没有变淡，只是换了模样。

壬寅年的余额只剩今天。大街小巷里、超市里，刘德华的那首《恭喜发财》又开始回响在许多人的耳边："恭喜你发财，我恭喜你精彩，最好的请过来，不好的请走开……"

过年，如同写进中国人基因里的密码，不用刻意提醒，一到年末，回家过年的念头就浮上每个人的心头。春节越是临近，越是抓心挠肺地想回家，路途多远都要回家。

而当双脚迈进家门之时，就像此时此刻，刚回家的你，听到家人的一句"回来了"，三言两语，并没有什么隆重的仪式，却能一洗在外一年的风尘仆仆。

这浓浓温情当中，究竟隐藏着怎样的年味密码？

一

年味体现在哪里？

虽然很难用具体的标准来评判，但五花八门的过年习俗、丰盛的年夜饭、别出心裁的拜年吉祥话等，都在不知不觉中给年添了几分味道。

拿过年习俗来说，"爆竹声中一岁除，春风送暖入屠苏。千门万户曈曈日，总把新桃换旧符"。透过王安石笔下，可以看出北宋的年味，燃放爆竹、插挂桃符和饮屠苏酒等习俗，形成了一整套绚丽完备、缜密周全的仪式。

而作为年味最重要载体的年夜饭，最早可以追溯到《尔雅》，里面有着"年者，禾熟之名，每岁一熟，故以为岁名"的说法。就是把"年"看作是收获（禾熟）的象征，每逢过年，大家聚在一起，烧些美食，吃上一顿，以示庆贺。

《舌尖上的中国》总制片人陈晓卿说过，地道年味，其实都饱含着一份故土难离。北方包饺子、南方煮汤圆、江浙摊蛋饺、岭南吃盆菜、西北暖锅子、西南炸酥肉，都印证了一句：最忆是故乡。

年味是无处不在的亲情。春节期间，家是每个人身体和精神的归属地。除夕给小辈压岁钱，春节给长辈拜年，尊老爱幼就落实到行动上了；大年初一到初五歇市，让忙碌了一年的人们放慢脚步，与亲友嘘寒问暖，感受亲情的"包浆"。

年味是溢于言表的幸福。在还不富裕的岁月，过年意味着能吃到平时吃不到的食物，可以换下常年穿着的旧衣服，从头到脚簇新，跑来跑去做客人，还能东家进西家出到结婚的人家中去讨喜糖吃。如今，我们实现了吃年夜饭自由、穿新衣自由，年味越来越舒坦。

年味里蕴藏着家国情怀。党的十八大以来，每年春节前夕，习近平总书记都会与大家一同感受新春的幸福滋味。2022年春节前夕，习近平总书记冒着风雪严寒来到山西省临汾市，进山村、访农户。今年春节前夕，习近平总书记视频连线看望慰问基层干部群众，向全国各族人民致以新春的美好祝福。

这是最浓的年味，是最深的牵挂，是最暖的情谊。

二

年味变淡了吗？

有人曾对笔者感叹，解放前，一根红头绳就能让白毛女喜儿欢欢喜喜地过年，现在再大的红包也不会让孩子欣喜若狂。许多人都有相似感觉：从前年味的仪式感更强烈，也更有温度和浓度。

20世纪50年代末期，全国农村开展了人民公社化运动，各村生产队都成立了公社食堂，全村人在公社食堂吃年夜饭，是一道热热闹闹的时代风景。后来，国人进入凭票供应的时代，年夜饭成了一年中油水最充足的一顿饭，物资的匮乏让年味显得弥足珍贵。

改革开放之后，中国老百姓进入"年年有余"的好日子。从1983年开始的春节联欢晚会，已经是年味"氛围感"中不可或缺的一道"大餐"，一家人一边包团圆饺子吃年夜饭，一边打开中央电视台，一曲《难忘今宵》给这一年真正画上句号。

日子越过越顺溜了。进入到移动互联网时代，为什么反而觉得年味越来越淡了呢？

这是因为，基于农耕社会的农历春节，并不是按照现代生活节奏来设计的，因此有些仪式感会慢慢消失。几十年来，城乡百姓的"米袋子"越来越沉，"钱袋子"越来越鼓，年味同样也在与时俱进、升级迭代，演绎出不一样的味道、燃烧出不一样的精彩。

除夕夜，有人用App请个大厨回家做满汉全席，孩子们的压岁红包从崭新的百元钞票变成了教育年金，送老人的贺岁年礼从鱼翅海参变成了健康体检和境外旅游……

所以，年味没有变淡，只是换了模样。

三

年味过时了吗？

不少年轻人说，春节的意义就在于身体放假、头脑放空，并标配补觉、打牌、刷剧"养生三件套"，至于那些繁文缛节，不妨随着时移世易而隐入历史。

其实，年味如文章，合为时而著。面对即将到来的癸卯兔年，网友们已经创造了不少有趣有爱的谐音祝词：前"兔"似锦、大展宏"兔"、"兔"飞猛进……这些口彩饱含着对新年的美好愿景，让我们享受辞旧迎新的喜悦，也是年味的崭新表达。

不难发现：年味的存在感，来自人们的参与感。它的浓度和温度，则取决于，我们是否由衷地享受这份生活。

比如，在浙江最大的外来务工人员集聚地杭州市钱塘区白杨街道邻里社区，一顿"有缘千里来相会"的年夜饭，一办就是18年。饭桌上没有山珍海味，更无五星大厨，做饭的人和吃饭的人来自五湖四海，可能不久就会各奔东西……

然而这一晚，天南海北异乡客在"你添一勺、我加一碗"的热气蒸腾中品尝了温暖的情谊，他们把这顿"不回家"的年夜饭拍下来，通过微信发给故乡的父母妻子丈夫儿女看，为来年加油鼓劲。

不可否认，近年来也出现了不少变了味的"年味"：比如天价年夜饭、超级大红包的攀比之风，甚至昂贵年礼夹带私货，成为利益输送的筹码……我们应从变味的年味中抽身而出，让年味回归初心本源。

这个快速发展的时代，不断赋予年味新的内涵。它不再仅仅只是写对联放鞭炮，而是意味着更多选择和可能，我们可以从高速运转的城市生活中暂时剥离出来陪伴家人"放慢一步"，可以天涯海角去旅游感受别人的日常，可以追剧打游戏释放被压抑的性情和爱好……

网上有这样一段话：一个民族信仰什么、看重什么、期待什么，往往可以通过节日一窥究竟。通过春节这面镜子，映照出一个身影，在现代化道路上急速奔跑，同时又不断回望故乡亲人——这个身影，就是中国人。笔者深以为然。

透过年味，世界真正了解了中国人。春节期间，"浙江宣传"公众号也会专门开设一个栏目，与读者分享"浙江的年味"。

汪成明 孙磊 执笔

2023 年 1 月 21 日

重温习近平同志的四副春联

> 求真务实绝不是喊喊口号、轻轻松松就能做到的，它既考验党员干部的能力水平，更考验党员干部的担当精神。

俗话说："贴春联，过大年。"

春联，又叫"春贴""门对"，它以工整、对偶、简洁、精巧的文字描绘时代背景，抒发人文情怀，是我国一种独特的文学形式。每逢春节，家家户户贴上大红的春联，既为节日增添了喜庆气氛，又表达了人民的美好愿望。透过一副副小春联，我们不仅看到了百姓的大生活，还看到了中华民族数千年来的文化积淀和美好期盼。

今天，就让我们一起来重温习近平同志在浙江工作期间写的四副春联。

一

《干在实处　勇立潮头——习近平浙江足迹》一书讲到，2004年1月29日，这天是春节假期后的第一个工作日，也是省委理论学习中心组组织新年的第一次专题学习。

习近平同志一进会议室，就与大家握手拜晚年。他微笑着说："正所谓'爆竹声中一岁除，春风送暖入屠苏。千门万户曈曈日，总把新桃换旧符'，情之所至，忽发奇想，写了四副春联，权且作为我的一点学习心得，与同志们共勉互励。"

我们先来看看这四副春联：

第一副春联，上联是：求客观实际之真；下联是：务执政为民之实。

第二副春联，上联是：深化理论武装求真谛；下联是：深入调查研究重实际。

第三副春联，上联是：狠抓工作落实动真格；下联是：加快浙江发展务实效。

第四副春联，上联是：高度关注民生系真情；下联是：坚持为民谋利出实招。

四副春联横批都是"求真务实"，分别讲的是求真务实的深刻内涵、主要途径、基本要求和根本目的，也就是求什么真、务什么实；怎么求真、怎么务实；如何做到求真、做到务实；求真为了谁、务实为了谁的问题。

不难发现，四副春联中出现频率最高的字，一个是"真"，一个是"实"。求真，就要坚持一切从实际出发，遵循事物发展的客观规律；务实，就要以实实在在的作风和行动，推动各项工作不折不扣地落实。

回顾百年党史，中国共产党人就是靠求真务实、实事求是起家的。短短四副春联，既深刻映照出我们党为人民谋幸福的初心使命，也充分彰显了习近平同志朴素的为民情怀和一以贯之的工作作风。

二

求真务实说起来容易，要真正做到却并不简单。

去年，《干在实处　勇立潮头——习近平浙江足迹》等四部系统记述习近平同志地方工作经历的图书出版发行。通过阅读这些书，笔者看到了习近平同志在地方工作期间坚持求真务实的许多鲜活故事。

比如，在河北正定工作期间，习近平同志顶住压力减征购。当时，正定是全国"农业学大寨"先进县。习近平同志通过调查研究深刻洞察到正定"高产穷县"的事实，并实事求是地向相关部门反映问题，冒着风险、顶住压力为老百姓减征购，最终使正定县农民负担大大减轻。

在福建工作期间，习近平同志扎根八闽大地，带领干部群众摆脱贫困。刚到宁德工作时，面对宁德基础设施薄弱、经济发展全省最后的客观实际，习近平同志没有急于烧"三把火"，而是立足实际，实事求是地分析了宁德必经的发展路径，提出"滴水穿石""弱鸟先飞"的闽东精神，脚踏实地带领闽东人民艰苦奋斗，一步一个脚印努力摆脱贫困。

在浙江工作期间，习近平同志以调研开路、用调研促进决策，在全省上下大兴调查研究之风。他每年至少用三分之一以上时间深入基层和部门调查研究，用"三个跑遍"跑深跑透了浙江的省情市情县情。2015年5月，习近平总书记在浙江考察时指出，"八八战略"不是拍脑瓜的产物，而是经过大量调查研究提出来的发展战略。

在上海工作期间，在担任上海市委书记的七个月零四天里，习近平同志的足迹遍布全市当年的19个区县。他着眼全局，扭住关键，抓党建、凝共识，抓发展、聚人气，在短时间内让干部群众精神为之一振，使上海进一步呈现蓬勃向上的昂扬之势。

党的十八大以来，习近平总书记反复强调要求真务实，鲜明提出"求真务实是共产党人的重要思想和工作方法""做好党和国家各项工作，关键在求真务实、真抓实干"。

20日上午，中共中央、国务院举行2023年春节团拜会，习近平总书记就强调，要求真务实，注重实效，不做表面文章，不耍花拳绣腿。

可见，"求真务实"不仅是解决问题的"桥"和"船"，更是一种政治品格、优良作风。求真务实绝不是喊喊口号、轻轻松松就能做到的，它既考验党员干部的能力水平，更考验党员干部的担当精神。

三

对于靠吃改革饭发展起来的浙江来说，求真务实有着更加特殊的含义。

2006年2月5日，习近平同志在《浙江日报》发表了题为《与时俱进的浙江精神》的署名文章，明确提出要与时俱进地培育和弘扬"求真务实、诚信和谐、开放图强"的浙江精神，打头的就是

"求真务实"。

自古以来，求真务实精神就体现在浙江人的生产实践中，流淌在浙江人的血脉里，沿着绵长文脉传承至今。

比如，阳明心学主张"知行合一"，以叶适为代表的永嘉学派讲求"务实而不务虚"，以陈亮为代表的永康学派推崇"义利双行"，还有"江南第一家"郑义门以"孝、义、信"传家，胡庆余堂以"戒欺"立堂规，都是求真务实的代表。

浙江人的求真务实精神，也表现为老百姓敢闯敢拼，善于在时代发展中弄潮起舞。

浙江人多地少，资源能源匮乏。有人曾调侃说，"浙江人倒霉，就倒在没有煤"。可是，浙江人没有因此而自怨自艾。改革开放以来，浙江民营企业家们硬是凭着"四千精神"闯出了一片天地。这靠的是他们对市场规律的尊重，对市场机遇的把握，也有赖于政府部门千方百计为市场主体解真难、真解难。比如，2006年，面对体制机制的障碍，浙江对义乌实行史无前例的扩权，总共下放131项经济社会管理权限，"给成长快的孩子换上一件大衣服"。如今，中国义乌国际商贸城已经将"中国制造"卖到全世界。

浙江人的求真务实，还体现在党委、政府部门重实干、务实事的奋斗面貌上。

比如，从2004年起，浙江持续深化为民办实事长效机制。要办哪些实事？提前向群众征求意见。实事办得怎么样？由群众来评说。前不久召开的省两会，政府工作报告就列出了今年要办的十件民生实事。从教育助学到医疗卫生，从养老帮困到婴幼儿托育，民生实事涉及群众生活的各个方面。

再如，从今年新年上班第一天，浙江就启动了"大走访大调研大服务大解题"活动，这就是要大兴调查研究之风，深入企业、群众、基层，问基层之需，纾企业之困，解群众之难。千家万户关心的事情，就是党委、政府努力去做好的事情。

因此可以说，求真务实就是浙江不断向前发展的"法宝"，求真务实精神是浙江人的珍贵财富，激励着一代代浙江人干在实处、走在前列、勇立潮头。

如今，随着时代变迁，春联的内容在变、形式在变，但人们对美好生活的向往永不变。回首虎年，有什么收获？前瞻兔年，会不会"兔"飞猛进、扬眉"兔"气、大展宏"兔"？说一千道一万，都得靠求真务实加油干。

陈培浩　执笔

2023 年 1 月 21 日

走过四十年，春晚带来了啥

> 春晚四十年，那些难忘的画面、经典的瞬间，以及承载着过去的一切美好回忆，都将伴随我们一生。

关于年味的记忆有很多：穿新衣、放鞭炮、吃年夜饭、收压岁钱……许多人还会想到的是，和家人围坐在一起，守着电视看一年一度的央视春节联欢晚会。

对于北方的朋友来说，和父母一起看春晚、吃饺子是除夕最简单又最浓烈的幸福，即使窗外冰天雪地，内心也是暖融融的。而南方的民众同样饱含热情，家人共聚一堂，裹着欢笑声和年夜饭香一齐品味春晚这台大戏。

伴随着中央广播电视总台2023癸卯兔年春节联欢晚会的乐声和一个个刷屏的春晚热搜，我们度过了三年以来最为热闹祥和的一个团圆年。

央视春晚到今年已经整整走过了四十个年头，见证了万千小家的生活喜乐和国家的发展变化，陪伴了几代人的成长，早已成为国人关于春节的集体回忆。

一

"一夜连双岁，五更分二年。"在除夕夜，围炉守岁的习俗流传已久。

宋人笔记《梦粱录》中记载："除夕，围炉团坐，酌酒唱歌，终夕不眠，谓之'守岁'。"苏轼《守岁》一诗中亦写道："儿童强不睡，相守夜欢哗。"除夕夜，古人围炉团坐，孩子们也不睡觉，一起守岁笑语喧哗。

在当代，家人闲坐，共看春晚，集体守岁跨年，可谓新民俗。春晚是如何发展至今的？令人期待的零点倒计时又是从哪一年开始的？

时间拨回到1956年。中央新闻纪录电影制片厂录制了《春节大联欢》，通过广播和影院放送。

1979年除夕，中央电视台录播了《迎新春文艺晚会》，采用了时髦的交谊舞形式。这台晚会可以说是除夕夜电视荧幕播出的第一届"春晚"，但当时全国电视机数量有限。

1983年除夕，央视举办的《春节联欢晚会》首次以直播形式播出。观众席为茶座式，几人围坐一桌，有吃有喝。节目组准备了四部电话，接受观众点播，还有猜灯谜活动，增加了互动性。零点到来之时，主持人撞钟宣告新春来临。这也是零点倒计时的雏形。

此后，央视春晚成了全国观众欢度春节的一个重要形式，成为老百姓每年除夕夜必不可少的视听盛宴。

似水流年，记忆中的春晚金曲和流行金句历久弥新。

"长江长城、黄山黄河，在我心中重千斤。"1984年，中国香港歌手一曲《我的中国心》打动无数海外游子。沿用至今的春晚结尾曲《难忘今宵》，也诞生于这一年。

内地和香港歌手合唱的《相约一九九八》，成为歌坛的记忆符号；《七子之歌——澳门》，由稚嫩的童声领唱，让人热泪盈眶。

《常回家看看》既是父母饱含深情的呼唤，也是儿女牵挂心头的期盼。喜庆应景的《恭喜发财》，成了每年春节大街小巷商场超市必播的过年曲。《时间都去哪儿了》《当你老了》唱出了时光匆匆，感动了亿万观众。今年春晚的一首《是妈妈是女儿》，每一句写实的歌词更是让听者哽咽，催人泪下。

除了耳熟能详的歌曲，春晚舞台的语言类节目更是给观众带来了无穷欢乐。

小品《懒汉相亲》让大家记住了"至今未婚"的魏淑芬。小品《卖拐》和《卖车》中的"忽悠"从东北方言变成了全国百姓的口头禅。

"想死你们了""宫廷玉液酒，一百八一杯""穿个马甲，我就不认识你了""这个可以有！这个真没有！""见证奇迹的时刻""打败你的不是天真，是无鞋（邪）"……每一句都是回忆，都能激活我们的DNA。

随着国人文化自信的提升和720度穹顶空间、AR等虚拟技术的运用，国风舞蹈作品大放异彩。如2021年春晚，舞蹈诗剧《只此青绿》绝美出圈。2022年春晚，宋韵音舞诗画节目《忆江南》引来"清流"赞誉。2023年春晚，让人眼前一亮的节目《满庭芳·国色》，以取自山川日月、草木虫鱼的中国色为灵感来源，结合水袖、纸扇、长剑等物件创新对中国传统色彩的表达，从舞美设计到衣冠服饰，处处可见中华优秀传统文化之美。

值得一提的是，央视还在寻找走出北京的新玩法。比如，开办

33年以来，央视2023年春节戏曲晚会首次将主场移步户外，选择在南戏的诞生地浙江温州进行录制。当代数字艺术空间与传统戏台相融的晚会现场，将打造出另一番戏曲天地、另一番新春戏韵。

二

如果把春晚比作除夕夜的大餐，烹调这桌"年夜饭"，无疑是众口难调的。不知从哪一年开始，观众开始怀念起以前的春晚，并调侃"现在的春晚只是增加过年气氛的背景音""边看春晚边吐槽才是最大的乐趣"。

春晚大餐，缘何越来越难"烹饪"？

首先，中国幅员辽阔、人口众多，东南西北中，文化各不同。就像习近平总书记在2023年新年贺词中说的，"中国这么大，不同人会有不同诉求，对同一件事也会有不同看法，这很正常"。

相关统计数据显示，基本以秦岭淮河线为界，北方省市春晚收视率明显高于南方省市。究其原因，一是春晚演出的相声、小品等节目偏向于北方文化，南方观众，尤其是粤语区观众欣赏起来有些隔膜；二是北方天寒地冻，多数人更喜欢在家里"吃着饺子看春晚"，而南方人则可以选择更多的户外娱乐方式。

其次，娱乐方式趋向多元，观众审美水平不断提高。算法大数据精准推送喜好的今天，人们不再守着电视看节目，而是自主选择看什么。

回望春晚诞生之初的20世纪80年代，我国的电视艺术领域尚处于起步阶段，当时的大众也有着相似的审美追求，推出一台形式丰富的春节联欢晚会，必然会受到万众瞩目。

而如今，人们对美好精神生活的需求不断提升。融媒体时代，B站、抖音、小红书等社交媒体平台盛行，文化资源应有尽有，大众的审美偏好愈发多元。对于许多年轻人来说，在"小破站"看一晚上二次元或者搞笑视频，是他们的"快乐源泉"。

此外，各大卫视春晚"群雄逐鹿"。如今各大卫视为了争夺春节流量，从小年夜便开始各显其长。久未在央视春晚露面的老一辈主持人和表演艺术家也现身地方春晚，"回忆杀"满满，这也从收视率的大蛋糕当中分得一杯羹。

与此同时，春晚也在不断守正创新，用新技能赋能新创意，让科技创新与传统文化相得益彰，努力做到兼具思想性、艺术性和欣赏性。比如，今年央视春晚在技术应用的突破上就实现多个"首次"，充分运用了XR、AR等前沿科技。

三

不得不说，尽管除夕"美味"越来越丰盛，但春晚还是最受期待的那一口。形式不断创新，主持人、表演者有所更迭，但"联欢"这一底色不变，其中蕴含的亲情团圆也不变。

春晚是融于我们血脉的关于家国的记忆。

记忆中的老式电视机，画面还是黑白的，坐在电视前的人儿看得津津有味。在当时，除夕之夜电视直播给人们营造的天南海北"天涯共此时"的节日气氛，几乎没有其他娱乐形式能够替代。

那些年，每年除夕下午，很多家庭会打开电视机收看春晚的伴随式节目《一年又一年》，听着《春节序曲》温馨的背景音乐，心跳加速地等待盛宴的开启。零点钟声一过，家家户户开始放鞭炮，真正的"爆竹声中一岁除"。

再说关于"国"的记忆。

2008年初，南方突遇罕见雪灾，阻拦了游子归家的路。这年春晚特别加入赈灾诗朗诵《温暖2008》，尽显大灾中的大爱。2020年春晚，情景报告《爱是桥梁》未经彩排，却令人泪目，鼓舞了全国人民抗击新冠肺炎疫情的信心。

四十年来，春晚见证了香港回归、澳门回归、百年奥运圆梦的历史时刻，航空航天事业的迅猛发展，同心抗疫的不凡三年……2016年，参加过2015年"九三阅兵"的三军仪仗队走上春晚舞台，主持人精彩解说，致敬百岁老英雄，让不少观众都眼眶湿润。英雄值得被铭记，英雄值得被歌颂。

春晚也是连接全球华人的精神纽带。

疫情三年，许多回不了国的人，在异国他乡的除夕，倒着时差看春晚，和国内亲人保持着情感上的同频。零点钟声敲响的那一刻，无论身在何方，他们的心都和祖国一起跳动。

团团圆圆吃年夜饭、热热闹闹看春晚，已然成为当代人共同的年俗。大年三十晚上，我们还是会和渐渐老去的父母一起看春晚，这是对儿时年味的一种复刻。或许还会和自己的孩子一起看节目，这是对新年习俗的传承。若干年后，他们可能还会记起一只圆圆的可爱兔子。

春晚四十年，那些难忘的画面、经典的瞬间，以及承载着过去的一切美好回忆，都将伴随我们一生。

张雯　执笔

2023年1月22日

中国人的春节"意味深长"

停下来、慢下来，细细思索新的一年
"为何出发""向何处去"。

今天是大年初一。这会儿的你正在做什么？

是经历了漫长旅途终于与家人见面，是拎着满满的年货走亲访友，还是与家人围坐在一起，嗑着瓜子聊着家常？

过年的传统在中国延续了数千年，春节早已是刻在中国人血脉里的印记。每每临近年关，全国大街小巷都张灯结彩，世界各地的华人聚居地也挂起红灯笼。期盼、欢喜、感动……春节，总能勾起中国人最复杂的情感。

有人说，有中国人的地方，就有中国年。如果往深思考一层：对中国人来说，春节到底意味着什么？过了更岁交子的时刻，我们该以什么姿态迎新？

一

自古以来，春节就是中国人最隆重的节日，它是历史的延续，也是文化的传承。

说起为什么要过年,上至百岁老人、下至孩童也许都知道"年"的故事。相传,古时候"年"是一个怪物,每到除夕就到处作乱,人们苦不堪言。但"年"怕红色、火光和炸响,于是每到除夕这天,家家户户贴大红纸、放鞭炮驱赶"年",久而久之变成了过年风俗。

"年"的传说虽耳熟能详,但春节真正的起源,与中华民族古老先民对天地、对祖先的敬畏息息相关。

春节最早可追溯至殷商时期,起初是祭祀的重要节点。《礼记·月令》记载:"是月也,大饮烝。天子乃祈来年于天宗,大割祠于公社及门闾。"每到岁首,天子、百姓都要祭拜祖先、祭拜天地,祈求来年的风调雨顺、万事顺遂。这是蕴含在中华民族悠久的农耕文明中的文化传承。

随着时间流转,在历史更迭中,春节逐渐有了放鞭炮、写对联、守岁等习俗。物质经济发达的唐宋时期,春节的主题已慢慢从祭祀转向娱乐和团圆。

宋代学者王楙的《野客丛书》中曾写道:国家官私以冬至、元正(元旦)、寒食……为大节日,七日假。早在宋朝,就有了春节放七天假的概念,人们放下一切事务,专心享受团圆与欢乐。

到了近现代,春节则寄托了更多喜庆、团圆的含义。

在鲁迅的小说《祝福》中,春节有鸡有鹅也有猪肉,加上声声响的爆竹,就是过年的样子;在丰子恺的《过年》里,"街上挤满了穿新衣服的农民,男女老幼,熙熙攘攘";在梁实秋的《北平年景》里,"除了除夕消夜不可少的一顿之外,从初一至少到初三,顿顿煮饽饽,直把人吃得头昏脑涨"。字里行间流露出的,都是过年幸福的样子。

现在，中国人过年有了更多方式。很多人家选择在酒店订一桌年夜饭，今年浙江全省的年夜饭预订量已经超过了5万桌。有的家庭举家开启"旅游过年"新体验，今年，三亚这个热门旅游地正迎来新年旅游高峰。

时代变迁，过年的形式也一直与时俱进。然而无论过年的形式怎么变，沿袭了几千年的春节习俗、传承了几千年的文化积淀，始终是中国文化中最深刻的情感维系。

在中国人内心深处，春节不仅是一场欢庆，更是一种精神回望、一次心灵寻根。

二

过年与回家，一直是"绑定"在一起的，时序一到，回家的基因就自然启动。

前几天，一则短视频《回家过年》感人至深：正在院里劳作的妈妈看到突然出现的女儿，激动得跑丢一只鞋；白发苍苍的奶奶听到孙子的呼唤，缓慢回头，泪水纵横；孩子见到久别的妈妈，笑着笑着就哭了……视频里溢出的思念，让手机屏幕外的观众也忍不住落泪。一年中的思念、孤独、辛苦、委屈在这一瞬间全都化为幸福、快乐、期待，毫无保留地呈现在含蓄的中国人脸上。

视频下有人问："这么开心的时刻，为何总是满眼泪水？"或许是因为中国人最深刻的亲情血脉牵绊，总是为春节的喜悦增添了几分感怀。慈母手中的那根看不见的线，另一端牢牢地系在游子的身上，在春节这几天拉扯得最紧。

因此，读懂了春节，也就读懂了中国人的家庭情结。

三年来，无数游子为了配合抗疫大局，响应"就地过年"号召，留在了他乡。今年，终于要回家了。短短40天内，预计20亿人次的总客流量，将构成人类历史上规模最大的迁移。没有什么比这更能说明家庭、亲情在中国人心目中的地位。

中国人常说，家在，希望就在。在新年街采中，也有人面露羞涩："这一年活不好找，挣得不多，没能给家人带更多的礼物。"但不管挣没挣到钱，都要回家过年，因为在中国人的心里，只要一家人在一起，就没有过不去的坎。就像《故乡的云》唱的那样，即便满身疲惫，那故乡的风和故乡的云，都能抚平创痕。

B站视频《第3286个站》里说到，中国一共有3285个铁路客运站，它们有的很远、有的很小，可能还有点破，但每一个站都有步履匆匆的归家人，每一个站都是家。

离乡打拼也好，归家团圆也好，牵引脚步的，始终是家的方向。为梦想出发、与命运较劲、为希望拼搏，这些奋斗的身影都是中国人表达对家庭的爱的特殊方式。

可以说，过春节是中国人特有的浪漫。

三

一元复始，万象更新。在中国的文化里，春，代表着开端。春节对每个人的意义，也在于卸下旧年的包袱，整理新年的行囊，一切归零再出发。

今年是"乙类乙管"之后的第一个春节，我们终于走过了最艰难的三年抗疫，即将告别过去的辛酸与艰苦，迎来能撸起袖子加油干的新起点。

在社交平台上，人们已经迫不及待地许下新年愿望。进城务工的人们说，"希望挣更多钱，给孩子更好的生活"；年轻的创业人说，"希望公司做大做强，业务猛进"；忙碌了一年的职场人说，"努努力，明年买辆车"……

每一个淳朴的小愿望，都寄托了对生活的乐观与向往，不论是打算坚持一件日常小事，还是决心完成一些重大改变，这些愿望都在春节里悄悄酝酿，在春节后的日子里发芽长叶。

春节意味着一次展望未来的"勇气的凝聚"，停下来、慢下来，细细思索新的一年"为何出发""向何处去"。

习近平总书记强调，新的一年，是全面贯彻落实党的二十大精神的开局之年。希望大家坚定信心、抖擞精神，齐心协力加油干，在新的一年里有更大作为、更大收获！

与团圆、思念、感动一样，振奋也是春节的关键词之一。过去一年，无论经历了什么、沉淀了什么，所有走过的路，都将是我们勇敢走向未来的信心和底气。

现在，万家灯火已经点亮，万千中国人正在享受家庭团圆的幸福。但我们知道，也正是此刻，还有很多人坚守在岗位没能回家，驻守边关的将士也许只能和战友匆匆吃一顿团圆饭就立马回到哨岗，急诊科的医生可能忙碌工作没注意到新年钟声已经敲响，最后一班火车上的司机和乘务员说不定隔着车窗望了望擦肩而过的家乡，基层社区干部们或许正在关心慰问困难群众，还没能回一趟自己的家。

他们不是没有家的牵挂，而是选择担起肩上的责任，用奋斗的姿态走进新一年。

　　春节是传统文化的传承，是深情的家庭牵绊，也是昂首奋进新的开端。中国人离不开春节，就像纸鸢离不开风，鸟儿离不开天空。

　　这个春节，你是怎么过的？对你来说，是否意味着更多？

刘雨升　苏畅　杨昕　季方　执笔

2023 年 1 月 22 日

春节催婚那些事儿

> 催婚折射的是两代人婚恋观与价值观的差异，这种代际差异像一堵厚厚的墙横亘在两代人之间，双方在这个话题的讨论上各有各的情绪，各有各的苦闷。

"又是一年新春到，每逢佳节被催婚"。回家过年遭遇"花式催婚"，成了很多单身青年这几天不得不面对的"固定节目"。

去年初，根据有关媒体的调查，近七成的未婚青年都遭遇过"催婚催恋"，80%的人坦言，被"催"，让春节走亲访友"亚历山大"。

面对家人、亲戚的"灵魂拷问"，有人忙着检索各类"反催"攻略，有人选择躺平、逃避，或者"正面刚"来应对父母和亲友的焦虑。

为什么现在的年轻人在婚姻大事上不可避免要被"催"？"催"与"被催"的背后，实际上是什么？

一

在老一辈眼里，男大当婚女大当嫁，青年男女到了适婚年龄找对象结婚是自然而然的。多生多育、多子多福的观念深深地根植于中华民族的思想传统之中。

鼓励婚育古已有之。《周礼·地官·媒氏》记载，政府会在仲春时节举办主题为"奔"的相亲大会，单身男女皆可参加。《诗经·郑风》云，"出其东门，有女如云"，描绘的就是男女聚会相亲的场景。

唐代鼓励婚配、优待生育的政策也很优厚。唐太宗曾下令关心家境贫困、婚配困难的人，要求"亲近及乡里富有之家"帮扶，"资送以济"。唐太宗还将找对象列入公务员的年度考核，地方官员"若能婚姻及时，鳏寡数少，量准户口增多"，考核就能进位。

除了这些温情的鼓励政策，根据朝代国力、人口和战乱情况，以法令来强制早婚，限制、惩罚晚婚的做法也很常见。晚结婚、不结婚不仅要罚钱，可能还会被强制婚配，甚至面临牢狱之灾。

西汉就有专门限制不婚的"单身税"，规定女子15岁前必须出嫁，否则就要缴纳额外的人头税。汉惠帝时还进一步规定，30岁不嫁，人头税要翻5倍之多。

南北朝战乱频仍，北周武帝下令"男年十五，女十三以上"必须要嫁娶。《宋书·周朗传》有记载：女子十五不嫁，家人都要跟着坐牢。

时代在进步，伴随着受教育程度提升和城市文明的浸润，"晚婚晚育""优生优育"的观念逐渐深入人心，但"结婚"始终是多数父母心头的大事，也成为小部分家庭矛盾的"催化剂"。

二

根据民政部数据，2021年我国结婚登记数据为763.6万对，创下1986年以来的新低；2022年前三季度全国共有544.5万对新人办理结婚登记，呈现继续下降的趋势。相关数据显示，上海、浙江、广东等经济较为发达地区的"婚姻欲望"更低。

如今，把单身视为一种正常选择的"80后""90后"多起来了。"30多岁了还没结婚""20多岁了还母胎SOLO"等现象在年轻人中司空见惯。

正如有网友在微博上所说，"婚姻已经从必需变成了一种选择""除非结婚比单身让我更幸福，否则宁愿单身""我有车有房，猫狗双全，一个人也很快乐"，现在的年轻人更愿意选择一种贴近自己真实内心、符合自己理想的生活方式。

在笔者看来，新的婚恋观下，更多年轻人主要围绕"个体需求"来组建家庭，个体不再服从"家庭需求"。而一旦"个体需求"得不到满足，家庭就组建不起来，或者已经组建的家庭有可能破裂。这也是为什么结婚率不断走低、离婚率却攀高的原因，也是晚婚成为大趋势的原因。

婚育成本太高，也是年轻人不愿结婚的重要缘由。"天价彩礼"的新闻时常冲上热搜，频频触动大众的神经。尽管相关部门曾出台多个方案和措施等对天价彩礼进行治理，但生育、赡养老人等问题是绕不开的，结婚就意味着要去面对这些"现实"。现在年轻人的职场压力本来就大，再去承受来自家庭的压力，产生恐婚的想法也不可避免。

俗话说，"儿孙自有儿孙福"。对于长辈而言，一味地催促并不能真正解决孩子的婚恋问题，"结不结婚"的主动权还是掌握在孩子手里。与其反复催促，不妨去理解和尊重孩子的选择，多问问过得好不好、过得快不快乐。毕竟，对象或许催得来，但真爱与幸福是催不来的。

三

催婚折射的是两代人婚恋观与价值观的差异，这种代际差异像一堵厚厚的墙横亘在两代人之间，双方在这个话题的讨论上各有各的情绪，各有各的苦闷。

从孩子这一方来讲，也应该多理解父母的焦虑，因为这本质上也是一种爱意的表达。

子女是父母生命的延续，催婚是父母关心孩子的方式。年轻人也要体会到这份小心翼翼的爱，心平气和地面对，不能一遇到催婚就大发雷霆，甚至恶言相向。在婚姻问题上，上一辈人阅历更丰富一些，也更有经验，年轻人听一听他们的想法和建议也没什么坏处。

在各种媒体平台上，经常有"父母为了子女天天蹲守相亲角"的话题。像是杭州的万松书院相亲角、广州的天河公园相亲角、成都的人民公园相亲角等，每到相应时间就人头攒动。人潮中多的不是年轻人，而是眼神急切、满头银发的家长。一旦碰到合适的人选，家长们就会眼巴巴的，一脸期待。

事实上，急切与焦虑的背后，是他们为子女操碎了的心：孩子如果一直单着，以后孩子年纪大了由谁来照顾？万一生病去医院却没有人陪伴，孩子会不会很孤单？

不可否认，如今的年轻人独立意识和自我意识更强，比起父母认为的"到什么年纪干什么事"，他们或许更重视"自我"，更强调"我的人生我做主"；比起以结果为导向的期盼与催促，他们或许更在乎两个人感觉"对不对"、过程"好不好"，宁可单着也绝不将就。但是，在"坚持自我"的同时，不妨多把父母长辈的良苦用心记挂在心上。

在春节这个特殊的节日，一家人聚在一起，正是弥合代际差异的最好时机。年轻人可以开诚布公地向长辈表达自己的想法，彼此袒露心声，通过交流沟通来化解双方的焦虑。

四

婚恋不仅仅是个人的事情，也是家事国事。对一个家庭而言，青年人晚婚甚至不婚会影响家族的延续。对一个国家而言，与婚龄推迟、结婚率降低相伴随的是出生人口数的不断减少。我国已经进入老龄化社会，再加上低出生率、少子化，可能会加剧人口危机。让年轻人在婚育路上轻装前进，需要方方面面的共同努力。

当代青年人的婚恋有个有趣现象，一边是结婚率越来越低、结婚年龄越来越大、离婚率越来越高，另一边则是对美好爱情的热烈向往，特别是"寻找灵魂伴侣"成为普遍追求。

矛盾背后映射着很多青年人的"尴尬"现实：跨省读书、离乡工作，"同学圈""亲友圈""兴趣圈"因为背井离乡而日渐疏离。而坐困"996""5＋2"愁城的青年"打工人"们，可支配的个人生活时间其实也十分有限。

有关部门不妨多创造一些条件，让年轻人的"选项"再多一些。比如拓宽单身青年社交联谊渠道、搭建公益性婚恋交友平台、建立公立婚介组织、扩大专兼职红娘队伍等，只要对青年人有所帮助，都应该用心用力去做好。

买不起房、付不起彩礼、结不起婚，婚恋成本高也是压在年轻人身上的"大山"，这使得部分渴望拥有美好家庭生活的青年人不得不选择晚婚或单身。

党的二十大报告提出："优化人口发展战略，建立生育支持政策体系，降低生育、养育、教育成本。"各地可以有针对性地采取举措，比如为符合条件的部分已婚青年提供租购房优惠，或提高地方公租房的供给；加大高价彩礼治理力度，严厉打击"买卖婚姻"行为，等等。

浙江在共同富裕示范区建设中，积极打造"浙有善育"金名片，其中就提出了"恋而优婚"，把弘扬文明、健康、理性的新型婚育文化作为一项重点工作，通过主动发声，形成良好的舆论导向，在全社会大力构建婚育新风。

说到底，团圆是过年最大的主题，一家人聚在一起就是稳稳的幸福，别让催婚伤了和气、添了烦恼，尽量让团圆时刻多一些温暖的陪伴与美好的回忆。

王人骏　刘元　沈於婕　执笔

2023 年 1 月 23 日

六登央视春晚，浙婺靠啥

浙婺能在全国地方戏院团排头兵这个位置上站稳了，靠的是全方面的改革。

除夕夜，2023年央视春节联欢晚会开启一年一度的团圆时刻。在这全国瞩目的平台上，浙江元素来了。

这一次，浙江文艺工作者为全国观众贡献了4个节目：分别是戏曲《华彩梨园》节目中的浙江婺剧艺术研究院的婺剧《群英荟萃》、浙江小百花越剧院的越剧《追鱼》，以及浙江音乐学院学生单依纯参与的歌曲《绿水青山》和浙江音乐学院的舞蹈《碇步桥》。

每年春晚，代表中国优秀传统文化的戏曲都是在黄金时间出现的。今年，它又来了——浙江婺剧艺术研究院（浙江婺剧团）的杨霞云、周宏伟、宋保端等39名演员，热热闹闹地给大家带来喜庆一刻。

说"又"，是因为这是浙婺最近8年里，第六次登上春晚舞台。不仅如此，1月22日，浙婺团队又亮相央视戏曲春晚。

当然，作为浙江文化的"金名片"，浙婺成绩单上的"高分"不只如此。比如，这个团至今已有4人摘得"梅花奖"，其中，陈美兰已是"二度梅"；比如，2021年，中国戏剧家协会发文倡议全国戏剧界向浙婺学习，全面推广"浙婺经验"。

我们不妨理一理：一个地方剧种何以拥有高远的大理想？"浙婺现象"，又能带来哪些启迪？

一

很多戏曲理论家、业界人士曾对"浙婺样本"的经验进行过总结，万变不离其宗的一条是：改革。

浙婺能在全国地方戏院团排头兵这个位置上站稳了，靠的是全方面的改革。

国有文艺院团改革，不是一个新鲜事物，但在业内一直是热门话题。

作为文艺战线的生力军，国有文艺院团曾经推出了《江姐》《沂蒙颂》《五女拜寿》等一批经典，成为无数人的共同记忆。然而，从20世纪80年代开始，国有文艺院团数量和演出场次却不断下滑，在时代洪流中步履维艰。

浙婺也面临同样的窘境——曾经，年演出量不足30场，负债累累，人心涣散。

飘零之中，浙婺选择主动出击：恢复演出，送戏下乡，扩大影响；增挂金华市三农艺术团、金华市歌舞团两块牌子，适应市场需求；立足婺剧，增添歌舞、小品等节目，不拘一格。

其中一条很关键，实行总经理负责制，为戏曲剧团遴选当家人和领导班子成员。这里不得不提王晓平。1998年，本是"龙套"演员出身的王晓平，因为是个"善经营、懂艺术、爱剧团"的复合型人才，成了浙婺的"当家人"。此后，浙婺改革的步子迈得更大了。

"一边找市长，一边跑市场"，是王晓平对浙婺改革经验的形象提炼。

"找市长"，就是顺应文化体制改革大潮，建立与艺术发展规律相符合的管理运行机制，撬动政策资源。比如，充分使用金华市委、市政府投资3.3亿元资金建造的中国婺剧院，用好演出空间、打造婺剧博物馆，搭建传播婺剧文化的窗口。

"跑市场"，则是算好"经济账"，"有没有人看、有没有钱赚"是最实际的问题。比如，中国婺剧院在随时向本地戏曲院团、企事业单位以及旅游市场敞开的同时，还引进俄罗斯克里姆林宫芭蕾舞团、国家京剧院等国内外文艺院团前来演出，盘活剧院资源，一边开源，一边摊薄成本。

从20世纪六七十年代的辉煌，到曾经的步履维艰，再至20世纪90年代破釜沉舟开始改革，直至如今的重整旗鼓，浙婺走过的路不寻常。浙婺的经验说明：走出去拥抱变革，才有广阔天地。

当然，改革的成效，也取决于土壤。中央多次就推进国有文艺院团改革出台文件。2021年，浙江省制定了《关于推进全省国有文艺院团深化改革加快发展的实施意见》，为助推文艺院团改革再添一把火。

二

一个剧种的发展，要靠一代代人共同努力和积累。

据研究者不完全统计，我省戏曲表演人才在35岁以下的副高职称人才仅占3.45%。虽然不能简单将演员的艺术水准和是否取得高级职称相挂钩，但这个数据，也值得人们从艺术发展规律的角度去思考人才与戏曲发展的关系。

有"人"，是浙婺的底气。对年轻一代的培养，浙婺毫不含糊。

为了突破戏曲传承常见的"老人退，新人废"难题，浙婺调动徐汝英、周越桂、葛素云、郑兰香、吴光煜、徐勤纳、朱云香、邵小春、朱元昊、苗嫩、刘智宏等一批名家的积极性，让他们与青年演员"结对子""拜师徒"。又成立陈美兰新剧目创作团队，邀请其他剧种的领军人物、知名演员排戏授课，为青年人才成长提供优质平台。

浙婺的演员，一年到头几乎是没有休息日的。未满35周岁的青年演员，只要当天没有演出，必须在上午8点半前到练功房练功。全团倡导"以技为荣"，不以功名排座次，只看实力论短长，不养懒人、闲人、无用之人，对有能力的人给机会、给平台、给激励。久而久之，形成了"勤练基本功"的良好氛围和"互相扶持、互相成就"的团风。

刻苦练功，让优秀演员个个"身怀绝技"。周宏伟在《八大锤》中精彩的双枪表演、何潇乐在《紫竹林》中娴熟稳重的刀法以及楼胜在《吕布试马》中惊险的翻高台等绝技，无不是在练功房里用汗水浇灌出来的。

在选演员上，浙婺更是勇于打破"论资排辈"的传统。2015年，浙婺复排《红灯记》，让进团仅3年、当时仅23岁的"临时工"李烜宇扮演一号人物李玉和，并与8位国家一级演员配戏。李烜宇不负众望，夺得第26届"白玉兰"新人主角奖榜首。2021年，李烜宇作为领衔主演，演出以陈望道翻译《共产党宣言》为内容的《信仰的味道》。

此外，浙婺深谙演员所思所想。比如，有武功演员摔伤卧床了，团里会主动在第一时间联系安排人员照顾，为努力付出的人解决后顾之忧。所以，浙婺的武功演员当得安心，台上很拼。

这些年，杨霞云、楼胜先后荣获"中国戏剧梅花奖"；黄庆华、巫文玲、陈丽俐、陈建旭等20余人先后荣获中国戏剧节"优秀表演奖"、上海白玉兰奖主角奖等多个省级以上奖项。他们，也是站在陈美兰这样优秀的老师肩膀上脱颖而出的。

三

俗话说，"戏比天大"。戏是院团的立身根本。没有作品，就没有观众、没有市场。

浙婺深谙此道，将"出戏"作为改革突破口，摒弃原有"以院团为主体"的创作模式，从"我演什么你看什么"向"你想看什么我演什么"转变，努力破解剧目老套、缺少创新的问题。

戏曲艺术来自民间，孕育其生命力的土壤在基层。浙婺首先从中小学入手，在教材中精选《半夜鸡叫》《东郭先生》《狼和小羊》等耳熟能详的故事，编成课本剧，在周边地区演出，不到两个月就演了70多场。

在创排剧目时，浙婺针对不同的环境和观众，分"展演版""城市版""农村版"等多个版本，随时调整场地、时长、舞美、剧本和演员。比如，青春版《穆桂英》《昆仑女》启用平均年龄不到25岁的主演，在B站上被网友赞为"青春靓丽""入股不亏"。

2016年，浙婺推出新编历史剧《宫锦袍》让浙婺再"出圈"了一把。以武则天、狄仁杰为主角，精心设计赐袍、赏袍、哭袍等情节，让全剧内容环环相扣；音乐使用上引入西方乐器，进一步丰富音乐表达；为满足现代审美，还借鉴现代剧场的表现手法，综合运用舞美、灯光等手段，让观众眼前一亮。

在聚焦经典、再现历史的同时，浙婺坚持与时俱进，寻找现代题材。2019年，浙婺创作了讲述陈望道翻译《共产党宣言》故事的《信仰的味道》，打破传统戏剧结构，将歌舞与叙事相结合，穿插义乌的乡情、乡趣和风土人情。此后，浙婺又推出一系列主题新颖、感觉清新的作品，一改传统戏曲小众、观众少的面貌。

一出好戏，要靠演出常演常新；一个院团，要靠演出求生存、谋发展。

不可否认，地方文艺院团在改革的过程当中，还有这样或那样的问题。比如，包括浙婺在内的很多院团，在重磅作品内容的原创能力和编排能力上，还有较大提升空间。但能感知到的是，向前走的步子是实实在在的。

诸如央视春晚等大舞台，仿佛一面镜子，映照出当代文艺发展的面容。它让我们期待，在国有文艺院团改革大潮中，更多"浙江牌"的硬核成果，能在全国激起朵朵浪花；它也让我们相信，在网络时代，戏曲艺术天地依然广阔，值得今天的文艺工作者展翅翱翔。

李戈辉 陆遥 金柳叶　执笔

2023年1月23日

海风吹拂过大年

> 团圆，抚平了渔民漂泊一年心中的疲惫和块垒。纵使海上生活充满风浪，渔民也总愿意把信心交给明天。

凛冽的西北风，掠过冬季的东海洋面，吹干了渔船窗口挂满的各色鱼鲞，也拨动了渔民归乡的心。

随着一声声汽笛的蜂鸣，浙东地区的洋面上陆续响起发动机的马达声，形成了千帆归航的奇景。

此时正值冬汛期，而渔民们甘愿放弃冬汛收入，不约而同地齐齐归航，只为同一件事——回家过年！

对渔民而言，"年"与农闲无关，与休渔无关，只与家人有关，与幸福和团圆有关。

离岸捕食，靠岸生息。

孤身在海上漂泊了一年的渔民，对过年有着最朴实的理解：无论此前历经了多少风风雨雨，收港过年必定是这一年最温暖的句号。把辛苦奔波留在去年，留给新一年的，是整装待发、重新启航的勇气和希望。

一

无论走向多远的深海，只有独属于家的味道熟悉而顽固。

年夜饭，就是费孝通先生《乡土中国》里约定俗成的"礼"。渔民们急着赶在年三十前进港，只为赶上那顿象征团圆的年夜饭。这顿饭，是渔民记忆深处无法割舍的家的味道。

渔船春节前回港的最后一船渔货，往往概不外售，这是大海对过去一年辛勤劳作者的慷慨馈赠，是渔民们留给家人的新年礼物，也是烹制年夜饭的鲜美食材。

在张爱玲眼中，年夜饭必不可少的一道菜就是鱼。她在《小艾》中写道："过年的时候吃年夜饭，照例有一尾鱼，取'富贵有余'的意思。"

在渔家人看来，鱼同样是饕餮盛宴上绝对的主角。

带鱼，是年夜饭上的"团宠"。油煎，焦香乍泄；红烧，咸鲜兼得；清蒸，细腻湿润。熏鱼，是年夜饭冷盘的"带头大哥"，经过腌制、初炸，再用小火慢烹，并不断裹上糖醋酱汁，酸甜爽口。

黄鱼，是舟山老百姓年夜饭餐桌上当之无愧的C位，或做雪菜黄鱼，或制松鼠黄鱼，或烹网油黄鱼。当黄鱼摆上餐桌时，鱼尾必定朝向房门。形似黄金，招财进宝；鱼贯而入，年年有"鱼"。

吃鱼，也有"规矩"。一面鱼体的鱼肉吃净后，绝不能直接翻身，也不能口吐"翻鱼身"之言。因为渔民终年四海漂泊，跟他们一道风里走、浪里行的船堪称身家性命，最避之不及的就是"翻船"事故。

觥筹交错间，难得归家的渔民们和家人诉说着一年的辛劳，在海上的付出和收获不着痕迹地投射在食物上，化作和家人共同分享的鲜美滋味，余味无穷。

新年的第二天，渔嫂们便马不停蹄地开始制作出海人的下饭菜——鱼鲞。

阳光与盐携手，干燥与腌制结合，加快了鱼肉的干燥速度。不见烟火的烹调，酿造出"新风鳗鲞味胜鸡"的鲜美味道。

渔嫂们把关切与牵挂融入食物，盛进餐盘和行囊。同样放在食物里的，是对新年的朴素祈愿：日子红火，家人齐整，丰满（"风鳗"）圆满。

二

海上风云多变，却源源不断地送来至味珍馐。感恩大海，是世代渔民对汹涌汪洋的敬畏之心，更是他们尊重海洋的千古传承。

"谢年"起源于殷商时期。在舟山等传统渔区，渔民"谢年"不仅要在家感谢祖先长辈过去一年的保佑，还要在渔船上祭祀海洋，感谢过去一年的馈赠，祈求来年海上平安、一帆风顺。

在数千年向海谋生的历程中，渔民们有着独有的"谢年祭海"风俗仪式。

时间，要选过年前夕的黄道吉日，还得算好选好涨潮的时辰，讨一个水涨船高、万事大吉的好彩头。

在甲板上支起八仙桌，摆开祭海物品：中间摆上猪头，它嘴里咬着猪尾巴，寓意有"头"有"尾"；八仙桌上按东荤西素的方法，摆放公鸡、大鹅、大黄鱼和年糕、包子、豆腐，荤菜的头都要朝外祭拜海洋，素菜多为白色，寓意白银进舱；桌沿依次排放五色干果和谢年糕饼，以求平平安安、大吉大利。

待一切准备妥当，潮水也已涨满。船老大点燃香烛，持香朝天三拜，高声祈福："祈求海龙王海不扬波，风调雨顺……"接着，船员们到船头点燃三支炮仗，象征旺气通天、兴隆繁盛。

"撒福"，祭海最后一个环节，船老大从每盘祭品中割下些许，连同黄酒一起泼向大海，承诺来年的收获将与大海共享。

除了"谢年"，渔家珍视的另一项新春习俗便是"守岁"。祖籍宁波的冯骥才先生认为，"守岁"是看守住属于自己的时间与生命，表达着人们的生命情感，更是对大自然和生命的一种敬畏。

浙东地区的渔民在渔船上守夜亮灯，是渔民对"第二个家"的眷恋，也是大陆传承千年的守夜习俗向海岛传播的缩影。

除夕之夜，陪着船老大一同守岁的是老轨（轮机长）、出网（负责撒网）等船员，那些大风大浪里同船共济的情分，早和血缘一样深厚。随着几声汽笛，渔船船灯次第亮起，这船连着那船，数十里渔港一片灿烂。

渔火守夜，祭海谢岁，海岛渔民从未忘记低头询问脚下的波涛，始终把对海洋的眷恋和景仰系于一心。

年复一年的感恩，为的是长久的赓续、世代的平安。

三

每到重要节庆，江南水乡的百姓最爱搭上乌篷船，去体会独具风情的社戏文化。而在浙东的海岛渔村，千百年来也传承着庙戏风俗。

也只有在新年时分，往日略显冷清寂静的渔村才能显现出热闹非凡的景象。待大年初一火热的"开门鞭炮"声散去,渔村百姓便自带板凳,纷纷涌入村里最热闹的地方——庙戏台。每天,越剧折子戏轮番上演。

庙戏的剧目讲究"吉利"二字,主角尚未登台,"福禄寿三星""财神送元宝""八仙庆寿""蟠桃会赴宴"等开场小戏的锣板便已铿锵激昂地敲打起来。

到了正戏环节,才子佳人的传统戏码固然不可少,但海岛渔民更偏爱的是"敖广登基""龙王嫁女"等海上的传说故事。而在台子之外,难得回家的渔民们也享受着独属于自己的渔俗节目,欢快轻盈的渔鼓舞、豪迈高亢的渔工号子、刚劲有力的舟山船拳、诙谐幽默的跳蚤舞……

待到开船捕捞前,舟山嵊泗等地的船老大们还会邀请舞龙队,在渔港进行一场精彩的表演,祈求平安和丰收。之后,舞龙队还会走街串巷"拜门"。家家户户都乐意开门迎龙,在欢声笑语中接受新春祝福。

或许是古人偶然的巧思,或许是年年相似的心愿,海洋元素被萃取、凝缩,成为渔村节庆里的祝福使者。这是古老而鲜活的风俗,有汇聚人心的力量,它携带亲人的感念和温暖,潜行于每一个归乡游子的日常。

四

农耕牧渔,天有其时。陆上的农耕尚有春秋两季的耕作期,海上捕捞的最佳汛期往往只在冬季。为了抓住黄金捕捞期的尾巴,渔民的新年也会匆匆一些。

每到初五前后，许多渔民便迫不及待地开始"开春第一捕"。

他们于波涛起伏中归来，为的是珍贵的温暖团圆。而为了下次更美好的相聚，渔民们在热闹的烟火气中再度启航。

这一去，面对的便是未知的茫茫大海。

国人出海的历史由来已久。对于老百姓而言，过去出海捕鱼更多是迫于生计的无奈之举。曾经，浙东沿海的渔民划着简陋小舢板向大海讨生活，与风雨为伴、与海浪搏击，把命运交给了老天爷。

如今，当年的小舢板早已升级成了设施齐全的大渔船，随着GPS和气象预报系统的普及，海上捕捞有了更好的安全保障，渔民们的生计也早已不成问题，但他们对大海的感恩之情、敬畏之心却始终如一。

"爷爷唱鱼儿呀水里跳龙门，奶奶唱鱼鲜有味道十八鲜……"在开捕渔歌声中，渔船纷纷扬帆起航，海面上再次上演了千帆竞发的奇景。

团圆，抚平了渔民漂泊一年心中的疲惫和块垒。纵使海上生活充满风浪，渔民也总愿意把信心交给明天。

带着家人的祝福和希冀踏上航路，新的一年怎能没有期待？

王之媛 黄雯铮 倪浓水 孙雨林　执笔

2023年1月24日

中国春节何以走向世界

> 春节在全球的流行，不仅印证了春节文化的独特魅力，也意味着世界越来越希望更深入地认识中国、了解中国。

春节只是国人的节日吗？当然不是。

为喜迎中国"玉兔"，共度中国春节，世界各地早早地做好了准备。

比如，在美国纽约，帝国大厦、世贸中心等地标性建筑点亮了中国红；在英国首都，伦敦眼被装点上春节标志性颜色——红色和金色；在意大利罗马，兔年春节主题的电车行驶于大街小巷；在瑞士，有"欧洲屋脊"美誉的少女峰打造了惊喜礼物——冰雕兔；在泰国曼谷耀华力路，传递"兔年吉祥如意"祝福的中国灯笼展吸引了大批当地民众和游客……与此同时，今年不少国家和国际组织还发行了兔年特别版邮票。

据不完全统计，春节民俗活动已走进全球近200个国家和地区。加之一些国家和地区将其列入法定节假日，中国春节已然成为世界性节日符号。

那么，春节文化为何会受到世界各国人民的喜爱？又该如何更好地让春节文化走向国际呢？

一

有道是，文化是经济和政治的反映。作为世界上最古老的节庆之一，伴随着中华民族对外文明交往的步伐，尤其是改革开放后中国综合国力不断增强，春节文化的影响力逐渐扩大。

如今在一些东南亚国家，新春舞狮是必不可少的项目。逛庙会、捞鱼生，热闹非凡。而大多数过春节的美国人、英国人，则喜欢在家中布置诸如中国结、春联等新春装饰，参加华人社区举办的欢庆活动，看巡游、放烟花，品尝中国传统美食，等等。

在法国，每逢春节，不仅是华人聚居区，就连巴黎市政广场也会挂上大红灯笼，一些知名连锁超市会开辟专柜销售中国食品。加拿大多伦多的"中西汇粹"新年音乐会迄今已举办16届，用音乐会迎接新春已融入当地人的生活。

此外，在埃塞俄比亚、沙特、阿根廷等国家和地区，都有各具特色的庆祝活动，并且形式越来越多元化。

比如今年，作为澳大利亚规模最大的中国年活动之一的澳中春晚时隔三年再度回归，近500位澳中艺术家欢聚一堂，同台表演古典中国民乐、多民族歌舞、歌剧魅影等。

同样在澳洲，以迎春为主题，由浙江民族乐团演奏的民族管弦乐"诗画浙江"和浙江歌舞剧院舞集"良渚"上线，并在脸书、推特、优兔等社交媒体同步推广，向澳大利亚公众以及海外受众展现浙江富足、细腻、柔婉的江南风格和中华文明之光良渚文化的独特魅力。

从北半球到南半球，从亚洲文化圈到中东文化圈，春节的辐射范围越来越广。春节文化发展至今，其内涵已经变得更加丰富，被赋予了更多现代化、国际化元素。

作为一种传统民俗文化，春节文化传递出的喜庆感、包容性、互动性拉近了中国与世界人民的距离。所以，难怪网友说："中国人过个年，感觉全世界都在过年。"

二

春节满足了人们对亲情的普遍渴望、对仪式感的普遍追求，又因中国国际影响力的不断提升，春节文化的世界性表达力和各国人民对它的认同感得以不断增强。

美国有线电视新闻网（CNN）2017年曾计算过中国春运的里程数，当年春运总里程达到12亿公里，约等于地球到太阳距离的8倍，几乎相当于飞到土星度了个假。

海外媒体之所以特别关注中国春运，并不仅仅是因为对这个"人类在地球上进行的规模最大的集体活动"产生新奇感，更是因为亲情与分享是全人类的共同情结。

在西方，也有一些意义重大的节日，人们要回到家中，共进晚餐，围炉弹唱，互赠礼物，那些欢笑、惜别、流泪、拥抱的场景，也成为无数节日主题影片中最能打动人的画面。

可见，不论是信奉个人主义的西方国家，还是受儒释道合流思想影响且更具集体主义观念的中国，不论是根植于乡土文明的"大家族"，还是工业化、城市化变革之下的"小家庭"，在重要的节日里与父母、爱人、子女的团聚之意，是四海共通之心。

而春节所反映出的恰恰是人们对家的极致追求。放眼我们这个"地球村"大家庭，正是由一个个小家庭组成的。中国春节文化里所包含的对家的无比珍视，对幸福、平安、和平等价值的高度认同，也是全人类的共同信仰和追求，这是中国春节能凝聚人心的文化价值，也是中国春节能被全世界接纳的情感基础。

另一方面，随着人类社会物质生活水平的提高，追求不同的仪式感成为人们不断寻求新的情感表达的重要途径。所以，即便对中国春节背后的历史背景和文化意义一知半解，但多一个能获得仪式感的途径、多一种情感表达的方式，对很多外国人来说也是喜闻乐见的。

当然，最值得一提的是，随着中国经济社会的发展，包括春节文化在内的中华文化聚变出越来越大的吸引力，已然成为世界了解新时代中国、中国与世界对话的一扇重要窗口。

新春伊始，多国领导人和驻华总领事以及众多世界名人，纷纷通过发贺词、录短片、用中文拜年等方式，向全球华人送上祝福，恭贺新春快乐。各大国际品牌纷纷推出春节限定款或十二生肖纪念款产品，以春节元素吸引中国消费者。

因此，春节在全球的流行，不仅印证了春节文化的独特魅力，也意味着世界越来越希望更深入地认识中国、了解中国。

三

都说一年之计在于春，立春要立希望。此时，中国人总是寄语"百尺竿头更进一步"，那么，让世界更好地拥抱中国春节文化便是

"更进一步"的具体指向之一。

为实现这样的希冀，笔者以为要继续练好"三种内功"。

其一，"品牌功"，以广受世界各地民众喜爱的文化品牌活动"欢乐春节"为借鉴，进一步打响中国春节的品牌知名度，努力让世界与中国春节同步同乐。

"欢乐春节"自2001年起已经连续举办了22年，覆盖全球100多个国家，越来越多的春节文化元素融入活动中，成为中国与世界各国人民共享中华文化之美、传统艺术之美、中式生活之美的重要平台。

其二，"技术功"，以形式多、创意新、互动强、辐射广的云演出、虚拟展为借鉴，进一步讲好中国故事、传播好中国声音、展示好中国元素，努力让世界与中国春节互通互动。

近年来，随着信息技术的创新发展，以交响乐、民乐、舞蹈、魔术杂技、传统戏曲、博物馆展览等为内容载体的春节文化，从线下拓展到线上，以线下线上相融合的方式，依托在线3D影像、新媒体等手段，全面体现春节的传统性和国际性。

其三，"概念功"，以中国国潮国风品牌在春节期间走俏海外市场为借鉴，努力让世界与中国春节相知相爱。

数据显示，今年春节前夕，速卖通上有超过200个国家和地区的用户搜索了"Chinese New Year（中国新年）""Rabbit Year（兔年）""Spring Festival（春节）"等关键词的春节类相关商品。"春节"相关关键词的搜索量，在去年虎年爆发的基础上仍呈两位数增长。其中，潮玩品牌泡泡玛特海外销售额同比增长了80%，中国风晚礼服也受到欢迎。

由此可见，海外消费者对春节元素的商品购买需求仍在不断增大，以中国传统文化为内核、符合现代审美的时尚概念产品，不仅在国际市场拥有巨大潜力，更有望成为让越来越多人爱上春节文化的重要载体。

在这个拥有"两头春"、象征着双重祥瑞的兔年伊始，我们有理由相信，这一既传统又现代、既属于民族又属于世界的中华节庆，将承载着欢乐，寄寓着希望，祝福世界更加美好，并以生机勃勃的姿态带给世界一个可信、可爱、可敬的中国形象。

李海江 吴洋 郭璇　执笔

2023年1月24日

灶头画里的烟火人间

> 灶，承载着丰年的记忆，有了灶画，
> 就多了红火的盼头。

炊烟万灶斜阳里。旧时年味，正是由一方火热的土灶开启的。

在嘉兴，灶头上的年味更为浓厚。"有家必有灶，有灶必有画"。一幅幅仔细勾勒、率性着色、寓意丰富的灶画，能使整个厨房都热闹起来，更凝聚着老一辈民间手艺人的智慧结晶。

砌灶、画灶，待到头茬柴草燃尽，明艳的色彩被烘烤定型，同时也把淳朴的乡土艺术气息和对美好生活的憧憬深深嵌入灶壁。

据考证，嘉兴早在清朝中期就有灶画传承，在十多年前已被列入国家级非物质文化遗产名录。今天，循着炊烟，我们来一起感受乡土艺术生生不息的魅力。

—

画笔下的凡尘旧事，灶头上的万家烟火。

灶画又称"灶头画""灶壁画""灶花"等，指民间艺人用烟灰、水彩、色粉颜料绘制在乡间农家柴灶上的各种吉祥图案和文字纹样，是江南典型的民间艺术形式。

嘉兴灶画依灶绘图，适形造型，极富个性。有别于现代燃气灶的千篇一律，传统土灶砌法多样，有花篮形、圆桶形、方桌形，又分单眼、双眼、三眼灶。

以嘉兴地区最为流行的花篮灶为例，灶画要分主幅和副幅，一圈六边形的灶基，则仿若走马灯，讲究的手艺人会精心绘制组图，互成系列。沿灶山而上，灶顶则绘"乌龙取水"，寓意防火。一方完整的花篮灶，留彩不留白，常常需要20来幅灶画组成。

嘉兴农村灶画的绘制技艺也十分传奇。曾有美术专家指出，嘉兴灶画的"湿壁法"，与西方文艺复兴时期的宗教壁画有相似之处。"湿壁法"，即在灶壁石灰尚未全干时开始作画。

打灶头，最好不过夜，不等抹灰干透，就得抢光阴。一天之内要完成砌灶，并在湿漉漉的石灰草筋上绘画。灶头师傅发现酒精的挥发使颜料吸得深、快且不褪色，于是，以酒润色的方法被创造了出来。日后，随着灶火的烘烤加热等，灶壁面渐干，所绘纹样不容易脱落。

嘉兴灶画的个性，还体现在独特用色上。灶画是篇"急就章"，没有时间仔细调色，所以大多只用红、蓝、黄、白、黑五种基本色，画面对比强烈、饱满热情，稚拙中满是激情。

农家孩子，在热腾腾的灶边，治愈了辘辘饥肠，也开启了最初的美术启蒙。

一方水土孕育一方特色。灶画看似稚拙，却体现了乡下人纯真的性格和农村纯朴的民风，也催生和培育了一大批优秀的民间艺术家。

在嘉兴，最多时曾有1000多位民间灶画艺术家。无史记载，口传心授，他们代代传承，在线条、图案和字联穿插组合里，最终将一座座灶头装扮得多姿多彩，也为农家生活平添几分诗意。

二

一家一口灶，家家都不同。江南水乡的灶头，在各家屋檐下演绎着不同的情态。而所有情态和祈愿，都化作了静默无声的一幅幅灶画。

灶画题材丰富，画里都是好口彩，据统计有六大类，分别是花卉植物、祥瑞动物、神仙人物、历史故事、风光风景和花边装饰等。配的文字则大多为福、喜、年年有余、吉祥如意、人寿年丰等吉祥语。

灶，承载着丰年的记忆，有了灶画，就多了红火的盼头。

夫妻成家先立灶，画上和合二仙，寓意和和美美；家里添新丁，画上鲤鱼跳龙门，寓意子孙飞黄腾达；在灶脚上画几只花篮，以示花来花香，生活有着落；请上几幅二十四孝图，则彰显美好家风的传承……有了灶画，烟熏火燎的灶头，便是五彩缤纷的生活美学栖息地。

烧火间隙，光影流动，关云长、赵子龙、薛仁贵、岳飞等英雄仿佛戏台上的一幕幕传奇，每天都在上演，激起平凡人对忠勇仁义的向往。

祭灶、送灶、迎灶，画在灶君堂里的灶王爷，寄托着风调雨顺、灶兴家旺的愿望。有趣的是，饱尝人间烟火的神仙，还规范着小家庭的道德体系。在嘉兴农村，倘若有小孩在外闯了祸，回家敢拿假话蒙混，长辈就会一脸严肃："当着灶王爷的面，你再说一遍……"

"西家新酿熟，祀灶请比邻"。新灶既成，当夜就要请吃新灶头茶，还要办一场热闹的"献灶酒"。至亲送来"献灶粑粑"，邻居围着品评灶头师傅的手艺，火苗照得满屋亮堂，饭香扑鼻，壶里的水像跺着脚在跳，一年的喜悦便进入了高潮。

灶画，承载了江南"鱼米之乡"的精神寄托，绘出了炊烟里的人文图景，将这一方水土的智慧、精神深深地镌刻在一束花、一尾鱼、一联字、一个故事中。

三

灶画传承百年而不绝，还在于它与时代脉搏共起伏的旺盛生命力。

灶画是一个窗口，不仅能窥看当地的风土人情、历史人文等，更记录着社会变迁的"大时代"。例如，新中国成立后，海盐的民间艺人把油画《毛主席去安源》"搬"上了灶头，歌颂伟大祖国；上世纪六七十年代，时兴山川锦绣的风景灶画，正是基于百姓对大好山河的自豪；如今，乡村振兴等时代印记也慢慢出现在灶画题材中。

然而，一直有人问，家家户户都不用灶头了，灶头画还如何生存？

答案正如习近平总书记所说："找到传统文化和现代生活的连接点，不断满足人民日益增长的美好生活需要。"

近些年来，嘉兴也给出了自己的保护路径，灶画有"传"更要有"承"："非遗"保护不是对一个个"文化碎片"或"文化孤岛"的圈护，更要修复其与当今社会的关系。

自2011年入选国家级"非遗"项目后，嘉兴打造了灶头画文化生态发展区，这项乡土艺术在嘉兴，正越来越时尚。

在灶头画省级"非遗"传承人赵生波手中，灶画走出了厨房，一个个精巧的灶头模型，成了受人追捧的文创产品；在秀洲区古塘村，"亲手绘灶画"成了乡村游的特色节目，让游客实现与灶画文化"一臂之远"的近距离接触……

曾经有人讥讽齐白石的艺术是"庖人抹灶"，殊不知，厨房里的烟火气也是艺术的真正来源。

灵感来自山川湖海，终将囿于厨房和爱。炊烟袅袅是生命的象征，也是家的所在。

灶画的传承发扬，正源于我们对烟火气的向往从不会停息，这是一种寄托，更是一种情结。一起期待，灶画更加时尚的面貌。

朱鑫 李刚　执笔

2023 年 1 月 25 日

回家过年陪谁过

> 如果回家像打卡完成任务一样，那么所谓的陪伴，也仅仅是给自己带来一点心理安慰。

进入正月，各家各户拜年的步伐正式开启。

今年春节，没了健康码、行程卡，很多在异乡漂泊的人都选择了回家过年。

也许，很多人会感慨假期"分身乏术"：要去亲戚家里拜年走动，也要和朋友同学见个面聚一聚，还想留点时间给自己刷刷手机、玩玩游戏。而终于把儿女盼回家的父母，可能每天都要问上一句："今天，还能在家一起吃饭吗？"

这个春节你选择陪谁一起过？假期短暂，回家后的你是否依然忙碌而忽略了陪陪父母？

一

春节，是中华民族最隆重、最热闹、最有仪式感的传统佳节，也是天南地北的亲戚朋友聚得最齐、最多的时刻。

除夕过后，正月开始，也就进入了走亲访友的高峰期，人们的假期也因此被安排得满满当当。

比如，有人选择拜年陪亲戚，你家走走、他家坐坐，在一句句的吉祥话中庆贺新年，这是春节的应有之举；有人选择聚会陪朋友，和许久未见的同学好友聚一聚、吃个饭，这是难得的增进情谊的机会；有人选择旅游陪恋人，疫情三年，"欠"下的旅行终于可以出发，这也未尝不是个过节的好选项；还有人选择"冲浪"陪手机，抢红包、聊天、发朋友圈、刷剧、打游戏，沉浸在手机的世界里。

过年，正常的社交走动并无不可，也很有必要。但是，短短的7天假期，除了除夕与父母吃个年夜饭外，如果其他时间不是走东家就是串西家，不是睡觉睡到日上三竿，就是抱着手机"两耳不闻身外事"，反而会忽略了最需要陪伴的父母。

大家有没有发现，春节期间，回到家的我们，仿佛真的一夜之间做回了孩子。父母总是在默默地忙碌着，要张罗一大桌子菜、收拾一大摞碗筷、洗一大堆衣服，还要帮着照看孙子孙女。

有网友调侃：千里迢迢回到家，说是为了陪父母，结果每天都是一觉睡到大中午，三顿饭都是父母在煮，吃完饭、碗一丢，麻将一打一下午，等过完假期，把好吃好喝的东西一车带走……调侃的虽是少数人，但确实也是一些家庭的真实写照。

我们常常把"多陪陪父母"挂在嘴边，但很多时候却不知该如何"陪伴"。父母就在身边，却因为没有共同话题，总是聊不到一起去。平日的工作和应酬消耗了太多精力，比起带父母出门旅游散心，哪怕是陪父母多唠唠嗑，很多人还是更愿意与朋友出门，或者躺在沙发上玩手机。

如果回家像打卡完成任务一样，那么所谓的陪伴，也仅仅是给自己带来一点心理安慰。现在假期已经过半，不妨想想，我们回家的目的到底是什么？

二

陪伴是最长情的告白。中国人重感情，过节喜欢热热闹闹，相聚一堂，共叙家长里短，共享天伦之乐。而父母是最最希望与你一起过节的，也是最需要关怀的。陪伴父母，是子女应尽的义务。

陪伴，是中华民族传统文化的延续。中国人常说：百节年为首，百善孝为先。孝是中华民族的传统美德，过年回家与父母家人团聚的仪式感，已成为中国人血脉中的文化基因，历经千年不曾改变。白居易的诗句"弟妹妻孥小侄甥，娇痴弄我助欢情"，展现的就是一家人春节团聚时其乐融融的和睦景象。

陪伴，也是孝的表现方式。《礼记》中记载着曾子对孝的论述，"孝有三：大孝尊亲，其次弗辱，其下能养"。意思是最基本的孝是物质上的奉养，而孝的最高境界，则是对老人的关爱、尊敬。陪父母过年，让他们享受天伦之乐，听他们说说烦心事、发发牢骚，这比给父母钱、买贵重的礼物更重要，也更能给父母带来情感上的慰藉与满足。

陪伴，也是避免遗憾的良方。"人生路上，步履不停，总有那么一些来不及。"从古至今，多少人感叹岁月匆匆，子欲养而亲不待。"苦忆寝门双白鬓，朝朝扶杖倚闾望""搴帷拜母河梁去，白发愁看泪眼枯"。父母亲情最深切，也最无奈，所有与父母相关的遗憾，都将成为一个人终生的"意难平"。当下的陪伴，就是为了别等到回首时再感叹，"当时只道是寻常"。

对于在外工作的人来说，一年回家的次数可谓屈指可数。春节7天假期，扣除来回路上消耗的时间，再扣除应酬聚会、打牌玩手机的时间，可谓所剩无几，怎么安排都感觉不够。

有人做过一道"亲情计算题"：假如父母还能再陪我们走30年，子女平均每年回家1次，每次5天，减去吃饭、睡觉等，真正能互相陪伴的时间，满打满算总共累计起来才720小时，差不多一个月。

看到这个答案，是否很多人会像笔者一样，想起自己对父母的那些不耐烦、对他们默默付出的视而不见，想起自己脑海中那"回家即尽孝"的念头，内心会感到些许愧疚和难受。

三

还记得那首歌曲《常回家看看》吗？歌里唱的就是父母最朴素的心声："老人不图儿女为家做多大贡献，一辈子不容易就图个团团圆圆。"春节假期，是难得的与父母相处的时光，每一天都弥足珍贵。

别因为应酬，忘了回家的初衷。陪父母一起过一个开开心心的团圆年，是送给父母长辈最好的礼物。特别是这个春节，疫情蔓延的风波还未完全散去，老人都是需要重点保护的群体，假期内少一点串门聚会、推杯换盏，多一点陪伴关怀、唠嗑交心，不仅是对老人健康的一种保护，更是与家人团聚、表达孝心的一次机会。

别因为不耐烦，而忽略了父母的感受。也许有人会说，"回家三天是个宝，三天过后只想逃"。父母总是唠唠叨叨聊些鸡毛蒜皮、家长里短，或者是不停地催婚、催生。其实，他们只不过是想趁这难得的机会和儿女多聊聊天，倾吐心声。而对于子女有时显露出的不耐烦的神情，虽然他们嘴上不说什么，但心里多少会感到失落。

别因为娱乐，就安然"享受"长辈的忙碌。春节回家，人回，心更要回。虽然说父母对儿女的付出是心甘情愿、不图回报的，但这不应是儿女理所应当贪图享受的理由。假期在娱乐的同时，抽出点时间，帮着父母长辈干干活，打扫打扫卫生，一起逛个街、买个菜、做个饭，甚至出去旅游的时候把他们带上，他们就会感觉很满足、很幸福。

高质量的陪伴也许并不一定能以时间的长短来衡量，但深究"陪伴"的标准，无外乎是否愿意花费时间给父母搭一把手，是否愿意包容父母的唠叨，是否愿意在父母听不懂年轻人的对话时，多一些耐心的解释，等等。

真心真情，才是真谛。

假期所剩不多。

你想好接下来怎么过了吗？

张许娥 徐毅 张诗妤　执笔

2023 年 1 月 25 日

有一种冷叫浙江冷

"北方过冬靠暖气，南方过冬靠正气。"

今年春节前，浙江气温一度冲上20摄氏度，仿佛初春。

暖冬的感觉，在经历了这两天的寒潮之后，宛如一个错觉。近日，杭州、宁波、嘉兴、湖州等地都陆续发布了低温橙色预警。

走出家门，虽然太阳看着还好，但架不住冷风大，仍被冻得发抖。

和东北动辄零下二三十摄氏度的气温相比，为什么看着浙江气温还好，却感觉更让人难以忍受？古时候的浙江也这么冷吗？没有空调、地暖，古代浙江人是怎么过冬的？

一

"北方的孩子在开足暖气的房间里吃雪糕，南方的孩子在冰箱灯泡般的阳光下瑟瑟发抖。"

"北方过冬靠暖气，南方过冬靠正气。"

段子归段子，我们先正儿八经地科普一下：为什么浙江的冬天让人感觉这么阴冷？

为此，笔者找到了浙江省气象台的专家，请他从科学角度分析一下。

首先是风。浙江属于亚热带季风气候，但浙江地势自西南向东北呈阶梯状倾斜，缺乏东西向的高峻山脉阻挡冷空气入侵，加之浙江近海，海陆差导致浙江冬天的风比内陆地区更大，自然就感觉更冷了。

其次是湿。研究表明，湿度每增加10%，人的体感温度就会降低1℃。浙江冬季常常伴随着阴雨，空气湿度较高，水气渗透进衣服，接触到皮肤就会从人体吸收热量并蒸发，这种湿冷是从内到外的，会让人感觉"透心凉、心飞扬"。

还有一个原因，就是供暖。一到冬天，北方就会启动集中供暖，即使外面是零下20多摄氏度，屋内还是温暖如春。没有集中供暖的浙江，自然没有"屋内穿短袖吃雪糕"的傲娇底气，更多的是"室外冷，室内也冷"的无奈。

其实，和大多数人的感觉不同，近10年来，浙江冬季平均气温总体属高位运行，其中2019年冬季全省平均气温9.33℃，为1951年有完整气象记录以来的历史最高，过去两年的冬天也可以称作气象学意义上的"暖冬"。

之所以我们会感觉这两年冷得受不了，是因为极端天气出现较多。比如2021年浙江多次经历寒潮，气温断崖式下跌，海宁甚至低到零下5.4℃，又过山车式反弹至15℃以上。

寒潮一波还未平息，一波又来侵袭，气象学上浙江冬天平均气温还行，但那些冷得发抖的日子更让人记忆深刻。这大概就是气象上的"幸存者偏差"吧。

二

　　现代的浙江冬天虽然感觉很冷，但和宋代相比，还不算什么。

　　据史料记载，北宋太宗雍熙年间，浙江遇到过"小冰河时期"。

　　最厉害的时候，太湖湖面全部结冰，马车可以在上面行走。杭州同样如此，在史书上留下了"西湖冰合"的记录。

　　这段气候寒冷期一直延续至南宋光宗绍熙三年（1192），时长超200年。

　　这期间，在杭州做官的苏东坡在一场大雪后，写下了"落帆古戍下，积雪高如丘"的诗句。

　　这么冷的天，宋代时候的浙江人过冬，有什么办法呢？

　　在宋代，煤炭已成为老百姓生活中的重要燃料。寒冷的冬季，市民百姓就在屋内烧起一盆炭火，烤火取暖。

　　但是，遇到寒潮，煤炭短缺时，老百姓的日子就不太好过了。有一年，开封城天降大雪，宋太宗下旨："赏京城鳏寡孤独以及贫穷者，一千钱、米炭若干。"

　　纸被，也是南宋时期最流行的御寒"神器"。这种被子以野生藤条为原料，经过严格的加工工序，变成特殊的纸张，御寒效果十分强大。

　　陆游有诗云："纸被围身度雪天，白于狐腋软于绵。"说的是朱熹送了一条"纸被"给他，因为保暖性好，让他爱不释手。

　　棉毯也是南宋时非常流行的御寒物品。浙江兰溪的南宋古墓中出土过一条棉线毯，这条棉毯纯用棉花织成，细密厚暖，有力证明了南宋时期的江南地区已经比较普遍地使用棉织品过冬。

此外，北宋时期不少王公贵族已经会使用羊毛或者鸭绒作为填充物，做成类似于今天的羽绒服和羽绒被。普通百姓则使用丝绸或者麻布制成被单，接着再用芦苇花或者木棉填充。

宋代，还有一样东西，40岁以上的人肯定看着很亲切，那就是"汤婆子"，古时称作"暖脚铜缶"。苏东坡曾给朋友的信里写道："送暖脚铜缶一枚，每夜热汤注满，塞其口，仍以布单衾裹之，可以达旦不冷。"

如今的浙江人，除了羽绒服、棉毛裤、高领毛衣、热水袋和电热毯外，地暖也成为越来越多人家的过冬神器。回到家中，打开地暖，也可以体验到北方人冬天在家穿短袖的生活。

不过，还有一点需要注意，越是天冷，对老年人越是不友好。冬天，老年人缺乏运动的条件，身体机能下降，再加上本身慢性病比较多，需要家人更为贴心的照顾以及全社会给予更多的关注，帮助老人逾越寒冬。

三

寒冷的冬天，也是人们涵养精神、期待来年春天的时候。阴冷的天气，如何治愈身心？美景、美食，当然必不可少。

随冷空气而来的，往往还有下雪。杭州兔年的第一场雪，就在这周二已经来到，不大，但已经足以让猫在家里过节的杭州人兴奋了。

再冷的天气，也挡不住人们外出旅游的脚步。不用去三亚，浙江省内就可以了：到超山探梅，到武义泡温泉，上安吉天荒坪看江南天池，到乌镇、西塘等地感受古镇冬景，去台州神仙居欣赏冰瀑布……

春节里，最不缺的就是美食了。每到冬天，长辈就会开始亲手制作各种各样的食物，如酱鸭、腌肉、萝卜干。这些食物，既是老底子浙江人过冬的仪式感，也慰藉着春节期间归来游子的肠胃和乡愁。

"小雪腌菜，大雪腌肉。"吃不完的猪肉，被抹上雪白的盐粒后，挂起来风干，晶莹剔透的油脂在阳光的照耀下如颗颗雪白的米珠，吸收着空气中的寒气。"未曾过年，先肥屋檐。"一条条弥漫着咸香的腌肉是时间老人熬制的美味，也是勤劳与智慧成就的冬天专属味道。

年糕也是浙江人很喜欢吃的食物。差不多冬至时，浙江的农村就要张罗着打年糕了。

叔伯兄弟或远亲近邻相约在一起各显身手，轮番打年糕、捣麻糍。主妇们张罗着烧火，孩子们挤在一起围在石臼边看热闹，等着吃热麻糍。一片嬉笑声中，年味渐渐浓了起来。

过年时，吃厌了大鱼大肉，可以在家里煮碗青菜年糕，放点妈妈熬制的冻猪油，一家人围在一起边吃边聊，便是家带来的安心。

"天时人事日相催，冬至阳生春又来。"春节时分，有什么比一家人聚在一起更暖心的呢？

吴大钟　汪晓池　执笔

2023 年 1 月 26 日

《碇步桥》为何让人"梦回江南"

> 《碇步桥》的成功并非偶然。在打响"诗画江南、活力浙江"省域品牌的过程中，文艺理应有所作为、大有所为。

在央视兔年春晚上，浙江原创舞蹈节目《碇步桥》火了。

蒙蒙烟雨，溪水淙淙，江南女子在碇步桥上缓缓走来，翩翩舞姿流淌在一座琴键般的碇步桥上，让人仿佛置身江南，回味悠长。

舞蹈引来网友刷屏评论："太仙了""看完感觉被净化了"。外交部部长助理华春莹也在海外社交媒体上发文点赞："它（舞蹈《碇步桥》）唤起了人们对青山绿水的向往和对家乡的回忆。在它如此受欢迎的背后，是人们对诗意的水乡和我们美丽中国的热爱。"

节目火爆之余，也让我们不禁思考：舞蹈《碇步桥》为何能让人"梦回江南"？通过文艺赋能，来展现"诗画江南、活力浙江"新气象时，又应该做好什么？

一

浙江是江南文化的重要发源地，有着得天独厚的资源禀赋和人文气息。千百年来，历经岁月沉淀，那些如诗如画的山水风光，早已与人们的日常生活融为一体。

2017 年，浙江音乐学院推出原创舞蹈《碇步桥水清悠悠》，《碇步桥》源自于此。该舞蹈的灵感来自现实生活。有一次，节目编导李佳雯在温州泰顺采风，第一次见到了极具江南特色的碇步石桥。它始建于清乾隆六十年（1795），是世界上最长的"古碇步"，2006 年被列入全国重点文物保护单位。

不妨想象一下：流水间隔着石桥，午后的阳光撒在碇步桥过往行人身上，行人行走间，显得小心翼翼，时间仿佛变得很慢，近处有绿水横波，远处有青山做伴。这场景就像一幅画一样安静、美好。

可以说，舞蹈《碇步桥》将这一江南风光体现得淋漓尽致——

细心的观众可能会发现，演员们的舞姿中有一个膝盖微微颤动的动作，而这正来自人在碇步桥行走时重心不稳的感觉。在李佳雯看来，恰恰这个不稳的瞬间是特别美的。

让大家印象深刻的，还有演员们的齐舞。这也是《碇步桥》的特色和标志。当姑娘们坐在桥上，身体上下律动，脚下左右交替点地，这样整齐划一的动作，美得扣人心弦。

碇步桥的古朴韵味，人们踏石而行的悠然和怅惘，通过创作者的创作提炼，以舞蹈的方式得以完美呈现。正如节目的首席舞者朱洁静所说，每次在舞台上走过这座"碇步桥"，就仿佛走过儿时家门口的那座石桥。

过去与现在，江南风韵与故乡记忆，都在舞蹈中完美融合。通过舞蹈，全国观众看到了浙江秀丽的自然风光、深厚的人文底蕴。

二

其实，通过文艺作品的创作、传播呈现一个地方的风情和文化，这样的成功例子并不鲜见。且不说张爱玲小说中的沪上风情、汪曾祺笔下的雨季昆明，还是歌曲《前门情思大碗茶》里的京风京韵、《可可托海牧羊人》里的大美新疆、电影《爱乐之城》里的魅力洛杉矶……文艺作品中的诗与远方，总是让人心驰神往。

说到中国人的江南印象，首先让人想到的是六朝以来的文学。谢灵运、陶弘景的山水描写，《世说新语》里的风流人物，构成了江南印象的底色。《世说新语》言语篇写到，顾长康从会稽还，人问山川之美，顾云："千岩竞秀，万壑争流，草木蒙笼其上，若云兴霞蔚。"如此江南盛景，也令唐代大诗人李白魂牵梦萦，留有诗篇《梦游天姥吟留别》存世为证。

上世纪50年代，同样取材于浙江泰顺山区的优美风光和采茶劳动场景的浙江民歌《采茶舞曲》，以灵动欢快的曲调再现了采茶姑娘青春焕发的风貌，被周恩来总理誉为"有时代气氛，江南地方风味也浓，很清新活泼"，一时风靡全国。上至七八十岁的老人，下至十来岁的学生，都能随口哼出几句，也载入了小学音乐课本。

乌黑的瓦、洁白的墙、苍劲挺拔的老树、飞舞灵动的燕子……水墨画《双燕》，以江南水乡为题材，在真实的景致中高度提炼意象特点，其灵感来源于画家吴冠中在宁波火车站候车时的匆匆一瞥，简洁的线条、大块的留白，令白墙黛瓦、燕雀飞舞的江南情致跃然纸上。

诗意的江南有多美？凭借这样一部部文艺作品的传播，令全国观众足不出户就能够穿越江南、领略江南，进而向往江南。但是进入21世纪以来，相比于电视剧《闯关东》的热播对"好客山东、仁义山东"的形象宣传，东北小品对东北文化的强大传播，杨丽萍舞蹈对"多彩云南"的推介展示，江南文化在全国视野中多少显得有点沉寂。

究其原因在于缺乏足够的创造力和创新意识。比如，对于文艺如何助力省域形象和品牌塑造还没有作深入研究，一些文艺工作者也缺乏深入基层、接触鲜活社会现实的精神，近年来也就鲜有讲述浙江故事并且产生现象级影响力的"破圈"之作。

又比如，在展现新时代"江南图景"方面，仍然没有摆脱传统的"老一套"思维模式，无论是影视文学、舞台艺术、城市宣传片创作，还是其他艺术领域，多见都是才子佳人、小桥流水，仿佛除了这些就没有别的，或者是习惯了讲述宏大概念而忽视了现实的参差多样，看上去千篇一律，很难让人眼前一亮，久而久之自然效果式微。

三

去年，省第十五次党代会提出打造"诗画江南、活力浙江"省域品牌，将"诗画江南、活力浙江"提升到代表省域形象的高度，也给当下的文艺创作带来新的启迪和方向：如何更好地运用文艺的方式，让"诗画江南、活力浙江"变得更加可知可感、入脑入心？

笔者认为，最关键的是要抓住内核，从地理、历史、人文、经济、融合发展等多维度，探究江南的文化基因、精神内核，解读"诗画江南、活力浙江"的核心要义，精准提炼江南所独有的细腻、温婉、空灵、诗意、神韵、精致的格调和灵魂。同样是在央视春晚的舞台上，去年一个取材于元朝黄公望传世名画《富春山居图》的创意音舞诗画作品《忆江南》引来观众喝彩，成为春晚舞台上的一股清流。

值得注意的是，"诗画江南"不是一个抽象概念，而是由一道道独特景观、一个个文化标识、一段段传奇佳话汇聚而成的。比如，由西湖十景构成西湖文化的品牌，就是一个极佳的例子。

西湖十景是生动而具体的，它由苏堤春晓、曲院风荷、平湖秋月、断桥残雪、花港观鱼、柳浪闻莺、三潭印月、双峰插云、雷峰夕照、南屏晚钟组成，这一系列景观涉及不同的景观特色和景观元素，各有各的审美意境。

因此，文艺创作者要拥有一双"发现美的眼睛"，善于敏锐捕捉"诗画江南"在当下、在现实生活中的具象化表达，于浩如烟海的素材中进行选择、提炼、加工、改造，将无形的江南之韵、江南之美表现出来，讲好"何处是江南""何以是江南""何处不江南"的江南故事。

同时，文艺的表达形式和门类分支丰富多元，不同的文艺形式有着各自不同的特点和长处。在进行具体创作时，不妨进一步开拓思路，结合不同艺术形式的优势，有所侧重地表现某个方面，或者综合运用多种艺术形式和多媒体技术，让"诗画江南"更加立体饱满，让人沉浸式感知别有韵味的江南美学。

比如，绘画、雕塑、摄影、书法等擅长塑造视觉形象，而音乐塑造听觉形象，戏剧、影视塑造综合形象，诗词、文学等语言艺术塑造不能直接感受到的文学形象……"诗画江南"有很多可画可写、可唱可说的地方，等待文艺工作者去发现、去创造、去展示。

这两年，我们已经相继见证了创意音舞诗画《忆江南》、舞蹈《碇步桥》的成功"出圈"。那么，下一首传唱江南风物的歌曲在哪里？下一部讲述江南故事的影视作品在何方？下一台描绘江南之韵的戏剧经典又会何时呈现？

当然，有了好的艺术创造，还要多到央视春晚这样的大平台、大窗口上去进行展示和宣传。机会总是给有准备的人。一方面，我们要主动谋划，积极酝酿储备一批"诗画江南"主题的文艺项目，尊重艺术创作规律，不断打磨直至极致。另一方面，也要瞅准时机，争取一切可能的机会，将好作品推送到更大的舞台、更广阔的天地中去亮相，赢得更多曝光率和喝彩声，让"诗画江南"的文化印记深入人心。

《碇步桥》的成功并非偶然。在打响"诗画江南、活力浙江"省域品牌的过程中，文艺理应有所作为、大有所为。希望在不远的未来，能有更多这样演浙江、写浙江、唱浙江的好作品问世，将中国式现代化新征程中丰富、多样、精彩的江南画卷演绎得更加闪亮。

李戈辉　周爽　陈瑜　沈听雨　执笔

2023 年 1 月 26 日

"门神"背后的文化

> 门神并非只是简单的一幅画，也并非固定的几个脸谱形象，它的背后蕴藏着古老浓厚的中国文化。

昨天是正月初五，按照传统，很多家庭都要迎财神。迎来的财神，一般会被贴在室内门上或墙壁上。还有一种"神"，也是要被张贴起来的，不过是贴在大门上，那就是门神。春节贴门神这一习俗，已经流传了数千年。

相对于抽象的对联文字，门神的形象要具体喜庆多了。民间的多数门神形象，如同京剧里武将威武雄壮的样子，手持刀戈，背插彩旗，威风凛凛。

门神身上自带一股不怒自威的气息，仿佛能让所有的魑魅魍魉都退避三舍。正如《白毛女》中喜儿所唱：门神门神骑红马，贴在门上守住家；门神门神扛大刀，大鬼小鬼进不来。

门神画多数浓墨重彩、花花绿绿的，散发着浓郁的东方色彩和节日氛围。愈是民风淳朴、年味十足的地方，门神隆重登场的机会就越多。对很多地方而言，不贴门神，就觉得过年没有灵魂，不足以表达那种热烈隆重的节日氛围。

然而，门神并非只是简单的一幅画，也并非固定的几个脸谱形象，它的背后蕴藏着古老浓厚的中国文化。

一

先来看看门神的前世今生。

门神是伴随着城门建筑和房屋建筑而兴起的，早在夏、商、周之时，就有了门神的萌芽。这萌芽就是"司门"的出现。

但是最早的"门神"一点也不威风，地位低贱，身体残缺。因为从周代开始，守门守关的很多是受过刑罚的罪人。如《韩非子·外储说左下》所记："孔子相卫，弟子子皋为狱吏，刖人足，所跀者守门。"跀通刖，就是断足的意思。先有了真实的看门人一岗，才慢慢有了虚拟的门神形象。

门神最早的记载出现在儒家经典《礼记》里。《礼记·丧服大记》中提到："巫止于门外，君释菜，祝先人。"汉代大儒郑玄对此给予了权威解释，认为这里提到的"君释菜"就是在礼敬门神。由此看来，周朝人已开始敬供门神了。但那时的门神还是个抽象的神鬼符号，没有具体名号，更谈不上可感的形象。

而到了神话故事《山海经》里，有名有号的门神隆重登场。《山海经》里说："上有二神人，一曰神荼，一曰郁垒，主阅领万鬼，恶害之鬼，执以苇索，而以食虎。于是黄帝乃作礼，以时驱之，立大桃人，门户画神荼、郁垒与虎，悬苇索，以御凶魅。"这里提到的"神荼"和"郁垒"，和老虎一同被老百姓画在门板上，用来捉鬼驱邪，保一家平安，成了门神行业的祖师爷。

　　这时的门神还不是后来年画的形象，当时的人们更习惯在桃木板上写上神荼、郁垒二神的名字，悬挂在门口，这就是"悬桃符"，桃符每年更换一次。如王安石在《元日》里写道："爆竹声中一岁除，春风送暖入屠苏。千门万户曈曈日，总把新桃换旧符。"

　　时代更迭，门神的形象也逐渐变化，不断有新人涌入，有驱邪的钟馗，有忠诚的魏征，有赐福的天官等，层出不穷。神荼、郁垒并没有一直霸着门神老大的宝座，唐朝的尉迟恭和秦叔宝后来居上，成了在民间圈粉无数的经典门神。

　　秦叔宝和尉迟恭两人都是开创大唐基业的功臣，骁勇善战，位列凌烟阁二十四功臣。在玄武门事变里，尉迟恭居功甚伟，更是直接逼迫当时的李渊退位，让其禅位给李世民。《隋唐演义》里记述：唐太宗李世民因争夺帝位杀人无数，后来夜间梦寐不宁，难得心安。于是，他请了尉迟恭与秦叔宝两位大将来守卫站岗，两位大将正气凛然，结果就相安无事了。李世民怕两人一直站着过于辛苦，后来就请了画师把两位大将画成门神的样子，贴在门上护佑。

　　画上的尉迟恭和秦叔宝，一个黝黑粗犷，一个白脸儒雅，色调之间也是冷暖对比，站在门口给人莫大的心理安慰。虽然在唐朝时，已有人把这两位大神请到了门上，但直到后来《隋唐演义》深入民间，秦叔宝、尉迟恭才真正成为门神界的老大。

　　这两位大将，本来是给唐太宗看家护院的，老百姓跟着效仿，把他们请到自己家的大门上。到了后来，明清戏曲形象日渐成熟，给门神注入了更多艺术元素。到如今，你看门神那脸谱化的形象时，总觉得与舞台上的戏曲人员之间有着千丝万缕的关联。

　　从虚无缥缈的神话中诞生，中间历经民间传说的加工演绎，再加上历史小说和戏曲艺术的元素注入，终于完成了中国历代门神谱系的建立。

二

因诞生历史悠久，所以中国的门神形象很多，大致可分为武门神、文门神、祈福门神等门类。其中，武门神的形象最多。这是理所当然的，门神要给人以安全感。

如清代《坚瓠癸集》记载，祝枝山去拜客，见客人的门神画得精彩绝伦，留下一首《门神赞》："手持板斧面朝天，随你新鲜中一年。厉鬼邪魔俱敛迹，岂容小丑倚门边。"你看，这门神的形象，已跟《水浒传》里的李逵没有区别了。

由此，民间所供的门神多手持兵器，如刀枪剑戟、斧钺钩叉、鞭铜锤爪、铛棍槊棒等，十八样兵器样样不缺。武门神本就长得孔武有力，加上兵器在手，更加威严，让人安心。

而文门神虽流传不广，但来头都不小，最有名的如魏征、包公、海瑞和文天祥等等。这些杰出人物因刚正不阿、威武不屈而名垂青史、受人祭拜，慢慢地入了文门神序列。有好事者将魏征与尉迟恭配了对，作为一对文武门神贴家里，二人都是持刀的形象。而文门神的形象一般色彩绚丽，看着特别吉祥喜庆，没有让人畏惧的感觉。画中人物都是朝官的打扮，气度雍容华贵，一手持笏板，一手托金盆，盆中一般配有牡丹花和酒爵，都是日后生活富贵的象征。

而祈福门神是专事祈福的，如福、禄、寿三星。最早的人们对于门神的寄托，是为了辟邪免灾，后来就增加了祈福的功能，希望能带来功名利禄等。至迟在明代，武士门神像上，已常添画"爵、鹿、蝠、喜、宝、马、瓶、鞍",皆取美名,表达了人们求福祈财的良好愿望。

千里不同风,百里不同俗。如珠三角有拜北帝的风俗,人们相信拜过北帝之后,一年之中都会得到北帝的庇护,生意兴隆、财丁两旺。而《吴县志》记载,江南一带祭拜的门神,是温岳二神。温是指东晋的名将温峤,岳是民族英雄岳飞。而日本和朝鲜半岛也深受中华文化影响,过年也贴门神,不过门神的形象已本土化。

不管文也好,武也罢,唯一的共同点,就是为了驱邪求福,求得新的一年平平安安、顺顺利利。这是千百年来门神文化所从未改变的。

三

中国的传统文化是相对内敛的,这种精神投射在人们生活中,很重要的体现之一就是会对保护居住安全的住宅特别重视,而大门又是住宅安全的焦点和象征所在,所以格外受到关注。古人安了石狮子来看家护院、安了泰山石镇宅避难,都是一种心理上的象征。

而门神的出现也是同理,这种驱邪祈福的愿望一旦凝聚放大在门上,最后就造成了门神形象。门神让民众在冥冥中感到有神祇站在门口守卫自己,当灾难降临,当妖魔鬼怪来袭,门神在那里起着抵御防卫作用。正是在这种心理指向下,贴门神成了千百年来中国民众一种广泛的习俗,流传至今。

醇厚的民风民俗,都不是一时形成的,而是在历史长期累进的过程中沉淀下来的。当人们遭遇不公,祈求正义,刚正不阿的包拯就成了门神;当人们恐惧担忧,祈求保护,孔武有力的尉迟恭和秦叔宝就成了门神；当人们祈求招财进宝、多子多福，更多的祈福门神也就诞生了。

正是一代代中国古人的朴素愿望，才让各类门神一代代涌现，成了一个丰富多彩的形象体系。

门神一直在变，但中国人民追求美好、富足、安定的愿望一直没有变。到了现代，大家依然贴门神，其实并不虚妄，这既是对传统风俗的坚守，也是在表达对未来生活的美好期许。

尤其这三年，疫情的阴霾被全部扫空，我们沉浸在这样一个盛大祥和的春节里，在对联的挥毫泼墨中写下祝福，在烟花的绚烂绽放中许下期望，在门神的站立守护中祈福去邪。过年这种浓厚的仪式感，会给我们增添一种无形的力量和期望。

当然，要实现这种期许，还需要你我在新的一年里一同更加努力。因为只有努力的人，才能真正"封神"。

赵波　执笔

2023 年 1 月 27 日

"新春走基层"怎么走

> 好的新闻，一定是"走"出来的，只有"俯下身、沉下心"，才能察实情，采访对象才会和你说说心里话，拿出的作品才能让读者、观众动真情。

"地球不爆炸，我们不放假，宇宙不重启，我们不休息，风里雨里节日里，我们都在这里等着你，没有四季，只有两季，你看就是旺季，你换台就是淡季。"

新闻媒体春节放假吗？央视主播朱广权的网络名言给出了答案。

每年春节期间，除了常规报道外，全国新闻媒体都有个规定动作——"新春走基层"活动，采写"沾泥土、带露珠、冒热气"的报道，展现全国各地群众欢乐祥和迎新春的喜人景象。

此时，很多媒体单位都会早早做好策划，很多记者也会深入基层一线，进村入户，记录下一些热气腾腾的瞬间。

"新春走基层"，怎样才能走得走心、深入人心？这个问题，值得每一名新闻工作者细细思量。

一

习近平总书记强调，新闻舆论工作者"要转作风改文风，俯下身、沉下心，察实情、说实话、动真情，努力推出有思想、有温度、有品质的作品"。

"脚底板下出新闻"，深入基层走一线，是对新闻工作者一贯以来的要求。那么，新春佳节的走基层有何不同？

春节是中国人一年中最重要的节日。在这个新旧交替的时刻，记者到街头巷陌、田间地头、工厂车间，问一问百姓旧岁收获如何，说一说一年奋斗的经历，聊一聊满怀期待的来年……记录这些故事，就是在记录时代不断发展的印记，因为正是这一点一滴的动人之处，汇聚成我们国家不断跨越的脚步。

春节是万家团聚的日子。但每一份岁月静好的背后，都有人在为我们负重前行。在大多数人享受春节团聚的喜悦之时，医护人员、边防战士、公安交警、消防队员等，仍坚守在工作岗位。

"新春走基层"，别忘记把采访的镜头和笔头对向这些"逆行者"。这是一年里特殊的时刻，也是他们无数个日夜中平常的一个，用体验报道的视角讲述坚守的故事，在带给读者、观众感动的同时，也能给大家带来新年前行的力量。

人勤春来早。新年开春的走基层，对记者们来说，是新一年练兵的开始，也是锻炼脚力、眼力、脑力、笔力的过程。

好的新闻，一定是"走"出来的，只有"俯下身、沉下心"，才能察实情，采访对象才会和你说说心里话，拿出的作品才能让读者、观众动真情。

二

从 2011 年以来，全国新闻战线每年都会开展"新春走基层"活动，至今已有 12 个年头。其间，全国各地涌现了一大批优秀的新闻作品。

不过，笔者发现，在报道过程中，也有一些问题值得注意、值得深思。

用手机代替脚走。把走基层当成任务，确定好选题后，所有的采访都在电话里完成，再上网搜索一下，加一点采访对象提供的资料，拼拼凑凑就完成了一篇报道。殊不知，脑补的现场毕竟不是真现场，电话联系终究比不上面对面的交流，报道看似各个元素都完整，实际上只是空架子。

到过就算走过。虽然到了现场，但只是"蜻蜓点水"一般走了个过场，看几眼、聊两句就匆匆离开，缺少沉浸式、体验性的采访过程。这样的"新春走基层"，只是身体到了现场，走马观花。这样的报道，必然会缺少能打动人的细节，缺少真正有价值的信息。

选题年年炒冷饭。"新春走基层"关键在"走"，意义在"新"，没有精心策划的报道，每年的选题都会大同小异。拍两个年夜饭的镜头，到旅游景点问几个游客……如果走基层只满足于这样的选题，缺少深入思考和独特发现，缺乏能让人产生共鸣的情感，也就失去了活动的意义。

移花接木式采访。报道写的采访时间是春节期间，但实际上稿子是提前采访好的，刊发前，打个电话确认下没有大的疏漏，改个时间就发出去了。这种移花接木式的采访，其本质还是记者"懒得走"，报道中也很容易发生"货不对板"的情况。

场景刻意演练。为了所谓的让报道更打动人，特意策划一组场景，让采访对象配合"演出"，欺骗读者、观众的感情。比如，前几年，有家媒体刊登了一张基层人员读报学习的照片，后来被人发现，他们实际上读的是报纸的广告版。刻意编排的场景，即使瞒过了一时，也瞒不了一世。这样的"更打动人"，实际上影响恶劣，最终伤害的是媒体的权威性、公信力。

三

"新春走基层"，是各地新闻媒体历来坚持的优良传统。如何走得更好，可以从过往一些优秀的作品中寻找方法。

"身"入也要"心"入。深入现场，是对记者"新春走基层"基本的要求，但如果仅仅满足于此，是很难出高质量的作品的。在走基层的过程中，记者需要深入了解背景，以真心换真情，才能找到有温度的线索。

比如《山西日报》一篇800字的"新春走基层"报道——《矿工组长的551条短信》，曾获中国新闻奖通讯二等奖。2018年春节，记者跟着矿工师傅，爬进了坑道，进入300米深的地下。在昏暗狭长的矿道里，感受矿工师傅艰苦环境的同时，记者也抓住了他们给家人发送平安短信的感人细节。这一句句平常问候，打动了无数读者。

网友评论说，好的新闻，一定是有感情、有温度，来自最基层、最现场的。

怀着一颗坚持而敏感的心。打动人的，往往是细节，而细节的发现需要一颗坚持而敏感的心，这既是对记者业务水平的考验，也是对业务态度的考量。通过勤于观察，积累"不起眼的小线索"，"织"出大文章。

比如《扬州日报》曾获中国新闻奖一等奖的《就业局长"潜伏"打工探扬州用工》，线索就来自记者新春期间走基层的发现。2011年初，记者跟随用工单位跨省招工，聊天中听说云南曲靖有一名负责劳务输出的人社局副局长，曾以打工者的身份进入企业，打探好用工环境后，再介绍更多的乡亲来打工。这个闲聊中的故事，被有心的记者抓住了。一篇稿件，成为记者"用脚步丈量、用心灵体验"的代表作。

再如《都市快报》2019年刊登过一篇《啥是"歪非"》的报道，写的是为了让回家的孙子能用网络发稿，奶奶特地给他装了无线WIFI。故事很小，但祖孙之间亲密的感情打动了网友，被《人民日报》官方微信转载。

走得有时代感。相比日常的走基层活动，"新春走基层"的优势在于可以开动脑力提前精心做好报道策划，以小故事描绘时代变化。

比如《浙江日报》今年的"新春走基层"活动，通过讲述老百姓在物质和精神上的变化，如村民在文化礼堂里热闹过大年、水乡居民"围灶煮茶"品年味、山区医务人员守在一线吃了一顿特殊的团圆饭等，以小见大，展现浙江高质量发展建设共同富裕示范区的图景。

要通俗也要有创新。"新春走基层"不仅是对记者作风上的要求，还要求文风上能更生动、表达上能更创新。这一方面体现在"说人话"，不要端着架子自说自话；另一方面要求新求变，运用互联网思维和技术，创作传播力广、引导力强的作品。

2018年新春期间，《杭州日报》推出了"家年华"特别报道，环卫、交警、建筑工人等各行各业的基层工作者，面对直播镜头讲述自己的春节故事。同时，读者也可以通过杭＋客户端的AR模式，扫报纸上的图片，观看直播回放。

"走一走"不能满足于"看一看"。在"新春走基层"的过程中，需要每一名新闻记者多走多思考。

有句话说得好："人生，没有白走的路，每一步都算数。"沉下去，离群众越近，离好新闻越近，基层一线的故事才能够传播得更广更远、更动人。

钱伟锋　执笔

2023 年 1 月 27 日

年味藏在一口软糯米香中

> 比起北方面食"大漠孤烟直,长河落日圆"的不拘一格,江南的米食更多了一丝"春水碧于天""皓腕凝霜雪"的精致秀丽。

阖家团聚,饭香四溢,是过年最重要的仪式感。而浙江的年味,离不开一口热腾腾的米香。

甜甜的年糕、糯糯的团子、松软的发糕……以米为主的食材在浙江人过年的餐桌上压轴登场,缠绕着"软""糯""香""甜"四种口感,把大米软糯滋味发挥到了极致。

这些米制年味,虽出身于"烟火",却脱尘于"凡间",为喜闹新春讨了头彩。

一

"雪花飘飘,外婆炊糕,大笼糕、小笼糕、白糖糕、红糖糕、桂花糕、莲子糕,大吉大利龙游糕……"

在衢州龙游，春节期间，大街小巷会时时窜出蒸发糕的香味。热气腾腾的蒸笼旁，挤满了咽着口水的"吃货"。咬上一口，糯而不黏，甜而不腻。

选用白糯米搭配粳籼米，浸数十天后，用水漂清，磨成细粉，按比例加猪油、白糖、酒酵调制，经发酵后蒸熟，再用六角茴香沾上红色食用颜料，在发糕上印上象征吉祥如意的图案，一笼发糕就完成了。

"发糕，福高，年年发、步步高"。用发糕来庆祝新年、馈赠亲友、祭祀祈福，成为当地特有的风俗。数百年前，"龙游商帮"在远行天涯海角时，都要带上这口年味美食。

"一口江南米食，尽尝绵延千年的文化珍馐"。春节期间，驱车驶往浙江的任何一个城市，或许都能寻到一份独特的米制美食。

即便时光荏苒、岁月变迁，糯米藕在江南年味点心中始终占有一席之地。糯米藕，是杭州、绍兴地区春节期间桌上常见的一道年味甜品。桂花的香与莲藕的糯相结合，再加上糯米和糖浆，一口咬下去，直溜溜地甜到每个食客心中。

因糕上铺满馅料被称之为"东方披萨"的开化汽糕，是开化乃至衢州地区家家常备的年味小食。到了正月，一日三餐里少不了它的身影。汽糕蒸好的样子仿佛一轮大圆饼，需要切开去吃。咬一口糕体，软糯可口，撒得满满的馅料更是余味十足。

大米制品尤其是糯米制品，蒸发的米香熏得空气里都是甜甜的，也贮藏在人们心中，裹起千百年不可或缺的乡情。

二

不同的饮食文化，孕育了不同的味蕾，同时也按下了不同"过年模式"的起始键。比起北方面食"大漠孤烟直，长河落日圆"的不拘一格，江南的米食更多了一丝"春水碧于天""皓腕凝霜雪"的精致秀丽。

南派糕点大部分精美，制法古朴且讲究。像丽水的糖糕，做法要用米粉加上红糖，且定要添上花生、芝麻等画龙点睛之物细细点缀，刚出炉的糖糕就似那琥珀，泛着细腻光泽，咬下一口回味无穷。

江南湖泽广布，雨水充沛，加上得天独厚的地理条件，让浙江"鱼米之乡"的气质浑然天成。一方水土养育一方人，"口口相传"的米制美味，传承着浙江的生活方式和礼俗习惯，让这份"食文化"依旧生机勃勃。

你可以在西塘等江南古镇里，听得乌篷轻摇桨，看着小河两岸的孩童们因春节换上新衣，肆意玩耍，再美美尝上一口八珍糕，满嘴留香。

你也可以在灵隐等古寺旁泡上淡茶几杯，伴着袅袅升起的炊烟，配上一块远近闻名的桂花糕，看着新年里满怀对家人的爱、诚心祈福的人们来来往往。平日里的劳累，都化作了此刻的欢颜。

在浙江浦江上山文化遗址，可追溯一粒米的万年演变史。一万年前的上山人，种水稻、吃大米。人们不禁猜想，一定是那一粒米，激发了浙江人对米制美食的热情与想象，自此精烹细作了万年，和美好祝福一起，被端上餐桌，成为一道必不可少的"年味"。

将合家团圆之情拌进稻米的软糯之中，在祖祖辈辈的传承中不断翻滚，烹饪出热气腾腾的新年心意。

三

美食有千味，但每个人心底，都藏着一口乡愁味。萦绕在舌尖上的乡愁记忆，四溢在归家人的心中，撞上春节这个镌刻在灵魂深处的文化印记，猝不及防地填满了身体的每个角落。

鲁迅是个不折不扣的"吃货"。他喜欢"探店"，并将之视为人生一大乐趣。他曾在日记中流露出对家乡的思念，"见圆月寒光皎然，如故乡焉，未知吾家仍以月饼祀之不。至稻香村买食物三品。"作为在绍兴长大的南方人，他的笔下自然少不了那一块糕饼。

宁波年糕在冯骥才有关年味的记忆中，占据了浓墨重彩的一笔。冯骥才在《春节八事》中写道："过年的心理是年货要备得愈齐全愈好，以寓来年的丰足。""大致是玉丰泰的红绒头花，正兴德的茉莉花茶，还有津地吊钱，漳州水仙，宁波年糕，香烛供物，干鲜果品，生熟荤腥。"

作为家和故乡最佳意象的代表之一，金庸先生将心心念念的乡味写在了笔下。在《神雕侠侣》里，杨过说自己要吃粽子，程英立刻以为对方猜出了自己的身世，因为天下相当出名的粽子，正出自她的老家嘉兴。

祖籍杭州的作家梁实秋，则喜爱杭州过年必备的压轴美食八宝饭。他专门写过一篇散文，开头就是："席终一道甜菜八宝饭通常是广受欢迎的。"他与友人一同用餐时，以糖尿病忌甜食和淀粉为由，把"冰糖肘子""什锦炒饭"都打入了"冷宫"，唯独对八宝饭

"爱不释口"。

朋友提醒他："里面既有糖又有饭。"梁先生则笑着说，就因为早知道有自己爱吃的八宝饭，所以前面特别节制。八宝饭米粒晶莹透亮，倒扣之后形成"富贵花开"的图案，或是那扑鼻而来的香甜气息，勾起了梁先生对杭州的留恋。

古往今来，被如此之多的名人雅士魂牵梦绕，浙江米食的魅力由此可见一斑。那些笔墨，将江南的米食写成百般思念，融进中国特色节日的喜悦中。

正如《舌尖上的中国》中说，无论脚步走多远，在人的脑海中，只有故乡的味道，熟悉而顽固，它就像一个味觉定位系统，一头锁定了千里之外的异地，另一头则永远牵绊着记忆深处的故乡。

楼郁馨 求张锋 执笔

2023年1月28日

以创新之钥开启制胜之门

> 今天我们所谈论的创新，早已不仅仅是狭义的科技创新，而是以科技创新为核心的全面创新。

《习近平浙江足迹》一书记录了这样一则故事——

2006年，浙江参照此前召开的全国科学技术大会，拟定召开全省科学技术大会。但没想到的是，时任浙江省委书记习近平在关于召开全省科学技术大会的报告文稿上作了一处醒目的批注，他在会议名称上画了圈，旁边空白处写着"全省自主创新大会"。

习近平同志当年为何要给这个会议改名字？经过这么多年的努力，当前浙江的创新能力在全国处于什么"段位"？

今天，兔年的第一个工作日，省委将召开全省深入实施"八八战略"强力推进创新深化、改革攻坚、开放提升大会。置身以"两个先行"打造"重要窗口"的新征程，创新深化对浙江为何如此重要，答案不言自明。

一

众所周知，21世纪之初，资源禀赋先天不足的浙江，乘着改革开放的东风，依靠市场先发和体制改革一路"开挂"前行，但同时也存在一些明显的短板。其中，科技创新能力不强就是浙江发展比较突出的一根"软肋"。

习近平同志在浙江工作期间，深刻认识到"在当今信息时代，科学技术对生产力发展产生的就是'幂数效应'"，"科技进步和创新是经济社会发展的首要推动力量"。为此，他一再强调浙江发展不能再走老路，并为浙江化解"成长的烦恼"开出了一剂剂"含创量"极高的"强筋壮骨方"。

比如，在"八八战略"这个总纲中，第八条就是进一步发挥浙江的人文优势，积极推进科教兴省、人才强省，加快建设文化大省，明确把建设科技强省纳入"八八战略"的重要内容和重大举措，把科技进步与创新摆上更加突出的战略位置。

2006年3月，省委、省政府召开全省自主创新大会。浙江立了个Flag——到2020年成为创新型省份，基本建成科技强省。

经过会议讨论并经习近平同志亲自修改审定，省委、省政府正式印发了《浙江省科技强省建设与"十一五"科学技术发展规划纲要》和《关于加快提高自主创新能力、建设创新型省份和科技强省的若干意见》，从全局上为浙江走好创新发展之路打通了"任督二脉"。

由此可见，习近平同志当年把全省科学技术大会的会议名称修改为"全省自主创新大会"，意图十分清晰：更加明确会议的导向性，把"自主创新"像一面旗帜一样高高举起来。

二

如今，17年过去了，浙江当年立的那个Flag完成得如何？

让数据告诉我们：2020年，浙江省研发投入强度达2.88%，科技进步贡献率达65%，高新技术产业增加值占规上工业比重达59.6%，如期实现了"到2020年成为创新型省份，基本建成科技强省"的战略目标。

这些年来，无论外部形势如何变化，浙江都坚定不移用好"八八战略"这个独家秘籍，始终把创新驱动作为经济社会发展的核心战略。

通过经年累月的超常规"锻炼"，浙江创新的"筋骨"越来越强劲，高能级创新的战略拼图相继就位，国家实验室实现"零"的突破，11家全国重点实验室获批建设，以10大省级实验室为龙头的核心战略科技力量"握指成拳"，创新的底蕴更加厚实。

去年9月，一只憨态可掬的六角蝾螈出现在《科学》杂志的封面上。这是杭州华大生命科学研究院联合三个国家的研究者，首次绘制出了这一神奇生物大脑再生的时空图谱，而蝾螈的基因序列与人类非常相似。这意味着，研究蝾螈脑再生的启动机制与关键基因，或能带我们找到人类大脑修复与再生的钥匙。

神威量子模拟器获"戈登·贝尔奖"，在量子比特上搭建的"积木"登上《自然》，破解叶绿体"守门人"之谜……近年来，浙江科技创新成果喷涌而出，一项项"黑科技"充分展示出浙江创新的硬核本领。

武功高了，"江湖地位"自然也水涨船高。《中国区域创新能力评价报告2022》显示，浙江省创新能力综合排名跃居全国第4位，实现15年来首次争先进位；知识创造指标上升2名，位列全国第3位，企业创新、创新绩效和创新环境指标保持稳定，排名分别为全国第3位、第4位和第4位。

对于浙江这个"大个子"来说，创新"体质"的养成注定道阻且长，需要久久为功。

三

今天我们所谈论的创新，早已不仅仅是狭义的科技创新，而是以科技创新为核心的全面创新，包括理论创新、制度创新、科技创新、文化创新等各方面创新，涉及生产力与生产关系、经济基础与上层建筑的全要素、全系统、全方位变革。

习近平总书记在党的十八届五中全会上，鲜明提出了新发展理念，并把创新作为新发展理念之首，强调让创新贯穿党和国家一切工作，让创新在全社会蔚然成风。

党的二十大报告用一整个章节专门对"实施科教兴国战略，强化现代化建设人才支撑"作出了重大部署，明确提出：到2035年，实现高水平科技自立自强，进入创新型国家前列，建成科技强国。

置身"两个大局"，浙江要想脱颖而出并非一件易事。

先看大势。创新日益成为区域经济发展的重要驱动力。谁积极主动拥抱创新，谁就能占得先机、赢得主动。作为改革开放先行地、经济强省，浙江要想持续走在前列、勇立潮头，就必须把抓创新落在实处。

再看自身。今年省政府工作报告中，对照"两个先行"的问题和短板，创新被第一个点了出来：创新发展能力不足，创新链产业链深度融合不够，与构建现代化产业体系、实现高质量发展的要求还有差距。

环顾左右。兄弟省份凭借各自优势在创新全链条上高速狂奔，新一轮的区域竞争越来越体现在创新的竞争。国家统计局发布的《2021年全国科技经费投入统计公报》显示，广东、江苏、北京、浙江2021年全社会研发经费及投入强度分别是4002.2亿元、3438.6亿元、2629.3亿元、2157.7亿元和3.22%、2.95%、6.53%、2.94%。与排位更靠前的"高手"相比，浙江还有差距。

可以说，浙江之所以对创新充满"执念"，既饱含着"犯其至难而图其至远"的雄心壮志，也凸显着"慢人一步就步步难追"的压力和紧迫。

四

科技日新月异，形势一日千里。

今天，不创新不行，创新慢了也不行。如果我们不准确识变、科学应变、主动求变，就可能陷入战略被动，错失发展机遇，甚至错过整整一个时代。

省委十五届二次全会指出，当前世界之变、时代之变、历史之变正以前所未有的方式展开，也以前所未有的广度和深度影响省域发展。只有在主动应变中守正创新、固本开新，才能跑好"接力赛"、打赢"擂台赛"、夺魁"锦标赛"、称雄"拉力赛"。

要清醒看到，创新之于浙江"幂数效应"还远远不够。要想将创新这个"关键变量"转化为浙江高质量发展的"最大增量",持续深化创新,真正实现敢创新、大创新、真创新,就需要回答好以下6个问题:

一是如何形成全面创新的局面?

二是如何催生全员创新的态势?

三是如何打造全域创新的格局?

四是如何营造全程创新的生态?

五是如何集聚全量创新的要素?

六是如何抢抓全速创新的机遇?

"创新六问",每一个问题都问得振聋发聩,发人深省。要回答好这些问题,关键是锚定跑道、优化打法,在创新的赛道上不断跑出"加速度"。笔者以为,至少有以下两个方面值得关注。

有怎样的工作导向,就会带来怎样的工作结果。创新不应该是一时一地的,也不应该是某个人某个机构的专属。创新做法应无处不在,创新精神应时刻受到欢迎和鼓励。因此,我们要不断强化"创新制胜"的工作导向,用"创新"来赋能"两个先行",打通从科技强到全面强的通道,一体推进科技创新、产业创新、市场创新、业态创新等各种形式的全面创新,如此才能推动浙江今后五年全面转入创新驱动发展模式。

有怎样的前行目标,就需要拿出相应的打法。浙江提出,到2027年,数字经济核心产业增加值超过1.6万亿元。目标远大,更需要脚踏实地、努力作为。我们实施数字经济"一号发展工程",也要坚持用好数字化改革和科技创新最新成果,奋力抢占数字经济发展C位，加快构建以数字经济为核心的现代化经济体系，打造数字变革高地。

创新永无止境，需要不断深化。面对新一轮科技革命，对标"国之大者"，浙江还有很多"硬骨头"要啃。坚持深化创新，把创新的旗帜举得高高的，把创新的目标盯得准准的，面向未来，浙江已来。

陈培浩　执笔

2023年1月28日

船菜里的水乡年

> 船菜有三吃：一吃水乡的诗意，二吃
> 江南的精致，三吃创意的惊喜。

一顿团圆饭，一个中国年。新春佳节，团圆宴是阖家欢聚的重要"保留节目"。

在江南水乡嘉兴，团圆饭还有一种特别的选择——船宴。邀约亲朋好友，坐上画舫游船，在南湖、大运河之间遨游，品尝美酒佳肴，欣赏两岸风光，邀约星空明月，畅叙友情乡谊，让船菜里的水乡年别有一番妙趣。

船菜到底有什么特别？为何从古至今都深得人们喜爱？

一

船菜有三吃：一吃水乡的诗意，二吃江南的精致，三吃创意的惊喜。

宋代诗人叶绍翁的一首《嘉兴界》，将氤氲着水汽、摇荡着舟楫的江南水乡景色铺陈在世人眼前："平野无山见尽天，九分芦苇一分烟。悠悠绿水分枝港，撑出南邻放鸭船。"

嘉兴，离不开那争流竞秀、纵横交织的水系，而将人与水牵连在一起的，是那一艘艘舫船。明清时期，水上出行路程远、时间长，饮食主要由船主供应，于是能否烹饪可口菜肴就关乎船主的名声和品牌。

渐渐地，船菜作为一种特别的菜品，跟文人士大夫的宴游之风相伴而生。那时，无锡、苏州画舫和丝网船沿着运河南下，来到嘉兴码头，必做驻留。相邀好友，放舟于鸳鸯湖上，吟诗酬唱，很快成了来往商贾、文人雅士盛行的风尚。

明代文人张岱是有名的"美食爱好者"，在《陶庵梦忆·烟雨楼》中，他这样写道："湖多精舫，美人航之，载书画茶酒，与客期于烟雨楼……舟中有所需，则道出宣公桥、角里街，果蓏蔬鲜，法膳琼苏，咄嗟立办。"

1923年农历八月十八日，正值海宁观潮节。这天，徐志摩约了好友胡适、马君武等人到盐官看潮。他在几天后补记的日记中写道："中途集在一只船里吃饭，十个人挤在小舱里，满满的臂膀都掉不过来。饭菜是大白肉、粉皮包头鱼、芋艿，大家吃得快活。"

可见，船菜风行江南长达数百年。

每每遇到佳节，南湖上更是游船如织，享用船宴也渐渐成为当地习俗。南湖边的老人们回忆，到南湖上游船，讲究尽兴游玩，船上常备瓜子、蜜饯等，一般要安排三个时段：晨时，游客上船坐定，细品香茗，慢尝精巧茶食；午时船菜开席；下午重沏茶水，唱曲聊天。

民国初，上海《申报》及各地的报纸杂志，都刊登过介绍嘉兴南湖船菜的文图。直到抗战爆发后，这样的景象渐渐销声匿迹。

二

船菜除了因宴设于船而特别，还因菜品的精、特、美和烹制佳肴的船娘的灵、巧、勤而著称。

南湖船菜和西湖船菜、太湖船菜等一同源于江浙船菜，菜肴以河鲜为主。经过嘉兴南湖几代船娘的不断改良，南湖船菜汲取无锡菜和禾帮家常菜的精华，融合本地饮食文化，遵循"四时之序"，渐渐形成特色，在各类船菜中也是独树一帜。

清末名士徐珂的《天苏阁集》记载了一份南湖船菜"菜单"——其肴馔八小碗为：虾仁、蟹粉、蹄筋、蘑菇、五香鸽、虾圆、白木耳、莲子；六大碗为：蟹黄鱼翅、八宝鸭、鱼肚、冷拌鳖裙、火腿踵、粉蒸肉。

那时，为使游客尽一日之欢，从原料到烹调的全套程序都须在船上完成，这就使得船菜呈现出"土而精"的特色：一叶小船，不可能四处备料，只能就地取材，这就必须"土"；客人仅一船，菜肴仅一桌，这就有余裕做到"精"。而这其中极其关键的一环，就是烹制佳肴的船娘。

游船一般在后舱设有厨房，舱板之下放满时鲜果蔬，船艄挂鸭笼，水中悬竹笼，放养鱼虾蟹鳗。近午时分，船娘会择景处停橹起灶，在不大的艄舱中，发挥爆、炒、燎、煮、炸、熘、烩、焖等绝技，准备各色各样鲜美绝口的佳肴。

船菜也在一代代船娘的创新中新品迭出，菜色繁多。

比如清朝康熙年间，名士顾仲在南湖上与友人相聚游船。当日中午用餐时，船娘为他们准备了一道新菜——臭苔菜蒸茄子，顾仲吃后大赞此菜鲜美无比，同时也将此菜改名为"船娘茄子"。

船娘还创造了菱香豆腐，让南湖菱香与豆腐香相互渗透，美味滑爽。清代美食家袁枚在《随园食单》中，共记载了九道豆腐类菜，唯独没有菱烧豆腐一说，可见其独创性。

"一菜一典"也让南湖船菜为人所津津乐道。相传，乾隆下江南来到嘉兴，品尝了红烧桂鱼之后，大为赞赏。这道菜选用南湖2斤左右的野生大桂鱼，再用土酱油烹制，只见浓油赤酱，葱香扑鼻，入口咸中有甜，肥而不腻。还有一道"金丝御鸭"："中药配野鸭，身体顶呱呱。"乾隆食用后，唇齿留香，龙颜大悦，随即赐名。

三

对船菜，嘉兴人是有情结的。

在嘉兴南湖畔的月河历史街区内，如今的民居依然依水造势，古街巷弄迂回曲折，古桥、流水、廊棚和众多老字号，透射出浓厚的水乡风情和旧时"江南府城"的繁华，在街巷也总能看到"南湖船菜"的字样。

嘉兴各酒店都相继推出南湖船菜菜肴和当家名菜，并通过"擂台赛"认定南湖醉虾、鲜菱豆腐、清蒸湖蟹等名菜100道，其中有15道荣获国家级名菜、名点。

近年来，南湖船菜重新搬进了游船，老底子的味道也悉数回归，更诞生了令人耳目一新的特色菜品。

比如20世纪70年代就被收录进《中国菜谱》的二锦馅，聪明的嘉兴厨师本着更加养生、健康的理念，对这道菜肴进行了改良，做出了一道"新二锦馅"：把油球用更加绿色生态的农村饭皮做成皮，口感更加滑顺；用白花鲢鱼制成鱼面筋，包裹蟹粉，然后用姜、菜心等辅料去腥；把猪肉馅换成了河虾馅，味道更鲜嫩。

今天，走进嘉兴的游船，"醉仙射雕宴""诗画嘉禾宴""乾隆江南宴""春波烟雨宴"等主题船宴更是"八仙过海各显神通"。

穿越数百年时光，船宴让今天的我们与诗情画意的古人有了最直接的"对话"。沉醉于"食景两相宜"的格调中，移步换景、杯随景动、盘中映景，回到江南水乡，回望流水人家，回味人文雅趣。这一桌船菜，其味无穷。

人们常说，"人生百味"。每个人对口味的执着，承载的是个人的记忆，是自己走过的烟火人生。这一桌家乡的特色菜，并非不同食物的简单堆叠，而是带着情感印记的一次"深度交流"；它不仅是味蕾的享受，更包含着中国人对人生的思考和对未来的追求。

约上亲朋好友到嘉兴，让自己的胃和心都感到熨帖吧。

孔越 高燕 执笔

2023年1月29日

从"地瓜理论"看开放提升

> 浙江向东是大海，开放当永不止步。

习近平同志在浙江工作期间提出过一个著名的"地瓜理论"，讲的是：地瓜的藤蔓向四面八方延伸，为的是汲取更多的阳光、雨露和养分，但它的块茎始终是在根基部，藤蔓的延伸扩张最终为的是块茎能长得更加粗壮硕大。

用藤蔓与块茎的关系，习近平同志把"地瓜理论"蕴藏的哲学智慧明明白白地摊了开来：藤蔓的延伸是一种开放的手段，块茎能长得更加粗壮硕大则是开放所要达到的目标。

地瓜的生长如此，一个省份的成长亦如此。就在昨天，浙江"新春第一会"就部署全省深入实施"八八战略"强力推进创新深化、改革攻坚、开放提升。省委书记易炼红强调，要加快打造高能级开放之省，实施"地瓜经济"提能升级"一号开放工程"。

对于一直打开放牌、走开放路成长起来的浙江来说，重温习近平同志阐释的"地瓜理论"，我们能更深层次地理解：什么叫"跳出浙江发展浙江"，如何才能在新的时代浪潮中获取源源不断的强劲动能，把开放进行到底。

一

春节假期，很多人的工作按下了暂停键，然而"义新欧"中欧班列仍在驰骋。据报道，22日，大年初一，兔年首趟"义新欧"中欧班列从浙江义乌铁路口岸启程，经过内蒙古满洲里口岸出境，前往莫斯科。目前，"义新欧"中欧班列已辐射欧亚大陆50多个国家和160多个城市。

有人曾比喻道："义新欧"班列驰骋于欧亚大陆，往来于国与国之间、民族与民族之间，以一万里征途为纬，编织出一条北半球的金丝带。

对浙江人来说，"义新欧"班列的意义不仅是"带货"多少、利润多少，更重要的还在于两点：一是把我国供应链整合镶嵌入欧亚大陆的供给体系，另一个则是依托商贸先行，向外传播中华文明的广博魅力，推动构建文化交融、民心相通的命运共同体。

"挡不住的浙江潮，难不倒的浙江人。"浙江地处东南，浩瀚无垠的大海，孕育了浙江人一种开阔外向的心态和敢在大海大洋中搏击的弄潮儿精神。

有资料显示，早在300多年前，浙江青田人就不远万里，到俄罗斯卖青田石雕和茶叶，还跨过西伯利亚大冰川，到西欧做生意。在清代末年，浙江宁波有一批人就来到当时刚在"小渔村"基础上扩建起来的"小上海"经商或搞建设。不久，"闯上海"的宁波人就达到40多万。

1978年，我国实行改革开放后，随着国门快速打开，一大批浙江中青年人漂洋过海到外国"闯荡"，有的去开餐馆，靠"一把菜刀"打天下,有的是去做生意,以"一双皮鞋"赚大钱,浙江人靠自己的知识与技艺闯世界。

可是,尽管浙江经济社会快速发展,综合实力明显增强,但进入新世纪,原有的一部分优势逐步弱化甚至消失,面对产业升级的动力、企业发展的张力、要素制约和资源环境的压力,需要寻找新出路,拓展新空间。

习近平同志非常敏锐地感知到了这一点。《习近平在浙江》一书中写到:当时浙江面临的一个问题,就是如果有企业要去外地办企业,有些地方政府就会把留在本省的该企业税收提高,之前给的各种优惠政策也会取消掉,说到底还是不想让企业离开本土。面对这样的困境,习近平同志经过深入的调查研究,认为领导干部要开阔眼界和思路,更要有全局观。

习近平同志把"进一步发挥浙江的区位优势,主动接轨上海、积极参与长江三角洲地区合作与交流,不断提高对内对外开放水平"作为"八八战略"的重要内容,把"开放图强"作为浙江精神的重要内容,提出"立足全局发展浙江,跳出浙江发展浙江"等一系列论断。

这在当时不是所有人都能理解的。正泰集团的南存辉就非常感慨地说:"几年前,您提出让我们主动接轨上海,融入长三角,最开始还很难真正理解您的战略意图,哪有省委书记叫企业到外地去发展的?"像南存辉这样的企业家还不在少数,但在几年后,当他们发现,只有这样才能把上海的、全国的、全球的优势资源整合起来,从而打破发展的天花板之后,才真正明白"地瓜理论"的深意。

就这样,浙江彻底打通了发展的"任督二脉",走上了高速发展的快车道。

二

泳技好不好，大海最知道。

乘着改革开放的东风，特别是进入新世纪以来，浙江人顺应时代潮流，到世界市场的汪洋大海中去遨游，通过"走出去"和"引进来"两个轮子一起转，真正做到了"内"和"外""两条腿走路"，练就了一身善泳的真本领。

先看全貌：2013—2021年，浙江累计实现货物进出口24.66万亿元。进出口总额从2012年的1.97万亿元发展到2021年的4.14万亿元，占全国比重为10.6%，年均增长8.6%。

再看排位：2021年，浙江货物进出口总额4.14万亿元，首次跻身全国第三位；货物贸易出口额3.01万亿元，全国第三；跨境网络零售出口额3302.9亿元，全国第二；实际利用外资额183.4亿美元，全国第五；宁波舟山港集装箱吞吐量3108万标箱，全球第三；宁波舟山港货物吞吐量12.24亿吨，全球第一。

有这么一个故事：2017年4月，浙江自贸试验区挂牌成立，确定了油气全产业链发展的目标，打造国际油气期现货交易市场是其中重要一环。如何实现从0到1的突破，浙江使出了"无中生油"的拿手好戏。2020年11月，上海期货交易所成功入股浙江国际油气交易中心。随着"舟山价格"——中国舟山低硫燃料油保税船供报价的落地，我们在这一领域参与国际竞争时终于拥有了自己的议价能力。

"无中生油"的例子，既是浙江自由贸易试验区加快高质量发展的缩影，也是浙江以大开放推动大发展的实践，充分体现了浙江人"向东是大海"的胆识豪气和"春江水暖鸭先知"的敏锐灵气。

但同时也要清醒地看到，浙江对外开放不平衡不充分现象依然存在，自贸试验区等开放平台的要素集聚能力、辐射带动能力还有待增强，对外开放的安全和风险防范能力尚需提升，等等。

建设"重要窗口"既是一种荣誉，更是一种沉甸甸的责任。面对严峻复杂的国际贸易形势和俄乌冲突、世纪疫情等多重影响，不仅不能关起门，而且应该要越开越大，不仅不能"依样画葫芦"，而且要向世界展示"浙"里独有的"风景线"。

三

今日之世界，可谓波澜正泱，大机遇大风口不断涌现，但大变数和大挑战也无处不在。

现在的浙江与全国各地一样，也面临着需求收缩、供给冲击、预期转弱三重挑战，再加上疫情的"后遗症"，可以说正是机遇与危机并存的关键期。开放是我们抓住先机、制胜未来的有力战略。浙江要在奋进中国式现代化新征程上勇立潮头，提升对内对外开放水平尤为重要、尤为紧迫。

新时期新境况下，如何兼容国内国际高端要素"做大蓄水池"，如何积极参与国际分工合作"激活一池春水"，如何全方位推进浙江对外开放水平提档升级，考验的是浙江的全球意识和世界胸襟，以及主动参与全球化合作与竞争的勇气和胆略，需要的是更大范围、更广领域、更高层次的创新打法。

"开放"需要"海纳百川"。广泛集聚人才、资金、信息、市场等方面要素，引进更多先进理念、成熟模式和创新技术，最大限度地交换和整合资源，集聚国内国际高端要素，使我们的思想观念、生活习惯、行为方式和精神素质不断适应开放的世界和全球化竞争的需要，才能让开放的精神结出更多惠及浙江千万人民的硕果。

"开放"需要"勇闯天涯"。一直以来，浙江对外开放在全国乃至全球都有一定影响力，像温州商人行天下，义乌实现"买全球、卖全球"，接下来开放实现更高能级是大势所趋。比如，坚持高水平"走出去"闯天下与高质量"引进来"强浙江有机统一；再如，推进重要开放平台建设，进一步把杭州亚运会、世界互联网大会、全球数字贸易博览会等展会平台用足用好，加快拓展义甬舟开放大通道、推进义新欧等标志性工程；等等。

"开放"还要"修炼内功"。提升浙江在双循环中的位势，就要提高枢纽循环的效率和水平，增强高端要素集聚和协同联动畅通。比如，推进大宗商品收储、轮换、动用机制改革，推动商品配置能力跃升；比如，深化"四港联动"，构建立足长三角、辐射全国、链接全球的现代物流服务体系等，推动物流通达能力跃升；再如，开展"投资浙里"全球大招商活动，全面引资引技引智引才，提升贸易投资合作水平，推动高端要素集聚能力跃升；等等。

《大江大河2》的结尾有这样一段独白："我格外珍惜这个时代，所有的变化都可能伴随着痛苦和弯路，开放的道路，也不会是阔野坦途。但大江大河奔涌向前的趋势，不是任何险滩暗礁能够阻挡的。道之所在，虽千万人吾往矣！面对艰难险阻，我愿意，为之奋斗!"

往小的讲,这是一个奋斗者的心声;往大的说,这蕴藏着一个省份、一个国家激流奋进的精神。浙江向东是大海,开放当永不止步。

王云长 朱越岭 陈培浩 张俊 执笔

2023 年 1 月 29 日

本书编委会

主　　任：王　纲

副 主 任：来颖杰　　虞汉胤　　赵　磊

成　　员：沈世成　　邢晓飞　　郑　毅　　莫璟华　　楚蓓蓓

　　　　　李　攀

本书编写组

李　攀　　郑梦莹　　王思琦　　季　方　　张　俊

一颗文心济时代

之江轩——编著

（中）

浙江人民出版社

图书在版编目（CIP）数据

一颗文心济时代 / 之江轩编著． -- 杭州 ：浙江人民出版社，2023.4（2025.2重印）

ISBN 978-7-213-11066-5

Ⅰ．①—… Ⅱ．①之… Ⅲ．①社会科学–文集 Ⅳ．①C53

中国国家版本馆CIP数据核字（2023）第073650号

浙江宣传工作的"移山计划"

> 对于宣传工作来说，话语隔阂的藩篱、传播格局的坚冰就是那座亟待移走的"大山"。

今年春节档大片《流浪地球2》中提到，"流浪地球计划"最初叫"移山计划"。很明显，名字来自愚公移山的故事。

"移山计划"代表了一种中国式的价值观：我们守护家园，靠的是愚公移山式的奋斗、精卫填海式的积累、夸父逐日式的坚持。危机面前，逃避不是办法，奋斗才有希望。

对于宣传工作来说，话语隔阂的藩篱、传播格局的坚冰就是那座亟待移走的"大山"。大家熟悉的"浙江宣传"，正是"移山计划"的第一把铁锹，为的是牵引宣传工作变革重塑。支点有了，接下来如何撬动整体工作？新一年如何破题开局？攻坚战怎么打？

今天召开的全省宣传思想工作会议给出了具体方案。细细数来，其实就是要打好九场战役。

一、理论铸魂的攻坚战

第一场战斗，瞄准的就是思想理论阵地，要让新时代的思想旗帜高高飘扬，取得更多与"重要萌发地"相匹配的累累"战果"。今年是"八八战略"实施20周年，这是一场大考，必须拿出几个响当当的"硬菜"，"深挖一口井""打穿一个点"，交出一张"高分答卷"来。

特别要做好几件事，首先要推出重大课题研究成果，"五路大军"齐上阵，列课题、出成果；其次要编好两本重磅理论读物，一本是代表中国水准的大部头理论书籍，另一本是网上热传、线下热销的"八八战略"通俗读本；其三还要办好从"八八战略"到共同富裕高峰论坛，以"浙江之窗"展示"中国之治"。

二、鼓劲催征的提气战

工作干得怎么样，很关键的一条，就看"服务大局、提振信心、展示气象"做得好不好，需要在"聚共识、强信心"上下足功夫。2023年是贯彻党的二十大精神的开局之年，学习宣传贯彻还得持续升温，让大会精神真正"飞入寻常百姓家"。

此外，三年疫情的冲击带来深层次影响，经济社会发展也正处在爬坡过坎、承压前行的关键阶段，需要用我们工作的"稳"和"进"，为全局工作保驾护航。

三、媒体改革的融合战

移动互联网时代,"流量就是人心"。推进媒体融合改革是我们面临的一场生死之战、尊严之战,已经到了刻不容缓、不得不改的地步,在这条道路上,还有许多"硬骨头"等着我们去啃,还有许多"娄山关"需要我们去越。

现在,"浙江宣传"这艘"破冰快艇"已经开了出去,新的一年,我们还得继续努力,拿出滚石上山、自我逼迫的决心与意志,重塑舆论传播格局、重建传媒底层逻辑、重构融合技术底座,打造推出重大传播平台,形成浙江自己的"传媒舰队"。

在目标定位上,坚持深耕浙江、解读中国、影响世界;在战略考量上,坚持移动优先、内容为王、流量说话;在战术打法上,坚持自设议题、以快制快、纵贯三级。通过媒体深度融合发展,让主流声音更好地进入互联网主阵地、直抵更多年轻人。

四、文化繁荣的攀峰战

起舞《碇步桥》,就能让人"梦回江南",文化无疑是一个地方最富魅力、最具辨识度的标识。但文化文艺事业不能只有"小石墩",还得成"高原"、出"高峰"。

今年,我们将开展首届"之江潮"杯文化大奖评选,持续擦亮优秀传统文化金名片,打造文创产业新高地,加快文旅融合深度发展,让更多人看见"万年上山、五千年良渚、千年宋韵、百年红船"的独特魅力,提升浙江文化的能见度和竞争力。

五、精神富有的持久战

"富口袋"更要"富脑袋",没有文化幸福感,就没有高品质生活。如何把文化资源和文化阵地用好用足?如何让公共文化服务更契合老百姓的需求,真正解决痛点、挠到痒处?如何让文明创建更好地为民惠民利民?如何把"好风景"讲出"好故事"、做成"好产品"?

应该说,在推进6500多万浙江人民精神富有方面,要干的事还不少。新的一年,需要我们继续推进"浙江有礼"省域文明实践、深化全域文明创建,继续提升文化礼堂使用效能,创新新时代文明实践中心市场化运营机制,率先探索以精神富有为标志的文化发展模式,让社会"有礼"、生活"有味"、个体"有趣"。

六、形象展示的突围战

所谓"重要窗口",就是要让外边的人"趴"在"窗"边就能了解浙江、读懂中国。今年浙江的看点很多,我们的任务,就是要把"看点"做成"亮点""闪光点"。

比如,今年的杭州亚运会、亚残运会,离不开一次"最潮、最靓、最出彩"的亚运宣传,需要精心策划、勇打头阵、形成爆款,把全亚洲、全世界的目光吸引来杭州、汇聚到浙江。

比如,"诗画江南、活力浙江"省域品牌,需要把最能共情、最体现浙江历史底蕴的文化标识挖出来,人们一听,就浮现出浙江的"诗和远方""美和诗意",让"窗口"形象更鲜活、更立体。

七、数字赋能的前沿战

浙江是数字变革高地,数字经济蓬勃发展、挺立潮头,在数字赋能宣传思想工作上,有基础、有条件,也有责任走在全国最前列,创造更多先行优势。

这就需要我们在原有数字化改革重大应用的基础上,进一步迭代、整合、贯通,持续推出让生产有力、生活有感、治理有效的改革成果,打造集成式、牵引性的应用场景。还要加强技术应用与研发,把互联网思维和信息技术改造贯穿体现到宣传思想工作各方面全过程,比如推动党的创新理论数字化普及,将新技术、新应用融入新闻生产传播分发各环节,等等。

我们还将建成"数字文化大脑",归集各方数据,打造宣传文化数据库、知识库、指标库,实现宣传文化数据一舱归集、实时"在线"。

八、网络空间的争夺战

互联网是主战场、主阵地、最前沿。浙江作为互联网大省,又是世界互联网大会永久举办地,理应在网络空间治理中拿出方案,为构建网络空间命运共同体贡献智慧。

比如,怎样发出移动互联网时代的主流强音?怎样守护网络生态的"绿水青山"?怎样巩固主阵地主战场的安全防线?世界互联网大会乌镇峰会怎样做到一届比一届精彩?我们将加快推进网络强省建设,在顶层设计和路径谋划上深化细化,守好人民群众的网上精神家园。

九、斗争亮剑的主动战

摆在我们面前的斗争形势依然严峻复杂，表面的"岁月静好"背后仍有"暗流涌动"。能否做到底线防线守得牢、硬仗恶仗打得赢，关系人心向背、关系安全根基。需要我们处理好攻与守的关系，坚持以攻为守，在关键时刻一锤定音、一剑封喉；处理好软与硬的关系，在原则问题上寸步不让，在策略问题上灵活机动；处理好发力与借力的关系，既能见招拆招，又能"四两拨千斤"，因时因势采取不同的打法。

这9场战役，不是轻轻松松、敲锣打鼓就能打赢的，宏伟的目标、正确的方法、奔跑的状态缺一不可。

挺在前面的，是敢拼敢闯敢为的韧劲。越是艰难越要向前，越是强压越要沸腾。我们担负的任务越重，说明在党和人民心中分量越重，要自我逼迫、自我重塑，勇敢地拼、大胆地闯，用今天的担当力兑现未来的竞争力。

始终坚守的，是出新出彩出圈的追求。各条线、各领域都要狠下决心向陈旧观念、老套思路开刀，推动理念、思维、打法、平台、话语、文风等全面创新，拿出更多让人眼前一亮的成果，推出更多出圈破圈的作品。

必须彰显的，是铸剑砺剑亮剑的决心。身处没有硝烟的战场，我们不但需要练就"几把刷子"，还要有不信邪、不怕鬼、不怕压的血性，善于铸剑、勤于砺剑、敢于亮剑，让"笔杆子"站到斗争第一线。

一以贯之的，是平实务实扎实的作风。一切实招都是高招，一切虚招都是歪招。我们既要有豪情万丈的追求，又要始终坚持以人为本、实事求是、创新实干。所有的创新创造，都要从实际出发，从人民需要出发，用实干获得尊重，以实绩赢得民心。

开山破局，需要我们快快跑起来，以"开局就是决战、起步就要冲刺"的状态，抢抓机遇、实干争先，主动拥抱时代、拥抱变革，重构话语体系、重塑宣传格局、重振队伍雄风。

移山克难，需要我们毕力平险，犯其至难而图其至远，向最难之处攻坚，追求最远大的目标。

2023年，浙江宣传战线已经鸣枪开跑。

谢滨同 何诗航 执笔

2023年1月29日

开局就要快快跑起来

> 以什么样的状态开局、以什么样的劲头起跑，将决定我们这一年收获什么样的事业。

开局就奔跑，全局才更好；起步就提速，后程劲才足。

春节的余味尚在，很多人还在恍惚假期结束之快时，新的一年、新的事业已经向我们走来。

以什么样的状态开局、以什么样的劲头起跑，将决定我们这一年收获什么样的事业。如果发令枪响后还拖拖沓沓、拉垮松散，把先机拱手让人，那这一年我们就会一直追着别人跑。

很多人说，浙江上上下下抓工作都很紧、动作十分迅速。比如省委连续多年召开"新春第一会"，上班第一天就把一年要干的大事要事敲下去，彰显了"开跑即冲刺、开局即决战"的状态和劲头。昨天上午，全省宣传思想战线迅速召开全省会议，为的就是拉满弓、加满油，让自己彻底沸腾起来，这样才能轰出推背感、跑出新速度。

我们为何要赶早赶先、以激情开跑？稍微过几天，再等等、再看看、再想想，不行吗？

—

时间不等人，形势也不等人。

大家都知道，今年是全面贯彻党的二十大精神开局之年，是改革开放45周年、"八八战略"20周年，也是杭州亚运会亚残运会举办之年。这样的特殊历史节点和时代任务在此交汇，我们必须分秒必争。

当前风云际会的世界格局之下，我们面临的外部形势不容乐观。两种社会制度、意识形态和价值观念的斗争虽没有硝烟，却异常复杂尖锐。

有网友戏称，美西方国家对我们有"三怕"：一怕军事装备高科技化，二怕尖端技术自主研发，三怕对外输出价值文化。"三怕"之中，最怕的就是以文化价值观为代表的软实力。而这一点，我们还远称不上强风正劲。比如，真正"出海"的影视、文学作品不多，影响力还比较有限；媒体对外讲好故事传播中国声音的能力仍然较弱。

我们遭遇的变革极为深刻。变是这个世界永恒的主题，规则在变、惯例在变、看法在变、认知在变，要求我们必须准确识变、主动求变、以变应变，否则就会被这个时代无情抛弃。正如古希腊哲学家赫拉克利特所说，"人不能两次踏进同一条河流"。

大家对我们的期待值很高。浙江身上贴着不少"标签"，比如"重要窗口""共同富裕""诗画江南、活力浙江"等等。这些带着褒奖的"标签"既是对浙江的肯定，更是一份期待。怎样把关注度、期待值转化成认可度和美誉度，是我们的使命所在。

不仅如此，宣传思想工作本身也承载着不少关注和期待。去年，我们推出了"浙江宣传"，有一些文章出了圈、刷了屏，得到了大家的喜爱，这也逼迫我们必须拿出新打法才对得起大家的信任。

特别是党的二十大和省第十五次党代会及二次全会擘画的生动图景，要如何变为现实？共产党人不是神笔马良，蓝图不会一经描绘就自动实现，需要我们迅速发力、持续发力、狠狠发力，一步一个脚印往前推进。

二

把准我们面临的形势任务，还要看清看准自身的问题不足。

当前，浙江宣传文化领域许多工作才刚开篇布局，虽已有了先行的基础，但还没有真正先行；局部已经走在全国前列，但还不是全部走在前列；彰显了精气神，但不是所有人的精气神都上来了。特别是在一些关键领域、重点工作谋划推进上，站位还不高、思路还不清、胆气还不足、手段还不先、肩膀还不硬的问题不同程度存在。

比如，理论领域大家大作还不够响。浙江作为"重要萌发地"，坐在理论的"富矿"上、站在实践的"高峰"处搞研究，具有学理深度、代表中国理论的重磅研究成果还比较缺。特别是浙江作为一个拥有3万社科工作者队伍的社科大省，少有能够为党为国著述发声、具有全国影响力的"大咖"。

比如，改革步子迈得还不够大。有的宣传干部"小我"太多、

"大我"太少，考虑自己和部门的利益较多，外面都改得热火朝天了，竟然还在原地打转，等着上头出题目、给政策、拿方案。

比如，文化标识擦得还不够亮。虽然形成了一些品牌，但与浙江"重要窗口"的定位仍不相称。像去年我们初步打响的"诗画江南、活力浙江"省域品牌，也还存在"内循环"的问题，还没有真正走出浙江、走向全国。

比如，精神富有感知度还不够高。6500多万浙江老百姓在精神富有上还没有做到真实可感、触手可及。

比如，斗争亮剑精神还不够强。一些地方和单位政治鉴别力、导向把关力、理论阐释力、话语创新力等还有不足，面对丑恶现象不敢站出来亮剑，"敢于发声、善于发声"的能力还有待增强，精致的利己主义仍然多多少少存在。

马克思有一句名言："问题就是公开的、无畏的、左右一切个人的时代声音。"如果问题是时代的声音，那破题就是我们的使命。为什么一开年就坚持问题导向、"自曝家丑"？就是要正视问题、解决问题，从而把各项工作干上新台阶。

三

让我们"坐不住"的还有队伍的本领恐慌。宣传思想领域是知识、技术迭代最快的领域之一，对每个人的眼界、格局、本领、作风要求都很高。

过去一年，我们之所以坚持自我逼迫、自我颠覆、自我革命，之所以向"习惯""安逸"动刀子、向"桎梏""枷锁"较狠劲、向"变局""困境"抢先机、向"无为""平庸"下战书，就是要让自己的觉悟境界、能力素质、作风状态紧紧跟上时代步伐。

一年过去了，我们既取得了成绩、看到了变化、干出了影响力，也清醒认识到自身仍然存在不少短板不足。特别是面对大战大考，还存在一些"冒虚汗""喘大气""腿发抖""脑子懵"等现象，这些都驱使我们必须加快扭转改变。

所有的人、所有的能力都不是与生俱来的，而是要经过一天天、一次次的压担磨炼。新形势新挑战下，宣传思想战线的同志如何克服"本领恐慌"，该具备什么样的硬核能力？

首先，眼里要紧盯大局。有人说，一个人要是眼里盯着什么，说明他心里就在惦记着什么。宣传战线要看到的是"国之大者""省之大计""民之大事"，这并不是虚无缥缈、乏味空洞的，而是有着极为丰富生动的内涵，体现在每一次导向把关、每一次舆论引导、每一次亮剑发声上。

其次，肩上要能担大任。没有宽肩膀，挑不起重担子，更干不出漂亮活。宣传战线处在斗争前沿，有着大把的锻炼机会。我们既要能谋事，知道抓什么；又要能成事，掌握怎么干；还要能扛事，重压之下不避难、不发软。

再次，双脚要丈量大地。基层和群众是实践的源头、工作的原点，只有坚持以民为本、双脚往下走，才能把握人心走向和时代脉搏，才能写出冒热气、沾泥土、带露珠的作品。今年省委部署开展了"大走访大调研大服务大解题"活动，要以调研开路、破题开局，把基层和群众的急难愁盼逐个解决掉。

最后，心中要装着"大我"。习近平总书记指出，我们党从来不代表任何利益集团、任何权势团体、任何特权阶层的利益。宣传战线是党的"笔杆子"，是替党和人民拿着宣传机器。任何时候任何情况下都要摒弃"小我"、成就"大我",做到只添彩、不添乱,共同推动各项事业芝麻开花节节高。

　　快跑是一种精神,一种作风,一种担当。只有快快地跑起来,去勇敢地追梦,去激情地燃烧,才能踏浪前行、赢得掌声。

倪海飞 刘斌 洪敏 云新宇　执笔

2023 年 1 月 30 日

浙江的"改革饭"怎样越吃越香

> 发展走到哪个阶段,改革就攻到哪个阶段。

在浙江办理政务是种什么体验?许多网友亲测之后给出了三个字:"没想到"。

"没想到连迁户口都可以网上办理了,浙里办属实牛!"

"企业注册线上办,没想到只需要半小时,当场可以下载电子证照。"

办事不求人、透明又方便,成为浙江老百姓和企业主们获得感和幸福感的重要来源。不少人夸浙江,"办事效率嘎嘎高!"

从效能革命到"最多跑一次"、数字化改革,再到如今的营商环境优化提升"一号改革工程"……浙江依靠一轮又一轮的改革,让办事少跑腿、不跑腿变成了常态,社会各界真正享受到吃改革这口饭带来的便捷和舒心。

一

出路出路，谋出去了，总会有路。面对资源的"先天不足"和"成长的烦恼"，浙江为自己谋了一条发展出路，那就是吃"改革饭"。

在《之江新语》中，习近平同志曾生动地阐述了他的"改革观"："我们在各项改革中，经常通过试点的方法，取得若干经验后再推广。既然是做试点工作，前人没有做过，就要有'敢为天下先'的精神，解放思想，大胆地闯，大胆地试，怎么有利于发展就怎么改革；就是要超越原有的体制，从根本上冲破束缚发展的桎梏。"

发展走到哪个阶段，改革就攻到哪个阶段。发展碰到问题，总有改革冲到前面为其开路，不断创造体制机制新优势为发展保驾护航。对于浙江改革开放走过的道路，习近平同志曾总结，"就是一条在不断克服困难中前进的改革创新之路，就是一段'发展出题目，改革做文章'的历程"。

《习近平浙江足迹》中记载，习近平同志在浙江工作时，要求给义乌这个"成长快的孩子换上一件大衣服"，破除制约其发展的融资、进出口等多方面的体制机制障碍；在全省推广温州机关效能建设的经验，向一些政府机关的"衙门痼疾"开刀……

吃改革这口饭难度系数不小。它"硬"，不好嚼，要打破旧有格局和既得利益，克服行事作风的惯性惰性；还得因时因势而变，因为先人一步踏入"无人区"，并无"参照物"可供参考。

但正是从这口"硬"饭当中，浙江吃出了发展的优势与底气。

边走边干，边改边看，浙江这个"小个子"，靠改革走上"找由头""尝甜头""有奔头"的发展正循环，逐渐长成了经济发达、活力十足的"大个子"。

二

回顾浙江吃"改革饭"的历程，能够品出几番味道。

喝"头啖汤"。只有敢于走别人没有走过的路，才能收获别样的风景。2006年，面对义乌超常规快速发展面临的新问题，浙江省委、省政府对义乌实行史无前例的扩权，总共下放131项经济社会管理权限，让义乌市政府一时被外界称为"中国权力最大的县级政府"。"义乌模式"成就"世界超市"，如今，"世界义乌"的名声早已深入人心。

义乌，只是浙江改革精神和改革成就的缩影。从农村工作指导员、科技特派员制度到"山海协作"工程，从合作制农业产业化经营到村务监督，从"千村示范、万村整治"工程到美丽乡村建设，从领导干部下访到坚持和发展新时代"枫桥经验"……每一个领域的尝试、每一项事业的突破，都源于浙江敢做"第一个吃螃蟹的人"、敢啃"硬骨头"、敢涉"险滩"，无论遇到多大困难，都敢为天下先。

做"大众菜"。改革是人民的事业。一方面，浙江的老百姓从不是改革"局外人"，温岭"民主恳谈"带给社会主义民主新内涵，温州烟具行业协会"入世第一案"为市场经济体制注入新活力，人民的实践创造不断为改革注入源头活水。

另一方面，老百姓关心什么、期盼什么，改革就抓住什么、推进什么。浙江十多年来坚持为民办实事，不管是老百姓个人办业务，还是企业主开厂办企，浙江不断完善为群众、企业服务的体制机制，为市民和办事企业提供更加贴心、周到的服务，营造"办事不求人"的环境，率先形成了在全国具有示范效应的典型经验。

数据是最硬气的口碑。2022年省政府民生实事完成率达130.39%，群众总体满意度达99.47%；全国工商联"2022年度万家民营企业评营商环境"中，浙江所获营商环境满意度总得分在全国各省（区、市）中排名第一，实现"三连冠"。

尝"辛辣味"。绝大多数改革是要触动利益、打破舒适圈的。许多人认为，浙江在市场化改革、民营经济、城乡协调、绿色发展、社会治理、营商环境等方面走在全国前列，是"优等生""模范生"。

这些成就并非凭空得来。每一次深化改革，都是对政府自身职能、理念、运行模式的一种重塑。正是在一次次辛辣的改革中，浙江"办事不用求人、办事依法依规、办事便捷高效、办事暖心爽心"和企业"有求必应、无事不扰"的口碑才得以叫响。

三

很多人说，这个世界上唯一不变的就是变，这话不无道理。

当前，世界之变、时代之变、历史之变正以前所未有的方式展开，中国面临着更逆风逆水的外部环境；推进中国式现代化浙江如何先行，面临新的更高要求；"后疫情时代"，走在前列的浙江，可能遇到意想不到的困难挑战。正所谓好吃的肉很多都被吃掉了，剩下的大部分是难啃的"硬骨头"。

大变局对于浙江而言，现阶段改革这口饭怎么吃，又有了新的要求和期待。笔者认为，以下几招很关键。

一需撬动支点。政策倾斜、资金扶持对一个地方的发展固然重要，但所谓的"政策洼地""资金洼地"总会被市场竞争填平。不容忽视的是，营商环境恰恰是一个地方最具竞争力的核心优势。特别是在冲出疫情的"重围"后，如何让"活下来"的市场主体在池塘里"活得好"，池塘的"水质"最重要。

浙江把营商环境优化提升作为"一号改革工程"，用优化营商环境这个"支点"来撬动思想观念、领导体制、市场机制、治理方式的全方位变革，政务环境、法治环境、市场环境、经济生态环境、人文环境都求一流。比如政务环境方面，让老百姓"办事不求人"，对企业"无事不打扰"；比如市场环境方面，红灯停、绿灯行，人人公平、事事公正；等等。

二需顺应民意。改革攻坚不是一句口号，红利要让老百姓切切实实体会到、享受到，改革成不成功，群众说了算。所以，浙江的改革是紧盯民生福祉、围绕共同富裕先行示范进行的。比如深化"扩中提低"方案，把橄榄球做大做实；比如推进公共服务优质共享，让群众看到变化、得到实惠；比如让民生诉求件件有着落、事事有回音。

三需善利其器。数字化与现代化是连在一起的，数字之"器"是打开发展之"道"的一把钥匙。当前，浙江的数字化改革已经进入实战实效再突破的阶段，作为改革攻坚的主要工具和重要手段，需要在全面贯通、综合集成、建章立制上下更大的功夫，把数字效能转化为治理效能和发展效能。

改革只有进行时，没有完成时。历史的经验告诉我们，改革与发展，从来都不是简简单单的。没有"毕其功于一役"的发展，也没有哪一次改革不历经风雨。

路虽远，行则将至；事虽难，做则必成。大道向前，我们既要做好"斗争"的准备，也要鼓足"闯关"的勇气。当改革一子稳稳地落下去，发展必然能够满盘活起来。

王人骏 倪佳凯 沈於婕 执笔

2023 年 1 月 30 日

将文化创新进行到底

> 宣传思想文化工作向来引领风气之先，既为一切变革发出先声，也迫切需要自身变革重塑。

1月29日上午，全省宣传思想工作会议公布了2022年浙江省宣传思想文化工作创新项目名单，1个特别项目和10个创新项目榜上有名。

从2012年7月起，浙江就开展了宣传思想文化工作创新项目推荐活动。可以说，这项至今已持续整整10个年头的评选，已成为浙江宣传文化系统的优良传统和品牌活动。

"创新项目"高光亮相，释放了什么信号？评选工作为何十年来一以贯之？它又给浙江宣传思想文化工作带来了什么？

一

宣传思想文化工作向来引领风气之先，既为一切变革发出先声，也迫切需要自身变革重塑。

评选"创新项目",就是要释放"将创新变革进行到底"的强烈信号。十年来,我们每年都把评选"创新项目"作为一项重大活动,而且其核心主题一以贯之,即围绕"创新"做文章、围绕"变革"破难题,初衷和目标始终没有变。

就在前些天省委召开的"新春第一会"上,省委书记易炼红强调,要"以非凡力度激发全省域文化创新活力,推动文化自信自强取得新的重大进展"。我们希望,通过"创新项目"评选,鼓励各地各单位以创新的理念、创新的精神和创新的举措推动宣传思想文化工作理念创新、手段创新、基层工作创新,推动全省宣传思想文化系统变革重塑,让文化创造活力竞相迸发,让文化创造源泉充分涌流。

到目前为止,活动共评选出101个创新项目。从2018年开始,一些成果特别丰硕、影响特别重大的创新项目,还作为特别项目被单独通报表扬。

比如,2018年"'习近平新时代中国特色社会主义思想在浙江的萌发与实践'重大课题研究阐释"项目,全面展示习近平新时代中国特色社会主义思想在浙江的萌发脉络与生动实践,在省内外引起广泛关注,被评为当年特别项目。

再如,今年,"'盛世修典——"中国历代绘画大系"成果展'全国巡展"被评为特别项目。"中国历代绘画大系"是习近平总书记亲自批准、高度重视、持续关注,并多次作出重要批示的国家级重大文化工程。在成果展全国巡展上,穿越千年的丹青、散落全球的国宝通过高清打样图像汇聚一堂,《千里江山图》《富春山居图》等历代绘画经典,从历史中"走出来",与观众面对面"对话"。

二

从公布的创新项目名单中，我们不难发现，这些项目都是具有创新性、典型性、实效性的好项目、好案例，特点鲜明，有一定的示范带动效应，也有一定的相通点、共同点。笔者以为，它们有以下几个鲜明特征。

创新项目的源头是什么？基层创造。今年评选出的 11 个项目，是从 64 个申报项目中脱颖而出的，都是在基层实践中得到过检验，凝聚着基层干部群众的智慧和力量。像"电商流带动传播流　金华打造'一带一路·金枢纽'国际传播新体系"项目，以小切口做大文章，依托当地跨境电商发展优势，推进"内陆开放·金枢纽"国际传播，从基层视角彰显宣传思想文化工作在服务和融入大局中的创新实践。

创新项目的本质是什么？实践变革。这些项目，都是从实际工作中遇到的问题出发，从改革推进中碰到的难点堵点入手，以新理念、新举措、新载体来破题开路，从而推动宣传思想文化工作守正创新、推陈出新。

比如，宁波市打造"浙里甬文明"文明典范城市创建应用，有效解决文明创建常态保持不够、条块联动不畅、问题精准查找难、群众参与度低等问题，市民反映问题解决率达到 98% 以上，市民满意率达到 95%。

创新项目的焦点是什么？文化创新。宣传思想文化工作创新项目，毋庸置疑是反映全省在理论舆论、内宣外宣、文化文明等方面创新成果和实践经验的项目，因而，它们聚焦于文化。特别项目

"'盛世修典——"中国历代绘画大系"成果展'全国巡展"历经17年编撰出版巡展，给世人送上一场文化盛宴；"宋韵文化系统培塑的杭州实践""和合文化全球传播体系""全球重要农业文化遗产价值转化的'青田方案'"等将中国传统优秀文化充分挖掘、传承、弘扬。正是通过这些实践，不断激发了文化创新创造活力。

创新项目的目的是什么？服务群众。谱写中国式现代化浙江篇章，离不开群众的精神富有。所有的创新项目，都致力于回应人民群众的期待，目的是要在共同富裕中实现精神富有、在现代化先行中实现文化先行。老百姓关心什么、期盼什么，我们的项目就要抓住什么、推进什么，给人民群众带来更多获得感。

像"'文艺星火赋美'工程"项目，就是坚持文化惠民，让文艺走出剧场、走出围墙，拉近艺术与大众的距离，为更好满足人民群众对美好文化生活向往提供了新思路、新对策。

三

事无常定，我们正处于一个"瞬息万变"的时代。世界之变、时代之变呼唤思想之变、实践之变。

对于宣传工作者而言，脑袋中要装进与时代同频的新理念，嘴巴里要讲出与发展共振的新话语，笔杆下要写出与群众共鸣的新文字。这就要求我们注重以点带面，用创新典型带动整体创新，培育和发现更多具有示范性、可复制、可推广的创新案例。

创新项目要带头"跑起来"。可以说，这些创新项目，基本上覆盖了宣传思想文化工作的各个方面，是各个工作条线当中的领跑者。创新永远在路上，这些项目也还有不少"娄山关"需要闯、

"硬骨头"需要啃，需要把更好的资源整合起来，更大的优势释放出来，围绕新的目标，不断迭代升级，不仅要在全省跑在前，还要在全国相应的领域打出"响当当"的名号。

创新打法要尽快"谋起来"。创新项目的背后是理念的重构、打法的重组。浙江以"两个先行"打造"重要窗口"，本身就是"天花板"级的实践探索，按着旧模式、老套路来，是摸不到"天花板"的，宣传思想文化工作也同理。无论是"一带一路·金枢纽"国际传播新体系、乡村"文艺共同体"，还是"浙里甬文明"、"古系列保护·云端守卫"应用，都已经作出了先行探索。但还有很多问题需要用新理念、新打法来回应，比如如何破解理论研究碎片化问题，如何将理论宣传的高覆盖率转变为高到达率，等等。

创新氛围要全面"燃起来"。评选不是目的，新的一年还要从新的起点出发，依靠创新项目撬动更大的创新，拿出更多的成果。中央和省委关注点在哪里，人民群众需要什么，就在哪里率先行动、破题开局。比如针对国有文艺院团"后遗症"如何破解、国有文化资产如何管好管活、宣传文化单位优秀人才如何引育等问题。我们从现有的创新项目中汲取经验，敢于改别的地方还没有遇到的问题，敢于改眼前不是很迫切但制胜长远的问题，在纷繁复杂的局势面前，消除劣势、巩固优势、形成胜势。

哪里能变革，哪里就能创新；哪里有创新，哪里就有活力。唯有将文化创新变革进行到底，唯有激荡思想、燃烧创意、沸腾激情，才能在新的历史起点上闯出一番新天地。

2022年浙江省宣传思想文化工作创新项目名单

一、特别项目

"盛世修典——'中国历代绘画大系'成果展"全国巡展（浙江大学、嘉兴市委）

二、创新项目

1.电商流带动传播流　金华打造"一带一路·金枢纽"国际传播新体系（金华市委宣传部）

2.宋韵文化系统培塑的杭州实践（杭州市委宣传部、杭州市上城区委宣传部）

3.数智赋能文明典范："浙里甬文明"（宁波市委宣传部）

4.和合文化全球传播体系（台州市委宣传部、天台县委宣传部）

5."古系列保护·云端守卫"应用（温州市委宣传部）

6.乡村"文艺共同体"（长兴县委宣传部、长兴县文联）

7.迎接党的二十大人文纪录精品矩阵（浙江卫视）

8."文艺星火赋美"工程（浙江音乐学院、浙江艺术职业学院、浙江省文化馆）

9.数智文化空间站：创新实施文化惠民工程的"衢州样本"（衢州市委宣传部）

10.全球重要农业文化遗产价值转化的"青田方案"（青田县委宣传部）

徐毅　洪敏　王人骏　张诗妤　执笔

2023年1月31日

《狂飙》何以狂飙

> 当面对正义与邪恶，面对是与非，我们每个人该怎么抉择？网上有句话说得好，"无论生活怎样，保持清醒，保持善良"。

"你今天'飙'了吗？"

"我的'飙瘾'又犯了，求求快点更新。"

"不是在走亲访友的路上，就是在追《狂飙》的途中。"

在央视八套播出以来，全国收视率第一，同时也成为独播平台爱奇艺的新"剧王"，这就是反黑题材电视剧《狂飙》，冲上几乎所有传播平台话题和流量的前列。据央视索福瑞数据，央视八套《狂飙》1—27集收视人群年龄分布均衡，可谓老少通吃。

这是一部浙江省文化艺术基金重点扶持的浙产电视剧，由浙江一家影视文化公司联合制作。为什么一档"传统"反黑题材的电视剧能够脱颖而出、刷屏霸榜？"飙瘾"又从何而来？

一

要回答上述两个问题，首先我们来说说《狂飙》剧名背后的含义，到底是什么在狂飙?

有观众说是尺度在狂飙。相比于大多数传统扫黑题材影视剧主要将目光集聚在打黑英雄身上，《狂飙》一反原有的叙事角度，大胆采用一正一邪双线叙事手法，毫不避讳地深入细致描绘黑社会老大的发家史，生动讲述了一个老实本分的小市民是如何一步一步走向黑暗的故事。当黑社会老大不再只是刻板的"陪衬"，更能反映出扫黑除恶行动本身的不容易和任重道远。

也有观众说是正义在狂飙。像剧中的正义代表安欣警官，20年来，虽然在与黑恶势力的搏斗中早已遍体鳞伤、疲惫不堪，甚至众叛亲离、陷入绝望，但始终挺立在扫黑斗争的最前沿，哪怕成为京海的"孤勇者"也初心不改，那一声声对百姓的承诺和身有使命绝不退缩的责任担当，充分诠释了什么叫做人间正道。

此外，更多人会感慨于是演技在狂飙。这一点毋庸置疑，甚至可以说是《狂飙》破壁出圈的关键原因之一。单看电视剧演职人员表，就足以让人"安心"。著名影星张译、"戏痴"张颂文，加上张志坚、吴刚、倪大红等一大批老戏骨联袂演绎，全员演技在线，观众们沉浸其中，也就不足为奇。

在这方面，《狂飙》最大的亮点要属演员张颂文，他饰演的"强哥"几乎承包了全剧一大半的流量话题。张颂文演得过于逼真，以至于许多弹幕齐刷刷呼吁"建议查查"，"不像演的，搞不好是真的有问题"。还有人在看了《狂飙》后，坦言自己得了"飙后综合症",以至于出门看见小摊小贩,就隐约觉得是潜藏的黑社会老大。甚至有些剧迷发表评论:"'强哥'演技好到隔着屏幕,我都能闻到卖鱼强的鱼腥味,以及黑化后的古龙香水味。"

事实上,张颂文火爆和出名的背后有一定必然。

外部环境提供了出圈机会。近几年来,国内影视剧市场充斥着各色"小鲜肉""小清新",演技浮夸,却可以凭借人气和流量,担当大剧主演,粉丝不断刷榜、冲量,导致剧目评分畸高。狂热久了,市场需要回归理性;浮夸久了,观众自然呼唤演技。

内驱动力创造了自身价值。张颂文"戏痴"的称号由来已久。在经历20多年的职业低谷后,张颂文凭借《隐秘的角落》朱永平一角,彻底征服了观众,一颦一笑、举手投足间都是戏。为了演活高启强,"生活观察家"张颂文特意赶早跑去广东当地一个菜市场,观察鱼贩子一天的日常,并记于心中、刻在脑内。

与张颂文上演对手戏的张译,同样出彩。在他身上,我们看到了不同年龄、不同阶段的不同"安欣"。从20多岁初出茅庐、热血涌动,到30多岁理想仍在、坚守使命,再到40多岁世故圆滑、向现实低头,每一个阶段的"安欣"警官,让我们感受到,这样的人就存在于现实生活中。

狂飙的剧情,加上狂飙的演技,让观众如何能不患上"飙瘾"?

二

为什么《狂飙》与普通扫黑题材影视剧相比技高一筹?除了"硬核"演员演技打底外,《狂飙》的厉害之处在于找准了叙述角度和呈现方式。

　　说起扫黑题材影视剧，很多人的脑海中会浮现出一套固定脚本、一部预设剧情：正气凛然、刚正不阿的政法干警乔装打扮、深入虎穴，顺藤摸瓜牵出了黑恶势力背后的保护伞，在一番斗智斗勇后，成功将坏人送进大牢，皆大欢喜、圆满收场。

　　"黑恶势力是有原罪的，坏人从故事开始就是坏人。"普通扫黑影视剧与《狂飙》相比，输就输在过早地框死反派角色，脸谱化反派人物，把每个反派角色都塑造成不择手段、阴狠狡诈之辈。不仅如此，剧情中正邪两派永远都是两条平行线，没有交集，没有过渡，更没有所谓的"灰色地带"。

　　正义值得歌颂，但是邪恶同样需要客观剖析。黑社会不是从天而降，形成的过程有着错综复杂的社会土壤。与普通扫黑影视剧相比，《狂飙》赢就赢在讲活了一个普通老百姓走向邪恶深渊，演变成黑社会老大的唏嘘故事。在《狂飙》中，正邪不是势不两立，而是会彼此相交，甚至互相转换的。

　　故事主人公高启强，原本是菜市场中一个普通得不能再普通的鱼贩子。13岁那年失去双亲后，高启强就扮演起"父亲"的角色，独自拉扯抚养着弟弟和妹妹。经历社会的毒打和现实的蹂躏，高启强步履蹒跚从社会底层往上爬，从饱受欺负的守法公民，成了一手遮天、独霸一方的黑社会老大。

　　作家路遥曾在小说《人生》中引用作家柳青的话：人生的道路虽然漫长，但关键处就那么几步，特别是当人年轻的时候。对很多人来说，正义在左、邪恶在右，一念之差也许就是一生之遥。

　　当唐氏兄弟百般凌辱，砸坏自己辛苦攒钱买来的电视时，高启强选择了抗争搏斗；当街坊邻居听说市公安局副局长是他的靠山时，高启强选择了默不吭声、狐假虎威；当面对弟弟需要两万块钱开小灵通店的创业渴望时，高启强选择了铤而走险，成为打手，最终走向万劫不复的犯罪深渊。

《狂飙》所呈现的不仅仅是正邪间的斗智斗勇，也是人心浮动和人性抉择。看《狂飙》的过程，就是观众跟着剧中角色，一次次作出抉择的过程。从老实本分的小鱼贩，到谎话连篇的古惑仔，再到罪恶滔天的犯罪分子，每次的选择都把剧中角色的命运推向新的位置。

电视剧《狂飙》充分尊重了观众的智商，刻画了一个黑社会老大的发家史，揭露了盘旋在剧中京海市多年黑社会的历史成因，在扫黑除恶、弘扬正气的大前提下，让整部剧显得更加有血有肉、顺情应理、合乎逻辑。

三

当然，除了演技、剧情、尺度等表层元素外，《狂飙》之所以让观众停不下来，还因为它在一定程度上折射出了人性本身、职场生态以及社会现实，让人隔着屏幕感觉"既那么远，又这么近"。

故事发生的时间维度横跨 2000 年至 2020 年。20 年飞速发展，发展意味着变化，伴随着问题，牵扯着改革，特别是围绕如何从中国式人情社会走向中国式法治社会的时代命题，剧中也有很好地承载、交代和体现。

有影评说，如果说高启强是人情社会的代表，那么安欣就是法治社会的代号，两个主角之间的冲突，事实上也是法治社会和人情社会的冲撞。笔者深以为然。办事靠关系、出门靠打点，在高启强身上体现得尤为明显；依法办事、依规办事，则是安欣警官信奉的准则，在他的字典里，法律大于一切。当人情遇上法律，路在何方？如何实现法治？剧情引人深思。

说完了大的，再来说说小的。为什么这部剧这么多年轻人爱看？因为《狂飙》在一定程度上，也映射了职场生态。

正如导演所介绍的，主角安欣，名字意为"安心"，却是个纯粹的理想主义者。他棱角鲜明、意气风发、耿直刚烈但缺少职场智慧，四处碰壁得罪人。警官李响是安欣身边的搭档，意为"理想"，却是个地道的现实主义者，谨小慎微在他身上展现得淋漓尽致。而黑社会老大高启强，是一个彻头彻尾的机会主义者。他会抓住他能接触到的所有资源、人脉，并无限放大，不断给自己找机会。

《狂飙》剧中角色在飙戏的同时，理想主义、现实主义和机会主义也在不断"狂飙"。高启强深谙人情社会，一有上岸机会就咬住不放，死里逃生；安欣一直被人情社会挤兑，坚守理想却被现实砸了个稀巴烂，最终一夜白头；李响为了替师傅报仇，扳倒背后恶势力，毅然选择铤而走险，明知自己没有好结局，却依然一步一步推着自己走向生命终点。

高启强的阴险毒辣、不择手段是一种人性，是沉沦的人性。安欣的沉稳坚韧、正直善良也是一种人性，是高贵的人性。就像有人说，只有看懂了高启强对人情世故的拿捏，才能明白安欣保持初心有多难，有多可贵。正因为有一个又一个"安欣"的忘我付出甚至是牺牲，这个社会才充满了祥和与安宁，我们才能安心地生活。

《狂飙》依然在热播，很多观众在"飙瘾"发作、随剧狂飙的同时，不要在剧中迷失自我。当面对正义与邪恶，面对是与非，我们每个人该怎么抉择？网上有句话说得好，"无论生活怎样，保持清醒，保持善良"。

王超　执笔

2023 年 1 月 31 日

文明城市创建谨防"七大偏差"

> 一个"小隐患"、一个"小漏洞",不及时排查、不及时疏堵,必将积小为大、变少为多,酿大事故、食大苦果。

近日召开的全国文明办主任会议对文明城市创建工作作出了部署,今年将评选表彰第七届全国文明城市和首届全国文明典范城市。对一座城市来说,全国文明城市是最耀眼的名片,也是含金量最高的荣誉。

其创建内容可谓包罗万象,涵盖政治、经济、社会、文化等方方面面,涉及各行各业,事关千家万户,能够创成确实非常不容易。

从2005年开始,中央文明委每三年评选表彰一届全国文明城市,至今仅有305个城市突破重围、获此殊荣。

不过,辛苦创下后,文明城市每年还要接受复评。想要"守牌",一点也不比"创牌"容易。

回顾这些年,很多老牌文明城市能届届蝉联,但也有不少城市会中途"丢牌"或"停牌"。

那么，问题出在哪里？

笔者仔细梳理，发现有些城市在创建过程中，往往会出现以下偏差：

一、重"硬件"改善，轻"软件"培育

有的城市在创建过程中，往往容易走入一个误区，忽略了创建的本质是精神文明建设，处理不好文明城市创建与精神文明建设的关系，重高颜值、轻高素质，重硬件、轻软件，误本为末、倒末为本。

笔者因工作关系，常与基层创建同志交流，听到不少人会说："今年，我们创建工作真的很重视，道路、绿化、老旧小区等改造力度空前。"也有人会说："我们天天扫街扫楼，清理出了过去多年都没有清理掉的垃圾。"

从这些话语中，我们能感受到不少城市为创建而付出的努力，但也侧面反映出，有的城市对于文明城市创建的理解，还多停留于表面，把大量的创建精力花在设施建设、环境美化、卫生保洁等"硬件"提升上，而忽略了对人的理想信念、道德水准、文明素养等"软件"的培育。

试想，精神文明建设有欠账，人的不文明陋习不改变，纵使投入再多精力，文明城市创建也如同竹篮打水、白费力气。

二、争创时上进，创成后躺平

有些城市"创牌"时兵强马壮，建机构、定制度、抽人员、投

经费，只要创建需要，一切优先安排。但拿到牌子后，高速运转的马达立马按下暂停键，认为只要牌子到手，创建就能一劳永逸，沾沾自喜、放弃追求，撤机构、撤人员，创建工作靠吃老本混日子。

在日常督查中，笔者时常听到这样的"真心话"："牌子都拿到了，不可能再像以前那样创了！""我们现在没钱没人，工作推不动啊！"言下之意，现状是冰冻三尺的"锅"，无法解决，也不想解决，一副躺平、摆烂的姿态。

正所谓"坐吃山空终成空"，有些文明城市在高光时刻容易迷失方向、放松懈怠，就像掉进米缸的老鼠一般，逐步丧失斗志，无法走出舒适区，创建成效就这样被一点点消磨殆尽。

三、不脚踏实地，爱耍小聪明

在快节奏的当下，做事耍小聪明、走捷径，短期内也许能获取成功，但长远来看，往往会陷入困境。

有的城市错误地认为，文明城市创建工作只要临考抱佛脚、临渴掘掘井，就可以顺利通关，重"评时"而轻平时。日常管理时，对创建乱象睁一只眼闭一只眼；测评临近时，突击扫街扫楼、突击严管严守、突击关门锁店；测评一结束，立马偃旗息鼓，各种乱象死灰复燃。

如某地城管部门把市面上所有共享单车堆积到垃圾场，让共享单车玩"失踪"，被媒体点名批评。有的城市还会因车辆未按规定停放，临时在违停车辆周边张贴黄色胶带，充当停车区域，被人诟病。甚至个别城市还会出现老旧小区改造"楼下刷新刷白、楼上满是牛皮癣"等荒唐现象，折腾干部、干扰群众，引发不满。

如此创建，就是"一阵风"，风过无痕；搞投机，弄巧成拙。

四、乱扣帽子，过度泛化

有的地方在文明城市创建过程中，喜欢把原本正常的城市管理、行业管理等工作，冠上"创建"名义，打上"创建"旗号，有关的无关的，统统装进创建这个筐子里。

如某地曾把市民吃饭"吧唧嘴"、公共场合抠鼻子、穿着拖鞋逛超市等列入不文明行为。连网友都忍不住发问，穿拖鞋是不少市民在夏天时的生活习惯，为什么不能穿拖鞋逛超市？那以后穿衬衣少系个扣子出门，是不是也算不文明行为？

另如，某地一家酒店服务台上摆放着"为创建文明城市，请您主动登记后入住"的温馨提示。试问，如果不创建文明城市，入住酒店就可以不用登记了吗？

"文明城市创建"这一载体，是好用管用，但切忌乱用滥用。否则，不仅误导了群众，给创建带来负面影响，还会搬起石头砸自己的脚，得不偿失。

五、做事急于求成，把握不好分寸

凡事有度，过犹不及。文明城市创建牵一发而动全身，有些地方党委、政府相当重视，但把握不好分寸、掌握不好度，常常会"大踩油门""用力过猛"。

如某地在迎检期间，临时加强城市管理力量，实施"人海战术"，十字路口过量配备交警、协警、志愿者，多的数十人，少的七八人，从早到晚，不分时段。乍一看是重视，实则是不自信；再一看是人多，实则是对资源的一种浪费。

类似的事情也不少见，如有的城市"强拆沿街商家牌匾上含有经营范围的字体""扫土称重看卫生打扫得干不干净""举着大剪刀剪平菜叶、剪齐带鱼尾巴"，有的甚至会临时调整居民生活垃圾收集时间、学校上下学时间，实施"过度助力"，走偏路线，令人不解。

六、小隐患不除，大事故难防

负面清单就如孙悟空头上的紧箍一般，是文明城市创建的规则底线、纪律红线，大大小小涉及40项内容。一旦有文明城市突破底线、触及红线，负面清单就会生效启动，轻则罚分、通报，重则停止资格、取消荣誉。

近年来，不少文明城市就因触及发生重大安全事故、处置不当引发大范围负面舆情等重大负面清单，被停牌、丢牌。

如某地一个社区集贸市场发生重大燃气爆炸事故，造成26人死亡，被停止全国文明城市资格一年。据当地新闻发布会通报，该涉事企业主体曾对130次燃气泄漏报警等系统性隐患熟视无睹。

正如笔者之前在《别让一个负面热点害了一座城》中剖析的那样，这些触及负面清单的重大事故，表面上看似是某个人或某个企业的不负责行为导致，带有一定偶然性，但往往暴露的是一个领域的工作在忧患意识、方法路径、制度机制等方面存在的明显缺失。

一个"小隐患"、一个"小漏洞"，不及时排查、不及时疏堵，必将积小为大、变少为多，酿大事故、食大苦果。

七、忽视群众立场，想当然作决策

少数城市在推动建设和发展过程中，只注重眼前利益、短期利益，忽视人民群众立场，常常陷入不顾城市发展规律，想当然作决策、办事情的"怪圈"。

如某地过完年后，城管走上街头，撕下临街商铺张贴的春联和"福"字，以"维护城市市容市貌"，引起群众不满，既破坏了传统习俗，也给文明创建与城市形象带来了负面影响。

还有的城市在创建过程中，容易把创建当作某个部门或是几个部门的"专题事"，忽视了群众的主体力量，忘却了创建是全社会的"大家事"，用自己的"大包大揽"，换来了群众的"无感"，拉开了创建与群众的距离，陷入"干部干、群众看""干部叫苦、群众不满"的泥潭，致使创建成效难以维持，走不稳，也走不远。

文明城市创建工作绝非一劳永逸、一朝一夕之功，只有用心、用情、用准力，坚持为民初心、群策群力，脚踏实地、久久为功，才不会跑偏走歪、误入歧途。

杨建军　徐婷　执笔

2023年2月1日

宋韵怎么站上消费风口

> 让宋韵成为"流量密码",背后少不了年轻人群体,关键要看是否契合年轻人的审美需求、是否有年轻人愿意为之买单。

人人人人人人人人人……

前不久的春节假期,随着疫情防控政策优化调整,"在外过节""在外过年"风潮越来越盛,热门城市的大街小巷摩肩接踵,酒店、民宿"一房难求",多地景区接待游客人数创近年来新高。经文化和旅游部数据中心测算,今年春节假期全国国内旅游出游3.08亿人次,同比增长23.1%,恢复至2019年同期的88.6%。

可以说,"烟火气"正在回归,消费正在复苏。

当下,助力经济社会发展稳中求进,更好满足人民群众对美好生活的向往,文化消费是不可或缺的"关键变量"。宋韵,作为浙江全力打造的文化"金名片",正在发挥推进文化传承与消费升级"双向赋能"的作用。

版本馆吸睛的青瓷屏扇门、一票难求的南宋德寿宫遗址博物馆、惊艳的"中国历代绘画大系"展览、琳琅满目的文创市集……

通过这些，我们看到宋韵正逐渐走进百姓日常。

那么，"宋韵消费"这篇文章，该怎么做？宋韵离拉动文化消费"出圈"，还有多远？

———

宋韵是具有中国气派和浙江辨识度的重要文化标识。两宋之际，浙江迎来了历史上文化发展的鼎盛时期。尤其南宋定都杭州后，杭州作为政治和经济中心，辐射带动了整个浙江文化的发展。

今年省政府工作报告中提出，"推进文化强省建设，打造新时代文化高地"，"实施宋韵文化传世工程"。

实施"宋韵文化传世工程"，挖掘、"解码"宋韵文化基因，就是要找到并"破译"宋韵 DNA 中对当代具有进步意义和价值的元素，将之转化为新时代浙江文化发展的精神动力。

江南一枕钱塘水，宋韵千年入梦来。"宋韵文化传世工程"启动一年多来，浙江的宋韵气质更加突出，我们看到全省各地多了不少宜古宜今的宋韵地标。

在杭州，近来最火的宋韵地标之一，当数德寿宫。作为杭州宋韵"扛鼎之作"，德寿宫开放后，迅速"出圈"。敞开式的遗址展示加上高科技的交互体验，让稀缺的南宋文物有了崭新的"打开方式"。

拂去时光之尘，历史再次鲜活。去年 7 月，杭州国家版本馆盛大启幕，无论是富含"天青色等烟雨"美感的青瓷屏扇门，还是裸眼 3D 大屏展示的"富春山居图""雷峰塔经"等稀世版本，都令宋韵再次生动。

绍兴地区的宋韵文化味也越来越浓。会稽山下的宋六陵,曾是一代皇朝的根系;"红酥手,黄縢酒,满城春色宫墙柳",陆游一生四游沈园,数篇动人诗词讲述了一段凄美的爱情故事。在宋六陵和陆游两个IP的加持下,绍兴古城宋韵流芳。

诚然,宋韵的旋律已渐渐在浙江大地唱响,但如何打破碎片化,有效统筹,盘活宋韵文化资源,用宋韵推动浙江文化产业发展,拉动消费升级,则需要找到新的突破口。

二

在"解码"之初,我们要找出宋韵文化繁华富庶背后的内在逻辑和精神"密码"。

宋之韵,小可精致入文,大可进取卫国;雅者赏其质,俗者乐其澜。有学者将之概括为一个体系,包含日常生活的物质之韵、生产技术的匠心之韵、社会治理的秩序之韵、发明创造的智慧之韵、学术思想的思辨之韵和文学艺术的审美之韵。

那么,让宋韵更好地"流动"起来、传承下去,将之塑造成一个具有浙江特色的高质量品牌,浙江还有哪些瓶颈有待突破?

先来看IP运营。相比北京有明清故宫、西安有秦兵马俑,杭州同为古都,在最具辨识度的文化上,大众认知度还较低。"烟柳画桥,风帘翠幕,参差十万人家"道尽了宋朝繁华,但目前宋代琴棋书画诗酒茶的风雅生活,尚未转化成现代标志性IP,相关元素仍有待系统开发和品牌塑造。

再说流量创新。众所周知,不论是"朕知道了",还是"水下飞天",均对传统文化作了深度活化,将爆款内容变为流量入口,链接起新消费模式和消费场景。浙江宋韵具备"美学引领"和"艺术点亮"的充分底蕴，但未真正从典籍里"走"出来、"活"起来、"潮"起来。现已推出的宋韵文化项目仍以政府打造的特色街区景区和传统节庆为主，民间投资热度低、规模小、产业链条短。

最后讲人才短板。有了好故事，还要有会讲故事的人，更需要走心创作加上"卖力吆喝"，这样才能叫好又叫座。如何把抽象的文化符号，通过数字化手段，转化为大众喜闻乐见的内容？当前，亟须一批既知宋韵文化，又具深厚美学素养，还懂数字化技能和包装营销的复合型专业化团队。

三

让宋韵成为"流量密码"，背后少不了年轻人群体，关键要看是否契合年轻人的审美需求、是否有年轻人愿意为之买单。

手办、盲盒、汉服……盘点近年来的"出圈"领域和爆款产品，都离不开Z世代的贡献。我们把目光聚焦到这个群体，分析他们的消费行为，有哪几个方向可以着力？

一是"种草"。如今，网络平台"种草"正在改变大众消费习惯。买化妆品，翻翻小红书上别人的笔记；朋友聚餐，上大众点评搜索人气餐馆；入手电子产品，上知乎看看专业人士的建议……"种草"帮助消费者节约信息成本，提高决策效率，发现消费亮点。

成长于物质丰裕时代的Z世代，已经习惯拥有无限的商品选择权，因此，宋韵文化想要抢占年轻群体的消费容量，不论宋韵景点、美食、展览、影视，都可以通过准确"种草"、培育"网红"，快速吸引大众。

二是游戏。游戏作为群体生活、娱乐和社交的方式，对Z世代有着天然的亲和力和影响力。手游、剧本杀、密室逃脱……从线上到线下，游戏几乎可以覆盖文化消费全场景生态链。《仙剑奇侠传》等游戏IP的长盛不衰，足以证明国风的魅力。

笔者认为，浙江可以发挥动漫游戏、网络文学等产业优势，创新制作宋韵主题游戏、网络热文，让宋韵文化在年轻群体中形成集群式可视化传播。

三是综艺。从《中国诗词大会》到《国家宝藏》，从《唐宫夜宴》到《只此青绿》，央视及各大卫视借助综艺节目不断掀起传统文化风潮，让经典与潮流同行。有意趣、有话题、有情感、有温度的宋韵文化更易赢得年轻人的心，而一档有审美、有底蕴、有互动，别出心裁、古今对话的综艺或演出，或许会带来宋韵文化传播新高潮。

四是品牌。浙江的人文环境、文化特质、生活美学、语言习惯和社会习俗，很多都烙有"宋韵印记"。提炼宋韵文化符号，在公共文化场所展示宋韵，用文艺作品诠释宋韵，做好"宋韵文化＋"系列品牌，浙江还有很多空间，拥有无限潜力。

总之，宋韵要吸引年轻人和更广阔的消费市场，浙江还要进一步挖掘潜力，打破地域壁垒，唱一首别样精彩的宋韵"主题曲"。

当宋韵与消费相结合，相信能让更多的人在宋韵游中看见诗画江南，在文旅体验中品味活力浙江。

张元 韩一丹 王茹华　执笔

2023年2月1日

"拔刺"就是"填坑"

> 以心交心，感情最不能伪装、不能掺假。老百姓心里都有杆秤，是不是真心替他们考虑、真正为他们办事，他们心里像明镜似的。

春节联欢晚会后，小品《坑》迅速火了，通过一个半年都没填上的坑，刻画了一个典型的"躺平式"干部，也反映出群众日常生活中可能会遇到的不便或困难。

近段时间，浙江湖州拔除废弃电线杆一事就引发不少关注。笔者注意到，起因是当地监督类栏目《看见》曝光了一个现象：上百根废弃电线杆矗立中心城区街头，影响了道路交通，且存在安全隐患，因权属不清而迟迟没有处理，群众多有意见。随之，当地迅速展开"拔刺"行动，短短几个月时间内，从城市到农村，拔除废弃电线杆25179根。

"出行更安全方便了，看起来更清爽了，这样的行动，我们欢迎。"一位当地群众的评价，代表了很多群众的心声。

"拔刺"就是"填坑"。现在，老百姓对美好生活品质的期待越来越高。如何把各项工作做到位，让群众切身有感、真心点赞？湖州的这场"拔刺"行动，或许能带给我们一些启示。

一

中国有这样两句古话，一句是"天下大事，必作于细"，说的是天下的大事都是从细枝末节处完成的；另一句是"其作始也简，其将毕也必巨"，意思是一件事情在刚刚开始时很简单很细微，临近结束的时候就会变得繁复巨大。

也许有人会说，小小一根废弃电线杆，算得上大事吗？影响有这么大吗？需要如此兴师动众吗？

的确，相比于大工程、大项目，废弃电线杆整治算不上大，也算不上难。但换个角度想，废弃电线杆就好像群众身边的一根"刺"，虽然事小，但直接影响出行安全和市容市貌。比如有家养老院的门口竖着根废弃电线杆，老人夜间出行很容易撞到。

类似这样的民生小事，就在群众的家门口、眼皮下，虽然是细枝末节，群众却感受深、关切重。"小事"不能"小看"，考验的是政府精细化治理的水平。

比如，流动摊点占道经营是不少城市的"顽疾"，城管队员与摊贩一度变成"猫和老鼠"的关系，但有的城市转换思路，主动划场地、做服务，开辟早夜市、发展夜经济，让城市更添"烟火气"。再如，有的地方从"一个烟头""一间公厕"抓环境整治，既美了环境，也提升了文明素质，还有"礼让斑马线"这样一个举动，成为浙江亮丽的风景。

党的十八大以来，中央制定实施八项规定，规定很细、很直接，看似针对的是具体问题，其实作为我们党在新时代的"徙木立信"之举，扎扎实实地推动了党风政风和社风民风发生大变化，党心民心也因此进一步凝聚。

共产党是为人民服务的政党，为民的事没有小事，要把群众大大小小的事都办好。小到一个烟头，大到一项规定，不难发现，只要真正关注百姓期待、重视社情民意、直面民生问题，把各项工作抓细、抓具体、抓出实效，就能赢得万人心。

二

以心交心，感情最不能伪装、不能掺假。老百姓心里都有杆秤，是不是真心替他们考虑、真正为他们办事，他们心里像明镜似的。拔除废弃电线杆如此，开展各项工作同样如此。

2022年3月1日，习近平总书记在中央党校（国家行政学院）中青年干部培训班开班式上强调："贯彻党的群众路线，首先要对群众有感情，真正把自己当作群众的一员、把群众的事当作自己的事。"

《习近平在浙江》一书中记载，2003年4月12日，习近平同志第一次到杭州市西湖区翠苑社区视察时，看到池塘的污水和雨水没有分离，水质很差、又臭又脏。这在当时的老旧小区里是比较普遍的现象，大家都不太在意。习近平同志停下来，仔细询问了池塘的情况，说："这个池塘的环境差了一点，要考虑如何整治。"

同年5月23日，习近平同志第二次来翠苑社区，参加社区党支部保持共产党员先进性教育活动的批评与自我批评座谈会。座谈会最后，习近平同志又询问第一次来看到的门口那个池塘整改了没有。

到中央工作后，习近平总书记一如既往地关心牵挂群众身边的小事。无论是基层调研考察，还是全国两会座谈，一句句细心问询，一次次民生关切，无不折射着为民初心。

我们党自成立以来，始终与人民同呼吸、共命运、心连心。党章明确规定，"党的干部是党的事业的骨干，是人民的公仆"。我们党如今能成为世界上最大的政党，一个根本原因就是始终坚持以人民为中心。

"认认真真为民办小事，就是为国家办大事"。说老百姓听得懂的话，听老百姓最真实的心声，解老百姓最关心的事，是与群众心贴心的关键，也是我们党全心全意为人民服务根本宗旨的必然要求。

三

为民办实事追求的不是形式轰轰烈烈，而是要想群众之所想、急群众之所急。把大事小事都做好，还得跑得更勤、想得更深、用情更真。

首先要找准"刺"和"坑"。只有跑得更勤，才能见得更多，也才能更好地找到老百姓生活中的痛点、难点。

新年伊始，浙江启动"大走访大调研大服务大解题"活动，各级领导干部纷纷下基层，"奔着问题来、解决困难去"，足迹遍布乡村、企业、公共文化场所、新兴产业园区等。走访调研中，重点要了解企业运营的难处、科技创新的桎梏、乡村发展的难题。

为民办实事靠的不仅是勤奋和热情，还需要带着发现问题、寻找规律的眼光，多想一层、想深一层。有些民生小事看似是独立的"浮冰"，但如果发生的多了，就需要找到其中的共性，抓住症结，凿开藏在水下的冰山。

如果只想着解决群众眼下一时的困难，可能就会"按下葫芦浮起瓢"，有办不完的小事。民生小事也是一面镜子，它能反映出我们工作中的漏洞和不足，向上溯源找到政策、制度的关键，才能让工作效果实现质的改变，从而让更多群众的获得感得到提升。

最后，真心实意为民办事，追求的就是一个"真"字。就是要把群众当自己人，把群众的事当自己的事，以真心换真心，用工作实效说话。

除了小品中演的"躺平式"干部，实际工作中，还存在一部分"作秀式"干部。比如逢年过节，各地都会开展走访慰问，送去党的关怀、了解群众的心声，这很有必要。但不得不说，"只慰不问"的现象还时有发生，美其名曰送温暖，实则走形式，不是看群众高不高兴，而是看镜头闪不闪，送上慰问品、慰问金转身就走。如此慰问非但不走心，反而让人闹心，甚至影响党的形象。

办实事看的不是过程，而是结果。"刺"有没有拔除、"坑"有没有填上，才是老百姓最看重的。比如，19年来，浙江坚持习近平同志在浙江工作时创立的为民办实事长效机制，其中很重要的一个方面就是要让群众每年评价政府部门办实事的成效，用这样的方法绵绵用力、久久为功。

事情办得好不好、实不实，老百姓最有发言权。既善于"小题大做"，也有耐心"大题小做"，把难事了掉、小事办实、好事做好，群众有感有得，自然就会暖到心里去。

徐伟伟　康瑶　王晶　执笔

2023 年 2 月 2 日

蔡元培的温与厉

> 身为越人，未忘斯义。越中先贤刚柔并济的风骨，深深复刻在蔡元培身上，成为他为人处世的索引和标尺。

《论语》中将"温而厉"作为古典中国的师范形象。在漫长的中国历史中能配得上这三个字的夫子其实并不多，蔡元培先生恰恰就拥有这一复合型人格。

蔡元培的弟子兼同乡，也是继任的北大校长蒋梦麟曾说过："蔡先生日常性情温和，如冬日阳光之可爱，无疾言厉色。处事接物，恬淡从容……但一遇大事，则刚强之性立见，发言作文，不肯苟同。"

简单来说，平常日子里的蔡元培是温文尔雅的，但碰到大事时，他却比谁都刚。

今年是蔡元培先生155周年诞辰。历史之中的故人，时间背后的故事，即使是雪泥鸿爪，也能让我们深感亲和温暖与师尊凛然。

那么，他那温与厉的独特人格，是如何炼成的？

一

蔡先生受传统文化的浸润很深。他是中正平和的谦谦君子，忠厚温和里蕴藏着儒家"克己复礼为仁"的美德。

他宅心仁厚，有副"菩萨心肠"，不坐人抬的轿子，因为几个人抬一个人"既不经济又不人道"；他待人宽恕，面对学术争论，即便有人诋毁他如"拖鼻涕的野小孩在人家大门上画乌龟"一般，他写文章反击时仍然平情论理。

蔡元培不拘一格选用人才。他三顾茅庐，请新文化运动的主将陈独秀出任文科学长；他慧眼识才，凭几篇文章就大胆启用自学成才的梁漱溟；他还聘任拖着辫子的"怪杰"、遗老，让目高于顶的辜鸿铭、黄侃这些老派学究心悦诚服。狂儒辜鸿铭公开表示他是除自己以外中国唯二的"好人"。

但是，好人不是老好人，他的宽仁不同于和稀泥的"好好先生"，而是"大人"的沉毅成全。

比如，他曾倾力支持、保护学生的爱国热情和人身安全。五四运动爆发后，为营救被捕学生，爱生心切的蔡元培日夜奔走。5月4日当晚，他找到段祺瑞亲信孙宝琦，希望得到帮助，甚至无奈使出"绝招"——"赖"在对方家中好几个小时，直到凌晨都不走。此后，他又与警察总监交涉，愿以身家保释被捕学生。

在他的百般努力下，几天后20名学生终于被全部释放。学生返校时，蔡元培率全校师生在红楼广场迎接，致辞慰勉。被捕学生许德珩此后回忆那一幕："先生含着眼泪，强作笑容来勉励学生、安慰学生。那种慈祥伟大的精神，是值得我们今日多多地回忆，是值得我们办教育的人多多效法的。"

蔡先生的人格，载荷着"时代"和"文化"的分量，以极具宽广的视野提出属于他自己、也属于中华民族的"兼容并包，思想自由"。自由与包容，是思想理念、学术主张，也是仁者风度和君子雅量。

二

如果说，蔡先生圆通仁厚的"无所不容"是"温"的一面，那么，他"一遇大事，不肯苟同"的"有所不为"，则是他"厉"的一面。

1916 年 8 月，蔡元培在法国收到北洋政府电报，敦请他出任北京大学校长。在同志、故旧的反对声中，蔡先生抱着"我不入地狱谁入地狱"的心态回国任职。

当时的北大歪风横行，被谑称为"官僚养成所"，之前的四任校长，都被灰头土脸地"赶"出了北大。

蔡先生初掌北大，既有胆量，又有身手。1917 年 1 月，凛冬的北京大雪纷飞，黄沙扑面。北京大学的校门口，两排校工恭立两侧，迎接新校长。

在就职典礼上，蔡元培发表了著名的《就任北京大学校长之演说》，对青年学子提出了抱定宗旨、砥砺德行、敬爱师友三大要求，直说读书不是混文凭，做学问不是做官。因其直抒胸臆、掷地有声，还入选了人教版高中语文课本，成为演讲的范文。

在端正学风的同时，他对教员也加以整肃。热播的电视剧《觉醒年代》里，有这么一个场景：李大钊和陈独秀分别在北大的学生和老师中间，宣读蔡校长关于成立"进德会"的"八戒主张"。甲种会员持三戒、乙种会员持五戒、丙种会员持八戒。在当时提出"持戒"，是蔡先生基于教育家的德行，更是革命家的厉行。

"绳己""律人""止谤"是蔡元培构想的效用，"风雨如晦，鸡鸣不已"是蔡元培理想的人格。"进德会"荡涤了当时北大的晦雾，客观上起到了矫正颓俗的作用。

当然，他的厉，绝不仅仅体现在办校治学上。在坚持理想信念上，蔡先生始终砥身砺行、风骨嶙峋，是"不可假借的斗士"。

从翰林院编修到教育总长再到北大校长，蔡先生在"职场"共有20余次请辞，仅在北大任上就有7次。表面上，辞职是因为不愿"仰人鼻息"，根本却在守正不阿的人格标准和底线。"辞职"不是"消极的免些纠纷"，而是一种"抵抗的奋斗方式"。

蔡元培奋斗不辍的一生，是中国文化"刚健有为"的垂范。这套处世哲学总则在他身上更多地表现为"敬以直内，义以方外"的"止健"与"大正"，它是刚健而能节制的"中正"态度，也是"刚中而应，行险而顺"的"刚中"精神。

三

独特的人格形象，总是在复杂而又激荡的社会文化背景下炼成。

蔡元培临于激进和保守之境，处在理想和现实之间，他的温与厉，来自个性和血性的禀赋，也与当时的时代格局紧密相关。

其一说个人。

蔡元培是从江南的竹丝台门走出来的末代士大夫。他22岁中举，27岁便授职翰林院编修。"出于孔孟之教，本于忠恕两字"，他是儒家思想的核心——"仁"的浑然天成者，他的容让和自律、清廉和节俭，是中华优秀传统文化的传承。

不仅如此，他也是"旧垒"中率先走向现代的先觉者。他前后五次留学，尤其钟爱德国哲学。大凡演讲和文章，他总是兴趣盎然地谈论中西方的文学、史学、哲学、美术、音乐、伦理，等等。

蔡先生的身上，兼容中国的"礼"和西方的"理"，融合中西文化之所长。

其二说家乡那一方水土。

越地文化在他身上埋下了"柔中蕴刚"的基因。恰似绍兴的酒和剑这两个符号：温，有似酒的温敦圆融；厉，有似剑的刚正决断。

绍兴是厚德载物的人文渊薮，绍兴酒以"稽山何巍巍"埋存，以"浙江水汤汤"酿就——王羲之酣醉之际挥笔写就"天下第一行书"，李白举杯尽欢在浙东唐诗之路上得意人生。这座历史文化名城，兼具风雅和风流，氤氲的是"温"的品性。

绍兴也是报国雪耻之乡。春秋争霸，越王勾践复国雪耻；明清嬗变，刘宗周、祁彪佳、倪元璐等以身殉国；辛亥风云，徐锡麟、秋瑾、陶成章舍生取义……

身为越人，未忘斯义。越中先贤刚柔并济的风骨，深深复刻在蔡元培身上，成为他为人处世的索引和标尺。

其三说家国大义。

反强权、反独裁、反侵略、争平等，一直是蔡元培生命中色彩最浓郁的部分。这源于他深沉的家国情怀，当国家民族于风雨之中飘零，他穷其一生都在读书与救国之间寻找出路。

他在上海张园演讲并在《苏报》撰文，发起拒法、拒俄运动；参加反清暗杀团并加入同盟会；"二次革命"失败后创立《公论》报，抨击袁世凯的独裁行径；"一·二八事变"爆发后，他联合蒋梦麟等揭发日本的罪恶行径，呼吁制止日军暴行……

美国哲学家杜威说，以一个校长身份，能领导一所大学对一个民族、一个时代起到转折作用的，除蔡元培外，恐怕找不出第二个。

"学界泰斗、人世楷模"，蔡先生的背影，引领着那个群星闪耀的觉醒年代。时间如流。这位文化麦田的守望者，他的温雅美德、厉直秉性，他的和而不同、刚健有为，不断激励后来者以文为碑、以心为碑、以行为碑。

汪薇　执笔

2023年2月2日

经济大省如何做强经济报道

> 浙江企业买卖全球，浙商足迹遍布天下，我们脚下这片活力潮涌的热土，是经济报道的天然富矿。

浙江是全国"挑大梁"的经济大省，也是民营经济大省。浙江企业买卖全球，浙商足迹遍布天下，我们脚下这片活力潮涌的热土，是经济报道的天然富矿。

然而，实事求是地讲，近年来我们听到的浙江经济研究界的"高见"还不多，看到的专业经济记者的"大作"也不多，尤其是能以浙江声音影响全国舆论的经济报道很少。

经济大省要有拿得出手的经济报道。在声势浩大的"眼球争夺战"中，浙江主流媒体的经济报道如何能够"搅动一池春水"，以精品力作洞察发展趋势、捕捉时代脉动、诠释浙江实践，值得我们好好破题。

一

20世纪七八十年代，人民日报社创办《市场报》，新华社主办改革开放后第一份全国性经济日报《经济参考报》，《经济日报》在北京创刊，吹响了重振经济报道的号角。后来，《财经》《经济观察报》等接连亮相。

伴随中国市场经济的蓬勃发展，经济报道的功能从政策宣传拓展到信息服务、行业分析、社会监督等，形式更加多元，传播渠道不断迭代，迎来了欣欣向荣的春天。其中，一批名记者推出名作品，产生广泛影响，长留读者心中。

比如艾丰，曾任《经济日报》总编辑，发表过《理一理思路》《首钢启示录》等作品，深刻剖析经济现实，还研究新闻采写方法，出版相关著作，尤其对品牌理论有独到研究。比如詹国枢，曾任《人民日报》海外版总编辑，文章生动有趣、深入浅出，让人能一口气读下去，如《从煮饺子说到规模经济》《市场赋》，退休后他还开了公众号，成为自媒体达人。再如范敬宜，曾任《人民日报》总编辑。十一届三中全会后，农村实行家庭联产承包责任制，辽宁日报社派范敬宜去农村调查。他经过调查后，写了《分清主流与支流　莫把"开头"当"过头"》。他还提出经济报道要"贴近实际""贴近群众"等重要观点。

像这样的杰出前辈还有很多。他们既有精湛的业务水平，也有高尚的人格操守，既是新闻记者，也是研究型专家，拿出了过硬作品，推动了社会进步。

近年来，国际形势风云诡谲，国外也有一些唱衰中国经济的杂音，作为建设"重要窗口"的浙江，如何让世界"趴"在"窗"边就能了解中国经济的活力与韧性？浙江市场主体数量巨大，老百姓关心关切经济发展，如何让更多人看清方向、方位，保持耐心、定力？浙江作为经济大省、改革前沿，有许多经济现象值得关注，有许多经济问题最先遇到、值得研究。浙江的媒体人，责任在肩、使命重大。

当前，本轮疫情已近尾声，中国经济正在蓄劲复苏，拼经济成为各地主战场。有专业机构预测2023年主流媒体十个"高频词"，"经济报道"占有一席之地：新的一年经济报道分量会更重，要求会更高，主流媒体将更加注重讲好新时代中国经济发展故事。经济报道将成为全国各级媒体"同台竞技"的重要领域，这也是浙江媒体主动发声、展示作为的关键契机。

二

今年1月1日，习近平总书记致信祝贺《经济日报》创刊40周年，强调要"创新经济报道理念和方式，加快构建全媒体传播体系，为推动中国经济高质量发展、讲好新时代中国经济发展故事作出新的更大贡献"。

那么，我们需要什么样的经济报道？有人总结经济报道"三重境界"，上要见思想之光，洞察时势；中可助政策之力，提振信心；下能感民生之痛，克难攻坚。做到既接天气，更接地气；既看清大势，更感同身受；既找亮点提信心，更道实情建真言。

经济报道应该成为一道"光"，能够穿透迷雾、照亮前路，还能温暖人心、点亮信心，助力经济巨轮破浪前行。

比如，1988年，《瞭望》曾发表以《中国经济发展走势访谈录》为总题，分《地方分权与宏观调控》和《变通与失衡》上下两篇的一组报道。当时正是经济体改的关键之年。基于扎实的调研，报道反映了当时一些地方自行其是、争抢资源、割地而据等问题，挖掘"热背后的冷思考"，为政府决策提供参考。

反观目前浙江的经济报道，对比之下，依然存在一些短板。

如"慢"的问题，即时效性不够，对一些经济领域的新闻事件、热点话题，未能及时跟进，该出手时没出手，出手时已晚好几手，"马前卒"变成了"马后炮"；

如"浅"的问题，即深度不够，只做到就事论事、从概念到概念、用数据说数据，没能讲清楚经济现象与群众生活的关系，也没能讲清楚经济政策背后的逻辑，导致外行看不懂、内行看不上；

再如"硬"的问题，即文章可读性不够，见事不见理、见物不见情，只有距离感、没有代入感，使读者读来无趣、无感；

还比如"薄"的问题，即宣传方式单调陈旧，缺乏创新，一般性报道等"大路货"多，具有权威性、思想性、前瞻性的精品力作少，深入探究经济发展趋势、发现经济领域苗头性问题继而开展议题设置的报道更少。

有学者把这些问题归结为，媒体人对我国所处发展阶段的认识把握不够，对相关利益群体的意志表达不清晰，对经济信息数据库的开发不足，为决策提供智库支撑的功能不强，以经济的视角向其他报道领域拓展深化的意识缺乏，专业化的文本表达与阐释无力，等等。

究其背后原因，有主客观多重因素。

主观上，一线记者专业浸淫、实践积累不够，对事件的判断力、对现象的分析力有待加强，需要在专业领域一线多蹲蹲苗、历历事。

客观上，新闻单位内部考核制度中，深入一线机制、对好作品的评判激励机制还不够健全科学，对经济报道求深、求新、求质的"指挥棒"没有真正立起来；一些经济政策的制定部门在发布信息时老是官话、套话、文件话，赋予记者阐释解读的空间也很小，导致政策信息成了密密麻麻的数据列举，无分析无亮点。再加上有的专家学者动辄搬出模式范式、理论术语，不接地气，触不到点上，没能助力经济报道走深，反而添了"堵"。此外，传播方式和媒介生态变革，对经济报道的内容、形式、渠道等提出了更高的要求。

三

有人说，经济报道如同螃蟹，剥之繁琐、食之有味。笔者以为，烹好这道"硬菜"，要答好4个问题。

如何成为专家型记者编辑，写出让人点头点赞的报道？进入移动互联网时代、社交媒体时代，信息大爆炸，在众说纷纭、真伪难辨的舆论场上，迫切需要专业媒体、专家型记者编辑。这就要求媒体人加强学习、练好内功，学会看K线图、三大报表，能够分析各类运营指标，对政策、宏观经济、地缘政治有了解，还要持续深耕行业领域，与经济同呼吸共浮沉。

这样才能在面对信息源、置身现场时，迅速理解耳闻目睹之事，第一时间判断其新闻价值，并突破到核心事实，入肌入理、披沙沥金，写出"外行不觉深，内行不觉浅"的报道。

　　如何把准发展脉搏，拿出"既见雨露，也显风云"的作品？经济不只是经济，通常关联社会、政治甚至文化。所以无论政经、产经、财经报道，都应有"大经济"的视野和格局。经济不只是冷冰冰的数据，火热的经济实践在田间地头、工厂车间、商场小店。

　　只有入得千企万户、用脚步丈量大地，并且眼观六路、耳听八方，善于洞见、敢于预见，能言人所未言、见人所未见，作品才能立得住。财经记者吴晓波、胡宏伟等奔走一线，积累了诸多企业的一手材料，采访了很多时代浪尖上的人物，最终写出《大败局》《东方启动点》等作品。

　　如何见人见物见生活，讲好经济发展背后的精彩故事？人是经济活动的主体，更应是经济报道的主角。《火车站的塞卡人》《菜价追踪》《神秘的温州人》《"老外"开始怕"老乡"》等文章，关注经济现象背后的人文精神，成功把普通人"卷入"经济生活观察，让读者觉得可亲、可信、可感。网上也有一个关于"浙江局长对话央视主持人"的短视频，因妙说民营经济，被反复提到、多次传播。可见，既要有人物的故事，也需要讲故事的人物。

　　如何软化活化表达，投身媒介变革、破除传播壁垒？经济报道要扎得进，也要传得开。如何"可视化""可读化"，业内人士曾抱怨"很难"。自媒体"星球研究所"推出《世界第一大港，为何在浙江？》等系列作品；金融学者唐涯笔名"香帅"启动了一个长期写作计划，每年出一本书，见证、记录中国财富的变化趋势，用实际行动证明枯燥的内容可以生动呈现，硬新闻也可以"软着陆"。

　　新的一年，省委谋划实施数字经济创新提质"一号发展工程"、营商环境优化提升"一号改革工程"、"地瓜经济"提能升级"一号开放工程",三个"一号工程"都聚焦经济领域,可以预见,这是浙江经济全面闯关夺隘、开花结果的一年。让浙江的经济报道如经济一样出圈出彩,还需我们以实践作答。

杨昕　徐伟伟　蒋盈盈　陈晓燕　执笔

2023年2月3日

"电子榨菜"如何更香

> 看"电子榨菜"可以调节口味，但不能只看这些视频内容。就像人不能只吃榨菜，也要吃好主食和新鲜蔬果。

前不久，国家语言资源监测与研究中心等机构揭晓了"2022年度流行语"，其中，"电子榨菜"一词的入选，引起了不少人的好奇。

在互联网平台搜索"电子榨菜"，可以发现它已成为时下最火爆的热词之一。也曾有自媒体以"电子榨菜"为主题发起了一次调研，结果显示，93%的网友有消费"电子榨菜"的习惯。还有，2022年11月成立的豆瓣小组"可以尝尝你的电子榨菜吗?"，更是在短短两个月的时间内，聚集了超过6万名成员，成为豆瓣新组排行榜里的"佼佼者"，组员们相互"安利"各种口味的"电子榨菜"。

那么，"电子榨菜"为什么能风靡全网?

一

先来说说"电子榨菜"到底是个什么"菜"。

实际上，"电子榨菜"主要是指吃饭时间看的短视频，如同榨菜一样，成了很多人的"下饭神器"。

"电子榨菜"并不局限于某种类型，可以涵盖各种影视题材，男主一般叫"小帅"，女主一般叫"小美"，开场通常为某个关键场景画面，然后用3—10分钟解说，再加上一段BGM，一段"电子榨菜"就这么完成了。

"电子榨菜"的"互联网记忆"，可以追溯到2015年，当时比较出名的是台湾博主"谷阿莫"制作的"×分钟带你看完×电影"系列，如"三分钟看完《鸟人》""5分钟搞定《霍比特人1—3》"等。

这些年来，无论是学生党还是打工人，都喜欢在吃饭的时候点开一段"电子榨菜"，津津有味地享受用餐时光。

"电子榨菜"何以让人如此上瘾？甚至有些人如果找不到一段感兴趣的视频，就难以动筷。

首先是"食用便利"。"撕开即食""方便入口"是"电子榨菜"的一大特色，单集少则一两分钟，多则三五分钟，内容紧凑，适合在不想动脑又不愿无聊的"碎片化"时间里观看。比如，148分钟的电影《西线无战事》、3小时片长的《泰坦尼克号》、36集的电视剧《亮剑》，统统可以浓缩在一段段小视频中。

其次是"口味诱人"。"电子榨菜"之所以成为"佐餐标配"，是因为它浓缩了精华，戳中了观众的"味蕾"。先用一个只包含主谓宾的句子作为视频封面，将观众"骗"进来，再提出设问，将影片中最猎奇或者最具悬疑的情节放在开头，引人入胜、增加驻留时间，当剧情即将高潮时戛然而止，并吸引你手指上划进入下一集。可以说，这些短视频往往"爽点"密集，时刻都是叙事高潮。

最后是"种类丰富"。这类短视频内容"海量"，不论是经典的宫斗剧《甄嬛传》，还是让人食欲大开的纪录片《舌尖上的中国》，或是"少儿频道"里的《中华小当家》《神厨小福贵》，以及时下热播剧《去有风的地方》《向风而行》等，只要是观众想看的，不论题材、类型、时长，都可以制作出来。可以说，既重温了经典，也解了很多打工人没时间追剧或看片的"渴"，起到了科普的作用，拓展了知识面，有了更多的谈资。

虽然从科学的角度来说，"电子榨菜"并不能真的改变饭菜的味道，但却能改善人们进食的情绪。特别是对独自进食的人来说，"电子榨菜"在一定程度上舒缓了孤独，提供了精神陪伴。

二

眼下，"电子榨菜"颇得观众恩宠，那么，它能长久吗？

事实上，这类短视频极易侵犯版权。比如，腾讯视频曾对抖音发起侵权诉讼，称其独播电视剧《扫黑风暴》在抖音上存在侵权视频，违反《著作权法》相关规定。又如，几年前，"谷阿莫"曾被片商提起诉讼，称其未经许可，使用没有合法来源的影片。

"二创"对原创作品"剥皮切肉"，制作成本不高，却能够在不同平台传播获取流量，不仅没有支付版权费，还能够变现，严重侵犯了版权方的利益。长此以往，剧集原创方得不到播放量带来的

"奖励"，势必会影响创作热情。而高质量作品的减少，最终还是会"苦"了观众。

除了侵权，"电子榨菜"也自带一些"数字亚硝酸盐"，调味过猛，既掩盖了食物本身的风味，又伤害了健康。比如，有的视频一味截取暴力、色情等低俗镜头，仅抓住眼球，未表达思想；有的曲解原作本意，甚至错漏百出，备受质疑。笔者曾看到某短视频在解说《神雕侠侣》时，将李明启饰演的"孙婆婆"误说成《还珠格格》里的"容嬷嬷"。

"电子榨菜"的野蛮生长，引发了行业协会的抵制。

2021年12月，中国网络视听节目服务协会发布的《网络短视频内容审核标准细则》明确规定，不得播出未经授权自行剪切、改编电影、电视剧、网络影视剧等各类视听节目及片段的短视频内容。

同时，也曾有逾70家影视公司发布联合倡议书，要求清理未经授权的切条、搬运、速看和合辑等影视作品内容。

国家新闻出版广电总局就此发布公告，表示要加强电影版权保护，依法打击短视频侵权和盗版行为。

据《2021中国网络短视频版权监测报告》显示，2019年1月至2021年5月12426版权监测中心对1300万件原创短视频及影视综艺等作品的二次创作短视频进行监测，累计监测到300万个侵权账号，通知删除近1900万条侵权视频，涉及点击量5.01万亿次，按万次点击10元计算，挽回直接经济损失50.1亿元。

三

可喜的是，相关政策与规则发布和监管"出手"后，这类短视频的制作和传播日益走向规范化。

比如，前段时间，抖音与爱奇艺、快手与乐视，分别围绕长视频内容的二次创作与推广进行合作。

这意味着，抖音、快手的创作者可分别对爱奇艺、乐视经授权的版权作品进行"二创"，并发布在平台内。

长视频为短视频的制作提供了丰厚素材，从而使自己不再"孤芳自赏"，短视频也为长视频的宣发提供了传播空间。

可以说，长短视频正从"相爱相杀"逐渐走向"互利共生"。

不可否认，"电子榨菜"丰富多样，满足了不同人群的各种需求，确实有它们存在的意义。但同时，也有人担心它们正让人逐渐失去耐性。比如，B站曾发布一则关于"电子奶瓶"的视频，里面提到有人看《红楼梦》，第一页看了15次都没翻过去，而现在更是很少看书了，因为总能在短视频里，一不小心把书给看了。

这也启示短视频创作者，不能仅停留在"视频搬运"，而要有更高的追求。比如，在电影解说领域，《第10放映室》节目多年来深受影迷欢迎，很多人喜欢里面一针见血的犀利点评，也爱看穿插其中的诙谐调侃，可谓兼具专业性和娱乐性，值得这类短视频学习借鉴。

对观众来说，看"电子榨菜"可以调节口味，但不能只看这些视频内容。就像人不能只吃榨菜，也要吃好主食和新鲜蔬果。保持深度阅读的习惯，才能促进独立思考，提高思辨与逻辑能力，透过现象认清本质，提升认知和眼界。

郑思舒　张旺　执笔

2023 年 2 月 3 日

"九华立春祭"，祭什么

> 立春祭，蕴含的是中国人传承数千年的农耕文明的精粹。

百草回芽，水暖三分。2月4日，癸卯年立春日如期而至。

"吉时到——祭春！"立春之时，衢州市柯城区九华乡妙源村的梧桐祖殿外，每年都会人流熙攘，热闹非凡。来此参加祭祀的村民，会依次向殿内春神句芒敬献花篮、供奉祭品，祈求风调雨顺、农耕丰饶。

农历岁末年初，是我国各类传统祭祀活动较集中的时间，大多地方祭祖先、祭财神。衢州的"九华立春祭"，祭祀的却是春神句芒。句芒，这个有着生命象征的远古神祇，如何出现在当地人的视野中？

立春，二十四节气之首。春气始而建立，一年四季的美好画卷也就此逶迤铺展。立春祭，又承载着怎样的期盼？

一

二十四节气，是自古延续至今的古老而科学的时间制度和生活智慧。

2016年，中国"二十四节气"被列入联合国教科文组织人类非物质文化遗产代表作名录。其中，除了24个具体节气，还包括一批国家级"非遗"节气扩展项目，比如"九华立春祭""三门祭冬"等。至此，世界认识东方文化的门，又打开了一扇。

"九华立春祭"最大特点在于拥有独特的活动场所——梧桐祖殿。梧桐祖殿，是国内唯一保存完整的春神殿，由主殿和东配殿组成，总面积700余平方米，其内供奉的是春神句芒。

《吕氏春秋》《山海经》等古籍有载，句芒是辅佐伏羲的大臣，死后成为东方之神、草木之神和生命之神。其鸟身人面、脚踏飞龙，右手持一圆规、丈量土地，左手拿一袋种子、管理春天万物生长。

在当地有这样一种说法：相传，九华乡灵鹫山主峰上多梧桐树。句芒看中并定居下来，使梧桐树及其他树木长得郁郁葱葱。

千年前，当地山民感恩，在山上盖起了一座庙宇，用巨大的梧桐树树根雕了一尊神像供奉，称"梧桐老佛"。立春日，山民在庙宇祈福，开启了最早的祭祀活动。清中期，因山庙太小，山民在山脚建起梧桐祖殿，立春祭民俗也由此"搬入"梧桐祖殿。上个世纪，因种种原因，"九华立春祭"曾一度中断。

它再度回到人们视野，要从20多年前的一场春雨说起……

那是2001年的暮春。正在衢州进行田野调查的民俗学者汪筱联，为避一场急雨，着急忙慌地跑进一栋老宅。老宅位于梧桐峰下，当时已成为木材加工厂与碾米厂。

但老宅门头上的一块匾额引起了他与同事的注意——匾额上的泥层经雨水冲刷后剥落，显露出"梧桐祖殿"四个绿漆大字。

汪筱联对此产生了莫大兴趣。在一次次调查考证后，他惊喜地发现，这座隐于深山的殿宇大有故事——在当地人口耳相传间，梧桐祖殿在新中国成立前曾有立春庙会和中秋庙会，"梧桐老佛"就是春神句芒。

"这很可能是全国唯一保存着的春神庙，一定要珍惜善待这份宝贵的文化遗产！"在汪筱联等人的倡议和参与下，柯城区及时恢复梧桐祖殿立春祭习俗。2004年，民间修复庙宇，复原春神像；2005年2月4日，梧桐祖殿恢复了沉寂40多年的立春祭。

自此，生活在当地的百姓，因为立春祭的"回归"，也总能最先感知春的气息。

二

在对"九华立春祭"溯源考证的过程中，专家学者还原了古老的祭祀场景，并使之成为如今当地村民活态传承立春祭民俗的依据。

每年立春日上午9时许，立春祭祀大典准时展开，梧桐祖殿内外便响起悦耳的钟鼓声。

首先举行"祭春"仪式。现场，12名身着深色中式服装的青年礼仪人员，依次从大殿正门躬身走入，向春神献花篮；舞龙队将祭品送入神前案桌，24名祭祀代表手拎精心准备的青菜、水果、糕点等，依次置于案桌前；主祭、陪祭进殿，整冠洗礼、上香敬酒，主祭诵祭文，陪祭导唱《祭春喝彩谣》。

"鞭春牛"，是整个大典的重要环节。"春牛春杖，无限春风来海上。"耕牛象征农事。"一鞭春牛，春回大地！""好啊！""二鞭春牛，风调雨顺！""好啊！"……当地孩童扮成牧童句芒，一边脆生生唱一曲《鞭春喝彩谣》，一边鞭打身旁耕牛九下。老农则牵着角挂大红花的耕牛，开启新春第一耕。

交春之时，24名接春使者手持油纸灯笼，从殿内拥出并欢呼"春来了！春来了！"殿外，24响礼炮齐鸣。此外，庙会期间还进行投壶、击鼓传梅、踩高跷、竹马灯等游戏娱乐活动。祖殿的戏台上，大戏要连演三天三夜……

春，对中国人来说，素来有着特别寓意。这份寓意，在历史的卷轴上已经延续数千年。

国之大事，在祀与戎。古代中国，立春祭祀，是开年重大的"公务"活动。

在周朝，立春前，周天子带着文武百官斋戒三天。立春当天，天子亲耕田地，行籍田礼；汉朝，天子率百官出宫城到东郊祭祀春神；隋唐时也延续着"立春之日，迎春于东郊"的传统。

随着经济社会的发展，立春祭的活动变得更加隆重，也逐渐在平民百姓中兴起。《东京梦华录》，就描绘了宋时立春祭祀的盛况。立春前一日先在皇宫鞭春牛，次日各州、府、县行鞭春仪。为满足老百姓喜爱春牛的愿望，市场上还出现了小春牛"文创"，引得人们争相购买……

3000多年来，立春来时，全国很多地方都会组织打牛、报春、咬春、迎春会、贴春联、挂春幡等民俗活动。诗人杜甫的关注点就是咬春，他的《立春》第一句便是"春日春盘细生菜，忽忆两京梅发时"。

各式各样的立春习俗规范，本质内涵其实都是赓续传统文化、回归个人内心，表达人们对美好生活的衷心祈盼。

三

2005 年，"九华立春祭"恢复，一朝复兴天下知。有人疑惑，它凭什么在此后引来了联合国的关注？"九华立春祭"，实际上祭的是什么？

笔者认为，答案要从"九华立春祭"本身和中国的节气文化、农耕文明中去寻找。

"九华立春祭"，是中国二十四节气文化的代表项目。中华优秀传统文化博大精深，其中蕴含的天人合一等，是中国人在长期生产生活中形成的宇宙观、天下观的结晶。二十四节气，正是这宏大命题中不可或缺的部分。花知时而开，人顺势而为，与天地唱和，与万物相谐。在与天地万物的对话中，中国人创立了二十四节气。

立春是四季农耕劳作的开始。"一年之计在于春""不违农时"……因此，从"九华立春祭"可以看到，春耕理念已铭刻在中国人的基因中，人们从传承数千年的礼数习俗中感受古人天人合一、顺天应时的生命智慧。

农耕文明，是中华文明的母体和基础。由"九华立春祭"，我们更追寻出中华民族对世界农耕文明的独创性贡献。立春祭，蕴含的是中国人传承数千年的农耕文明的精粹。

千百年来，辛勤的浙江人民，留下了一批批与农业生产生活相关的遗产。上山遗址发现了距今万年的稻米，刷新了人们对世界农业起源的认知；宁波施岙遗址古稻田，为目前世界上发现的面积最大、年代最早、证据最充分的古稻田；还有青田稻鱼共生系统、龙游姜席堰……

从稻种选育、稻田开垦、春耕祭祀，到稻鱼、香榧、桑蚕的种植养殖，通过丰富的宝贵遗存及传统民俗，我们追根溯源，于源远流长的文明长河中采撷瑰宝。

求木之长者，必固其根本；欲流之远者，必浚其泉源。

"九华立春祭"，祭的不仅仅是春神句芒，更是希望从悠久的传承中，探寻文明的种子，建立起生活在现代社会的我们与古老中华文明的强链接，从而让它们永久地生存和发展下去，灿烂于时光隧道中。

郑晨 于山 郑梦莹 执笔

2023 年 2 月 4 日

《流浪地球》让中国科幻电影不再"流浪"

> 　　《流浪地球》系列电影异军突起的意义，已经超过电影本身，唤醒了中国观众对国产科幻电影的憧憬。

　　"带着地球去流浪，这是中国人独有的浪漫，到哪都要把家背着，不离不弃……"

　　四年前，《流浪地球》以黑马姿态闯入新春贺岁档，被影迷们亲昵地称为"小破球"。

　　四年后，"小破球"带着脑洞无限大开的科技想象力以及东方浪漫、中式情怀，在兔年春节档一路狂飙，最新票房已超30亿元，豆瓣评分一度达到8.3。

　　与此同时，影片影响力已走向国外。自影片登陆北美院线以来，排片场次不断增加，打入北美周末票房榜前十，创造了中国科幻片海外票房新纪录。一些海外媒体人对《流浪地球2》给出了高评价。如《奥斯汀纪事报》的马修·莫纳格尔说："这是当前最令人享受的电影之一。"

　　《流浪地球2》成热门，背后的原因和意义是什么？中国科幻电影的未来，如何更加令人期待？

一

20世纪六七十年代，华语电影开始在世界影坛占据一席之地，但在科幻电影这个类别上，却一直处于短板。《流浪地球》等的出现，终于让中国科幻电影拿到了进入世界市场的"入场券"。

"不是很懂，但大受震撼"可能是很多观众对《流浪地球2》的第一印象。太空电梯、行星发动机、量子计算机、无人机蜂群等硬核科幻元素，让人大呼过瘾。

从广义上讲，一切具有超现实因素的电影都可以叫作科幻电影，但再放飞的想象力也会有一条"牵引绳"，那就是科技硬实力。

因此，既有再现真实的特效技术和场景搭建能力，还有现实的科技基础，才能创造出令人信服的科幻世界。而在这两方面，中国科幻电影这几年都实实在在地上了一个台阶。

先说再现真实的能力。据导演郭帆介绍，《流浪地球2》完成了3000多个视效镜头和1000多个面部视效。影片运用到的3D打印、CG虚拟画面、全息VR动作捕捉等技术，让观众看到了中国科幻电影的"天花板"效果。

再说现实的科技基础。以之江实验室智能超算团队为代表的量子计算机研发已实现第一阶段目标，我国歼-35垂直起降机技术正不断突破。人类在"太空电梯"领域的不懈研究让乘坐"天梯"飞升太空不再是白日梦。

科学是幻想的基础，幻想是科学的升华。正是大国重器、科技创新托举起了强大的科幻电影产业，让影片中的世界令海内外观众信服。

当然，除了科技实力，科学素养也是推动科幻电影产业发展的动力。长期以来，中国科幻电影从业者自身科学素养还比较缺乏，观众和投资方对略显深奥的科学议题也缺乏关注和兴趣。这可以说是一个软肋。

要知道，美国科幻电影的一次重大飞跃便来自于"阿波罗登月计划"，当全球观众在直播中目睹阿姆斯特朗成功在月球表面走出"人类一小步"时，人类对星辰大海的探索之路便不再是梦。

这几年，中国观众的科幻梦也正在被唤醒，唤醒大家的是神舟、嫦娥、长征、天宫、天问，是杨利伟、王亚平等家喻户晓的航天"网红"，是各类主流媒体、社交媒体平台对"航天第一课"的直播。

更让人惊喜的是，"烧脑""没看懂"成了年轻人喜欢《流浪地球》的最大原因。很多年轻人愿意二刷、三刷，因为第一次很多细节没看懂，想做好天文物理知识的功课后再看一遍。

这正是科幻电影的意义，它点燃了观众对未知世界的好奇之心，打开了探索浩瀚宇宙的知识之窗，张开了拥抱科学的臂膀。

二

《流浪地球2》之所以好看，绝不仅仅因为炫目的视效，其更深刻的价值，还在于影片所传达的中国式"英雄主义"，不同于好莱坞传统的个人英雄主义叙事，以更宏大的视野和仰之弥高、钻之弥坚的"移山"立意，直面人类共同的危机。

细细品味影片两条故事线：宏观层面，来自宇宙的危机已经近在眼前，而人类选择不放弃，举全世界之力带着地球去"流浪"；微观上看，由人类创造的代码所建立起来的数字世界，正与人类自己暗暗展开较量，数字技术究竟是友军还是敌人，让人"细思极恐"。

无论在哪个层面，影片都给出了中国式的答案：

在"流浪地球计划"中，中国航天员带头，各国自愿出列300名宇航员英勇执行"炸月球"任务，这是现实意义下的牺牲与合作；影片最后，数字生命小丫丫用只有她具备的超强记忆力完成了北京根服务器连接的任务，这何尝不是另一种人类与科技的团结之路。

"人类把最精密的仪器，都用在彼此毁灭之上""团结，才能延续文明的火种"，几句台词，窥见《流浪地球2》想要传达的，是中国传统文化中多元共生、团结互助的精神内核。

中国式的浪漫是平凡人携手共渡难关。大难面前谁都不是局外者，只有最大范围地携手，人类才有可能一直具备并不断增强对抗巨大灾难的能力。拯救世界的永远不是一个人，而是一个集体。

不少网友都说，影片结束后，内心却仍旧沉浸在震撼中。可以说，这份震撼里包含着一份属于中国人的自信。

三

事实上，《流浪地球》系列电影异军突起的意义，已经超过电影本身，唤醒了中国观众对国产科幻电影的憧憬。

但作为世界科幻片领域的后来者，"小破球"的成功仅仅是撕开了世界科幻片领域的一个"小口子"，我们的电影工业、科幻创作、实操人才等，与欧美国家相比仍有较大差距。

那么，在《流浪地球》后，中国科幻电影应当如何突破困境"冲出蓝海"呢？

先说电影工业。电影工业起源于西方，历经百年，已形成一套完善的工业化产业链和标准化体系。反观国内，工业化仍是难题。就拿《流浪地球2》来说，郭帆已是国内公认的、最靠近科幻电影工业化的人，但他也不得不承认，影片背后的团队有7000人，这个数字意味着人力对工业化不足的填补。

中国电影要实现工业化是个系统工程，不是一时半会就能实现的，需要几代电影人不断摸索、试错、总结。但值得高兴的是，一些中国电影人正在尝试从拍摄经验中整理出科幻电影制作工业流程的雏形并对外共享，让国内更多的同行可以参考。

再说原创内容。高质量的原创作品是决定中国科幻电影质量的基础。当下，中国原创科幻作品发展仍然乏力。数量上，我国每年产出250部科幻作品，而美国已超2000部。有报道显示，内容上，中国科幻作品的质量良莠不齐。刘慈欣一人的作品占整个中国原创科幻小说销量的80%以上。

究其原因，科幻作品要求创作者拥有丰富的科学知识和科学逻辑，如此的高要求是当下国内的科幻编剧、小说作者所欠缺的。内容乏善可陈、想象力空洞，都是科幻电影需要突破的重重壁垒。

因此，国内科幻创作者还需不断提升自身科学素养，同时也要敢于打破科学与人文、艺术、教育之间的隔阂，积极与"圈外"融合，形成中国科幻电影的动能。

最后，还得深挖科技人文内核。中国科幻电影要实现"弯道超车"，不能仅依靠"硬核科技"。如果一味追随西方，用宏大的场面、逼真的打斗、精美的特效来掩盖内容的贫瘠，那么终将陷入炫技的瓶颈。比如跌下神坛的《速度与激情9》以及特效绝美却被视作平庸之作的《阿凡达：水之道》都是典型案例。

中国科幻电影要勇于跳出"硬核科技"层面的创意茧房，深挖作品的时代内涵和人文思考，这也是业界公认的、优质的科幻作品所具备的品质。

毫无疑问，即使面临重重困难，中国科幻电影仍在突围之路上前行。

中国的飞速发展，正为科幻文学、科幻电影的发展提供土壤，我们希望，未来，在时代的沃土中，中国科幻作品还将会有更大的突破和跨越。

李海江　吴洋　郭璇　执笔

2023年2月4日

《狂飙》飚的远不止于演技

> 要塑造出充分吸引观众、打动观众的奋斗者形象，就得让人物走到观众所处的凡尘之中。让这些角色成为如你我一般血肉丰满的人，才能令观众感到真实。

要说2023年春节档最火爆的文艺作品是哪一部，毫无疑问是电视剧《狂飙》。

《狂飙》成功出圈，胜在题材选取的讨喜、故事情节的丰盈、拍摄手法的创新和一众人物的立体塑造，尤其是正邪双方贯穿始终的对手戏让广大观众大呼过瘾。有很多网友评论：狂飙，就是看以张译、张颂文剧中角色为代表的正反力量疯狂飙戏。

但《狂飙》飚的远不止于演技。

剧的火爆终如潮水，一阵汹涌而来，也会穿指而过，《狂飙》飙的更是英雄们不朽的人性光辉与奋斗精神。剧中以安欣为代表的人民警察，为保护人民平安正义"狂飙"，以完整清晰的人物弧光彰显了广大一线公安干警坚守初心、忠于职守、砥砺前行的英雄本色。而这一个个银幕形象的背后都有真实原型，38岁就已满头白发的云南缉毒民警雷鸣（化名）、与歹徒搏斗身中十余刀的浙江民警应健达、抓捕现场为保护战友因公牺牲的湖北派出所副所长程凯……

文艺当为时代放歌。狂飙之后，我们不禁思考：文艺怎样才能更好地塑造那些平凡而又不凡的奋斗者，将那份来自生活、源于真实的感动通过艺术升华激励更多人？

—

还是从《狂飙》说起。这部开年大戏延续了去年《人世间》的现象级收视热潮，从正反两条线展示了中国近20年法制和经济的激荡变革。

以高启强为代表的涉黑人物成长路线清晰：由卖鱼起家、因谈不拢摊位分配方案而被欺负进警察局，到绝地反击，一步步爬上项目经理、黑道大佬的位置。"强哥"在每个重要节点所作的决定，推动他一步步走向"黑化"。完整的心路历程与情感变化，让人物变得立体饱满，加上演员的精湛演技，强烈吸引着观众目光。有网友甚至总结出逆袭之路的四个步骤：1.卖鱼；2.买个等离子电视；3.跪个干爹；4.读《孙子兵法》。

不过，我们别忘了，为高启强送上温暖年夜饭、成为他"白月光"的警察安欣，才是这场善恶大戏的终极"主角"。他身上承载的正义、展现出来的坚守，更应该引起我们的关注和思考，也是这部剧真正想传达的精神内核。

在长达20年的人生跨度里，安欣由意气风发、充满正义感、又有点皮实的青年，到百般受挫、放弃挚爱的落魄者，再到隐忍、圆滑的中年人，变的是外在面貌，不变的是当初在表彰大会上说出内鬼线索的那份"轴"。他的锐气与坚韧始终对着黑恶势力，与此同时，对老百姓、对身边人，他又保持着本真善良。

高启强的"黑化"，恰恰反衬出了安欣面对强大对手时，坚守初心的弥足珍贵。

以安欣为首、血肉丰满的正面角色，正是以此展现了向死而生的奋斗精神。如此真实坚定的人物，让观众心疼不已的同时，也不禁肃然起敬。

现实生活中，据统计，2022 年全国公安机关共有 308 名民警、179 名辅警因公牺牲，4334 名民警、3470 名辅警因公负伤。可以说，《狂飙》是一部向每一位守卫正义的英雄致敬的用心之作。

即使是演员张译和张颂文，回溯他们的演艺生涯，也是一曲奋斗者之歌。张译尽管近年来佳作不断，但始终保持对表演的敬畏，在创作的道路上不断挑战自我；而张颂文从一个默默无闻的龙套演员到演技广受好评，用了整整 20 年。观众对他们的赞赏，何尝不是对所有奋斗者的褒奖。

浙江文化艺术发展基金将《狂飙》列为资助项目，正是看到了剧作对这些平凡却又不凡的奋斗者的创造与展示，坚定地歌颂我们鲜活的、广大的奋斗者的时代风华。

二

当我们仰望文艺作品的灿烂星空，总会看到一些优秀文艺作品塑造的奋斗者形象格外闪耀。《焦裕禄》《孔繁森》等一大批文艺作品，成功塑造了一个个令人难以忘怀的经典角色。

就拿近年的作品来说，电视剧《大山的女儿》根据真实人物事迹，塑造了带领家乡人民脱贫攻坚的女支书黄文秀；《沉默的真相》中的江阳，身为前途大好的检察官，为调查"侯贵平案"而失去了青春、事业，最终以自己的生命撕开真相的幕布。话剧《路遥》则通过平实温暖的场景，演绎出作家路遥"像牛一样劳动，像土地一样奉献"的精神，激励了更多普通人"在平凡的世界里，做人生的奋斗者"。

剧作经典展现了不同岗位上奋斗者的光芒，给观众以心灵的震颤与情感的共鸣。新时代文艺作品的价值导向，始终应该是用时代奋斗者的故事给予人们精神力量，用"真"打动人、用"善"鼓舞人、用"美"感召人，回应观众的期盼与要求。

如今，文艺作品的产量犹如满天繁星，但海量的文艺作品中，又有多少是能让人们感动、深思、铭记的典型形象呢？

脸谱化仍然是文艺创作的"重灾区"，人物形象塑造停留在概念、说教上，将角色塑造成"高大全"，似乎没有私欲，所有的行动与心理都围绕着积极正面的形象展开，观众不知道他们的爱好，也不了解他们的人生历程，这就令人觉得角色仿佛只戴了一张"我是主角"的面具——借用网友的犀利评论，这类人物"不像真实的人"。

观众也会发现，有的作品角色塑造"用力过猛"，不是被诟病过分"圣母"，就是被批"没有人情味"。观众看到这类角色，难免条件反射联想到生活中被"道德绑架"的经历，自然也难以产生共鸣。

还有的文艺作品局限于创作者的自我认知世界，呈现出的往往不是"大我"而是"小我"。

受众的无感或吐槽不会骗人。不得不承认，这尴尬地反映出不少文艺作品对这些时代奋斗者的人物塑造并不成功。观众"看过就忘",也就无可厚非了。

三

诺贝尔经济学奖获得者罗纳德·科斯曾由衷赞叹,中国的改革"是谦逊又刚毅的中国人民为了美好生活奋斗的故事"。

时代的奋斗者转化为典型人物,能更牢固地镌刻在民族乃至人类的精神史册中。而文艺工作者的使命,就是坚守人民立场,书写生生不息的人民史诗。

如何让这些坚守、执着的奋斗者在文艺创作中熠熠生辉,让我们的观众自然而然地将更多目光聚焦到这些形象上,发自内心为他们的故事感动、喝彩,从中受到鼓舞、振奋?

这需要鲜明的创作态度和不俗的创作本领。

在时代的壮阔征程中,随处跃动着创新创造的火热篇章。事实上,我们的身边有取之不尽、用之不竭的奋斗者素材,从广为人知的"最美人物""时代楷模",到默默坚守在各自岗位上的工作者,每个人都有着属于自己、细腻感人的故事,他们既坚持正直积极的人生态度,也不曾遗落真实的人间烟火气。这些用文艺作品汇聚起来就是一部奋斗者的史诗,等着文艺工作者去发现、塑造和展示,将他们的故事讲进观众的心里。

而要塑造出充分吸引观众、打动观众的奋斗者形象,就得让人物走到观众所处的凡尘之中。让这些角色成为如你我一般血肉丰满的人,才能令观众感到真实。

这需要广大文艺工作者深入生活实践,感知奋斗者的喜怒哀乐,塑造的人物形象才会立体饱满,既体现人性本色,又折射时代风貌，创作出的文艺作品才会具有真实深沉的力量和隽永的魅力。

比如，《狂飙》的主创团队先后采访了无数政法干部，将他们的人生经历与个人特征汇集到角色身上，才有了年仅四十便满头白发、处事圆滑却不改初心的安欣。《中国医生》中由张涵予饰演的张定宇院长，讲着一口汉普，有时还会冒出点粗话，这个还原现实生活场景的细节，令他的形象无比鲜活，更衬托出他敢与疫情搏斗的勇气。

当然，要让观众发现文艺作品的魅力，还需要各方通力合作。

作为制作主体，富有创意的宣发不可或缺。塑造好人物往往只是第一步，更要用灵活方式展现好人物，解密作品中为展现奋斗者历程埋下的一个个"小彩蛋"，引导观众揭开艺术创作的面纱，去了解角色的"美"。

作为推动传播的媒体，更应承担起传递精神力量的责任，通过对文艺作品的解读，推动观众发现作品中奋斗者的可爱可敬之处。正如《狂飙》一出，很多媒体纷纷揭示"安欣背后的原型"，肯定剧作展现政法战士坚定奋斗精神的思想内核……不断发掘文艺作品中奋斗者的人性光辉，将宝贵的精神呈现给观众，也正是媒体人的"奋斗"目标。

《狂飙》的剧情已落幕，但以"安欣"为代表的时代奋斗者们仍在不断创造新的传奇，以他们为主角的故事大有可书。希望在未来，能有更多给我们留下深刻记忆的作品，描绘出这个时代中，如你、如我，每一个前行之人的画卷。

邵琼楠　周璐　李戈辉　执笔

2023 年 2 月 5 日

在宋词里过个别样元宵

> 只要灯火依旧，就无须感叹物是人非，这世间依然有美好可以期待。

对国人而言，过了元宵，这个年才算真正过完了。当下的元宵节，有灯光秀、烟花展，颇为热闹，但和宋朝相比，仪式感、参与度已简化不少。

宋人从皇家开始便有"独喜上元"的传统。一是幸福感强，到了元宵节，宋朝的公务员便过节放假，一连七天；二是张灯时间长，从正月十四结灯到正月十八，各大城市都张灯结彩；三是举国狂欢，朝野上下、男女老少，都凑一起隆重过节。

元宵节的喜庆在宋人的笔记、诗歌、散文里都有精彩呈现，但能将这节日的繁华和个人的情感展现得淋漓尽致的，宋词首屈一指。据统计，《全宋词》中的元宵词就有330多首，可见文人雅士对元宵的热爱已浸透到骨子里。我们且来看，小令和慢词，是如何在浅吟低唱中，将这节日里的喜庆和深情细腻地演绎出来的。

一

元宵节的繁华，在《东京梦华录》中的汴京、《武林旧事》中的临安，都有着纤毫毕现的全景描绘。但在展现场景繁华之外，又能将人的情感丰富描绘的，就得看宋词了。

用词写元宵的喜庆，自然离不开慢词圣手柳永。柳永当时漂在汴梁，是个郁郁不得志的白衣秀才，一边抱怨着"黄金榜上，偶失龙头望"，一边又继续偎红倚翠，"衣带渐宽终不悔，为伊消得人憔悴"。

好在东京生活热闹繁华，颇能安慰他仕途上的失意。尤其元宵佳节的灿烂夜景，更让他着迷。他浓墨重彩地写道："庆嘉节、当三五。列华灯、千门万户。遍九陌、罗绮香风微度。十里然绛树。鳌山耸、喧天箫鼓。"在词的下阕，又笔锋一转，写市民生活的热闹："渐天如水，素月当午。香径里、绝缨掷果无数。更阑烛影花阴下，少年人、往往奇遇。"

柳永不仅是情感描绘圣手，也是场景营造大师，我们已然看见十里花灯、声乐震天、人潮涌动、香风阵阵。

而目睹了南宋行在临安元宵节的繁华，辛弃疾也别有一番滋味在心头。他的《青玉案·元夕》，是写元宵的千古名篇。辛弃疾从小在沦陷区长大，为抗击金人，一路千里奔袭南下。那时宋金议和的大局已定，他难以找到出路，很是郁闷。

不过临安城的繁华，还是非常触动他。他写道："东风夜放花千树，更吹落、星如雨。宝马雕车香满路。凤箫声动，玉壶光转，一夜鱼龙舞。"

今日读来，依然有很强的画面感。由于请缨无路，他在收尾时很是伤感，写道："众里寻他千百度，蓦然回首，那人却在，灯火阑珊处。"灯火阑珊处的人，到底是谁，是他寻觅的姑娘，还是落魄的自身，千古之下，难有定论。他借用元宵节的热闹，把报国无门的苦闷，写得百转千回，一直被后世传诵。

二

汴京、临安的元宵节是如此热闹，一旦离开，就让人想念。周邦彦是大词人，尤为精通音律。在《宋词三百首》里，他的词入选了21首，排在第二位。

周邦彦离了京城，流落外地，这种迁客的愁绪一碰到元宵节的喜庆，就更为放大。他在《解语花·上元》里极为留恋汴京的元宵场景。在他笔下，东京是"风消焰蜡，露浥红莲，花市光相射。桂华流瓦。纤云散，耿耿素娥欲下。衣裳淡雅。看楚女纤腰一把。箫鼓喧，人影参差，满路飘香麝"。而如今的他，潦倒不得志，抑郁不已，只能追忆京城"千门如昼"的欢腾场景。

在元宵节同样失落的，还有我们的坡仙。苏东坡当时先在杭州当通判，后来被调到密州当知州。官职虽升了半级，但从政的地方却一落千丈，从繁华的东南富庶之地到了"岁比不登，盗贼满野，狱讼充斥"之处。

碰到元宵节，他本想与民同乐，结果是"寂寞山城人老也！击鼓吹箫，却入农桑社。火冷灯稀霜露下，昏昏雪意云垂野"。碰到密州的火冷灯稀，苏东坡无比想念杭州城的灿烂烟火："灯火钱塘三五夜。明月如霜，照见人如画。帐底吹笙香吐麝。此般风味应无价。"

不过，故地尚能重游，故国却不堪回首。李清照的元宵节过得就更为沉重悲凉。李清照前半生过着锦衣玉食的生活，可靖康之难、衣冠南渡后，故都开封沦陷了，与她相濡以沫的赵明诚亡了，丰厚家底散了，亡国之痛、丧夫之苦，只能在她的《永遇乐·落日熔金》词里表达。

记忆中的汴京，是"元宵佳节，融和天气，次第岂无风雨。来相召、香车宝马，谢他酒朋诗侣"，一群闺蜜好友，"铺翠冠儿，捻金雪柳，簇带争济楚"，好不热闹喜庆。

到今日，临安虽也有元宵节，但"如今憔悴，风鬟霜鬓，怕见夜间出去。不如向、帘儿底下，听人笑语"。妆都不化了，门也不出了，热闹只属于他人。

同样沉痛的还有词人张抡，他在《烛影摇红·上元有怀》里追忆汴梁繁华，"去年元夜奉宸游，曾侍瑶池宴。玉殿珠帘尽卷"，到如今却是"驰隙流年，恍如一瞬星霜换。今宵谁念泣孤臣，回首长安远"。而南宋末年词人蒋捷，对临安元宵节的良辰美景追思不已，"问繁华谁解，再向天公借"，如今只能"待把旧家风景，写成闲话。笑绿鬟邻女，倚窗犹唱，夕阳西下"。往年元宵，到处笙歌管乐齐鸣，而如今江城人声寂静，盛景难现。

这也是宋词的魅力所在，既能铺陈写盛世的壮丽场景，也能乐景写哀情，将热闹下的苍凉展现得淋漓尽致。

三

比起故土故国，更让人惦念的是故人。

在宋人眼里，元宵节是年轻人谈情说爱的好日子。《大宋宣和遗事》说："那游赏之际，肩儿厮挨，手儿厮把，少也是有五千来对儿。"执政者还甚是贴心，专设互诉衷肠之所，"别有深坊小巷，绣额珠帘，巧制新妆，竞夸华丽，春情荡飏，酒兴融怡，雅会幽欢，寸阴可惜，景色浩闹，不觉更阑"。

所以到了元宵节，宋朝的妇人们"皆戴珠翠、闹蛾、玉梅、雪柳、菩提叶、灯球、销金合、蝉貂袖、项帕"，多数都是一袭白衣，和白色月光更加相衬，那确实是一个白衣飘飘的年代。狂欢时间一久，贵重首饰便掉得满街都是。一到夜深人静，就有很多市民持着灯笼来扫街拾宝。《武林旧事》说："至夜阑，则有持小灯照路拾遗者，谓之'扫街'。遗钿堕珥，往往得之。"

欧阳修的文章是汪洋恣肆，写诗时也是正襟危坐，唯有写词时，一落笔就是满腔柔情。他的名篇《生查子·元夕》，虽字数不多，却是写元宵节怀人的代表之作。"去年元夜时，花市灯如昼。月上柳梢头，人约黄昏后。今年元夜时，月与灯依旧。不见去年人，泪湿春衫袖。"到今日读，依然让人感慨不已。

而真正把元宵节里怀人的感情写透并达到巅峰的，非南宋词人姜夔不可。姜夔布衣出身，一生流落多地，长时间寓居杭州，寄人篱下。他写元夕的词，三首都是"鹧鸪天"词牌。

我们就聊聊其中一首《鹧鸪天·元夕有所梦》。姜夔一生为穷所困、为情所苦，尤其对年轻时在合肥邂逅的红颜知己念念不忘。而一旦碰上元宵这上灯佳节，他人俪影成双，他更难以释怀，只能与佳人在梦中相见，就写下《鹧鸪天·元夕有所梦》："春未绿，鬓先丝。人间别久不成悲。谁教岁岁红莲夜，两处沉吟各自知。"元宵节里的深情表达，日后再无超过此篇了。

今日是元宵，赏灯猜谜吃汤圆之余，也可细品下宋词，和大宋的词人们一起过个别样的元宵佳节。盛世佳节的无尽繁华，繁华之后的无比落寞，落寞之后的无穷思念，都能在这韵律有致的长短句中找到寄托。

在"火树银花不夜天"里，青春年少时是柳永的"更阑烛影花阴下，少年人、往往奇遇"，中年困境时是李清照的"如今憔悴，风鬟霜鬓，怕见夜间出去"，老年平静时是姜夔的"沙河塘上春寒浅，看了游人缓缓归"。懵懂动情时，是欧阳修的"月上柳梢头，人约黄昏后"，是李清照的"来相召、香车宝马，谢他酒朋诗侣"；历经沧桑后，是辛弃疾的"众里寻他千百度，蓦然回首，那人却在，灯火阑珊处"，是姜夔的"花满市，月侵衣，少年情事老来悲"。宋词自有其所长，能把元宵时这种细腻的情感表达得恰到好处，这是宋文宋诗较难言语的。

古往今来，年年岁岁"灯"相似，岁岁年年人不同。但只要灯火依旧，就无须感叹物是人非，这世间依然有美好可以期待。

赵波　执笔

2023 年 2 月 5 日

"村晚"为何让百姓如此高兴

> 看过"村晚",总有人感叹:台上老百姓的那种状态,就是自己农村生活熟悉的记忆,这是由内而外流淌的、淳朴的快乐。

在传统观念里,过了元宵节才算是真正过完年。

昨晚,元宵夜,嘉兴市海盐县沈荡镇永庆村文化礼堂,2023年"我们的村晚"省主场活动在这里举办,让很多老百姓在新年的尾巴上,再次感受了一把铺天盖地的年味。

场外集市活动,张灯结彩、灯火璀璨;场内音乐说唱、村歌串烧、畲族歌舞等形式丰富的文艺演出,将欢天喜地的节庆氛围瞬间拉满。攒动的人头当中时不时发出的掌声与喝彩声,更是应了一句话:咱老百姓,今儿个真高兴!

浙江是"村晚"的发源地,"浙派村晚"已经举办了43年。2022年,"村晚"还被写进了关乎推进乡村振兴的中央一号文件。前段时间,2023年全国"村晚"示范展示点名单公布,入选数量浙江最多。

办一场"村晚"不难,难的是村村办;办一年"村晚"不难,难的是年年办。

尤其在当今，仅凭一根网线，就能把全国各种盛大而华丽的文艺晚会"连"进乡村百姓的家，"村晚"依然能在乡村占得一席之地，其魅力究竟何在？年复一年，它为何能让老百姓高高兴兴看在眼里，乐在心里？

一

"村晚"是从村民需求中诞生的。在20世纪，农村的文化供给还比较匮乏，村民的文化需求难以得到满足。于是，浙江村民自己搭台自己演、自己唱戏自己看，撑起了一场场别开生面的"村晚"。

1981年的小年夜，丽水月山村小学的操场上亮起了几盏煤油灯。几位村民在一个临时搭建的舞台上演起了乡戏、舞起了花灯，将众人的目光汇拢于此。这是全国第一台乡村春节联欢晚会，比中央电视台的春晚还早了两年。

到了2015年，浙江大力推进农村文化礼堂建设，很多村有了自己的礼堂、舞台，甚至还有排练厅。更多地方的村民，为自己张罗起了"本地年度重磅文艺晚会"。

要说"村晚"在浙江有多火，两组数据来说话——2020年春节前后，浙江各地共举办了11364场"村晚"，基本属于村村办；2022年疫情期间，创新举办的"云上村晚"，观看量超过1个亿。

民间流传着这么一句俏皮话，足可见村民们对"村晚"的热情："策划三个月，排练三个月，演出三个月，回味三个月。"

如今在浙江，"村晚"已经不是一个村子的事儿，而是一场遍布全省的群众联欢。从2015年起，浙江省委宣传部升级举办省级

"我们的村晚",探索省、市、县、乡、村五级联动举办,让村民有机会站上更高的舞台。

每一年省级"村晚",总会有新惊喜带给广大父老乡亲。

首届全省"我们的村晚"在杭州市萧山区航民村文化礼堂设主会场,在宁波、温州设分会场,现场进行"梦幻联动";第三届演出,创新设置主持人即兴采访村民、现场竞猜等环节,互动更加活跃;今年,是线下"我们的村晚"时隔两年后"回归",让久违的烟火气再次"点燃"……

"我们的村晚",演绎出十足的年味、乡土味、文化味,逐渐成为展示乡村、发展乡村的舞台。

二

那么,火爆的土味"村晚",到底有什么魅力?

归根结底,不管是遍及乡村的万场"村晚",还是省级、市级"村晚",靠的是群众自发的热情、对乡土文化的热爱。这恰恰是"村晚"能够在浙江遍地开花、好戏连连的密码。

其一,与一般文艺演出不同,"村晚"从组织到策划、排练到演出,村民是绝对的主角。舞台如何布置、节目有哪些、主持人是谁,村民自己说了算。演出的内容也是高度"本土化"的,海边的渔民编着渔网唱渔歌、山里的村民扛着锄头唱小调,采茶、插秧、舂谷、做糍粑等常见的农活都能走上舞台。

看过"村晚",总有人感叹:台上老百姓的那种状态,就是自己农村生活熟悉的记忆,这是由内而外流淌的、淳朴的快乐。"村晚"似乎诉说着,即便是再普通的劳作,也能在这方舞台上得到最真诚的喝彩。

其二，"村晚"还展示着浙江的千村千面千万种风貌。比如在丽水一市之域，景宁人喜欢畲族歌舞、松阳人爱排古村古戏、青田人喜欢演绎华侨致富经；还有扎染、挑担、酿酒等各地群众的"拿手"技艺，都能编排成曲艺、快板、小品、魔术甚至杂技。

民间艺术的活力，就蕴藏在百姓的智慧中。越剧、船拳、畲族歌舞、三句半等，乡村有太多的传统文化值得展现。而聪慧的浙江百姓也最擅长把生活转化为艺术。比如衢州麻饼的制作也能被搬上舞台，30只麻饼在饼师手中一圈圈旋转、翻腾，拼出各种图案、字样，如排兵布阵一般，引得阵阵喝彩。

现如今，浙江的乡村越来越富了，在物质生活得到满足之后，乡村百姓更加关心怎样实现精神上的富有，而"村晚"就是触手可及的渠道。在这里，人人可以登上舞台做"民星"，在一举手一投足间，感受实现自我价值的小小满足感。

比如嘉善县"辣妈宝贝"舞蹈队，平均年龄50岁的"辣妈"在嘉兴"村晚"舞台上跳起芭蕾，圆了儿时的梦想。后来，经过专业指导，她们还走进了北京人民大会堂、远赴西班牙演出。

"村晚"最朴素的初心，就是热闹与欢乐、团聚与幸福。一年努力奋斗后，回到家乡看一场"村晚"，那久违的质朴乡愁和泥土芬芳总能治愈人心。

三

近两年，我们也注意到一些声音。比如，有人觉得"村晚"节目吸引力还要增强；有人觉得部分"村晚"宣传味太浓；也有人认为，舞台上应该有更多普通百姓的身影，而不是专业演员。这些也不可否认。

越是走得远，越是要回归初心。

"村晚"全称为"我们的村晚"，意寓很明显，就是村民自己的晚会，热闹与喜庆属于乡村百姓，感悟与收获也是乡村百姓的。"村晚"的舞台，始终要向村民开放、欢迎村民参与。

乡村振兴既要塑形，也要铸魂。习近平总书记强调，传承发展提升农耕文明，走乡村文化兴盛之路。如何持续激发"村晚"的魅力？笔者认为，要坚持三个原则。

首先，"土"的本味不能变质。"村"是"村晚"的灵魂，魅力在于"土"，难点也在于"土"。要呈现的是原汁原味的乡村故事，追求的不应该是舞台多么华丽或者表演多么精湛。重要的是，要把村民"拉进来"，让节目接地气、有生活。

比如情景民谣《乡村合伙人》，就讲述了一个乡村小镇因为年轻创业者的到来，村容变美丽、产业多样化，并吸引了更多创业者和返乡青年回乡村创业，带动乡村发展的故事。娓娓道来的故事，让台下村民有同感、能共情。

其次，"乐"的旋律不能"走音"。说到底，"村晚"的主题是要让村民感受年味的火热，必须抓住村民的审美情趣，让村民"嗨"起来、气氛热起来。怕的是把"村晚"搞成生硬的政策宣传，失去了热闹过大年的本义。只有把节目演到村民心坎上，让村民真正乐一乐，才是"村晚"的真谛。

最后，"新"的元素要多多引入。这几年，"村晚"舞台上出现了rap、街舞等潮流元素，喜剧小品出现了不少的"网络爆梗"，网络达人也开始用镜头记录村庄。引导更多年轻人回到村庄，参与到

"村晚"中来，参与到乡村振兴中来，才能把新东西秀出来。

走过43年，"村晚"带来的是观念理念的革新、时代性现代性的提升。比如丽水成立了"乡村春晚数字文化馆"、推出浙西南"村晚"体验路线、举办"村晚"土特产拍卖会等，都在探索"村晚"的更多可能。

过了元宵，年就过完了，但"我们的村晚"不落幕。"村晚"欢天喜地的氛围，够咱们老百姓高兴乐呵上一整年。

相信，拥抱乡村、热爱生活的浙江人会把歌颂劳动、赞美家乡的大戏一直演下去。来年的"村晚"、接下来每一年的"村晚"，都值得期待。

包新旺 刘雨升 孔越 周宇昊 执笔

2023年2月6日

被"梗"住的表达

> 我们从名句中积累了语料、培养了语感，还得用心去体会自身感受，多思考、勤表达，将其转化为自己的语言，莫让网梗当了"嘴替"。

如今，我们的表达中充满了"梗"。

有没有发现，在身边，"yyds""绝绝子""栓Q"不绝于耳，大家造梗、抛梗、接梗，玩得不亦乐乎。一句"笑死"终结尴尬，一张"狗头"无声胜有声，一个"害"表达无奈……

与此同时，越来越多人开始出现审美疲劳，变得表达焦虑。《中国青年报》曾对2002名受访者做过社会调查，76.5%的人坦言自己的语言越来越贫乏。

信息爆炸时代，当一个个网梗如疾风骤雨般袭来，我们从互联网语料库中摘取精妙表达的同时，还应该有哪些深层思考？

一

　　梗的产生是网络语言发展的自然规律，与泛娱乐化的网络环境密不可分。

　　从BBS到微信公号，从看图说话到短视频时代，各大媒介平台都呈现出重视频、图片，轻文字的特点。伴随着信息交流方式的改变，见多识广、情感丰富的网民们，你方唱罢我登场，创造出段子、表情包、流行语等各种梗。

　　各式各样的梗，通常都具有诙谐、幽默、新奇的特点。有的是方言谐音，有的是对日常生活的总结，有的是对社会热点话题的讨论，还有的纯粹是词语的拆分重组……

　　热词的背后，是网友们回应当下现实社会的表现。他们通过这种不谋而合的"暗号"表明立场，拉近与自己相似的人。尽管"友友们"不见面，但由于熟悉的语言风格达成心照不宣，获得了相同群体的情感共鸣。

　　从某种角度来说，梗也是一种表达方式的创新。它们反映了语言的发展实际，为语言的传承注入了活水。比如"网红""脑洞""脑补"等网络流行词就被收录进《现代汉语规范词典》，以特有的方式记录着社会的变迁。

　　不过，梗在发展过程中，本身也存在不少问题。

　　有些梗在"变异"过程中，对原有的词组和汉字进行了改造。从"喜大普奔""十动然拒""人艰不拆"到"awsl""xswl""dddd"，这些梗，无疑影响大众对汉字的准确认知；更有部分网友为博取眼球，借助特定事件强行造梗，出现了低俗价值取向，比如

"××一时爽，全家火葬场""三年血赚，死刑不亏"等烂梗。

这些梗，平时图一乐呵，说一说或许无可厚非。但当它们成为小学生作文的高频词，影响到人们组织文字逻辑、自如表达观点的时候，我们应该意识到问题的严重性。

二

诚然，梗作为一种网络文化现象，彰显了现代人张扬的个性和跳跃的思维，使用起来亲切可感。但更应该看到，过度玩梗或将产生的一系列不良影响，值得我们深思。

首当其冲是让我们变得笨口拙舌，出现"文字失语症"。一方面，当网梗说多了、用多了，我们便不自觉被其所搭建的"信息茧房"环绕。满脑子网络流行语、表情包、拼音缩写，在真正需要使用规范语言汉字的时候，想说却不知如何说，陷入"茶壶里煮饺子，有货倒不出"的窘境。

这实际上就是表达能力的退化。置身不同场景，面对不同对象，如果只有一概而论、大差不差的表达，极易造成词不达意。比如，草莓好吃是"yyds"，东坡肉好吃也是"yyds"，那它们之间的区别就会被掩盖，我们对生活的不同感受就会被消弭。

某些梗还是语言在"通胀"中"贬值"的表现。看似可以指代一切，其实什么也指代不了。应该清醒地认识到，被"梗"住的表达更多是网民情感宣泄的出口，代表什么意义其实没那么重要。一旦新鲜感过了，情绪阈值被拉满，更令人亢奋的新词就会诞生。如此循环往复，最终将导致语言的枯萎。

比如，有人戏谑，面对黄昏水波和夕阳西下的美景，满肚子搜罗不出一句能直抵心灵的赞美，最终以"绝绝子"草草收场，千古名句"落霞与孤鹜齐飞，秋水共长天一色"早已被抛之脑后。

另一方面，通"话"膨胀伴随过度玩梗而出现，一定程度上还会形成交流壁垒。网梗的代际鸿沟正在加剧分化，早已不是以10年、5年计，而是以3年甚至1年计算。就算是一代人，对同一个梗也有不同的理解。

比如，emoji的"微笑"表情在父母辈看来代表高兴友善，而年轻人往往用来表示"皮笑肉不笑""冷笑"，出现信息传输的失真和交流的障碍；比如，一些拼音缩写就有多种意思，这类"猜谜"的表达方式，给日常沟通造成极大困扰。

此外，过度玩梗就像在吸食新型大脑"毒品"，让我们逐渐丧失思考力。

语言和思维之间的关系是双向的，大脑将观点通过语言描述出来，经过讨论交流，进而形成新的思想。习惯使用网梗，一定程度上侵蚀语言组织能力，消磨遣词造句、深度思考的耐心。脱口而出的语言，省却了大脑编码处理的过程，就会变得空洞粗粝，让我们一步步沦为"失语者"。

三

最近，一位好友向笔者表达了"文字恐慌"，说看完电影《满江红》想发个朋友圈跟大家推荐，却突然不知道如何组织语言去描述，思来想去缓缓打出"哎呀，就是那种……你懂我意思吧?"，最终还是删了没发。

这不是个例。在豆瓣"文字失语者互助联盟"小组，如今吸引了35万成员集结,每天都有组员提出"求25岁生日文案""如何形容一朵花?"等类似求助。他们通过诗词分享、语句练习、总结归纳等方式,想方设法摆脱对网梗的依赖。

这也启发我们:面对被"梗"住的表达,面对"失语症",是时候应该做点什么作为应对了。

拯救被"梗"住的表达,需要主观努力。刨根究底,只会用"梗"还是由于"存货"不够。只有坚持阅读经典,才能从中汲取养分,重新找回语言审美。传世名句经过大浪淘沙,散发永恒魅力,比起"emo""哈哈哈哈哈哈"等,"白发三千丈,缘愁似个长""江南好,风景旧曾谙""春风得意马蹄疾,一日看尽长安花",无疑能够更好激发感受力和想象力。

除了阅读"输入",还应练习有意识"输出"。有专业人士认为,语言不只是冷冰冰的工具,它是一种受思维支配、有活性的、需要保持训练才能自如表达的东西。也就是说,我们从名句中积累了语料、培养了语感,还得用心去体会自身感受,多思考、勤表达,将其转化为自己的语言,莫让网梗当了"嘴替"。

有时候,适时跳出互联网的"一亩三分地"也是不错的选择。远离电脑、手机,用心感悟现实生活,把玩游戏、刷短视频的时间花在认真生活上,用情真意切的生活化语言替代虚拟空间的"网言网语",必定会发现另一番天地。

而网络平台也应强化"把关人"角色,坚决抵制恶搞的烂梗,从源头上规范网络语言。事实上,管理部门近年来已出台诸多规范,加强正向引导,让网络空间越来越清朗,为我们筑起了"防波堤"。

说实在的,我们并非反对说网梗,只是认为应该更关注被

"梗"住的单一表达。中国语言，博大精深，意蕴无穷。从诗词歌赋到经典佳作，一字一句都有故事。只要用心去感受、去思考、去表达，那皇皇浩瀚的文字密林中，还有更多精彩值得你我细细咀嚼、细细品味。

郑黄河　执笔

2023 年 2 月 6 日

符合浙江气质的logo在哪里

> 浙江的文化标识就深深蕴藏在浙江大地，在千山万水的风景里，在日出日落的生活里。

说起浙江，你会想到什么？

是水光奇秀的西湖，还是奔涌澎湃的千里钱塘，抑或是巍峨壮阔的雁荡山、婉约灵秀的南浔小镇……

去年6月，浙江省第十五次党代会报告用"诗画江南、活力浙江"这八个字官宣了浙江的省域气质，点出了之江大地的山水之秀、人文之美和创新之力。

文字虽然饱含哲思和才情，但我们还有一个想法：以一种更立体形象、具有感官冲击力的形式，把浙江省域品牌的活力和生命力更加活脱脱地呈现在大众眼前。

为此，我们给出了最大的诚意，在《为了这八个字，浙江何以拿出百万大奖？》一文中，我们宣布向全球广发"英雄帖"，征集优秀的logo作品。昨天，浙江省域品牌LOGO全球征集活动评审结果正式公示。

一

　　一个品牌 logo，可能设计并不复杂，却要能在有限的空间内利用图像和画面设计，让其承载的意涵直达人心。

　　本次浙江向全球征集 logo 设计并非拍拍脑袋一时兴起，而是有着深层次考量。笔者以为，至少有以下三个方面。

　　其一，一个好的 logo，就是一张点明地域特色、展现城市魅力的"金名片"。相比文字和声音等传播载体，logo 利用形状、色彩等造型元素能更为直接地制造视觉冲击、吸引大众目光，更易被辨认和记住，奠定许多观众的"第一印象"。

　　国外如新加坡的城市 logo "YourSingapore"，将景点、美食和文化等元素以特征鲜明的创意图形表现出来，活泼热情的氛围扑面而来，从而让游客十分期待在此可能收获的新奇体验。

　　我们向全球征集 logo 设计，是为了打响浙江省域品牌，更加有力地展现浙江对外形象。

　　其二，logo 是对一个地域的精神气质最直观的表达。2007 年，省域品牌"好客山东"在全国率先叫响。"好客"二字让人联想到山东人的豪爽大方，也和这片土地崇尚礼仪的文化基因牢牢绑定在了一起。这也说明，省域品牌能吸引目光不仅在于感观上的鲜亮，还在于与大众更深层次的文化共鸣。比如，提到法国巴黎，有人会脱口而出"浪漫之都""优雅时尚之地"，而提到夏威夷，有人就会想到"这里阳光灿烂，满载欢笑"。

　　logo 是对一个地域精神气质的具体化和形象化，我们想要的 logo 作品，就是要能弘扬新时代浙江精神，彰显浙江在高质量发展中奋力推进"两个先行"的精气神。

其三，省域品牌 logo 也将伴随岁月不断沉淀，成为老百姓共同的美好记忆。早在 2001 年，浙江就开始谋划省域品牌，面向全球征集浙江旅游形象。到了 2014 年，省政府提出将"诗画浙江"作为浙江旅游的整体形象品牌，紧跟着在次年，浙江正式发布"诗画浙江 Picturesque Zhejiang"的形象标识，并一直沿用至今。

在岁月熏染中，浙江民众对"诗画浙江"已是耳熟能详，脑海中留下了深刻的文化印记。除了对 logo 本身的欣赏之外，沉淀下来的是民众对浙江山水的由衷眷恋和对这片土地深深的热爱。

期待经年之后，通过我们层层筛选和大众认可的优秀 logo 设计，也会成为独属于浙江民众的一份共同美好记忆。

二

每个时代，都有独特的标识。每个省域，都有专属的气质。

关于浙江省域品牌的 logo 设计，不仅需要创作者有丰富的想象力和过硬的美术功底，更需要创作者对"诗画江南、活力浙江"这八个字能有深刻理解和独到表达。

面对来自十余所专业院校的师生和数百名国内外设计师投递来的 3468 件设计作品，我们组建了评审团队，设置"重重关卡"，将眼睛睁得最大，就是为了能找到那份"一眼就能穿透浙江气质、一图就能展现浙江风物"的 logo 作品。

结果不负期待。本次脱颖而出的一些优秀作品，如同给观众打开了一扇了解浙江的窗口，从另一个角度描绘了之江大地的魅力所在，阐释了何谓"诗画江南、活力浙江"。

先说"诗画江南",它勾勒的是浙江的山明水秀和人文气韵。之江大地,风光毓秀、美不胜收,同时,浙江自古以来人文渊薮,诗、画艺术流派纷呈,是江南文化的重要发源地。取"诗画江南"四字描述浙江,除了体现浙江山水的瑰丽,更是对浙江人文气质与文化韵味的高度概括,彰显了"美和诗意""诗和远方"的交融,是物阜与景美、哲思与才情两相兼具的象征,所谓"山水之中藏诗意"。

再看"活力浙江",它展现了浙江人民慷慨激昂的奋斗景象。浙江的历史就是一部充满生机活力、不断超越自我的发展史、奋斗史、创新史。南宋时,浙江将宋文化推向高峰,直至明清以后,始终是全国的财富命脉与文化重镇。改革开放以来,浙江人更以善闯天下而著称,浙籍人才遍布全国、走向世界。"活力浙江"四字中,蕴藏着求真务实、善于创造、继往开来的精神力量,它振奋人心、激人心潮、催人奋进。

我们以被公示的六个银奖作品为例来稍作分析。

比如,银奖作品6702以浙江首字母"Z"为架构,以水墨笔触描画出蜿蜒的河流、古镇拱桥、蒙蒙烟雨等元素,山水之秀中又含带着一丝水乡古韵和温婉诗意,还凸显了创新活力、展翅腾飞等特征,体现出浙江发展活力之奔涌。

银奖作品5743从江南水韵入手,以倒影的形式呈现"浙江"二字,整体形态上似展开的画卷、延绵的山水、错落的村庄、弯曲的拱桥、延伸的道路,表现出浙江既含蓄柔和又充满活力的江南意境,设计形式富有现代感。

银奖作品6032以桥、塔、船等浙江代表性元素点缀于山水之间,清澈、恬静的氛围油然而生,景美中又透露出一种融洽与和谐之感，体现了浙江丰厚的人文历史沉淀，同时作品上的青山通过渐变达到一种空灵，象征活力与希望。

银奖作品6374以字母"ZJ"（浙江）为创意点，融入烟雨古镇、小桥流水、蜿蜒河流和活力无限、创新发展、展翅大鹏等元素，彰显浙江山水人文之秀美、创新创造之活力。

银奖作品5723以浙江地形风貌、江南气质等为灵感来源，其中的众多山峰象征浙江"小资本、大经济"的经济特征和"小企业、大集群"的发展形态，山峰边缘的波浪状弧线则是以众多的"人"字形所构成，展现出浙江人民相互扶持、积极向上的发展活力。标志字体设计选用思源宋体作为搭配，呼应了浙江的宋韵文化。

银奖作品5724以包含丝绸、书法元素的"浙"字以及浙江的山水宋韵气质为设计要点，同时将"活力"二字的行书融入字体中，即由"活力"二字构成了"浙"。

三

随着评审结果的公示，"诗画江南、活力浙江"浙江省域品牌形象标识全球征集活动也被推向了高潮。

值得注意的是，此次活动金奖空缺。评审团队一致认为，从整体上看，参与此次活动的作品水平虽然十分可观，但没有卓然的作品，距离大家心目中金奖的创作水准还有一定差距。

宁缺也绝不将就。这恰恰体现了浙江"要么不做，要做就做最好"的追求，同时也为我们留下一道思考题：怎样才能拿出最具思想、最有温度、最能共情、最体现浙江历史底蕴的文化标识？

　　有人说，要从历史富矿中寻找答案。习近平同志曾在《浙江文化研究工程成果文库总序》中指出，"悠久深厚、意韵丰富的浙江文化传统，是历史赐予我们的宝贵财富，也是我们开拓未来的丰富资源和不竭动力"。不得不说，"万年上山、五千年良渚、千年宋韵、百年红船"的深厚历史文化，为浙江的改革发展提供了最充沛的养分、最深沉的力量，也是浙江最富魅力、最吸引人的标识。

　　还有人说，要从时代浪潮中激发灵感。如今的浙江，身上有很多标签，比如"重要窗口""共同富裕示范区"，等等。浙江历来吃的是改革饭，走的是开放路，打的是创新牌。在"新春第一会"上，浙江为了把创新、改革、开放三个引擎转得更快，用三个"一号工程"为之注入强大燃料，让创新创业创造的活力充分奔涌，这也成为浙江最富时代气息、最具辨识度的标识。

　　总之，浙江的文化标识就深深蕴藏在浙江大地，在千山万水的风景里，在日出日落的生活里。从过去到现在，从现在到未来，生生不息、代代相传的文化基因，不仅与浙江的历史相伴，更与浙江的现在和未来一路相随，等着人们不断去发现、去提炼、去呈现。

　　浙江的故事很长，等待你我一起来书写。

王云长　陈培浩　张俊　执笔
2023 年 2 月 7 日

小剧种的"归来路"

地方传统戏曲，烙印着一方水土之上代代传承的文化记忆。

"阿姐，快来呀！四面八方闹盈盈，灯山灯海人挤人……"

正月十五夜，湖剧《姐妹观灯》亮相央视元宵晚会。舞台上，两位妙龄姐妹携手逛灯会、赏花灯，从"十二生肖灯"逛到"金鲤跃龙门灯"，让人恍若置身热闹灯会。伴着一声声清丽婉转的湖剧唱腔，台上台下共庆团圆。

这是今年继婺剧《群英荟萃》、越剧《追鱼》亮相春晚之后，又一浙江元素现身全国性舞台。

唱家国、度善恶、评古今，戏曲，以区区之地见天地之大。看戏、听戏的习惯，中国人已坚持数百年。

浙江是"中国戏曲的摇篮"，戏曲种类众多、土壤丰沃，共有18个戏曲剧种。除京剧、越剧等流传较广的剧种外，其余多为小剧种、珍稀剧种。湖剧便是其中之一。

受众少、影响小，"势单力薄"的湖剧，如何挣脱桎梏？像湖剧这样的小剧种，在当下又该如何探索突围之路？

一

地方传统戏曲，烙印着一方水土之上代代传承的文化记忆。

湖剧是浙北地区唯一具有代表性的地方说唱滩簧剧种，吸收了湖州民歌小调、琴书、三跳等民间艺术以及江浙沪其他民间剧种元素，至今已有180多年历史。

湖剧带有浓郁的水乡情调，采用吴语方言湖州话演唱，唱腔上融合了本土民歌发声方法，语言亲切柔和，曲调清新流畅；湖剧行当包容性极强，表演文雅细腻，以文戏为主，多为爱情婚姻题材。

20世纪五六十年代，湖剧曾风靡一时。兴盛时期，湖州最多有近20个湖剧剧团。众剧团先后改编、新创了传统戏《麒麟带》、现代戏《太湖红浪》等60多个剧目。数据记载，在1963年，湖剧剧团下乡天数共达205天，演出321场，观众达36万人次。

但在时代浪潮中，这一地方剧种也难逃江河日下的命运，在大风大浪中漂泊。

前些年，湖剧一度很少出现在人们视野中。当地年纪大的观众说，也就早些年听过湖剧，现在基本听不到了，也早已没了听湖剧的习惯。而年轻人、外地人对湖剧更是不甚了解，绝大部分人从没听说过，更从未看过表演。

事实上，在不少地方，一些传统剧种尤其是地方小剧种，曾长时间面临不小的生存挑战。有报道称，大约在十年前，浙江"非遗"代表性项目名录中有传统戏剧56项，但当时能登台表演的仅剩14个。

与此同时，在全国范围内，更有一批地方剧种尤其是小剧种、稀有剧种濒临消亡或已经消亡，这一现象曾引起广泛关注。一度有人担忧，传统戏曲，终将走向消逝。

<h2 style="text-align:center">二</h2>

为什么包括湖剧在内的一大批小剧种日渐风光不再，与我们渐行渐远？笔者认为，原因是综合性的，大致可从两方面看。

先看小剧种自身。仔细分析会发现，那些陷入发展困境的剧种，似乎都有一些共性。比如，唱腔比较单调、剧情较为简单、表演手段不够丰富等，各种因素导致小剧种表演内涵和形式受到限制。综合来说，小剧种的特点就是小，基础薄弱，影响力小。

再说大环境。20世纪中后期起，中国社会发生巨大变迁，群众精神文化生活日益丰富，娱乐方式更多元、更开放，大部分传统戏曲面临现代文化冲击。此外，一些院团在体制机制改革和创新上未能跟上节奏，导致日子难以为继，生存处境堪忧。很多小剧种挣扎着努力着，却不可避免地走向衰落。

实际上，我们不得不反思一个问题：传统戏剧失去吸引力了吗？实际上并没有。

当重重帷幕拉开，当锣鼓铿锵、弦音渐起，台上的出将入相、悲欢离合上演，总能引得观众席上的你我声声叫好。比如，戏台上的祝英台对梁山伯唱"观音大士媒来做，我与你梁兄来拜堂"，梁山伯不明就里，听的人依然为曲故情长而动容，经典生生不息。

可以说，中国人爱听戏的传统文化精神以及民族审美价值一直在。

而一边是观众渐少、影响力渐弱，逐渐被新的演艺形式替代，一边是好戏仍有吸引力、仍能打动人心，面对两难，地方戏曲、小剧种如何求变？

可喜的是，随着传统文化保护工作的开展，湖剧迎来了转机，也由此开启了自救与发展的"归来"之路。

2003年，中国民族民间文化保护工作试点工程启动，湖剧开启"复兴"之路；2011年，湖剧被列入第三批国家级非物质文化遗产名录；2018年，湖州开设湖剧委培班，以专业艺术院校的模式培育新生力量；2021年，湖州湖剧传习中心挂牌成立……

近几年，越来越多人感觉到，湖剧回来了。

比如，2021年，一出好戏《国之守锷》闯入人们的视野，让湖剧出了个"圈"。作品讲述了湖州籍"两弹一星"元勋屠守锷的传奇人生故事。当个人荣辱与家国命运交织，当经典的内容在舞台上被年轻的面孔表达，厚重的题材有了青春的演绎。这部剧，让传统的湖剧走进剧院、校园、社区，好评不断，打破了湖剧大戏演出沉寂近20年的局面。

三

冰山一角不能代替冰山，一部剧的"出圈"也并不能算是整个剧种的成功。小剧种何以谋出大作为？如何在风雨跌宕中发力、摸索出施展拳脚的一片天地？这是日后湖剧要直面的问题。

南戏遗响、越地长歌、乱弹绕梁、木偶情缘、皮影戏说、高腔遏云、滩簧悠扬……跳出湖剧，作为中国传统戏曲的桑梓之乡，整个浙江也不得不对此作出探索。

面向未来，小剧种还有很长的路要走。笔者认为以下几点值得关注。

先说内容创作——出戏。内容为王，好故事、好题材永远是最硬的内核。中华文明源流不断，华夏儿女谱写了多少传奇故事，如何加入时代诗篇？每个地方都有每个地方的特色，小剧种该如何挖掘地方的历史故事、风土人情？这些都值得思考。

一部好戏就是一剂"强心针"，打造标识性作品是重中之重。正如《霸王别姬》之于京剧，《花木兰》之于豫剧，《梁山伯与祝英台》之于越剧，《天仙配》之于黄梅戏，正在谋求复兴的小剧种，迫切需要更多经典之作。比如，对湖剧来说，一部《国之守锷》还远远不够。

其次说演员培养——出人。戏的一头，连着人。小剧种未来如何发展，首先要直面人才断层问题。多给年轻人成长空间，才能为古老戏剧注入新活力，传递出青春之感，演绎出"青春范儿"。

比如，浙江另一地方剧种婺剧，当地剧团充分调动老一辈名家的积极性，让他们与青年演员"结对子""拜师徒"，在传帮带的过程中互相扶持、互相成就，在人才培养上探索出"浙婺经验"。

再说传播形式——出圈。互联网生态下，短视频平台、融媒体与传统戏曲的演绎形式冲突吗？答案是"不"。各类视频平台上以"国风""戏曲"为标签的视频点击量常年居高不下。在用户年轻化的B站上，搜索关键词"戏曲"，能找到的单个视频最高点击量达1000多万；在抖音上，靠直播等形式出圈的戏曲人绝非少数。

酒香也怕巷子深。对传统戏曲来说，无论是线下演出还是线上平台，各种渠道都要为我所用，让传统戏曲的魅力被更多渠道传播、被更多人感受。

归根结底，小剧种要在当今实现突围，必须要传承，更要创新。尺水微澜不尽，故曲弦音未绝。不坚守，则无尺水兴澜之绝妙；无创新，难有鸣歌偕行之盛况；肯变革，方得故曲新声之愿景。

戏曲是中国传统文化的精粹。不论是登上艺术殿堂的知名剧种，还是民间生生不息的"草根戏"，期待都能在我辈手中芳华再现，经久不衰。

楼婷 梅菊 杨扬 执笔

2023年2月7日

群众工作如何变"杂音"为"和音"

> 破解"群众工作难做、基层干部难当"这个问题，关键看干部和群众能不能将心比心、换取真心。

基层治理最难的莫过于做群众工作。

像《县委大院》《春风又绿江南岸》等热播的现实题材剧，都是围绕基层的群众纠纷、矛盾治理展开的。比如《县委大院》里因拆迁、平坟等事件引发群众阻挠、上访等，折射出的正是基层治理中最真实的情形。

群众工作真的那么难吗？群众工作该怎么做？

读《习近平浙江足迹》这本书，笔者注意到，习近平同志在浙江工作期间有个"跟着群众跳火坑"的理论。他说："如果群众不听，你就先跟着群众走，群众跳火坑，你也跟着跳下去。群众觉悟了，从火坑里爬出来，最终还是要跟你走。群众跳，你不跳，干群关系就疏远了。你一起跳，感情上拉近了，工作就好做了。"

做群众工作既是件很难的事情，也是件很简单的事情，关键看用什么样的工作方法，把"杂音"变成"和音"。

一

笔者在基层挂职期间，经常听到乡镇工作的同志探讨这样一些问题：为什么群众工作越来越难做？为什么总是有少数群众不够通情达理？为什么政府做了很多事情却未必能全部做到老百姓心坎上？

在基层，"干部委屈、群众抱怨"的现象并不鲜见。

比如，一些基础设施、公共道路的修建过程中，为照顾绝大多数人的利益，难免要"牺牲"张三家的一棵树、李四家的半厘地、王五家的一根水管。不管是谁的利益受损，心里肯定不好受。

还有极少数困难群众"躺平"等着政府来兜底，有群众甚至对干部说："你们不帮我做，我就不做，我不做，你们就交不了差。"面对这样那样的不理解、不配合，干部和群众的情绪难免交织碰撞。

如果这些都还算"小事"，那么因为发展而需要推动的拆迁等工作，则是牵一发而动全身的"大事"。对于很多群众而言，土地是根、房子是命，把每家每户的声音统一到发展的同一个调调上，需要基层干部投入大量时间精力。应对处理这些事情，对基层治理能力和治理水平提出了更高要求，稍有差池可能就会造成冲突、引发舆情，直至损害党和政府的形象。

事实上，人吃五谷杂粮，想法千差万别，做什么事情一开始就想达成共识，几乎是不切实际的。群众发出的各种音调需要倾听，不同的利益诉求也应当得到尊重。

面对不同"声音"，有的基层干部只注重结果，缺少超前谋划和正确的工作方法，最终事倍功半，甚至事与愿违；有的基层干部习惯于等上级指令、看群众反应，缺乏主动性和创造性，往往摁下葫芦浮起瓢；有的基层干部视群众为洪水猛兽，对群众工作存在畏难心理，满足于面上不出群体性事件、不出关乎个人切身利益的问题就好；还有的基层干部认为，群众工作无非就是完成上级下达的各项考核指标，在各种考核中拿得名次就行，群众怎么说怎么看不重要。

在这样的工作心态下，群众的声音就会更加此起彼伏，群众工作自然变成了一道难题。

二

据《习近平浙江足迹》记载，习近平同志在浙江工作期间对新形势下群众工作的特点作了总结，一个重要特点就是"群众的民主意识、自我维权意识增强了"。在习近平同志看来，做群众工作应遵循两句话：第一句，干部要相信和依靠群众，但又不能做群众的尾巴；第二句，干部要教育和引导群众，但千万不能站到群众的对立面。

《习近平在浙江》中写道，2003年，位于浙江省丽水市的滩坑水电站建设项目开工以后，部分移民由于诉求得不到满足，便挑动一些群众冲击施工现场，这次群体性事件"顶峰"的时候有上万人参与静坐示威。

当时，有的领导认为既然群众有意见且项目投资量大，为了稳定，可以搁置项目。但习近平同志引导大家认真分析事件发生的原因和主要矛盾，统一认识。他提出几条指导意见：一是对症下药，弄清楚群众的诉求是什么，不能给个无关痛痒的意见糊弄群众。二是要相信群众、依靠群众，做好群众的思想政治工作，发挥党组织的作用，派威信高的干部进村入户，把群众关心的问题解释清楚，处理好。

在习近平同志的指导下，各级干部按照实际情况对政策作了调整，一一解决群众反映强烈的问题，使得后期的项目进展非常顺利。如今，这个水电站已经建成，湖区取名为千峡湖，成为浙江丽水市一个旅游景点，五万移民不仅脱了贫，还获得了源源不断的经济效益。

《习近平在浙江》中还写道，有一次，浙江金华东阳市一工业园区发生了一起企业排放污水引发的群体性事件，当地出动警察维稳，没想到反被群众围堵，最后控制不了局面，警察就把警服脱掉，换上老百姓的衣服跑出来。习近平同志得知后很恼火，立即作出批示。

他还在一次省委常委会上说，在处理矛盾过程中，动用警力一定要慎重。之所以发生这种事件，关键在于我们的工作没有做好，说明领导干部不会做群众工作。他说，老百姓的本性都是善良的，但思想上对一些事物的判断不一定准确，还不能很快觉醒。这时候，我们不要跟老百姓"硬来"，做不通工作，那就跟着群众一起跳"火坑"。

三

《之江新语》中有这样一句话，"基层既是产生社会矛盾的'源头'，同时也是疏导各种矛盾的'茬口'"。其实，破解"群众工作难做、基层干部难当"这个问题，关键看干部和群众能不能将心比心、换取真心。

在笔者看来，基层干部要把群众的"杂音"变成"和音"，不妨试试以下这四条。

一是群众的呼声在哪里，工作的"靶子"就应该立在哪里。人民群众是历史的创造者，再高深的理论、再伟大的实践都是从群众中来的，群众的呼声就是我们想问题、作决策、办事情的"第一信号"，从群众的呼声中可以获取信息、发现问题、找准方向。要清醒地知道，如果干部不听群众呼声，不为群众做事，那党员干部就少了用武之地。

二是把自己当成群众，要理解群众的心声。人都是讲感情的，做好群众工作，功夫在平时，群众在党员干部心里的分量有多重，党员干部在群众心里的分量就有多重。

特别像春节、中秋这样一些特殊的节假日，也可以到老百姓家里走走亲、唠唠嗑。笔者在驻村工作中就深切地感受到，你温暖了群众，群众同样会感动你，你把他当亲人，他也会把你当家人。有了这个牢固的基础，遇到问题才容易同群众说上话，碰到矛盾才能和群众商量得下来。

正如《习近平浙江足迹》一书中习近平同志所强调的，要获得群众的信任，主要靠平时认认真真、仔仔细细地做好群众工作，临时抱佛脚，佛也不会慈悲。

三是多听听群众的"骂声"，人民满意才是最好的奖章。群众普遍是通情达理的，只有心中有很大怨气时，才会有发泄的冲动。这其实也说明政府的工作还存在不够完善的地方。作为党员干部，面对群众的发泄，应摆正心态，循着"骂声"俯下身子、放下架子，从民意中找到解决问题的办法，因为让人民满意是我们所有工作的终极目标。

四是公道自在人心，一碗水端平方能赢得"掌声"。无论基层产生的矛盾多么复杂，表现形式如何多样，说到底都是人民内部矛盾。在解决这些矛盾纠纷时，要以公平、公正为原则，不因亲疏有别、喜恶有别而影响理智的判断，即便不能做到绝对公平，也要尽力做到相对公平。同时，各种规章制度需要公开透明，前后办事也应标准一致、有理有据，越是矛盾的集中点越要放到"太阳底下"，接受监督和评价。

民之所望，政之所向。基层治理中"杂音"多一些不是坏事，至少能够激励和督促广大党员干部把群众的事情办好。对于基层干部来说，只要指挥得好，"杂音"就能变成优美的"和音"。

王人骏　执笔

2023年2月8日

你所不知道的"七二八"

从文化遗产感悟精神力量，细数"七二八工程"留下的财富，最显眼的关键词还数"家国情怀"。

2月初，我国出口巴基斯坦的两台百万千瓦核电机组投产后正式交付，标志着"华龙一号"海外首个项目全面建成。核电站无疑是大国重器的重要代表。按照专家测算，出口一个核电站，经济效益相当于出口100万辆新能源汽车。

从跟跑、并跑到领跑，从引进、研发再到出海，悄然之间，中国越来越接近"核电强国"。

今天是2月8日，这样一个平平无奇的日子，却被许多秦山核电站人视为中国核电的"生日"，而这一切都与半个世纪前诞生的"七二八工程"有关。

正是它，开启了我国铸剑为犁、和平利用核能的新纪元，也是它，推动浙江成为核电大省。今天，让我们重回拓荒年代，一起了解那段波澜壮阔的历史。

一

"七二八工程"，落地在浙江，起因却在上海。

1970年前后，世界出现石油危机，美、苏、英、法等核能先进国家早已进入核电开发高潮，而我国仍高度依赖火电，受困于能源问题。长三角地区尤其是上海，"开三停四"成为常态，新办工厂甚至不敢开工，严重影响生产发展。

作为共和国的大管家，周恩来总理比谁都清楚，能源短缺已到了火烧眉毛的程度。靠华北煤炭供给，沉重的运输压力将使铁路动脉不堪负担，靠西南水力发电，更是远水难解近渴。

1970年2月初，他在听取上海市工作汇报时指出："从长远来看，要解决上海和华东地区用电问题，要靠核电。"2月8日，上海市传达了周总理关于发展核电的指示精神并研究了落实措施，为纪念这个特殊的日子，我国第一座核电站工程因而得名"七二八工程"。

从此，"七二八"不再是一个简单代号，而成了中国核电发展史上具有划时代意义的符号。

虽然周总理没有看到工程的真正落地，但他在其中倾注了大量心血，并在方针政策上为我国核电事业奠定了基础。特别是在他生命的最后两年，"七二八"已经成为他念兹在兹的一组数字。

纪录片《国家记忆》里就有这样一处感人细节：1974年3月31日，彭士禄、缪鸿兴、赵嘉瑞等"七二八工程"核心筹备人员，带着核电站模型和一叠图纸，走进人民大会堂新疆厅。当时还没有投影设备，为了更清晰地表达图纸内容，一行人把图纸往地上一铺，席地而跪讲了起来。此时,周总理赶紧喊服务员搬来凳子,还开玩笑说:"你们要比我活得长一点,你们以后的任务要更多。"

当时,周总理的身体状况已十分糟糕。正是这一天,周总理拍板通过"七二八工程"设计方案,还决定在那样一个艰苦时期划拨6.3亿元专用资金。

据《周恩来百周年纪念论文集》不完全统计,1970年至1976年间,他前后6次直接开会指导"七二八工程"。缪鸿兴至今记忆犹新:"直到现在,我也忘不了那个困难年代里,总理等中央领导同志对核电站事业毫无保留的信任与支持。"

如今,原子核内的链式反应,已催生一系列技术应用,推动一批学科发展。周总理生前提出的促进核能和平利用、造福全人类的夙愿正在稳步实现。

二

带着周总理最后的嘱托,"七二八工程"如同初生婴儿,蹒跚起步,后又历经多次争论、几经浮沉、遍寻厂址,终于,在1982年落地东海之滨的嘉兴海盐秦山。

2000多年前,始皇帝东巡至此观海,命李斯刻碑立山,以颂功德。这里,正是后来家喻户晓的秦山核电站所在地。

"轰,轰,轰!"开山炮震得山海变色、野鸟惊飞。然而,在中国核电人的前路上还有无数的险阻关卡。正如《三体》中的情节,两粒小小的质子,锁住了科技发展的进程。当时,我国核电事业刚起步,"开荒之作"面临着国外技术和经济的双重封锁。

例如,反应堆安全壳的设计,因为技术封锁,为搞懂设计原理，设计师只得盯着微缩胶片研究了两年，前后翻阅100多座核电站的资料。试验时缺少卷扬机等机械，工人们硬是凭双手将数十米长的钢束在孔道中拉进拉出，全凭人力完成了试验。

工程运算要倚仗大型计算机。然而，当时全上海只有郊区的嘉定计算所里有一台勉强可用的设备。为争取时间，设计师们主动24小时倒班，轮流上机、轮流休息，不管白天黑夜都不让机器空着。城郊公路上，蹬自行车飞驰的身影，成为他们的最美芳华。

国外的傲慢与偏见，也时时刻刻刺激着大家的心。

就拿关键设备的焊接技术来说，起初，一家外国企业答应以10万美元的价格提供焊接技术手册，然而该企业所在国政府却又提出两个"附加条件"：第一，使用这种焊接技术，必须向该国报备；第二，焊接时，要有该国专家现场监督。

为此，秦山核电站总设计师欧阳予亲自披挂上阵，联合著名焊接专家潘际銮，半年内拿下这项技术，并把省下的10万美元用于各项自主技术攻关。

这样的例子不胜枚举，秦山核电站共有200多个主辅系统，有设备2.4万台（件）、仪表和控制屏1.76万台（套）、阀门1.17万只、管线160多公里、电缆1100多公里，每一个零件上都镌刻着自力更生、艰苦奋斗的原生基因。

面壁十年图破壁，成如容易却艰辛。凭着不服输、不畏难的劲头，靠着"凡是中国自己能干的都自己干"的决心，秦山核电站抵御住挑战，从封锁圈中突围。1991年12月15日，秦山核电站成功并网发电。那一刻，主控室的欢呼沸腾也向世界宣告，中国大陆核电翻开崭新一页，"国之光荣"从此扬帆远航。

三

如今，秦山核电站还入选了中央企业工业文化遗产名录。从文化遗产感悟精神力量，细数"七二八工程"留下的财富，最显眼的关键词还数"家国情怀"。

干惊天动地事，做隐姓埋名人。秦山核电站的建设者，大多参加过原子弹、氢弹、核潜艇的研制工程，这是一支以身许国的"王牌军"。对于他们来说，"戈壁滩上献青春，献完青春献子孙"是大部分人的真实写照。

一位秦山核电站建设亲历者向笔者感慨："我们都是没有故乡的人，但整个祖国都是我们的故乡。祖国需要我们去哪，我们就去哪！"

建设期间，当地百姓抱着为国家作贡献的朴素心愿，腾出本就不宽裕的住房，迎接来自五湖四海的建设者。海盐还把当时全县接待能力最强、条件最好的县政府招待所优先让了出来，作为秦山核电站工程的临时办公场所，并腾空仓库给核电厂职工当食堂。

"大气如海、淳朴似盐"也是海盐老百姓和核电人甘苦与共、一起凝华的精神结晶。同吃同住同劳动，这种感情一直传承至今。中国科学院院士王乃彦将海盐与核电阐述为同一个"命运共同体"，同呼吸、共命运。

许身国威壮山河。2月8日是中国核电发展的起点纪念，同样也承载着核电人的光荣与梦想。

2015年1月，习近平总书记就我国核工业创建60周年作出重要指示："核工业是高科技战略产业，是国家安全重要基石。要坚持安全发展、创新发展，坚持和平利用核能，全面提升核工业的核心竞争力，续写我国核工业新的辉煌篇章。"

回望"七二八工程"的建设历程，正是一段强核报国、创新奉献之路。

梦开始的地方还在引领新的变革，核能发电、清洁供暖、工业供热、同位素生产……核能民用的事业还在继续，科技造福人类的步履永远不会停止。

朱鑫　执笔

2023年2月8日

ChatGPT 要来抢饭碗了吗

⌐ 　我们自己才是那个关键"变量"。 ⌐

"我所热爱的是我真实的生活，因为它包含了我所有的经历和感受，是我每一天都在体验和思考的。"这句充满诗意的话，实则出自最近很火的ChatGPT。

作为一款人工智能机器人，ChatGPT上知天文、下知地理，能写文章、能改Bug，甚至能通情达理地给出情感建议。有网友调侃说："只有你想不到，没有ChatGPT办不成的。"似乎无所不能的ChatGPT，让不少网友感叹"自己要下岗了"。

凭着这份"聪明"，ChatGPT上线仅两个月，活跃用户便突破1亿，被网友奉为新晋"互联网嘴替"。那么，"来抢饭碗"的ChatGPT究竟是什么？为什么会让我们感到如此新奇？

—

AI对于我们来说并不陌生。

早在1997年，IBM超级计算机"深蓝"便打败了国际象棋大师加里·卡斯帕罗夫。中国围棋名将柯洁也数次负于谷歌 AlphaGo，绘图模型 Stable Diffusion 实现"一秒出图"……AI 的研究和应用早已有之。

而这次吸引广泛关注的 ChatGPT，它的能力"更上一层楼"。简单来说，它是由美国人工智能研究实验室 OpenAI 开发的一款全新智能聊天机器人模型，本质上是一种"生成型预训练语言转换器"。它基于大量数据训练，可以学习和理解人类的语言，并进行交流对话。

但不要因此就以为，它仅是"聊天机器人＋搜索引擎＋文本生成器"的结合体，它的"聪明"还不止于此。

与传统搜索引擎不同的是，ChatGPT 不是机械罗列出相关网页结果，而是将答案进行整理、优化，以对话形式呈现给用户，还能很快根据聊天的上下文不断互动，回答五花八门的提问。它还可以根据用户的需要进行文学、媒体相关领域的创作，也可以变身为程序员敲代码、检查程序错误……

比如，它可以模仿鲁迅文体写一篇以假乱真的散文，对开放式问题提出看法观点等。据报道，就连以色列总统艾萨克·赫尔佐格上周三公开发表的部分演讲词也是由 ChatGPT 撰稿。

有测试显示，ChatGPT 在百科检索、数学问答、文学交流、常识问答、知识推理等对话任务上的意图识别率均达到 98% 左右，在生活闲聊上的意图识别率约为 95%，已具备较好的语义理解能力。

当然，除了内容创作能力，ChatGPT 显得也比以往模型的智商更高。其研发公司 OpenAI 宣称，它能够顺利通过明尼苏达大学四门研究生课程测试，在沃顿商学院商业管理考试中，它的通过分数甚至可以固定在B–到B区间。

学会"思考",是ChatGPT强大的缘由。它打破了简单的比对和匹配方式,可以通过大数据自己生成内容。在我们与它的问答之间,它在不断"学习",以丰富的"知识储备"为人类完成个性化任务。从某种程度上说,它掌握了一定的自学能力。它的出现,是"人工智能+深度学习"模式的范例。

有学者提出,书写和设计属于人类智能的最后高地。ChatGPT看上去正在接近这一高地。正是由于实现了性能跨越,多位业内人士表示,ChatGPT是人工智能里程碑,更是分水岭,这意味着AI技术发展的临界点已经到来。

二

与ChatGPT一同登上热搜的,还有种种担忧。

上线以来,ChatGPT展现出的智能,让许多人隐隐感受到危机。在试用ChatGPT后,埃隆·马斯克在社交平台上表示:"我们离强大到危险的AI只有一步之遥。"很多人第一次相信,奇点随时会到来,自己随时会面临失业。

有媒体列出了"被ChatGPT取代的十大高危职位",包括媒体工作者、法律文员、市场分析师、财务工作者,等等。以ChatGPT的性能来说,也许越是简单重复性的工作,越容易被取代。

这种担忧并非空穴来风。

在图灵测试中,ChatGPT展现出了与人类交流对话的优越水平,让我们看到机器正在生成新的东西,甚至可以比人类创造得更好。比如有人利用它写论文。还有调查显示,美国89%的大学生使用ChatGPT做作业，或是参加考试。

从AI语言模型的诞生来看，ChatGPT模型训练时，一个关键核心就是使用了"利用人类反馈强化学习"的训练方式。建立这样的强化学习机制正是难点所在，ChatGPT在技术路线和训练方式上的突破，让人看到一种新的AI技术范式。

也正是这个原因，来势汹汹的ChatGPT让许多搜索巨头虎视眈眈。比如，谷歌连夜官宣产品，预告AI搜索计划，百度"文心一言"项目正在做上线前的冲刺，预计3月份内测后向公众开放。此外，网易、字节跳动、腾讯、阿里巴巴等也表示有相关产品在计划中。

此外，据报道，由于ChatGPT尚没有能力判断数据库文本的价值取向，提供的回答可能会对未成年人造成不良诱导；虽然它不会对暴力、歧视、犯罪等意图提供有效答案，但一旦进行话术设计，它还是会给出步骤细节，造成伦理、法律权利的无边界化和基本的价值观沦陷，等等。

三

即便心怀担忧，但仍需认识到，ChatGPT等人工智能产品涌现，是社会技术革新的趋势。技术总是进化的，人工智能的未来势不可当。

AI面试、AI聊天、AI绘画……ChatGPT让人类敲开了人工智能的一扇门，但这扇门被推开后，出现的将是狼还是人？生成型AI产品大量面市，是否会导致"电脑替代人脑"？面对技术革新，我们应当秉持怎样的态度？

回头想想，曾经，照相技术的出现，让写实画家尤其是肖像画家感受到危机，画肖像画是不是不再被需要了？可是，随着时代发展，我们看到，各种艺术流派百花齐放，肖像画依然被需要，有着不可被替代的价值，受到诸多艺术藏家和艺术爱好者的青睐。

从某种程度上来说，"取代"之论，源于人工智能的无限"学习"和人之惰性的反差。随着智能辅助产品越来越发达，人的部分能力在逐步退化。AI在学会"思考"，而有的人却懒得思考，越来越多的人依赖于唾手可得的便利。就拿内容创业者来说，我们的危机感真的都来源于ChatGPT吗？如果没有它，就不会被淘汰吗？

也许就像ChatGPT在回答提问时说的一样，与其担心工作被AI取代，不如发挥主观能动性和创造性，利用好新技术、新工具提高工作效率和生活质量。

人的可靠性、同理心和想象力、创造力，既是人工智能研发的瓶颈，也正是人的核心价值所在。我们有道德约束，有价值伦理，会因悲落泪、因喜而笑，能眼见为实、天马行空，为过去立传，为当下评说，为未来畅想。

毕竟，人工智能是人的延伸，社会真正的主角是我们自己，我们是算法的领导者、AI模型的内容提供者，能够创造算法无法"算"出的价值。我们自己才是那个关键"变量"。

对于"AI是否会取代人类创作者"这个问题，ChatGPT的回答是：我创作的作品，虽然具有高效、快速的特点，但人类的创作思想和情感依然是无法替代的。

可以想见，随着技术的不断积累，AI将从量变迎来质变。未来能够带来的颠覆性变革，依然充满着不确定性，但不管怎么样，我们会像《流浪地球》里说的那样，我们依然选择——希望。

您怎么看？

叶蓉　王云长　执笔

2023 年 2 月 9 日

走出雨巷的戴望舒

> 诗言志，戴望舒的作品就像一滴水，饱含着朴素的爱国情感和社会责任感，个人虽历经苦难而始终满怀胜利信心。

"撑着油纸伞，独自彷徨在悠长、悠长又寂寥的雨巷，我希望逢着一个丁香一样地，结着愁怨的姑娘。"

说到戴望舒，永远有一条绕不过去的雨巷。1927年夏，避居松江友人家的戴望舒枕着夜雨与彷徨，以故乡——杭州大塔儿巷为原型，创造了雨巷和丁香姑娘这两个具有跨时空意义的诗意形象。

这首为他带来无数赞誉的《雨巷》，也让世人一直误读了戴望舒其人，给他打上了忧郁、彷徨、寂寞的标签。

事实上，在烽火连天的岁月里，戴望舒走出了书斋，直面残酷的现实，不仅诗歌的内容和风格发生了变化，而且以实际行动追求进步、追求真理，向往革命。回望戴望舒人生的下半场，他从"雨巷诗人"转变成为爱国志士，以笔为戈，书写着家国情怀的新诗篇。

一

写这首诗的时候，戴望舒处于人生的迷茫期。

经过了大学先进思潮的洗礼，20岁出头的戴望舒已加入共青团。1927年，白色恐怖笼罩中国大地，戴望舒与同学一道躲避在施蛰存松江的家中。彷徨时刻，戴望舒遇上了十八岁的施绛年，他以为这就是他的丁香姑娘。

这是一首充满中国古典诗词意境的新诗，犹如一幅用文字画就的水墨丹青。

朱自清评《雨巷》时说："他（戴望舒）也注重整齐的音节，但不是铿锵而是轻清的；也找一点朦胧的气氛，但让人可以看得懂。"

当然，更为让无数人沉醉的，是对美与爱情的追求，《雨巷》写出了无数人心中最美好的模样，这才是96年后的今天，依然有人钟情《雨巷》的原因。

有学者评价说："戴望舒积极寻找中西诗歌艺术的融合点，创造出了属于自己民族的现代诗。"

"诗的韵律不应只有肤浅的存在。它不应存在于文字的音韵抑扬这表面，而应存在于诗情的抑扬顿挫这内里。"这是戴望舒对新诗的理解。

内容重于形式，这和孔子"诗可以兴，可以观，可以群，可以怨"的精神是一脉相承的。兴起于新文化运动的中国新诗，抛弃了韵脚的束缚，承继了中国诗歌的精髓。戴望舒一生创作的九十余首诗，大多以中国民族文化为魂，推动中国的新诗走出了一条新路。

二

写完《雨巷》后不久，在杭州大塔儿巷，戴望舒写了一首风格意境迥异的《断指》。

"这断指上还染着油墨底痕迹，是赤色的，是可爱的光辉的赤色的"，那抹赤色让原本为悲伤沉沦的人们受到鼓舞，"它很灿烂地在这截断的手指上，正如他责备别人懦怯的目光在我心头一样"。

这首诗来源于戴望舒的亲身经历。1928 年春，被戴家收留的共产党人孔另境带回了一则消息，杭县（今余杭区）县委书记池菊章牺牲了。池菊章投身革命前，曾因感情受挫留下一截断指，却未曾想到这成了他最后的遗骸。

当哀怨的丁香凋谢，埋葬断指的土地上开出了新花。

香港沦陷后，戴望舒在理发店被日本宪兵逮捕入狱。在日寇"阴湿，窒息的窄笼"里，戴望舒经受了足以磨灭肉体的苦刑："从口鼻一齐喝水，然后给踩肚子，膝头压在尖钉上，砖头垫在脚踵上，听鞭子在皮骨上舞，做飞机在梁上荡。"

肉体的苦难没有让戴望舒屈服，在狱中他没有供出任何一个名字，心存死志留下了"精神遗嘱"《狱中题壁》。

"当你们回来，从泥土掘起他伤损的肢体，用你们胜利的欢呼把他的灵魂高高扬起。然后把他的白骨放在山峰，曝着太阳，沐着飘风：在那暗黑潮湿的土牢，这曾是他唯一的美梦。"

七个星期后，时局缓和，戴望舒被友人保释出狱。出狱后戴望舒用血泪凝成了人生最强音："我用残损的手掌，摸索这广大的土地：这一角已变成灰烬，那一角只是血和泥……"（《我用残损的

手掌》）

尽管遍体鳞伤的身体就像当时满目疮痍的中国，他依然对"永恒的中国"充满信心，坚信"温暖，明朗，坚固而蓬勃生春"。

正如戴望舒在《偶成》中所写：

"这些好东西都决不会消失，因为一切好东西都永远存在，它们只是像冰一样凝结，而有一天会像花一样重开。"

是的，像花一样重开的这一天，终会到来。

三

诗歌并不是戴望舒为国战斗的唯一武器。怀揣着担当道义的知识分子情怀，戴望舒以强烈的民族责任感，为祖国解放和社会进步而斗争。

在香港期间，他是《星岛日报》副刊《星座》的编辑。戴望舒在创刊小言中写道："《星座》能为它的读者，忠实地代替了天上的星星，与港岸周遭的灯光尽一点照明之责。"

短时间内，郁达夫、沈从文、卞之琳、郭沫若、艾青、萧红等作家以及来自延安的作品出现在《星座》，使之成为当时抗战文艺的舆论阵地。

戴望舒一生翻译过法语、西班牙语等多种外语著作。他的翻译快速而精准，又兼具艺术性。翻译本约明·高力里的《俄罗斯革命中的诗人们》他只用了半个月。1941年，该书的全部以《苏联文学史话》为题在香港出版，戴望舒在译者附记中写道，作者的目的是要指出"俄国的文学是怎样地去和革命相结合，又从哪一条路去和它结合"。

作为译者，戴望舒像一条纽带，将革命的思想带入了祖国。1927年第一次国共合作破裂，他顶着巨大的压力翻译了一系列社会主义阵营的著作，这其中包括无产阶级文学运动的报道、苏联小说。

逝世之前，他仍带病坚持甚至提前办理出院，要把毛主席的《新民主主义论》翻译成法语。

1950年初春，戴望舒溘然长逝。他被静静葬在了北京西山脚下，与朱自清毗邻而居，茅盾所题的碑文仅"诗人戴望舒之墓"七个字。

诗言志，戴望舒的作品就像一滴水，饱含着朴素的爱国情感和社会责任感，个人虽历经苦难而始终满怀胜利信心。尽管时代在变化，中国知识分子的家国情怀一脉相承，在各个领域闪耀着光辉。

姚容　执笔

2023年2月9日

"开局之年第一课"有啥深意

> "中国式现代化",一头连着中华民族的"大梦想",一头连着每个家庭、每个中国人的"小日子",需要我们脚踏实地、一步一个脚印地走下去。

2月7日,新进中央委员会的委员、候补委员和省部级主要领导干部学习贯彻习近平新时代中国特色社会主义思想和党的二十大精神研讨班在中央党校(国家行政学院)开班,习近平总书记在开班式上深刻阐述了中国式现代化的一系列重大理论和实践问题,强调正确理解和大力推进中国式现代化。

在全面贯彻党的二十大精神的开局之年,这场聚焦中国式现代化、面对"关键少数"的"开局之年第一课"为何特别强调"正确理解",我们又该如何"大力推进"?笔者今天来聊一聊。

—

如果思想认识不到位,行动肯定受拖累。

自从党的二十大概括提出并深入阐述中国式现代化理论以来，"中国式现代化"成为备受关注的高频热门话题之一。之所以如此，一方面是因为"诗与远方"的愿景催人奋进、激荡人心，承载着人们对美好生活的向往；另一方面是因为社会上还有人对其认识尚存在一些困惑乃至误区。

一是"唯一论"。长期以来，由于现代化的话语权一直被美西方所垄断，这导致不少人陷入一种迷思，认为现代化就是只此一家、别无分店的"西方化"，误以为现代化只是西方的专利，中国式现代化不过是西方的翻版。

持此观点的人没有看到，历史条件的多样性决定了各国现代化道路的多样性，中国式现代化不仅实现了对西方现代化道路的超越，还大大拓展了人类文明新形态。

二是"补课论"。有人从马克思所描述的人类社会发展的五种社会形态出发，认为中国是在落后生产力的基础上建设社会主义的，现在搞中国式现代化只不过是回转头来"补资本主义的课"。

但实际上，"世界历史发展的一般规律，不仅丝毫不排斥个别发展阶段在发展的形式或顺序上表现出特殊性，反而是以此为前提的。"中国式现代化道路是一条不同于西方现代化的人类发展新道路，充分体现出社会形态跳跃式发展的规律性。

三是"排他论"。有人一看到"中国式"三个字，就先入为主地将中国式现代化和其他国家的现代化对立起来，而不是有机地联系起来。

毫无疑问，中国式现代化当然符合中国实际，具有中国特色。与此同时，中国式现代化也遵循现代化一般规律，借鉴吸收一切人类优秀文明成果，既代表人类文明进步的发展方向，也为发展中国家走向现代化提供了新的路径选择。

除此之外，还有持"搭车论"的人认为中国式现代化只是党委、政府的事，跟普通老百姓没啥关系，自己静静围观就好；持"偏科论"的人认为中国式现代化只要"把经济搞得壮壮的"就行了，至于生态、人的全面发展都是次要的；持"畏难论"的人认为中国式现代化困难重重，特别是经历过三年疫情的冲击之后，简直就是一项不可能完成的任务，等等。

可以看到，凡此种种错误认识，不仅束缚了我们的思想，也"捆绑"了我们的自信和脚步。

当此之时，"开局之年第一课"厘清了中国式现代化最首要、最关键的基本思想认识问题。

二

面对不同声音相互交杂，各方思潮激荡不息，如何廓清思想迷雾、正确认识中国式现代化？

"开局之年第一课"传达的信号清晰坚定、一锤定音。

经得起历史考验和实践检验的现代化之路，就是我们要选择的正确道路。中国式现代化不是天上掉下来的，而是我们党领导全国各族人民在长期探索和实践中一代代接力奋斗、一次又一次摸索出来的。现代化在中国得以生根发芽的社会土壤，是我们党团结带领人民浴血奋战、突破重重阻碍拼来的；建设现代化的宝贵经验和物质基础，也是我们万众一心、不断拼搏奋斗得来的。百年来，每一步都走得极为艰辛，但也极为牢靠和坚实。

现实的成功是最好的证明。新中国成立之初，我们还在忧虑何时才能生产出自己的汽车、飞机和坦克。而今，我国的高铁运营里程稳居世界第一，航天技术不断刷新世界纪录，中国用几十年走完西方发达国家几百年走过的工业化历程，创造了经济快速发展和社会长期稳定的奇迹。在巨大成就面前，任何试图误解和歪曲中国式现代化的言论都单薄无力，这也证明，中国式现代化走得通、行得稳，是强国建设、民族复兴的唯一正确道路。

符合中国国情和理想目标的现代化之路，就是我们要坚定不移走下去的道路。鞋子合不合脚，自己穿上才知道。一个国家走向现代化，既要遵循现代化一般规律，更要符合本国实际，具有本国特色。长期以来，一些观点认为，现代化就是西方化，其他国家只能按图索骥、亦步亦趋。历史已然给出答案，我们曾尝试向英国学、向俄国学、向美国学，从"采西学""制洋器"，到实业救国、科技救国，再到全盘西化、走资本主义道路，到头来都是"竹篮打水一场空"。

经过长期实践探索，我们使现代化展现出一幅全新图景。我们坚决不走过往一些西方国家战争、殖民、掠夺的老路，也摒弃以资本为中心、两极分化严重、物质主义极度膨胀的现代化。我们所追求的是全体人民都能共享共有现代化发展成果，文化艺术欣欣向荣、人民精神生活丰富美好，我们的家园幸福而和谐。

中国式现代化道阻且长但前途光明，现在就是我们开拓进取、为之奋斗的最好时代。通往成功的道路上必然布满荆棘，中国人口规模超大，经济和社会发展还不平衡不充分，这样一个发展中大国实现现代化，是一项前无古人的开创性事业，会遇到各种可以预料和难以预料的风险挑战、艰难险阻甚至惊涛骇浪。

但我们有科学指引和充分准备。如习近平总书记在开班式上指出，推进中国式现代化是一个系统工程，需要统筹兼顾、系统谋划、整体推进，正确处理好顶层设计与实践探索、战略与策略、守正与创新、效率与公平、活力与秩序、自立自强与对外开放等一系列重大关系。我们还要学会用好"国内国际两种资源""把战略的原则性和策略的灵活性有机结合起来"，等等。过去，在党的领导下，我们取得了举世瞩目、彪炳史册的辉煌业绩。只要我们毫不动摇坚持党的领导，中国式现代化之路也同样会是一片光明。

三

"中国式现代化"，一头连着中华民族的"大梦想"，一头连着每个家庭、每个中国人的"小日子"，需要我们脚踏实地、一步一个脚印地走下去。

要知道，我们的现代化是"14亿级"超大人口规模的现代化。在世界上最大的发展中国家、唯一文明历史连续未断的国家实现现代化，难度不可谓不大。

就拿中国特色之一"人口规模巨大的现代化"来说，总书记指出："光是解决14亿多人的吃饭问题，就是一个不小的挑战。还有就业、分配、教育、医疗、住房、养老、托幼等问题，哪一项解决起来都不容易，哪一项涉及的人群都是天文数字。"更何况前路还有很多急流险滩，再加上"新冠病毒""俄乌危机"等"加试题"不断，我们该怎么办、该往哪里走？

路在何方？其实路就在脚下。

就在这堂充满战略远见和哲思智慧的课上，总书记为我们提供了处理好6组重大关系的路标和顽强斗争的灯塔。

推进中国式现代化是一项探索性事业，还是一项前无古人的开创性事业。既然是探索、要开创，就要胆子大一点、行动快一拍、想法多一些。

"去大胆探索"而不是"刻舟求剑、守株待兔"。党的二十大已经作出"顶层设计"，再加上现在科技日新月异、形势一日千里，慢人一步就步步难追、差人一招就招招难敌，必须"充分激发全社会创造活力"，让中国式现代化真正成为全体人民共同的事业。

掌握好方向就是守好中国式现代化的"本和源、根和魂"。特别是大"疫"三年之后，有些人没了信心、丢了斗志，有些人片面强调要"市场有为、政府无为"，甚至有些人刻意强化"市场经济"，弱化社会主义。试问一下，没有党的领导，没有中国特色社会主义制度优势，我们靠什么和西方抗衡，对方掐我们脖子，对我们极限施压，甚至无端"绑架"，这些是能用一般的"市场规则"来解决的吗？

开创性的事业需要更硬的肩膀、更大的担当。履职与担当是不一样的，担当绝不只是干好本职工作，而是要想办法去承担可能存在风险、别人不敢做不想做但应该做的事情。中国式现代化的路很长，会不断遇到前人未涉足的"盲区"、有碍社会发展的"禁区"、矛盾错综复杂的"难区"，如何不断提升能力、增强本领，只为干成想办法、不为不干找理由，做到应该做的事情，顶着压力也要干，必须负的责，迎着风浪也要担，这才是真正考验领导干部的。

习近平总书记曾引用苏轼《思治论》中的一句话："犯其至难而图其至远"，并阐释道："向最难之处攻坚，追求最远大的目标。"

中国式现代化，既是最难的，也是最伟大的。但路虽远，行则将至，历史本就是勇敢者创造的。

王云长　陈培浩　张俊　执笔

2023 年 2 月 10 日

浙江救援队为何出征海外

> 志愿精神，无疑是一种超越国界的"通用语言"。

这几天，土耳其地震牵动人心。

在中国人的传统文化里，一方有难、八方支援，是义不容辞的责任。日前，中国救援队、公羊救援队、蓝天救援队等来自中国的多支救援力量，正在或即将前往土耳其地震灾区开展救援。此外，美国、俄罗斯、韩国等多国也派出救援力量奔赴土耳其。

他们中，第一个踏上救援行程的，是一支诞生于杭州的民间志愿救援队——公羊救援队。在地震发生次日，第一支由8名骨干组成的"先遣队"就带着专业设备由杭州启程。土耳其时间2月9日上午，公羊救援队成功搜救出2名当地群众，到了下午，公羊救援队在土耳其再次救援成功，5人获救。

无独有偶。这两天，来自衢州、杭州萧山、宁波鄞州、绍兴诸暨的多位蓝天救援队队员也紧急赶赴土耳其，苍南县壹加壹应急救援中心也将分两批组织救援行动。

这不是浙江民间救援力量第一次出现在国际救援中。此前的泰国普吉岛沉船搜救、老挝阿速坡溃坝救援、莫桑比克飓风救援等行动中，都有浙江救援队员的身影，他们一次次在国际志愿救援中展现了浙江速度、专业和担当。

为什么浙江民间救援力量总能"跑在前"？他们的"义举"带来了哪些启示？

一

读武侠小说的人，大概都听过金庸的这句"侠之大者，为国为民"。在漫长的岁月中，这股"侠义"之气，在每个时代都有鲜明的表达。

相传，4000年前，就有"桐君老人"在桐君山悬壶济世、分文不收的故事。同治年间，开创了"胡庆余堂"药号的胡雪岩，曾为杭州百姓开设钱塘江义渡，设船为候渡乘客提供方便。

到了现代，"达则兼济天下"的观念一直流淌在浙江人的血脉中。据报道，2008年，汶川地震发生后，浙江派出由400余名援建干部率领的1.2万名援建大军，用700多个日夜，带领对口援建的青川灾区人民从废墟中走出来。2021年，河南遭遇特大暴雨，浙江商人第一时间行动，娃哈哈、吉利、传化、正泰、富通、海康威视……一大批浙商捐款捐物支援河南。

这一次，当被问到对救援任务有怎样的预期目标时，公羊会的创始人，也是公羊队首批救援队员之一的何军回答：我们尽最大的可能，能做到多少就做多少。

我们常说"四海之内皆兄弟"。源远流长的中国传统文化，提倡天下为公、克己奉公，强调天下兴亡、匹夫有责。志愿救援行动中蕴含的奉献、友爱、互助、进步的品质，是对中华优秀传统文化的继承和弘扬。

相信很多人都记得《纪念白求恩》这篇文章。中国人不会忘记我们的朋友白求恩，在抗日战争时期，他不远万里来到延安治病救人。这种国际主义精神，超越了地域、国家和民族的界限，也是志愿救援的重要指引。

因此，无论是面对自然灾害还是突发事件，像公羊队这样的国际志愿组织，在可以伸一把手、助一把力时，绝不会冷眼旁观，而是不以山海为远，竭尽己力。这可以说是中国秉持的人类命运共同体理念在民间最生动的体现。

志愿精神，无疑是一种超越国界的"通用语言"。

现在，志愿浙江平台注册的国际志愿者累计已有14634人，参与志愿服务时长累计达10247小时。他们在疫情防控、社区服务、平安巡防等社会治理各领域发挥着积极作用。关键时刻，他们无须号召，灾讯为令，随时集结。

二

2019年7月，习近平总书记致中国志愿服务联合会第二届会员代表大会的贺信中指出：志愿服务是社会文明进步的重要标志。

如今，浙江专业化应急救援民间力量的"遍地开花"，无疑是社会文明进步的写照。那么，为什么浙江的民间救援力量总能走在前？

首先，志愿救援是一件高风险的事情，不能仅凭一腔热血、一片好心，更需要专业过硬。装备、技术、团队，缺一不可。

别小看浙江这些民间救援队伍，他们在组织架构、设备器材等方面都具备很强的专业性。比如，诞生于浙江的公羊会就有严谨的组织架构、考核体系和培训机制。此外，先进的器材和智能化设备也是救援行动的重要支撑。公羊队拥有生命探测仪、X光机、热成像仪等，在救援任务中能起到关键性突破作用。比如，公羊队此次赴土耳其，就带上了雷达生命搜索仪、破拆救援装备等。

其次，"义利并举"是浙江民间志愿救援的特色和动力。

民营经济发达的浙江，一直"藏富于民"，无形中为浙江志愿救援打下了坚实经济基础。这些队员在救援中冲在一线，平日里，他们可能是企业家、老师、医生，只要救援工作有需要，他们都毫不犹豫地奉献财力、能力和精力。

比如，公羊会创始人何军是企业家，也是慈善公益家，他拿出自己经营企业盈余的资金，投入到公羊会的各项公益救援和助老服务事业中。

最后，浙江活跃的民间救援力量也离不开各方"保驾护航"。

目前，民间救援发展的一大问题就是资金扶持的可持续性问题，浙江政府和民营资本都在为此"出钱出力出政策"。比如2020年，杭州市钱塘新区就出台政策，以购买第三方服务的方式，为社会应急救援行动提供资金支持和救援物资。

总而言之，浙江的民营救援事业之所以总能"跑在前""跑得快"，得益于政府、企业、救援队三方组成了一个稳定的三角，共同冲破前行路上的阻碍。

三

一棵树摇动一棵树，一朵云推动一朵云。志愿服务的热情，是能感染人的。据"志愿浙江"平台数据显示，截至目前，浙江注册志愿者超过1800万人，全省志愿服务组织超18万支。

有如此规模，浙江民间志愿的力量就足够了吗？其实，还有很大的空间。

首先是资金问题。像公羊救援队可以借助成员的经济实力，一定程度上解决资金问题，但是这种"为爱发电"模式并不能长久持续。因此，长期运作仍需继续发挥市场机制作用，推动政府购买服务，让志愿救援的底气更足。

其次是组织机制还不够健全。包括民间救援队伍在内的志愿服务更多是自发行为，缺少统一的调度和指挥，这不免会在服务过程中出现抵达不及时、救援受阻等问题。在这方面，政府和社会力量还可以有更多联动，搭建平台，运用数字化手段，不断完善民间救援体制机制，让救援更精准有效。

再次，志愿救援队伍的专业度仍需提升，并注重梯队建设，吸纳更多专业人士带着专业能力入场。

志愿救援有许多细分领域，培养更多专业化、细分化的民间救援社会组织，才能提升救援整体能力和水平。此外，还要加强"平战结合"的训练引导。当下，嘉兴平湖作为试点，正在探索建立平战结合应急志愿服务机制，培育"召之即来、来之能战、战之能胜"的应急志愿"铁军"，在应对突发事件时更有实力。

最后，社会对于这股志愿力量，还需要给予更多正向激励。这次，公羊救援队得到了多方关注，还有更多默默无闻的志愿者也值得被看到。我们希望媒体、政府、民营机构等能更多关注参与社会救援的群体，让他们感受到关爱与温暖。

这几天，无数网友盯着手机中的视频和报道，为前方救援人员默默加油鼓劲。也希望他们注意安全、平安归来。

谁说站在光里的才是英雄？志愿者是平凡人，也是英雄。

马莉芳　季方　斯民娅　袁奇翔　执笔

2023 年 2 月 10 日

人们为何爱啃"大部头"

> 它们故事不同、人物各异，在万千的文学气象里，回旋着时代的声音，沉浮着人物的各式命运，在一批又一批的读者品读和回味中，意蕴变得愈发厚重。

近段时间，由长篇科幻小说《三体》改编的同名电视剧自播出以来，口碑牢牢占据热播榜前排，让期待已久的"原著粉"们格外惊喜。

像《三体》这样，原著受欢迎、改编作品也受欢迎的"大部头"作品不在少数。前不久，央视发布2023年重点电视剧播出片单，30部新剧里，有多部改编自我们熟悉的长篇作品，比如路遥的《人生》、陈彦的《主角》、徐则臣的《北上》等。这些作品看上去厚，有体量；拿在手重，有分量。因此，很多人称其为"大部头"。

在笔者心中，长篇小说不失为文学百花园中，最富有魅力、最大放异彩的门类之一。就像有读者感叹的，看长篇小说，就仿佛和一位好友走了漫长的一程，令人无法自拔、恋恋不舍。

多少人的学生时代大概都有这样的经历，在宿舍里打着手电躲在被子里，避过舍务老师的查房，读苏童、余华、朱苏进、贾平凹、刘震云的小说。时光流逝，不变的依然是很多人对长篇大作的情怀。

如今，当我们走进碎片化阅读的时代，"大部头"的长篇小说为何依旧能抓住人心？对浙江而言，又有何启发？

一

中国人历来擅长讲故事。鲁迅在《中国小说史略》中，钩沉了上至远古神话、六朝志怪奇谈，下至唐宋传奇杂文、明清各类小说的史料。小说在古代虽然一度被认为"琐屑之言，非道术所在"，但在民间始终有着独特活力。

《收获》《十月》《当代》等文学大刊的长篇小说专号，吸引不少人"追粉"。很多人的枕边，都曾放着一本厚厚的小说。

在中国文坛，专门为长篇小说设立的茅盾文学奖，对参评作品版面字数的"硬杠杠"是13万字以上。梁晓声《人世间》115万字，陈忠实《白鹿原》近55万字，陈彦《主角》70万余字，李洱《应物兄》84万余字。

也正得益于如此体量，长篇小说让作者拥有了足够大的"画布"，他们得以放开手去描绘时空的纵深、故事的起伏、情感的波澜，也因此成为二度创作的宝库。

就拿《红楼梦》来说，由其改编的影视剧多达十余部，相关内容还惠及了戏曲、话剧、文创、旅游等诸多领域。金庸的《笑傲江湖》《神雕侠侣》《倚天屠龙记》等，从上世纪80年代一直被翻拍到今天，反复被搬上荧屏。

有资料显示，茅奖自设立以来的48部获奖长篇小说中，有超过半数的作品被改编，以电影、电视剧、话剧等形式呈现。

可见，优秀的长篇小说，不仅原著让人感到余韵悠长，改编作品也能让人看了又看、意犹未尽。它们故事不同、人物各异，在万千的文学气象里，回旋着时代的声音，沉浮着人物的各式命运，在一批又一批的读者品读和回味中，意蕴变得愈发厚重。

二

如果要问，为什么长篇小说有如此魅力？答案其实就蕴藏在"大部头"之中。

首先，厚重的篇幅让作家得以将他们对社会、对时代的敏锐感知充分描绘出来，构建广阔的社会图景，呈现精神的力量。

比如，浙江作家王旭烽的新作《望江南》，以"茶"的视角，又一次谱写浙江篇章、江南篇章。时代风云、家国命运在兴变，江南茶人的人生亦跟着起伏，但"千百年来中华民族的传统、理想和中国精神"是恒常的，依然在延续、在持守。

阿耐的《大江东去》被改编为电视剧《大江大河》热播，这部作品亦融个人史和时代史于一炉，展现了改革开放以来中国的变迁，"真实还原了一代人的创业生活、奋斗历程和命运沉浮"。

张忌的《南货店》讲述了20年时光里供销社的浮沉，打酒论提、买烟按支、买布用票的时代场景，唤醒了一代人尘封的记忆。

有人说，"小说被认为是一个民族的秘史"。这些作品里，社会发展的历史场景得以在绵长的叙述中娓娓道来，我们从中看见父辈和自己，也能看见过去、现在和未来。

其次，长长的故事线足以串起一个个跌宕起伏、惊心动魄的故事，足足地吊起读者胃口、牵动读者心绪。

梁晓声的《人世间》以平民子弟周秉昆的生活为线索，串联起上山下乡、三线建设、知青返城、恢复高考等诸多社会现象，在中国社会近五十年来的发展变迁中，人物命运故事随之呈现。

被誉为中国"谍战小说之王"的麦家，在《解密》《暗算》《风声》三部曲中，将悬念、谜题设置得扣人心弦，随着故事推进，一层层抽丝剥茧揭开真相，让多少人一口气读完，而这也是其走向世界的"通行证"。

在这类作品中，作者隐于幕后，像一位将军一般，眼纳千江水，胸起百万兵，制造了一个又一个或悬念丛生、或起落开合的故事场景。

最后，经久不衰的长篇小说总是能给人以回味，情感上的共鸣、精神上的震撼、思想上的启示，都是长篇巨著"压得住舱"的实力。

路遥燃尽生命写成《平凡的世界》，用朴实语言讲述了一个普通陕北家庭的奋斗故事；陈彦的《装台》讲述了普通劳动者以诚实劳动"装台"的故事……还有近两年涌现出来的长篇大作，如王跃文的《家山》、葛亮的《燕食记》、孙甘露的《千里江山图》、关仁山的《白洋淀上》、胡学文的《有生》、叶舟的《凉州十八拍》……

三

一本立得住的"大部头"，最能体现一个写作者的"江湖地位"。但创作长篇小说呕心沥血的程度、立意架构的高度、作品内涵的广度深度，相对于其他文学形式来说，要求都更高。

比如，陈忠实创作《白鹿原》时，经过两年构思准备，八个月写作初稿，又花费两年打磨完善，最终完成这部他人生中的"垫棺作枕"之作，《白鹿原》也被誉为"一部渭河平原近现代50年变迁的雄奇史诗"。

一个作家需要"扛鼎之作"，一个省份亦然。那么，"扛鼎之作"的诞生到底有什么诀窍？

对作者来说，创作没有捷径，秘诀就是力戒浮躁、踏踏实实，下定"面壁十年图破壁"的决心，坚定"玉汝于成"出精品的意识，相信"吹尽狂沙始到金"的力量。

习近平总书记说过，"文化建设需要的是埋头苦干而不是急功近利，需要的是一砖一瓦的积累和一代一代的传承，而不是立竿见影和轰动效应。"这段话同样适用于文学创作。

对有关部门来说，要做好引导和服务作家的"店小二"，给作家们提供更多帮助，完善全周期文学精品创作服务机制，提升精品大作创作的组织化程度。

去年，中国作协在杭州临安建立了中国作家"深入生活、扎根人民"新时代文学实践点，为作家调研采风、挖掘接地气的生活故事扎下了"根据地"。类似这样的"借力"和"助力"，我们还可以做得更多。比如发挥"之江潮"杯大奖的牵引撬动作用，营造更好的文艺创作生态，引入全国名家大家来浙江、写浙江，让浙江成为文学工作者的"大本营"、优秀文学作品的"孵化器"，等等。

今年下半年，新一届茅奖颁奖盛典将在茅盾先生的故里桐乡乌镇举办，全国文坛的名家大家将汇聚这里，相信这次盛会将点燃浙江作家创作长篇小说的热情，全社会也将形成关注文学、助力文学的浓厚氛围。

浙江自古文脉深厚、名家辈出，尤其到近现代，涌现出了鲁迅、茅盾、郁达夫等一批文学大家。前人打下的"文化江山"和"江湖地位"，需要倍加珍惜。而再度出现像鲁迅、茅盾这样引领一个时代、标注一个时代的文学巨匠，更多涌现为国家和时代书写、深刻反映人民现实生活的鸿篇巨作，是浙江一直不懈奋斗的方向。

我们相信，在各方的全力推动下，更多见筋骨、见精神、有价值、有流量的精品力作，会诞生在之江大地上。

吴艳梅　执笔

2023 年 2 月 11 日

《全唐诗》从何而来

> 很难想象，没有璀璨唐诗的中华文化的星空会怎样黯然失色。很难想象，没有胡震亨等唐诗摆渡人，会有多少"白日依山尽，黄河入海流"这样的千古佳句在光阴里消亡散尽。

有人说，唐诗是中国人精神生活的最大公约数。无论牙牙学语的儿童，还是两鬓斑白的老人，谁都有几行烂熟于胸的诗句。

比如，君不见黄河之水天上来，奔流到海不复回；再如，无边落木萧萧下，不尽长江滚滚来；还有，莫愁前路无知己，天下谁人不识君。

但人们不知道，这些佳句能够流传至今，得益于《全唐诗》以及精选出的《唐诗三百首》。

那么，《全唐诗》又从何而来？这就与一位名叫胡震亨的明代海盐人密不可分。今天，我们一起来认识胡震亨和他的著作《唐音统签》。

一

康熙四十二年（1703），心慕汉文化的爱新觉罗·玄烨认为"诗至唐而众体悉备"，但是自北宋以来，只有选录，而无编辑唐诗"集大成者"，便令人编纂《全唐诗》。

《全唐诗》收录48900余首诗，涉及2200多位诗人。时隔久远，编纂唐诗集本来会是个浩大持久的工程，但仅仅一年多便完成了。究其原因，是有着胡震亨耗时十余年编成的唐诗集《唐音统签》作为重要底本。

清修《四库全书》著录《全唐诗》，按语里清楚地写着胡震亨的巨大贡献：《全唐诗》"以震亨书为稿本，而益以内府所藏《全唐诗》集，又旁采残碑断碣、稗史杂书之所载，补苴所遗……"

《唐音统签》全书以十干为纪，从《甲签》至《癸签》共计1033卷，收录了当时传世的盛唐、中唐、晚唐，乃至五代的诗，还包括断篇零句、词曲、歌谣、谚语、酒令。

书中还给每位诗人留下了个人小传和文学评论，因此，也有了李白、杜甫并称。

除了唐诗，作者胡震亨对唐诗体裁变迁、比兴体格、字句声调等的"研究见解"也收入《唐音统签》。

如在《唐音统签·癸签》卷九中，胡震亨谈了李白的乐府诗："太白于乐府最深，古题无一弗拟。或用其本意，或翻案另出新意，合而若离，离而实合，曲尽拟古之妙。"

诗集体大思精，内容广博，博采众说，成一家言，是研究唐诗的重要参考著作。

二

胡震亨，字孝辕，号遯叟。

编一部唐诗集，是他50多岁时才作出的决定。

胡震亨出身于海盐的书香世家，从小就博览群书，年轻时即科场得意，18岁中秀才、29岁中举人，先后任合肥知县、定州知州、兵部职方司员外郎等，在任期间多有善政。

明朝末年，辞官回乡的胡震亨，终于又能重拾自己漫卷诗书的少年梦想。

此时，有一个现象让他十分揪心。唐朝人作的诗歌，前人编的诗集、诗选正在快速消失。古时候没有数据库，更没有搜索引擎，诗歌通过人们的口口相传、代代传承，或者通过诗集、碑文石刻等记录，极易散落失传，发生张冠李戴、缺漏错讹更是常事。

比如稳坐大唐诗坛"第一把交椅"的李白，一生写了一万首诗歌，有多少首诗留了下来？结果令人沮丧，不及十分之一。

再说杜甫，活到58岁，流传下来的诗虽有1000多首，但40岁之前写的没几首。大概率还是没能流传下来，诗圣大半生的才华光芒都湮没在历史的荒烟蔓草之中了。如果要开列这份"不幸"的名单，那还会有令人痛心扼腕的漫长一串：孟浩然、骆宾王、李商隐、王勃、张若虚、张继……

胡震亨估算，到他所处的明代，唐诗至少失传了一半。这让钟爱诗书的他难以接受。

于是，他决定以一己之力收集全天下散佚的唐诗，编一部详尽完整的唐诗集。虽然自己很快就要进入花甲之年，但这又有什么关系呢？先干起来再说吧。

三

年近花甲，以一己之力挑起这个担子，胡震亨是有底气的。

首先，他有着毕生研究唐诗的功底。胡震亨自幼爱唐音，前半生专注于唐诗收集、整理、研究，从《唐音统签》里他对唐诗及作者的点评中可见一斑。

比如他说：唐大历之后，五七言律尚可承接开元气象，只有排律有点不行，到了元稹和白居易方迎来中兴。中唐杨巨源、晚唐李商隐、李洞、陆龟蒙三家，杨则短韵，不失前镌，其他三家长篇的作品，词藻新颖，但题材限制了诗艺表达。

其次，胡家富藏万卷。他父亲胡彭述留下了一个叫"好古堂"的藏书楼，等藏书传到他手里后，已经积累达万卷以上，而且多为珍贵的秘册异书。

再说他本人，更是著作丰饶。他曾撰写《靖康咨鉴录》《读书杂记》《秘册汇函》《续文选》等地志、史评、选编，为编纂唐诗集积累了丰富的经验。

此后，胡震亨把自己关在藏书楼里忙活，遍翻与唐诗有关的各类书籍，认真抄录，一日三餐都由家人送来。单枪匹马，广搜博采，考订精赅……十年书成，67岁的胡震亨扶卷长叹、老泪纵横。想必，千百年后的人们，不会再轻易遗忘那些永忆江湖的雨夜，仍能听到那穿透霜笼寒山的钟声吧……

《唐音统签》堪称史上私人总集编纂之首。即便是网络发达的现代，要完成它也不是一件容易的事。

临终前，胡震亨叮嘱子孙要好生保存，它是无数前人的心血，文化艺术的精华。幸运的是，《唐音统签》的刻本及抄补之足本现藏北京故宫博物院。

很难想象，没有璀璨唐诗的中华文化的星空会怎样黯然失色。很难想象，没有胡震亨等唐诗摆渡人，会有多少"白日依山尽，黄河入海流"这样的千古佳句在光阴里消亡散尽。

胡震亨编纂《唐音统签》，不只是个人的诗书兴趣，也是浙江积蕴富厚的书香传承，更是中国文人"为往圣继绝学"的基因使然。

遍览历史，浙江有众多的"胡震亨"，众多的藏书楼，孕育出许许多多的《唐音统签》。正是这薪火相传、流淌不息的绵延文脉，有着无数深藏功名、挺身担当的文化种子，才成就了今天充满活力的诗画江南，立起了我们昂首世界的文化自信。

江山留胜迹，我辈复登临。今天，再翻开胡震亨修编唐诗这段往事，那些在小楼孤灯、摞摞书卷中埋首穷经的身影让人肃然起敬，更警醒着当代年轻人的文化责任。

李刚　徐张赢　朱逸平　执笔

2023 年 2 月 11 日

从总书记回信中感悟医者仁心

> 有人类疾苦的地方，就是医者不辞辛劳行仁术、除病苦的所在。

2月9日，习近平总书记给第19批援助中非共和国的中国医疗队队员回信，向他们以及广大援外医疗队员致以问候并提出殷切期望。

回信情暖意深：希望你们不忘初心、牢记使命，大力弘扬不畏艰苦、甘于奉献、救死扶伤、大爱无疆的中国医疗队精神，以仁心仁术造福当地人民，以实际行动讲好中国故事，为推动构建人类卫生健康共同体作出更大贡献。

很多人可能不知道，第19批援中非中国医疗队共11名队员中，除1名翻译外，9名医生和1名厨师均从浙江嘉兴选派。

这支医疗队成员大多从嘉兴走出，背后有怎样的渊源？又该怎么理解中国医疗队精神？今天，我们跨越大洋，感受远播异国他乡的医者仁心。

一

自1963年起步，中国医疗援非走过了60载春秋。

61年前，非洲板块上最北端的国家阿尔及利亚悲喜交加。喜的是，在经历10年浴血斗争之后，他们终于战胜了殖民者；悲的是，此时的家园已是满目疮痍，医疗机构在战争中遭到重创，更是雪上加霜。当地政府不得不向国际社会呼吁医疗援助。

第一个伸出援手的国家，是同样身处艰难境况、百业待兴但坚持命运与共的中国。在时任国家总理周恩来的亲自主持下，第一支援外医疗队24位医疗技术骨干从全国各地集结。1963年4月6日，他们奔赴阿尔及利亚。

浙江医疗援非起于1968年，先后承担了向非洲国家马里、中非和纳米比亚派遣医疗队的任务。嘉兴医生来到非洲，也是从1968年开始的。当时浙江组建的首支援非医疗队中，就有嘉兴医生的身影。

以往，每支医疗队都由各地医院的精英组成，而第19批援中非中国医疗队队员几乎"全建制"从嘉兴选派。这9名医生来自嘉兴市级医院内科、外科、妇科、眼科、针灸科等各学科。他们中，有年近50岁的资深专家，也有年轻的骨干医生，有擅长手术的外科大夫，也有精研针灸的中医传承人。

去年6月11日，医疗队从红船畔集结出发，经过50多个小时的旅途，来到中非共和国首都班吉。与广袤的非洲大陆一样，这里有丰沛雨水和旖旎风光，却也有肆虐的疾病和贫瘠的医疗资源。

一转眼，离开故土已200多天。据医疗队统计，截至2月10

日，医疗队共完成门急诊16675人次、手术476台，收到锦旗、表扬信10多次。疫情严峻时期，他们穿着厚重的防护服，全身被汗水渍得生疼。更煎熬的，是内心最深处对大洋彼岸的家人的牵挂。相隔7个时区的思念，也是这群援非英雄必经的"心灵大考"。

春节前夕，他们决定向习近平总书记写信汇报工作并致以节日问候，于是也就有了这封回信。

二

细细品读回信全文，我们看到，信中有这样十六个字诠释着中国医疗队精神——"不畏艰苦、甘于奉献、救死扶伤、大爱无疆"。2013年3月，在中刚友好医院，习近平总书记就曾深情地谈起中国医疗队精神。

字字千钧，如一座灯塔，照亮医者信仰，也彰显着大国的医者担当。当我们结合中国医疗队的故事来看，便会对这字字句句产生更深刻的理解。

何为"不畏艰苦"？非洲大陆被称为"疾病缠身的大陆"，中国援外医疗队用一个个医学奇迹为非洲"改写命运"：缺少团队，中国医生"单枪匹马"，以惊人的意志力和技术，为生命兜底；面对危险，中国医生冲在最前线，努力阻断病毒传播渠道；着眼未来，中国医生日复一日开展培训交流，授人以渔，努力留下"带不走的医疗队"……

翻开这段历史，一批批中国医疗队队员从废堆中整理、撑起一家家荒废的医院，他们与传染病、战乱、自然灾害较量，把困难踩在脚下，把安危放在一边。最终，才有了当地人口中无所不能的

"中国医生"形象。

何为"甘于奉献"？从浙江到非洲，横跨7个时区，他们面临的不仅是生活水平的悬殊，更是意志的考验。虽深知前路艰险，但援非却是很多医生的心愿。比如在第19批援中非中国医疗队中，就有一位年近半百的妇科专家，她报名多次，终得偿所愿。

何为"救死扶伤"？医疗队抵达中非以后，旋即投入紧张运行，为当地百姓带来希望。轮椅上绝望的壮劳力，通过针灸奇迹般恢复，时隔数月后他特意找到医生，围着转了一圈又一圈；初为人母的妇女，带着婴儿长途跋涉五小时，只为向医生道声感谢……

何为"大爱无疆"？医疗队员分享过一个细节：今年元旦时，一位当地居民为医疗队带来一个啤酒瓶，装着的是他自己炒的花生米，而且每一颗花生米都认真剥去了外皮。从这群特殊的医疗队员身上，焕发出的是英雄大爱，收到的是真诚相待。

在这场奔赴异国他乡的征程中，我们看到的不仅是医者"救人之术"的宝贵，更是淡泊名利、心底无私的高尚情操。

一条条跨洋的航迹、一批批急需的物资、一次次技术的交流，勾勒出中国毫无保留、不求回报的清晰轮廓；一声声开启千言万语的"你好"或"Bonjour"，一次次克服文化差异的节日活动，联结起的正是各国民众命运与共的心灵纽带。

三

《医道无界》纪录片中有一个感人的细节：

每年8月，埃塞俄比亚的季马市巴吉村迎来雨季，淅淅沥沥的雨中，当地人祖迪埃·海勒头戴纱巾，除杂草、擦墓碑，为一位长眠于此的中国医生清扫墓地。这一守，已是两代人。

至今，我国已累计向73个国家和地区派出医疗队员2.8万人次，在生死边缘诊治患者2.9亿人次。60年来，先后有51名中国队员因公牺牲在异国他乡。

远渡重洋，翻山越岭，中国援非医疗队这块金字招牌的背后，有夫妻携手的佳话，子承父业的传奇，青丝变白发的坚守，更有长眠他乡的牺牲、薪火相传的壮志。

有人类疾苦的地方，就是医者不辞辛劳行仁术、除病苦的所在。60年的接力奔跑，是"医者无界"的使命在召唤，也是中国传统兼爱、和合精神的驱动。正如习近平总书记的回信中提道：中国人民热爱和平、珍视生命，援外医疗就是生动的体现。

命运与共，是流淌在中华民族血液中的朴素情感。古语有云，患难见真情。如纪伯伦诗里所写："和你一同笑过的人，你可能把他忘掉，但是和你一同哭过的人，你却永远不忘。"

中国对非洲重信守诺、高效务实，中非合作从来不是清谈馆。今年，中国援建的非洲大陆第一所设施完善的全非疾控中心落成；中非合作项目"万村通"让千万非洲民众看上卫星数字电视。早前，更有乡村水井、卫星天线、医院、学校、体育场等一个个同百姓生活紧密相连的民心工程，让中非友谊之树更加枝繁叶茂。

世界风云变幻，乱象林林总总。中非友谊长青，这不是从天而降的，而是双方坚持患难与共，一步一个脚印走出来的。这种友谊能历久弥坚、永葆活力，恰恰就在于双方平等对待彼此、共同寻求发展，既维护自身发展空间，也推动世界繁荣稳定。无论中国发展到哪一步，都把非洲国家当作患难之交。

正如习近平总书记所强调的，无论中国发展到哪一步，无论国际风云如何变幻，中国都将始终同非洲等广大发展中国家站在一起，永远做非洲的真诚朋友和可靠伙伴。

朱鑫 孔越 吴梦诗　执笔

2023 年 2 月 12 日

《越绝书》"绝"在哪儿

> 先贤颂扬的思想，穿越千年依然熠熠生辉，滋养一方土地，让古今情感同频共振。

前些天，《典籍里的中国》第二季第五期播出，品读了首部与方志相关的典籍《越绝书》，讲述了千年前波澜壮阔的吴越往事。

一时间，#典籍里的中国越绝书#、#撒贝宁对话杨慎　见证勾践绝地反击#等话题九登热搜榜，再度掀起"典籍热"。一部几乎被遗忘的千古"奇书"，借由荧屏走进当代人的视野。网友评论说："节目组是懂选书的。《越绝书》看似小众，实则意义独特。"

我们不禁思考，《越绝书》到底"绝"在哪儿？伴着穿梭时空的光影，且让我们一一探寻。

一

《越绝书》是一部内容扣人心弦却充满谜团的"绝书"，它的第一"绝"在于浓缩了华夏数千年历史。

梁启超就曾指出,《越绝书》中"有价值的记载颇不少"。书中记录的山川湖泊、城池道路、陵墓宫殿、农田水利等,像一块块拼图,勾勒出一幅瑰丽神奇的吴越文化全景图。

从历史意义看,这部今存15卷19篇的典籍,上至大禹时代,下到东汉初年,旁及诸侯列国,对这一历史时期吴越地区的政治、经济、军事、天文、地理、民族、历法、语言、习俗等均有所涉及,是研究我国古代社会尤其是吴越地区历史文化的重要典籍。

其实,史学家们历来对《越绝书》的认识各不相同。譬如,因为它记载了吴越相争的历史,所以有人认为它是"史书";又因为它记载了越王勾践十年生聚、十年教训,最后兴越灭吴、逐鹿中原的经过,又被认为是一部"兵书""复仇之书";还因为它记载了相关地区的工场矿山、农田水利、地域物产等,因而也被视为一本"经世致用之书"。

《越绝书》记载的内容非常丰富,也非常有趣。春秋战国乃至秦汉时期吴越地区的许多资料,有赖于它而保存了下来。

我们或熟悉或听过的大量历史典故,都栩栩如生地记载于此书中。比如,《越绝书》所主要记述的吴越争霸的历史,越王勾践卧薪尝胆,复国灭吴,后越又被秦所灭。一部看似籍籍无名的《越绝书》,以无声诉说了"何以中国"。

再比如,众所周知,吴越两国的都城分别是现在的苏州和绍兴。而越都是勾践在位的第七年,即公元前490年时,命其臣范蠡开始修筑的,先修小城,再修大城。《越绝书》中也同样记载了"小城""大城"的具体情况,并将建城时间、规模和特点写得十分清楚。

《越绝书》虽然只有寥寥数万字,但"麻雀虽小五脏俱全",能以小见大,折射出中华民族融合大背景下,不同文化扩散传播、生成影响的历程。

"浙江学子如果不读一读《越绝书》，那是终身之憾。"曾任杭州大学历史系教授的著名方志学家仓修良先生曾在课堂上说。为此，当年旁听课程的杭州大学中文系学生慎海雄听完课后，当即赶往古籍书店，淘到了一本品相残破的线装本《越绝书》。一口气读完全书的他，被家乡激荡千年的风云往事深深震撼。如今担任中央广播电视总台台长的慎海雄还谈到他在大学时的这段经历。

二

不得不提的是，《越绝书》是我国地方志的鼻祖。《越绝书》第二"绝"，在于它在地方志领域的源头性意义。

《越绝书》之前，《永乐大典》《汉书》《礼记》《诗经》等已先后亮相《典籍里的中国》。《永乐大典》被誉为"世界有史以来最大的百科全书"，《汉书》是我国第一部纪传体断代史，《诗经》是我国最早的诗歌总集，而许多人闻所未闻的《越绝书》，为何能和皇皇巨著并列？

其中一点原因，在于《越绝书》作为一部地方志，是一个地方历史记录和文化传承的重要载体，可谓是越地浓缩版的"百科全书"。

"一方之志，始于《越绝》"，是清代著名学者毕沅、洪亮吉的观点。其实，早在明代万历年间，《绍兴府志》在记及《越绝书》时就指出："其文奥古多奇，《地传》具形势，营构始末，道里远近，是地志祖。"此后，至清、至民国、至新中国成立后，均有学者认为《越绝书》"开方志之先例"。

书中记载了很多越地的"冷知识"。

比如，浙东运河是世界文化遗产中国大运河三大组成部分之一。《越绝书》中记载："山阴古故陆道，出东郭，随直渎阳春亭；山阴故水道，出东郭，从郡阳春亭，去县五十里。"其中的山阴故水道，就位于今天的绍兴，是浙东运河的核心和标志性河段。山阴故水道的构筑早于越王勾践时代，至勾践时又加以疏凿和整治。

又如，第四卷《计倪内经》在分析越国的地理环境时写道："交错相过，波涛浚流……浩浩之水，朝夕既有时，动作若惊骇，声音若雷霆。"浙籍经学家俞樾在《读〈越绝书〉》中称："此言江水海水，交错相过，而波涛浚流，声若雷霆，即今钱塘江之潮也。自来言涛者，莫先于此。"这是关于钱塘潮的最早记录。

此外，先祖们的语言习惯也在《越绝书》的字里行间闪现，弥足珍贵。书中记载："越人谓盐曰'余'。"它记录的就是古越语。除了今天的"余杭""余姚"，萧山还曾名"余暨"……为什么浙江地名中含"余"字的那么多？原来好多地名的由来，都与历史上产盐有关。

今日重读《越绝书》的意义，在于能够稽考古代吴越地区的历史文化、山川形势和风俗民情，也让历史的温度、文化不朽的生命力，透过典籍一一被感知。

三

最后说第三"绝"。《越绝书》之"绝"，更在于书中所蕴含的思想精髓、卓越智慧。

在《越绝书》中，我们可以看到它所记录、推崇的那些思想闪光之处:"士民者,君之根本也"的民本思想,"取舍以道"的仁义精神,"存无忘倾,安无忘亡"的忧患意识,"宁失千金,毋失一人之心"的为政智慧,"天贵持盈""地贵定倾""人贵节事"的人生哲理……

比如,越国发奋图强的精神,勉励了一代又一代后世之人,激励着人们开拓进取、知难而上。习近平总书记曾指出:"从大禹的因势利导、敬业治水,到勾践的卧薪尝胆、励精图治……都展示了浙江深厚的文化底蕴,凝聚了浙江人民求真务实的创造精神。"

而绍兴市的城市精神就是以卧薪尝胆、奋发图强、敢作敢为、创新创业为基本内涵的"胆剑精神",它早已融入绍兴人的血液中。

先贤颂扬的思想,穿越千年依然熠熠生辉,滋养一方土地,让古今情感同频共振。

看完《典籍里的中国》之《越绝书》,广大观众尤其是"包邮区"观众不仅增强了对中华优秀传统文化的认同感,也生发了对家乡的眷恋感和自豪感,感慨我们的家乡、我们的祖国就是这样生生不息。

虽然说,在每个人的眼里,《越绝书》都有不同的一面,但我们欣喜地看到,其中蕴含的这些思想精髓,千百年来不但没有消弭,还随着时间的推移,不断焕发出新的生命力。

《越绝书》,绝,也不绝。这座名副其实的"文化富矿""思想富矿""精神富矿",值得久久挖掘。

颜越虎 周瑞锋 沈听雨 汪薇 执笔

2023年2月12日

别让"砖家"害了真专家

人们反感的不是有真知灼见、能答疑解惑的专家，而是"砖家"。

这段时间，网上有关专家的话题很火，相关的词条频上热搜，如"年轻人为何不爱听专家建议""建议专家不要再建议了""央视评年轻人越来越反感专家"，等等。

"专家"二字本应代表着权威、专业，但在移动互联网的舆论浪潮中，不少专家被"冲"上了沙滩，失去了原有的名声，被人所厌烦。

其实不难发现，人们反感的不是有真知灼见、能答疑解惑的专家，而是"砖家"。不禁要问，一些"砖家"为什么让网友尤其是年轻网友反感？专家又该如何避免成为"砖家"？

一

"砖家"令人反感，主要是他们发言太"雷"，似乎是"语不惊人死不休"，发表的观点不仅给不了建设性的意见，还让人产生抵触心理。

比如"建议年轻人找不到工作可以先结婚生子"。这种建议，就是不了解大部分年轻人的真实生活还指指点点，一边是找不到工作面临生活压力，一边还要结婚生子，这奶粉钱、学费、生活费怎么承担？而且对很多年轻人来说，先找份好工作更迫切、更实际。

比如，"年轻人工资低可能是能力不够，在泰国、越南只要一半的工资就能干一样的活"，这显然有失偏颇。工资水平的影响因素很多，包括行业、平台、机遇、大环境，等等，完全归结于个人能力，会让努力拼搏的年轻人寒心。

比如，"可以将法定结婚年龄下调至18岁，以此降低成婚门槛促进单身男女建立家庭""年轻人不要为了钱而工作""惩罚不生孩子的年轻人""给00后增加工作强度"，等等，没有一个建议是从年轻人角度出发、为年轻人考虑的。看似为年轻人好，实则年轻人接受不了。

再如，"劝百姓拿出三分之一存款买房""建议对50万以上存款征收利息税"等等，美其名曰"为了刺激消费、恢复经济"，却没有考虑大多数老百姓并不是不想消费，而是有诸多现实无奈。

这些发言的专家们，不少拥有光鲜的身份和头衔，受过良好教育，为什么还会说出一些看上去就站不住脚的话？笔者认为，主要有以下五个原因。

背离专业的表达。有些专家虽然在自己领域颇有建树，但热衷于跨行业发言，比如研究经济的说教育，研究健康的说法律，这不是不能说，但需谨慎冠以专家的名头。不仅如此，网友之中卧虎藏龙，同样不乏专业人士，一旦说错就容易被揭穿，消解专家的权威性。

哗众取宠的心态。网络时代是抢夺注意力的时代，有流量就有关注，有关注就有利益。因此，有些人故意大放厥词、惹人非议，什么话出格就说什么，毕竟"黑红"也是红，有流量就行。还有一些伪专家通过包装，冒充权威之声，目的是最终实现"影响力变现"。

谋求利益的需要。少数专家的发言，不是站在国家和人民的立场上，而可能是利益集团的代言人，要么本身就是利益集团的一分子，说什么话、怎么说话，主要是看自己能不能获取利益。

缺乏换位的思考。互联网世界里，专家失去了神秘感，网友普遍有个性有想法有表达欲，灌输式的意见、说教式的道理缺乏换位思考，缺乏对人的理解和共情就容易让人反感，尤其是"爹味"太重的言论，很容易让年轻人产生逆反心理，立马给怼了回去。

传播的断章取义。一些专家的风评每况愈下，部分原因是一些自媒体和媒体的断章取义，它们从专家的完整发言中挑选最可能引发争议的一句话做标题，放大奇葩性言论，从而引发网络讨论。

二

当部分专家成了网友口中的"砖家"，权威性与公信力不断削弱，专家是否不再被社会需要了？答案当然是否定的，"建议专家不要建议"本身也不是个好建议。

所谓专家，是指在学术、技艺上有特别造诣的人，他们拥有过硬的专业水平、广博的知识学养。随着社会分工的不断细化和科学技术的迅速发展，经济社会现象纷繁复杂，社会热点层出不穷，再加上普通人知识、经验有限，面临着许多的烦恼和困惑，就更加需要专家贡献智慧、出谋划策。一味反对专家建议是从一种极端滑向另一种极端，同样需要警惕和避免。

问题的关键在于，社会需要怎样的专家？

比如，在危急时刻能稳定人心。在人类未知的灾难和高度的不确定性面前，在人心惶惶、风雨飘摇之时，尤其需要专业能力强且有责任担当的专家主动站出来，消除信息不对称带来的恐惧和误解，成为凝聚人心、安定社会秩序的力量。

再如，为百姓发声呐喊。涉世未深的年轻人，以及老人、妇女儿童、低收入群体等都是社会上相对弱势的群体，缺乏发声渠道，权益难以得到充分保障。真正关心弱势群体的苦与痛、为他们的利益奔走呼吁的专家，我们还需要更多。比如知名作家、全国人大代表蒋胜男的提案"建议延长男性陪产假""建议提高拐卖妇女儿童罪量刑"等，切中女性权益与民生热点，获得了很多支持的声音。

我们也需要善于向大众传播知识文化的专家。如今，越来越多的专家教授走出学术圈、走上"云课堂"，用通俗易懂、趣味诙谐的语言传播知识、演绎经典，受到人们欢迎。中国科学院院士汪品先、文学教授戴建业、史学教授于赓哲、哲学教授刘擎、人类学家项飙等纷纷"出圈"，他们总能对普通人看不透又总想看透的纷繁世界给出合情合理的解释，让人们感受到文化的滋养和浸润。

孜孜深耕、默默奉献的专家，也令人尊重。并不是所有专家都活跃在公众面前，更多的是在各自专业领域苦心钻研、埋首穷经，以"板凳甘坐十年冷"的精神从事着一项项真学问、攻克着一个个不可能、输出着一个个大成果。比如"中国杂交水稻之父"袁隆平、"青蒿素之母"屠呦呦、"中国天眼之父"南仁东，等等，他们为世界、为中国百姓作出的贡献不言自明。

英雄常在无名处，国士隐于人世间。在中国的大地上，绝不缺少心怀"国之大者"、心念"民之小事"的专家。不能因为个别"砖家"的存在，就抹杀所有专家的声誉与功绩。

三

"见贤思齐焉，见不贤而内自省也。""学而不思则罔，思而不学则殆。"从某种角度来说，《论语》也是一部专家建议大全，这些修身养德的建议，是我们中华民族的宝贵精神财富，千百年来滋养着人们的生活。

回到当今社会，除了那些雷人雷语的"砖家"之外，有学识、有担当的专家学者是社会主流。他们中，有钱学森、袁隆平、屠呦呦、杨苡这样的大家，也有跟我们日常生活密切关联的专家，如医生、教师、工程师、建筑师，等等。

人们对专家的信任，来源于崇尚知识、崇尚文化的传统和现实需要。然而，日益发达的互联网，放大了"审丑"现象的效应，让一些"砖家"被曝光在聚光灯下。这些所谓的"砖家"，不论是无心为之，还是为了博名声、博流量，对整个社会尤其是对专家的公信力、权威性起到了破坏作用，也损害了舆论环境。千万别让"砖家"害了真专家。

尼尔·波兹曼在《娱乐至死》中说："'娱乐至死'的可怕之处不在于娱乐本身，而在于人们日渐失去对社会事务进行严肃思考和理智判断的能力，在于人们被轻佻的文化环境培养成无知无畏又不自知的社会群体。"重建人们对专家的信任与尊重，为专家正名，是网络治理需要面对的，需要专家与社会共同发力。

先说专家，专家既要敢于表达想法，也要慎重发言，尊重常情常理，尊重公众智商，尤其在自己不擅长的领域，一旦发言有错误的地方，应该开诚布公地和网友交流。另外，避免成为不食人间烟火的人，就要具备与大众共情共鸣的能力。俗话说，"未经他人苦，莫劝他人善"。当代年轻人面临着婚嫁、生育、就业、住房等各种压力，更需有专家实打实支招，而不是空洞说教，专家要跳出"学术"的思维，多站在年轻人的角度思考，多一些"过来人"的关怀，保持一定的边界感、分寸感。

此外，专家建议也得讲究些"艺术"。就算是苦口良药，尚且需要裹上一层糖衣，建议也得找到适当、贴切的表达方式，避免让人产生"站着说话不腰疼"的误解，甚至对年轻人造成直接的冒犯和伤害。

再说社会，一方面我们需要包容、欢迎和鼓励专家大胆发声，为专家发声提供更多的平台和机会，也需要更多呼吁有关部门和社会力量多为年轻人站台，提供建设性、实际性的解决方案，创造良好外部环境。另一方面，针对那些故意制造矛盾、引发年轻人与专家对立的不良媒体和平台，以及那些张口就来、没有水准的伪专家，相关部门应加强整治，营造风清气正的网络舆论空间，特别是主流媒体平台要发挥舆论主力军作用，不为"砖家"提供"表演"舞台，不为流量故意做博人眼球的标题党，而是尊重真正的专家，放大有含金量的专家声音。

最后，建议是别人的，生活是自己的。对我们来说，也不必把那些"砖家"的奇葩建议都放在心上，不妨一笑了之。生活难免会面临着这样那样的挑战，通向理想的道路是崎岖漫长的。相信自己、相信未来，保持清醒、保持理性，付出脚踏实地的行动，努力把每一天都过好，你就是人生赢家。

茹雪雯 童颖骏 钱伟锋　执笔

2023 年 2 月 13 日

回望1981年的月山春晚

> 田间地头多了哼唱的歌声，房前屋后多了二胡、快板声，村民们见面打招呼也会多问一句："联欢晚会，参加吗？"

1981年农历正月初一，在丽水市庆元县举水乡中心学校操场上，月山村农民自编自导自演了第一台乡村春晚，合唱《东方红》压轴登场。

这是改革开放后，月山村的农民第一次体验"演出两小时、快乐一个村"的文化乐趣，这也是全国第一场农民办、农民演、农民看的村晚。当年的欢乐情景留在了月山村民的脑海，也拍进了一张张黑白老照片里，展示在月山春晚展览馆中。

今年已经举办至第43届的月山春晚，最初是怎样诞生的？透过老照片我们一起来探寻。

一

故事还要从1979年说起。

那年3月，全省科学大会的召开，滋润了广大知识分子的心田。月山村村医吴绍利去杭州参加大会后深受触动，回来后便与同村的几位村民探讨如何振兴月山的文化、科技、教育等问题。

1980年的春节，吴绍利和村里的文艺骨干吴信自发组织，聚齐亲朋好友在吴绍利家中办起了家庭春节联欢晚会，表演了打快板、讲故事、拉二胡等节目，大家不亦乐乎。

这在当时算得上是一件久违的新鲜事，吸引了很多村民来观看。村里几个文艺骨干一合计，既然大家都喜欢，干脆把家庭联欢活动发展成全村的春节联欢晚会。

于是，临近1981年春节时，月山村的宣传栏张贴了一张"特别通知"，村里决定组织联欢晚会，向全村人征集节目，招募演员，借用乐器和表演道具。

这场春节联欢晚会能办成什么样？村民们虽然还有疑惑，但深埋心底的"文艺心"已经蠢蠢欲动：田间地头多了哼唱的歌声，房前屋后多了二胡、快板声，村民们见面打招呼也会多问一句："联欢晚会，参加吗？"

有了上一年"家庭晚会"的基础，村里谁有才艺、谁有本事，吴绍利和吴信等人心里都清楚。他们积极组织村民参与，村民们也都欣然答应，认真准备起来。

1981年的农历正月初一，月山春晚正式拉开了帷幕。全村的男女老少早早搬上板凳，围坐在"舞台"四周。演出从下午1点开始，表演了犁秧田、打稻谷、磨豆腐情景剧，织蓑衣、补衣衫、编草鞋农装秀，二胡、唢呐搭配菇民戏等，人群中不时发出欢呼声。

其实以今天的眼光来看，这台"草台班子"的联欢，甚至算不上一台正儿八经的晚会：舞台是在举水乡中心学校的操场空地上用课桌椅围出来的；音响道具是从公社、学校借的，还有不少是村民家里现有的物品，邻里之间相互借用。

但就是这么一台看起来颇显"草率"的演出，点燃了村民心里向往文化文艺的小火苗。

二

展览馆里的老照片已经有些泛黄，但照片上村民们卖力演出的模样、村民把小学操场围得满满当当，甚至站在二楼走廊上观看的场景，依旧动人。

比如有一张照片，记录了村民吴惠均与儿子表演的情景。只见吴惠均端坐在方凳上，挺胸昂头，把二胡抵在腰间，认真地为儿子伴奏，他的鞋上、裤脚上还沾着泥点。吴惠均3岁的儿子微微仰着头站得笔直，跟着伴奏放声歌唱。周围的村民们探着头，目光都聚焦在父子俩身上。

实际上，村里第一次办这样的晚会，大家都没什么经验，不时有各种小插曲发生，但这些都难不倒机智的村民。

吴晓露在登台表演前发现围裙不见了，急匆匆地跑回家，找了个枕头套剪了三剪刀，往腰上一系，照样登台亮相。在《半篮花生》情景剧表演时，"主演"不识字，村里就派了个识字的村民，站在幕后，给台上的演员提词，幕后说一句，演员跟一句，逗得观众哈哈大笑。

在照片里，还能看到村民们两两成对拉着手跳舞、略带拘谨地唱着"卡拉OK"、站在人群中默默对着纸条记着歌词……虽然那时候还有很多村民文化水平不高、识字不多，但都阻挡不了大家的表演热情。

从大家的笑脸中可以看出，村晚带给他们的不只是节日的快乐，还有一份自豪，这自豪来自于找到了实现自我价值的平台。晚会台前幕后大大小小的事务都由村民自己操办，无论是台上表演的还是幕后服务的，村民们的手艺智慧都在村晚中找到了更多"用武之地"。

比如吴立成是月山村的一名"万能工匠"，常年做木工和泥水工，心灵手巧的他，道具也做得栩栩如生。有一年，村晚需要一头"牛"，吴立成把乒乓球切开两半，表层涂上墨汁，拆下手电筒里的小灯泡通上电，一双牛眼睛顿时活灵活现。

对村民们来说，这场家门口的"盛会"是他们少有机会能看到并且参与其中的文化活动。一年又一年的联欢积累全村人的喜乐，成就了这份属于全村人的集体记忆。

三

在往后的岁月里，月山春晚不断发展、年年不断。

迈入新世纪，看着村晚长大的那批"月山伢儿"逐渐挑起了大梁，成了月山春晚最活跃的角色。他们把时髦的文化带进乡村。于是，月山春晚的节目除了最初的歌舞、二胡、打快板等，还新增了小品、相声、魔术、脱口秀等新元素。

年轻一辈的"野心"不止于此，他们还希望把这份快乐分享给更多的人。

1981年的老照片里有个3岁的小女孩，扯着衣角，聚精会神地看演出。她叫吴艳霞，从懵懵懂懂地看，到成为组织者、参与者，她对村晚的感情也愈发深厚。2004年走出大山到杭州上大学的她，萌生了一个想法，她想让更多的人都知道月山的春晚。

于是吴艳霞辗转多次，打通了《钱江晚报》热线电话，说动年轻的记者裴建林前往月山村采访。裴建林没有食言，连续乘车16个小时赶到月山村，采写了2005年的月山春晚，以《中国式过年之文化样本——月山村春晚》为题，刊发了三个整版的报道，月山春晚也因此"出名"了。

好奇于月山春晚的魅力，不少外地观众纷纷来到月山村。村里为此建了接待中心、大型停车场和免费WiFi等软硬件设施，村民们先后开办起了30家民宿农家乐，挣上文旅融合的"共富钱"。

转眼间42年走过，月山村民对村晚的热情依旧如当年那般热烈。每年临近春节，只要在QQ群、微信群发个通知，天南海北的月山人都纷纷响应，准时汇聚到家乡的小山村，开始新一年的排练。

月山春晚虽然只是一个"草根"的文化现象，但正是这一台沾着泥土、滴着汗水、徜徉着欢笑的文艺晚会，陪伴村民们走过漫长岁月，见证了乡村翻天覆地的变化。

目前，丽水有超过六成的村子自办了村晚。而放眼浙江，这股办村晚的热情早已蔓延开来，就拿今年春节来说，先后有5800余场村晚在全省各地的农村文化礼堂上演。前不久，2023年"我们的村晚"省主场活动就在嘉兴市海盐县沈荡镇永庆村文化礼堂举办。

这几年，丽水的村晚还走出浙江，与全国各地的乡村交朋友。今年，全国村晚联盟大会暨文艺星火赋美"百县万村"网络联动仪式在丽水举办，来自全国15个联盟组委城市的乡土节目一同"争奇斗艳",集成一场村晚大戏。

月山春晚仿佛代表了村晚的初心,歌颂劳动、赞美生活、互爱互助,以载歌载舞的方式表达淳朴的快乐。

如今村晚的脚步,走向了全国甚至世界。在村晚的发源地月山村,村晚的"根"依旧牢牢扎在乡土大地,村民对这台晚会的爱始终不变。月山春晚的故事,还将在年轻人的手中不断续写。

【档案资料】

月山春晚展览馆由月山村原有的创意园改造而成,展馆共有两层,约500平方米。馆内陈列着老物件、老照片、影像片段等布展素材,再现1981年至2020年月山春晚的发展历程。

其中,月山春晚简史部分展陈着8张黑白照片,记录了第一台晚会的片段。以此为起点,村晚蔓延到祖国大江南北,成了"我们的村晚"。

邓其锋　执笔

2023年2月13日

关于舆论监督的六个认识误区

> 引发负面舆情的根本原因不是舆论监督，而是舆论监督揭露的事情本身。

"舆论监督"这个词，相信很多人并不陌生。如今，随着舆论生态、媒体格局、传播方式的深刻变革，舆论监督推动实际工作的重要作用越来越凸显，一些长期存在而难以破解的难点、痛点、堵点问题，往往因为被舆论曝光而引起相关部门重视，最终得以解决。

然而，笔者发现，在实际工作中，不管是党员干部、普通群众或者是媒体、平台本身，对舆论监督还存在一些困惑和误解，我们梳理了以下六个认识误区。有的是借鉴了前人的研究成果，有的是一家之言，欢迎留言来与我们探讨。

误区1：舆论监督和正面宣传是对立的

有观点认为，舆论监督和新闻工作"团结稳定鼓劲、正面宣传为主"的基本方针是对立的，正面宣传多多益善，那么就希望舆论监督越少越好，最好没有。关于舆论监督和正面宣传的关系，其实早有定论。2016年，习近平总书记在党的新闻舆论工作座谈会上，明确提出"舆论监督和正面宣传是统一的"。总书记还指出，"新闻媒体要直面工作中存在的问题，直面社会丑恶现象，激浊扬清、针砭时弊，同时发表批评性报道要事实准确、分析客观"。

所谓正面宣传为主，主要是针对宣传效果而言的，并不是要求媒体天天只报喜不报忧，对问题视而不见、退避三舍。只要舆论监督出于公心，指出问题并推动解决，这样的舆论监督本质上也属于正面宣传。相反，小到个人、大到国家，如果长期缺少监督，则小问题会变成大问题，小矛盾攒成大矛盾，一旦爆发往往造成不可收拾的后果。

误区2：舆论监督是为了"攻击""抹黑"

有的领导干部习惯将负面舆情的发生归咎于舆论监督，认为舆论监督是"抹黑""添乱"，不利于经济社会发展大局。因此，遇到舆论监督时，不首先反思工作中存在的问题，而是找宣传网信部门打招呼，想着用"封堵删"的方式来平息舆论；更有甚者，对舆论监督抵制对抗，对记者打击报复。

比如，有记者因为写了一篇关于公园内餐馆收费偏高的监督报道，被公园管理部门移出了媒体群，"友谊的小船说翻就翻"；有的监督栏目记者回乡过年，一进村子就被跟踪盯梢，还不断收到恐吓短信。

这样的案例虽然较少，但是有些本身关注度并不高的事件，却因为涉事地方采取了管控封堵的处理方式，引起新的猜测和质疑，最终导致舆情愈演愈烈。

正所谓，事实是第一性的，舆论是第二性的。引发负面舆情的根本原因不是舆论监督，而是舆论监督揭露的事情本身。只有正视问题、解决问题，才能赢得舆论和群众的理解支持；反之，只想着灭舆论的火，缺少从根源上解决问题的决心和行动，则可能引发更大的次生舆情。

误区3：只有新闻媒体才能搞舆论监督

信息不发达时代，新闻媒体掌握了传播资源，因此较多地承担了代表公众进行监督的职能，长期以来导致不少人认为舆论监督就是新闻媒体的事。

事实上，舆论监督并不完全等同于媒体监督。特别是进入信息社会，"人人都有麦克风"，微博、微信等社交平台更是成为舆论监督的重要阵地，个人也能参与到舆论监督中，"微博反腐""网络实名举报"就是其中的典型案例。

而大部分时候，新闻媒体、社交平台、网友意见还会相互作用，形成监督合力。比如在2021年，某地狗咬人事件中，起初进行监督的是当地的电视台，而广大正义的网友，通过社交平台发出理性声音，推动有关方面重视并解决问题。

误区4：舆论监督可以解决一切问题

一方面，部分干部和群众误以为舆论监督的作用是无限的，有的发生了矛盾，首先想到"找媒体曝光你"；有的遇到了违法犯罪事件，不是第一时间寻求法律途径解决，而是希望通过舆论监督来

"伸张正义"。把一些本该由司法部门或者当事人自己解决的问题交给媒体和网络。舆论监督并不是万能的，不应该也不可能取代其他解决问题的渠道。

另一方面，有的媒体和平台自身对舆论监督同样存在认识不清、把握不当的问题，滥用报道权，监督"越位"的情况也有出现。

比如，有的在案件报道中，过度介入司法审判过程，制造舆论压力，影响案件审理结果。特别是一些互联网平台，由于匿名性与低成本，让所谓的监督更加随意，"网络暴力""人肉搜索"等让当事人苦不堪言。

误区5："找茬""揭短"就是舆论监督

在进行舆论监督过程中，还存在"为监督而监督"的不良现象。

有的聚焦"找茬""揭短"，以点带面，刻意放大点上的不足，忽视总体面上的积极态势；有的把矛头对准那些群众有意见而我们工作中因限于目前条件、一时难以解决的问题上；还有的推出监督报道就不再跟进，揭露问题却没有追踪问题的解决过程，导致舆论监督的作用无法有效发挥，也让舆论监督失去了原本的意义。更有甚者，通过所谓的"监督"来牟取不正当利益、实现不可告人的目的，最终走上违法犯罪的道路。

比如，2013年前后发生的21世纪网新闻敲诈案。21世纪网和《理财周报》勾结公关公司，对上市公司和拟上市公司以负面报道相要挟，迫使相关企业签订广告认刊书、服务协议。事情败露后，相关负责人和采编人员受到法律严惩。

误区6：搞舆论监督就应该迎合流量

有的舆论监督为了迎合部分人群"仇官""仇富"的偏激心态，一边倒地"站队"监督，失去客观中立的立场。宝马撞了自行车，不分青红皂白先骂宝马；城管和小贩起了冲突，先把城管痛批一顿。还有的为了追求流量、吸引眼球，不深入采访调查，随意使用网络上的片段或当事人的一面之词进行报道，强行制造矛盾，唯恐天下不乱。

比如，去年7月，一段"护士急救孩子时在玩手机"的视频就在网上热传，有的媒体也参与了转发和评论。后经证实，这名护士当时正在使用手机呼叫医疗援助。这样监督又反转的案例并不鲜见，暴露出了一些媒体和平台"流量至上"的错误导向。

习近平同志在"之江新语"发表的《领导干部要欢迎舆论监督》一文中强调，"各级领导干部都要欢迎舆论监督，主动接受舆论监督，通过运用舆论监督，改正缺点和错误，努力把工作做得更好。"还要求"新闻舆论部门的同志要遵守新闻纪律，做到反映情况客观真实，鼓劲帮忙而不添乱。特别应注意不报假新闻，不炒作可能引发各类事件的所谓热点新闻"。这在今天仍然具有极强的指导意义和现实价值。

正确的认识能促进实践。对党政机关和领导干部来说，既要有气度和胸怀，坦然面对正常的批评，尊重正当的舆论监督；更要有智慧和勇气，善于借助舆论监督推动工作，充分调动积极因素，使舆论监督成为解决问题的契机。

对于主流媒体来说，舆论监督是人民赋予的"尚方宝剑"，要将其作为树立权威、赢得人心的重要利器，坚持不懈地抓紧抓好，不断创新形式、提升效果；同时要秉持公心，以事实为依据、以法律为准绳，以客观公正为原则，以推动工作、解决问题作为出发点和落脚点，建设性开展监督，做到帮忙不添乱。

而对于我们"吃瓜群众"而言，不妨"让子弹先飞一会儿"，不急着站队，更不要成为"网络暴力"的帮凶。

余丹　执笔

2023 年 2 月 14 日

陈亮的"万古心胸"

> 虽千山万仞，初心不改。

一个人对远大志向的执着，如果能坚持一辈子，那就会凝聚成一种有传承价值的精神财富。

金华永康的理学家、思想家陈亮，就是这样一位先贤。三度入狱、数次蛰伏，生命的末期突然高中状元，在踏上新征程的路上却撒手人寰。

纵观陈亮的一生，光芒四射又颠沛流离。唯一不变的是他坚定执着的爱国之心、忧国之志。在当时结党成风的官场，陈亮注定是一个异类。命运多舛，宦海起落，陈亮却豪放依旧、壮志不改，为宋韵输入了一股向阳刚烈之豪气。

今日重读龙川词，重温同甫事，仍然颇有启示价值。

人生在面对家国情怀和利益诱惑时该如何抉择？当个人见解不被重视采纳，甚至发展一时不得志，又该如何处理个人价值和国家立场的关系？这些值得当代年轻人思考的问题，或可以从他的"万古心胸"中尝试寻找答案。

一

陈亮的一生颇为坎坷，三次牢狱之灾，已不能仅用苦其心志来形容和概括。

北伐中原，一雪靖康之耻。这个志向，陈亮从24岁第一次上《中兴五论》，痛陈"为和而和"之弊开始，贯穿了他的一生。

淳熙五年（1178），陈亮连续三次上书，批评秦桧等人制定的苟且偷安的国策，并论及江南学子空谈风气日甚的弊端。

虽然慷慨激昂，并得到了宋孝宗的肯定，但陈亮并没有等来他的人生巅峰。

陈亮上书言事，言语激烈让很多当朝官员视之若仇敌。很快他就被人上告刑部，罪名是可能"言涉犯上"。

刑部官员素日嫉恨陈亮，很快以此"莫须有"的罪名将陈亮下狱。在监狱里，陈亮遭遇了罕见的残酷对待。

史料记载，"笞亮无完肤"。这种酷刑殴打读书人的行为在尊文之风极盛的宋朝是很罕见的。

所幸孝宗得知此事后，下诏免死，陈亮得以回乡。一段时间后，陈亮又因为家仆杀人事件，被仇家攻击举报。事态尚未查明，陈亮之父被囚于州狱，本人被下大理狱。

现实的打击如此残酷，陈亮没有退缩。这个时期的陈亮，逐步形成了"利义并行""各务其实"等积极入世的哲学思想。

从自身这些经历中，陈亮意识到，不管求和还是北伐，朝廷的政策均无坚定之论，论心不论实，这与当时学术界虚无缥缈的空谈之风很有关系。

对此，陈亮多次公开批判。他在讲学中提出，"大道"常行于事物之间，人与道不可分离，因此做学问，不能空谈其道，更要经世济民。

正因为秉持这种思想，一介布衣的呐喊没有停止。

淳熙十五年（1188），陈亮被人营救出狱，他来到南京，写下了千古名篇《念奴娇·登多景楼》：

> 危楼还望，叹此意、今古几人曾会？鬼设神施，浑认作、天限南疆北界。一水横陈，连岗三面，做出争雄势。六朝何事，只成门户私计。

这首词，直指当时南宋政坛的弊病，"只成门户私计"。

写完这首词，陈亮再次上疏，直言恢复中原事。可惜这道奏疏，并没有送到皇帝手里，再次落到了主和派官员手中。

陈亮的第三次下狱接踵而至。陈亮回乡后，因一次家宴上有人死亡，再次遭遇诬告。还是一样的剧本，陈亮又被送进监狱。

史料记载此次下狱是一场明显的政治迫害，陈亮对此心知肚明。然而，虽千山万仞，初心不改。

三次入狱，陈亮越挫越勇。其词作依旧犀利如故，其学问铿锵有力，后世评价："不作一妖语、媚语。"

二

除了牢狱之灾，陈亮的人生抉择，也引发了后世诸多争论。

陈亮年轻时就以才名震动四方，并获得了开明官员的推荐，一生本有很多次机遇可以青云直上。

淳熙五年（1178），陈亮的上书被宋孝宗褒奖。当时朝廷里的实权派都准备拉拢这位政治上的明日之星。宋孝宗的宠臣曾觌就在皇帝召见他之前，笼络陈亮。

当时的陈亮只要向这位以结党营私闻名的权贵低下头，等待他的必然是平步青云。但陈亮的反应却出乎这位宠臣的意料。

史料记载，陈亮在得知曾觌的打算后，"逾垣而逃"，并且拒绝了宋孝宗的"诏令上殿，将擢用之"的好意。

陈亮没有去结交这些权贵，反而与辛弃疾等同样"不得志"的志士仁人走到了一起。脍炙人口的千古名篇《破阵子·为陈同甫赋壮词以寄之》，就是辛弃疾写给陈亮的寄情之作。

对于陈亮的这些抉择，好友朱熹看法不同，他曾给狱中的陈亮去信，认为陈亮"不乐闻儒生礼法之论"，劝陈亮"绌去义利双行"。陈亮随即对朱熹的观点回信反驳。双方就此拉开了中国哲学史上著名的"王霸义利之辩"。

两位学术大咖你来我往，围绕人与大道的联系、义与利的辨析等哲学观点展开了旷日持久的讨论，传为千古佳话。在这场争论中，陈亮通过和朱熹的哲学争鸣，感悟到了"闭眼之人睁眼，就能看到处处光明"的唯物主义方法论。

得道的升华，让陈亮心志愈坚。在《甲辰答朱元晦书》中，陈亮就主动向朱熹袒露了自己的志向：推倒一世之智勇，开拓万古之心胸。

绍熙四年（1193），陈亮51岁，考取状元，被授职签书建康军判官厅公事。正当他踌躇满志，准备为恢复中原的伟业展示才能时，却因长期的"忧患困折"，在第二年突然病逝。

与很多中国传统文人遇到挫折后就明哲保身、悠游逊退不同，陈亮提出了务实入世的"事功之学"的思想，并逐步形成了永康学派的思潮，最终名垂青史。

不争一时之功名，而争万世之太平，这是陈亮的人生抉择。正因为有这样的追求，仕途上历经坎坷不得志的陈亮才不会陷入那种"我爱大宋，大宋爱我否？"的逻辑陷阱中。

直至他去世前，救国救民的追求，一刻都没有放弃。

三

三起三落，人生如此跌宕，是陈亮的不幸，却是中国文坛和思想界的大幸。从此，中国历史上多了一位文学家和思想家。

陈亮当然有个人价值的追求，他非常渴望在仕途上取得成功。但他衡量仕途成功的标准却和传统士大夫不同，他追求的不是封妻荫子的私利，而是恢复中原的大志和天下为公的学问。

当陈亮的主张没能在朝堂上获得施展空间，他也从未放弃。他对时弊的批判，几乎都围绕在北伐中原、学问文风等大事上，未有因个人得失而怨恨抱怨。

联想到今天，当代年轻人获得发展个性的空间是陈亮等先贤无法企及的。也正因为有如此多机遇，先贤的风骨更值得我们去回味。事关如何立志立身，陈亮所传承的价值观仍然颇有可取之处。

立身先立志。现在不少年轻人遇到现实中的挫折，就喊"躺平"来展示一种消极的态度。虽然全社会确实应该重视为年轻人减负，让年轻人拥有更好的成长空间，但一遇困难就"躺平"，仍然是缺乏志向的表现。光靠"丧"，解决不了任何问题。不管是大志向还是小确幸，年轻人让自己多一点追求，多一份志向，才是解决精神内耗的良药。

守心重务实。人生中，难免要遇到各种各样的喧嚣。穿越这些扑朔迷离的诱惑，守住自己的初心，这对年轻人的成长来说至关重要。如何实现这一切？陈亮给出的答案是务实。少一些一时困难引发的戾气抱怨，多一些脚踏实地的求学追问。坚持用实践得到的真知武装自己，不但能守住初心，还能得到个人能力的升华。这种一举两得之法，就是陈亮提倡的"治实"之说。

家国要共赢。越来越多的年轻人习惯于强调个人价值的追求，更在意个人权利的维护，这些都是社会发展的体现。但凡事过犹不及，若处处事事都要求个人优先，甚至还要求别人必须认同这种优先，就可能落入利己主义的局限之中。真正自由的人是懂得自我约束的人。如陈亮这般性情激烈之人，他也从未以个性来自我标榜。因为他的家国情怀里，个人价值和国家的命运是紧密相连的。时至今日，大国复兴的征程，更是中国年轻人大展宏图之时。陈亮之志，今犹存。

坚志而勇为，谓之刚，刚者，生人之德也。陈亮的豪放，是宋韵的一道独特人文风景。他把家国情怀和张扬个性融合成了一个整体，这种思想界的美学范式，在中国的哲学史上，也是独树一帜的。

龙川先生曾言：人不立则天地无以独运。陈亮提倡的"人道"，就是你我普通人都能践行的入世道理。凡人通过坚定执着都能成就的事业，就是陈亮的万古之心胸。

徐健辉 执笔

2023 年 2 月 14 日

文旅深度融合"深"在哪里

> 当前，文化赋能的"新芽"，正孕育着未来文旅深度融合发展的春色满园。

不久前，电视剧《狂飙》爆红，剧中"京海市"的取景地——广东江门也跟着"飙"了一回。自1月份播出以来，江门的搜索热度月环比增长了130%。

乘着文化作品的"东风"，旅游目的地迎来了生气勃勃的"春天"，"跟着影视剧打卡"的背后，折射出一种文旅融合发展新时尚，文化赋能越来越成为文旅融合的关键变量。

今年浙江省政府工作报告，把文旅深度融合工程列入事关全局、牵一发而动全身的"十大工程"。昨天，全省文化和旅游深度融合发展动员部署会召开。省长王浩强调，加快打造文旅深度融合发展的"浙江样板"。他指出，推进文化和旅游深度融合是建设文化强省的战略抓手，是推动高质量发展的重要内容，更是促进共同富裕的必然要求。

浙江是中华文明的发祥地之一，文化传承绵延不绝，浙江还是旅游大省，旅游资源丰富。文旅融合是篇大文章，题目出了不少年，但关于"融什么""怎么融"的答案，总是持续创新、不断迭代。

一

2019年，良渚古城遗址公园宣布对公众开放时，曾经有人提出一个疑问：几片稻田、几个土坡，能吸引多少人大老远专门来参观呢？

现实给出了回答：每年有上百万游客到访良渚古城遗址公园和良渚博物馆，置身稻田和土坡间，只为领略一番它实证中华五千多年文明史的厚重底蕴，感受穿越时空的文化魅力。

文化是旅游的灵魂，旅游过程本质是一种精神文化体验。经历三年疫情的承压，人们迫切需要情感上的慰藉、精神上的愉悦、心灵上的放松。比如，春节期间，横店影视城策划推出春节大庙会系列主题活动，在清明上河图等影视景区打造的沉浸式"横店灯会"成为爆款，单日就吸引游客高达4.2万人次。

就拿文化品位来说，越是人文色彩浓厚的地方，越是有着经久不衰的魅力，文化品位决定旅游品质。有时候，文化升级的量变，往往能够带来旅游体验的质变。像历经十年打造的乌镇戏剧节，年年一票难求，成了乌镇的一张"金名片"。有人说，自从有了戏剧节，"一样的古镇，不一样的乌镇"。

再如，文化"爆款"时常催生文旅"爆点"。过去，一个景区的名气往往需要几十年、几百年的口碑积累。而现在，一个文化故事、"爆款"产品就能产生强大的文旅IP效应，带来景区人气"爆表"。

像今年的春节档电影《满江红》，给杭州岳王庙和安阳岳飞庙都带来了大流量，杭州小吃"葱包桧"随之走红，一家小店一天就卖出800多份。一曲《碇步桥》，带火了泰顺的碇步桥旅游，游客人数飙升至去年同期的8倍多。可见，文化的创新创造，正给旅游的出圈破圈提供无限可能。

还比如，文化变现驱动着旅游增值，文化越来越成为文旅核心生产力。联合国教科文组织和世界旅游组织曾测算，全球40%以上旅游业是由文化驱动的。显而易见的是，文创产品成为旅游业真正的"生财之道"。像宋城演艺集团的一台《宋城千古情》，从1997年上演至今，观演群众超过1亿多人次，看点卖点就是文化。

这些年，浙江在文旅融合上的成绩可圈可点。比如，2019年，良渚古城遗址申遗成功。2022年，"中国传统制茶技艺及其相关习俗"成功入选人类非遗代表作名录，"中国历代绘画大系"圆满结项，习近平总书记分别作出重要批示。这一个个重要节点非同寻常、令人难忘。再如，2022年底，全国文化企业30强公布，4家浙江企业入选；即使备受疫情考验，过去三年，浙江旅游投资仍保持逆势增长。总之，浙江的诗和远方相得益彰。

然而，进入文旅深度融合新阶段，浙江仍然存在一些不足。比如，在省域品牌方面，"诗画江南、活力浙江"的传播力影响力还不够广；在标志性成果方面，重大文化工程和文化地标的浙江特色和辨识度还有待提升；在项目建设上，一些项目建成后还没有盘活，游客稀少；在业态创新上，吸引人打动人、有流量有口碑的新业态还不够多；等等。

二

当前，文旅行业最艰难的时刻正在过去，站在文旅深度融合发展的拐点，游客还在、市场还在、机遇还在，就看谁能率先站上风口、引领风向，使"诗"和"远方"更好联结，使文化和旅游"融"得自然、"合"得协调，让更多人实现物质富足、精神富有。

基础不牢，地动山摇。对浙江来说，繁荣发展文化事业和文化产业是基础和前提，关键要把握好四个字：专精特新。

所谓"专"，即以专注铸专长、以专业塑品牌，使传统优秀文化焕发出经久不衰的魅力。都说在文旅融合时代，"故事力"就是"影响力"，"好风景"常有但"好故事"不常有。其实，讲好故事，归根结底靠文化的积淀和输出。浙江有"万年上山、五千年良渚、千年宋韵、百年红船"的丰厚家底，激发它们的活力，打造出响亮品牌，浙江文化才能流光溢彩。

所谓"精"，即精益求精、追求卓越，推出更多启迪心智、愉悦心情的精品力作。在这移动互联网时代，一首歌、一部剧，就能让人爱上一座城。十多年前的电影《非诚勿扰》，让西溪湿地瞬间传遍全国；一首《早安隆回》，让一个湖南小县城集聚巨大的人气流量。实践证明，文化精品是助推文旅深度融合的极佳介质，好作品足以带火一个地区、带旺一方旅游。

所谓"特"，即以特见长、以特取胜，确保各类文化产品既具有中华文明的共同特征，又拥有显著的浙江辨识度。在笔者看来，真正"能打"的文旅融合产品，一定是那些深入挖掘文化特色，推动"双创"转化的产品。现在，有的文化公园没有文化，主题乐园不见主题；有的地方自然条件很好，硬件也越来越豪华，但一上项目就是玻璃栈道、空中秋千、竹筏漂流。把"好风景"讲出"好故事"，把"好故事"做成"好产品"，才能让游客在文旅体验中不仅"悦目"，而且"赏心"。

所谓"新"，即在坚守本源的基础上，主动创新求新，通过艺术加工、技术嵌入，使文化事业和文化产业产生更大的社会效益、经济效益。我们看到，这些年，抖音上旅行类直播观看人数井喷式增长，仅去年一场名为"看山河"的文旅直播活动，在线观看用户数超2.9亿人次，话题播放量超16.3亿。这些新技术、新手段，成为拓宽文旅行业流量进场的新入口。

除了繁荣发展文化事业和文化产业，旅游产业也需要进一步做大做强。

放眼全国，像上海迪士尼、北京环球影城、西安大唐不夜城等大项目好项目不断涌现。浙江该如何直面压力、一往无前？这就需要我们抓好自己的产业带建设，谋划好丰富多样的文旅项目，持续提升重点景区能级和吸引力，等等，努力让浙江大地处处皆有胜景、时时都能畅游。

比如，浙江有诗路文化带、红色文化旅游带、蓝色海洋文化旅游带、绿色生态文化旅游带，等等。这些产业带如何实现差异化、特色化发展，形成强大合力，这值得各地深入思考。

三

融合之路，该怎么走？

早在浙江工作期间，习近平同志就对文旅产业发展提出了三大妙招：一是"无中生有"，就是要充分利用当地旅游资源，大胆开发旅游项目；二是"移花接木"，借鉴国内外现代旅游发展经验和做法，但不盲目生搬硬套；三是"推陈出新"，传承历史优秀文化，赋予时代发展内涵，让旅游成为宣传灿烂文明和现代化建设成就的窗口。

这十二字箴言，对于今天我们推进文旅深度融合，依然有着丰富的指导意义。

其一，强化融的意识。

在文化侧，突出一个"活"字。浙江坐拥以良渚为代表的人类文明、以南宋皇城为代表的宋韵文化、以西湖为代表的江南文化、以南湖红船为代表的红色文化，这些是我们推进文旅深度融合发展的优势所在。如能转化利用、发扬光大，必将赋能打造出更多有灵魂、有内涵、有品位的文旅精品。

在旅游侧，强化一个"品"字。一幅自然山水的画卷，只有烙上浙江文化的印章，才能卖出好价钱，实现社会效益和经济效益的最大化。推进文旅深度融合，就是要让旅游业更好地注入文化内涵，将文化的DNA融进旅游。

其二，创新融的业态。

此前《"后疫情时代"，文旅如何"满血复活"》一文提到，近年来，在各类创新要素驱动下，催生了不少文旅新业态新模式。人们对旅游的选择已经从"有没有"转向了"精不精""好不好"，个性化、分众化、专业化的旅游需求日益凸显，体育休闲游、研学游、康养游、体验游等正成为新热点。

面向未来，积极运用"文旅＋"模式，推动文化旅游与其他现代服务业深度融合，创新发展"文旅＋农业""文旅＋教育""文旅＋体育""文旅＋时尚""文旅＋商贸"等新业态，仍然具有广阔的空间。针对一些新的文旅项目，比如剧本杀、露营、低空飞行、冲浪等，以其沉浸式、体验型的特征受到年轻人的欢迎，与其观望不如积极接纳，规范发展。

其三，建好融的项目。

文旅融合需要以项目作载体。杭州国家版本馆、南宋德寿宫遗址博物馆开馆以后，很快成了公众慕名前往的打卡地。可见，让公共文化设施成为吸引游客的"景点"，不仅能带来可观的"溢出效应"，更能通过文旅融合，把原先的物理空间真正变成老百姓的精神家园。当前，不管是之江文化中心等重大文化项目，还是衢州龙之梦旅游度假区等重大旅游项目，都需要不断加快推进力度。此外，我们也需要广开门路，不拘一格降人才，谋划招引一批高质量的重大文旅项目和高素质的文旅领军人才。

不知细叶谁裁出，二月春风似剪刀。与春风一同吹来的，还有文旅行业发展的春天。当前，文化赋能的"新芽"，正孕育着未来文旅深度融合发展的春色满园。只要我们勇于变革、先行探索、抢抓机遇，就定能于行业发展的风口处，先人一步迎来"姹紫嫣红开遍"。

何诗航　桑隽漾　执笔

2023 年 2 月 15 日

"吴易昺们"为何闪耀

> 他们不仅消解着世人的刻板印象，也塑造起大国的体育精神和文化自信。

这几天，很多人因为他，认识了一个字——"昺"，光明的意思。吴易昺，一位 24 岁的杭州青年，在北京时间 2 月 13 日凌晨结束的 ATP250 达拉斯站男单决赛中，夺得个人及中国大陆男子网球的首个 ATP 巡回赛单打冠军。

在网球迷眼中，这是场充满进阶感的胜利，不仅因为他的即时世界排名飙升至 58 位，刷新了中国男网选手的最高排名；更因为他所代表的中国男子网球团队在用一点一点的进步，改写着历史。

更多的网友通过他的微博、他的声音、他的形象、他的奋斗，感受这个浙江青年，如何用一场酣畅的胜利，代言了这个时代青春的昂扬。

不只吴易昺，还有苏翊鸣、杨倩等，这些青春面孔，用精湛的运动技巧、良好的素养修养、独特的人格魅力，把体育的拼搏精神推向了更广阔的空间。

我们在礼赞青春的同时，也不禁思考：中国青年运动员的阳光、自信如何炼成？他们又如何展现我们的时代和国家的形象？

—

夺冠后，吴易昺更新了一条微博："风浪越大，鱼越贵。"赛场上以沉稳见长的冠军，用一条"特别"的文案，和近期热播的电视剧《狂飙》官微来了次即时互动。青春如此鲜活又美好。

不过，他 T 恤上的汗水、言语中的"风浪"，都在透露这一路的行之不易。

吴易昺 4 岁接触网球，8 岁破格入选省队，不满 18 岁便在中国网球大奖赛夺冠，18 岁在美网青少年组中包揽男单和男双冠军，并于同年年底转入职业网坛。你以为他的人生将要开挂，结果出人意料。

相比青少年赛场，巨星云集的职业网坛截然不同。进入成年组的吴易昺，受伤病困扰，一度停赛。3 年伤病，对吴易昺来说，是 1000 多天里每天必须面对的痛苦与挣扎，也让他感受到了职业网球的残酷和真实。而一直支撑他的，是对网球的热爱，也是对中国男网继续向前迈进的责任。

2019 赛季到 2021 赛季期间，做完手肘手术后，他的右手臂甚至不能完全伸直，个人世界排名从最高的 350 位直跌至 1869 位，积分只剩下 1 分。

但坚硬的青春不会畏惧挫折——吴易昺在 2022 年 4 月重回国际赛场。不到一年时间，他一路"狂飙"，用三次挑战赛冠军、一次巡回赛冠军，世界排名首次进入前 60 的成绩，为中国男网纪录开拓了新篇。

这件事情难吗？难。放眼世界，欧美选手在男子网坛占据着绝对优势，中国男网一路走来，跌跌撞撞。从曾少眩、潘兵，到柏衍、吴迪、张择，一代代球员积累经验和教训，中国男网的世界排名不断提升。如今，吴易昺再进一步。这是他的一小步，却是中国男网的一大步。

事实上，在吴易昺的青春炼成里，少不了比常人更多的付出。比如，他从杭州文三街小学、保俶塔实验学校，考入杭二中、浙江大学。他是职业选手，也是一个学业有成的学生。

我们可以看见，个人的天赋、成长的教育、科学的训练、体制的跨越……一起成就了网友眼中的惊叹与惊喜。

吴易昺说："每个人心中都有一团火，我希望通过我的经历和做到的事情，可以燃起年轻选手心中的这团火。"也许，他能点燃的，不只是网球选手心中的火，还有更多因为关注他而燃起奋斗信念的青少年。

二

体育是一个国家综合实力的客观反映。这些年来，越来越多中国青年运动员向世界展现生动的姿态、自信的表达和多元的面貌。究其原因，正是中国整体实力的飞速发展，给了他们走向舞台中央的自信和底气。

"虽然这是我个人的成绩，创造历史的人是我，但中国男网是一个集体。"夺冠后的吴易昺，更希望被置于"中国男网"这个集体中。是的，强大的中国塑造了这样朝气蓬勃的青年。

曾几何时，我们担心在物质极大丰富的时代，95后乃至00后这一代吃不起苦、经不住挫折、"逆商"堪忧。实际上，无论是场上还是场下，他们都更乐于展示自己，更光彩耀人。

赛场上，他们拼搏奋斗、为国争光，为惯性认知"勘误"自证：我们不娇弱、我们很硬气；赛场外，相比于过去，成长于新千禧之年的年轻运动员身上的标签更加五花八门：

他们温暖、阳光。比如，吴易昺会像个邻家大男生，经常更新社交网络，用歌词表达自己的情绪，周杰伦、陶喆的歌都曾出现在他的微博中。他在社交平台开直播和粉丝互动，告诉大家接下来的赛程安排、伤病情况，回答"弹幕"里各种稀奇古怪的问题。

他们自信、率真。比如，2022年的北京冬奥会，以谷爱凌、苏翊鸣为代表的青年运动员圈粉无数，许多人都记住了苏翊鸣常挂在嘴边的一句话——"努力永远不会欺骗人"。

他们浪漫、时尚。2021年举行的东京奥运会上，头戴"小黄鸭"、做了美甲的杨倩在领奖台上"比心"的照片，刷爆各大平台……

在中国厚积薄发的这些年里，不断改善的生活条件、充沛的营养供给和体育设施的日渐完善，都让青年们的自信有了水到渠成之感。

这一代年轻人比我们想象的更坚强、更"破圈"，他们会主动摆脱舒适圈。无论是胜利还是失败，都在激发他们向着更好的自己迈进。这也许就是属于中国年轻人的"大国自信"，也是成就未来的青春模样。

三

"参加国际性比赛，阿昺不会觉得这是一个人的事情，他认为这是在展现一名中国网球运动员的形象。"吴易昺夺冠后，吴妈妈发了这样一条朋友圈。

从某种意义上说，"吴易昺们"也展示着新时代中国人的精神面貌。从他们身上，我们也看到了一个更自信、更个性的中国形象。

马克思曾指出："人的本质不是单个人所固有的抽象物，在其现实性上，它是一切社会关系的总和。"而体育活动作为具有强烈社会性的活动，所展现出的精神，让体育超过了运动，承载了更多的精神内核。

就像马拉多纳之于阿根廷，所展现的个人英雄主义，弥合了当时阿根廷国内混乱执政、马岛海战失败、经济下行带来的悲观情绪，给了不少人信心；美国篮球运动员科比，将自己形容为非洲草原上毒性最烈的黑曼巴蛇，他的"曼巴精神"是永不言弃；在2000年悉尼奥运会上，赤道几内亚选手埃里克·穆桑巴尼，演绎了在没有专业游泳条件下拼搏出来的奥运精神，他的故事，也影响着一大批非洲当地的年轻人。

中国也不乏典型，比如姚明。2011年，有媒体曾这么描述他：当普通美国老百姓看着这个中国大个子在他们最熟悉的NBA赛场上搏杀，文化间的阻隔已在不知不觉间消弭。进一步，他们看到了这个中国小伙子带来的幽默、谦虚、克制和宽容。当这些因为姚明的黄皮肤被自然地打上了东方文化的标签，在崇尚"丛林法则"的

NBA，犹如一股清新的风，给人留下更深印象。

由此，我们看到，青年运动员不再仅仅是某个项目水平的代表，更是一个地域、一种人群的代言人，是世界对于一个国家、一个民族的观感。

中国曾一度陷入一种被定义的刻板印象。曾担任中国申奥大使的邓亚萍，在此前讲述当年申奥过程时就谈到，申奥过程中很难的事情，是如何让国际奥委会的委员们对中国有一个直观的了解。

令人欣喜的是，逐渐地，一个又一个"少年老成"的运动健儿，带着天分、热爱、梦想与坚持在国际舞台上大放异彩。他们不仅消解着世人的刻板印象，也塑造起大国的体育精神和文化自信。

吴易昺夺冠的消息传来，全国网友在跟帖里发"贺电"；而浙江的网友，更是以校友、老乡的名义，在评论区抢位，把自豪感拉满。

今年9月，杭州亚运会、亚残运会即将拉开大幕。我们期待，国际话语体系下的"中国热潮"持续延续，也期待在赛场内外，让世界看见更多明亮的中国青年，因为这是一场属于青春的自证、属于民族的自证。

沈听雨 张彧 姜晓蓉 汤汉涛　执笔

2023 年 2 月 15 日

官方回复如何"说到心坎里"

> 令人欣慰的是,"把好事说好,遇有坏事也好好说"已成共识,精彩的政民互动正在双向奔赴。

"有一种部门叫有关部门,有一种回复叫官方回复。"网友一句吐槽,反映出"网络问政"时代存在"二元对立"的官民话语隔阂。

如今,进入移动互联网时代,群众发声的渠道多了,怎么回应成了关键。官方如何才能进行有效表达?如何才能"将话说到百姓心坎里"?

一

我们先来看看最近的一个案例。针对网友"把《水浒》相关内容从中小学课文和课外读物中清除出去"的建议,浙江省教育厅教研室发表千字长文,予以细致回复,赢得纷纷点赞,成功将话语由官方深入民间。

浙江省教育厅教研室回复全文

您好！

您的来信我们已经认真阅读，感谢您对中小学生成长的关爱。孩子是祖国的未来，阅读又是教育的基石，中小学生读什么书，怎么读书，备受社会关注。您认为中小学生不适合读《水浒》，关于这个问题，自古就有"少不读《水浒》，老不读《三国》"的说法，著名学者刘再复先生也认为《水浒》"蕴含着毒气和血腥气"，可见您的顾虑与担忧是有一定道理的。既然如此，那么为什么将《水浒》收入中小学课文，甚至提倡整本书阅读？我想教材编写是一件非常严肃的事，关乎国家下一代接班人的培养，关乎国家的前途与命运，作为教材的编写者绝对不会草率为之，肯定是经过好几番讨论研究才能确定，而且教材的审定也是要一关一关慎重审查的。最后《水浒》内容能被选入教材，我们认为主要有以下三点考虑：

第一，《水浒》文学价值巨大。《水浒》是中国历史上第一部用白话文写成的长篇小说，开创了白话章回体小说的先河。即便是刘再复先生，他也不否认《水浒》"是有才艺、有艺术魅力的大才子书"。可以说《水浒》是一部非常接地气、最能反映现实与人性的文学作品，书中很多创新之处，被后世文学争相模仿。仅从文法角度来说，全书"行文如行兵"，谋篇布局非常纯熟，将草蛇灰线法运用得淋漓尽致。明代文学家金圣叹曾指出，《水浒》书中的十五种创新文法，包括倒插法、夹叙法、大落墨法、绵针泥刺法、弄引法等，这些写作手法直到今天，我们仍能常常看到。中学生通过阅读，可以从文本的语言、人物塑造和情节设计等方面赏析作品，提升语言技能和鉴赏水平。

第二，《水浒》是批判性阅读的好载体。《水浒》价值取向与现代文明不合拍，是阅读《水浒》不可回避的问题。但阅读《水浒》是否必会造成中学生误入歧途？目前并没有证据表明当代青少年误入暴力犯罪深渊，与《水浒》有直接的因果关联。就算退一步来说，如今阅读的渠道太多太多，但单靠"堵"的方式是解决不了根本问题的。堵不如疏，疏不如引，唯有理性地引导才是解决问题的关键。与随心所欲、听之任之，让学生个体"偷摸着自由阅读"相比，从另一个角度来说，《水浒》内容被选入教材，又何尝不是明智之举？正如华南师范大学教育科学学院教授、博士生导师张敏强所认为的，"《水浒》内容很有价值，应在中小学课本中保留，但是中小学生心理发展不成熟，授课老师有必要进行引导"。我们不能一味地强调其经典性而完全忽略对学生困惑的引导，也不能因为其充斥"暴力"等元素而因噎废食，应该让学生理解中国古典小说中的"精华"和"糟粕"，要以理性的态度来解读它，通过解读，实现解"毒"。所以，我们也要求老师在教学中能够用准确的方式引导中小学生实行批判性阅读。批判性阅读能力，是未来的核心竞争力，实际上很多老师在教学中已经注重批判性阅读与思维习惯的培养，也积累了一定的教学经验，这对学生阅读思维乃至个人发展是十分有利的。

第三，《水浒》蕴含着丰富的教育价值，这其实是前面两点的延伸。《水浒》没有给我们展现一个"正确"的世界，而是一个多样的世界。有善，有恶，有善与恶之间的种种不得已，幻想、隐忍、挣扎、妥协、反抗……一言一行背后都镌刻着人性的复杂。丰富且深刻的内核，是《水浒》被列入名著的理由，也是值得我们包括中小学生一读再读的根本原因。中小学生该怎样阅读《水浒》这部名著呢？教学中，教师会引导学生读故事、读人物、读社会、读人性，如"庙堂失序与江湖理想""个体失路的偶然与必然""快意恩仇与暴力滥杀""水浒女性的是是非非""侠义与忠义""江湖聚义的善与恶""反叛与归顺"等专题探究，学生带着这些思辨性的专题，并在教师的引导下去开展深度阅读，不仅能够进入文本深处，也能培养他们的个性阅读、独立思考的能力。阅读可以丰富思想、增长才干，促进人的思想观念的现代化，但如果阅读仅仅读了文字却无思考，那么阅读就没有任何意义。学生通过批判性阅读的过程，能够有效筛选信息，"站出来"去分析思索深层意义，阅读才发挥了其真正的意义。所以，重要的不在于你"读了什么书"，而在于你"怎样把每本书读好"，有针对性地指导孩子阅读，让他们学会判断，在经典书籍包括《水浒》中吸取精华，才能真正让阅读为学生打好精神底色。

　　心随文动，相互映发，质疑思辨，提要钩沉……这些都会给阅读者带来愉悦舒畅的读书体验，"怎样把书读好"，是我们庄严而宝贵的生命赋予自身的重要使命。

　　最后，再次感谢您对中小学生成长的关爱！感谢您对教育的支持！

细读"回应"，它不是板起面孔说教，而是娓娓道来，不是高高在上、咄咄逼人，而是有理有节、平等对话，引人深思、发人深省。网友评论："不是一般人能写出来的。"据了解，回复者的确曾在教育领域一线耕耘多年，由此也可看出教育部门的重视和用心。

细品"回应"，笔者认为起到了引发深度思考的效果。网上不乏碎片化的回复，如有专业、精深的观点，往往能有效引导舆论。省教育厅的回复，既平息了《水浒传》是否适合青少年的争议，又引发如何阅读经典文学作品的思考和讨论，还让更多人看见教育的本质。

细思"回应"，启发我们思考如何做上乘的宣传，春风化雨、润物无声。习近平同志曾对浙江基层的党组织提出"民有所呼，我有所应；民有所求，我有所为"的要求。作为宣传工作者，如何回应好群众呼声，化异为同、凝聚共识，需要我们躬身实践。

二

"中国这么大，不同人会有不同诉求，对同一件事也会有不同看法，这很正常，要通过沟通协商凝聚共识。"习近平主席在二〇二三年新年贺词中这样强调。

大千世界，参差多态，仁者见之谓之仁，智者见之谓之智。面对同一问题，面对同一事物，往往是"一千个人眼中有一千个哈姆雷特"，众声喧哗难成统一。世界上没有两个完全相同的大脑，也绝对不止一种观点。

互联网改变了信息传播方式，打破了媒体"传播"与"受众"的界限。任何人都同时可能成为信息的生产者和消费者，一边获取别人制造的信息，一边随时随地制造信息，并基于个人判断传播发声，表达出更加真切的民意。

在这个人人发布的时代，互联网早已成为新的舆论场，官方话语和民间话语彼此交织、不断碰撞。面对网上各种声音的"喧嚣"，官方如果不能充分重视民意，通过"好好说话""好好回复"寻求共识，就容易产生与民间的撕裂，引发舆情事件乃至损害党委、政府的形象。

三

现实中不乏官方发布或回复"被差评""翻车"的例子。

面对群众的质疑提问，有的地方和部门采取"鸵鸟心态"，避而不谈、缄口不言，觉得事情避一避就过去了。如某地记者调查"河道非法采砂"事件中，当地河务局局长面对媒体，竟坚称自己"不是河务局的"，玩起"躲猫猫"，试图逃避责任、拒绝媒体监督。连局长都拿自己当"局外人"，这样低级的"瞒天过海"，只会瞒出更大的问题、引发群众更大的猜测。

还有的回复三言两语、简单同质，以类似"来信收悉""高度重视""正在办理"等"机器人"语言模式化回复处理各类群众问询。有的则是多用套话，敷衍应对，缺乏深度。如某地针对"麦田里长出十层高楼"的乱象，官方通报以一句"建设手续不完备"一笔带过违法建设问题，以一句"严肃处理相关责任人"对问责环节概而论之，结果让网友看完更蒙，"感觉解释了，但又没完全解释"。

还有些政务新媒体公号因刻意追求"网言网语"，结果"胡言乱语"。比如最近，某地交管部门为"博眼球"，在推文标题中使用了"其中女司机25人""她们最高的喝了多少"这样的表述，无意中制造群体标签引发争议，后续只好通过及时公开致歉挽回形象。

甚至，还有的地方、部门在事实不清的情况下，直接进行"灭火式"回复，被网友扒出存有疑问、言不符实，结果又发布二次甚至多次通报解释，严重损伤政府公信力。如一些地方发生突发事件后，起初的当地通报往往避重就轻、语焉不详，导致谣言"满天飞"，给蹭热度的阴谋论提供可乘之机，非要拖到更高层级党委、政府工作组介入，召开新闻发布会详细通报调查情况，各种杂音才逐渐平息。

四

习近平同志在《善于同群众说话》一文中指出，"做群众工作要将心比心，换取真心"，"语言的背后是感情、是思想、是知识、是素质"。

具体到实际工作中，官方回复要确保及时、权威、准确，这是必需的"底线"和"基本盘"。如何追求"60分"之上的破圈出彩、声入人心，笔者建议，不妨试试以下四招。

第一招，用专业赢得尊重。《弟子规》中写道："势服人，心不然，理服人，方无言。"有关行业、部门代表专业领域权威发声时，要充分讲清楚事件背后的道理、逻辑，让人有"醍醐灌顶""豁然开朗"之感，才能使群众心悦诚服甚至点赞叫好。

近年来，各地教育部门在公开发声中传递良好的教育理念、深厚的育人情怀，引发网友共鸣。如去年年底，在杭州建兰中学一封名为《寒尽春生，冷暖同行》的公开信中，"每一次特殊事件都是人生弯道超车的绝佳时机""不以考试为目的的读书才真正体现了读书的本质"等话语直击人心，刷屏网络，不但达到了对话沟通的目的，还为学校形象加分添彩。

第二招，敢于直指"靶心"、亮明态度。舆论场上信息繁芜，如果在重要节点、关键时刻，态度暧昧，不能给出明确观点、一招制胜，公众就会陷入无序的舆论境地。回应热点问题，要有"舍我其谁"的担当作为，找准思想认识的共同点、情感交流的共鸣点、利益关系的交汇点、化解矛盾的切入点，一语中的、"一剑封喉"，以鲜明观点引领舆论，促进公众在价值判断和认知构建上的统一。

2022年7月21日，有网友爆料称，南京市玄奘寺内供奉日军战犯牌位，舆论哗然。7月22日凌晨3点，南京市民宗局发布情况通报，表示接到举报后已会同公安等部门连夜赶往现场调查，并亮明一查到底的态度。随后，南京市有关部门及时公布一系列调查处置结果，积极回应关切，得到网友支持。

第三招，真诚是永远的"必杀技"。面对群众的批评，要敢于承认错误、直面不足、"善打直球"，站在公众利益一边，不去护短、不去护犊子，协调督促问题及时解决。唯有真诚，才能取得大家的谅解；唯有真诚，才能赢得大家的认同。

2017年4月23日，"国防部发布"官微发了一条庆祝海军节的消息，配图中出现了美国军舰和俄罗斯飞机，受到网友批评。随后的新闻发布会上，国防部发言人表示"疏忽在小编，责任领导担"，并代表小编团队诚挚道歉。同时，针对是否删帖，发言人回应："把图和网友评论留在那里，对于我们是一种警示，时刻提醒我们，只有继续努力，不断改进本领，才能更好地为粉丝们服务。"这种不掩饰、不回避，主动承认错误与不足的作风赢得网友称赞。

第四招，增强"网感"，与受众"同频"。全媒体时代，政民对话 24 小时在线，党委、政府要强化互动意识，走好"网上群众路线"，实现从指尖到心间的沟通交流。

如去年，一位叫"Prnliy"的网友在深圳卫健委公号评论区留言反映：昨晚 9 点在龙华中心医院做的核酸，产妇等着住院要核酸证明才能入住，什么时候能出结果啊？12 小时了。能不能优先安排……仅 6 分钟后，小编回复"电话发我"，短短四个字，霸气而温暖，冲上热搜。G20 杭州峰会期间，网上出现了歪曲杭州安保措施的谣言，浙江连续推出多期"捉谣记"，以"红段子"回应"黑段子"。如针对"外卖小哥在路上遇到巡警，巡警叫他喝口汤，然后他再送到你手里"的段子，回应："真的吗？小编特意试了试，带了瓶饮料走了半天，见了不少巡警，愣是没有一个蜀黍让喝，觉得很受伤！"取得了意想不到的效果。

实践证明，党委、政府的官方回复到位甚至出彩，能够化危为机，争取舆论支持，推动工作进展，这是一项重要的能力。令人欣慰的是，"把好事说好，遇有坏事也好好说"已成共识，精彩的政民互动正在双向奔赴。

苏畅　杨昕　执笔

2023 年 2 月 16 日

杭州为啥有两座岳庙

正是因为岳飞，这座岳庙中寻常的一草一木、一碑一石，仿佛也有了令人肃穆的英雄之气。

一曲《满江红》，千秋尚凛然。

杭州北山街上，岳庙的大门，正对着西湖山水，一刚一柔，已相伴了800多年时光。

鲜为人知的是，杭州历史上有两座岳庙，除了西湖边的北山街外，还有一座在杭州市中心的众安桥附近。

湖山处处见忠烈。岳庙之外，岳王路、孝女井、风波亭、翠微亭、岳帅桥……杭州城中，一处处与岳飞相关的遗迹至今依然可寻，讲述着这段流传至今的英雄故事。这也说明，杭州的城市精神中，不止诗情画意，更有浩然之气。

那么，杭州为啥有两座岳庙？背后到底有怎样的故事？

一

建于南宋的西湖边岳庙，在战乱和时间的双重冲刷之下，也逃脱不了被毁或者荒芜的命运。但与其他建筑不同的是，无论哪个年代，总有人为岳庙的重修四处奔走。

如今西湖边的这座岳庙，是1979年重修的。门柱上"三十功名尘与土，八千里路云和月"为张爱萍将军题书，忠烈祠正殿檐间"心昭天日"巨匾，是叶剑英元帅题书。

青山有幸埋忠骨。正是因为岳飞，这座岳庙中寻常的一草一木、一碑一石，仿佛也有了令人肃穆的英雄之气。

岳庙里，最重要的当然是岳飞墓了。民国重修时，岳飞墓曾被改为水泥封顶。现在的岳飞墓，是1979年重修的，再现了元代诗人赵孟頫所描绘的"鄂王坟上草离离"的景象。

值得一看的还有碑廊。128块石碑，记录了这座岳庙一次次重修的历史和历代浙江人对岳飞的纪念。

碑廊之中，有两块《满江红》的词碑。

一块刻着千古传唱的"怒发冲冠"，为明朝重修岳庙时，浙江提学副使赵宽所书。站在碑文前，重读这首《满江红》，依然能感受到岳飞慷慨壮烈的爱国之情。

另一块刻着文徵明写的《满江红》。明嘉靖九年（1530），文徵明看到宋高宗给岳飞的手敕，愤愤不平，写下了这首词。"最无辜，堪恨更堪怜，风波狱！……笑区区、一桧亦何能，逢其欲。"字里行间，可见痛快淋漓的爱憎之情。

白铁无辜铸佞臣。对岳飞有多爱，对秦桧等人就有多恨。岳庙内，秦桧等人的跪像一直是游客"唾弃"的对象。

据万历《杭州府志》记载，明正德八年（1513），都指挥使李隆用铜铸造了秦桧、王氏、万俟卨三像，三人像都是被反绑着跪在岳飞墓前。这也是岳庙最早设立跪像的记载。

又过了80多年，明万历二十二年（1594），浙江按察副使范涞认为铜的质地不够坚硬，改用铁铸，并增加了张俊像。

此后的时间里，因为损毁或遗失，跪像经历了多次重铸，不同时期，跪像三个到四个都有过。但无论怎么变化，500多年来，时人对跪像的重铸从无间断。

1979年重修时，原来的"四奸"跪像不知去向。于是，工作人员根据河南汤阴岳飞庙的铁跪像，重铸后放置在岳庙中。

"正邪自古同冰炭，毁誉于今判伪真。"拜过岳飞墓，再到"四奸"跪像，能真切感受到时间对历史作出的真实评价。千百年来，人们对忠奸善恶的情感，在岳庙中表露无遗，一个流芳百世，一个遗臭万年。

二

电影《满江红》的热映，带火了西湖边的岳庙，越来越多的游客特地赶来祭拜岳飞的同时，也有人疑问：岳飞被害后就葬在这里的吗？

实际上，西湖边岳庙是岳飞平反后的迁葬之地。岳飞的初葬之地在哪里，史学家们一直有争论。

宋绍兴三十二年（1162），南宋朝廷寻访岳飞遗体，"起枯骨于九泉之下"，将岳飞遗骸以一品官之礼改葬于杭州栖霞岭南麓，这才有了西湖边的岳庙。

但是，当初岳飞遗体是从哪里寻访来的，历史上并没有留下明确记载。

有迹可循的，只有岳飞被害后，狱卒隗顺将岳飞遗体偷偷背出大理寺监狱，埋葬在"北山之湑（chún）"九曲丛祠的记录。

到了清代，杭州府司狱吴廷康经过考证，认为众安桥畔便是岳飞的初葬之地，便众筹修建了一座忠显庙，也被称作"老岳庙"。

实际上，老岳庙修建的年代远远晚于现在的岳庙，包括它的形制，也是参照西湖边岳庙的。之所以称为"老岳庙"，主要因为吴廷康认为岳飞遗体最早安葬于此。

老岳庙中，大殿塑岳飞像，左右为岳飞的部将，旁边还有隗顺和刺杀秦桧的义士施全的像。

由于吴廷康也是金石学家，老岳庙中碑刻众多，在其湮灭之后，有些被转移到了西湖边的岳庙，如刻有岳飞像的《石刻岳鄂王像》碑和《宋封少保武昌公岳鄂忠武王遗像》碑。

民国以后，老岳庙改为众安桥小学，但基本建筑和轮廓大都还在，但到近代，老岳庙已被完全毁坏。在城市的发展潮流中，这里成了岳王公园，公园内还有岳家军纪念铜像和众安桥南宋三英烈碑。至今，众安桥畔是不是岳飞初葬之处尚有争论。

在岳飞的戎马生涯中，曾写过一首《小重山》："知音少，弦断有谁听？"在岳飞被害800多年后的今天，他尽忠报国的精神和坚贞不屈的气节，不仅有人听、有人知，还被通过各种各样的形式传承下来，为杭州增添了历史的厚重感。

三

无论老岳庙还是如今的西湖边岳庙，没有永恒的建筑，但有永恒的精神。时代的变迁间，岳庙始终是历代人民凭吊和纪念岳飞的重要场所，其勃发的生命力，就在于岳飞精神的生生不息。

西湖边岳庙大殿的墙壁上，"尽忠报国"四个字分外显眼。其与宋高宗锦旗御书的"精忠岳飞"故事相结合，便有了"精忠报国"之说。

习近平总书记曾回忆小时候母亲给他讲的岳飞故事："'精忠报国'四个字，我从那个时候一直记到现在，它也是我一生追求的目标。"

以身许国，不畏生死，这是岳飞精神的内核。岳庙屡衰屡兴的经历，说明岳飞精神的感召力跨越了时空，成为融入每个中华儿女血脉之中的共同记忆。

"文臣不爱钱，武臣不惜死，天下太平矣。"廉洁治军，严于律己，在岳飞的心目中，统一河山、收复失地是最大心愿，个人享受都是次要的，这才有了战斗力爆表的岳家军。

一生渴望国家统一的诗人陆游，曾写道"遗民犹望岳家军"；对岳飞心有戚戚的明代英雄于谦，在诗中写下了"如何一别朱仙镇，不见将军奏凯歌"。

尽忠报国、忠孝廉洁的岳飞精神，激励着一代代中华儿女为国家不懈奋斗，在迈向中华民族伟大复兴的征程上，依然具有现实意义。

今年是岳飞920周年诞辰，如何纪念这位民族英雄？让我们先一起默诵《满江红》，感受文字中的铮铮风骨：

> 怒发冲冠，凭阑处、潇潇雨歇。抬望眼，仰天长啸，壮怀激烈。三十功名尘与土，八千里路云和月。莫等闲、白了少年头，空悲切。
>
> 靖康耻，犹未雪。臣子恨，何时灭。驾长车，踏破贺兰山缺。壮志饥餐胡虏肉，笑谈渴饮匈奴血。待从头、收拾旧山河，朝天阙。

钱伟锋　执笔

2023 年 2 月 16 日

浙江人爱不爱读书

> 如果抱着"颜如玉""黄金屋"的功利目的，或者"三天打鱼、两天晒网"，读书就只能作为生活的调剂品而不是必需品了。

这几天，如果你接到0571-12340打来的电话，就会参与2022年浙江省"居民综合阅读率"的调查。

什么是"居民综合阅读率"？最通俗的解释，就是18周岁以上的常住居民中，有多少人有日常阅读行为。

过去的一年，你读了几本书？你最近读的是哪本书？你玩手机和阅读的时间比是多少？看着这些直击心灵的问题，不妨冷静下来，仔细想一想。

———

浙江人爱不爱读书？先看两组数据。

《2021年浙江省居民阅读状况调查报告》显示，2021年浙江省居民人均图书阅读量为13.4本。其中，人均纸质图书阅读量为4.9

本；居民日均阅读时长1小时以上的占32.5%，较2020年提高0.8个百分点。

首届全民阅读大会上发布的第十九次全国国民阅读调查结果显示，2021年，我国成年国民人均纸质图书阅读量为4.76本，人均电子书阅读量为3.30本；从阅读时长看，人均每天手机接触时长为101.12分钟，人均每天读书时间为21.05分钟。

无论是阅读数量还是阅读时长，和全国平均数据相比，浙江人的读书情况只能说"还行"。

不过，放到全国乃至全世界比较，这个"还行"就显得不够了。2021年，江苏省人均纸质图书阅读量是5.78本，广东省人年均阅读纸质读物则为6.21本。据联合国教科文组织的世界国民人均读书量国家统计，排名第一的以色列，其国民一年的人均读书量为64本。跟随其后的，俄罗斯55本，日本40本，法国20本……

"取法其上，得乎其中。"和世界上最爱阅读的国家相比，浙江人的读书情况就体现出了差距。

纵向比较，2019年至2021年，浙江的人均图书阅读量从9.3本增长到了13.4本，其中人均纸质图书阅读量不升反降，从5.3本变成4.9本，充分说明数字化阅读已成为主流阅读方式。

但是，互联网时代对阅读的负作用也很明显。如居民阅读时间和内容趋向碎片化，大多数人阅读时长在1小时内，老年人和农村居民的阅读体验感偏差。

阅读之于国民综合素质养成的必要性毋庸置疑，世界各国都把国民综合阅读率作为一项重要评价指标。对于个人来说，阅读是保持学习力和成长性的重要途径。

作家莫言说："我们从有阅读能力到失去阅读能力的时间，也就五十年左右。谁能一天读一本书呢？谁能每天都读书呢？但是阅读确实是我们人类一项重要的活动。我们的社会能够进步，人类能够发展，生活能更美好，离开了这项行为是不可能的。"

在碎片化的信息浪潮面前，短视频、微博、微信等成为获取信息的主要渠道，真正能静下心来读书的时间越来越少。这样的问题，不止浙江，而是一个比较普遍的问题。

二

千百年来，浙江一直是中国的人文渊薮，是中国文化氛围最浓的地方之一。琴棋书画、诗词歌赋，这里的一草一木、一沟一壑，写的都是吴越风情、魏晋风流和唐宋风华。

从宋元到明清，浙江绵延千年的文脉结出了丰厚果实，浙江籍状元就有60人之多，占历代总状元数的十分之一。明清两代，仅浙江籍进士就冒出6500多个。"士比鲫鱼多"，袁宏道这一看似玩笑的类比，其实就是浙江历史上遍地读书人的写照。

浙江不仅出读书人，更出大师。古有陆游、赵孟頫、王阳明、王国维；近有鲁迅、徐志摩、郁达夫、茅盾、金庸……浙江籍的文化大师灿若星河。

"蹉跎莫遗韶光老，人生唯有读书好。"绵延千年的文化积淀，理应成为浙江人爱读书、善读书的基础。向来推崇读书的我们，为什么到了今天，却拿不起书本了呢？

有人说，学习、工作太忙，没有时间读书。总有人抱怨，每天早出晚归这么忙，睡觉的时间都不够，哪有时间读书？在地铁、飞机上，大家更习惯于用手机看视频追剧、刷微博、聊八卦，现在还有多少人热衷看报看书呢……职场竞争空前内卷，现实社会压力下，急功近利、肤浅浮躁、缺乏思考成为不良现象。

有人提出"读书无用论"。应试教育模式下的中国家庭，更鼓励孩子读与学习有关的书，读书为考试服务，为前途和升学、找工作服务，许多学生不能根据自己的兴趣爱好快乐阅读，以致在长大后逐渐丧失了阅读的兴趣。

有人认为，信息的获取方式已经改变。随着人工智能、互联网等多元化娱乐手段的普及，信息量已经过载，阅读特别是纸质书的阅读已经过时，不再是获取信息的主要方式。

还有人觉得，浙江人擅长做生意，重商风气明显。言下之意是，不少浙江人把大量时间和精力都放在经营企业上，再加上衣食无忧、生活优渥，也就缺乏勤学苦读的动力。

在笔者看来，没有时间并不能成为不读书的理由。手机、电脑、网络等对传统阅读的冲击，对每个国家、每个个体都是一样的，但大家对阅读的态度却差异明显。其实，做生意也需要读书，特别是如今各种新业态新技术不断涌现，不及时学习可能就跟不上形势。

我们的周边，经常有人感叹"明日复明日"，却不肯真正坐下来，拿起书本。有人年初时定下阅读任务，年终时仍停留在纸上；也有人热衷于买书，但买来的书都来不及拆封就匆匆塞进了书架。

归根到底，读书是一种具有个性化和私密性的行为，读书也是辛苦活，需要坚持和付出。如果抱着"颜如玉""黄金屋"的功利目的，或者"三天打鱼、两天晒网"，读书就只能作为生活的调剂品而不是必需品了。

三

浙江人对于阅读的热爱，满足于"还行"是远远不够的。在《之江新语》一书中，习近平同志写道，"要真正把读书当成一种生活态度、一种工作责任、一种精神追求、一种境界要求"。

《2021年浙江省居民阅读状况调查报告》显示，浙江居民认为阅读对个人发展"重要"的占了90.5%。这充分说明，绝大多数浙江人对阅读的重要性高度认可，推进全民阅读工作得民心、顺民意，具有广泛群众基础。

如何将浙江人读书的意愿转化为行动？有哪些地方可以发力？

首先，是场所。杭州图书馆对拾荒老人开放的故事，曾感动了全国网友。一个好的阅读场所，对于国民阅读习惯的培养有着重要的促进作用。

不是每个人都拥有一个私密的书房，图书馆、书房、书店等阅读场所的建设，让市民走出家门，就能找到读书的场所，找到喜爱的书籍。

近年来，浙江全民阅读服务设施规模进一步壮大，各市建有公共图书馆、城市书房、实体书店书吧、藏书楼和书院等阅读服务设施超1.2万个。但是，建好不等于用好。如何最大限度利用好这些阅读场所，避免其成为"空架子"，同样值得重视。

同时，随着数字化阅读成为主流阅读方式，要让浙江人更爱读书，如何打造适合浙江各年龄段以及不同学历程度人群的数字化阅读平台，是需要重点关注的。

其次，是好书。仔细观察每年专家推荐的阅读书单，尤其是给青少年的书单里，总有一些老面孔"霸单"。对此，"浙江宣传"在《新书缘何难进畅销榜》一文中作了分析。

据北京开卷发布的《2022年图书零售市场年度报告》，2022年全国原创新书减少了5000种。新书越来越少的直接后果，是买书的选择变少了。

如何让更多的新书涌现，让更多的好书成为经典，不仅是对出版机构的考验，还包括建设作家队伍、丰富好书推荐的渠道，等等。

最后，是活动。风气是可以引领的，比如书展、全民阅读节、全民阅读大会等节展活动，能推动一个地方阅读氛围的养成，引导更多人爱上阅读。

比如，2022年的最后一晚，杭州"十二Yuè"全民朗读跨年夜在南宋德寿宫遗址博物馆举行，以阅读的方式，创新性地和市民游客一起，用一本书打开新的一年。当晚，超过200多万人共同在线朗读，以阅读的名义迎来崭新的2023年。

今年4月，第二届全民阅读大会将在杭州启动，届时将有更多丰富多彩的阅读活动与大家见面。

"读书不觉已春深，一寸光阴一寸金。"读书终究是自己的事，人生不可能事事经历，也不需要事事都经历，读书可以让我们"见天地、见众生、见自己"。热爱读书，从每一刻开始都不晚。

新的一年，你准备读哪些书？已经读了哪些书？

许雪娟 潘卓盈 郑林红 执笔

2023年2月17日

汤显祖在遂昌的"三把火"

> 这对在中西戏剧史上最具参照意义的"双子星",正踏着各自命运的鼓点,上演着并无交集的未知戏码。

430年前的万历二十一年(1593),与英国莎士比亚"同出其时"的东方戏剧大师汤显祖,在漫长而曲折的流放生涯中,辗转来到浙西南崇山峻岭间的小城遂昌,开始了他人生中唯一一段独立主政的仕宦生涯。

在遂昌这座斗大小县,汤显祖不仅完成了《紫钗记》的定稿和《牡丹亭》的构思,更在中国文学版图甚至是世界戏曲史上留下了浓墨重彩的一笔。

更为重要的是,他在遂昌推行了劝课农桑、重教兴学、轻刑宽狱三大惠民仁政。这"三把火",在他任遂昌知县五年的全部任期持续燃烧,他也因政绩卓越"一时醇吏声为两浙冠"。

那么,这位具有浓郁诗人气质的书生,究竟是怎样燃起他亲民善政的"三把火"?又何以留下了汤公遗爱遂昌400余年的传奇佳话?

一

万历二十一年（1593）的春天，疲惫困顿的汤显祖刚从位于雷州半岛的徐闻县来到浙西南的遂昌。差不多与此同时，在大西洋彼岸的英国，29岁的莎士比亚在伦敦发表了他的首部印刷作品——《维纳斯与阿多尼斯》，并于同年完成了《理查三世》《维洛那二绅士》两部剧作。

这对在中西戏剧史上最具参照意义的"双子星"，正踏着各自命运的鼓点，上演着并无交集的未知戏码。

而遂昌这座浙江处州府（今丽水）下的偏远小城，正以"学舍、仓庾、城垣等作俱废"的残颓场景，等待这位远客的到来。

当时的遂昌一直因穷山薄水、虎害猖獗，而导致生产落后、赋寡民稀、流民滋生，这也一度让历任知县深感焦虑。

刚一上任，汤显祖就把百姓果腹、安定生产作为头等大事。不仅开启了"班春劝农"——颁布春令、以劝农事的农耕盛典，还在农忙时节为策励春耕，停止派夫征税，暂缓争讼之事。

五年中，每逢立春时节，汤显祖就作为"带头大哥"，亲自扶犁，绕春场一周，行耕籍礼；同时备办花酒，与当地百姓"把酒话农桑"。

与此同时，山高林密、虎害猖獗，是该县长期面临的另一重魔咒。汤显祖到任的第一年初冬，就发生了老虎伤人的恶性事件。为尽快消灭虎患，汤显祖组织村民壮丁，亲自带队上山打虎。他们先后杀虎十七只，彻底消除了传说中神灵附体的百兽之王，极大地振奋了乡民的士气。

仓廪实而知礼节。五年间，遂昌生产安定，社会和谐，并获"仙县"之称，汤显祖则被誉为"仙令"。

汤显祖劝农安民的动人场景，也成为其《牡丹亭》相关戏目的生动剪影："山也清，水也清，人在山阴道上行，春云处处生；官也清，吏也清，村民无事到公庭，农歌三两声。"

可以说，汤公在"戏里戏外"劝农安民的具体实践，正是"以情安民、清正爱民"最真实的写照。

二

在解决遂昌百姓温饱问题的同时，重教兴学是他在当地燃起的第二把火。

民以教化为本。缔造"民朝于田而暮于学"的耕读社会，就成为贯穿汤显祖整个仕宦生涯的理想图景。而此前，在千里之外的位于海南雷州半岛的徐闻县，他就创办了旨在教化民众的贵生书院。

到遂昌上任三天后，他就率众拜谒孔庙。有感于教育设施荒芜殆尽，他带领学官亲自勘察，选定眠牛山麓的一块旷地，营建文武合一的相圃书院。

上任遂昌的第二年，汤显祖又创建了藏书楼"尊经阁"；次年，又为书院加建大堂，名曰"聚德堂"。从此，千年古城遂昌，有了历史上的第一座书院和第一个公立图书馆。为此，他拿出了例归知县所有的讼费及相关款项，用于设施的修缮和对清寒学生的补贴。

政务闲暇之时，他还以县令之身份兼学长之职，与众学子一道讲课问学，并亲手为生员批改文章，师友交游，乐此不疲。

自此，一个矛盾丛生、看似积重难返的小城，居然呈现出"市上无喧少斗鸡""琴歌积雪讼庭闲"的升平景象。遂昌习礼尚文的传统日益浓厚，士气民风为之大振：

"士相师友而游。至夜分，莫不英英然、言言然，讲于《诗》《书》六艺之文。相与为文，机力日以奇畅，大变陈常。"

三

作为王阳明的四传弟子，汤显祖深受阳明心学影响，这主要体现于他在任期间，始终坚持轻刑宽狱、正德厚生。

而这带有浓厚温情的第三把火，不仅驱逐了黑暗，烛照了光明，而且传达了正义，温暖了人心。

他曾在多个场合不止一次动情地说过，他审案时虽然也动过刑罚，但从未打死过一名囚犯。此外，他从未借兴建学舍、城墙等政府工程捞取油水，反倒是自掏腰包补贴教育和民生工程。

但这位文学巨匠温情脉脉、感性柔软的另一面，却是他对豪强劣绅的嫉恶如仇。对于拒缴田赋的大户地主、被纵容包庇的官宦亲族、无恶不作的盗劫无赖，他亮出的是刀与剑，是法与理，其背后是他对百姓对弱者的周全与呵护。

当然，在遂昌的五年，最具传奇和温情色彩的是，汤县令"私下"做出了"除夕遣囚"和"纵囚观灯"两件惊动政坛的大事：一是除夕之夜，他让狱中囚犯回家过年，与亲人团聚，三天后，囚犯全部自行回狱服刑，无一人逃脱；二是在元宵节，他组织囚犯到城北河桥上观赏花灯，与民同乐，共享人间温情。

后人通常将这一人道主义实验，作为对他崇文重教、风化天下的重要证明。除此之外，笔者更愿将其理解为是以人性之光烛照人心之善的仁爱之举。

因为，只要条件许可，他都会尽可能地让所有人活得舒展，活得温暖。这也是他在遂昌的"三把火"中，持续闪耀的烛心与主题。

四

对一个建置近两千年的县邑，万历时期的五年时间，短得几乎可以忽略不计。但在今天，以大历史的眼光来看，汤显祖主政遂昌的五年，其意义和影响，则须从在此后四百余年甚至更长的岁月长河中去探寻。

他走后，遂昌百姓自发为汤公立生祠、建遗爱祠以祀。在从隋到清有姓名可考的遂昌县官315人中，仅此一例。

五年时光中，这位载誉后世的艺术家，见到过猛虎的死去，也享受过江南姹紫嫣红的良辰美景；他拒绝了金银的腐蚀，也放弃了官升一级的诱惑。但他始终参悟不了怎样与世俗苟合……

因此，万历二十四年（1596），对于朝廷杀鸡取卵、竭泽而渔式开采金矿的命令，他所有的抵制与嘲讽，无异于螳臂当车、蚍蜉撼树。终于，在这一年的初冬，极度愤慨的汤显祖甚至等不及他那张辞呈批复的到来，就早早挂起官印，缓步踱出县衙。

在今天看来，遂昌成为汤显祖理想破灭之前，完成心灵转场的最后驿站。因为，正是在这里，他完成了《牡丹亭》《紫钗记》等伟大剧作的经典采风和原始积累。正如在伦敦的莎士比亚一样，在遂昌的汤显祖，在他的人生低谷，以对艺术与事业的执着，实现了对自我的超越。

更重要的是，他在这场理想与现实短兵相接之下的"三把火"，留下了他对传统道德与仁政的坚守，留下了士人的风骨，也留下了至今"满城尽忆汤公情"的经典传奇。

杨金柱　执笔

2023年2月17日

传媒"后浪"如何"弄潮"

> 让更多年轻人唱主角，或许会是破题之道。

从去年5月"浙江宣传"微信公众号作为"破冰快艇"率先出发，到今年1月18日成立"传播大脑"，再到2月18日，省级重大新闻传播平台启动暨潮新闻客户端上线，浙江传媒界深刻变革的步伐不断加快。

在浙江这样一场致力于重构话语体系、重塑宣传格局、重振队伍雄风的变革中，年轻人才这些"后浪"如何在变革浪潮中竞相奔涌、百舸争流？今天，我们就来聊一聊。

一

青年是标志时代的最灵敏的晴雨表。广大年轻新闻工作者，可以说是每个时代最敏感的"瞭望者"。

回望"觉醒年代"，一大批进步青年以笔为剑、以字为刃，高擎精神火炬，试图唤醒沉睡的同胞，照亮救亡图存之路。

比如，1915年，《新青年》杂志在上海创办。27岁的李大钊在杂志上发表《青春》一文，呼吁中国青年以"青春之我"创建"青春之国家、青春之民族"。

再如，1919年，26岁的毛泽东创办《湘江评论》，撰写了金声玉振的创刊宣言："世界什么问题最大？吃饭问题最大。什么力量最强？民众联合的力量最强。"

从铁肩辣手的邵飘萍、笑对屠刀的瞿秋白，到战而不屈的邹韬奋、捍卫真理的范长江，从烽火连天的革命岁月，到热火朝天的建设年代、波澜壮阔的改革时期，乃至于每个国家与人民面临的危急时刻，年轻新闻工作者都是不缺席的"先锋哨"与"逆行者"。

再看当下，信息技术快速迭代，传播格局深刻变革，移动互联网对舆论生态产生颠覆性影响，传统媒体面临话语之变、格局之变、攻守之变，主流话语越来越难以穿透迷雾、直抵人心。面临一系列变革挑战，传统媒体需要敢拼、敢闯、敢担当的新生力量，注入新思维、新技术、新模式，碰撞出融合创新的"核聚变"。

传统媒体为啥需要拥抱年轻受众？作为真正的"网络原住民"，90后与"Z世代"较少通过传统途径获取资讯，手机客户端的"小屏"建构起他们的信息世界。他们思维活跃、乐于表达，有主见不盲从，拥有一套鲜明的话语体系；他们追逐个性时尚，但也热爱传统文化，形成独特的审美趣味和价值体系。

如何读懂年轻一代受众的所思所想，用他们听得懂的话、喜欢的方式进行传播，引发互动和共鸣？这是传统媒体转型过程中需要攻坚的。而年轻人正是吸引年轻人的不二法门。

比如，创办"侠客岛"微信公众号的最初团队当时平均年龄不到30岁，绍兴"越牛新闻"客户端有90后担任群主的"大编辑群"，新华社记者张扬靠两会Vlog"出圈"等，都是年轻人在融媒时代出新出彩的例证。

让更多年轻人唱主角，或许会是破题之道。

二

2022年底，一则浙江"传播大脑"百万年薪聘请CTO的重磅消息，在传媒业乃至全社会受到关注。

这个大动作，吸引了不少年轻人才加盟。据了解，目前传播大脑公司团队平均年龄不到32岁，三分之一以上人员毕业于985/211院校，研发技术类人才占比超70%，团队成员不少来自互联网大厂。

但不可否认的是，在年轻人的"择业清单"上，传统媒体这个选项的优先级呈现下降趋势；进入传统媒体工作的年轻人，不少待不了多久。传媒业整体存在年轻人才流失、人才队伍青黄不接的现象。这背后，既有外因驱动，也有内因影响。

从外因来看，传统媒体的薪资待遇与互联网大厂差距较大，头部互联网平台以及新媒体平台的高薪酬、股权激励等对人才产生"虹吸效应"。同时，不少媒体的体制机制停留在传统模式，管理上的条条框框过多，将年轻人才的活力与创新力"框"住了，把干事创业的积极性浇灭了。

从内因来看，一部分年轻人对新闻事业缺乏兴趣。媒体界有句俗话，"有女不嫁记者郎，一年四季守空房"。虽然是调侃，但不失为大部分新闻工作者的真实写照。相比于成为既苦又累、工资也不高的媒体人，不少年轻人追求更为舒适安稳、光鲜亮丽的人生。

年轻人才与媒体，理应是一场双向奔赴。那么，站在传统媒体的角度来说，它们需要怎样的人才？

"沉得下"。当下，理想情怀愈显珍贵，深度内容愈加稀缺，新闻专业精神愈发熠熠生辉。在浮躁喧嚣中，更需要媒体人静下心来聆听人们的呼唤、沉下身去关心人间的悲欢，用有温度、有厚度的笔触，记录美好、守望公平。

"吃得开"。5G、大数据、深度学习、人工智能等前沿技术，不断冲击传统新闻媒介与传播方式，最近火爆的ChatGPT，更让媒体智能化的大势清晰可见。在这种背景下，传媒界需要既懂技术、又懂传播的复合型人才，成为媒体融合发展的一支"轻骑兵"。

"玩得转"。能和受众玩在一起，也是融媒体人才必备的素质。玩得转的前提，是对年轻一代用户行为特征、互动心理的敏锐感知，是对潮流动态、热点现象的深度挖掘，是能推出更多刷屏的爆款作品。比如，《1818黄金眼》栏目的主持人慧小媛，用年轻人的话语方式在B站上播报新闻，成为全国新闻类媒体个人账号第一UP主。

三

"人材者，求之则愈出，置之则愈匮"。如何让更多年轻人才在传媒变革浪潮中勇立潮头？笔者以为，这需要浙江传媒界有引才的良方、育才的生态、用才的胆识。

先说引才。选贤举能首先得练就识才的慧眼，善于发现那些热爱脚下这片土地、心中装满乾坤的年轻人。他们应有广阔的视角，能以全球化视野看待新闻事件；应有敏锐的嗅觉，能迅速捕捉热点，回应公众关切；应有思想的深度，能展开鞭辟入里的剖析，输出一针见血的观点；应有网感的表达，说人话不说套话，善用网言网语，把大道理讲出大流量。

欲引凤，先筑巢。针对人才吸引力大不如前的情况，主流媒体要牢牢树立"移动优先、内容为王、流量说话"理念，自我逼迫、重塑转型，以破釜沉舟的决心办好重大传播平台。平台的承载力够强，才能有支撑得起高端人才的分量。

再说育才。把人才引进来之后，如何育得好、留得住？一方面，政策上要更"硬核"。近年来，浙江宣传文化系统出台了一系列人才政策，但真正契合传媒人才特点、管用解渴的政策还不够多，须在教育培训、科学评价、薪酬激励等方面形成合力。

另一方面，生态上要更"开放"。传统媒体需要探索更加灵活的管理模式，减少内卷、降低内耗。媒体人大多富有情怀，有时不光是为了工资，而是为了共同的追求。通过打造优质的内容、强势的传播，壮大主流舆论，让年轻人切身感受到在此能够成就一番事业，这才是对人才最大的吸引。

最后说用才。融媒体发展所需的人才，可能有不少是鬼才、怪才，往往不按套路出牌，对待他们需有容人的雅量、放手的胆识。范长江26岁开始西北之行，此后第一次以写实的笔法公开、客观地报道了红军长征的事迹。如何用好年轻人？前辈的故事启迪我们，需要给予年轻人才信任和激励，鼓励创新。

如何检验人才队伍强不强？人才的价值是在火热实践中干出来、赛出来的。为年轻人提供干事舞台、比拼擂台，在赛马场上才能选"千里马"，在实践实战中才能选实干家。比如浙报集团开设人才"揭榜制"，把项目任务张出榜来，谁有本事谁揭榜，谁能冲得上去、拿得下来，就大胆使用、放手使用。比如在新闻正高职称评审中，不妨探索优化职称评审条件，标志性业绩成果可以作为申报高级职称的关键条件。

除了时不时把人才拉出来赛一赛，还要学会把好成果亮出来晒一晒。传统媒体进军新媒体，既要坚守内容品质，也要坚持流量说话，打造大V、名嘴，挖掘价值、打造品牌，健全配套机制，为年轻人打造脱颖而出的"快通道"。比如浙江广电集团推出"广电名嘴"新闻类个人培育项目，孵化出"新闻姐""小强说"等IP，抖音账号收获千万粉丝。

对媒体人特别是志在传媒业的年轻人来说，唤回梦想、找回价值的重要机遇，就藏在正在进行的变革当中。如今，省市县贯通的传媒舰队，需要更多年轻的"舵手"。宣传文化领域的各个航道，也都期盼着青春的面孔与新鲜的思想。

现在，舞台就在眼前，就看有志青年能否抢抓机遇、乘风破浪，在时代激流中闯出属于自己的天地。

茹雪雯 童颖骏 应明君 执笔

2023年2月18日

一杯新茶尝春味

> 一缕茶香，带来春日里的意境，也带来茶文化的悠远。

2月16日，在温州市永嘉县乌牛街道横联村的"乌牛早"种植基地，采茶工已在开采"乌牛早"茶的头茬"黄金"芽头。

爱"乌牛早"的人，多是更爱早春的清鲜滋味。这是江南一带，每年最早上市的春茶，因产于乌牛镇（现乌牛街道）而得名。这种茶一般2月中下旬即可采摘，均为明前茶，比洞庭碧螺春、西湖龙井早上市一个月。

春天来了，很多人的愿望清单里，肯定少不了一杯新茶。

中国人对茶的爱，是烙印在骨子里的。宋代文人欧阳修就很在意茶的滋味，并认为饮茶要达到"五佳"才好：新茶芽、水甘冽、器洁美、天气好、宾客佳；时下，人们对喝茶的"仪式感""氛围感"的追求也不失古人，去年以来备受追捧的"围炉煮茶"就是证明。

一缕茶香，带来春日里的意境，也带来茶文化的悠远。今天，我们且来煮茶论道。

一

茶是最讲究天时的。关于采茶时节，明代许次纾在《茶疏》中说，"清明太早，立夏太迟，谷雨前后，其时适中。"对江浙一带炒青绿茶来说，清明后、谷雨前适宜采制春茶。也有说法，明前茶是茶中极品，雨前茶是茶中上品。

当然，"萝卜青菜，各有所爱"，不同品种的茶也有不同采摘时间，不必拘泥于一种定论。

中国茶历史悠久，名茶竞出争艳，如江西庐山云雾茶、福建武夷岩茶、四川蒙顶黄芽、安徽黄山毛峰、云南六大茶山普洱茶，等等。

上溯历史，唐代最著名的贡茶院，就在长兴和宜兴交界的顾渚山。每年初春清明之前，顾渚紫笋制成后，用快马送到京城长安。

浙江的名茶种类也有70余种，如金奖惠明、径山茶、望海茶、武阳春雨、大佛龙井等，单是列出名字，就可想其风味。

如，历史名茶日铸茶，产于绍兴东南五十里的会稽山日铸岭。早在唐代，山阴人首改"蒸青"法，创造性使用"炒青"法，制作的日铸茶广受欢迎。陆游写诗为之"代言"："囊中日铸传天下，不是名泉不合尝。"

西湖龙井更是与杭州的山水、风月及人文历史融为一体。相传乾隆皇帝六下江南，四到西湖龙井茶区品茶赋诗，胡公庙前的十八棵茶树还被封为"御茶"。龙井茶、虎跑水被誉为双绝，相比"扬子江中水，蒙顶山上茶"，声名毫不逊色，甚至后来居上。

小说《南方有嘉木》中，就描写了一个温暖春日里的龙井茶山：杭州郊外的茶山茶蓬铁绿的老叶上，提前绽了芽，吞吞吐吐地终究张开了雀一般的舌头，一夜春风，便密密麻麻浅绿了一片，一朵一朵地连成了波浪，在十里琅珰岭上，铺泻开一条绵延壮阔的巨长茶带，绿袖长舞，直抵远方。

还有安吉白茶，枝头嫩叶色白如玉，名为白茶，实为绿茶。1980年，其茶祖才被发现，短短三四十年时间，安吉白茶从无到有、从有到强，书写了"一片叶子富了一方百姓"的神奇故事。

二

一盏清茶见古今。

《诗经·豳风·七月》记载："采荼薪樗，食我农夫。""荼"，即"茶"。茶为国饮，无论时代如何更迭、社会怎样变迁，茶始终伴随并滋养着人们，渗透到中国人生活的方方面面。

习近平总书记在给首届中国国际茶叶博览会的贺信中指出，中国是茶的故乡。茶叶深深融入中国人生活，成为传承中华文化的重要载体。

提到茶，有两句话。"柴米油盐酱醋茶"，这是生活茶。

单从饮茶方式，就可见中国茶文化之盛。从原始的粥茶法，到全国范围内饮茶普及，大致经历了4个时期：隋以前的羹饮法，唐代的煮茶法，宋代的点茶法，明代开始直到当代盛行的泡茶法。

事实上，以前的饮茶方式比起如今人们在咖啡杯里拉花拉个"心形"，难度大得多。比如，陆游在《临安春雨初霁》一诗中提到，"矮纸斜行闲作草，晴窗细乳戏分茶"，其中的"分茶"，就是宋代流行的"茶百戏"，用清水使茶汤幻变形成各种图案，又叫

"水丹青"。

"琴棋书画诗酒茶",则是精神茶。沏茶、赏茶、闻茶、饮茶、品茶等,茶浸融于中国的文化精神和生活礼仪。

客来敬茶、以茶敬老是传统美德,在重要外交场合中国常常举行"茶叙"活动;以茶联谊、以茶会友,是人际交往的重要形式,如果到杭州、成都、广州,茶楼小聚别有风味;品茗悟道、欣赏茶艺,能修身养性,给人以美的享受。

总结中国茶文化理念,绕不开5个关键词。

陆羽《茶经》提出,推崇美好的行为和高尚的品德,是谓"精行俭德";宋徽宗赵佶当皇帝很失败,却是一流的生活美学家,其《大观茶论》则提倡"致清导和""韵高致静";再就是"茶禅一味",有认为源于赵州从谂禅师"吃茶去"禅林法语,也有认为出自宋代高僧圆悟克勤手书。一句"吃茶去",至淡至静,尽显禅宗心法;最后一个是"诚敬以礼",以茶为礼物,表达诚心和敬意。

有数据统计,历代文人墨客写下的茶诗、茶词和茶曲,有两万多首。如,温庭筠"采茶溪树绿,煮药石泉清。不问人间事,忘机过此生。"卢仝《走笔谢孟谏议寄新茶》,描述饮茶独特感受,留下"七碗茶"的典故。杭州太守任上,苏东坡写下名句"从来佳茗似佳人",后来有人集句成联"欲把西湖比西子,从来佳茗似佳人"。

文化如空气,日用而不觉。融合儒、道、佛三家思想的茶文化,可谓礼仪之邦中国的"代言人"。

三

中国是世界上唯一有着"红、绿、黑、白、青、黄"六大茶类生产的国家，分西南、华南、江南和江北四大茶区，涉及20多个省份、1000多个市县。

一缕茶香飘四海。千百年来，中国茶随叮咚作响的驼铃声一道，通过丝绸之路、茶马古道、万里茶道跨越国界、走向全球，受到世界人民喜爱，甚至发展出新的茶文化形态，如韩国的茶礼、日本的茶道、英国的下午茶文化，等等。

以抹茶为例，起源于魏晋，发展于隋唐，兴盛于两宋，自宋代起，从余杭径山传播到日本，几乎成了日本茶的代名词。巴基斯坦国徽上绘有四种特色农作物，其中之一就是茶。据考证，早在16世纪从中国引入种植，该国人民逐渐养成了喝茶的习惯。在乌尔都语中，"茶"的读音与汉语几乎一致，可见渊源之深。

英国学者在《绿色黄金：茶叶帝国》一书中就写道："只有茶叶成功征服了世界。"目前，全世界有几十亿人饮茶，60多个国家和地区种茶，主要的茶叶生产国有中国、印度、斯里兰卡、肯尼亚、土耳其、日本、阿根廷等。

"天下茶人是一家"，志合者，不以山海为远。

2017年，首届中国国际茶叶博览会在杭州开幕，并永久落户，"杭为茶都"更加名副其实。2019年，联合国确定每年的5月21日为"国际茶日"，以茶会友；2022年11月，"中国传统制茶技艺及其相关习俗"项目纳入《人类非物质文化遗产代表作名录》，成为中国第43个人类非遗项目。

讲好茶的故事，推动中华文化更好走向世界，茶乡浙江不光要"论道"，更需"行之"。

如，历史品牌如何注入新内涵，焕发国潮魅力？如何突破"文化壁垒"，成为世界品牌？有的茶区产业化程度不高，且偏重采摘春茶、夏茶、秋茶鲜叶利用能力如何提高？破解这些难题，浙江要进一步实施良种化、标准化、品牌化战略，推进精深加工和全产业链建设。

再如，文化传承活力是难点，也是重点，如何不断促进知识、技艺和实践的家族传承、师徒传承、社会传承？如何将茶融入人们日常生活"天天见"，推广至世界"人人爱"，让更多人品出味来、乐在其中？对此，需要更多生动化"解码"、跨文化"转译"。

杭州九溪十八涧的林海亭，有一副楹联"小住为佳，且吃了赵州茶去；曰归可缓，试同歌陌上花来"，不动声色化用两个典故入联，表达着吃茶的意趣。

聆听着春的足音，沉浸于春的气息，我们也用一杯新茶迎接春天吧，一如苏东坡所说，"且将新火试新茶，诗酒趁年华"。

徐伟伟　执笔

2023 年 2 月 18 日

"舰队"出征，浙江传媒改革"叒"出招

> 传统媒体转型，没有标准的答案可以参考，需要勇者无畏、行者无疆的探索。

如果您的手机里装着浙江新闻、天目新闻或者小时新闻客户端，这两天可能都收到了一封信，信中与您相约，一起"潮"头见。

这个"潮"，不只是钱塘江上奔涌的浪潮，也不只是信中提到的潮新闻客户端，而是以重大新闻传播平台启动为"潮声"的又一波浙江媒体改革的大潮。

今天上午，重大新闻传播平台启动暨潮新闻客户端上线仪式在西子湖畔如约而至。

从去年5月30日创办"浙江宣传"微信公众号，到1月18日成立传播大脑，再到今天重大新闻传播平台启动，浙江媒体人在探索媒体融合改革的征途上越走越深，在回应格局之变、话语之变、攻守之变的挑战中没有停步，以一次次"出发"，奔赴移动传播的"星辰大海"。

一

有不少人疑惑，重大新闻传播平台究竟是个什么样的"新物种"，浙江到底在捣鼓啥样的"新势力"？

从2022年5月开始，重大新闻传播平台的打造方案经历整整十个月的构思。其间，我们也一直在思考，究竟该怎样打好重塑主流媒体传播格局的这场主动仗、翻身仗。最后，围绕战术打法，概括了3句话：在目标定位上，深耕浙江、解读中国、影响世界；在战略考量上，移动优先、内容为王、流量说话；在战术打法上，自设议题、以快制快、纵贯三级。其背后，是重构话语体系、重塑宣传格局、重振队伍雄风的需要。

有了战略战术，就要有与之相配的战略力量。刚刚启动建设的重大新闻传播平台，就是我们为了实现既定目标，做出的一次重要尝试，是向着移动互联网主战场上开出的浙江"传媒舰队"。

所谓"舰队"，意味着不再是"小快艇"的破冰，也不是"小舢板"的探路，而是系统化、大兵团地远洋出征。

在舰队中，潮新闻是主力舰，也是战斗群中的旗舰，集成了舰队的核心战力，是进行抢滩登陆、远程投射的重器。

市县融媒体中心是战略单元，既擅长在各自领域自主作战，又可以跟随舰队出海，为主力舰提供补给、抬升"吨位"，把好新闻好作品源源不断输送给潮新闻。同时，又在互联网的汪洋大海里，为自己增加流量、扩大影响。

优质内容是火力配置，一篇篇有影响力的文章，是全媒体舰群的导弹、火炮，要靠它们轰开流量入场的"缺口"，把受众眼球聚拢起来，把平台影响力辐射出去。

一个月前上线的传播大脑，则是整个舰队的动力中枢，源源不断地为平台提供数据支撑、算法赋能。

可见，重大新闻传播平台是一个系统化的战斗群，里面的船与船、舰与舰、单元与单元之间优化重组、协同配合、火力交织，而不只是一个客户端，不只是一艘"战舰"。

如今，这支承载着浙江新闻媒体人尊严、价值和理想的传媒舰队，从"破冰"转向"出海"、从"单兵突破"转向"集团作战"，正向着移动互联网时代新闻传播的"腹地"挺进。

二

传媒领域的深刻变革，已根本性改变新闻媒体的竞争法则。要想创新，必须着眼于传媒变革的深层次逻辑，打破思维的茧房，挣脱惯性的束缚，以守正创新引领媒体融合的蝶变升级。

那么，承载众多期待的重大新闻传播平台，究竟新在哪里？

首先是新在技术。如今，技术已经成为驱动媒体变革的内在动力，海量的数据、强大的算法就是重要的生产力。一个月前成立传播大脑，正是为了以移动互联网新技术发起破壁计划。今后，省级重大新闻传播平台会始终保持对新技术新应用的敏感，紧盯科技变革的浪潮，用最前沿技术打造最强大脑，用最强大脑驱动传播、增值新闻、集聚流量。

其次是新在打法。浙江新闻、天目新闻、小时新闻"三端合一"，不只是变成一个潮新闻客户端，也不是一个简单的物理整合，而是要打造一个101个市县媒体共通共建共融的新平台。现在，市县一百多个新闻客户端基本链接进来，技术跟进、渠道打通、机制创新也会不断加快，全省最有深度的文章、最有流量的新闻、最有特色的产品，将会第一时间呈现到大平台上来，着力构建以省级大平台统领、全省抱成团、上下一个端的融合传播新局面，让人看到"一样的新闻 App，不一样的'潮'"。

最后是新在生态。移动互联网是一个开放共享的场域，网络舆论场也是一个双向互动的空间。当前的内容生产模式，已经不单是靠专业记者写，用户生产内容和职业生产内容已经成为重要的内容生产模式。最大限度调动内容生产者的积极性，就需要建立相应的知识付费、激励反馈、收益分成等机制，吸引更多平台用户和专业人士，加入到内容创作生产中来，让最有思想的人获得最大的流量，让最有流量的产品实现最大价值。

谁的技术强、谁的效率高、谁的内容好，谁就有可能站上媒体变革的风口，赢得主动、赢得人心、赢得未来。

三

习近平总书记指出，内容永远是根本，融合发展必须坚持内容为王，以内容优势赢得发展优势。

对于重大新闻传播平台而言，不管如何创新技术，不管如何丰富形式，最终目的都是要致力于提升主流舆论的战斗力、穿透力、凝聚力、变革力、表现力，争当优质内容的生产者、洞察时代的瞭望者、主流舆论的引领者。

近些年来，随着商业平台的出现及其用户规模的扩大，一些主流媒体客户端在内容生产、社会影响等方面捉襟见肘。虽从未停止内容创新，但收效不大。报道上未摆脱传统地方党报思维，通过重大报道、突发热点事件舆论引导在全国形成重大影响的能力明显不足，找到并留住目标用户的优质内容和服务均较为欠缺。

"深耕浙江、解读中国、影响世界"是重大新闻传播平台的目标定位。扎根浙江热土，就是要讲好新时代的浙江故事，奋力当好"两个先行"的参与者、记录者、推动者；解读中国，就是要抬高视角、放大格局，从浙江视角看全国，以全国视野解读热点话题；影响世界就是要着眼世界，探索中国式现代化浙江篇章国际传播的新路径、新话语、新形态、新机制。我们期待，一篇篇重磅文章能够引领舆论，一次次权威发声能够深入人心。

众所周知，移动互联时代，稀缺的不是信息，而是有深度、有观点的内容。"浙江宣传"上线以来，秉持"说人话、切热点、有态度"的办号理念，推出了多篇爆款文章。直面问题、亮出观点，拿出一件件直击人心、引人共鸣的新闻产品，以"一针见血"的敏锐，彰显"一锤定音"的作用，才能迅速奠定重大新闻传播平台的"江湖地位"。

万里滔滔，江水永不休。每一次"潮"起，都激发着澎湃向前的动力，蕴含着深化改革的充沛能量。传统媒体深度融合还需要重组组织结构，建立以阅读量、发稿量、评论数、转载数为重点的评价体系，把更多的资源、要素、力量投放到新型平台上来，广泛汇聚起向"融"而生的内驱力、创造力。

今天，新平台启动、潮新闻上线，仅仅是一个新生命的呱呱落地、一个新事物的开端起步。我们只是在深度融合发展的征程上，又一次开了篇、破了题，仅是刚刚出发而已。移动互联网时代的媒体转型之路，依然前路漫漫、道阻且长，需要持续探索、加压奋进。

行胜于言，质胜于华。传统媒体转型，没有标准的答案可以参考，需要勇者无畏、行者无疆的探索。不去做、不去改变，永远就没有机会；坐而论道、不起而行之，永远都只能望洋兴叹。我们难以知道，驱动变革的最大变量是什么，但是拥抱新技术、相信年轻人就有可能抓住机会、决胜未来。

潮，是山水自然的奇迹，也是中国传统文化的重要意象，更是一种蓬勃的精神。对广大浙江传媒人来说，习近平总书记对浙江"干在实处、走在前列、勇立潮头"的嘱托，是我们必须全力以赴践行的，浙江媒体人必须做新时代的弄潮儿。希望浙江传媒人都能把潮的精神融入传媒改革中，拿出站位与担当，从坐而观潮到起而弄潮，从追赶潮流到引领潮流。

何诗航 姜思铄 执笔

2023年2月18日

基层理论宣讲要力戒六种倾向

> 把"大众菜谱"制作成适合不同人群的"特色佳肴",才能让人听得"津津有味"。

读《习近平浙江足迹》一书,笔者注意到,2005年,在金华调研时,时任浙江省委书记习近平讲述过一个"驴马理论"——

马比驴跑得快,一比较,发现马蹄比驴蹄长得好,于是把驴身上的蹄换作马的蹄,结果驴跑得反而更慢;接着再比较,又发现马腿比驴腿长得好,于是把驴身上的腿也换作马的腿,结果驴反而不能跑了;接下来,依此类推,换了身体、换了内脏,最后整个的驴换成了整个的马,才达到了跑得快的目的。

"驴马理论"让我们明白了一个道理:每个国家都有自己的路,盲目"复制"或者"输入",最终会导致水土不服。事实上,在推动党的理论大众化通俗化方面,习近平总书记一直作了很好的示范。比如,讲到理想信念缺失时,指出这是得了"软骨病";谈到经济发展需要先进科技支撑时,强调"块头大不等于强,体重大不等于壮,有时是虚胖",都让人一听就懂。

我们做好理论宣讲工作，就需要学会把"有意义"和"有意思"相互融合。从20世纪20年代的农民运动讲习所，到今天遍布各地各领域的特色宣讲团，理论宣讲工作始终伴随着党的事业，但在波澜壮阔的理论创新和实践创新面前，理论宣讲工作不是一成不变的，也要与时俱进、持续创新。

笔者认为，理论宣讲要真正实现走心入脑，需要力戒六种倾向。

一戒脱离群众"一头热"

我们常常说，要让党的创新理论"飞入寻常百姓家"。群众是宣讲的最主要对象。理论一经群众掌握，就会变成强大的力量。

然而，有的地方在农民抢农时、工人赶工期时把人集中起来，生拉活扯硬聊硬讲，耽误群众生产。某些单位一厢情愿开展所谓的"周末宣讲""夜间课堂"，为了宣讲而宣讲，干扰群众正常生活。这种做法换来的往往是群众的抵触甚至反感，最终成了组织者的"自我陶醉"、宣讲员的"孤芳自赏"。

还有的单位主要领导和中层干部会召开不同会议，通过不同形式，学得不亦乐乎，却忽视了向广大基层员工宣讲好精神，这会让基层员工觉得理论和自己似乎没有关系。

再如，有的地方在组织理论宣讲进农村时，大讲"三大机制""四大坚持""五大保障"之类的文件术语，农民关心的养老保障、大病救助、农村人口流失等问题丝毫没有涉及，村民反映"道理没错、听着没劲、生活中没用"。

二戒单向灌输"一顿塞"

理论宣讲也是一场"供给侧结构性改革"，从满足群众需求入手提高宣讲供给质量是现实所需。如果从不问基层群众所思所想，也不管群众感不感兴趣、听不听得懂，最终的结果就是左耳进、右耳出，水过地皮都不湿。

比如，有的宣讲员在宣讲时，从开始到结束，一直闷着头念稿子，全程没有任何交流，就连听众举手提问也没发现，被调侃像是一场"强买强卖"。这种现象折射出两种心理：居高临下的说教心理，不愿同群众交流沟通；准备不足的畏惧心理，讲之前没有问题意识，讲的时候回答不了群众疑问。

理论宣讲是统一思想的过程，前提就在于思想交流和碰撞，"填鸭式"强塞、"打夯式"硬灌是找不到共鸣点的。一场精彩的宣讲不能没有互动、不能没有设问。只有做好充足准备，调动大家参与，增强双向互动，才能有理论亲和力，拉近与听众的距离。

三戒照本宣科"一个调"

组织理论宣讲既要遵循一般要求，也要因地因时制宜，只有规定动作没有自选动作，效果会大打折扣。

比如，有些单位习惯于扮演"录音机""复印机""传真机"的角色，拟制宣讲方案把"省"字改"市"字、"市"字改"县"字就交差，活动名称一字不改、时间节点一天不差，对标对表成了照搬照抄，下基层宣讲也是等着上级开完会拿讲话稿，有时连主持稿也要复制。他们往往是面上活动推开后被其他单位"比"下去了才想起来要有特色举措，再发一遍通知、再提一遍要求，不断"打补丁"，十分被动。

还有个别单位以贯彻上级要求"不走样"为由，照着上级文件把"规定动作"做了一遍，拍张照片、留个痕迹、发个报道就算完事，看似动作一个不少，实则成了"对上级指示怠工的最妙方法"，如果效果不佳还将责任归于"上级就是这么要求的"，折射出的是对党的精神吃不透，对基层实际不掌握，对左右情况不了解的作风漂浮。

四戒不分对象"一勺烩"

再好的一份宣讲稿也不能够"包打天下"。"众口难调"是做好宣讲的难题所在，恰恰也是宣讲工作出彩、出精品的契机。

然而，一些理论宣讲不看对象。比如，有的基层宣讲员认为"以不变应万变"最保险，所以不分群体、不分行业、不分年龄，不管在哪讲、跟谁讲，都是同一个调调，把本该有的"精神盛宴"煮成了"夹生饭"。久而久之，非但打不响牌子、讲不出道道，还容易造成基层群众认为宣讲工作"不知所云"的刻板印象。

理论宣讲应是"你需要我讲什么就讲什么"，而不是"我能给你讲什么就讲什么"。比如，同样是讲党的二十大精神，面对老年群体，就要重点讲老有所养、老有所依、老有所乐、老有所安等方面的新目标、新举措；面对企业员工，就要重点讲高质量发展、科技创新、培育大国工匠等内容；面对年轻人，就要重点讲伟大复兴前景、党对青年的期许，等等。

五戒标新立异"一通秀"

有人说,这些年基层宣讲很"燃",主要是形式更加注重创新,情境式、沉浸式、"文艺＋"和"网络＋"等很受青年人欢迎。但同时也带来一些新问题,一些宣讲不太注重内容质量,过分追求形式新颖,既没有思想高度、思考深度,也没有知识广度、共情温度,使得一些理论宣讲活动变成了"博眼球""表演秀"。

比如,有些宣讲员为追求氛围感,没有把主要精力放在研究、消化、讨论文本上,而是追求把PPT做得很"炫酷",恨不得声、光、影、电全上一遍,核心内容成了最单薄的部分。

这些年来,浙江"8090"、"00"后宣讲团洋溢着朝气活力,他们创新话语体系,走进基层传播党的声音,受到社会各界的广泛好评。可是,一些地方因此片面追求年轻化,选择青年宣讲员只看年龄不看实力,只看"颜值"不看"言值",没看到他们各方面条件只适合一般性演讲但不适合理论宣讲。

再如,有的为追求"笑果"好,出现跑偏主题的调侃、不合时宜的爆料、语出惊人的观点,活泼有余、严肃不足,非但不能"增粉",甚至还可能走入"低级红""高级黑"的误区。

六戒短期应景"一阵风"

有的单位只在上级发通知了、提要求了、来检查了,才组织理论宣传,认为搞一次宣讲、办一场活动、发一套书籍、贴几张海报就是工作到位了。出现这种现象,主要原因还是有关主体对理论宣讲的价值意义认知不够，只为了落实文件、应对考核。

任何一个品牌的打造，都需要时间的积淀、经验的积累和口碑的积攒。理论宣讲是一项常态化工作，是一场需要接续用力的"持久战"。主题宣讲要抓好，日常宣讲也要跟上，否则就会变成"一阵风一阵雨"。

以上是基层理论宣讲需要力戒的六种倾向。理论宣讲是各项事业发展必不可少的"内力"。事实证明，团结奋斗干事氛围浓厚的地方，无一不是宣传宣讲工作有特色、有实效的。最后，在笔者看来，真正做好理论宣讲，还不妨牢记四句话。

给人一杯水，自己要有一桶水。"以其昏昏"不可能"使人昭昭"，理论宣讲要想"声入人心"，宣讲员首先要学深悟透党的理论政策、路线方针，做到真学真信，既要知其然，还要知其所以然、知其所以必然，这样才能有底气、有干货，持续输出。

到什么山上唱什么歌。宣讲不是"千篇一律"，而是要到什么山、唱什么歌，多一些"用户思维"，善于根据听众的实际情况，选择不同的语言内容和表达方式进行宣传宣讲，让听众觉得有贴近感、代入感。

理论是灰色的，而生活之树常青。理论宣讲切忌只讲大道理、大主题，既没烟火味，也没讲出真情感，既不能解渴，更不能解惑。老百姓要听的，恰恰是大战略、大思想下关乎个人衣食住行、能够消除思想疑虑的道理，需要的是实实在在的走心"干货"。把"大众菜谱"制作成适合不同人群的"特色佳肴"，才能让人听得"津津有味"。

有效是硬道理。务虚的目的，就是为了更好地务实。理论宣讲不是为了讲而讲，而是为了推动理论大众化通俗化，让广大干部群众不断加强思想理论的武装，进而能够解决实际问题、推动各项工作。因此，理论宣讲要务求实效，宣讲内容本身要有现实针对性，宣讲成效最终要体现在工作的改进上。

总而言之，理论宣讲是门艺术活。只要戒除不良倾向，长期重视宣讲、善于运用方法、持之以恒做好，理论宣讲就会展现它特殊的魅力、特有的威力。

郑毅　邱春晖　执笔

2023年2月19日

"排档"里的人间烟火

> 市井长卷，聚拢来是烟火，摊开来是人间。

有人说，排档代表着一座城市的底色。认识一座城，要从吃上一顿夜排档开始。

外地游客初到舟山的第一顿晚餐，往往会直奔海滨，去尝尝渔港边最地道的海鲜夜排档。在海风吹拂下，听着码头上此起彼伏的汽笛声，品味这座城市独特的烟火味。

就在今年春节，沈家门的百年渔港聚集了全城的人气，码头边再次亮起了通宵的灯火，重新响起了油锅溅出的刺啦声、锅碗瓢盆的碰击声、猜拳行令的喧嚣声……经过三年整修，人们记忆中的沈家门夜排档再度开门迎客。

这一间间小小排档究竟有何魅力，让众多食客对这片嘈杂喧嚣的烟火气始终念念不忘？

一

世间百味，唯有人间烟火味，最抚凡人心。深植草根的排档，令人流连忘返的，恰恰是这"接地气"的市井味道。

最早的排档脱胎于古时夜市的食肆摊位。据《梦粱录》记载，南宋的临安，直到深夜三更，依然"提瓶卖茶"。食店、摊点还为市井平民提供果腹的"夜食"，通宵买卖。

20世纪80年代，随着国家允许私人经营餐饮业，排档首先在改革开放前沿的广东地区流行，其低门槛、高性价比的市井气质深受深夜加班的打工人青睐，进而风靡了大江南北。

沈家门的夜排档，也正是这座百年渔港顺应时代变迁、经济社会发展的产物。清朝中叶以来，沈家门便享有"活水码头"之美誉，每逢鱼汛，沿海十几个省份的数十万渔民云集港内。渔港周边也形成了热闹的街市，"市肆骈列，海物错杂"，形成了一道独特的海岛渔港景观。

1991年，几名下岗待业的工人迫于生计，依托码头海产新鲜、渔民来往便利的特点，在沈家门轮渡码头旁，开起了6家海鲜排档。几张桌子、几把椅子、一只煤气瓶、一辆手推车，拆块门板就是长桌，铺开来就可营业，照明的电还需从街边店铺接，做的菜也只是几道家常菜。

随着更多创业者的加入，这里的排档一条街也渐渐形成规模。每到傍晚时分，伴随着滨港路上的点点星光，数十家大排档一字排开，蔚为壮观。排档间人头攒动，炒菜声、嬉笑声混成一片，成就了沈家门十里"不夜港"的盛景。

鱼山虾海的鲜美滋味、独具魅力的渔港夜景、百年渔港的深厚底蕴，也让"醉鲜、醉美、醉迷人"的沈家门夜排档成为各地游人饕客到舟山打卡的必选之地。

排档，源于市井，隐于烟火。人们用排档探索着因地制宜的平民美味，也从排档中窥见了顺应时代的致富密码。

二

市井长卷，聚拢来是烟火，摊开来是人间。

很多舟山人还记得30年前初尝排档的场景，菜品虽然鲜美，但露天少遮挡，邻桌的交谈声和划拳敬酒声喧闹嘈杂，有些人起初倍感不适。多年后才惊觉，这份市井中蕴藏的人情味，才是夜排档的魅力所在。

夜排档像一个夜幕下的小江湖。渔港内的渔民小工，在结束了一天的劳作后，于昏暗的灯光下，随意而坐，吹着海风，鱼酒过肚，随之放松了紧绷的神经，也卸下了成年人的伪装。

夜的漆黑赋予人们白日里所没有的勇气。觥筹交错间，老友间诉说着对家人至亲也难以吐露的真心话语，释放着生活中不为人知的压力。

排档的开阔空间给予了夜归人一种随时入座、融入群体，又可以随时离开、抽身而退的自由。

老板听见老位子的桌角推拉声，无须回头，就大手一挥，按老主顾的"老规矩"自顾自操作起来。简单随性的切菜手法、略显粗犷的摆盘方式，时不时"秀"一把颠锅绝技，灶台的火苗瞬间蹿上三尺。

虽然制作工艺颇具"江湖气"，但丝毫不影响菜品的美味。能吸引天南海北的饕客纷纷慕名而来，其秘诀就在于一个"鲜"字。

新鲜的海货刚刚在码头卸船，就被一众排档的"当家人"抢到了自家的摊档上。经简单烹制，最大限度留存了海鲜的原汁原味。葱油梭子蟹，膏肥肉鲜；椒盐虾潺，外酥里嫩；咸齑黄鱼汤，稠浓鲜美……主食则当选那道饱含镬气的黄金双面焦，炒得两面焦黄的米面，酥而不糊，辅以虾仁、鱿鱼等新鲜配料，鲜香而干爽。

市井的温度，填满了人生的五味，也丰富了生命的厚度。

人类学家张光直先生曾作过形象的表述："到达一个文化的核心的最佳途径之一就是通过它的肚子。"

沈家门夜排档，因海而生、向海而兴，从骨子里便保留了包容万象、海纳百川的开放精神。天南地北、闲话家常、猜拳举杯……"食客"这一共同身份让社交变得游刃有余。面目相熟了，便是朋友。酒过三巡，菜过五味，又到了挥手作别的时刻，江湖再见。在这小小排档的方寸之地，你我皆是匆匆过客。

人潮自在涌动，也为这座海边小城的夜注入了蓬勃的生机。

三

餐饮江湖风云多变，随着消费风口的转向，已过而立之年的夜排档，如今又该何去何从？

今天的食客们不再单纯讲究"吃香喝辣"，他们对于环境卫生、菜品花色、配套服务等都有了更精致的追求。顺着这股迎潮而起的烟火味，夜排档在保留海鲜纯正味道的同时，也亟须提档升级。

比如，菜品上推陈出新，研究开发黄鱼宴、蟹宴等特色菜单，满足人们对海鲜的更多想象；环境上改造升级，干净整洁的海鲜陈列柜上，透骨新鲜的海货琳琅满目，屋顶和墙面装饰年轻人喜爱的海洋装饰物，别具海岛特色；管理上有序规范，往日嘈杂凌乱的街市摇身一变成为"阳光餐饮街区"，公布"阳光菜单"，每道菜都明码标价，让消费者吃得更放心、更安心、更省心。

现如今的沈家门夜排档，不仅登上了《舌尖上的中国》，涌现出一众美食评论家、美食博主打卡点赞的"网红名店"，还打造了属于自己的美食IP，走出舟山，在杭城也挂起了沈家门夜排档的招牌。

兜兜转转，海还是这片海，味还是这个味，人还是这群人。沈家门夜排档见证着渔民生活的变迁与美好，也依旧保留着那份与生俱来的江湖气、市井味。

从锅炉生火到管道煤气，从户外摆摊到统一管理，"海鲜家常菜"始终是沈家门海鲜大排档的招牌，"地道舟山海鲜"仍是老板招揽食客的不二法宝。无数游子从异乡归来，只为重温属于自己的"家的滋味"；无数游客从家乡赶来，只为尝一口地道的"海的风情"。

作家汪曾祺曾说："四方食事，不过一碗人间烟火。"

排档受人青睐，不仅因为价格低廉，更因为它用市井气、烟火气为千篇一律的生活增添了一味调料。

深夜归家的人能在排档中满足饥肠辘辘的胃，治愈疲惫不堪的心；许久未见的知交好友能在排档小聚一番，推杯换盏间增益友情；萍水相逢的陌生人能在排档打开心扉，一见如故；团圆的一大家子也能在排档尽享天伦，其乐融融。

食物带来的共同体验，让人与人之间的联结，得以反复确认和一再巩固。每当灶火燃起，香气弥漫，熟悉的味道植入记忆深处，市井家园才获得完整的意义。

曹佳利　黄雯铮　王之媛　孙雨林　执笔

2023 年 2 月 19 日

"八八战略"的分量有多重

> 干工作，不需要空洞的新口号满天飞，
> 而是要踏踏实实把事情一件一件落下去。

对于浙江的广大干部群众而言，"八八战略"这个词并不陌生。不过尽管如此，倘若真要讲清楚、说明白"八八战略"是什么，可能还真会难倒一部分人。

"八八战略"跟我们每个人有什么关系，它的分量到底有多重？这或许是每个浙江人、每个关注浙江的人都想要追问的问题。

一

"战略"，在字典里的一种解释是"一定历史时期指导全局的方略"，说白了，就是一张寻宝的路线图。这张图清晰地标注着朝哪个方向走、怎么走稳走好、最终要走到哪里。

可以说，"八八战略"是从10万余平方公里的之江大地上生长出来的；浙江能走到今天，这一战略起了关键的引领和支撑作用。

浙江有着"先天的不足"，也曾面临着"成长的烦恼"。《习近平浙江足迹》一书中记载，21世纪之初，一些老问题未从根本上得到解决，一些新问题又不同程度地比全国先期遇到。比如经济发展中高投入、高消耗、高排放、低效益的粗放型格局尚未根本改变，人多地少、资源紧缺，能源、土地、水等资源要素和环境承载力的制约不断加大，社会公正、社会治安和社会矛盾问题、公共安全和安全生产问题、市场经济秩序问题等都亟待解决。

习近平同志到浙江工作后，就是向着这些问题"横刀直入"，在2003年7月举行的省委第十一届四次全体（扩大）会议上提出了"八八战略"这一治省方略。

20年来，历届省委带领全省人民"一张蓝图绘到底"，"八八战略"潜移默化地运行于浙江经济社会生活的方方面面，中国特色社会主义在浙江的实践也不断闪耀着光芒。

不妨看几组数据：2002年浙江生产总值8004亿元，人均生产总值0.2万美元，一般公共预算收入570亿元，城镇居民人均可支配收入1.17万元，农村居民人均可支配收入4940元。

再看2022年，全省生产总值77715亿元，人均生产总值1.78万美元，一般公共预算收入8039亿元，城镇常住居民人均可支配收入7.13万元，农村常住居民人均可支配收入3.76万元。每一项指标都实现了数倍增长。

如果说这些数据还比较抽象，那么像教育、医疗方面的变化是老百姓实实在在感受得到的。据2023年省政府工作报告，截至目前，浙江15年基础教育普及率超过99%，高等教育毛入学率提高8.1个百分点；医疗卫生机构每千人床位数提高到5.65张；人均预期寿命达82.3岁。城乡低保标准率先实现市域同标，11个设区市全部突破1000元/月。

　　说到底，贯穿"八八战略"的一条主线就是为了让人民过上更加美好的生活。浙江作为"八八战略"的实践地，生于斯长于斯的每个人都尝到了改革发展的甜头。

二

　　"八八战略"中有两个"八"，含义各不相同。第一个"八"是指浙江发展过程中的"八个优势"，比如有"市场先发"的体制机制优势，"连接大上海"的区位优势，"七山一水"的生态优势，"向东是大海"的山海资源优势等。这些优势并不是简单的已经直观体现出来的优势，具体来说，至少包括三个层面：优上加优、培育新优、化劣为优。

　　第二个"八"是围绕优势而提出的"八项举措"，比如坚持"两个毫不动摇"，积极参与长江三角洲地区合作与交流，打造"绿色浙江"，发展海洋经济等。这些举措是针对进一步发挥、培育和转化优势提出的，不是某一方面的单打独斗，而是覆盖了经济社会各个领域，是具体的工作方法。

　　除了这八条之外，习近平同志走遍浙江山山水水留下的殷殷嘱托，以及党的十八大以来总书记对浙江的一系列重要指示批示都是从"八八战略"延伸开来，共同构成了具有战略指导意义的有机整体。

　　不谋一时、不为一事，"八八战略"打开了浙江发展的新境界。比如"千村示范、万村整治"工程造就了万千美丽乡村，美丽浙江、美好生活正在成为现实；比如政府甘当"店小二"，"亲""清"新型政商关系不断构建，一些改革经验走向全国，营商环境满意度全国第一。比如杭州成为数字经济重镇，一批享誉海内外的知名企业脱颖而出；比如经济后发地区丽水多年来坚持走绿色发展道路，站在发展的新风口上；再如原本孤悬东海的舟山，借着大陆连岛工程成为开放高地。

放到今天，"八八战略"的分量还是沉甸甸的。2015年5月，习近平总书记视察浙江时曾说过，他在浙江工作时省委就提出了"八八战略"，这不是拍脑瓜的产物，而是经过大量调查研究提出来的发展战略，聚焦如何发挥优势、如何补齐短板这两个关键问题。他还进一步指出，"八八战略"和"四个全面"在精神上是契合的。

回望这张蓝图，从"美丽浙江"到"美丽中国"，从"法治浙江"到"法治中国"，从"平安浙江"到"平安中国"，从"海洋强省"到"海洋强国"，从加快建设文化大省到建设社会主义文化强国……从浙江到中央，一系列战略布局、重大改革发展举措及创新实践理念一脉相承。

换句话说，习近平新时代中国特色社会主义思想在浙江有着重要的萌发实践，"八八战略"是这一指导思想的重要理论源头。如果要问浙江何以能够走在前列，密码要从"八八战略"中寻找。

三

"八八战略"蕴含着"怎么看、怎么办"的大智慧，学习"八八战略"，不能只是挂在口头喊一喊，需要从中学会科学的思维方法、工作方法，在实践中既能拨开迷雾，还能摸清门路。笔者认为学习"八八战略"，至少要学会以下方法。

一是站得高方能看得远。"八八战略"之所以具有长久的生命力，就是因为不是囿于浙江一省，也不是着眼于一时来谋划，而是基于全国和全球视野，以及长期的时间线来谋划发展浙江，这种高瞻远瞩的战略格局和战略视野对于每一个地方执政者施政执政，甚至是每一个个体谋划自身发展都具有现实的指导意义。

二是直奔矛盾和问题去。问题是时代的先声，离开了问题意识，说再多都是空谈。"八八战略"就是为了解决"发展起来以后"的突出矛盾和问题而提出来的。事实上，社会要发展就一定要应对挑战，一个人要往前走也免不了碰到困难。路是走出来的，迎着问题去，好的办法总是要在披荆斩棘的实践探索中才能找到。

三是做事情需久久为功。"八八战略"在浙江实施了20年，历届省委、省政府既不"兜底翻"，也不是去"另搞一套"，而是一锤一锤接着敲，钉子一颗一颗钉牢。试想，如果做事情东一榔头西一棒，三天打鱼两天晒网，对于政府来说，可能是劳民伤财、民怨载道，对于个人来说，可能就是劳而无功、一事无成。

今年全省"新春第一会"上，省委就强调，要实施数字经济创新提质"一号发展工程"、营商环境优化提升"一号改革工程"、"地瓜经济"提能升级"一号开放工程"。这三个"一号工程"，正是在"八八战略"指引下推动浙江在中国式现代化新征程上创造更大成绩。

四是好成绩是靠干出来的。在实施"八八战略"过程中，习近平同志特别强调，"只有干在实处，才能走在前列"，"抓而不紧，等于不抓；抓而不实，等于白抓"。干工作，不需要空洞的新口号满天飞，而是要踏踏实实把事情一件一件落下去。尽管条条大路通罗马，但实践证明，通向成功的捷径只有实干一条。

五是想问题、做决策需系统看、辩证办。"八八战略"的核心要义就是扬长避短、取长补短、统筹兼顾、协调平衡。改革要讲"两只手"、转型要讲"两只鸟"、环境要讲"两座山"、统筹城乡要讲"两种人"，其中都充满了辩证的智慧。现实中，我们在解决一些矛盾和问题时，往往面临两难选择，已不再是非此即彼，这个时候就需要学会将两点论与重点论统一起来。

　　总之一句话，"八八战略"既是浙江的，也是全国的，说一千道一万，不如学会方法努力干。

王人骏　执笔

2023年2月20日

下一部《三体》在哪里

> 永远不必怀疑中国人对星辰大海的想象、对浪漫的追求，正如业内人士所说："如果科幻的黄金时代可以再度降临，它很可能出现在中国。"

"看了电视剧《三体》后，再抬头仰望时，会感觉这片繁星闪烁的夜空已经不一样了。"

不久前，一位观众在社交媒体上写下了这句浪漫与感慨并存的评价。

今年开年，中国科幻就带来了惊喜。除了电影《流浪地球2》霸屏影院，让科幻迷期待已久的电视剧《三体》也是开播即成爆款。剧版《三体》在国内收获大流量的同时，在海外也刮起了"收视小风暴"——其线上播放已覆盖美洲、欧洲、大洋洲等，在海外影视平台上观看人数超400万。

可以说，剧版《三体》迅速攀升的热度的确带来了惊喜，但也在意料之中。因为自小说《三体》三部曲2006年渐次面世以来，一场中国科幻阅读浪潮就已经开始。

当欣喜于"华流"出海有了新成色的同时，我们也不禁思考：《三体》凭什么俘获了众多国内外粉丝的心？下一部《三体》何时面世？

一

长期以来，科幻文学在中国文学版图中，一直作为一种边缘化的类型而存在，实现"走出去"更成了棘手之难。但小说《三体》的表现堪称"黑马"。

2015年，《三体》第一部之《地球往事》获得有"科幻界诺贝尔奖"之称的"雨果奖"；2019年，《三体》风靡日本，第一部上市后随即被抢购一空，出版社不得不在一周内加印10次……

《三体》能让全世界很多科幻迷青睐有加，靠的还是实打实的内容。有人曾这样评价它：以"奇"制胜，"后劲"很大。

《三体》之奇，奇在有令人拍案叫绝的科幻设定。要知道，即使在西方科幻的"黄金时代"，一部"硬科幻"能展现一个或者几个精彩的科幻设定，就算得上是成功了。书中有很多令人瞠目结舌的科幻设定，多到让读者应接不暇：

锁死地球科技的智子、幽灵倒计时、"宇宙闪烁"、3000万人组成的"人列计算机"、能"脱水"的三体人……读者在阅读中始终伴随着强烈的"烧脑感"。甚至有网友认为，小说中各种"惊为天人"的科幻设定，很多单独拿出来都可以独立写一篇小说。

《三体》之奇，也奇在对广阔宇宙的瑰丽想象。一个民族有仰望星空的人才有希望。科幻文学将我们的视线引向浩瀚无垠的星空，不断扩展着想象力的边界。

作者刘慈欣的想象力充沛，却又精细无比。比如"降维打击"，书中太阳系最终毁灭，是因为被歌者文明用一片"二向箔"降到二维，成为一个平面。二维化的太阳系几乎完美地重叠在一起，仿佛变成梵高笔下的《星空》。

《三体》之奇，还奇在对时空尽头的哲思。小说中不仅提出了"黑暗森林"假说、"宇宙社会学"等理论，还展现了人类共同对抗三体文明、在应对大危机时不同角色所展现的不同抉择，这都帮助读者拓展了思考空间。

奇特、奇美、奇思，加上字里行间诸多悬念推动故事发展，这样的《三体》怎能不让人着迷？

二

令人欣慰的是，近年来科幻文学迎来大热，可以说中国科幻题材作品迎来了高光时刻，它走进了大众视野，也走向了一个更广阔宏大的世界。

不过，当我们提及中国科幻文学绕不开《三体》时，也意味着，真正能够被称为"现象级"的，似乎只有刘慈欣和他的《三体》《流浪地球》等。

据《中国科幻10年行业报告》，2022年科幻小说中有近70%的销量来自《三体》系列。有心人难免发问：其他科幻作家去哪了？其他硬核科幻小说在哪里？

事实上，相比于欧美国家的科幻文学作品，我们的科幻文学作品量还不够多、质还不够硬。笔者认为，原因有以下几点：

其一，中国科幻文化的土壤还不够厚。科幻文学起源于西方，从1818年第一部科幻小说诞生起，西方已探索了200多年，《2001：太空漫游》《最后的问题》等作品都很经典。

作为舶来品，科幻小说在中国萌芽于晚清时期，起步不晚，但底子薄。受制于国民科学素养不高、国家科技发展水平低等，我国一直没有形成阅读和消费的市场。20世纪后半叶，虽有叶永烈的《小灵通漫游未来》等优秀作品相继发表，但整个领域一路走来曲曲折折，直到20世纪末，才重新燃起希望之光。

其二，在科幻文学领域，成熟的创作者还不够多。近20年来，中国科幻小说的活跃作者，除了刘慈欣外，还有王晋康、韩松等人。但实际上，长期坚持科幻创作的作家不多，成熟的新生代作家也不多。

就传统出版领域而言，《科幻世界》杂志社副总编拉兹提到过一个数据：美国每千万人口中有56名科幻作家，持续坚持创作的高水平作家约有1500人，而我国每千万人口中仅有1.5名科幻作家，其中持续创作、高水平的仅50人左右。

尽管相关数据表明，科幻网文近年来已成为网络文学的五大类型之一，其中也出现了一些优秀作品，但具有"硬核实力"的作品和长期从事创作的年轻作者仍然不多。

针对科幻文学海外影响力较弱的问题，还有个环节很关键——翻译。一部优秀的文学作品要走出国门，打破文化的隔阂，除了本身足够好，还要有"信雅达"的加持。

按惯例，翻译是有相当成本的。小说《三体》是在国内大火了之后，出版社才敢全文翻译，再推到海外。对其他大部分作品，出版社一般是先翻译概述交给海外出版社挑选，在"中奖"后再把作品翻译出来。囿于这一流程，科幻作品的海外传播自然一定程度受限。

种种原因下来，都让中国本土科幻文学发展之路走得并不轻松。

三

那么，本土科幻文学该如何"补课"，才能打破"言必称《三体》"的局面？

先说人的环节。科幻文学作品在国内是否畅销、"出海"是否顺利，说到底靠的还是优质内容撑腰，而内容本质上要靠人来创作。能够源源不断出好作品，一支壮大的创作队伍不可或缺，"难出大师大作"的难题必须解决。

针对科幻题材天然的特殊性，比如对作者科学知识储备要求较高、对思维和创意要求更活跃等，国内高校能做的有很多，比如加强学科建设、支持科幻社团发展等。

而针对目前不少作者写科幻小说是在"为爱发电"、很难靠写作养活自己，相关部门应该引起重视，必要时应进行一定扶持。毕竟作家真正能靠写作养活自己、获得尊严，行业才能繁荣。

再看"大圈子"，即科幻产业的整体状况。创作是树根，产业是树冠，科幻文学和产业相辅相成才能健康发展。游戏、影视、动漫、周边……文化产业各环节紧密协作，才能助推作品"出圈"。

可喜的是，目前有地方已出台一批推动科幻产业发展的利好政策。比如，2021年，北京成立全国首个科幻产业联合体，推动中国科幻产业"加速跑"。

最后说崇尚科技的社会氛围。科幻文学的发展与科技水平相关，也与人们对科技的向往相关。好作品不可能横空面世，"氛围感"很重要，一方面为科幻小说的创作提供更多现实基础和题材，另一方面也将培育更多科幻热爱者。

历史上赫赫有名的科幻作家往往都出自当时的科学中心国家，比如19世纪法国的凡尔纳、20世纪前后英国的乔治·威尔斯等。中国也是在21世纪以来，国力和科技水平有了极大提升后，才出现了《三体》这样的大IP。

我们的民族正处在伟大复兴的进程中，所以，我们也不必焦虑，相信随着时间的推移，下一部类似《三体》的作品，迟早会出现。永远不必怀疑中国人对星辰大海的想象、对浪漫的追求，正如业内人士所说："如果科幻的黄金时代可以再度降临，它很可能出现在中国。"

郑林红　张世琼　唐延松　丁谨之　郑梦莹　执笔

2023年2月20日

"教育名师"为何被"教育"

平视世界的一代令人期待。

这几天，关于合肥教育名师陈某某讲座中被学生轰下台的网帖热度很高、议论也很多。网传视频中，一名学生上台从老师手中拿过话筒，并说道："努力学习是为了什么，是为了中华民族的伟大复兴！"这引发了全场听众热烈响应。

事后，"合肥发布"微信公众号很快就发出了官方通报。通报中提道："2月18日下午，省属某高校教师陈某某，在庐江县某中学作感恩和励志演讲时，因内容不当，引发师生不满，被当场制止。"通报内容与网帖描述基本符合。

目前相关部门正在对事件进行进一步调查，该名老师也已经按要求停课在家反省。那这位被网友称为"三观尽碎"的"名师"到底做了什么，为什么会引发这么大的震动？

—

官方通报里提到的"感恩和励志演讲"，很多人可能并不陌生。

有不少学校会邀请一些"教学名师""金牌讲师""励志大师"给学生开展思政教育，以感恩、励志演讲的形式激发学生斗志。

但有些所谓的"名师"鱼龙混杂，演讲质量参差不齐，直接影响了思政教育的效果。庐江高中事件中的陈某某是在当地有些名气的教育名师，结果这次离开PPT的演讲信口胡诌，引发现场学生强烈不满。

都说青少年是祖国的未来、民族的希望，是"早晨八、九点钟的太阳"。因此，青年最需要精心引导和栽培。习近平总书记强调，青少年教育最重要的是教给他们正确的思想，引导他们走正路。学校思政教育就是起到这一作用的关键环节。而庐江高中事件折射出当下学校思政教育仍然存在一些不好的倾向。

比如，功利化倾向。根据网帖和网友爆料，该老师讲课内容输出的价值观大多和功利性相关，说学生读书就是为了钱、读书可以出国等。

此外，在一些学校的高三百日誓师大会、高考冲刺大会等场合，引导学生喊出的口号也大多是成功学的精致鸡汤。当然，读书是为了挣钱、过上更好的生活并没有什么大错，但公开宣扬，将这作为根本目的灌输给学生群体，对他们正在形成的价值观造成危害，也不是一所学校应该倡导的。

在中华民族的历史上，从来不乏心忧天下的读书人。古人早就说过：为天地立心，为生民立命，为往圣继绝学，为万世开太平。这些光荣传统才是学校思政教育应该传导给青年学子的价值取向。

比如，浅薄化倾向。有少数教师思维固化，一套PPT能用很多年，没有跟上新事物、新变化，也缺乏再学习、再出发的热情，就很容易导致思政教育的内容不能紧跟时代趋势，甚至上课照本宣科、流于纸面，有的还宣扬一些老旧的错误观点。

网帖里曝光这位陈老师所讲的一些"崇洋媚外""外国月亮比较圆"的内容，放在十几二十年前，或许还不会让大家如此愤怒，那时客观差距让很多人看待发达国家时还带着美颜滤镜。但经过这么多年高速发展，很多人崇洋媚外的心理已经改变。尤其是这一代的青少年更是足以平视世界。

如果思政教育者无法将思政小课堂和社会大课堂连接起来，不能把历史与当下、理论与实际结合起来，讲不清楚百年未有之大变局和中华民族伟大复兴，就会与青少年的实际感受产生隔阂，也就满足不了他们探索真理、了解现实的强烈愿望。

比如，低俗化倾向。如果说功利、浅薄的内容是价值取向的不妥之处，那么网上流传的所谓"杂交""基因"等论调更是凸显出该老师讲课内容的低俗不堪。

还比如"只要你考上大学了，随便玩""现在不要谈恋爱，上了好大学多的是你挑"等类似的低俗化激励让社会的不良风气吹进了校园、吹得一些年轻学子变了质。

其实，生活固然有眼前的苟且，但思政教育更应让学生保有珍贵的理想主义情怀。像张桂梅老师创办丽江华坪女子高级中学就流淌着这样的真情："我生来就是高山而非溪流，我欲于群峰之巅俯视平庸的沟壑。我生来就是人杰而非草芥，我站在伟人之肩藐视卑微的懦夫。"这些让人心潮澎湃的话语，想必也激励了无数从华坪女高走出去的贫困学子。

二

回顾近年来，一些光环等身的"知名教授""教育名师"们纷纷因为发表不当言论而"翻车"。这背后值得思考的东西还有很多，笔者想到了三句话。

第一句话：师风师德建设应该"小题大做"。

有网友会说，发表奇葩言论的老师不就是说了几句"雷言雷语"嘛，没必要揪着不放吧？非也。在教育过程中，许多时候老师的一句话，影响的是学生的一辈子。

作为人类灵魂的工程师，教师对孩子的成长、三观的形成有着重大影响。如果一个教师师风师德出了问题，那么影响的将是几十个、几百个甚至几千个孩子的未来，其危害性不言而喻。所以，对于教师发表"雷言雷语"的行为，绝不能只当作一笑而过的吃瓜事件，不了了之。对于那些师风师德失范的所谓"小事"，必须旗帜鲜明、敢于亮剑。

第二句话：平视世界的一代令人期待。

年轻一代亲眼见证了北京成为双奥之城的光辉历史，见证了中国第三艘航母下水，见证了中国空间站翱翔浩瀚太空……国家的繁荣富强让青年人更有底气去追逐梦想。所以，再想用"月亮还是西方的圆"那一套来忽悠他们，已经不灵了。

"青年者，国之魂也"。习近平总书记指出："70后、80后、90后、00后，他们走出去看世界之前，中国已经可以平视这个世界了。"勇敢、自信的一代，未来可期。

第三句话：莫将子弹打错了靶。

一些人对于传递扭曲社会价值观的奇葩言论视而不见，却认为抢麦学生缺乏对老师最基本的尊重，批评学生"年轻冲动不懂世故""没有经历社会的毒打"，甚至要求开除这个孩子。这是荒谬的。

我们当然提倡尊师重教，但是针对师风师德失范的不良行为，眼睛里也绝容不得沙子。发生此类事件的原因不在热血少年，而在于一些老师电脑上一套PPT、脑子里则是另一套PPT，那些在闲暇之余的"谈资"才是他的"真情流露"，这才是问题的根源所在。

截至笔者发稿前，庐江中学已表示力挺这位学生。当有媒体问及是否会对抢话筒的学生进行处理时，他们的回应很干脆：为什么要处理学生，这位同学做得没有错，三观很正！

三

钱老写的《围城》里面方鸿渐留洋回来，因为不学无术，弄了个假博士文凭，于是在家乡中学里做演讲，说洋烟（鸦片）给人以灵感，等等。如果说方鸿渐是无意为之，那合肥教育"名师"陈某某却是实打实有意宣扬。

历史充满巧合。当我们在为勇敢制止错误言论的少年点赞的同时，还想追问，到底是哪里出了问题，为什么还会有这些"害群之马"混入教师队伍，在青少年的拔节孕穗期"瞎施肥""乱折枝"？

表面上可能只是选人用人问题，但前有上海震旦职业学院教师公然在课堂大放厥词，现在有合肥"名师""崇洋媚外"、充斥"歪理邪说"，我们不禁思考：

　　我们的思想政治工作是不是腰杆够硬、底气够足？还有没有存在"说起来重要、干起来次要、忙起来不要"的现象？我们的思想政治工作是不是还有重教书轻育人、重智育轻德育、重科研轻教学的现象？

　　以及，我们的思政教师本身能不能做学习和实践马克思主义的典范，真正做到真学、真懂、真信、真用？还有没有"共产主义太远了，社会主义太长了，马克思主义太旧了"的错误想法？

　　解铃还须系铃人。真正抓好思政教育工作，关键还是在教师。所谓"经师易求，人师难得"，教师不仅要"授业解惑"，更要"传道"，既把知识推送到学生头脑，更要在学生心灵中埋下真善美的种子，引导学生扣好人生第一粒扣子，让学生立下鸿鹄志、争做奋斗者。

　　站在学生角度来说，值得思考的是，到底为什么读书？这个问题也引发广泛讨论。

　　回想111年前，14岁的周恩来回答说：为中华之崛起而读书！111年后，已经"睁眼看世界"的庐江中学高中学子也高亢地喊出：为中华民族伟大复兴而读书！时代各有不同，青春一脉相承。

　　不得不说，在一些学校中，同学之间谈论理想时，愿意更多地谈一些生意，少谈一些理想主义。似乎说起"为中华之崛起而读书""为国家发展做贡献"的使命时，会被人嘲笑"迂腐"和"书生气"，似乎只有进"大厂"、挣大钱、考编制才是应有的目标。

　　诚然，社会背景已发生巨大变化。百年前的中国，面临着内忧外患。如今的中国，正在向着中华民族的伟大复兴而奋斗。我们当中的很多年轻人，没有经历过挨饿是什么滋味，没有体验过挨冻是怎样的感受。但是,我们享受着的正是前人"披荆斩棘创造的幸福",我们站立的正是百年来最澎湃的复兴潮头。

往大里说,我们的国家并不是在所有领域、所有地方都拥有独一无二的优势,相反,在人工智能、先进制造、工业4.0等领域,与世界强国还有差距,等等。往小处说,每个人的人生价值,只有与国家所需紧密结合在一起,才能得到最大程度的展现。物质相对富足的年轻人,固然不必为柴米油盐而烦恼,但更应该有"学好文武艺,报效吾国家"的情怀。

王云长 云新宇 陈培浩 汤汉涛 执笔

2023年2月21日

鱼鳞图册有什么奥秘

管理地籍的鱼鳞册和管理户籍的黄册，就是古代官府构建国家基层社会秩序的一经一纬。

正在播出的电视剧《显微镜下的大明》中，算学天才帅家默发现他见过的地契与实际田亩数不符，心生疑虑，便私闯架阁库（相当于现在的档案馆）查阅鱼鳞图册，由此牵扯出一桩百余年丝绢税赋迷案。

事实上，这已不是鱼鳞图册第一次在影视剧中"扮演"关键线索了。此前在《朱元璋》《天下粮田》等影视剧中，都有它的身影。

其实鱼鳞图册离我们并不遥远。在金华，至今仍保存着两大宗共计1182册鱼鳞图册。不久前，珍藏于金华、兰溪两地档案馆的鱼鳞图册入选了国家档案局公布的第五批中国档案文献遗产名录。

那么，鱼鳞图册到底是什么？又有什么作用？今天，我们一起寻找答案。

一

鱼鳞图册，简单来说类似于当下农民手中的"土地使用证"，是古时官府征收皇粮国税的重要依据。因其所绘地形排列状若鱼鳞而得名，简称鱼鳞册或鳞册。

务农重土，国之大者。农耕时代，人与土地是构成社会的两大基石。《明史·食货志》记载："鱼鳞册为经，土田之讼质焉。黄册为纬，赋役之法定焉。"管理地籍的鱼鳞册和管理户籍的黄册，就是古代官府构建国家基层社会秩序的一经一纬。

把视线拉回金华，这里保存的两大宗鱼鳞图册，一宗为编纂于晚清至民国年间的《汤溪县鱼鳞图册》，共436册；另一宗为清同治年间编造、民国时期补造的《兰溪县鱼鳞图册》，共746册，10万余页。

这两宗鱼鳞图册记录了一方田土的各类信息，尤其是《兰溪县鱼鳞图册》较为完整地记录了一个县的地籍资料，被专家誉为"迄今国内外发现的以县为单位最完整、最连贯、最系统的鱼鳞图册档案"。

翻开这些册子，上面绘制了土地的形状简图，详细记载了地块字号、四至、亩数、等级、业主及居住地等信息，就连山川、河流、街巷、宗祠、寺庙等地理分布也能找到准确记载。

比如汤溪县寺平庄鱼鳞图册的首页，记录的是珍字一号田土，业主戴宗碧是庄里的"老祖宗"。攒造鱼鳞图册时，他已去世四百多年，但登记在他名下的田、地、山、塘等土地类型，竟有53处之多。原因是这些土地属于戴氏家族的祖业，为戴氏家族的公共财产，所以按俗以祖宗名字登记，以示土地性质。

值得注意的是，除了记载在个人名下的土地之外，还有不少田地登记在冬至会、土地会、观音会等会社名下，此类会社和我们现在的民间协会相似。会社名下的土地收入，除了缴纳必要的税赋外，主要用于消解纠纷、救贫扶弱、维护地方稳定等公共事务，以"补官治之不足"。

在中国古代，土地是百姓赖以生存的基础，也是国家税收的主要来源。《宋史·贾似道传》说，"江南之地，尺寸皆有税"。在没有测绘技术的古代，要让每一寸土地都有归属，都纳入国家税收体系之中，靠的就是人工攒造的鱼鳞图册。

这一页页的图文，精细程度更令人惊叹。其中登记的亩分信息精准到了小数点后6位，分别是分、厘、毫、丝、忽、微。如此"锱铢必较"的态度，体现了古时候人们对土地的珍视。也难怪有学者称，鱼鳞图册对土地管理的精细程度远超同时期的西方世界，是人类历史上的一个创举。

二

鱼鳞图册始于南宋、盛于明清，一直延续到民国，沿袭时间长达700余年。

南宋时，两浙、福建等地农业经济较为发达，也最早催生出鱼鳞图册，满足了朝廷"按图核地""按图收税"的需求。

地处三江交汇处的兰溪，被认为是鱼鳞图册的创始地和样板地，保存至今的兰溪、汤溪两宗鱼鳞图册就是佐证之一。

据宋史记载，从南宋起，兰溪至少有6次鱼鳞图册攒造记录。

明初，朱元璋曾派人到兰溪，将"田土一一经量，编画鱼鳞图籍以记之"。从这开始，鱼鳞图册作为样板，从两浙推广到全国。

清咸丰年间，浙江遭受太平天国之乱，各县衙保存的鱼鳞图册几乎全部被战火焚毁。战乱平定后，清政府饬令即刻"勒限赶造"。具有丰富攒造经验的兰溪县进行了大规模的"土地普查"，最终形成889册《清同治兰溪县鱼鳞图册》。

1942年5月，侵华日军分四路进攻兰溪。生命攸关之际，兰溪县政府紧急动员，分两批将鱼鳞图册转移到离城20公里外的甘溪乡（现在的黄店镇）的东坞村、张坞村藏匿。县城沦陷后，兰溪人民又冒着枪林弹雨，一根扁担两只肩膀，硬是把一箱箱鱼鳞图册挑到丽水景宁"避难"，直至日本投降才搬回兰溪。

几经辗转，这批带着血泪记忆的兰溪鱼鳞图册，虽有少量散佚，但大部分得到妥善保存。

在新中国成立初期，《兰溪县鱼鳞图册》和《汤溪县鱼鳞图册》仍被作为农业税征收的依据而继续发挥作用，直到土地房产所有证诞生后，才真正被取代。

对于兰溪鱼鳞图册，浙江大学教授梁敬明曾这样评价：这是一份时间跨度很长、内涵相当丰富，并且记录了全县自清同治至中华人民共和国成立近百年各类土地变迁信息的档案。就规模和完整性而言，不说绝无仅有，至少也应是非常罕见。

三

有句话叫"历史睡了，时间醒着"。

珍贵的鱼鳞图册不仅生动述说着过去，也深刻影响着当下和未来。对于它们，最好的保护就是唤醒它、用起来，让它"活"起来。

欣喜的是，兰溪鱼鳞图册正告别"藏在深闺人未识"的过去，发挥着重要的学术价值、文化效应和现实意义。

去年11月15日，由浙江大学出版社出版的大型档案文献丛书《兰溪鱼鳞图册合集》正式发布，改变了鱼鳞图册利用困难、缺乏深度整理的现状，为县域范围的土地资料统计分析特别是土地占有与产权结构等方面的统计分析提供了借鉴，具有县域标本的作用。

《兰溪鱼鳞图册合集》共250册，收录高清图片20.3万余幅，叙录149篇，完整、系统地搜罗整理了清同治时期兰溪攒造的鱼鳞图册官册及部分散落民间的民册，首次公开出版了大量未经刊行、长期深藏的兰溪鱼鳞图册，是我国地方档案文献整理的标志性成果，填补了大宗鱼鳞图册出版的空白。

在利用方面，浙江师范大学李义敏曾和团队成员一起，通过兰溪鱼鳞图册上详细记载的资料，利用GIS（地理信息系统）技术复原了兰溪城区的鱼鳞总图。

在宣传方面，不少影视剧纷纷以鱼鳞图册为题材设置跌宕起伏的故事情节，进一步提升了鱼鳞图册的知晓度，引起更多的关注和研究利用。

习近平总书记多次强调，要让收藏在博物馆里的文物、陈列在广阔大地上的遗产、书写在古籍里的文字都活起来。

不管是结集出版，还是成为国家档案文献遗产，都只是唤醒鱼鳞图册的第一步。接下去要做的，是深入挖掘好这座文化资源富矿，让其"开口说话"，激活其独有的价值。

我们还有很多的事要做，还有很长的路要走。未来，鱼鳞图册将积极申报"世界记忆名录",努力讲好中国故事,展示中国智慧和文化自信。

【档案资料】

兰溪市档案馆藏《兰溪县鱼鳞图册》为清同治年间编造、民国时期补造,共746册,总计10万余页,记载了兰溪城区十坊、乡区34都139图的田土、山林、地形等情况。金华市档案馆藏《汤溪县鱼鳞图册》编纂于清同治至民国时期,共436册,总计7万余页,以"庄"为基本的建置单位,记载了汤溪县汤塘庄、蒋村庄、寺平庄等73庄的田土情况。

作为婺州鱼鳞图册的代表,这两宗图册是目前国内外保存最完整、最系统的鱼鳞图册档案。今年1月,经金华、兰溪以及安徽省休宁县三地档案馆共同申报,鱼鳞图册入选第五批中国档案文献遗产名录。

潘江涛 陈红光 执笔

2023年2月21日

浙江的"投资之道"

> 没有什么比高楼拔地而起更能提振发展的信心，没有什么比项目接踵落地更能激发经济的活力。

投资是什么？

从个体和企业看，投资是一种资本积累，比如债券投资、股票投资、基金投资等。在经济工作中，投资通常指建造和购置固定资产，比如修建高铁、建造学校、购买生产设备等。在拉动经济增长"三驾马车"中，投资的作用异常关键，而浙江也尤为重视。

从去年浙江省委经济工作会议到今年浙江省两会，浙江都提出实施扩大有效投资"千项万亿"工程。而就在今天上午，全省扩大有效投资重大项目集中开工活动举行，268个项目、总投资6808亿元、2023年度计划投资1390亿元，全面吹响"千项万亿"工程的集结号。

今年全省"新春第一会"上，省委就强调，要实施数字经济创新提质"一号发展工程"、营商环境优化提升"一号改革工程"、"地瓜经济"提能升级"一号开放工程"。在浙江大力实施三个"一号工程",强力推进创新深化、改革攻坚、开放提升大背景下,具体推进"十项重大工程",大抓投资、大抓项目,可谓牵一发而动全身。

浙江为什么如此重视投资?投资与浙江的发展有什么关系?今天我们就来聊一聊浙江的"投资之道"。

一

要回答好这个问题,或许得将时光倒回到20年前,甚至是更长的历史维度。

2003年,浙江正面临一连串"成长的烦恼"——电力短缺、土地紧张、水乡"喊"渴、环境污染……破解资源环境约束与经济粗放发展之间的矛盾,已然成为当时迫在眉睫的事。

面对这样的窘境,习近平同志亲自谋划实施"五大百亿"工程,瞄准基础设施、信息化、科教文卫体、生态环境、帮扶致富五大领域抓投资。

这其中,不乏很多浙江人耳熟能详的明星项目。比如,甬台温铁路、宣杭铁路、诸永高速,改善了区域交通网络布局;秦山核电三期、浙能乐清电厂,缓解了电力供应紧缺状况;生态保护公益林、万里清水河道整治、康庄工程,天更蓝了、水更清了、出行更便利了。

《习近平浙江足迹》记载,习近平同志到浙江后,第一次到宁波调研,就指示千方百计争取早日把杭州湾跨海大桥建成。大桥奠基仪式时,习近平同志亲自启动开工按钮,2008年大桥建成通车时还专程发来贺信。作为当时世界上最长的跨海大桥,建成后使沪杭甬路网格局从"U"字形变为"A"字形，大幅缩短了杭州湾南北岸的距离，实现沪杭甬两小时交通圈，有力推动了长三角区域一体化发展。

此后，浙江像接力赛跑那样一棒一棒地接下去，每五年相继实施"三个千亿"工程、"411"重大项目建设行动、"4＋1"重大项目建设计划，虽然投资重点不同，但都聚焦需求、切中痛点。

尤其近三年，在疫情之下，面对出口不确定性和消费持续低迷，浙江投资持续发力，展现出强大的韧性，增长速度既快于同期全国投资增速，也快于同期全省经济增速，对经济增长的贡献率超过40%。

值得一提的是，投资不是一投了之，而是坚持系统思维、全局观念，围绕国家战略规划、地方发展所需谋篇布局，用大项目、好项目为高质量发展提供"硬支撑"。比如，历经十年建成通车的舟山大陆连岛工程，将舟山本岛与宁波相连，解决了舟山孤悬东海问题，从"海岛时代"跨入了"大桥时代"。又比如，2022年开工的六横公路大桥二期工程，作为甬舟一体化的重要纽带，大桥连接宁波舟山港六横和梅山两大核心港区，六横区域经济竞争力被加上了重重的砝码。

从资源"虐出圈"到全国"尖子生"，可以说，浙江发展史就是一部热血励志剧，正是一个个重大项目的夯基垒台、立柱架梁，强有力支撑了浙江从资源小省到经济大省，再到经济强省的华丽转身，硬生生打了一手好牌。

二

一路走来，投资对浙江发展的重要性不言而喻，而在不断探索和实践中，浙江也找到了抓投资工作的三个关键。

关键之一，要有效。投资，重在产生经济社会效益。既要防止"一哄而上"，缺乏对市场需求的深入分析，低水平重复建设，造成产能过剩；也应避免好大喜功、不切实际，搞一些华而不实的面子工程，甚至烂尾工程。

那么，如何充分利用有限的土地、资金等要素资源？如何让投资效益最大限度发挥？浙江率先提出"有效投资"，从注重传统基建向新型基建转变，从注重物的投入向创新投入转变，从注重经济投入向生态环保投入转变，从注重单体项目投资向综合网络型转变，从注重投资规模速度向优结构提效率转变。

通过有效投资，浙江投资规模不断扩大的同时，结构在优化、质量在提升。比如，创新投入方面，浙江大力推进的之江实验室、良渚实验室等10家省级实验室建设，充分动员政府、企业、社会等各方力量，总投资超400亿元，展现了大布局、大手笔。又比如，产业投资方面，总投资325亿元的衢州时代锂电项目、一期投资180亿元的杭州富芯半导体项目、总投资108亿元的三一装载机吴兴项目等，一个大项目落地，培育了一个大产业，推动当地实现产业结构转型升级。

关键之二，靠项目。投资，离开项目就是无根之木、无源之水。重大项目建设，是真金白银的投入，也是发展动能的积蓄。没有什么比高楼拔地而起更能提振发展的信心，没有什么比项目接踵落地更能激发经济的活力。

比如，宁波舟山港，得益于一系列码头航道、疏港公路、铁路支线等项目建设，有效提升航道运输、江海联运、海铁联运服务能力，港口年货物吞吐量连续14年位居全球第一，成为浙江开放发展的"金名片"。

来看一组数字：2018年至2022年，杭州至黄山、杭绍台、商合杭、九景衢等4条高铁建成通车，浙江铁路出省通道达12个；新增高速公路里程数1177公里，实现高速公路陆域"县县通"；杭州地铁运营里程516公里，居全国城市第5位；超重力离心模拟与实验大科学装置实现"零的突破"……一个个重大项目落地开工、加快建设、投产投用，形成了推进省域高质量发展和现代化先行的强劲引擎。

关键之三，抓改革。用足用好改革关键一招，才能持续提升投资便利化水平，充分激发投资活力，实现投资可落地、可持续。

这些年，从推广政府和社会资本合作PPP模式，到支持民营资本进入铁路、油气等传统垄断领域；从推行企业投资项目审批"最多跑一次"改革，到全国率先探索工业用地"标准地"改革……每一次改革探索的步伐，都给投资增长、项目落地提供了全新的动力。

比如，我国首条民营控股高铁杭绍台铁路，2022年1月建成通车，政府一次投入42亿元，就撬动了440亿元的重大项目。同样由民营企业控股的杭温铁路，预计2024年建成通车。我国首个民营控股的混合所有制炼化企业浙石化公司，实施浙江有史以来最大的单体产业项目舟山基地4000万吨/年炼化一体化项目，总投资超2000亿元，建成投产后有力维护国家石化产业链原料供应安全。

近五年来，浙江民间投资占整体投资比重始终保持在56%以上，为经济社会发展作出了巨大贡献，成为拉动投资增长的主力军。

三

有句话说：今天的投资结构就是明天的产业结构，今天的项目数量就是明天的经济总量。

当前，国际形势依然复杂严峻，国内经济复苏的态势仍不稳固，投资仍是稳增长的"压舱石"和关键驱动力所在。未来五年，浙江怎么干好"千项万亿"这项大工程？笔者认为，关键是聚焦方向、主体、路径，解决好"投向什么、谁来投资、怎么推进"这三个核心问题。

首先，明确"投向什么"。经济发展期盼更高端的产业，那么我们就将投资投向先进制造业和科技领域，比如具有浙江优势的数字安防、集成电路、新能源汽车、绿色石化等产业项目；老百姓期盼更优质的民生服务，那么我们就将投资投向民生设施和文旅融合领域，比如西湖大学、浙医一院国家医学中心、京杭大运河博物馆……进而打造"浙有优学""浙里健康""浙有善育"等七张金名片；大家期盼交通更便利，就将投资投向通苏嘉甬铁路、甬舟铁路、杭州地铁四期等。

总之一句话，围绕先进制造业、科技、民生设施等九大领域，每年1000个项目，完成投资1万亿元以上。

其次，每年1万亿，由谁来投？随着地方政府债务持续严格控制，依靠政府投资"单条腿走路"模式早已行不通。唯有通过政府投资撬动，鼓励更多民间资本参与，并深化与大型央企、国企、外企合作，实现政府投资、民间投资、国企投资、外商投资"四个轮子"一起转。

"千项万亿"浪潮下，政府和社会资本合作机制必将越来越健全，投资主体必将越来越多样，全社会的投资潜力也必将充分挖掘。

最后，有项目、有人投，怎么推动落地？今年年初，浙江省召开扩大有效投资"千项万亿"工程部署会，各厅局、各地市都签了"军令状"，要干什么、谁来干、干不好"鞭子"打在谁身上，都清清楚楚。干不好的约谈、干得好的激励，既要鞭打"慢牛"，也要激励"快马"。此外，政策工具箱也是"干货"满满，金融工具、地方政府专项债券、中央预算内资金、重大产业项目用地、能耗单列……对重大项目的要素需求，全力做到应保尽保。

今天的投入，就是明天的产出。百舸争流、千帆竞发的新格局下，尤其需要实干争先、勇开新局。稳定经济运行，激发内生动力，促进转型升级，催生更多新的消费增长点，投资这块"压舱石"，在浙江奋力推进"两个先行"的新征程上，依然大有可为、也必有作为。

王世琪　郑浩　执笔

2023 年 2 月 21 日

文化下乡如何让群众买账

> 如果文化下了乡却"留"不下，那就只是一阵"风"，在群众心里掀不起波澜，赢不了真心实意的掌声。

不久前，一条新闻引起关注：文化和旅游部、农业农村部、国家乡村振兴局三部门发声，2023年，将举办"大地欢歌"全国乡村文化活动年，推出全国"村晚"、全国广场舞展演等乡村文化活动。三部门共同聚焦乡村文化建设，可见这件事儿分量之重。

"看到台下观众那么多，翻跟头都特别带劲。"婺剧演员杨霞云说。这两天，在金华武义，浙江婺剧团派出了上百人的演出阵容，包括"梅花伉俪"杨霞云、楼胜，"白玉兰主角奖"得主陈丽俐、李烜宇等，从18日晚到21日晚，连演7场婺剧经典大戏，场场爆满，不少村民中午就拎着盒饭来占座了。这说明，基层群众对精彩的文化活动也十分喜爱。

处于供给"末梢"的广大基层和农村，一直是公共文化服务体系建设的重点，也是文化资源下沉落地的难点。然而，曾经，"喇叭一响，看电影的人一操场""戏班子一来，男女老少全村出动"……如今，这样的景象似乎很难再现。年前，在一条热搜视频中，十余人的戏班在风雪中表演一个多小时，观众却只有一个孩子。

送文化下乡如何才能真正送到百姓心坎上？这是一道必答题，也是一道"既要、又要"的辩证题。

一

文化下乡已经走过将近三十年历程。在浙江，一个覆盖省、市、县、乡、村五级的现代公共文化服务体系已经建立起来，基层文化阵地的覆盖面也十分广泛，比如农村文化礼堂就已超过2万家，也涌现了不少文化下乡的典型做法，一定程度上缓解了基层对文化的渴求。这些都是值得肯定的。

但也应看到，一些地方的文化下乡活动未能真正发挥文化惠民的作用，群众的获得感并没有那么强。笔者将之归纳为以下四类：

送来的群众不喜欢，群众想要的却看不到。随着智能手机普及，百姓接触信息的方式今非昔比。走进农村，看直播、刷视频，甚至自己出镜的大伯大妈比比皆是。反观部分地区的文化下乡活动，依然"老方一帖"——戏曲、电影和展板"老三样"。台上演得热闹，台下手机刷得入迷，"文化大餐"旧瓶装旧酒，老百姓自然不买账。

不仅如此，文艺团体轮流到各个村演出，来的时候尚且热闹一两天，演出完了人就走，文化看似送到了，却始终难以真正给村民留下点什么。

群众内心满不满意不重要，但必须要来"拍个照、留个痕"。

文化下乡的主体应是群众，可部分地区本末倒置，主体成了各级主办单位，群众只不过是来凑数的"模特"，某些地区甚至向各村摊派"人头"。由此，检验文化下乡的成果不再是群众满不满意，而是台账做得好不好、照片拍得好不好。

部分地区在开展文化下乡时，并没有深入农村做调研，而是坐在办公室里"依葫芦画瓢"定计划下指标，时间差不多了就下乡送个戏、送点书，拉来一群观众坐一坐、拍个照，让活动变了味、走了样。尽管群众口上不说，想必心里是不会满意的。

明星村文化活动过剩，偏远村却"望穿秋水"。有的单位在开展文化下乡时，过于追求宣传效果和领导关注，喜欢将活动安排在一些"明星村"；有的单位为图自身便利，倾向将活动安排在一些近郊村，且时间上多集中在年关时节或重要节日，由此造成有的村"你方唱罢我登场"，有的村"望穿秋水不见来"。

送的文化，只能单选，不能多选。就像人有酸甜辣咸的口味喜好，群众对文化生活也有偏好选择。但长期以来，文化下乡活动缺少与受众的互动，主要以"政府端菜"为主，造成群众对文化内容要么过剩"吃不下"，要么滞胀"难消化"，浪费文化资源不说，还消减了百姓对文化服务的兴趣。

如果文化下了乡却"留"不下，那就只是一阵"风"，在群众心里掀不起波澜，赢不了真心实意的掌声。

二

文化下乡，为何"供需不对路"，"送了留不下来"？

背后原因是多方面的，认知、机制、人才……不一而足，再深究一步，主要有几种心理在作祟：

其一，用"俯视"心态看待文化下乡，将农村视为"低端文化"的地盘，认为城里过时的文化活动，在村里依然时髦。

有报告显示，截至2022年6月，我国农村网民规模为2.93亿，农村地区互联网普及率为58.8%。而伴随着中国城镇化水平的不断提高，一批批走向城市的村民，带回来的不仅有增长的收入，还有与时俱进的文化理念。

从某种程度来说，如今很多乡村，比城里还要"潮"。当村民都在用手机玩直播，文化下乡的形式和内容，还停留在上个世纪的做法，注定很难赢得大家的认可。

其二，用"行政"思维推动文化下乡，只是简单从政绩角度作决策，把"做了当成做好了"。

笔者曾听说过这样的情况：前些年，一些地方乡镇文化站，高标准配置了一些电脑编程教材、全英文辅导书等，在宣传上却美其名曰打造了媲美城市图书馆的乡村书房。殊不知，这种完成任务式的文化下乡，根本对接不上村民的需求，导致这些书只能躺在那里积灰。

文化下乡是要将文化送到农村、送给农民朋友，但若是纯粹将之视为一种行政手段，仅仅是自上而下的单向输送，就很容易成了"虚假繁荣"。

其三，用"对付"心理对待文化下乡。

在部分地区，文化工作者不愿让双脚勤沾泥土气，经常关门搞创作，甚至抗拒去偏远农村，这自然无法走进村民心中。敷衍了事的节目，也无法让广大群众共情。

当然，这背后也有现实因素。比如，文化员常兼着好几个岗位的活儿，连安排日常文化活动都无暇顾及，更别说要绞尽脑汁策划新活动。有时不能够做到尽善尽美，一定程度上可以理解。尽管如此，这也不能成为事情做得不够好的理由。

三

文化下乡的"正确打开方式"是什么？笔者认为，可以做到四个"想清楚"。

首先，想清楚文化下乡为谁而送。

文化下乡的本质是做群众工作，送之前要搞清楚群众"想什么、要什么"，送之后要了解群众"满意不、开心不"，让村民说了算，既给"点菜权"，又给"评菜权"，这样群众才会和你掏心窝子，这样的文化下乡才能收获群众发自内心的"赞"。

比如，在杭州建德航头镇航川村，村里每周都会开办摄影课，村民跟着文艺村长学习摄影知识，自己当模特，自己用手机拍摄。从最初只有本村10余名学员参加，发展到周边村民纷纷前来，最多时有100余名学员，甚至还有70多岁的奶奶前来打卡。这个项目，就是镇里文化干部在走村入户时和村民聊天聊出来的。

其次，想清楚文化下乡为啥要送。

文化下乡，从面上看，是为了丰富群众的文化生活，进而"以文化人""以文育人"，往深层看，文化下乡也是为了激活乡村文化这一富矿，在将文化送下乡的同时，种下属于农村自己的文化种子。

比如，江浙一带很多村庄都曾有舞狮舞龙、腰鼓花鼓等传统文化节目，但近年来由于农村人口老龄化，这些传统节目面临失传的窘境，我们的文化下乡如能聚焦本土文化、培养本土人才，让农民群众既当观众又当主角，就像群众自编自导自演的"村晚"一样，那一定会叫好又叫座，并且能将"送文化"变成"种文化"。

再次，想清楚文化下乡靠谁来送。

我们的社会不缺文化人才，缺的是聚才留才的平台和气魄。政府有关部门不光要自己干，更要在广袤的农村大地，为各路文化人才搭好台，吸引他们聚到一起干。

他们，可以是乡村本土文化人才。如湖州长兴推出"文艺村长"，帮助村里组建文艺团队，让一大批乡村优秀文艺骨干脱颖而出，成为当地的乡土"艺术家"。

他们，也可以是艺术院校的专业学生。如浙江传媒学院每年利用暑假开展"三下乡"活动，其中一项重要内容就是文化品牌赋能乡村振兴，诸如草坪音乐会等活动，都受到基层群众的欢迎。

他们，还可以是在外乡贤。如从淳安县屏门乡走出去的杭州戏曲家协会副会长王姝苹回乡办起了屏门睦剧学校，建起了睦剧展示馆，教乡亲父老和孩子们唱睦剧，让睦剧成为当地群众喜爱的特色文化，也成为当地的一张名片。

最后，想清楚文化下乡如何因势而变，与时代共同起舞。

技术变革的日新月异让文化下乡有了 N 种新可能。互联网、云储存、大数据让云舞台、线上送、联动送成为现实，3D、VR、AR 等技术让全息影像生动呈现。从传播渠道看，只要内容够好，群众够喜欢，观众都能成为我们的宣传员，带来高一个数量级的传播力和影响力。

比如，绍兴、衢州等地，将文化供给上线到云上，开启文化下乡"点单"模式，根据群众点单，提供群众想看且爱看的节目，精准提供公共文化服务。

文化下乡的初衷是什么？把思路理清楚，才能把一场文化活动当作事业来追求。

"诗文随世运，无日不趋新。"对于文化下乡而言，在文化礼堂等硬件设施基本到位的今天，需要考虑的是，如何在细水长流中充实"软件"，激发文化下乡的"内驱力"，让村民们在潜移默化中受到熏陶，真正让文化留下更留香。

汤燕君 刘健 张彧 执笔

2023年2月22日

陆羽命若清茶

> 饮者知味，由什么人烹制、用什么样的心情、有什么样的寄托，都在静心精诚的一盏茶中。

茶有三重滋味：入口微涩，再品回甘，余调悠远。

与之相似，有些人的生命也有这般三重境界：在苦难中跋涉，于热爱中幸福，终了归于淡泊。譬如，那个"一生为墨客，几世做茶仙"的陆羽。

他写就一部《茶经》，奠定了千年以来中国茶文化的基调，使后人赞："自从陆羽生人间，人间相学事春茶。"殊不知，茶作为陪伴他一生的挚友，也启迪和治愈了他的灵魂。

最近，浙江一些地方开始了采茶。今天，我们来聊一聊被誉为"茶圣"的陆羽。

一

陆羽的前半生，是"山重水复疑无路"的真实写照。而茶，则是照进来最亮的那束光。

公元736年，湖北天门龙盖寺的住持智积禅师，在湖滨三只大雁的羽翼下捡到一个弃儿，他就是陆羽。在禅寺的暮鼓晨钟中，慢慢长大的孩子却并不爱佛经，反而向往儒道。因为志趣不见容于禅宗，他在12岁那年不得不背井离乡。这个貌陋口吃的少年，只能以演丑角为生，四处漂泊游历。其后"安史之乱"爆发，战火纷飞彻底阻断了他入世的梦想。

文章憎命达，只伤题中人。虽然经历坎坷，但陆羽更为那艰难的世道痛心。所作《四悲诗》中，"悲天失纲，悲地失常，悲民失所，悲五湖山失色"，没有一字是为自己所发。

760年，27岁的陆羽初辗转到吴兴，他压抑的情绪爆发了。那时节，苕溪附近多了个狂士。他常常白日踯躅独行于旷野，至天黑无路，便号啕大哭而归。

悲天悯人中，只有在烹茶的时刻，陆羽的生活才宛然别有天地。

忆往昔，陪伴在酷爱喝茶的智积禅师身边，学习煎茶辨水的岁月，是他人生最初的温馨时光。此后，教他读书的邹夫子、与他同游三年的崔辅国，这些指引他求学之路的贵人也同为爱茶之人，曾和他一道寻访各地的好水好茶。

当沸水冲起茶沫，"如回潭曲渚，青萍之始生；又如晴天爽朗，有浮云鳞然"。青萍浮云，都是漂泊无根之物，随聚随散。他于烹茶中观青萍浮云，也终于参悟无常、勘破心结。

"啜苦咽甘，茶也。"草庐下，陆羽在《茶经》里如是写道。那一刻，他找到了平静。

二

在湖州，摆脱焦虑的陆羽开始自在安于山水。这个自述"不善与人相处"的孤独患者，却广交了茶友。

他"缁素结交"四十余年的好友皎然，是吴兴杼山上妙喜寺的住持。从鉴茶到喝茶，二人常常在寺后的茶场里一起琢磨讨论。

个性潇洒的皎然常说："以茶代酒！"陆羽便笑着附和："是，以茶代酒。"

南朝四百八十寺，多少楼台烟雨中。妙喜寺作为其中之一，早已湮没在岁月的淘洗下。千年倏然而过，但一块在当地发现的清代石碑《兰盆碑记》，让后人确定了妙喜寺的位置，也透露了湖州的乡人水土与陆羽双向奔赴的那段逍遥游。

秀山丽水间，僧俗官隐，唱和雅集。皎然作为介绍人，时任湖州刺史颜真卿来了，江波钓客张志和也驾一叶扁舟而至。在那句流芳千古的"西塞山前白鹭飞"问世之时，众人的口鼻唇齿间正满溢陆羽烹茶的清香。

也有朋友们访不着人的时候，那多半是陆羽进山采茶的日子。

《唐诗三百首》中，有皎然所写的《寻陆鸿渐不遇》："移家虽带郭，野径入桑麻。近种篱边菊，秋来未著花。扣门无犬吠，欲去问西家。报道山中去，归时每日斜。"

诗里，湖州的初秋是慵懒的。桑麻褪下了青绿，在一派赭黄的野意间掩映着通向草庐的小路。篱边含苞未开的菊花，陪伴着久候的僧人，直到陆羽负茶而归的身影被酡红的夕照拉得又斜又长，轻轻投在了柴门上。

心安处，即是故乡。在吴兴，飘零的孤儿陆羽因茶结缘，终于有家了。

三

林语堂曾言："中国人只要一把茶壶，走到哪里都是快乐的。"这种在中国古典文化中荡漾着淡淡茶香的雅趣，其启蒙者正是陆羽。

古人喝茶，原与熬菜汤无异。人们把采下来的细小茶叶扔进锅里囫囵煮烂，再加入葱、姜、茱萸、薄荷、胡椒等，做成混混稠稠的"粥茶"。更有如唐德宗者，还要调以大枣、牛羊奶、酥油等膏腴厚味，但被陆羽嫌弃为"肤浅浮嚣之人的地沟水"。

为了让世人尽享茶中最透彻的滋味，他用涓涓不辍的热爱与虔诚，在吴兴开始写作一本关于茶叶的百科全书——《茶经》。内容共分十节：一源、二具、三造、四器、五煮、六饮、七事、八出、九略、十图，共七千余字，却费去了好几十年。

他可以不厌其烦，花五年时间设计出二十四种茶器；也可以踏破芒鞋，访遍名山大川、行尽荒山野岭，将全国之水辨析为二十品。

据传，曾有人设下考验，用扬子江近岸之水，替换他烹茶所爱的江中心"南零水"，结果一尝即被识破。

他为茶乐呵呵地忙活着，以一种特有的仪式感，规范着茶的物质形式，也抵达了自己的精神家园。"茶圣"之尊，正源于成痴成癖的匠人之魂。

明人张岱曾作评论："人无癖，不可与交，以其无深情也。"意思是说，没有癖好的人对其他人也无深情，是不可以结交的。确如此言，在认清煎熬的生活真相之后，爱茶的陆羽也始终爱着这个世界。

自陆羽离开家乡，智积禅师便不复饮茶。多年后，《茶经》名动天下，唐代宗专邀智积入宫，由陆羽在别处烹茶呈上。水方沾唇，禅师便已识出此茶乃是陆羽所烹，不禁老泪纵横。

饮者知味，由什么人烹制、用什么样的心情、有什么样的寄托，都在静心精诚的一盏茶中。

四

《茶经》中载："茶香宁静却可以致远，茶人淡泊却可以明志。"作为一种饮品，这便是陆羽心中的茶道。

陆羽曾与当时盛名的茶师常伯熊一同演示茶道。后者衣饰雕丽、着意表演，以戏剧化的姿态赢得观众赞赏；而他身披野服，随意自然的程式似无新意，因被鄙之。

受辱之下，《毁茶论》由此诞生。正如他弃混沌杂乱之味，而追求在茶与水的交融中品味人生甘苦，对茶的艺术展示也在朴素无华的美学涵养中，引导人们走向修身养性的生活境界。

在陆羽迈入不惑之年时，卖茶的店家已把他的塑像当作神来供奉，客人每买十件茶具，就送一尊他的塑像。盛名之下，皇帝两度迎他入宫侍奉，都被他婉辞谢绝。

"不羡黄金罍，不羡白玉杯。不羡朝入省，不羡暮入台。千羡万羡西江水，曾向竟陵城下来。"

曾经，他如同东奔西顾的茕茕白兔，于喧嚣世间惶惶寻找着一个可以休憩的归宿。孑然孤苦的身世、寄人篱下的境遇、无以为继的理想，都让一颗敏感的心反复感受着远超常人的痛楚。

799 年，可能是因为得知皎然即将离世，在外游历的陆羽回到吴兴。此时，他已然不以物喜不以己悲。他蜕下了尘世庸碌的蛹衣，如同轻盈舞于江湖的一翼蝶，以恬淡平和的姿态耕耘着精神世界里柳暗花明的另一番天地。804 年，陆羽在吴兴去世。

在今天看来，陆羽的贡献不可磨灭：

在他之前，皓首穷经方为士大夫之道，茶事不过是难入正统的末流杂学；在他之后，茶道不仅飞入王谢堂前，更走进寻常百姓家，让世人都能通过茶文化产生精神共鸣。

所以，如果你过得顺遂，请千万珍惜好时光。闲来煮茶，晨起侍花，清浅岁月里，一手烟火一手诗意，是幸福。如果你正面临不如意，也请像陆羽一样坦然接纳人生百态，于水穷处看云起时，总有一扇窗为热爱生活的人打开。

将生命烹煮成一盏徐徐升腾着氤氲热气的清茶，这就是陆羽的浪漫主义。

朱小芳 执笔

2023 年 2 月 22 日

"黄金三角"无限可能

> 推进一体化发展，除了科技协同、产业互融，更要激发文化的黏合力和驱动力，以打造一个活力四射、魅力满满的长三角。

提到中国的经济活跃区块，绕不开两个"三角"：长三角、珠三角。其中，长三角就是人们常说的"包邮区"，是最有活力、开放度最高，也最具创新力的区域之一。

昨天，浙江省推进长三角一体化发展工作、省推动长江经济带发展领导小组会议召开。省委书记易炼红强调，汇聚全省之力，大干"开局之年"，争当落实国家战略使命"弄潮儿"。而就在前几天，国务院批复同意《长三角生态绿色一体化发展示范区国土空间总体规划（2021—2035年）》，翻开长三角地区同发展、同治理的新一页。

2018年，习近平总书记宣布"支持长江三角洲区域一体化发展并上升为国家战略"，沪苏浙皖三省一市的手就开始越拉越紧。经过四年发展，三省一市的国内生产总值从2018年的22.1万亿元增长到2022年的29万亿元，对全国经济的影响力带动力持续增强。

今天，我们来聊一聊长三角一体化发展。

一

长三角的魅力，源于一个文学意象——"江南"。"江南可采莲，莲叶何田田""人人尽说江南好，游人只合江南老"……没有哪块地方，像"江南"这样在文学作品中留下这么多印迹。

据载，"江南"的渊源，可以上溯至春秋吴越争霸之时，甚至上溯至良渚文明时期。千余年来，江南区域各地轮番发力，逐步登上经济、文化之巅。

如，"金陵百万户，六代帝王都"，以南京为中心的六朝，带动江南首次进入大规模发展阶段。宋代，中国的经济开发持续向南推进，并随着政治中心南迁，杭州就此崛起。诗人范成大的一句"上有天堂，下有苏杭"，《马可·波罗游记》里的记载，更是让杭州成为中国文人雅士心目中的"理想国"，外国人想象中的"华贵天城"。到了近代，上海成为远东贸易中心和金融重地，被称为"大上海"。

改革开放以来，作为东部沿海发展带与长江经济带的交汇点，长三角"龙头"战略区位更为凸显。随着1990年上海浦东开发开放，长三角曾一度集中了全国外资的一半。"苏南模式""温州模式"更是备受瞩目。

经过40多年改革开放，长三角成为我国最重要的经济区域、最重要的对外开放前沿，上海的经济中心地位日益巩固，苏浙跻身全国"挑大梁"的6个经济大省，安徽实现了由"总量居中、人均靠后"向"总量靠前、人均居中"的跨越式发展，2022年GDP首次跻身全国前十。

2018年，长三角一体化发展上升为国家战略。2020年，习近平总书记在合肥主持召开扎实推进长三角一体化发展座谈会。三省一市攥指成拳，紧扣"一体化"和"高质量"两个关键词，努力打造面向全球、辐射亚太、引领全国的世界级城市群。

二

从"三足鼎立"到"黄金三角"，始终离不开习近平总书记心心念念的谋划、亲力亲为的推动。

据《习近平浙江足迹》记载，2002年12月，履新浙江不久的习近平同志，第一次调研湖州，就作出了一个极具前瞻性的判断："如果说中国经济是世界经济的一大亮点，那么长三角的发展则是中国的最亮点。"

他是这么看的，也是这样倾力布局推进的。在2003年省委、省政府领导的21项调研计划中，"主动接轨上海、积极参与长江三角洲的合作与发展"被列为第一项，工作负责人一栏里，填的就是习近平。

但当时不少干部对接轨上海心存疑虑。一些城市和部门仍有"无需接轨"的狭隘观念，有"无法接轨"的消极态度，也有"无从接轨"的畏难情绪。

"尺有所短，寸有所长，我们与沪苏两省市相比，各有各的优势和特色，也各有各的短处和不足。"习近平同志说，主动接轨上海、积极参与长江三角洲地区合作与交流，就是接轨机遇，接轨发展，接轨国际化和现代化。这一理念部署也作为"八八战略"的第二条写入。

在他的推动下，浙江全省掀起"学沪苏之长，抓解放思想，兴开放之举，促浙江发展"的热潮。长三角省市之间人流、车流、信息流、资金流更加涌动，党政主要领导建立了定期会晤机制。2005年12月，首次长三角两省一市主要领导座谈会在西子湖畔召开。2008年，座谈会首次邀请安徽参加，两省一市变三省一市。

不仅有顶层的设计谋划，更有具体的项目抓手。比如，建成了世界一流的杭州湾跨海大桥，进一步促进了苏浙沪经济圈的发展。再比如，在浙江工作期间，习近平同志先后三次到嘉善调研视察，亲自指导接轨上海的具体工作，为当地干部带来全新的思维方式和工作方法。

三

长江三角洲，是中国乃至世界经济版图上重要的一块。

目前全球有六大公认的世界级城市群：美国东北部大西洋沿岸城市群、北美五大湖城市群、日本太平洋沿岸城市群、英国中南部城市群、欧洲西北部城市群、中国长三角城市群。长三角，代表中国在世界经济舞台上比拼。

放眼国内，党的十八大以来，我国深入实施的区域重大战略有5个：京津冀协同发展、长江经济带发展、粤港澳大湾区建设、长三角一体化发展、黄河流域生态保护和高质量发展。其中，长三角区位居中，以不到全国4%的国土面积承载了约16%的人口和1/4的生产总值，作用举足轻重。

在国家战略推动下，地域相连、人缘相亲、经济相融、人文相近的长三角，如今更是由"包邮区"成了"一家亲"，走向"一体化"。

比如，2020年，浙江省外流入人口规模位居首位的省份是安徽，达到313.9万人。虹桥国际开放枢纽、沪苏浙皖自贸试验区联动发展，G60科创走廊、杭黄生态廊道等加速建设。安徽芜湖、马鞍山、滁州、宣城、蚌埠等相继加入"南京都市圈"，"徽京"作为南京的绰号更加名副其实。长三角1600多个文旅场所支持"民生一卡通"，138项政务服务事项在长三角41座城市跨省通办，等等。

2022年11月30日，通苏嘉甬高铁浙江段和江苏段宣布开工。这可以说是一条"超级铁路"。通过"轨道上的长三角"，三省一市重要城市之间实现高铁"1小时交通圈"，在一个城市生活、在另一个城市工作，在这个省份上班、在隔壁省份度周末，已经变成现实。

四

"率先形成新发展格局""勇当我国科技和产业创新的开路先锋""加快打造改革开放新高地"……长三角一体化发展事关百年大计，绝非一日之功，三省一市需要聚焦聚力实现"1＋1＋1＋1＞4"。笔者以为，有以下四点值得思考。

如何合力铸造"世界名剑"？世界已经进入大科学时代。长三角区域具有人才富集、科技水平高等诸多优势。加强科技协同，抢占战略前沿C位，是使命所在。比如，上海张江与安徽合肥两大综合性国家科学中心"两心同创"，沪苏浙皖国家实验室资源共享，大科学装置合作布局，携手打造长三角科创产业共同体。要想"百舸争流",一方面自然要发挥上海、苏州、杭州、南京、合肥等城市科研资源、人才优势,一方面也要强化上海、皖南、皖北、苏南、苏北、浙南、浙北的地区联系和创新关联。

如何借力数字加速融合?可以根据实际需要进行统一或重构,搞好5G、算力、人工智能等数字"新基建""软基建",不断迈向长三角数字文明。当前,浙江依托数字先行优势,牵头推进数字长三角建设,统筹布局长三角工业互联网平台集群等数字基础设施。

如何避免"极化"问题?区域协同发展是关键。比如,以上海为龙头,发挥其核心带动作用;推动南京都市圈、杭州都市圈、合肥都市圈、苏锡常都市圈、宁波都市圈的同城化发展;强化沿海发展带、沿江发展带、沪宁合杭甬发展带、沪杭金发展带的聚合发展。发展的目的,最终是要让长三角的群众有更多获得感、幸福感。

如何激活文化资源?长三角共同拥有江南文化的基因,无论海派徽派、吴风越韵,都有着崇文、重商、进取、风雅的价值追求。推进一体化发展,除了科技协同、产业互融,更要激发文化的黏合力和驱动力,以打造一个活力四射、魅力满满的长三角。

长江奔腾,江海激荡。共饮一江水的长三角,正挺立潮头,向着星辰大海进发。"黄金三角"无限可能,我们一起期待。

徐伟伟　执笔

2023年2月23日

这家县级融媒体何以年营收4.87亿

县级融媒体中心如果争取不到政府部门的宣传片制作、新媒体运营等业务，搞不了展会活动、文艺会演等，那就是自废武功、丢失阵地，丧失了媒体的基本生存技能。

去年一年营收4.87亿元，对于许多县级融媒体来说，可谓天文数字，甚至超过了许多市级媒体。

以"绿水青山就是金山银山"闻名的浙江安吉，经济实力在浙江并非处于第一方阵，而当地县融中心却取得远远超过经济地位的成绩。

2022年，广电行业第一次被国家相关部委列为"特困行业"，在行业"寒潮"下，安吉县融媒体中心通过产业转型发展，全年营收达到4.87亿元，连续9年增幅都在10%以上，三年疫情期间更是达到了20%。

分析安吉县融媒体的发展轨迹，或许能给众多县级融媒体中心逆"潮"而上提供些借鉴。

一

安吉县鲁家村是国家级田园综合体，一辆小火车串联起村里的18个家庭农场，将全村变成一个大景区。

景区日游客量最高能达千人。火车轨道上有没有人、犬类是否乱跑、车辆在不在车位上……这些问题都通过安吉县融为景区量身定做的智慧旅游管理系统监控，仅需4个人就将景区管理得井井有条。

不仅仅是鲁家村，如今安吉县所有行政村（社区）基本上都在用安吉县融研发的各类基层管理系统。比如，公共资源的"智管家"、田园综合体的"云计算"、基层乡村智治的"一张图"、智慧旅游的"安"系列等。疫情期间研发的口罩预约系统、"安居码"、"安畅码"等，在助力疫情防控方面也取得良好效果。

安吉县融的智慧项目建设，起步于2008年。当时自筹1.5亿元资金进行县域双向网改造，一步快、步步快，2012年就在网络覆盖县域基础上开展"四个平台"建设，并于2015年实现了"村村通"数据光网、"村村用"信息平台、"村村响"音频广播、"村村看"视频监控的全县域覆盖，全年营收达到7000万元，在2012年的基础上几乎翻了一番。

在初尝甜果后，安吉县融将数字化建设专门划分出来，成立浙江文澜信息发展有限公司，专营数字化建设研发、安全运维和经营。

为了解决技术瓶颈问题，安吉县融定下以"我"为主的发展基调，在项目承接、设计上必须是"我"来，而在相关研发上可以让拥有高水平研发人才的大公司参与。华为技术有限公司、新华三技术有限公司、阿里云计算有限公司等一大批知名公司纷纷成为文澜公司的合作伙伴。

没有人才怎么办？安吉县融早在2014年就研发了全国首个县级媒体的手机新闻客户端"爱安吉"，当时柔性引进了日本东京大学的6名博士。所谓"柔性引进"，就是博士们不用打卡报到，可以外地办公，有问题帮助解决。

2018年，安吉县融在全国率先提出"新闻智慧＋政务服务"发展理念，高度契合"新闻＋政务服务商务"的科学定位，促进新闻赋能、产业兴媒，探索出新闻与产业双轮驱动的发展模式。

借助在本地取得的良好成效，近年来，安吉县融积极将各类应用向县外推广，目前已在全国24个省300余个市县落地各类智慧产品，内外兼修也让数字化建设营收连年攀升。

一个县域小公司，人才缺乏、资金不足，如何承担起高大上的数字研发，与大企业竞争？这不仅是安吉县融当时需要解决的问题，相信也是现在很多县级媒体的疑问。

安吉县融的实践告诉我们：大企业确实在各方面都很强，但作为扎根最基层的县级融媒体中心，最了解基层需求，在挖掘百姓需求和产品设计上更接地气。

更何况在县级层面，县级融媒体中心是最具有技术特质的"自家人"，将智慧项目、数字化建设等交给县级融媒体中心集中打理，从经济、安全、治理上算都很划算。从经济账看，县融生存困难，与其日后财政供养，不如早日项目练兵；从安全账看，将众多数据散落在各类大公司大平台，不如一个归口更加安全；从治理账看，把各个应用平台的后台数据都掌握在自己手中，打破平台间的数据壁垒，能更好赋能县域社会基层治理。

二

文创产业是媒体行业的看家本领，安吉县融目前已经基本占有安吉县域市场，是当地视频宣传片制作和演艺活动承办的最主要选择，2022年营收分别达到1500万元和2600万元。

然而，就在2018年，融媒体中心在这两项上的营收还仅仅只有550万元和862万元。

在当时的县域文创市场上，"外来的和尚好念经"，尤其是安吉作为长三角"后花园"，距离杭州只有半小时车程，距离上海只有两小时车程，找个"外来的和尚"真的很方便。

怎么办？安吉县融认真分析其中的原因。

是水平不够？当然不是。融媒体中心每年制作的视频，频频入选国家、省、市各级评奖，说明制作水平这一块，融媒体中心不弱于人。

经过分析总结，大家认为，"种了自家的田，养肥别人的牛"。媒体拥有的各类照片、视频等素材资料，是媒体的核心资源，但一直以来，优质素材外流给"外来的和尚"，损公肥私的现象时有发生。

为此，2018年底，安吉县融规定，凡是外部人员索求或用于其他用途的，严格审批和管理。之后，在文明创建、城中村改造、清水入湖等相关工作的宣传片、汇报片制作方面，相关部门纷纷找上门。

在文化演艺市场这一块，融媒体中心充分发挥新闻宣传的强大能力，让合作的、有特点的活动在对内宣传上铺天盖地、在对外宣传上精彩纷呈。

可以说，安吉县融在 2018 年碰到的文创困境，在不少地方不同程度存在。在县域范围内，县级融媒体中心如果争取不到政府部门的宣传片制作、新媒体运营等业务，搞不了展会活动、文艺会演等，那就是自废武功、丢失阵地，丧失了媒体的基本生存技能。

三

当本地的文创市场、数字化建设等触达天花板后，如何"百尺竿头更进一步"？本着服务群众的理念，安吉县融将目光瞄向了安吉的农产品。

2022 年，安吉县融又开展了一项新业务，研发运营官方指定的区域公用品牌自主平台"安吉优品汇"，将安吉的优质农产品推出去，走出县域、走向全国。

然而，在此之前，全国各地已推出许多区域公用品牌，但大多数成效不显，安吉县融又如何运营推广？

还是媒体赋能。

通过安吉县融融合发展走在全省乃至全国前列的标杆作用，吸引各地政界、媒界、企界前来考察合作；其次通过媒体宣传的看家本领，积极参加各大展会展示推广。

再加上安吉气净、水净、土净"三净之地"本身孕育的优质好物，以及结合安吉本地文化打造产品卖点，"安吉优品汇"自 2022 年 7 月 9 日正式在上海启动全国配送以来，到 2022 年底，就发展会员近 4000 名，营收超过 6000 万元。

2023年，"安吉优品汇"目标是开拓会员1万至1.5万名，总营收达到5亿元以上，带动劳动力就业5000人，农民增收2000万元以上。

写到这里，你或许认为安吉县融会厚此薄彼，赚了钱，丢了新闻主业。恰恰相反，安吉县融坚持新闻是媒体单位的立台之本。

比如，2022年以来，安吉县融上送央媒新闻203条，其中《新闻联播》28条，头条2条，实现央广《新闻和报纸摘要》单条头条的历史性突破，上送中央台和中国之声条数双双排名全省第一（含地级市）。

安吉县融还组织80余件精品参加全国各类节目评选活动，16件作品获得2021年度浙江新闻奖和浙江省广播电视节目奖，其中省一等奖3件，还连续4年获得浙江省新闻奖一等奖（共获得18个一等奖），《安吉有个"矛盾终点站"》获得第三十一届中国新闻奖。

对于还在痛苦挣扎中的一些市县融媒体中心来说，安吉县融全方位探索"新闻＋政务服务商务"的模式，或许是一副可供借鉴的良药。

林军辉　丁峰　执笔

2023年2月23日

今天，重读《雷锋日记》

> 我们既要学习雷锋的精神，也要学习雷锋的做法，把崇高理想信念和道德品质追求转化为具体行动，体现在平凡的工作生活中，作出自己应有的贡献，把雷锋精神代代传承下去。

"雷锋精神"为什么能历久弥新，激励着一代代人？

就在近日，习近平总书记作出重要指示指出，今年是毛泽东等老一辈革命家为雷锋同志题词60周年。60年来，学雷锋活动在全国持续深入开展，雷锋的名字家喻户晓，雷锋的事迹深入人心，雷锋精神滋养着一代代中华儿女的心灵。实践证明，无论时代如何变迁，雷锋精神永不过时。

"雷锋精神"不过时的答案，或许就藏在一篇篇雷锋日记里。9本日记本、177篇日记，字里行间记录的是雷锋生命历程中的思考和求索。言为心声。这些"金子般"的语言，是今天我们了解雷锋生平、读懂雷锋精神最直接的方式。

一

雷锋，是中国人最熟悉的名字之一。

1958年6月7日，雷锋在老家湖南团山湖农场工作，不到18岁的他在日记本上写下了这样一段话："如果你是一滴水，你是否滋润了一寸土地？如果你是一线阳光，你是否照亮了一分黑暗？"小小少年对人生价值发出了叩问——一个人该如何活着？之后他在实践中寻找答案。

1958年11月15日，雷锋从家乡湖南来到辽宁，加入鞍山钢铁厂参加社会主义建设。在这里他和伙伴们冒雨奋战，保住了7200袋水泥，事迹还登上了报纸。但他并没有因此而骄傲，他在1959年11月26日的日记里写道："我这一点点贡献，比起党对我的要求和希望还是做得很不够的……多为党做一些工作，这就是我感到最光荣的。"这是青年对人生价值一次清晰的探索。

雷锋追求进步的道路没有止于此，历经考验后他参军入伍。作为一名解放军战士，他冒着暴雨送老奶奶和小女孩回家、帮战友缝被子、把棉衣送给衣服单薄的老大爷、冒着严寒与战友主动到车场保养车辆……

1960年11月8日，雷锋加入了中国共产党，他在日记里说："今天我入了党，我变得更加坚强，思想和眼界变得更加开朗和远大。"这个年轻的生命在东北的黑土地上茁壮成长，用一桩桩小事诠释"全心全意为人民服务"。

可惜在1962年8月15日，雷锋因公殉职。年轻的生命止步于此，但他留下的精神开始传承。1963年3月5日，《人民日报》等各大报纸刊发了毛泽东同志的题词"向雷锋同志学习",雷锋的精神传遍祖国。

雷锋以及雷锋的精神不是偶然出现的。正如习近平总书记指出的,雷锋精神"是五千年优秀中华文化和红色革命文化的结合"。

雷锋成长在社会主义的新中国。在他的日记里,多处可以看到他学习和领悟红色革命文化的痕迹。比如,1961年五一劳动节,他没有上街看热闹,而是学习了《王若飞在狱中》这篇文章,他深刻地感受到旧社会对人的压迫,所以他要"永远听党的话、永不忘记过去,为了共产主义事业,要像王若飞同志那样,永生战斗"。

日记里还记录了他学习董存瑞、郅顺义英雄事迹的感悟,他把对马克思主义的信仰、对社会主义和共产主义的信念,倾注于笔端。

雷锋精神,也是中华优秀传统文化的传承和发扬,他的"我要把有限的生命,投入到无限的为人民服务之中去",何尝不与顾炎武的"天下兴亡、匹夫有责"、范仲淹的"先天下之忧而忧、后天下之乐而乐"、岳飞的"精忠报国"相契合。

2021年9月,党中央批准了中央宣传部梳理的第一批纳入中国共产党人精神谱系的伟大精神,雷锋精神被纳入其中,和焦裕禄精神、井冈山精神、延安精神一样,铸就了永恒。

二

60年走过,雷锋精神已经从个体的品格升华为一种精神符号,以他的名字命名的志愿服务队、公共服务窗口、车间班组等数不胜数,这些都是雷锋精神的延续和表达。

雷锋的精神，流淌在日记本里，闪耀在他为人民做的一件件小事中，也流传在一代代学雷锋的人们中。

那么，雷锋精神到底是一种什么样的精神？不妨看看我们身边那些忠诚、敬业、奉献的人们，他们都是雷锋精神的具象表达。

对党忠诚，是雷锋这名共产主义战士鲜明的特质，他曾在日记里庄严承诺"坚决听党的话，一辈子跟党走"。还记得，牺牲在喀喇昆仑的战士们，面对人数远多于我方的外军，他们中没有人退缩，顶着石头攻击，誓死捍卫国土。他们中最年轻战士陈祥榕牺牲时还不到 20 岁，他用生命诠释了他的口号："清澈的爱，只为中国。"

爱岗敬业，是雷锋这名年轻的解放军战士对自己不变的要求。他在日记里说，要"在伟大的革命事业中做一个永不生锈的螺丝钉"，干一行、爱一行、钻一行。这让我们想到坚守贫困山区 40 年的张桂梅，建立了第一所全免费的女子高中华坪女高，累计帮助 1600 多位贫困山区女孩走出大山。还有离我们很近的，生前任金华浦江县委常委、宣传部部长的徐利民同志，他牢记习近平同志关于上山文化的重要批示精神，不遗余力地扑到上山遗址的挖掘保护中，直到生命的最后一刻。

无私奉献，是雷锋这名"人民的勤务兵"的本色。他在日记里说"我能帮助人民克服一点困难，是最幸福的"。与他这句话相似的，是徐本禹说的那句"多付出一点，就多快乐一点"，是钱海军说的"我愿做一盏灯，照亮别人，温暖自己"，也是孔胜东说的"公交车有起点终点，志愿服务永远没有终点"。

如果要问，学雷锋学的是什么？按照习近平总书记的要求，我们既要学习雷锋的精神，也要学习雷锋的做法，把崇高理想信念和道德品质追求转化为具体行动，体现在平凡的工作生活中，作出自己应有的贡献，把雷锋精神代代传承下去。

进入新时代，一大批在雷锋精神感召下的先锋志愿者在中国大地上不断涌现。

在基层社区，一个个志愿者化身社区的"绣花针""螺丝钉"，解决社区群众的困难与问题；在国际舞台上，"专业友善""自强自信"的青年志愿者崭露头角；在各行各业中，职场标兵也在学习雷锋的爱岗敬业、创业创新。每年3月，浙江都会开展"万朵鲜花送雷锋"公益活动，向这些新时代的"活雷锋"送上红花，将他们的故事讲给更多人听。

雷锋精神并非凝固静止，而是与时俱进的，流淌在每一个纪念他、学习他的人心中。

三

60年，雷锋精神经受住了时间和实践的考验。

但随着时间的变迁，社会上也不免会出现一些不同的声音。有些地方学习雷锋"走了样"，搞"一阵风"，"三月来四月走"的现象时有出现，更有甚者把"学雷锋"当成了一种形式，借着"学雷锋"大张声势，却没有花精力和时间真正在为人民服务上。

要认识到，学习雷锋精神并不是一阵风的活动，不能走错了方向，也不能只注重眼前的形式，而忘记了学习的初心。

习近平总书记指出，雷锋精神，人人可学；奉献爱心，处处可为。积小善为大善，善莫大焉。在近日作出的重要指示中，习近平总书记强调，要深刻把握雷锋精神的时代内涵，更好发挥党员、干部模范带头作用，加强志愿服务保障和支持，不断发展壮大学雷锋志愿服务队伍，让学雷锋在人民群众特别是青少年中蔚然成风，让学雷锋活动融入日常、化作经常。这为学习雷锋提供了重要遵循。

每年的3月5日，各地都掀起学雷锋活动，我们更希望看到，将学雷锋"拆分"到日常工作中、融入社区网格中。当前，浙江就有不少地方加强党员下沉到社区，参与小区治理、社区建设，党员带头，在志愿服务中身体力行，让学雷锋成为日常。

学雷锋不仅是行动上的学，思想上更要学。今天，时代环境变了，我们虽然不用去炸碉堡、堵枪眼，但新的困难艰险仍然层出不穷。雷锋"爱憎分明"的正义观，"言行一致"的诚信观，"公而忘私"的奉献观，"奋不顾身"的勇为观等，在今天党和国家的宏伟事业中，依然是珍贵的品质。

雷锋是一个人，却感染了一群人。同样的，一个优秀志愿者也能带动一个志愿服务品牌，从而培育更多志愿服务群体。我们希望更多的人参与到学雷锋活动中，一传十、十传百。

60多年前，当雷锋被问及叫什么名字、在哪个单位时，他回答："我叫解放军，就住在中国。"希望60多年后，当一些默默奉献的人被问及同样的问题时，他们能自豪地回答——

"我叫雷锋。"

雷锋精神是永恒的。学雷锋之路，也必将继续走下去。

马莉芳 季方 斯民娅 郭振宇 执笔

2023年2月24日

百年刊物的青春回响

> 时代的性格就是青年的性格，时代的精神就是青年的精神。

1921年2月，春寒料峭的时节，嘉兴还处在军阀统治下，穿城而过的千年运河正从寒冬中醒来，跳动着时代的强劲脉搏。

经过"五四"洗礼的中华大地，处处酝酿着春的气息，引领开放风气之先的江浙一带尤其如此。

彼时，一批以救国救民为己任、立志改造中国社会的进步青年，以笔为炬，播撒火种，在杭州创办《浙江新潮》《钱江评论》；在义乌分水塘，陈望道翻译了中国第一本《共产党宣言》全译本；在上海，沈玄庐、俞秀松等主办编辑《星期评论》，传播马克思主义，点燃了烧毁旧社会的星星之火。

在大运河畔的小镇新塍，就诞生了这样一份进步刊物《新塍半月刊》，一群平均年龄不到24岁的青年，用一篇篇振聋发聩的热血文章，浓墨重彩地写下了一个时代的青春记忆。

这段故事，至今被保留在嘉兴市档案馆、嘉兴地方党史陈列馆等地。透过泛黄的纸页，当年的青春面貌依稀可见。

一

1917年的冬夜，一如往常的冷，大风刮得生猛，拍得紧闭的窗户阵阵摇晃。

然而小镇青年吴文镕的书房中，却气氛热烈。刚刚读完《共产党宣言》的他心潮澎湃，久久不愿放下手中的书本。当时的中国，军阀混战，民不聊生。合上书页的那一刻，吴文镕觉得自己似乎找到了一条符合中国实际的革命道路，兴奋至极，与相约而来的黄驾白、朱仲虎两位挚友彻夜讨论分享。

救国的火焰在青年人的心中燃烧，远比桌上的烛灯更明亮。

"我们应该先把身边的年轻人动员起来，然后再进一步发动民众，团结大家一起推翻北洋政府的反动统治。"三个青年人一拍即合，并选定镇上小蓬莱公园的凤山亭作为"宣讲台"。

那天以后，凤山亭内，总能听见他们宣传进步思想、声援革命的声音。从冬到春，亭边荷池化了冰，又冒了绿芽。亭内人来人往，络绎不绝。

逆流而上，本就是件难事。集会刚开始不久，就遭人告密，吴文镕更是被带到了警察所。1919年，中国的合理诉求在巴黎和会上遭拒，举国上下满腔怒意沸腾，也在青年人的心里掀起轩然大波。

在寒假与农历年关之际，趁着一部分在外地工作的进步青年返回家乡之时，沈选千、朱亮人、竺饮冰等通过进一步动员，不断壮大队伍。他们每天聚集讨论国家事，义愤填膺，慷慨激昂。

经过几天的讨论，大家一致决定组织成立一个阅读组织，期望通过介绍中外进步书刊与积极倡导白话文，来宣传反帝、反封建、反军阀，传播新文化思想，引导青年参加革命运动。

就这样，"新塍青年读书会"诞生了，最初有 10 人左右，成员大多为当时的"95 后""00 后"，他们承担起传播新思想、宣传新文化的重任，用独属于青年的热忱与希望点亮了时代的思想烛光。

不过很快，他们就认识到仅有阅读、讨论，不足以产生足够的影响力。于是，在吴文镕的牵线搭桥下，读书会决定在新塍镇米业公所设立半月刊编辑机构，通过办刊物宣传新思想。

1921 年 2 月 16 日，嘉兴第一份宣传进步思想的刊物——《新塍半月刊》创刊。

二

虽是一份地方性刊物，《新塍半月刊》却办得很有特色。

它关注底层人民的生活。在第 6 期的"劳动节纪念专号"中，由朱亮人、竺饮冰联名写的《五月一日的回顾与希望》一文，鲜明地提出"……希望组织一个劳工会，因为有了精神团结的组织，才可以解决一切问题……"；署名拜农的《劳动节感言》，更是明确地提到"人人有生存权，人人有劳动权，是今后世界上必然的趋势"等内容。文字简练、朴实、通俗易懂，容易被群众所接受。

明确的思考定位带来的是清晰的成长方向。

在时代发展的浪潮中，《新塍半月刊》不断求新求变，增加了"杂闻""调查""言论""评论"等栏目。其中，"杂闻"主要是原原本本记录社会上"有报告的价值"的事情，使社会上明白真相；"调查"是将社员们认为"有调查价值的必要"的事情，通过亲身调查并进行记录，以供读者参考。通过"的的确确说几句有责任有胆量的话"，来推动社会改造。

青年人有着无限朝气，这些充满朝气的声音，播向远方。

沈选千在第 2 期上发表的《我国现在的青年》一文，鼓励青年勇敢地向旧制度宣战：青年人有着"坚定的意志，奋斗的精神，冷静的头脑，热烈的感情，舍身救世的决心，常常立于时代的前面，为一般人的先导……"，"人群中最有作为的是青年，最有责任的也是青年……"

正因为如此，这样一份"小众"刊物却"圈粉"无数。刊物不仅在嘉兴、吴兴等地发行，每期还有 200 份邮寄给北平、天津、上海、杭州、苏州、南京、长沙以及日本东京的读者。

更值得关注的是，它还为早期党组织的成立与发展奠定了坚强的组织基础和思想基础。从《新塍半月刊》走出的青年知识分子，更是成为最早的一批中国共产党员。沈选千、朱亮人等创办者都因不断接受和宣传马克思主义，坚定选择加入党组织，投身革命。

1923 年 10 月 10 日，竺饮冰等人又创办了《少年新塍》，深入宣传马克思主义。

"我们希望新塍的少年，从精神颓唐、意志消沉中，转入精神英厉、意志坚毅的一个境域；我们希望新塍的社会，从暮气、烦闷、污秽、堕落中，转入朝气、愉快、纯洁、高尚的一个少年境域。"这是朱亮人在《少年新塍》创刊时所撰文章《怎样做一个少年》中发出的疾呼。

三

青年的声音越传越广，回应的声音日渐嘹亮。青春的回响，彼此呼和，如同一道光，唤醒另一道光、许多道光。

在"新塍青年读书会"的带动下，桐乡"青年社"、嘉善"共读社"、西塘"胥社"、海宁"晦鸣读书会"等进步社团纷纷出现；在《新塍半月刊》的影响下，《新乡人》《秀州钟》《黎明周刊》《平湖日报》《红花》《吟啸月刊》等一批进步刊物应运而生。它们仿佛在黑沉的嘉禾上空，劈开了一线光亮的间隙。

回望《新塍半月刊》《少年新塍》的来时路，我们不难发现，青年与这几组关键词密不可分："与时代同向而行""看得更远和更超前""一群人能够团结凝聚一群又一群的人"。

时代的性格就是青年的性格，时代的精神就是青年的精神。虽然曾一次次受挫，但进步青年们始终在理想的道路上摸索探寻，用一颗颗灼灼初心，照亮前行的道路。到今天，青年的精神依然如此。

很多人都还记得，在庆祝中国共产党成立100周年大会上，共青团员和少先队员面向天安门城楼献词，喊出了"请党放心，强国有我"的誓言；在神舟十三号载人飞行任务中，由9名"90后"组成的"北京明白"团队，展现了航天人的青春活力；在体育赛场上，苏翊鸣、吴易昺、汪顺等年轻人，让人们看到了青春的勇敢无畏和无限可能……

在如今的浙江大地，一支支"专精尖"的青年理论学习宣讲队伍，也如同百年前一样，努力传递着时代的声音。"95后""00后"

扛起了青年理论学习与宣讲的大旗，"杭州青年说"宣讲团、嘉兴"红船青年宣讲团"、湖州市"湖畔青马说"宣讲团、瑞安市海外青播团等特色鲜明的理论宣讲品牌再次呼和，越来越多的青年成了"学"的主角、"讲"的主力、"听"的主体。

不同世纪，同样青年，为了时代所赋予的责任，以不同的方式，奋进在中国昂扬向上的征程之上。

知乎上有篇帖子问："当今时代，青年人如何应对新时代的机遇与变局？"有个高赞的回答极为亮眼："天空未亮，步履不停。我们要向上走，不断去刷新我们的认知。"

今天，当我们穿越百年历史，聆听着一群群前赴后继的青年的声音，便更加满怀期待：年轻人，永远值得信任。

【档案资料】

1921 年 2 月 16 日，《新塍半月刊》创刊，这是浙江早期宣传新文化运动思想的重要刊物。沈选千、竺饮冰任社长，朱亮人、朱仲虎任主编。刊物前 10 期主要设有"言论""评论""小说"等栏目，第 11 期起进行改组，内容逐渐转向实地调查。1921 年 10 月 10 日，《新塍半月刊》改为《三十两周刊》。具体停刊时间不详。现存刊物收藏于嘉兴市档案馆、嘉兴地方党史陈列馆。

胡佳　执笔

2023 年 2 月 24 日

世界旅游联盟能带来什么

> 落户杭州的世界旅游联盟，将成为与这座城市同呼吸、共命运的一部分。

随着各国陆续放松出境旅游限制，近期世界旅游市场持续回暖。毫无疑问，作为全球经济版图中的重要一块，旅游业的升温将是经济复苏的一支强心剂。

今天，该如何推动全球旅游业发展？业内人士的共识是：加强国际合作是关键。

就在昨天，在杭州萧山湘湖——西湖的姊妹湖，世界旅游联盟（WTA）总部正式入驻，搭建起全球交流合作的平台。这一天，湘湖平静与柔和的碧水，也为助力全球旅游的"重启"而澎湃。

那么，扎根浙江的世界旅游联盟，到底"联"起了什么？它又将为浙江带来怎样的机遇？

一

旅游，看似是非常个人的行为，但背后牵连的，却是一个国际化程度极深，也高度依赖国际合作的行业。

试问，游客想来一场说走就走的旅行，要怎样更快、更便利地完成通关手续？怎样的消息渠道，能让游客第一时间了解全球旅游资讯？又该如何平衡旅游资源，不仅让迪拜成为热门地，也让四川大凉山成为新去处？一系列每个向往奔赴诗和远方的人都关心的话题，呼唤着各方能够坐下来、谈一谈。

如何更好促进相互依存、彼此融合，多多开展对话交流，是道必答题。而中国是当之无愧的旅游大国，中国的出境游、国内游和入境游，规模都很庞大，自然承担着更多的责任。

事实上，2017年9月，中国就发起成立世界旅游联盟。而早在联盟建立之初，将总部放在杭州的决定就已经敲定。5年多来，联盟会员从最初的89个，增加到现在的228个，覆盖了42个国家和地区。

如今，倾力筑好巢的杭州与翘首以盼、不断壮大的联盟，终于在这个春天迎来了一场"双向奔赴"——世界旅游联盟总部正式落户杭州。

于联盟来说，"相中"浙江自有来由。大气、开放，是一抹浙江底色，也是一种浙江气质。"诗画江南、活力浙江"处处如画、处处是景。700多年前，马可·波罗初次踏上这片土地，就对"世界上最美丽华贵之天城"赞不绝口。

到了当今，浙江更是在全球旅游产业链中扮演着重要角色。从地中海俱乐部、歌诗达邮轮、万豪等国际旅游巨头布局浙江，到长期位居全国"第一方阵"的出境、入境游客人次，之江大地定能为联盟发展得更为茁壮提供一方优渥的土壤。

而浙江一直有扩大旅游"朋友圈"的需求。早在1929年，杭州举办首届西湖博览会，在中国开创了以会展旅游汇聚全世界人流、财流和物流的先河。浙江敞开双臂欢迎全球来客。

2023年对浙江来说，又是个特殊的年份。今年，浙江一开年便举起"一号开放工程"的大旗，开放的大门越开越大。9月，杭州将迎来亚运会，如何借此提升浙江的旅游服务、打响浙江旅游知名度？浙江渴望着从中汲取能量。

二

而从长远来看，联盟落户杭州，还能带来些什么？笔者认为，这里面有三笔账可算。

第一笔账，浙江有望借此渐成吸引旅游人才、资本的"磁场"。

自2017年联盟成立以来，"湘湖对话"已举办了3届，先后探讨了减贫与发展、旅行的增长与产业的变化、提振旅游信心等话题。这几天正在进行的第4届"湘湖对话"，则围绕"和合共生·塑造未来旅游生态"主题，探讨世界旅游的未来。

根据协议，"湘湖对话"品牌将永久保留。这也意味着每年的此时，从邮轮集团的"船东"到顶级主题公园的"园长"，从世界银行分析师到香港上市的旅游股，以及浙江本土的开元旅业、华强方特等，各方都将汇聚浙江探讨行业发展，思想的火花年年在此迸发。

也正因此，浙江得以成为吸引旅游资本、旅游人才的热土和旅游业态创新、科技创新的策源地。

第二笔账，浙江旅游的品牌将更好地借船出海、借势上扬。

在昨天的活动现场，一个宣传片展示了好莱坞音乐大师马克·

夏泰历时一年多打造的浙江"诗路寻音"之旅。他以浙江"四条诗路"的风光为主要元素，打造了一首交响乐曲，将浙江的魅力讲给世界听。

过去几年，世界旅游联盟已经将西湖的传说、良渚的故事、龙井的茶叶等，带到了柏林国际旅游交易会、伦敦世界旅游交易会，带到了世界各地。

后疫情时代的浙江，"诗画江南、活力浙江"也期待得到更多人的关注、认同，而世界旅游联盟的多边合作体系和市场交易网络，让这份欢迎有了更宽广的落脚之地和更精确的市场预期。

第三笔账，联盟落户，有利于浙江旅游"试水"国际竞合。

旅游产业的国际化，远不止简单的游客进来与出去，还意味着对国际旅游商业标准的谙熟、对国际分销渠道的掌控、对国际产业信息的获取，等等。这才是高层次地融入产业链。

规则标准就是话语权。未来，主题文化酒店标准、文化和旅游资源分类标准……浙江旅游的众多探索和创建，也有望通过世界旅游联盟的协同，在中国乃至国际旅游规则中占有一席之地。

三

行而不辍，未来可期。落户杭州的世界旅游联盟，将成为与这座城市同呼吸、共命运的一部分。

除了促进旅游产业本身的发展，联盟想做的还有更多。比如，它有三大使命——"旅游促进和平、旅游促进发展、旅游促进减贫"。未来，这些关键词，将汇入杭州、浙江的未来发展当中，彼此相向而行、携手共进。

怎样促进和平？国之交在民相亲，民相亲在人往来。今年1月，首批赴泰国的中国旅客，收到了泰国民众送来的鲜花与微笑。类似这样"中泰一家亲"的场景有力地证明，旅游是友谊的纽带、和平的使者。

浙江力量也将助力联盟的愿景实现，让美景、美食跨越山海隔阂，拉近国与国间的距离。不久后，杭州亚运会即将带来增进国际友谊的新契机。正如这一届"湘湖对话"中，杭州向全亚洲发出邀请函：来浙江吧，这里是世界旅游的"会客厅"，更是亚洲旅游的"梦想岛"。

怎样促进发展？深受疫情影响的世界经济，亟须旅游业来注入活力。从春节假日里中国各大景区的人山人海，再到中国重启出境团队游后，各国政府和旅游从业者的热情欢迎，可以看见全世界对推动旅游业"满血复活"的旺盛热情。

旅游业的复苏，高度依赖全球合作伙伴的协同发力。在湘湖之滨，新的国际合作桥梁，正聚焦全球旅游业界对风月同天的关切。

怎样促进减贫？浙江的蜕变，足以向全世界展示中国以旅游发展推进乡村振兴和减贫的积极成果。

丽水市景宁畲族自治县的大均乡，曾经遍布"空心村"，老屋人去楼空。但通过文旅融合，如今的大均乡，凭借奇趣的畲乡民俗、多点的村景融合、高端的特色民宿成为了浙江乡村旅游胜地，带来了五年170%的集体收入增长和一年2400万元的旅游业收入。景宁大均的故事，也被收入《2021世界旅游联盟——旅游助力乡村振兴案例》。

曾经，马可·波罗的游记，揭开了世界认识杭州、认识浙江的序幕。两年前，意大利相关机构将获得官方授权的"马可·波罗遗嘱复制品"赠送给了世界旅游联盟，并永久收藏于杭州。一个古老物件的回归，追忆着一次东西方文明的对话，也开启了一段文化和旅游交流的新旅程。

未来，在奔赴向前的征途上，相信浙江悠久厚重的历史之美、美妙绝伦的山水之美、弦歌不绝的人文之美、清新隽永的典雅之美、华丽精彩的蝶变之美，还将继续与世界旅游联盟产生炽热的化学反应，续写一段段传播文明、交流文化、增进友谊的新故事。

更好的旅游、更美的世界，浙江与世界旅游联盟一起上下求索。

韩昱　执笔

2023 年 2 月 25 日

浙江出版如何再出现象级图书

> 出版人在思想市场打拼，打造的作品，追求的不仅是高销量，更要积攒震撼人心的能量、改变时代的力量。这也是出版人终其一生所追寻的。

爱书人有福了。在此乍暖还寒时节，今年书业首场全国性展会——北京图书订货会来了。

对这场展会，爱书人期盼了太久。北京图书订货会一直被称为"中国出版行业风向标"。因疫情影响改期数次的它，终于在这个春天如约而至。憋屈了好一阵子的全国书业，一下子有了释放能量的机会，各地参展商纷纷把看家的宝贝都展示了出来。

此番，浙江各大出版社也组织14场文化活动，展出2500余种图书，大家摩拳擦掌、各展其能，展现浙江出版业的深厚积淀和浙江作为文化大省的雄厚实力。

自五代至两宋，杭州就是全国的出版中心。浙江历代名人辈出，浙学能在全国发扬光大，古代浙江的出版功不可没。转眼到今天，在这场全国图书的"同台竞技"中，浙江出版的表现如何？浙江出版的下一本现象级图书何时再现呢？

—

展示既有浙江风味，又代表浙江水准的图书，是此次"出版浙江队"展陈的重点。

如果你是浙江人，踏入浙江展区，会觉得非常亲切；如果你是外乡人，逛遍浙江馆，会了解浙江、爱上浙江。

若要读懂浙江的红色底蕴和时代精神，我们会推荐你翻开《干在实处　勇立潮头——习近平浙江足迹》《红船启航》；若想了解展示发声、敢于发声的新时代浙江宣传工作风貌，《笔墨当随时代》《与时代肝胆相照》是上佳选择；若想看到千年宋韵在新时代的流动传承，《德寿宫八百年》《宋代政治的空间与结构》等宋韵文化读物琳琅满目。此外，《凉州十八拍》《陈明达全集》等重磅新书的首发式更是名家大咖齐聚。

一场书展，仅仅展示了浙江出版近年的实力一隅。在几十年的文化旅程中，我们有过不少高光时刻。

比如《飘》，它不仅对浙江出版人意义重大，更是全国出版界"划时代"的一本书。1979年的中国，思想还未完全解放。当时的浙江出版人决定创风气之先，重印《飘》这本书。不出所料，这一决定一度遭受了巨大的压力和社会批评。可勇敢的浙版人顶住了压力，到1980年4月，把《飘》的上中下三册都出齐了。

事实证明，这场"大冒险"是正确的。《飘》的出版得到了邓小平同志的认可。这也成为全国出版界思想解放的风向标。

如果说《飘》是浙江出版"一炮打响"，那么《中国少年儿童百科全书》则是名声大噪。

《中国少年儿童百科全书》是万千中国少儿成长历程中必看的一部书。它诞生于80年代少儿百科的空白期，是浙江出版人为了下一代，从零开始编写的真正属于中国孩子的百科全书。书中许多标题如"稀土不是土""刀枪不入的锰钢"等，都由小读者选定，一上市就获得了读者的高度认可，销量达300多万套。据说，当年《中国少年儿童百科全书》畅销一时，全国各地经销商开着卡车前来，挤在印刷厂门口排队抢书。

二

因为过往成绩斐然，所以今日更加期待。有过辉煌历史的浙江出版，现在怎么样了？

近年来，全国出版大奖不乏浙江出版的身影。连续两届的全国"五个一工程"奖，浙江三部图书获奖；在诸如"中国好书"、鲁迅文学奖、文津图书奖等大奖评选中，浙江出版同样表现不俗。

放眼全国图书市场，浙版在畅销榜上也占有一席之地，如莫言的《生死疲劳》、王旭烽的《望江南》等在文学榜上也非常亮眼。而要说具有里程碑意义的，还有作为中国古代绘画图像文献集大成者的"中国历代绘画大系"等皇皇巨著。

今年，第十一届茅盾文学奖之夜将回归浙江，在茅盾先生故乡浙江桐乡举办，对浙江文学界和出版界而言，更是多了分期待。

但不可否认的是，与曾经抢眼的成绩单相比，近年那种引领时代风潮、风靡全国书市的现象级图书，我们捧出的不太多。

诚然，从销售数据上，我们成绩不俗。但细分而言，其中党政读物、教材教辅占据了很大一部分，而这部分的购买人群相对固定，多为刚需，也是区域性渠道市场，并不足以完全代表我们对市场风向的把握能力。

此外，热销图书又以老书居多，新书难进畅销榜的行业之痛在浙江出版界同样存在，在《新书缘何难进畅销榜》中我们曾作过探讨。如果让你立刻回答一本心目中的浙版畅销书，脑子里闪过的更多又是《没头脑和不高兴》、"沈石溪动物小说系列"等老牌霸榜童书，这就是问题所在。

为什么我们要做超级畅销书？为什么要倾尽全力打造现象级图书？因为一部现象级图书，不仅能供给优质的内容，更能引领阅读风尚，给社会带来思考，在润物无声中慢慢累积成整个社会层面上的变革。

如20世纪末，《学习的革命》掀起一股学习风，让人重新思考未来、重新思考新世纪，被称为"通向21世纪的个人护照"；2007年前后，《品三国》等学术文化类畅销书引发了持久的国学热；2018年，风靡全球的《你当像鸟飞往你的山》，触发了对原生家庭教育的大讨论，影响了很多家庭的教育选择。

出版人在思想市场打拼，打造的作品，追求的不仅是高销量，更要积攒震撼人心的能量、改变时代的力量。这也是出版人终其一生所追寻的。

三

那么该如何打造现象级图书呢？笔者认为，以下三点缺一不可。

　　首先是原创首创。现象级图书的缺乏，根源在于原创出版能力的不足。因公版书成本低，合作书风险小，一些出版社就沉湎于此，失去了深耕原创的动力。媒体报道，近年来，我国每年图书品种保持在50万种左右。如果作品没有真正的原创硬核实力，怎么可能脱颖而出，引起市场的关注？

　　如《明朝那些事儿》的畅销密码就在于首创用轻松诙谐的方式来叙述正史，改变了正史只能"正襟危坐"讲述的面貌。幽默好玩又不偏离正史，故而老少咸宜，这套书也一直长盛不衰，还引起了大众讲史的风潮；而在《秘密花园：一本探索奇境的手绘涂色书》大火之前，你很难想到填色本还能这样"玩"。它让无数大人小孩沉迷其中，开创全球成人涂色书风潮之先河。

　　光靠原创还不够，得有引领时代的力量。只有与时代同频共振，与现实携手共舞，才可能成为大众关注的焦点。出版作品，如脱离时代，就没有生命力；如只是迎合大众，就没有号召力。尤其在图书市场越来越垂直细分，大众需求越来越个性化的消费背景下，只有蕴含了引领时代思潮的"洪荒之力"，才能变成现象级图书。

　　比如，路遥的《平凡的世界》，以朴实的文字全景式地表现中国当代城乡社会生活，深刻地展示了普通人在大时代历史进程中的艰难曲折，引起了人们对时代命运的深刻思考，才一直占据畅销榜，成为现象级图书。

　　有直抵人心柔软之处，才能走进千家万户。作品是给人看的，既需要宏大叙事，也要有个人视角。不走心的作品，不可能形成真正的影响力，更不能变成现象级产品。以少儿绘本《猜猜我有多爱你》为例，本只是一本薄薄的睡前读物，结果全球畅销了1800万册，成为一本现象级图书。打动全球父母和孩子的，就是书里充溢着爱的气氛和快乐，直击亲子关系中的最柔软之处。

检验现象级的一条硬核标准，就是得"洛阳纸贵"。一本书，被认为是好书，只是体现了文化价值；好卖了，它的社会价值才会得到体现。如果只是藏在深闺、束之高阁，那传播价值就十分有限，也只能孤芳自赏了。只有让读者自个儿愿意掏腰包，文化价值和社会价值才会叠加放大，才能从图书风潮变成社会思潮。

现象级图书给我们带来的绝不仅是榜单上的销量数字，它是上游文艺创作、文化研究的产物，代表了文化市场的蓬勃生机。我们希望，浙江出版呈现出百花齐放的出版盛景，生产出更多的现象级图书，并且传播、传承、传世下去，在每一代中国人的精神世界里都留下深深的印记。

赵波 叶蓉　执笔

2023年2月25日

宁波帮是个什么帮

> "师古而不泥古"，既开放又稳健，浸润着儒商基因和海派文化，这使得宁波帮敢于求变、勇于破局、搏击商海。

今年浙江省委"新春第一会"，提出深入实施"八八战略"，开展三项"一号工程"，其中包括"地瓜经济"提能升级"一号开放工程"。凭着"开放"二字，浙江向着碧海蓝天，一次次为自己打开了更大的发展空间。

在浙江，要讲述开放与出海的故事，少不了一个群体——"宁波帮"。

林语堂先生有个假设：假如中国北方和南方各有一个孩子走出家门，闯荡四方，20年后衣锦还乡。那么，北方归来的游子，可能是一位骑着高头大马的将军；而南方归来的游子，可能是一位腰缠万贯的商人。

顺着这个有趣的假设，我们不妨再往下想，这个南方人很有可能是个宁波帮。

今天来讲讲，这个人为什么可能是宁波帮？宁波帮又何以历久不衰?

一

"一个宁波帮,半部近代史"。

明清时期,中国大地上形成了晋、徽、粤、陕、鲁、闽、宁波等商帮。到了清末民初,民间就广为流传着"无宁不成市"的说法。

宁波帮从传统徽商、晋商等十大商帮中脱颖而出,开办了中国第一家商业银行、第一家华商证券交易所、第一家汽车出租公司、第一家房地产公司……

"邵逸夫星""李达三星""王宽诚星""曹光彪星"……据报道,苍穹之上,目前已有11颗以宁波人的名字命名的小行星,其中4颗就是"宁波帮"的代表人物。

曾任浙江旅津同乡会会长的张章翔认为,"宁波帮是以乡谊为基础,在业务上、生活上互相需要、互相结合的一个商业结合体"。

向海而生的宁波人,天生敢闯敢拼。鸦片战争之后,上海逐渐成为新的经济中心。宁波人出门闯世界,一般有两条路径:一条以上海滩为码头,北上天津卫,西抵汉口,走向全国;另一条南下香港,以香港为跳板,走向世界。

一个"帮"字,也将亲邻相帮、同乡扶持的感情展现得淋漓尽致。

《鄞县通志》记载:甬人"团结自治之力,素著闻于寰宇"。1910年,宁波人成立宁波旅沪同乡会。这个团体彼此"照顾",比较突出的便是银行和钱庄之间互相控股、互相兼职、互相拆借、互相投资、风险共担，相当于成立了一个"宁波帮"的大财团。这在当时的中国是前所未有的。

在外闯荡的宁波人，有着强烈的群体意识和凝聚力，从而使宁波帮得以不断发展壮大。如今，从南美巴西到西非尼日利亚，从北欧港口城市汉堡到太平洋岛屿夏威夷，宁波帮遍布100多个国家和地区。

二

宁波何以商人辈出，成就卓越？这背后又潜藏了什么样的密码？

"港通天下、书藏古今"这八个字，足以说明宁波帮生存、发展、壮大的底气。

先说说地域。宁波背靠四明山，向东是大海，拥有三江之便，又揽东钱湖之胜，自古是水陆通衢之地。独特的地理特征，塑造了宁波人向海而生、敢于冒险的性格气质。

"要审头，海三湾。"这是宁波方言中的一句老话，意思是想要"出头"，就要去"闯海闯世界"。一代代宁波人因航运的便利，不断走出家门、走向世界。

在上海，有两条以宁波帮商界领袖的名字命名的道路——朱葆三路和虞洽卿路。

14岁到上海闯荡的朱葆三，白天打杂站柜台，晚上打算盘、学英语、读商业书籍，经过几十年的奋斗，终成一代商业巨子。同样当过小伙计的虞洽卿，把事业从颜料转向银行、证券、航运等行业，并在洋人垄断的中国航运界中，杀出一条血路。这几乎就是近代宁波帮商人走过的创业路径。

再说说文化。从官方到民间，宁波自古以来就有崇文重教的传统，积淀了深厚的文化底蕴。

宁波帮崇尚开放、博纳、兼容的海洋文化。他们既从经世致用、知行合一的传统文化中汲取能量，又不断学习新知识、新技术，不懈创新，从而赢得了广阔的发展空间。

"敢为天下先"的创新精神，更深藏在宁波帮的灵魂之中。

以金融业为例，晚清时期，传统钱庄面临如何向现代银行转型的问题。称雄上海金融业的宁波商人，以"领头羊"之姿，率先向近代化转型。1897年，严信厚、朱葆三、叶澄衷等创办了中国第一家商业银行——中国通商银行，一举打破了外国银行独霸中国金融市场的局面。

最后说说商业。宁波帮注重诚信为本，商行天下、义行天下，处处展现了义利并举的理念。宁波帮人士常说："什么生意都可做，但不义之财一文莫取。"

中华老字号企业同仁堂，其创始人乐显扬祖籍便是宁波。创立之初，"同仁"二字就成了企业之魂。历经三百余年，同仁堂仍然长盛不衰，最重要的就是诚信不欺，"炮制虽繁，必不敢省人工；品味虽贵，必不敢省物力"。

"师古而不泥古"，既开放又稳健，浸润着儒商基因和海派文化，这使得宁波帮敢于求变、勇于破局、搏击商海。

三

宁波籍作家冯骥才曾这样形容宁波帮人士："他们很聪明，恪守诚信、苦干加巧干，闯荡天下获得成功后，又惦记自己的家乡，帮助自己的家乡，这种帮乡爱乡的天性，也促进了宁波与外地的交流。"

宁波帮，帮宁波。一代代"返航"的宁波帮，与这座城市的发展紧紧地"绑定"在了一起。

1984年，邓小平同志在北戴河询问首批14个沿海开放城市的发展情况，特别点将"宁波帮"，并发出号召："把全世界的'宁波帮'都动员起来，建设宁波。"

很快，宁波便迎来了"红色资本家"卢绪章回归故土。他在写给邓小平同志的信中说："加快宁波开放，促进宁波繁荣，是我余生最大愿望！"而这，也是千千万万海内外宁波帮人士共同的夙愿。

出生在宁波海边的包玉刚，年过30岁到香港另闯天下。66岁时，他率全家和包氏家族成员，回到了阔别30余年的家乡，并送上了一份"厚礼"——出资创办宁波大学。

宁波人最念念不忘的，当属他为使宁波成为计划单列市而几经奔走，并最终功成的这段佳话。包玉刚说："我是宁波的大使，宁波的事也是我的事。我愿意为宁波跑腿。"

邵逸夫先生被誉为"华夏捐资兴教第一人"。殊不知，这位从宁波走出的"影视大王"第一次向大陆捐资，就是跟包玉刚等人一起，出资修建母校中兴中学。据报道，截至2012年10月，邵逸夫基金连续为内地教育事业捐资达47.5亿港元，以至于"每个人心中都有一座逸夫楼"。

无论走得多远，宁波始终是他们的根。在港澳回归的过程中，宁波帮也发挥了独特作用。包玉刚、王宽诚等人在《香港基本法》起草委员会、咨询委员会担任要职，众多宁波帮人士对区旗、区徽设计方案提出中肯意见……

今天，宁波帮反哺家乡的故事仍在继续。比如，2018年，世界"宁波帮·帮宁波"发展大会汇聚全球甬商，签约53个项目，金额高达2094.7亿元。

树高不忘根。在宁波帮身上，"创业闯世界，合力兴家乡"成为一种共识。他们诠释了浙江开放精神的持久活力，也体现了当藤蔓延伸向四面八方时，它们对根与块茎的反哺与滋养。

时代的车轮滚滚向前。今天，这份历经百年淬炼的赤子精神，如何更好地散发光华？正在各个领域崭露头角的新生代宁波帮，如何传承宁波帮的优良传统？百年变局下，广大宁波帮和帮宁波人士，如何把宁波的故事、浙江的声音带出去，把新的发展动能带回来？这些无疑也是值得思考的课题。

相信，百年宁波帮，宁波人最为自豪的集体记忆，不可能仅仅只是记忆。这部宏伟巨篇，还将续写新故事、新传奇。

厉晓杭 陈旭钦 执笔

2023年2月26日

会稽山是座什么山

来此踏歌而行的诗人文人，既因向往作为人文圣地的会稽山而来，而他们本身，也为会稽山的人文底蕴留下了浓墨重彩的一笔。

当一座千年名山"邂逅"传世名画，会产生怎样的绝妙反应？

前段时间，有段关于绍兴会稽山的视频很火。雨后的会稽山烟霭缥缈、层峦耸翠，宛若水墨长卷。眼见着这美景的神韵，令人瞬间想到了《富春山居图》，一时间甚至产生了错觉，不知是画中有山，还是山成了画。

唐人贺知章曾感慨，"稽山罢雾郁嵯峨"。看来，古人与今人的审美意趣，在这一刻达成了共鸣。

会稽山并不高耸巍峨，但自古以来就很"出圈"，在名山大川中有着很高的"江湖地位"。那么，它的独特地位是怎么形成的？会稽山又是一座什么样的山呢？

一

华夏文明5000年以来，会稽山一直是中华名山，声名赫赫。

《吕氏春秋》《淮南子》中，将会稽山与泰山、王屋、太华等并称为"九大名山"，并将其列于首位；《周礼》记载，华夏九州均有镇山，在东南部的扬州，"其山镇曰会稽"。

从秦到清，历代王朝均有祭祀名山大川的礼制，对象一般为"五岳五镇四海四渎"，二十四史中可常见记载。而会稽山就是"五镇"中的南镇。

区区一山，为何能跨越岁月长河而声名长青呢？

这先要从会稽山的名字说起。很多人是从会稽山才知道"会"原来还有另一个读音：kuài。这背后的典故，与大禹有关。

会稽山本名茅山。《史记·夏本纪》记载"禹会诸侯江南"，在茅山表彰天下诸侯的治水之功，会聚在一起计算功劳。自此，茅山更名为"会计山"，并逐渐演变成"会稽山"。

会稽山是大禹的幸运地。据传，禹接到治水任务后，苦寻治水之计。后来在会稽山寻得一部"金简之书"，从中得知山河体势，于是疏导百川，完成了治水功业。

作为华夏第一个朝代的开国之君，大禹封禅、娶亲、计功都发生在会稽山，去世后也安葬于此。这使会稽山成为夏朝主要活动地之一，几千年间留下大量传说故事和古迹遗存。

古代帝王对会稽山一直青睐有加。

中国第一位皇帝秦始皇，在交通极不便利的时代，车马劳顿、不远千里，从咸阳东巡至越地，"上会稽，祭大禹，望于南海"。

当时的丞相李斯立下"会稽刻石"。作为最早的书法家，李斯的小篆横平竖直、威严雄奇，此立石与"泰山刻石"并称。秦国还将"会稽"二字命为郡名，这是绍兴曾拥有的名字之一。

再说后来，唐玄宗时，为五岳封王、五镇封公，封会稽山为永兴公。到宋代，级别又有提高，宋真宗将五镇封王，会稽山成了永济王。元朝还觉得不过瘾，又进一步加封，会稽山成为昭德顺应王。至明清两朝，会稽山祭祀逐步推至巅峰，康熙、乾隆祖孙二人先后到绍兴参与祭祀。

我们今天所说的"北有黄帝陵、南有大禹陵"，在古时早已有迹可循。

二

泰山之美在于气势巍峨，华山之美在于险峻奇绝，黄山之美在于秀丽瑰奇，那会稽山之美，就在于山水相映、钟灵毓秀。

"会稽有佳山水"，是世人对此地偏爱有加的原因之一。比如，明代刘伯温就说，"语东南山水之美者，莫不曰会稽"。

在横亘在浙东大地上一百余公里、起起伏伏的会稽山脉中，宛委山、秦望山、香炉峰苍莽雄峙，古鉴湖、若耶溪、小舜江水清如镜，四时山景皆有无限风光，令人应接不暇。

如果古代就有小红书、抖音，那么会稽山一定是久负盛名的打卡胜地。

春来打卡宛委山，是女生的最爱。春风拂过，山上樱花、桃花、梨花次第开放，红的像火、粉的像霞、白的像雪。风吹花落，漫山遍野晶莹梦幻。

夏日打卡点当属若耶溪。古人打卡往往留下诗句，南朝王籍泛舟溪上，在心旷神怡中偶闻天籁，写下"蝉噪林逾静，鸟鸣山更幽"，成为若耶溪最好的广告。千年过去，若耶溪漾漾清波与平阳寺晨钟暮鼓依旧彼此鸣和。

金秋与丹桂最是相配，宜家人相伴打卡大香林。这里生长着全国最大的古桂花群，树木娉婷，十字形的花瓣似碎星点点，缀于空中。围坐树下饮茶谈天，不知不觉中，秋的气息已顺着呼吸深入心底。

冬季可行至东白山，这是爱情圣地，有纪念牛郎织女的风俗。隆冬时分，主峰东白山上，雪压青松，红梅簇簇，情侣相携牵手，同淋雪、共白头，人山相映。

难怪"美商"极高的东晋文人顾恺之，游历会稽山回来后，给出了"千岩竞秀，万壑争流，草木蒙笼其上，若云兴霞蔚"这样的评价。记载在《世说新语》的这句话，不仅催生出四个成语，也道尽了会稽山之美。

景如画，可游可赏，物奇美，可品可享，会稽山可算得上物华天宝、地杰人灵。

三

当人们说"会稽有佳山水"时，其后必会跟上一句，"名士多居之"。自古以来的人文鼎盛，是会稽山奠定名山地位的又一要素。

千年来，会稽山引得多少人心驰神往。当了解了这一点，也就能理解，为何当年孟浩然在游历浙江山水时忍不住激情发问："时时引领望天末，何处青山是越中？"

　　当然，爱会稽的不止孟浩然。历史上有三次著名的"衣冠南渡"，其中"永嘉南渡"和"靖康南渡"的主要目的地之一，便是会稽山所在的越州。

　　自晋唐起，会稽山就成为文人墨客的聚集之地。在这山川映发之地，470余位诗人留下了3000多首咏赞诗作。

　　历史上最著名的盛会之一——兰亭雅集，就发生在会稽山阴之兰亭。在崇山峻岭、茂林修竹间，王羲之办了一场盛大的文化派对，42位名士挥洒风流，留下传诵百世的《兰亭集序》。

　　虽然《兰亭集序》下落成谜，但兰亭遗风仍让人魂牵梦绕。"兰亭茧纸入昭陵，世间遗迹犹龙腾"，苏东坡如是说。

　　文脉相传，唐代王勃效仿兰亭雅集，先后两次在云门修禊，重现雅事，写下《修禊云门献之山亭序》，"良谈吐玉，长江与斜汉争流；清歌绕梁，白云将红尘并落"，与千古名篇《滕王阁序》梦幻联动。

　　可以说，来此踏歌而行的诗人文人，既因向往作为人文圣地的会稽山而来，而他们本身，也为会稽山的人文底蕴留下了浓墨重彩的一笔。

　　会稽山的故事，还有很多。王阳明的名号就出自会稽山"阳明洞天"，他在此筑室悟道、开坛讲学，这里是他立德立功立言这一"开挂"人生的起始地。

　　还有个广为流传的故事——"南镇观花"。一日，王阳明与友人同游会稽山，恰逢草木开花，朋友问："你说心外无物，这花树在深山中自开自落，跟我的心有何关系？"王阳明答："你未看此花时，此花与汝心同归于寂；你来看此花时，则此花颜色一时明白起来，便知此花不在你的心外。"

岩中花树，与心同开；千年名山，与人同在。

阴阳昏晓见证悠长历史，草木鱼鸟承载动人故事。从宏盛祭祀到山水诗歌，从佛道胜地到书画心学，数不尽的人文风流和华藻辞章，萦绕回荡在会稽山间，穿越数千载时光，仍熠熠生辉。

正值春来日暖，江南莺飞草长。千年会稽山正舒展开秀丽容颜，各位朋友何不来踏踏青，一领曼妙风光呢？

王薇 李昼 许正 执笔

2023 年 2 月 26 日

文化阵地运营的新解法

> 如何统一政府、市场、百姓三者的目标，平衡好多方利益，把提高群众的满意度和幸福感作为共同价值导向，努力形成"1＋1＋1＞3"的效果，是我们始终需要思考的。

前不久，中央一号文件发布。笔者关注到，文件提出要健全政府投资与金融、社会投入联动机制，鼓励将符合条件的项目打捆打包按规定由市场主体实施，撬动金融和社会资本按市场化原则更多投向农业农村。

如今，市场越来越多地参与到农村基层公共服务中，不断满足基层公共服务需求。一些市场主体已经在向基层文化阵地"下沉"，不少地区也喝上了基层文化阵地市场化运营的"头口水"。

但是市场化的过程也伴随着不少质疑声。那么，文化阵地市场化运营，这条路子到底能不能行得通？是不是可以成为用好基层文化阵地的新解法？

一

基层文化阵地建得好是基础，用得好才是关键。

经过多年培育，浙江基层文化阵地的覆盖面已经非常广泛，比如农村文化礼堂已超过2万家，还有各类农家书屋、文化驿站等，建成了文化惠民网络。

但是，当前基层各类文化阵地到底用得怎样？情况并不十分乐观。比如有的阵地缺人气，建好后冷冷清清，有的阵地缺文气，活动不丰富、文化味不浓，还有的阵地缺鲜气，难以做到与时俱进，也打不出品牌和亮点。

种种问题的原因，在于部分基层文化阵地缺少专业运营人员、优质文化内容供给、专业化管理运行体系。

就比如说，2万余家农村文化礼堂中，能够配备专职管理员的还较少，个别地区的文化礼堂管理员年龄达到60多岁，这样的话，能满足"大门常开"已是不易，没有能力组织活动，更别提要创新。

但与此同时，群众的精神文化需求在不断增长，千篇一律的跳舞、写字、看书早已无法满足需求。大家期待更多活动，也希望有养老照料、幼儿托管等服务。仅靠当地政府运营，的确有难度。

而市场的加入，恰恰有望弥补单靠政府的不足。从理论上来说，市场能快速感知社会上最新最潮的活动或服务，也能快速把握群众喜好、需求。同时，市场能灵活地将资源送到不同地区，有利于促进基层文化服务均衡化。

从实践来看，笔者了解到，一些地方探索市场化后，效果大多是积极的。

比如，从2020年起，杭州市以政府出资方式购买服务，向基层文化阵地派驻"文化管家"，让他们发挥专业特长为基层提供文艺培训、科普讲座、作品创作等一揽子文化服务。从数据来看，"文化管家"模式实施后，文化礼堂活动同比增加94.27%，参与人次同比增加291.13%。

再如，被称为"浙北第一大村"嘉善县魏塘街道魏中村采用PPP模式，引入第三方机构开展专业化运营，向户籍家庭发放惠民服务卡，向新居民推出文化礼堂免费体验卡。健身、桌球、乒乓球、电影等部分项目收取少量人工管理费，"以堂养堂"收支相抵，也提高了礼堂使用率。

类似例子还有很多，比如"礼堂工坊""文化伙伴""文艺村长"等，都是较为成熟的模式。实践证明，从企业角度来说，企业在拓展业务、服务百姓的同时，还践行了社会责任、赢得了社会声望。而对基层百姓来说，文化阵地的活动更多了，惠民服务更便利了，甚至还能在家门口就业。

基层有需求、市场有供给、群众有收获，自然一拍即合。因此，市场参与基层文化阵地的管理运营，可以说是多方共赢。

二

当然，文化阵地搞市场化运营也不是没有缺点。一直以来，持有质疑态度的人也不少。

比如，有人害怕市场进来了，阵地会不会"失守"？基层文化阵地是老百姓的阵地，往深层次说是意识形态阵地，要举办的是百姓喜闻乐见、符合主流价值观的活动。

但是，市场化行为在导向把关上难免有所欠缺，若是在举办学习教育、宣传宣讲活动时把不好关，就会出现一些低级红、高级黑的现象，产生导向上的偏差。

也有人担心阵地会"变味"。企业盲目"入驻"会不会改变基层文化阵地的公益性质？有的地方引入市场主体后，开始设置高门槛，所有服务都要消费，这类情况让基层文化阵地"文化味"与"金钱味"串味儿了。

此外，还有人质疑，市场主体能不能干得长久，会不会掀起一波热潮后就火速离场？近几年，乡村的"网红咖啡店""网红书吧"并不少见，但眼球经济、网红效应往往难以有持久生命力。

更有人疑惑，基层文化阵地交给市场了，那政府是不是可以撒手不管了？有的地方政府只负责引入不负责监督，企业也就奔着"省时省力又赚钱"的目的，导致文化服务的质量水准降低了。

一些人的担心也好、质疑也好，确实有一定道理，关键是我们如何趋利避害，而不是因噎废食。发挥"看不见的手"的作用，固然有益处，但是我们也要认识到，基层文化阵地运营不同于常规的经济活动，它既要照顾到阵地的普惠性、公共性，还得考虑到企业的营利性质，让两者在运营中找到平衡点。同时，市场主体的加入并不代表着政府工作的结束，监督、评价、筛选等后半篇工作才刚刚开始。

如何统一政府、市场、百姓三者的目标，平衡好多方利益，把提高群众的满意度和幸福感作为共同价值导向，努力形成"1＋1＋1＞3"的效果，是我们始终需要思考的。

三

面对这样或那样的问题，创新打法才能打开新天地。

基层文化阵地要想"变"、要想"活"，应该秉持开放姿态，制定好"游戏规则"，引入新主体、新手段，创新更多具有实效的改革举措。笔者认为，有这几方面值得突破。

先说"设门槛"，设置一定的准入标准，吸引与基层文化气质最搭的企业。

文化阵地的本质还是"文化"，如果招来一个与文化"风马牛不相及"的市场主体，一定会"水土不服"。笔者曾看到，一家文化礼堂的大厅租借给了一家汽车零配件生产企业，确实创造了很多工作岗位，但完全偏离了文化阵地的本质需求。

浙江乡村"千村千面"，各有各的文化味，能运营好文化阵地的，一定是具有文化特长、与当地气质相符的企业。比如衢州余东村充分发挥农民画的优势，依托农村文化礼堂，与万事利等公司合作，开发以余东农民画为主题的手机壁纸、文创丝巾等产品，既发挥了当地文化优势，让礼堂常态运行，又提高了农民收入。

再说"打配合"，形成"两双手"合作格局，让政府和企业共同发力。

政府要积极为基层"吆喝"，吸引合适的文化企业来基层扎根，有条件的可以推出适当的优惠和激励政策；市场也要根据乡村特色打造适配方案。明确分工、各尽其责，才是让"搭档效应"得到放大的关键。

比如，湖州长兴县引进上海国盛集团旗下思尔腾乡村振兴运营公司，则通过"政府＋公司＋农户"的模式，将1800平方米的文化礼堂打造成古戏台、书房、研学馆、漫影院等功能区块，满足游客文化活动需求。

最后说"搞绩效"，运营效果好不好，还是要有有效的监管评价机制。市场主体办了什么活动？培养了几支队伍？阵地开门几天？老百姓满不满意？这些都要有百姓看得见的考评。

不过，文化阵地市场化运营的路径有很多，并没有一个"通用模板"。近几年，浙江一直在探索，2023年全省将打造11个文化礼堂社会化运行试点县，目的就是打造更多"个性版本"，让市场主体各显神通，提高文化礼堂等文化阵地的使用效能。

文化阵地市场化运营的路子要想行得通，关键在于政府、市场牢牢坚持社会效益与经济效益相统一，真正把人民群众的幸福感、获得感作为目标，这条路最终会行得稳、走得远。

刘雨升　执笔

2023年2月27日

当王希孟"遇见"黄公望

> 人和人是不同的，天纵之才的王希孟是用生命的热度换艺术的高度，而大器晚成的黄公望是用生命的长度换人生的高度。

王希孟是北宋人，黄公望是元朝人，隔了170多年，他们自然不会真的遇见。

他们的遇见，是代表作的"遇见"。《千里江山图》是王希孟的传世之作，《富春山居图》是黄公望的巅峰之作，这两幅都是山水画，都被列入"中国十大传世名画"。《千里江山图》是宋画山水的绝唱，《富春山居图》是浙派绘画的顶峰。

到今日，这两幅画屡屡同台亮相。如在火爆的"中国历代绘画大系"展览里，它俩都是主角。在2022年央视春晚上，《只此青绿》《忆江南》两个节目同时爆火。《只此青绿》的灵感来自《千里江山图》，《忆江南》则把《富春山居图》演活了。

十八岁的王希孟，一出手就是《千里江山图》，出道便是巅峰，巅峰之后却成为绝唱，是中国绘画史上仅有的以一张画而名垂千古的天才少年；八十岁的黄公望，终身漂泊无依，五十岁之前似乎一事无成，却在人生暮年，完成了《富春山居图》这样的绝世之作，人生最后的谢幕是如此壮美。

一

比起众人皆知的《千里江山图》，世人对作者王希孟所知甚少，他的生平只有寥寥几行字。若是没有画卷后蔡京的题跋，这位天才少年或许连名字都留不下来。从蔡京的记载中得知，他是北宋画院的学生，有着不凡的绘画天赋，得到了宋徽宗的亲自传授。受教半年后，王希孟的艺术水准突飞猛进，创作了《千里江山图》。

十八岁，对多数人而言，人生之路才刚刚开始，而十八岁的王希孟，却在全国最顶尖的画院，碰到最顶尖的导师，用着华贵的石青、石绿矿物原料，将自己的艺术才华尽情挥洒，成就了《千里江山图》。没有北宋那个如梦似幻的艺术年代，也许便不会有《千里江山图》的诞生。

比起王希孟，黄公望的一生，那简直是绝望的人生。他十来岁就父母双亡，被送给温州平阳的黄公一家收养，所以取名黄公望，字子久——寓意是"黄公望子久矣"。黄公望最初的人生目标是考功名，仕途无望后，他只好给人充当幕僚，谋了个小官职。结果到了四十多岁，他跟的领导因"贪刻用事"引发民乱被关进监狱，他也受牵连被关了两年。

出狱后的黄公望，只能浪迹江湖，靠算命卖卜为生。这时的他已近天命之年，艺术上的才华也没有绽放。这前半生简直坏透了。而他生活的那个年代，正值蒙古人入主中原，尚武才是主流。

二

穿越千年，再去看《千里江山图》，画上江水浩荡，气势开阔；群山起伏，危峰高耸。全卷笔墨工致，如锦似绣，既气势磅礴又细腻精到。

十八岁的张扬和活力，在画上呼之欲出。这种雄伟壮阔的气魄，这种奔放热烈的色彩，只有十八岁的年华，才有勇气和胆量去描绘泼洒。

真迹已难再见，即便只是看看《千里江山图》的复制品，我们也依然能感受到王希孟青春的气息和澎湃的心跳，会被那绚丽的青绿色彩所吸引。但这一幅画，似乎把他生平所有的力气都耗光了。到了二十岁，他便辞世了。他如同北宋艺术天空亮过的一道闪电，照亮了整个夜空，但迅速而去，短暂而热烈。

而五十岁之前一事无成的黄公望，慢慢在山水之中找到了寄托，想依托丹青重塑人生。年轻时，他与赵孟頫等士人名流往来，受到了一些指点，打下了一点基础，曾留下诗句"当年亲见公挥洒，松雪斋中小学生"为证。看透人生的他，越来越迷恋看山看水，看常熟的虞山，看松江的山，看富春江畔的山水。终日静坐，看得如痴如醉，而画笔已在挥洒流淌。

直到七十八岁，他才应师弟无用禅师的邀请，开始创作《富春山居图》。画了三年之久，中间断断续续，这幅画依然没有完工。八十一岁的年龄，犹如风中残烛，随时会熄灭，那我们可能会失去这幅传世之作，而黄公望却不急不躁。

虽然都是山水，但和《千里江山图》青绿山水的亮丽相比，

《富春山居图》用墨淡雅，山水布置疏密得当，墨色浓淡干湿并用，看到的是山寒水瘦的秋日气息，是阅尽沧桑之后的人生沉淀，是物我两忘的内心宁静。不是王希孟宫中的无尽奢华，而是文人雅士的素淡，黄公望积蓄了一生的才华，总算蓬勃而出，画上了完美的句号。画完此画不久，八十五岁那年，黄公望与世长辞。由此，他成为中国山水画发展史上一个里程碑式的人物，他的山水作品更被明清两代的山水画家奉为经典。

王希孟在十八岁，便创造了艺术的不朽，而黄公望抵达这一刻时，却已是八十岁的高龄，穷尽了一生。

三

两幅画，风格不同，命运也截然不同。

《千里江山图》成画后，兜兜转转最后进了故宫。到今日，世人很少能见它一面。《千里江山图》如此深藏的原因，主要是该画的画法为"青绿设色法"，使用了很多矿物质的颜料，颜料容易脱落，而修裱难度极大。每展览一次，都可能是一次不可逆转的伤害。最近的一次展览，是2017年，人山人海，而前一次已是20世纪80年代。

画上的青绿色，是宋画里最亮的色彩，到今日依然熠熠生辉。

画的色彩和美感，也给了舞蹈《只此青绿》无限的灵感。热烈的色彩，短暂的青春，那是十八岁的王希孟留给世界的永恒，其人其画都生如夏花之绚烂。

《富春山居图》流转的坎坷，如同黄公望的一生，也是历经劫难。在历经数百年的收藏转手之后，明朝的收藏者吴洪裕在临终时，竟然爱之太切，想要烧掉它，企图带到另一个世界去。幸亏，他的侄子吴子文眼疾手快，慌忙从火盆里抢了出来，但已分为两卷。

此后的《富春山居图》一分为二，前半卷叫剩山图，现收藏于浙江省博物馆；后半卷叫无用师卷，现藏于台北故宫博物院。两卷一直隔水相望。所谓"画犹如此，人何以堪"，它已不是简单的一幅山水画了，它的合璧已成为两岸统一团聚的文化象征。

而有趣的是，《富春山居图》的真迹当时一直藏在宫中，狂热的书画艺术爱好者乾隆却看不出真伪，竟把另一幅赝品当成真迹。画作虽是明珠暗投，被冷落一旁，却幸好躲过一劫，没被乾隆这个盖章狂人"污染"。这种因祸得福，倒是和黄公望的一生极为贴合。黄公望若是在仕途上一直顺风顺水，或许便不会对江南山水如痴如狂了，也难以画出《富春山居图》这种不朽之作了。

人生若无志时，当看《千里江山图》，当看王希孟，多去感染那青春绚烂的色彩、那热烈奔放的气息、那一往无前的勇气。"有志不在年高"，青年千万别陷在排资论辈里踯躅不前，别用少不更事作为庸碌无为的借口，要树立跨越山河、胸怀天下的大志向。后浪也能勇立潮头，十八岁也能创造不朽，写下《滕王阁序》的王勃如此，封狼居胥的霍去病如此，创作《千里江山图》的王希孟也如此。

人生若无望时，当看《富春山居图》，当看黄公望，少年失去双亲的他，仕途无望的他，身陷囹圄的他，五十岁前一事无成的他，到了八十岁却能迎来人生的艺术巅峰。如黄公望按照人生的规则去出牌，"三十而立"时却毫无所立，"四十不惑"时却迷惑重重，"五十知天命"时，人生却开始重启，那时他就如过往烟云了。

而他打破了命运的规则，一直坚守，才扼住了命运的喉咙。不到生命的最后一刻，他绝不丢下画笔。手中的画笔，既是心中万千沟壑的书写，更是他改写命运、镌刻永恒的伟大之笔。

十八岁有十八岁的灿烂，八十岁有八十岁的辉煌。十八岁时，要去拼，八十岁时，亦能等，只要不放弃，一切皆有可能，都能书写人生的不朽。人和人是不同的，天纵之才的王希孟是用生命的热度换艺术的高度，而大器晚成的黄公望是用生命的长度换人生的高度。看画，亦是看人生，若是逢着这两幅画，你且多停留片刻。

赵波　执笔

2023年2月27日

跨越15年的两封回信

> 不管怎么闯，关键要把尊重农民的实践创造、增进农民的根本利益和激发农村的发展活力，作为农村改革的根本出发点和落脚点。

"20180228"，这是宁波革命老区余姚梁弄镇横坎头村，许多农家乐设置的 WIFI 公共密码。这段密码里，藏着一个特殊的日子——2018年2月28日。一个横坎头村的乡亲们不会忘记的日子。

5年前的这一天，习近平总书记回信横坎头村全体党员："同乡亲们一道，再接再厉、苦干实干，结合自身实际，发挥自身优势，努力建设富裕、文明、宜居的美丽乡村，让乡亲们的生活越来越红火。"总书记的关怀，一直引领激励着横坎头村的党员群众。这些年，横坎头村在乡村振兴的道路上大步前行。

这不是习近平同志第一次给横坎头村回信。20年前，也就是2003年，横坎头村"两委"给时任浙江省委书记习近平写信，不久就收到了回信。习近平同志给横坎头村的两封回信，中间跨越15年。

有人说，读懂乡村，才能读懂中国。横坎头村，就像一部有着厚重历史和丰富故事的书，这里藏着浙江乃至全国广大乡村，实现振兴、迈向共同富裕的密码。今天，我们一起重温习近平同志的这两封回信。

—

在明星村众多的浙江，地处四明山区的横坎头村是普通的，地僻人稀、资源有限，曾受贫困之苦。

不过，横坎头村也是特殊的，它是全国19个抗日根据地和南方七大游击战争根据地之一，在中国革命史册上闪烁着光辉。

在这座小山村的今昔巨变里，我们读懂的是一份不变的为民深情。

据《习近平浙江足迹》记载，2003年农历新年将至，天寒地冻，时任浙江省委书记习近平来到四明山革命老区考察。那时，村里连条像样的水泥路都没有，村民人均年收入不足2700元，村集体负债20多万元，当地人发出"横坎横坎，横看竖看看不到头"的感叹。

"知道农民的苦，也懂农村的难。"横坎头村的老书记张志灿告诉笔者，他仍记得那年在会议室里，习近平同志与镇里、村里的同志围坐在一起谋划发展之路时的情形。

2003年春节上班第一天，横坎头村党员干部集体商议后，以村党总支、村委会的名义给习近平同志写了一封信，信中汇报了横坎头村将加快中心村建设，在老区中率先实现全面小康的工作目标。仅3天后，横坎头村干部群众便收到了回信。习近平同志在回信中鼓励村民加快老区开发建设，尽快脱贫致富奔小康。也是在2003年6月，在习近平同志的倡导和主持下，浙江启动了"千村示范、万村整治"工程。

一晃15年过去后，横坎头村发生了翻天覆地的变化，旧貌换新颜。曾经名不见经传的小山村，成了全国红色旅游经典景区，村民年人均可支配收入27000多元，是2003年的10倍。

2018年2月，横坎头村全体党员给习近平总书记写信汇报村里发生的巨大变化。很快又收到了习近平总书记饱含深情的回信："15年前到你们村的情景我都记得，我一直惦记着乡亲们。"信中说，"乡亲们生活不断得到改善，我感到十分欣慰"。

这份为民情怀，根植于基层沃土，一以贯之未曾褪色。

从小村庄到党中央，从农村大队党支部书记到党的总书记，习近平同志始终心怀家国、躬身为民，不论担任什么职务，不论身处什么地方，始终没有离开过人民，没有忘记过乡村。

如今，横坎头村站在了迈向中国式现代化和共同富裕的新起点上。今天，我们回望它走过的路，是为了不忘初心，传承好红色基因，脚踏实地走好当下和未来的每一步。

二

党的二十大开启了中国式现代化的新征程，但全面建设社会主义现代化国家，最艰巨最繁重的任务仍然在农村。

40多年前，中国的改革开放肇始于农村，闯出了农村生产经营体制改革的新路。而今，要破难前行仍离不开一个"闯"字。重温总书记的两封回信，我们更加懂得，干事创业就要有那么一股子闯劲。

在革命老区，怎么为，如何闯？

《习近平浙江足迹》写道，2003年，习近平同志在横坎头村调研时，强调了三个"有没有"："关键要看那里的干部群众有没有不等不靠、自力更生的创业精神，有没有艰苦奋斗、苦干实干的拼搏精神，有没有积极进取、勇于创新的开拓精神。"

在2003年给横坎头村的回信中，习近平同志强调，发扬老区的优良传统，保持艰苦奋斗、自力更生的精神风貌，解放思想，与时俱进，加快老区开发建设，尽快脱贫致富奔小康。

敢于闯大胆试，横坎头村的干部群众不断闯关前行。面对区位受限、资源有限的客观条件，村里自力更生创业，从外地引种樱桃果苗，逐渐培育起本地特色农业。抓住乡村旅游发展契机，打响红色旅游品牌，充分利用绿色资源，每年吸引游客已超百万人。

面对新时代新课题，不禁要问，我们如何从横坎头村的改革闯劲中，汲取经验和力量？

持续保持闯劲，需要尊重群众的首创精神。比如，横坎头村成立的新农村发展有限公司等村集体企业，在盘活集体资产、发展旅游等方面发挥了重要作用。这一举措，是来自湖州等地一些乡村试点创建的"强村公司"在全省的推广。

正如农村改革重要推动者杜润生所说："要说中国农村改革，那是从上到下无数人努力的结果，尤其要归功于农民自己的创造精神。"

持续保持闯劲，要从突破一个点向闯出一片天转变，提升改革整体性。一段时间以来，浙江农村的改革突破，以"单兵突击"为主。比如，余姚在全国首创开通"超市化"农村产权交易平台，义乌在全国首创并先行先试农村宅基地所有权、资格权、使用权"三权分置"改革，激活了乡村的要素资源。

现在我们面对共同富裕这一大课题，更要在系统集成方面"闯新路"。省第十五次党代会提出，深化以集体经济为核心的强村富民乡村集成改革。比如，在改革探索中，将农村土地制度改革与打造数字乡村引领区结合起来，达到"1＋1＞2"的效果。

不管怎么闯，关键要把尊重农民的实践创造、增进农民的根本利益和激发农村的发展活力，作为农村改革的根本出发点和落脚点。

三

小小的乡村，亦是时代的缩影。在横坎头村，我们看见过去，更能读懂未来。

近百年来，横坎头村经历了举旗革命、摆脱贫困、奔向小康……这一系列事件成功的关键，在于始终有一个坚强党组织的领导，带领大家不断奋斗。

"办好农村的事情，实现乡村振兴，基层党组织必须坚强，党员队伍必须过硬。"习近平总书记给横坎头村党员同志回信中的这段话，就镌刻在村里新时代文明实践站的显眼处。他强调，要发挥好党组织战斗堡垒作用和党员先锋模范作用。

当前，浙江广大乡村正向共同富裕迈进。这部新的"奋斗史"，仍然需要党组织带领大家来共同书写。笔者谈四点认识。

其一，要想跑出加速度，乡村振兴的"火车头"就是党支部。习近平总书记强调，"帮钱帮物，不如帮助建个好支部"。乡村资源禀赋不同，发展路径不一，这就更需要加强基层党组织建设，把基层党组织的"压舱石"作用筑得更牢，凝聚起乡村各方力量和有限资源，形成集体认同，朝同一个目标迈进。

比如，去年，横坎头村与周边8个村，成立了联盟区域发展有限公司，开展公司化、规模化运营。这充分体现了基层党组织在乡村振兴、推动共同富裕方面的优势。不打破现有行政区划管理体制、不改变原有党组织隶属关系和功能形态，既各取所长，也发挥聚合力量。

其二，机遇不会从天而降，关键是如何作为、怎么有为。当前，浙江对干部提出了"干事且干净、干净加干事、干事能成事"的勤廉要求。乡村振兴关键在人，党员干部的能力强弱、素养好坏直接关系到共同富裕能否顺利推进。基层党员干部既要"能为"也要"敢为"，不管是攻坚共同富裕难题，还是逐浪数字化潮流，都需要不一般的智慧和勇气。

其三，说一千道一万，最好的办法就是带头干。不干，半点马克思主义都没有，党员干部要带着群众干、做给群众看。比如，这两年，横坎头村"两委"谋划了"未来乡村"的图景，引进高新技术企业打造数字农业大棚，助力村内高效农业提升；通过数字化改革，打造智慧集成的综合应用……这一系列的有益探索，关键在于要有能创新敢创新的领头人。

最后，一代人终将老去，但总有人正年轻。乡村振兴需要青年接棒，需要相信年轻的力量。在横坎头村干部里，有"海归""80后"，也有基层工作经验丰富的"90后"，他们的到来，为乡村振兴提供了更多新的思路。村里年轻人办的"四不用"农场，不用化肥、农药、除草剂和激素，产出的山涧米、鲜食花生等绿色农产品，成了抢手货。也有年轻人把当地土特产"梁弄大糕"，做成了甜点连锁店，香飘全国。

如今在横坎头村，人们可以看到，在浙东区党委旧址旁，墙上两米直径的巨大红五星已历经80多年岁月洗礼。那些脚踏实地走过山路、看过墙上绘着斑驳红星的横坎头村村民，最能切身感受到当今生活的来之不易。现在，接力棒交到了我们这一代人手中。跨越15年的两封回信，激励着我们奋勇前行。大胆闯努力干，方能不负时代、不负韶华。

施力维　沈小贤　执笔

2023年2月28日

朱生豪"译莎"

在他美妙的汉语中，哈姆雷特吟唱着他的经典独白，罗密欧与朱丽叶在月光下说着凄美的情话，李尔王悲号着跌落的命运……两个诗人在笔端相遇，两个灵魂契合成一个灵魂。

"醒来觉得甚是爱你"；

"我实在喜欢你那一身的诗劲儿，我爱你像爱一首诗一样"；

"我想要在茅亭里看雨、假山边看蚂蚁，看蝴蝶恋爱，看蜘蛛结网，看水，看船，看云，看瀑布，看宋清如甜甜地睡觉"……

有人说，若世间的情话有十斗，朱生豪一人，便可独占八斗。

以一部《情书》"火出圈"，朱生豪也因此被誉为"世上最会写情话的人"。无限的思念和爱慕，从笔端流出，装入信封，飞入宋清如的心中，也飞入无数人的梦中。

然而，他值得后人追忆的，远不止诗文才华和与妻子的这份鹣鲽情深。他写给妻子的另一封信中说："……某国人曾经说，中国是无文化的国家，连老莎的译本都没有。"为洗刷祖国"无文化"

之污名，他十年青灯黄卷，三译莎剧，手稿两次毁于战乱，最终为我们留下了31部半、180万字的莎剧译作。

1944年12月，有着"中国莎剧译文第一人"称号的翻译才子朱生豪抱憾谢世，年仅32岁。他在遗作中借雅典历史悲愤呼告："有一天，不远的一天，他们将用热血洗净被践踏的祖国的耻辱……"这是比"醒来觉得甚是爱你"更动人的告白。

一

十年译莎，朱生豪为此付出了生命。这是何等的情怀。

一切都始于1935年。

那一年，上海掀起一股旨在打破白色"文化围剿"、推介外国文艺的热潮，文化出版界称之为"翻译年"。

那一年，鲁迅说，现在最重要的是要有莎士比亚的译本。在日本，莎士比亚、歌德……都有全集。他希冀中国尽快接受西方文学优秀作品，体现出一种迫切的时代需求。

那一年，在上海世界书局担任英文编辑的朱生豪，也迎来了人生的一个转折点。某一天，世界书局英文部负责人詹文浒对朱生豪说："书局近来有个大任，要翻译莎士比亚全集，你来如何？"

那一年，朱生豪仅23岁。世界书局选择了朱生豪译莎，更是历史选择了他。

不曾想，这条译莎之路异常艰辛。1936年，他正式提笔翻译，到1937年夏，已译完了莎翁多部戏剧，然而战火打断了翻译计划，先是"八一三"淞沪会战爆发，后又经历太平洋战争，朱生豪翻译的心血两度毁于日军炮火之中，何等悲痛！他濒临绝望的边缘。

是什么，令他重燃斗志、重整旗鼓？

在1942年英国的一次莎士比亚作品译本展上，展台上赫然陈列着数十册精装烫金的日译《莎士比亚全集》和一本薄薄的汉译《罗密欧与朱丽叶》，相形之下格外刺眼。一些日本人因此嘲讽中国是无文化的国家，连老莎的译本都没有。

这种文化缺失，深深刺痛了朱生豪，也驱使他三开译笔。

手稿毁了，他就从头再来，他的翻译工具始终只有一套莎翁全集、两本翻译辞典。彼时日寇占领上海，他的经济状况极端困难，没有钟表，窗口流转的月亮就是最精准的报时；没钱看病，便一直隐忍着，译笔不停地在莎翁的灵魂里顽强掘进。

就这样，在他美妙的汉语中，哈姆雷特吟唱着他的经典独白，罗密欧与朱丽叶在月光下说着凄美的情话，李尔王悲号着跌落的命运……两个诗人在笔端相遇，两个灵魂契合成一个灵魂。

二

1947年，我国首次出版了朱译《莎士比亚戏剧全集》三辑、27种剧本，并传至海外。欧美文坛皆为之震惊，中国人竟会写出这样高质量的译文；令人难以置信的是，这样高质量的译文竟是一个从未出过国的人翻译的。

人民文学出版社2010年版《莎士比亚全集》前言中这样表达对朱生豪的敬意："成为播莎翁文明之火的普罗米修斯，成为译莎事业的英雄和圣徒。"

半个多世纪以来，朱译莎剧经历史浪潮的淘洗，至今仍是未能被超越的珍本，也是迄今为止印数最多、覆盖面最广的莎剧译本，为东西方文学交融互鉴搭建了桥梁。何以经久不衰？其精髓在于相隔300多年的两个诗魂，实现了高度契合。

笔者以为，这种契合在于译者对原作神韵的把握。

戏剧家、莎士比亚研究会首任会长曹禺说，剧本的生命力在于演出，莎剧的剧作首先是为了演出，也只有在演出实践中才能更深刻地体会莎剧的精神实质及其艺术特色。为了能将译本搬上中国舞台，朱生豪每译一段文字，都自拟为读者，自拟为演员，常常与剧中人物一同哭笑，"余笃嗜莎剧，尝首尾研诵全集至十余遍，于原作精神，自觉颇有会心"。

"只有诗人方译得出诗人之剧。"朱生豪从小国文和英语绝佳，这让他在东西方文学之间行云流水般地"舞蹈"，从四言诗到楚辞体，从五言诗到六言七言，甚至长短句，他都运用自如，在译文中发挥他的诗歌创作才华，并使中国诗体的各种形式十分自然地熔铸于汉译莎剧之中而不露斧痕，可读性极强。

这种契合，还在于时代精神的感召。"文章合为时而著，歌诗合为事而作。"莎翁戏剧中蕴含的斗争精神与激情，正是普罗大众所亟须的精神养料，与五四之后"人的文学"精神兴起不谋而合，更是在那样一个时代里作者情感的真切流露。浓厚的爱国主义情感始终笼罩着他笔下的莎剧译文，正如曹禺题词"正气凛然、贡献巨大"。

朱生豪翻译莎剧的时间，几乎与八年艰苦的全面抗战相重叠，在"恐惧、犹豫、退让"的舆论思潮中，在"鸳鸯蝴蝶"依然低吟浅唱、自我麻醉时，他展现出了文化战士"金刚怒目"的一面，以译作唤醒民众。在1939年9月起的两年间，他在上海《中美日报》写了1141篇"小言"，从头到尾都是铿锵有力的呼喊和对敌人的嘲讽蔑视。

在今天看来，这种契合更在于民族文化投入的再造。莎士比亚戏剧是世界文学史上的经典，其作品强烈的人文主义思想光芒超越了他本身所处的时代和国家范畴。

而朱译莎剧，不仅传达了莎翁作品的思想精髓，更融入了传统的中国古典情怀，在古典与欧化之间维持着微妙的平衡，在平行对话中发出了时代与本土的声音。

这是原作在全新的文化、思想和社会中的新生。此后，逐渐演变为中国莎学，莎剧中人文主义精神的春风也吹进了太多中国人的心里，在思想上推动了社会的进步。

三

莎士比亚曾说："在命运的颠沛中，最可以看出一个人的气节。"这句话形容朱生豪再合适不过。

1912年，朱生豪出生于嘉兴南湖一个破落商人家庭，从小便寄人篱下。他自幼天资过人，有"神童"美誉。大量的阅读慰藉了他孤寂的心灵，也为他后期译莎打下了基础。

1929年，17岁的朱生豪被保送到杭州之江大学。大学毕业后，他受聘担任上海世界书局英文编辑。当看到越来越多的社会腐败现象和日趋严重的民族危机时，苦于回天无术、报国无门的他，陷入了精神困苦之中。

是译莎点亮了他孤独、寂寞、彷徨的生活，令他一改消极心态。他将译莎看作是自己施展"看纵怀四海，放志寥空"之救国抱负的一个突破口。

然而现实很"骨感"。他甚至在信中向爱人吐槽"我相信，我将来会饿死"，可见生活之惨淡。即便如此，当在敌占区任职的同学来信相邀，仍被他坚决拒绝，他表示，如果要去日伪那里要饭吃，还不如跟随已逝的母亲走了算了。

战火纷飞的年代，山河破碎，个人命运难测。

翻译《莎士比亚全集》，朱生豪用尽了心血。1943年初，朱生豪回到故乡嘉兴，继续埋头伏案、握管不辍。光是那一年，他就译出莎氏悲剧8种、杂剧10种。1944年，抗战进入最后关头，弥留之际的朱生豪心心念念的仍是多灾多难的祖国，放心不下的仍是译莎事业。

最了解朱生豪的宋清如说：他首先是一个诗人，一个爱国者，然后才是一个翻译家。

1987年，宋清如将朱生豪的翻译手稿如数捐献给嘉兴市人民政府，后由嘉兴市图书馆将这批手稿悉心整理并影印出版。泛黄的纸页上，清秀的字迹和反复修改的痕迹赫然醒目，钩沉着一场令人闻之泪目的文化苦旅。

"夫以译莎工作之艰巨，十年之功，不可云久，然毕生精力，殆以尽注于兹矣……"在《译者自序》里的这句话，清晰表明了他的志愿——"肩上人生的担负，做一个坚毅的英雄"。

诗人的才情、爱国者的气节，值得被后人永远敬仰。作为一个翻译人，他对事业追求的痴迷、狂热、深爱，更留给后人许多启示。

也许我们不应忘记，这个世界曾经有过这样一个纯洁、高贵的灵魂，是他点亮了莎士比亚古老的诗剧。

吴梦诗　执笔

2023年2月28日

家谱里藏的不只是家事

> 家谱里藏着的不只是家事，更是穿越漫漫时空，连接昨天、今天与明天的文化密码。

前段时间，《满江红》词是否由岳飞所作引发网友热议，也让一段800多年前的往事再次浮现。

宋绍兴三年（1133年），岳飞等人在前线浴血抗敌，但朝廷里却有秦桧之流卖国求荣。岳飞义愤填膺，忿然写下一首《满江红·与祝允哲述怀》送给好友、江山人祝允哲：

怒发冲冠，想当日、身亲行列。实能是、南征北战，军声激烈。百里山河归掌握，一统士卒捣巢穴。莫等闲、白了少年头，励臣节。

靖康耻，犹未雪；臣子恨，何时灭？驾长车，踏破金城门阙。本欲饥餐胡虏肉，常怀渴饮匈奴血。偕君行、依旧奠家邦，解郁结。

收到岳飞大作，祝允哲当即展笺吟诵起来，边吟边叹，泪蒙双眼，提笔写下一首词，令信使回赠岳飞。

《满江红·与祝允哲述怀》虽与大家熟知的《满江红·怒发冲冠》有差别，不能由此确定后者一定由岳飞所作，但两者字里行间洋溢的雄健宏阔的气韵如出一辙。

这段故事，记载于40年前在衢州江山发现的一套名为《须江郎峰祝氏世谱》的族谱中。尘封于历史的文明因子，能得以重新面世，正得益于这样的一部部家谱。

今天，我们把目光投向家谱文化：浩如烟海的家谱中，隐藏着多少鲜为人知的奥秘？当下关注家谱又有何意义？

一

"谱者，世系之谓也。"家谱中，记载着以血缘关系为主体的家族世系的繁衍、迁徙、发展。据考证，家谱在我国已有三千多年历史。最早在商周甲骨文、金文中，就有家族世系记载。

国有史，方有志，家有谱，家谱与国史、方志并称为三大历史文献。国史，是国人眼中正统的历史，大家耳熟能详，如《史记》《汉书》等"二十五史"；方志如《山海经》《浙江通志》等，很多人也不陌生。相比而言，家谱则显得有些"低调"。

家谱记录的是一族之事、一家之人，相对而言辐射面较窄；可靠性上，国史和方志记载的史料，绝大部分可作为重要历史依据，但家谱中的内容却未必准确，甚至有生编硬造的可能。

尽管如此，看似"微观"的家谱中，也保留了许多重要的历史信息，有着区别于国史、方志的独特功能。

家谱，让更多个体在历史的长河之中留下生命印记。中华民族历来重视家庭，正所谓"天下之本在国，国之本在家"。顺着历史的脉搏看，曾有孔、孟、曾、颜四大家族，四个姓共用一个"通天家谱"，世代遵循；再看江浙地区，吴越钱氏的家谱，记载着这个贵戚权门的累叶簪缨、俊彦辈出。

家谱的本质是生命之链的接续。除了名门望族，很多普通家庭的繁衍与家庭事迹，也在家谱的字字句句中传承。一部部家谱，记录着一段段独特的生命之旅。

家谱文化，也是对国史和地方志文化的重要补充。如果将国史和地方志比成一棵树的主干，那么家谱则是枝叶，在历史、人口、民俗、社会等领域起到补充作用。

比如，邵飘萍的事迹在各类史志中收录很多，可后人为他写传记时，关于马寅初等人悼念他的挽联、诔词和像赞等却无可稽考，最后发现这些在东阳《紫溪邵氏宗谱》中记录得非常翔实。

因而，有专家说，家谱并非仅是一个家族的微观叙事和独立书写，也是一个民族和时代的心灵律动和文化载体。

二

恐怕没人能说得清楚，在浩如烟海的家谱中，还留存着哪些珍贵的人文史料，蕴藏着多少或鲜为人知、或让人津津乐道的奥秘。但拂去历史的尘烟，古朴厚重的家谱里，却闪烁着太多"灼灼其华"。

比如追溯渊源，寻根问祖。慎终追远、饮水思源是中华民族的文化传统，中国人自古重视家族的根系源流。

1984年，阔别家乡40多年的包玉刚回到宁波，在天一阁看到《镇海横河堰包氏宗谱》，惊喜地发现，自己是"包青天"的第29代裔孙。消息由媒体刊发后，也引发了一波海外华人回大陆寻根问祖的热潮。

比如释疑解惑，拨云见日。历史上有许多家世悬疑难以破解，而查阅记载世系源流见长的家谱，常常能在不经意间，发现解开一段段厚重历史谜底的密钥。

湖南韶山毛氏源自哪里？这曾引发许多推测。名列首批《中国档案文献遗产名录》的《清漾毛氏族谱》就给出了答案：韶山毛氏系出江西吉水毛氏，吉水毛氏则追溯到三衢毛氏，而清漾毛氏又是三衢毛氏的主系。其中清楚写着："渊源，遵照老谱，派接西江，自宋工部尚书让公世居三衢。"三衢，就是今天的衢州。

又如收录艺文，传承文化。有的名谱中，记载着大量史志中未曾收录的艺文，许多都弥足珍贵。像是发源于泉州、集美等地的世界级非遗南音，是中国现存最古老的乐种之一。集美南音就是在《集美陈氏族谱》中被发现的。刚刚过去的这个春节，以南音为底色的创意歌曲《百鸟归巢》亮相春晚舞台，惊艳了四方。

家谱中影影绰绰藏着如此之多的文化元素和历史遗珠，难怪梁启超要说："我国乡乡家家皆有谱，实可谓史学瑰宝。"

三

乱世藏金，盛世修谱。近年来浙江各地重修续修家谱蔚然成风，如衢州的《孔氏南宗谱汇修》《邑前毛氏宗谱》等名谱相继问世；"绍兴师爷"也重现"江湖"，这一次他们是以"修谱师"的名号活跃在修谱市场……

也许有人会问，每个时代，个体保存记忆、记录生活的方式不一样，家谱这种形式对现代人来说还是有点远，也未必每家每户都留有家谱，还有必要对那些陈旧的谱牒如此重视吗？笔者恰恰认为，今天，家谱仍值得"皓首穷经"。

一本家谱，溯源来时路，传承良善家风。对个人来说，家谱中记录着家族的衍脉、承载着千百年来的祖系根源，为每个人标出了人生的原点。我是谁？我从哪里来？我到哪里去？这是西方社会三大人生终极问题，而循着血脉亲情追根溯源，家谱会告诉你。

家谱中承载着一个家族独有的伦理规范，也成为个体在人生路上行走的价值准则。那些姓氏源流、家族迁徙、世系图录、族规礼仪……记载着故乡的风物和先贤的功德，激励着漂泊的游子无惧风雨地前行；家风熏习，内化于心、外化于行。

比如，金华浦江的郑氏义门，被明太祖朱元璋敕封为"江南第一家"。孝义传家九百年，其家谱中收录了168条家规，是郑氏家族世代繁盛的"齐家宝典"。

一本家谱，承载着浓浓的家国情怀。富贵不能淫，贫贱不能移，威武不能屈，这样的家国情怀在岳飞等人身上体现得淋漓尽致，至今仍滋养着我们的心灵。于笔墨清香中隐秘的一笔一画，流淌着中国人不屈不挠的血脉，诉说着华夏大地"何以中国"的悠长历史。

家谱里藏着的不只是家事，更是穿越漫漫时空，连接昨天、今天与明天的文化密码。

习近平总书记说："要积极推进文物保护利用和文化遗产保护传承，挖掘文物和文化遗产的多重价值，传播更多承载中华文化、中国精神的价值符号和文化产品。"今天，我们更应认识到家谱的价值，集聚众人之智，保护、传承和弘扬家谱文化。

前段时间，旷世奇书《越绝书》随节目《典籍里的中国》出圈，引发了人们对方志的浓厚兴趣。其中有这么铿锵一问：无四方，何以中国？

那么，顺着这个逻辑，我们不妨追问一句：无小家，何有四方？

毛卓兴 郑梦莹　执笔

2023年3月1日

本书编委会

主　任：王　纲

副主任：来颖杰　虞汉胤　赵　磊

成　员：沈世成　邢晓飞　郑　毅　莫璟华　楚蓓蓓
　　　　　李　攀

本书编写组

　　　　李　攀　郑梦莹　王思琦　季　方　张　俊

一颗文心济时代

（下）

之江轩 —— 编著

浙江人民出版社

图书在版编目（CIP）数据

一颗文心济时代 / 之江轩编著． —— 杭州 ：浙江人民出版社，2023.4（2025.2重印）

ISBN 978-7-213-11066-5

Ⅰ．①一… Ⅱ．①之… Ⅲ．①社会科学–文集 Ⅳ．①C53

中国国家版本馆CIP数据核字（2023）第073650号

一颗文心济时代

之江轩　编著

出版发行：浙江人民出版社(杭州市环城北路177号　邮编　310006)

　　　　　市场部电话：(0571)85061682　85176516

责任编辑：丁谨之　高辰旭　陶辰悦等　　助理编辑：尚咪咪

营销编辑：陈雯怡　陈芊如　张紫懿

责任校对：姚建国等

责任印务：程　琳　　　　　　　　　封面设计：王　芸

电脑制版：杭州天一图文制作有限公司

印　　刷：浙江新华数码印务有限公司

开　　本：680毫米×980毫米　1/16　　印　　张：71.375

字　　数：818千字　　　　　　　　　插　　页：6

版　　次：2023年4月第1版　　　　　印　　次：2025年2月第2次印刷

书　　号：ISBN 978-7-213-11066-5

定　　价：145.00元（上、中、下册）

学历绝非"孔乙己的长衫"

> 哪怕一时半会儿处于低谷期，只要坚持不懈，总有"逆袭"的可能。
>
> 学历和知识绝非"长衫"，而消极、逃避、不敢面对现实的思想枷锁，不会运用知识，才是真正的"长衫"。

最近，"孔乙己文学"一词冲上热搜，配有导语："如果我没有上过大学，那我一定心安理得地去打螺丝。可是没有如果。"这一话题很快引发网友们的热烈讨论，阅读量数亿次。

孔乙己是谁？鲁迅小说《孔乙己》中写道："孔乙己是站着喝酒而穿长衫的唯一的人。"小说中，"穿长衫"代表的是读书人，而"站着喝酒"又表明生活过得比较窘迫。

鲁迅先生刻画的这个知识分子形象，恰好"击中"了一些当代受过高等教育的年轻人的痛处。

很多人觉得，这位语文课本里的人物，就是当下的自己，于是写下"孔乙己文学"："学历不但是敲门砖，也是我下不来的高台，更是孔乙己脱不下的长衫。""读书让你的眼界变开阔，所以你不满足现状，可你却没有能力改变现状。"

这些话看似表达方式不同，但都将"学历"比作"孔乙己的长衫"，认为生活和工作的困顿，都是因为被"长衫"束缚住了。

我们不禁思考，学历真的是束缚青年人发展的"长衫"吗？真正的"长衫"究竟是什么？

一

"孔乙己"，一个世纪前的人物，如今成了热搜的关键词，一方面说明鲁迅先生笔力千钧，穿透百年的历史厚度，另一方面也折射出一些现实问题。

每一个热点话题的背后，都有很多的共情和共鸣。

查询"孔乙己"词条的"百度指数"发现，搜索该词条的网友很多集中在20—39岁年龄段，话题的讨论者也大都是接受过高等教育的年轻人，很多人正处于在校、求职或工作的状态。

不可否认，对大部分年轻人特别是刚毕业的大学生来说，现实生活中难免会出现"现实配不上期望"的困境。尤其是出生在千禧年的一代人，在疫情中度过了三年大学时光，毕业又遭遇"最难就业季"，青春更夹杂着迷茫。

一方面，他们认为自己受过高等教育，掌握了专业知识技能，会找到相匹配的工作岗位，拥抱幸福生活；而在就业市场中，实际上不太容易找到心仪的岗位，"海投"的简历没有回音。即便找到了工作，或许与预期存在不同程度的落差。

于是网友便将"孔乙己"的形象与自身进行人生境遇上的"挂钩"，发出了戏谑、自嘲般的感慨。

回想十年寒窗，书山题海，又经过几年大学专业训练，有谁不希望踏出校门便可"春风得意马蹄疾，一日看尽长安花"，又有谁不期待自己能够年少即有为，能"指点江山，激扬文字"呢？

可以说，现实带来的焦虑心情自然是可以理解的，但如果将高开低走的"锅"甩给学历，实则是"读书无用论"的巧妙"变装"。

二

"孔乙己文学"的几句热评"翻译"一下，其实就是说：无法接受从事学历门槛低的工作，这会让他们觉得自己读了那么多年书都是白读了。

然而，知识这个东西，学了就是自己的，怎么会白读呢？

钱钟书先生曾说过："如果不读书，行万里路，也只是个邮差。"比如，行至北京、西安、南京、杭州，少了知识学识的润色，这些不过是过眼云烟的地名；不了解典故传说，内心便不会泛起涟漪。

读书学习更重要的是，能让精神来一场长足的旅行。正如有人说，你无法到达的地方，文字可以载你过去；你无法经历的人生，书籍可以给你相遇。也有人说，读书学习能让你见天地、见众生、见自己。书中未必有黄金屋，但一定有更好的自己。

复旦大学教授梁永安坦言，我们今后毕生的任务就是做一个优秀的普通人。这个优秀的普通人，热爱世界，热爱万物，热爱众生，然后踏踏实实地去寻找到一个自己内心喜欢又有时代价值的事情。一个人一辈子能够做好一两件事就很好了。

有人受教育以后，希望用自己的力量让家乡摆脱贫困；有人希望用知识为国效力，甚至改变世界，所谓"达则兼济天下"；也有人想更"自由"，用喜欢的方式过这一生，谓之"自得其乐"。这些都没有错。

读书学习，就是在不断夯筑基础、提升自我，把人生的"方向盘"牢牢掌握在自己的手中。比如，"时代楷模"张桂梅，帮助2000多名女孩上大学，因为她认为山里的孩子只能靠读书才能走出去，女孩子受教育，可以改变三代人。

读书学习，在充实自我之外，也助力个体为社会做一些力所能及的事。比如，丽水松阳县返乡青年麻功佐，通过电商渠道销售土蜂蜜等，产值达2500多万元，带动160余家低收入农户增收。

不论怎样的生活，矛盾总是常在的，人生不如意十有八九。也许某个时段，我们的经历里，投射了孔乙己的影子，但接受教育就是在给自己保留一种机会。哪怕一时半会儿处于低谷期，只要坚持不懈，总有"逆袭"的可能。

三

事实上，"孔乙己文学"话题的背后，那些否定知识、否定学历的，多是有知识、有学历的人，这是他们面对现实生活的一种自嘲。但如果学历、知识真的是这所谓的"长衫"，试问他们是否真的愿意脱下？假如没有这些所谓的"长衫"，恐怕也不会遣词造句、引经据典，发出现如今这些声音吧？

其实，学历和知识绝非"长衫"，而消极、逃避、不敢面对现实的思想枷锁，不会运用知识，才是真正的"长衫"。

某种程度上来说，孔乙己的可悲之处，恰恰在于他不愿意放下面子，宁愿偷窃也不愿意自食其力，再加上他虽然拥有知识却不会运用到生活实践中，这些才是束缚住他的"长衫"。

而该如何卸下真正的"长衫"，挣脱枷锁，值得从方方面面来深思。

对当下的社会而言，营造平等、宽容的就业氛围尤其重要。推动社会公众更好地共情和理解年轻人，支持"灵活就业"，将打造青年发展友好型社会落到实处，才能让更多青年不被束缚，心无旁骛地勇敢追梦。

同时，高校需要完善更加贴合时代需求的培养计划，帮助学生实现学业与职场的有机衔接，个人前途与经济社会发展的协同匹配，让学生不再因有学历没能力而错失理想工作，并引导大学生正确看待就业问题。

社会观念也要不断转变。总有人认为，学了计算机专业不编程序就是白读了，学了新闻专业不当记者就是白读了。其实，人生的选择很辽阔。一个计算机专业出身的旅行家也没什么不好，一个新闻专业出身的金融从业者同样能发挥才干。社会对于读书人"成功"与"不成功"的定义，可以更多元。

作为年轻人，我们也该意识到，学历不是学利。有人觉得，一旦失去该有的利，学历就一文不值，这种观念是错误的。对真正的读书人，学历不仅仅是利，更是经历，是大义。个人眼界的拓宽、内心世界的丰富，以及对这个社会的回馈，都是读书带来的财富。

2022年6月8日下午，习近平总书记在四川考察高校毕业生就业工作时曾说："劳动最光荣，我们的幸福生活是靠劳动创造的，一夜暴富、一夜成名是不现实的。"总书记话语谆谆，"大学生就业要怀着一颗平实之心，综合考虑自身条件和社会需求，防止高不成、低不就。"

有远大的追求固然是好事，但是自怨自艾不如踏实付出行动，脱掉了思想上的"长衫"，才能真正奋力奔跑。星辰大海，征途在前，那些融入滚滚洪流的使命，从未停止。站在新时代新赛道上的青年，更要在真刀真枪的实干中成就自我、成就一番事业。

学历从来不是一个人成功的唯一"标签"，更不是"孔乙己脱不下的长衫"。当代年轻人，也不是封建社会的"孔乙己"。"孔乙己脱不下的长衫"，每个人都该努力脱下。

郑思舒　张翰宁　程烈　执笔

2023 年 3 月 1 日

有一种春天叫江南

> 江南，就像一个音符，在文人墨客的笔端跳跃，也拨动着每个人的心弦。

随着三月的到来，近日，浙江多地官宣入春。曾火遍大江南北的那句"你一句春不晚，我就到了真江南"再度翻红。杨柳依依，诗韵袅袅，似乎道不完江南之春的美，让人直呼"春天一到，就想去江南！"

江南究竟美在哪？何以千百年来，令人如此神往？

也许是"春水碧于天，画船听雨眠"的悠然自得，是"日出江花红胜火，春来江水绿如蓝"的色彩斑斓，是"千里莺啼绿映红，水村山郭酒旗风"的烟火人间，是"春风又绿江南岸，明月何时照我还"的无限乡愁……

有一种春天叫江南。烟雨杏花人间，古道青瓦白墙，远山田园细流，随意流淌的江南春色，足以泼墨一幅诗情与浪漫的隽永画卷。

一

江南之美，在其景，更在其韵。

江南的春色，是明艳动人的。

"忽如一夜春风起，江南从此惊人间。"一夕梦醒，天地间春意潮涌而来，让人猝不及防。冬装未换，漫山的桃花已挂满枝头。碧海潮生，桃花影落，春日的舟山桃花岛上醉红点点，粉红的，浅红的，火红的，争奇斗艳，美不胜收，远远看去，像天边飘来的一片云霞。

有人说，春天的色彩，唯有江南点染得最全面：梅红、月白、浅云、海天霞、远山黛……与草木蔓发、生机勃勃的背景融为一体，合成了一部繁花似锦的大片。关不住的满园春色，点缀了山川大地，也惊醒了游人的梦。

江南的春雨，是绵绵不绝的。

一切景美皆成情美，江南的山水本是活的，一遇上雨，便幻化成了蒙蒙仙境。

感受江南烟雨，可以去杭州西湖，断桥苏堤上，穿着丝绸旗袍，撑着一把油纸伞，与许仙和白娘子跨时空对话；可以去嘉兴古镇西塘，观赏沿河而居的徽派建筑，品烟雨长廊，悟吴越文化，入夜还可以在乌篷船上听着雨声入眠；还可以去台州的神仙居，感受青山逢烟雨……

江南的春水，更是刚柔并济的。

很多人想到江南，眼前会浮现"小桥流水人家"的古朴景象。水乡多古镇，烟雨点染之下，犹如一幅徐徐展开的丹青画卷。青石板铺满了街头小巷，蜿蜒细长得似乎没有尽头。着一身汉唐华服，乘一叶蚱蜢小舟，听一段花鼓戏曲，品一口竹筒乌酒，在潺潺流水中，让人默默体味江南烟雨的婆娑柔情。

生活在江南，是一种幸福。2001 年，演员黄磊来到乌镇，拍摄自己导演、编剧的处女作《似水年华》，便是住在了乌镇。一晃 20 多年过去了，这个地方依旧是他的故梦。他曾写道："这个小镇，是我最在意的地方，也是最柔软的归属。"

江南也有阳刚的一面。如激流勇进的钱江潮，"钱塘江上春潮急，风卷锦帆飞"，奔腾于时代之中，蔚为大观，象征着勇立潮头的浙江风骨。春日钱江潮，也是一景。

醉里吴音相媚好，娇惹了三月的春华，迷醉了游人，更鲜活了人间。春天里，任谁都想拈一朵江南的花，饮一壶江南的酒，再寻一个梦里的水乡。

二

江南之美，也在那一碗烟火人间中。

一声春雷骤响，那些隐匿在田园、山林、河涧里的精灵都苏醒了，将厚藏酝酿了一整个冬季的滋味尽情释放出来，为春日的江南增添了更多诱人风情。

从山温水润、物华天宝的自然宝库中，可以寻一味"鲜"。

江南春天最撩人的鲜味，来自山林。在太阳初升前采摘的雷笋，尤为鲜嫩，挖出后生食，甘甜清香，"过夜吃已有隔世感"。

清代李渔将笋列为蔬食第一鲜，认为笋乃至鲜至美，甚至超过了蟹；而"饕翁"苏轼曾写道，"残花带叶暗，新笋出林香"。这时节，正是新笋出林香了。

江南游子在外，每到春天，必定会思念那一口醇厚的"腌笃鲜"，笋、腊肉、鲜猪肉经过小火焖煮，汤白汁浓，笋香肉嫩，眷恋悠长。

春天里，江河水泽也慷慨馈赠了浙江人一味"鲜"，这其中，螺蛳的"江湖地位"不可撼动。清明前后是螺蛳最肥美之时，从河里新鲜捞上来，经过一阵"哔哔啵啵"的爆炒，肉质爽脆，越吃越有味。

从《诗经》里的"参差荇菜，左右流之"到《红楼梦》中的"油盐枸杞芽儿"，江南的野菜，也敢为天下"鲜"。每到春天，你总能看到人们拿着小铲子、剪刀、菜篮子挖野菜。一道马兰头拌香干是多少人的最爱，直呼"一口一个春天"。

江南有"鲜"，更有风雅。深藏在江南人骨子里的"诗和远方"，让他们的日常餐桌上，总少不了一件历经时间打磨的"艺术品"。

《山家清供》一书中，曾提到一道名菜"梅花汤饼"，自南宋传承下来。据载，烹制时，白梅花、檀香末水和面被制成馄饨皮，压制出梅花瓣状，煮熟后再用清鸡汤作汤底，还规定每客只能食二百朵梅花。

后人有如此评价：恍如孤山下，飞玉浮西湖。意思是说，这一碗小小的汤羹，就像是杭州孤山下的西湖，漂浮着片片如白玉般晶莹透亮的梅花。

苏轼在湖州时，发明的碧筒酒的饮用之法，也充满着浪漫的仪式感："暑月，命客棹荡舟莲中，先以酒入荷叶束之，又包鱼酢他叶内，候舟回，风熏日炽，酒香鱼熟，各取酒及酢作供，真佳适也。"

蕴含江南文化内涵的美食，早已超越最基本的果腹需求，被缀以风雅，被赋予生活的情致，充满愉悦的享受。

三

江南之美，更在那诗情画意。

"枕上片时春梦中，行尽江南数千里"，人人都有自己的一个江南梦。

游人置身三月江南，那些年读过的文字便不自觉地流淌出来了。"千里莺啼绿映红"中掩映着迎风招展的酒旗，丰年留客的农家；"小楼一夜听春雨"，让人依稀听见临安城里，清早深巷的卖花声。

江南赋予了文人诗兴，诗词也赋予了江南灵魂。这里，有"江南无所有，聊赠一枝春"的切切思念，有"山月不知心里事，水风空落眼前花"的绵绵情愫，还有"人人尽说江南好，游人只合江南老"的深深感怀。

有人戏称，茗茶、荷花、古寺、皓月并非江南特有，一旦有诗书大家将其吟诵、描绘，这些事物就会添上几分江南特有的美。

时间拨回到东晋永和九年三月三日，是日天朗气清，王羲之与一众好友在会稽山阴兰亭曲水流觞，沉醉于江南美景之中恣意畅然，饮酒作诗。王羲之"微醉之中，振笔直遂"，为兰亭诗写下《兰亭集序》，短短28行，324字，文章、字体风格雅逸、刚柔并济，如江南春，更如江南人。

江南的春，更在丰富多彩的民间习俗中散发独特魅力，激发人们心底深处的独特牵挂与情感。

"春蚕到死丝方尽。"从宋代起，春季期间，各地会不间断地上演"扫蚕花地、逛蚕花会"等民俗活动。比如，以前每到清明和谷雨时节，乌镇的蚕农都要祭奠蚕圣，佩戴着蚕花的蚕花仙子，在庙会上巡游一周并登台撒花。直到今天，当地还传承着传统的"香市"盛会，为市民和游客呈现踏青游春、蚕花会、踏白船等众多特色民俗活动。

这些习俗已经演化为江南春日的一大文化标识，寄予了当地人的美好愿望，也展现了浙江人勤劳淳朴的精神风貌。

江南，就像一个音符，在文人墨客的笔端跳跃，也拨动着每个人的心弦。

但一万个人眼里、心里，有一万个江南模样。还等什么？若到江南赶上春，那就"千万与春住"！

吴梦诗 孔越　执笔

2023 年 3 月 2 日

《狂飙》背后的浙基金

政府资助不是搞扶贫，而是要更精准地扶持那些最有潜力、最有绩效的项目，让花掉的每一分钱实现最大的效益。

今年以来，电视剧《狂飙》持续高热不退，不仅在内地大火，甚至在港澳台地区以及欧美、东南亚也掀起一股狂飙热浪。与此同时，剧集带来的"溢出效应"正在击穿各类圈层。

这部大火的作品，在浙江立项，出品方有央视、爱奇艺、留白影视、长安传媒等，得到了中央政法委的大力指导和支持。此外，《狂飙》还得到了浙江文化艺术发展基金的资助，是政府资金撬动社会资本的一次成功尝试。

其实，细心的观众可能早已发现，近段时间里，电视剧《县委大院》《狂飙》，电影《独行月球》等热门影视剧的片头，都有"浙江文化艺术发展基金资助项目"字样。此外，小百花的首部越剧现代戏《钱塘里》、风靡网络的长篇小说《剑来》等作品，背后都有基金的扶持。

那么，这个基金究竟是怎样成立的，又为何有如此大的能量？

一

浙江文艺的繁荣，与发达的民营经济密切相关。

长期以来，浙江的文化产业发展包括文化文艺作品创作，特别是在影视剧这些大投入、大产出的艺术门类上，民营资本贡献了很大的力量，形成并集聚了华策影视、横店影视等一批国内头部影视文化企业。

然而，从宏观层面上来说，繁荣文艺事业不仅要有市场的"浇灌"，还需要发挥好文化部门的职能作用，用前瞻的眼光、培育的耐心，让更多好作品脱颖而出。

但实际上，在很长一段时间里，政府投入处于零散分布、各自为战的状态，文化艺术的创作引导缺乏一根强有力的"指挥棒"，这也催促着政府调整投入结构和方式。

文艺基金的管理模式就是在这样的背景下应运而生。早前，上海、北京、江苏等兄弟省市陆续设立了艺术基金，扶持本土文艺事业。2013年，国家艺术基金成立。在各方呼吁下，2019年，浙江文化艺术发展基金也正式成立。

基金成立后，省级宣传文化系统和省财政集中文化艺术财力并加大投入，每年出资1.3亿元，资助范围覆盖广播电视、舞台艺术、视觉艺术、文学、电影、主题出版等六大门类，单个项目最高资助金额可达1000万元。这样的力度，在省级文艺创扶平台中是走在前列的。

基金成立三年来，已收到3000余个项目申报，其中600余个项目成功立项，累计为500多个文化机构及个人提供资助，目前正陆续迎来收获。

新一届全国精神文明建设"五个一工程"获奖作品中，浙江入选的7部作品都有基金的扶持。更不用说鲁迅文学奖获奖数量创新高、舞蹈节目摘得"群星"、纪录片"星光"璀璨，浙产电视剧成为中央电视台综合频道、中央电视台电视剧频道黄金档及各大头部视频平台的重要内容供给力量……

对文艺创作来说，基金资助的钱虽是有限的，但可以撬动更多社会资源，带来连锁反应。

就比如说，疫情三年，院线电影市场阴晴不定，一部作品摄制完成后能否顺利播出、上映，实现收益或回本，都充满了不确定性，很多影视公司在创投项目时往往举棋不定、踟蹰不前。基金在这时的"雪中送炭"，不仅带来一定的资金扶持，更代表了党委政府对一部作品的认可，给不确定的市场环境增添了极为宝贵的确定性。

像基金资助项目《独行月球》收获超31亿元的票房，成为2022年暑期档的一匹黑马，也给苦苦挣扎的电影市场吃下一颗定心丸。

二

那么，基金究竟怎样运作？

不同于国外艺术基金社会资本参与较多的运作模式，国内基金来源大多是财政资金，政府部门通过激励和奖励的方式，深度参与到文化产业扶持、文艺创作生产中。

这从根本上决定了，在评估一个项目是否值得资助时，首先考虑的是其社会效益。

比如，建党百年之际，基金引导广大文艺工作者围绕"红船精神"开展选题和项目策划，创作推出了以歌剧《红船》、电视剧《大浪淘沙》、主题画展《红船颂》、报告文学《红船启航》为代表的"红船"文艺献礼矩阵，向建党百年交出了一份高分答卷。

浙江文化艺术发展基金的定位是：立足浙江、拥抱全国、质量说话。那些具有浙江辨识度、充分展示江南气韵、展现时代气象的作品，自然会进入视野。

比如，越剧现代戏《钱塘里》是浙江小百花越剧团突破题材窠臼、对现实题材剧目的一次全新的探索实践，也是浙江这个越剧的大本营，在传统戏剧后继乏力的困局之下做出的一次"突围"之举，难度自然不言而喻。在基金的扶持打磨下，《钱塘里》受到很多观众认可，并代表浙江晋京演出，登上中央歌剧院的舞台讲述浙江故事。

文艺创作立的是精神支柱、建的是精神家园，入脑入心的前提是入眼入耳。作品最终的覆盖面、传播度和影响力，是浙江文化艺术发展基金最为看中的硬核因素。

2020年，浙江青年文学之星——畀愚携其中篇小说集《叛逆者》向基金提出资助申请。作为一种兼顾主流价值和商业属性的类型，《叛逆者》以其鲜明的主题、精妙的叙事和具有辨识度的语言风格，在评审阶段得到了评委的一致认可，获得专门的出版资助经费。之后，小说热销，据作者畀愚介绍，他"光签名用的笔就用掉了30支"。后来小说还被转化为影视作品，成为国产谍战剧的又一经典之作。

总之，基金作用于创作的前期扶持，做的是"潜功"，十分考验评委们的"眼力"，需要综合思想深度、艺术品相、项目成熟度、主创实力、市场环境等多个维度作出判断。而基金的任务，就是尽一切努力把有助于增强人民精神力量，同时又深受人民群众喜爱的"种子选手"挖掘出来。

值得注意的是，随着申报热情的逐年高涨，基金的资助数量却在逐年下降，这也让许多文艺工作者直呼"获得资助越来越难"。其实这预示了一个导向：政府资助不是搞扶贫，而是要更精准地扶持那些最有潜力、最有绩效的项目，让花掉的每一分钱实现最大的效益。

三

作为成立才三年多的浙江文化艺术发展基金，与一些老牌、资深的艺术基金相比，要走的路还很长，能做的事还很多。

比如，基金目前主要是对项目整体创作进行扶持，而艺术创作的过程往往是漫长而复杂的，未来是否考虑进行更为精细化、阶段化的扶持，探索出剧本创作、打磨提高、宣传推广、人才培养等分阶段的资助方式？这些都值得继续探索。

特别像舞台剧等门类，往往剧本打磨就要花费好几年，就算历经层层考验完成创排登台演出，也还要根据每一场演出的市场反响、专家意见，不断修改提升、反复迭代。另外，在目前的市场环境下，除了创作本身，宣传推广也是同等重要的。这就要求政府资金在扶持项目时，要考虑到文艺创作的经验规律和实际需求。

再如，基金评审已历三年，也扶持培育了不少"双效统一"的精品力作，但在社会上的影响力还不够大。未来，如何做好成果的宣传展示，持续生发作品的活力和生命力，仍是长久的课题。

另外，具有近40年发展历程的上海文化发展基金，除财政拨款外，还动员了企业、各类组织、团体以及个人等自愿捐赠，成立了各类专项基金。与之相比，浙江文化艺术发展基金资金来源还比较单一，未来能否尝试引入社会资本，将基金的小火种汇聚成大能量？

可以欣喜地看到，温州率先成立浙江省内首个地市级文艺基金，杭州余杭区发布规模达2亿元的区级文艺发展基金，滨江区、西湖区文艺基金也蓄势待发，全省"一盘棋"的格局逐渐形成。

眼下，2023年浙江文化艺术发展基金的申报启动在即。与此同时，浙江正在谋划推出"之江潮"杯文化大奖，对为浙江文化建设作出重大贡献的单位和个人给予表彰和重奖，以此吸引一流人才、创作一流精品、营造一流生态。期待在文艺创作从"高原"向"高峰"迈进的路上，浙江能与更多文艺工作者一起，共同书写中国故事、成就精彩之作。

陈瑜　周爽　执笔

2023年3月2日

"开往春天的列车"怎么就火了

> 当文化藏于俗常，当风雅与野趣共存，人们就能以最轻松自在的方式，触摸一座城市的精神内核。

"正好春光二月天，梅花如雪柳如烟。"最近，杭州又多了一个"网红打卡点"。

杭州上城区凤起立交桥下，一趟趟列车经过，当它们与桥边几株盛放的红梅相遇，一动一静，相映成趣，就成了一道风景：开往春天的列车。

在此等候的，不只是年轻人，还有扛着长枪短炮的中老年人。梅花树下，人人皆是看景人、人人皆是景中人。

一枝新梅、一趟未知终点的旅程，唤醒了人们对春的期盼。实际上，要拍到最佳画面并不容易。梅花树下的人行道不过三五步宽，角度、光线、时机缺一不可。

有过往的行人说，在这里来来回回走了十多年了，竟然第一次看到这么多人等着拍火车，怎么就火了？

一

在社交平台上，这个红梅摇曳、火车驰行的画面有几个专属名称，比如"杭州版开往春天的列车"，又比如"杭州春日梅花限定专列"。

暄风旭日，远道而来的列车在杭州和春天打了个招呼。

从每天凌晨开始，一直到深夜，列车最短的间隔时间不到10分钟，最长的约1个多小时，它们途经杭州或从这发车，远的开往距离浙江千里之外的齐齐哈尔、沈阳、兰州、银川，稍近点的则去往成都、重庆、南阳，还有些终点就停在了周边的上海、温州、宣城等城市。穿过山洞，路过海边，列车似乎沿着铁轨将江南的春送往了全国。

这本是一趟寻常的列车。至今我们已经很难知道，是谁第一个发现这样独特的视角并拍了照片、视频发在社交平台上，但可以肯定的是，这趟"开往春天的列车"，已经引起很多网友的关注和共鸣。

"这是一封春日来信。""火车开来时，春天便和我撞了个满怀。""列车缓缓向前，就像是人生。""浪漫的是春天，更是拍摄的人。"网友们纷纷留言。

还有网友说："这是独属于杭州老城区的浪漫，由远道而来的列车带来，就连天桥上伸着腰锻炼的老爷爷也显得十分可爱。"

当列车遇上春花，"出圈"的不只是杭州。

重庆轨道交通2号线旁，佛图关段大面积美人梅竞相绽放，粉色花海犹如一个个棉花糖，单轨列车驶过"花海"就进入了童话世界，前来观赏打卡的市民游客络绎不绝。在云南，昆明至威舍的Y766次旅游专列带领游客前往罗平观赏油菜花，游客们坐着火车就能"踏春"。

每年这个时候，也是四川嘉阳小火车最美之时，它保留了上世纪蒸汽时代最原始的加煤、制动、扳道等手动操作方式，是世界上唯一在运行的蒸汽火车。坐上它，穿行在漫山遍野的油菜花中，妙趣横生。

一时间，"开往春天的专列"火上了热搜，成了各地新的"网红打卡点"。

"出圈"的背后，是人们对春天、对美景的期待与向往。"在哪里?""好想去"等留言频频出现在这类分享帖下。

2023年的这个春天，有着独特的意义。随着防疫政策的持续优化调整，终于可以来一场说走就走的旅游了。象征着生气与希望的春天，对于人们来说，是奔赴美好生活的开始，而一趟趟驶过的列车，寄托着人们对诗与远方的期盼。"开往春天的列车"，光从话题的名字上，就让人心驰神往。

因此，"出圈"看似是"无心插柳"，其实也是顺理成章。

二

这几年，因为开放、共享、即时的网络社交平台的蓬勃发展和短视频的兴起，"网红打卡点"频频出现，它们就像是一种试剂，不经意间就触发了人们的关注，产生了连锁反应。

在杭州，漫步北山街，夕阳西下，晚霞沉沉，道路两旁是高大茂盛的梧桐树，当最后一缕阳光洒下西湖时，这里就成了"西湖最浪漫的转角"。

在台州温岭，五颜六色的石塘小箬村被称为"海边的童话世界"，许多人来这里寻找那个最佳拍摄角度。

在湖州安吉，S205省道也成了"网红"，群峰叠翠，公路就盘亘在山间，因有多处弯道，受到网友的追捧，大家纷纷来此打卡"现实版《头文字D》"。

此外，还有凭一面红墙就"先声夺人"的杭州德寿宫、由9个小型废采石场改造而成的丽水缙云"小敦煌"、衢州沈家"网红"沙滩……

每一个"网红打卡点"出圈缘由各有不同，但细细研究，还是可以找到很多共同点的。

如画面感。它们的走红，一开始是因为一张照片或一段视频。一个地方，如果能让游客拍出视觉冲击感强的照片或视频，那就基本具备了成为"网红打卡点"的特性。如德寿宫那面红墙、富阳东梓关的最美回迁房等，就是从一张照片开始出圈的。

如新奇感。具体而言，就是能让人见到一些不常见的、创意十足的新事物，比如湖州妙山村野界度假村的"童话蘑菇屋"、丽水"小敦煌"的岩石书屋。

如氛围感。近几年，旅游分享帖中经常看得到"氛围感"一词。氛围感强调的是一种主观美感，指某种环境下，人们产生的一种审美体验，比如舟山花鸟岛、温州南麂岛，都是夏日氛围感的代名词。

如沉浸度。这类"网红打卡点"主打体验活动，让游客在互动中获得感官满足，产生去实地一探究竟的心思。这几年在全省各地流行起来的玻璃桥、露营等场所，主打的就是刺激与挑战的体验。

每一个"网红打卡点"的出现，都得益于互联网社交平台。它们的出圈，最终都会带来流量的争夺，一地走红，各种效仿也会纷纷出现，从而产生裂变式的传播效果。

对"网红打卡点"所在城市来说，当线上流量转为线下人流时，如何以此为契机经营城市形象，又是一道新课题。

三

搜索浙江出现的"网红打卡点"，笔者发现了几个高频词：浪漫、诗意、绝美、治愈、烟火气，这与浙江秀丽婉约的自然风光和传承千年的浪漫情怀不谋而合。

苏轼看到了水光山色的西湖晴雨，写下了"欲把西湖比西子，淡妆浓抹总相宜"；杨万里的一句"轻烟漠漠雨疏疏，碧瓦朱甍照水隅"，写尽了江南水乡典型的风土人情；恰逢暮春时节，张志和泛舟西苕溪，咏出"西塞山前白鹭飞，桃花流水鳜鱼肥"。

著名美学家别林斯基曾说过，"无论在哪一种情况下，美都是从灵魂深处发出的，因为大自然的景象是不可能绝对的美，这美隐藏在创造或者观察它们的那个人的灵魂里"。

每个人心中都有诗和远方，而山水秀美、包容度高、文化多元、重视文旅的浙江更是人们追逐诗和远方的优选项。再加上浙江倾力打造"诗画江南、活力浙江"，大力发掘江南文化特色，这也为浙江"网红打卡点"的出现增添了更多可能性。

成为"网红"，引起关注、获得流量，对城市来说是一件好事。短期看，可以快速集聚一波人气，让人从中体验城市风情，优质"网红打卡点"频出本身就是对城市影响力、知名度和美誉度的认可。

但是，当"打卡热"过后，景点如何才能走得更远、更深，同样值得关注。

笔者认为，网红打卡热潮的背后，不仅是视觉享受，还是公众对整个审美空间的向往和追求，这也是当下旅游产品创新的一个方向。

要想保持"网红打卡点"的生命力，关键在于持续不断地经营，优质的"网红打卡点"甚至可以成为城市新的文化标识。

实际上，这不是杭州第一次因为"火车"而出圈。位于杭州上城区复兴老街附近的白塔公园，每年都会"红"几次，千年白塔、百年铁轨，再配上绿皮小火车，春天白樱花盛开时，这里就是"杭州樱花专列"；到了秋天，金灿灿的无患子树又让这里充满了"怀旧电影感"。

"开往春天的列车"如何越开越远？笔者认为，首先不妨试试因地制宜，最大限度地保留"春天专列"的自然生态，让它安静地成为城市一处小而美的"小窗美景"，这考验着城市的管理水平。也不妨为"春天专列"提供更广阔的生长土壤，在城市空间中打造"同款"美景，方便市民游客随时前来打卡，升级成城市的文化标识，展现城市的审美情致。

当然，文化标识是一座城市"精气神"的象征，打造文化标识不能一味迎合网络审美，追求短期流量聚集，而要以城市自身的文化特点、品牌形象、生活美学以及居民的生活方式为基础。

等到某一天，说起某个新文化标识，人们会自然而然地想到它所在的城市，这时候，"网红打卡点"就真正成了城市文化生态的一部分，如重庆的穿楼轻轨，西安的不倒翁姐姐。再如，去年杭州启动"十大文化新地标"的评选。其中，天目里、东信和创园这两个近几年兴起的"网红打卡点"就得到了网友的"疯狂打call"。

总而言之，"走红"之外，我们更应看到城市文化发展的新画像，看到网红经济在城市空间中的新机遇。当文化藏于俗常，当风雅与野趣共存，人们就能以最轻松自在的方式，触摸一座城市的精神内核。

王艳颖　执笔

2023年3月3日

浙江是什么颜色的

> "青出于蓝，而胜于蓝"。向海而行的战略格局，赋予浙江开放大气的文化品格；追求卓越的文化基因，助推浙江不断驶向"蓝海"更远处。

最近天气晴好，浙江多地宣布入春，很多人的朋友圈"春意"盎然起来，先是梅花，再是樱花、玉兰，郁金香、桃花、梨花也将接续跟上。乱花渐欲迷人眼，让人感觉浙江的"调料盘"打翻了。

如果问起哪种花最美丽，可能会有多种答案。恩格斯与众不同，他在《自然辩证法》中亮出观点，"地球上最美丽的花朵"是"思维着的精神"。

"八八战略"自20年前提出以来，这朵思想之花就绽放在之江大地，引领演绎出一个五彩缤纷的浙江。今天，笔者带大家透过"八八战略"看看浙江的颜色。

一

浙江是中国革命红船起航地、改革开放先行地、习近平新时代中国特色社会主义思想重要萌发地。所以，首先要说的色彩无疑是"红色"。

中共一大会议是在嘉兴南湖红船上闭幕的。中国共产党从烟雨楼前出征，小小红船承载人民重托，穿越历史的烟雨，成为领航中国行稳致远的巍巍巨轮。

此后，在风雨如磐的革命岁月里，浙江人在党的领导下，开展了轰轰烈烈的工人运动、农民运动、学生运动，掀起了土地革命的风暴。1939年7月，中共浙江省委第一次代表大会在平阳召开。抗日战争期间，浙东、浙西抗日根据地诞生……

在浙江工作期间，习近平同志数次瞻仰南湖红船，首次提出并阐释"红船精神"：开天辟地、敢为人先的首创精神，坚定理想、百折不挠的奋斗精神，立党为公、忠诚为民的奉献精神。他指出，红船起航于浙江，既有历史的偶然性，也有历史的必然性。这是浙江的光荣，也是推进浙江发展的精神力量所在。

习近平同志为浙江量身定制的"八八战略"，涵盖经济、政治、文化、社会、生态文明建设和党的建设方方面面，作为习近平新时代中国特色社会主义思想在省域层面的先行探索实践，受到各方瞩目。从体制机制创新到全面深化改革、从美丽乡村建设到乡村振兴战略、从创建生态省到建设美丽中国、从"八八战略"到"四个全面"……浙江涌动春潮、生机勃发。

浙江的另一种颜色是绿色。"七山一水二分田"的浙江，山海并利、山水兼优。"八八战略"其中一条就是，进一步发挥浙江的生态优势，创建生态省，打造"绿色浙江"。《习近平浙江足迹》记载，2003年，习近平同志在与省委党校部分学员座谈时指出，"生态环境是资源，是资产，是潜在的发展优势和效益"，"环境保护和生态建设，早抓事半功倍，晚抓事倍功半，越晚越被动"。2005年8月15日，习近平同志在安吉余村调研时提出了"绿水青山就是金山银山"论断。这一理念后来影响全国乃至世界。

从2003年成为全国第五个生态省建设试点省份，浙江经过16年接力长跑，终于在2019年建成了全国首个生态省，此前"千村示范、万村整治"工程也获得联合国"地球卫士奖"。如今的浙江，推窗可见绿，出门即入园，全省森林覆盖率达61.24%，国家森林城市18个，数量居全国首位，省森林城镇752个，实现省森林城镇中心镇创建全覆盖，绿色成为发展最动人的色彩。

眼下是早春三月，西湖边游人如织，"间株杨柳间株桃"的白堤，桃红柳绿，如诗如画，让人看不够。从红色旅游到绿色经济，红绿相融的浙江分外美丽。

二

作为沿海省份，浙江海岸线总长6715公里，居全国首位；舟山渔场是我国最大的渔场。但20年前的浙江，经济发展还局限于陆域经济。

从《习近平浙江足迹》可以看出，履新浙江不久的习近平同志，就展现出经略海洋的雄心，很有远见地分析道："新世纪新阶段浙江经济进一步发展的天地在哪里？在海上！""八八战略"里有这样的论断："积极参与长江三角洲地区合作与交流，不断提高对内对外开放水平。""大力发展海洋经济，推动欠发达地区跨越式发展，努力使海洋经济和欠发达地区的发展成为我省经济新的增长点。"

从此，浙江进军"深蓝"之境，开启建设海洋强省的宏伟篇章。这些年，舟山告别"海岛时代"，进入"大桥时代"，舟山群岛新区设立，浙江自由贸易区全域落地舟山并扩区，宁波舟山港跃居世界第一大港。当前，沪浙正联手开发小洋山深水港，深化建设上海国际航运中心，以提升世界航运体系话语权。

如果说进军海洋、逐浪深蓝，给浙江披上了一层蓝色，那么文化则泛着青色光泽。青简、青衫、青瓷……作为一种文化意义上的虚指颜色，"青色"成为中国文化的一个缩影。2022年春晚，脱胎于《千里江山图》的舞蹈《只此青绿》煞是动人，青绿色传递的传统文化的高级美感、质感，让亿万观众如痴如醉。

浙江是中华文明的发祥地之一，文化名人群星璀璨，文化传统绵延不绝。有人说，"一部中国现代文学史，半部在浙江"。《习近平浙江足迹》一书载，习近平同志曾对浙江文化的特点作了精要概括："洋溢着浓郁的经济脉息"；"融会了多元文化的精神特质，兼具内陆文化与海洋文化之长处，融合了吴越文化与中原文化之精髓，反映了中国文化与西方文化之激荡"。

怎样看待文化的作用？在浙江工作时习近平同志就指出："文化的力量是民族生存和强大的根本力量。"文化是"经济发展的'助推器'、政治文明的'导航灯'、社会和谐的'黏合剂'"。如何激发文化的力量？"八八战略"里作出明确部署："进一步发挥浙江的人文优势，积极推进科教兴省、人才强省，加快建设文化大省。"

从文化大省，到文化强省、文化浙江，从此浙江开启了文化建设的"进阶"之路。

如今的浙江，散发着更加迷人的魅力，不负"诗画江南、活力浙江"的美誉。比如，"无中生有"的东阳横店影视城，既是全球规模最大的影视实景拍摄基地，也是AAAAA级旅游景区，正在打造横店国际影视文化创新中心。再如，走进杭州国家版本馆，你会遇见一排排高大的青瓷屏扇门。穿越光影缝隙，渐变的梅子青让建筑更显灵动、雅致，与馆内的水榭楼台交相辉映，远看如一幅《千里江山图》。

"青出于蓝，而胜于蓝"。向海而行的战略格局，赋予浙江开放大气的文化品格；追求卓越的文化基因，助推浙江不断驶向"蓝海"更远处。

三

如果在秋天来到浙江，原野上金灿灿的稻田肯定是拍视频的好素材。金色，是收获的标志，也是"鱼米之乡"浙江的重要色调之一。

从资源小省到经济大省，浙江何以能？如果说有"金手指"的话，"八八战略"给出了答案。笔者以为，它激活并放大了浙江的三大优势。

其一，敢为人先的改革优势。改革是浙江潮涌的活力之源。浙江通过走体制创新之路、走民本经济之路、走内源发展之路，实现了改革开放后的崛起。这些年，浙江不断深化实施"八八战略"，从"四张清单一张网"，到"最多跑一次"改革、数字化改革，都是在升温加热锻造浙江的"金手指"。

其二，以"三老经济"为特色的体制优势。人们常说，浙江经济是"老祖宗"经济，自古以来就有工商皆本、义利双行的文化传统；是"老天爷"经济，资源贫乏倒逼必须学会"无中生有"，走出去"闯世界"；是"老百姓"经济，广大民众有强烈的自我创业欲望和浓厚的市场经济意识。迈向新的发展阶段，根本的动力还是做好再创浙江体制机制新优势的大文章。

其三，"内外兼修"的环境优势。诗画江南是"颜值"，活力浙江是"气质"。"环境"既包括能源、交通、通信等基础设施在内的"硬环境"，更包括政策、服务、金融、社会信用和法治建设等在内的"软环境"。"硬环境"容易提升，"软环境"才是"软实力"，属于学不走、带不去的核心竞争力。

今年新春伊始，省委提出实施数字经济创新提质"一号发展工程"、营商环境优化提升"一号改革工程"、"地瓜经济"提能升级"一号开放工程"，就是希望"金手指"再铸造，"百尺竿头"更进一步。

从经济体量上看，浙江在全国不算最拔尖，但如果从发展质量上比较，浙江很有"含金量"。

我们继续从"八八战略"里找答案。比如，浙江注重城乡协调发展，持续推进城乡一体化。截至2022年，浙江城乡居民人均可支配收入分别连续22年和38年居全国各省区第一。浙江具有块状特色产业的"家底"，如柯桥的轻纺、永康的小五金、乐清的低压电器等举世闻名。块状经济、产业集群进而支撑县域经济蓬勃发展、特色小镇全国首创，目前全省"千亿元县市、区"达到25个。当然，随着产业结构调整、投资驱动向创新驱动转变，浙江一直在加快产业"腾笼换鸟""凤凰涅槃",接力打造高水平创新型省份。

2021年,中央赋予浙江高质量发展建设共同富裕示范区的重大使命。实现"共富"金色梦,浙江沿着"八八战略"指引的路子,不断擦亮发展成色。如"点绿成金",不断拓宽"绿水青山就是金山银山"的转化通道,让土地上长出金元宝、生态变成摇钱树;"绿蓝交汇",打造山海协作升级版,山海一起奔赴远方。

江山美如画,五色怎能穷尽?随四季流转,浙江颜色呈现千变万化。一笔一画,天地铺展,等待我们共绘。

徐伟伟 执笔

2023年3月3日

什么是江南

如何共同续写新时代"江南史",创造江南文化新辉煌,长三角需要以更大格局、更新打法用心作答。

南北朝时期,两国交战,浙江吴兴人丘迟的一封书信,让大将陈伯之率八千人马归降。其中一句"暮春三月,江南草长,杂花生树,群莺乱飞"传诵千古。

西晋时,江苏吴江人张翰在洛阳为官,见到秋风起,想起家乡的菰菜、莼羹、鲈鱼脍,就对朋友说:"人生贵得适志,何能羁宦数千里以要名爵乎?"于是"任性"辞职回家。从此"莼鲈之思"成为思乡典故。

元代文人虞集认真地写了一首《风入松》,寄给流寓吴地的友人。结尾那句"杏花烟雨江南",被公认为江南的最佳"广告语"……

江南何以有如此的魅力?究竟什么是江南?长三角一体化发展的时代,如何传承弘扬江南文化?带着这些问题,我们一起感知"江南"。

一

"江南"是中外学界的热门话题之一。2007年，《中国国家地理》杂志推出题为"江南到底在哪里"的专辑，向学者征稿，请他们给出江南定义及其范围，由此掀起一波讨论热潮。

有意思的是，大家对这个话题越深入越"迷茫"，每个学者都有自己心目中的江南，且各有论据论证。何处是江南？不同时期内涵也不同，很难"一锤定音"。

笔者在参考一系列学术著作及论文后，且在此提供一种解读视角：

一般认为，"江南"有大江南、中江南、小江南之说。"大江南"，泛指长江中下游地区，有时也包括长江上游部分地区。"中江南"，主要指长江下游地区，包括江西一带。"小江南"，主要指长江三角洲及周边地区。

先秦至两汉时期所说江南多指"大江南"。那时长江中游的南部地区相比下游更为发达，因此"江南"一词，多指长江中游的南部，即今湖北南部和湖南、江西一带。《史记》《三国志》等史书就是这样使用这一概念。长江下游的南部，即今苏南及浙江一带，古书上常称作"江东"，因此有"孙吴三代称霸江东"等说法。

随着晋室南渡，建康成为六朝的都城，"江南"指称以建康为中心一带的现象逐渐增多。但中唐以前，"江南"仍是指长江中下游以南的这些区域。杜甫的《江南逢李龟年》"正是江南好风景，落花时节又逢君"，写于潭州（今长沙）一带，当时就属于江南西道。中唐特别是两宋以来，经济重心逐步集中于东南，加之南宋政治中心落地临安，江南开始集中指称两浙路，即今苏南、浙江一带。虽然存在一些争议，但总体而言，唐代以后所说江南多指"中江南"。

明清之后，所说江南多指"小江南"。"小江南"亦有基本范围与核心范围之分，基本范围以太湖流域为中心向东、西两侧延伸，包括今江苏南京、镇江地区，浙江绍兴、宁波等地区，也包括安徽芜湖、徽州等地区，江西的婺源及长江以北的江苏扬州、泰州、南通等地区；在李伯重、熊月之等学者看来，核心范围仅指太湖流域，包括南京、镇江、常州、无锡、苏州、杭州、嘉兴、湖州与上海。

可以发现，千百年来，"江南"的地域范围处于不断向东缩小的过程，最终定位在苏南、浙江一带。江南是一个变迁的地理区域，也是一个经济、文化概念。如果说经济、政治因素造成了"江南"地域的迁移，文化则不断赋予其风格神韵，进而造就了一个独一无二的"江南"。

之所以谈到"什么是江南"时众说纷纭、各执一词，因为没有一个真正标准的答案，但开放的答问恰恰显现无穷的魅力。

二

在世人心中，"江南"往往作为一种文化形象而存在。从区域角度看，江南文化大体分为四块——吴文化、越文化、徽文化、海派文化。"系统大于部分之和"，超越区域的"江南文化"有哪些特质？笔者认为，可以归纳为5个关键词。

关键词之一，美好乐土。历史上改朝换代时，往往战乱不已。

江南，这个汉代前中原人眼里的蛮夷之地，多次承担起"避难地"的作用，是"桃花源"般的存在。

永嘉之乱，北方士族纷纷来到江南，"过江名士多于鲫"。隋唐之际，随着大运河开凿、社会生产力发展，江南的重要性越发凸显。安史之乱后，北方中原"混战恶斗"，江南更多地表现出了"安宁祥和"的一面。如，吴越国"三世五王"，励精图治、轻徭薄赋、保境安民，甚至设了七八千人的"撩浅军"，专门疏浚西湖、太湖，筑钱塘江捍海堤，持续推动两浙之地的稳定繁华。

关键词之二，务实发展。江南文化重商业、实业，洋溢着浓郁的经济脉息。春秋越国大臣范蠡变身"陶朱公"经商，被后世尊为"商圣"。陈亮、叶适等倡导义利并重、注重工商，深深地影响着人们的思想观念和行为方式。两宋至明清，江南一带重商主义盛行，契约观念兴起，商品经济活跃。很多学者认为，南宋时期的商业税收已远远超过绢谷的赋税。江苏南通人张謇作为晚清状元，在民族存亡之际成为"实业救国"的企业家。改革开放后，安徽小岗村拉开中国农村改革大幕，浦东新区、苏南模式、温州模式引领沪苏浙乘风而上，浙中小县义乌从"鸡毛换糖"起步，成为"世界小商品之都"。

关键词之三，开放包容。江南地区经济文化的发展，本身就得益于持续的开放与交流，兼具了内陆文化与海洋文化之长处，融合了吴越文化与中原文化之精髓，反映了中国文化与西方文化之激荡。

比如，宋代积极拓展海上贸易，江南地区处于对外贸易前沿，江阴、青龙镇、温州、明州、乍浦等都曾是重要港口。再如，明清时期，江南小城镇上的当铺大都由徽商经营，"徽州朝奉"曾特指当铺伙计。上海开埠后，洋行中的买办主要是宁波人。宁波帮商人、南浔丝商，以及远渡重洋的华人华侨，一代代浙商接力闯天下。

关键词之四，雅俗融合。江南地区自然禀赋优越、社会氛围宽松，读书人多、识字率高，社会阶层间流动性较强，南宋即形成了中国最早的市民阶层，加速了"雅俗"文化的双向交融。普通人讲究生活美学、生活品位，精致典雅的士大夫文化得到发展。比如，宋人爱琴棋书画词酒花茶香石"十雅"，焚香、点茶、挂画、插花"四艺"也十分普及。

关键词之五，家国情怀。风雅江南绝不是"文弱"江南。儒家崇文，沿海多习武，江南一带自有士人的情怀与武人的刚性。清军入关所向披靡，到了江南却遇到顽强抵抗，扬州、江阴、昆山、嘉定等地军民誓死守城。绍兴奇女子秋瑾面对清军提讯逼问，坚不吐供，留下了"秋风秋雨愁煞人"的绝笔。五四前后，在传播马克思主义热潮中，亦以陈独秀、陈望道、瞿秋白等江南人为多。瞿秋白临刑前说"此地甚好"，而后高唱《国际歌》慷慨就义。中共一大在上海、嘉兴南湖召开，也让江南文化具有了"孕育新生、化蛹成蝶"的红色文化基因。

其实，几个关键词无法勾勒一个完整的江南文化。如果把"什么是江南"看作一个题目，那么历朝历代都在"众筹"作答，不限题材、不论长短，诗词歌赋画均有。

白居易用诗词反复咏叹："日出江花红胜火，春来江水绿如蓝。能不忆江南？"画家仇英创作了长达七米的画卷，沈周、文徵明等一起题跋，试图呈现"江南春"的意境。王旭烽的长篇小说《望江南》，将江南文化精髓浓缩到茶这种既抽象也具象的事物中。

如果把"建造江南"当作一项"分包"工程，那么这个工程历经千年从未停歇，从"六朝金粉地"南京、"扬一益二"的扬州，到"上有天堂，下有苏杭"，再到"东方巴黎"大上海；从吴越土著，到历次南迁的中原人士，再到数以千万计的"追梦人"，一代一代、一年一年，只有一个目标，就是打造更加美好的江南。

三

江南文化是长三角地区共同的文化标记。吴风越韵、徽派海派各具特色，都是江南文化的枝叶。如何共同续写新时代"江南史"，创造江南文化新辉煌，长三角需要以更大格局、更新打法用心作答。

比如，学理层面如何研究阐释？当前，"江南文化"相关的论文、专著不少，从地方志到分类史，从文学到水利，等等，成果满满当当。但也存在话语建构不强、应用转化不够、各自划圈占地、难以传播破圈等问题，不少学者专家重视"怎么把课题做厚"，善于考据、援引，却忽视"如何把课题做薄"，未能形成"立得住"的理论范式，拿出"穿得透"的立论观点。

因此，亟须以"出乎其外"的视野和能力"入乎其内"，处理好江南文化研究阐释"专"与"博"、"整体"与"局部"、"散装"与"集成"、"基础"与"应用"的关系。如，应在更大的历史地理时空，揭示江南的形成与演变，探讨江南与中国其他地域的复杂关联，努力再现一个立体系统的"江南"。

比如，社会层面如何传承弘扬？培育共同体意识，文化是关键。长三角加速一体化，离不开江南文化的牵引赋能融合。我们期待一个活泼生长而非展陈自赏的"新江南文化"。时时有、处处见，内化于心、外化于行，离不开区域各方、社会各界的同心合力，离不开雅文化的俗化和俗文化的雅化。

2018年，上海将江南文化列为打响文化品牌的重要组成部分；浙江正倾力打造"诗画江南、活力浙江"省域品牌，今年还将重磅推出《江南》纪录片。三省一市进一步集智聚力，共享江南文化盛宴，仍有很大提升空间，仍有许多任务要做。

江南又如何成为"中国之窗"？"江南"不仅是中国的江南，也是世界的江南。彭慕兰、施坚雅、黄宗智等海外学者对此已开展很多研究。

我们也需要全方位突破区域、地方叙事的藩篱，把江南置于全国乃至全球范围内，"跳出江南看江南"，以江南文化魅力展现"文化强国"风采，"立足全球望江南"，展现数字文明时代的中国、"人类命运共同体"之下的中国。

说不尽的江南，讲不完的故事。作为中华文化最为璀璨的一部分，"江南"一直在生长进化。"什么是江南"，等待我们给出更为精彩的回答。

徐伟伟　执笔

2023 年 3 月 4 日

难上的课怎样上精彩

> 一棵树，根正了才能长得好，根要是歪了，长得再高，风一吹就容易刮倒。对铸魂育人来说，思政教育就是这个根。

电影《红船》中有这样一个情节：李大钊受邀到南开大学作讲座，台下有学生对马克思主义有所质疑："将外国思想引入中国，符合我国实情吗？"听到这，李大钊用自己脚上的布鞋与学生们脚上的皮鞋作比喻，说："穿洋鞋，一样可以走自己的路。"

这堂"思政课"上的一番话，一下子解开了学生心中的疑惑。

一棵树，根正了才能长得好，根要是歪了，长得再高，风一吹就容易刮倒。对铸魂育人来说，思政教育就是这个根。

习近平总书记一直特别记挂思政教育。《习近平在浙江》一书中提道，习近平同志在浙江工作期间率先垂范，从2003年到2007年连续5年为高校和党校师生作过5场报告或讲话。在此后的全国高校思想政治工作会议、全国教育大会、学校思想政治理论课教师座谈会等多个重要场合，他数次就思政课建设提出明确要求。

如今，全社会已越来越深刻地认识到思政课的重要意义。但笔者在与思政课老师和学生交流时发现，现在的思政课堂上，老师"上不好"，学生"不想上"的现象依然存在。曾有老师调侃："世界上最遥远的距离，是我们坐在一起，你却在玩手机。"说得扎心，但很真实。

分析起来，思政课要警惕七种不良现象。

一、一场考试定绩点。思政课作为一门"在头脑当中搞建设"的课程，学习效果不一定体现在学期内，也不一定反映在试卷上，也许到了学生人生的某个十字路口，意义才会凸显。

但目前，一些高校对思政教育的评价维度还比较单一，只用考试成绩评价学生的学习效果仍是最普遍的做法。也正因此，许多学生认为思政课考试就是"背多分""抄必得"，平时上课听得快睡着，有的还翘课，全靠临时抱佛脚，一顿硬背。

加之思政课的应用性没有那么立竿见影，让学生烙下"刷分课""考试课"的印象，也就不会把思政课当作真正有用的"学习课"。

二、上课管讲不管效。作为一门覆盖全校所有专业本科生、硕士生、博士生的公共课，思政课老师授课任务重、工作压力大是必然的。然而，有的老师却没有化压力为动力，信奉"佛系教学"，采取"任务导向"，只管按时打卡出工赚工分，完成工作量、达成KPI。至于学生听进了吗、思考了吗、理解了吗，统统不甚上心。

只有课堂的"上半篇"、不管课后的"下半篇"，思政课的育人闭环缺了重要一段。当"单向输出"取代了"双向互动"，思政课的效果自然大打折扣，更谈不上教学相长了。

三、一份教案用N年。课还是那门课，老师还是那个老师，但讲台下的学生每年都在变，校园外的世界每分钟都在更新。青年学生正处在思想最活跃的年龄，高校学子又来自五湖四海，脑袋里的问题、心里的困惑五花八门。但有的老师用一份讲义、教案、课件"包打天下"，以"不变"应"万变"，上课无非是把PPT念一遍。如此上课，自然跟不上时代发展，更难融入学生话语。

往深里说，就是一部分思政课教师只把三尺讲台当"饭碗"，缺乏立德树人的大情怀，不愿意下功夫、花精力，这样的课程缺乏针对性、吸引力，也就成为必然。

四、原地打转少积淀。很多思政课老师是从一座象牙塔走进另一座象牙塔，出了家门进校门、出了校门进"师门"的"三门"教师。在走上教师岗位后，或是因为没机会，或是因为不愿意走出校园，很少到社会生活中真做调研、做真调研，肩上的"露水"和脚下的"泥土"都太少了。对社会了解不深、对人民感情不够，课堂上缺少鲜活的故事，便只剩枯燥的理论，像个"复读机"。

还有的老师积淀不够、底气不足，在遇到学生的困惑时，选择"绕着走""挑着答"，难以解决学生的真问题。

五、浅尝辄止缺深度。思政课是一门非常考验教师水平的课程，能不能讲出深度、讲得透彻，体现着老师的"功底"。

现在，思政课已成为大中小学一体连贯的教学整体，学生从小学起，就开始接触思想品德课、时事政治课等，如果到了大学课堂还只是照本宣科，学生自然也就失去了兴趣。就像有学生反映，"大学老师课堂上教的理论，在高中就已经都学过，到了大学无非是再听一遍，考前看看课本背一背就行了"。

六、纸面扶持难沸腾。思政课的重要性早已无需赘言，但在实际执行层面，却还是有这样或那样的困难。有的学校对思政课的扶持政策停留在纸面上，看上去很美，实际上仍然存在教师配备不足、课时压缩严重等问题。在一些学校，思政课教师在职称评审、课题申报等方面，名额少、比例低，如千军万马过独木桥，压力很大。

七、自身不正引歧途。最值得警觉的，是一些思政老师自身价值观有偏差，把西方个人主义、利己主义的那一套观念带到课堂上，偏离了思想政治教育的本质要求。比如前不久安徽庐江中学"被教育"的所谓"教学名师"在公开讲座上传播不当内容，引起舆论哗然。还有的思政老师自身品行不正，陷入师风师德、学术不端、科研造假的罗生门，这样的老师对学生进行思政教育，有百害而无一利。

以上种种现象值得我们深思。思政课是一个载体，里面装的东西很多，小到为人处世，大到方针政策。思政教学清单越长，代表国家对青年一代的期许越大。

就在前两天，浙江省第三届"思政星课堂——我最喜爱的思政课老师"宣传推介活动落下帷幕，二十位优秀的思政教师在浙江工业大学与同学们进行了交流。他们的做法，或许可以给我们一些启示。

营造教学"好气候"，需要各方一起"添柴加料"。正如"思政星课堂"上嘉宾所言，上好思政课需要拓展"课堂半径"，统筹学校各部门、社会各方面，形成育人合力。

比如我们一直说要在社会大课堂中讲好思政课，首先就要把社会资源聚拢来、实践基地建起来、经费保障跟上去。去年杭州市刚刚启用的新时代协商民主实践中心，就是学生体验协商民主制度优势的好载体，这样的思政体验点不妨再多一些。

找到评估"金尺子"，制定科学的"度量衡"。既要"量"讲台上的老师，不能只用工作量、课时数与老师的优良等次简单画等号，而要设计考量授课"真水平"的科学体系，让学生评教、教师互评、社会评价在绩效考核、职称晋升中更有分量。同样要"量"课桌前的学生，知识点的考核的确少不了，但决不能止于每学期的一纸考卷。第二课堂的社会实践、志愿服务、公益活动，乃至诚信友爱，也不能缺失，都是思政课学习成效最直观的体现。

探索实践"最优解"，把"大道理"讲活讲透。在移动优先的时代，照本宣科讲授静态知识点，一定不会被年轻人喜欢。道理说了千百遍，不如实际做一遍，读万卷书更要行万里路，有时候，实践就是最好的老师。

去年，浙江传媒学院与浙报集团共同发起了"为百名烈士画像"活动，号召全国十余所高校的师生一起为英烈画像。活动前后延续了大半年，学生参与采访、沟通、绘画的过程，又何尝不是上了一堂思政大课。这样的课，学生们有参与、学得进，更不容易忘。

扩大名师"朋友圈"，教学相长"同进步"。思政课教师多，但名师却远远不够。从星火到烈焰，就要让名师成为"圈主"，打造名师工作室，推出精品示范课，开展巡回讲评课等，以"传帮带"培养吸纳更多的老师进入"名师圈"。

在思政课中，师生是同步成长的共同体，教学也是整体提升的协作体，共享鲜活的教学素材、实用的教学方法，实现教学本领提升的"共同富裕"。只靠思政老师讲思政，思政教育的力度肯定不够，还要动员广大专业教师也加入讲思政的行列，找到思政课程和课程思政双向赋能结合点。比如，在第三届"思政星课堂"中，入围的老师里，其他专业课程的思政老师占40%，比例不断增加。

静心耐心"修内功",当好学生的"知心人"。老师是决定思政课质量的关键节点,须瞄准"当好社会学家"的目标,走进田间地头、工厂车间,去一线做"热观察冷思考",提升自身能级,让思政课"接地气"。当然,这离不开学校的支持、社会的配合。思政课教师是要有"大情怀"的,要用真情来浇灌学生的心灵。

比如,浙江特殊教育职业学院的林海燕老师,她的学生是一些"听不见、看不到"的孩子,她带着学生们去观察社会、参与社区志愿服务、做各种力所能及的工作,让学生感到被社会需要,从而树立自立、自强、自信的心态。

对思政课堂而言,出卷的是时代,答卷的是老师,评分的是学生,没有固定的套路,没有现成的答案。思政课如何讲到学生心坎里,思政老师如何成为"心灵捕手",关键还是要有真情怀、真学识、真调研、真本事,也需要各方共同努力。

陈雯婕 陈瑜嘉 许小伟 执笔

2023年3月4日

如何让好人有好报

> 崇尚好人才会产生好人，争做好人才能好人辈出。我们希望，爱与奉献能常常实现"双向奔赴"。

今天，是第60个学雷锋纪念日。

在浙江，整个三月都是学雷锋志愿服务主题月，并且每年都是以一场"万朵鲜花送雷锋"活动拉开序幕。

今年同样不例外。三月伊始，在杭州市中心的地标武林广场前，人们向最美志愿服务典型代表和"活雷锋"代表送上鲜花和证书，表达敬意与感谢。

不知不觉中，从2011年至今，"万朵鲜花送雷锋"走到了"豆蔻年华"，从一场仪式、一次表彰，演变为一种态度、一种风尚，成为这座城市礼遇志愿者的重要代名词。

不禁要问，我们为什么如此重视礼遇好人？又如何通过礼遇，让爱心不断传递？

一

《诗经》中曾写道："投我以木桃，报之以琼瑶。"

中国自古以来就是"礼仪之邦"，知恩图报、结草衔环、报本反始等故事数不胜数。可以说，礼遇好人就是中华传统美德的延续，从来不曾断流。

雷锋曾在日记里写道，1961年8月的一天，市委同志代表全市人民向他送了一份礼物，那是用红纸包着的一斤苹果。拿着这份礼物，雷锋内心特别激动，回想起自己曾经遇到困难时，是党和人民帮助了自己，便心想也不能忘记为人民服务而受伤的兄弟。于是，他把这份苹果原封不动又转送给了卫生连的伤病员。他说，虽然自己没吃着，但心里比吃了这斤苹果还要甜十倍。

助人者，人恒助之；善人者，人亦善之。有时一句轻声的谢谢、一个感激的眼神，都是滋养爱心的源泉。

现如今，礼遇好人，更是践行社会主义核心价值观的客观需要。志愿者身上的奉献、友爱、互助、进步等品质，都是社会文明、时代进步的体现。放大这些品质，在社会弘扬崇德向善的正能量，就需要给予好人更多鼓励，营造让好人有好报的社会氛围。

一直以来，浙江省内乃至全国各地下基层、进社区慰问和致谢身边"活雷锋"的活动从未停歇，送锦旗、送鲜花、送关爱，形式多样，所传递的正是传承优秀美德、弘扬时代正气的鲜明导向。

比如2011年开始举办的"万朵鲜花送雷锋"活动，让老百姓举荐身边的"活雷锋"，用集中送花的方式向他们表达敬意。还记得在第一届活动时，征集令发出的第一天，全省各地报名推荐的好人好事就超过了1000人次，其中就有大家熟知的全国劳动模范孔胜东。

为什么大家对于礼遇身边的"活雷锋"热情如此高涨？说到底，是因为在这样的活动中，那些曾经接受过帮助的人得以找到表达感激之情的渠道，而许许多多默默奉献的平凡人，也能因此感受到精神上的富足与自豪。两者互相感染，让正能量不断传递。

二

礼遇好人，彰显着一座城市对精神文明的重视程度，表现出一座城市对寻常百姓的关注、对爱心的呵护。

习近平总书记时时记挂着志愿服务工作，曾先后给华中农业大学"本禹志愿服务队"、"南京青奥会志愿者"、复旦大学《共产党宣言》展示馆党员志愿服务队等人物和群体回信，既表达了对志愿工作者的肯定和慰问，也传递了崇德向善的导向。

早在2019年7月23日致中国志愿服务联合会第二届会员代表大会的贺信中，习近平总书记就曾强调，"各级党委和政府要为志愿服务搭建更多平台，给予更多支持，推进志愿服务制度化常态化"。不久前，习近平总书记对深入开展学雷锋活动作出的重要指示中，再次强调"加强志愿服务保障和支持"。

笔者以为，要想实现志愿服务的制度化常态化，其中重要一环就是给予志愿工作者更多正向反馈，精神的礼遇和物质的鼓励"双管齐下"，方能让爱心形成闭环。

在这方面，浙江做了许多尝试。最直观的，是用各种方式热烈地表达对志愿者的谢意。

"志愿浙江"平台数据显示，目前该平台有超过1800万的注册志愿者，他们在文明城市、应急救援、文化文艺、智慧助老等各个领域作出了很大贡献。除了一年一度的"万朵鲜花送雷锋"活动，全省各地相继开展各种礼遇、慰问活动，向"活雷锋"颁发荣誉证书、为他们披上红绶带，在颇具仪式感的活动中，让这些平日里默默无闻的"大多数"，也能成为聚光灯下受人赞美的主角。

除了感谢，人们也希望，那些心里总是装着他人的志愿者，也能关心一下自己，所以各地的优待和礼遇措施也不断推出。

宁波就曾举办致敬志愿者的专场交响音乐会，邀请800余名志愿者参加，以这种方式回馈为这座城市默默付出的人们。湖州自2014年起，成立了"好人有好报"慈善关爱基金，由爱心企业、爱心组织捐助，为遇到困难的好人提供资助。温州还涌现了许多"民"字头的奖项，百姓自发设奖，奖励好人。除此之外，还有许多地方为志愿者提供停车券、话费流量、米面粮油，等等。

礼虽轻，情意重。这些回馈并不贵重，但代表了社会对志愿者的一片敬意。

如果说，感谢与激励是"锦上添花"式的礼遇，那么做好志愿服务的保障与管理，就是对志愿服务的"雪中送炭"。

做好事常常要付出许多心血，甚至有人付出了生命代价。但我们不能因为他们的慷慨奉献、不求回报，就让好人流血流汗又流泪。2021年浙江发布《浙江省志愿者激励办法（试行）》，从星级评价及表彰、礼遇优待等方面为志愿者送上福利，多地还设立志愿服务基金用以资助各类志愿服务项目，全省许多地市都设立了相对健全的志愿服务积分兑换机制，绝大多数地市还为志愿者购买了保险，为志愿服务做足了保障。

礼遇是多方面的，正是在感谢、帮助、支持、鼓励的浇灌下，奉献、互助、友爱之树才会越发茁壮。

三

"好人有好报"不能仅仅停留在口头上。如今，越来越多人有了这份共识。

当然，礼遇好人的方式还有很多，我们的兄弟省市甚至发达国家的一些做法，都值得借鉴。

比如，放眼珠三角，广州、深圳等地从健康保险、生活消费、公共交通等多个方面列出清单，为志愿者提供更细致、直接的服务保障。而放眼世界，德国欢迎世界各地的志愿者在当地开展服务，并为他们提供免费食宿等福利；日本为青年志愿者制定职业发展规划，提供就业咨询、就业培训补助等，引导和激励更多的青少年参与到志愿服务中。

但不能回避的是，让好人寒心的现象还偶有发生。比如有的人做了好事，得到的却是冷嘲热讽，甚至还可能被讹上。就像前些年，关于老人摔跤到底扶不扶的问题，在网络上争论不休。也有一些地方存在礼遇热一阵、冷一阵的现象，还有的地方对礼遇好人的认识有误区，大肆宣扬奖励的金额以博取眼球，却弱化了好人本身的善行善举。

以上种种，都背离了礼遇好人的初心，也催促我们要进一步把礼遇好人往制度化常态化的方向推进。在这些方面，我们能做的还有很多。

比如，对志愿者的激励回馈制度，还可以健全完善。现在有不少地方通过落实政策、制定细则等方式，让礼遇好人更加有章可循。比如，2018年修订的《浙江省志愿服务条例》把每年的3月5日设为"浙江省志愿者日"，全省的志愿者有了自己的节日，这也从法律法规的层面，让志愿者得到身份的认可和价值的肯定。

又如，对志愿者的礼遇，不一定局限于"事后的感谢"，更可以前置为"事前的培训"。国务院《志愿服务条例》就提出，志愿者参与服务"需要专门知识、技能的，应当对志愿者开展相关培训"。无论是社区服务、志愿关怀，还是应急救援、医疗救护等，都需要具备专业能力。把培训做到位，不仅是为了提升服务质量，更是帮助志愿者在服务中，能有效避免一些安全隐患。就如有志愿者表达："为志愿者进行好的培训，就是最好的关爱。"

此外，虽说志愿服务已经广为普及，但社会上还存在着部分对志愿工作理解不够、认识有偏差的现象。这就需要我们对志愿精神、身边的"活雷锋"进行更有效的宣传阐释。比如孔胜东、钱海军、吴菊萍等典型人物，让志愿精神有了具象表达，正是通过对他们事迹的宣传，让更多的人理解、支持并加入到志愿服务中，从一个人变成一群人。就如去年杭州亚运会赛会志愿者启动补充招募，到2022年12月31日报名截止时，共吸引了9.17万人报名。在融媒时代，我们还可以用更多方式宣传好身边的好人好事，让更多人了解志愿者的朴素情怀。

礼遇好人不应是一阵风，而是一件细水长流、润物无声的事情。很多好人确实不求什么回报，他们需要的，只是社会的鼓励和认可。就像许多志愿者所表达的那样，精神上的肯定与支持，比任何奖励都让他们开心。

崇尚好人才会产生好人，争做好人才能好人辈出。我们希望，爱与奉献能常常实现"双向奔赴"。

马莉芳 季方 斯民娅 吴开珺 执笔

2023 年 3 月 5 日

现代化浙江篇的开局方案

> 创新深化、改革攻坚、开放提升，中国式现代化浙江篇章一开局就打出了"组合拳"，让人信心满满。

又到了一年中的全国两会时间。昨天，全国政协十四届一次会议正式召开。今天上午，十四届全国人大一次会议也将拉开帷幕。

今年的全国两会不一般，有人形容为"开局之年逢换届"，既是全面贯彻落实党的二十大精神开局之年，又是政府换届之年，引得各方竞相关注。至于目光的焦点，有媒体做了"两会热点话题调查"，经过投票，"中国式现代化"力压"烟火气回归""货币政策精准有力"等关键词位于榜首，成了网友最关心的话题。

"现代化"，对应英文里的modernization，原本是个外来词。但"中国式现代化"不同于西方语境的"现代化"，不是把"舶来品"简单加工，而是基于中国实践的创新提炼。它源自中国人民百年来在求富求强之路上的艰辛探索，是党的二十大作出的重大理论创新，也是科学社会主义的最新重大成果。

面对这道新考题，大家都想借两会的窗口，仔细瞧瞧中国式现代化到底如何布势、如何落子。考场上，有的人带着问题去，有的人领着考卷回。在这场新的赶考中，浙江已经起笔破题，"创新深化、改革攻坚、开放提升"12个字，列出了现代化浙江篇的"作答提纲"。

——一

李大钊先生曾在《新纪元》一文里写道：

"今日是一九一九年的新纪元，现在的时代又是人类生活中的新纪元，所以我们要欢欣庆祝。"

在他看来，如果年年"灯光照旧明，爆竹照旧响，鱼肉照旧吃，春联照旧贴，恭喜的套话照旧说，新衣新裳照旧穿戴"，那么便"毫无意义，毫无趣味，毫无祝贺的价值"，"人类的生活，必须时时刻刻拿最大的努力，向最高的理想扩张传衍，流转无穷……别开一种新局面"。

无论是马克思主义在中国的传播，还是中国共产党领导中国人民开展社会革命、建立社会主义制度、进行社会主义现代化建设，"创新"二字都贯穿其中。推进中国式现代化也是如此，外甥打灯笼——照旧（舅），显然是不行的，必须迭代新打法、开辟新局面。

创新在现代化建设全局中占据核心地位。习近平总书记强调，"要把创新摆在国家发展全局的突出位置""积极识变应变求变，大力推进改革创新"。建设社会主义现代化强国，不能跟在西方国家后面亦步亦趋，而要从中国实际出发，走出一条适合自己的现代化之路。

为了答好中国式现代化这道题，浙江要做的第一件事，就是强力推进创新深化，加快打造高水平创新省份，核心抓手就是实施数字经济创新提质"一号发展工程"。

工程名称里面的每一个词都切中了关键处、落在了刀刃上。

先说"数字经济"。党的二十大报告提出，加快发展数字经济，促进数字经济和实体经济深度融合。数字经济无疑是当前经济发展中最活跃的因子，是撬动现代产业能级跃升的"阿基米德支点"，也是浙江确定下来的主攻方向。沿着2003年习近平同志擘画的"数字浙江"建设蓝图，浙江正持续向着数字"蓝海"纵深挺进。数据显示，2022年浙江数字经济核心产业增加值占GDP比重已达11.6%，预计到2027年，数字经济核心产业增加值将超过1.6万亿元，数字经济越来越成为推进中国式现代化的新动能。

再说"创新提质"。推进中国式现代化，邯郸学步、刻舟求剑、守株待兔都不可取。经过党的十八大以来理论和实践上的创新突破，我们党成功推进和拓展了中国式现代化。面向未来，也唯有依靠大胆探索、守正创新，才能拨开迷雾、杀出血路，推动经济实现质的有效提升和量的合理增长。锚定"创新提质"，彰显的是往"高"攀升、向"新"进军、以"融"提效的态度，就是要用好创新这把"金钥匙"，打开现代化建设的新空间。

最后说说"一号"和"发展"。发展是第一要务，高质量发展是全面建设社会主义现代化国家的首要任务。中国式现代化是人口规模巨大的现代化。当前，全球进入现代化国家的总人口约为10亿，而中国14亿多人口整体迈入现代化，意味着比现有发达国家人口总和还要多。解决14亿多人的吃穿住行、就业、医疗、教育、养老等，所需资源每一项都是天文数字，没有高质量发展是难以为继的。

要想把美好理想变成现实，说到底还得靠发展。实施"一号发展工程"，就是要通过构建新发展格局，用经济社会高质量发展为中国式现代化的浙江篇章夯基赋能。

二

青年毛泽东在《湘江评论》中预言，"他日中华民族的改革，将较任何民族为彻底，中华民族的社会，将较任何民族为光明"。

如果把中国式现代化比作一棵茁壮生长的大树，那么每一次改革，就是为它松动固化的硬土、剪去冗余的枝丫、扯掉束缚的藤条、打破禁锢的藩篱。中国人民追寻现代化之路的发展史，也是一部克难攻坚的改革史。

很多时候，考场作答，答案就藏在题目中。回望走过的路，我们党把改革开放作为关键一招，以巨大勇气全面深化改革，敢啃硬骨头、不惧涉险滩，为中国式现代化注入了不竭动力源泉。

浙江是吃"改革饭"发展起来的，对改革制胜有着更深切的认识，改革什么时候都不能停步。置身中国式现代化的大场景，浙江提出要强力推进改革攻坚，加快打造高质效改革先行省，与之相配的抓手就是实施营商环境优化提升"一号改革工程"。

为什么从营商环境处入手？

好的营商环境，就是推进中国式现代化的肥沃之壤，是市场主体蓬勃生长的生命之氧。

浙江作为一个资源小省，"七山一水二分田"，家里没有多少"矿"。但却能够在改革开放短短几十年间一跃成为经济大省，与良好的营商环境密不可分。改革开放前后，这里诞生了全国第一家专业市场、全国第一个合法个体工商户、全国第一份明确专业市场合法的政府文件、全国第一家股份合作制企业……

近年来，"四张清单一张网"、"最多跑一次"、数字化改革等实招频出，浙江在以深化政府改革优化提升营商环境的道路上不断发力。可以说，"浙"里虽然没有与生俱来的金枝银枝，却用对市场主体的尊重、包容与支持，种下了筑巢引凤的"梧桐树""凤凰枝"。

哪里的营商环境好，哪里的市场主体就活跃。截至2022年，浙江拥有各类市场主体超900万户，107家企业上榜中国民营企业500强，连续24年居全国第一。

优化提升营商环境，就是要对标二十大报告提出的"营造市场化、法治化、国际化一流营商环境"，通过打造最优政务环境、最优法治环境、最优市场环境、最优经济生态环境和最优人文环境，让一切创造社会财富的源泉充分涌流。

把改革列入"一号工程"，就是要通过改革手段，破除阻碍现代化进程的体制机制弊端。特别是中国式现代化以全体人民共同富裕为本质特征，决定了中国式现代化是以人民为中心而非以资本为中心。这就需要我们在做大"蛋糕"的同时分好"蛋糕"，探索更好兼顾公平与效率的初次分配、再分配、三次分配协调配套的基础性制度安排，让发展成果更多更公平惠及人民。

三

曾经的旧中国"闭关锁国"，导致现代化进程陷入停滞。而自从中国人"开眼看世界"的那一刻起，现代化的"闸门"就被拉开了。

中国式现代化是走和平发展道路的现代化，既需要激发内生动力，又需要和平利用外部资源。一方面，当今时代，内外两方面资源如同"鸟之双翼"，闭门造车不可能通往现代化。另一方面，开放是自信的表现，没有现代化就没有高水平开放的底气。

面对中国式现代化的高水平开放要求，浙江提出要强力推进开放提升，加快打造高能级开放之省，主要抓手就是实施"地瓜经济"提能升级"一号开放工程"，打造更具韧性、活力、竞争力的"地瓜经济"。

什么是"地瓜经济"？习近平同志在浙江工作期间，曾形象地比喻：地瓜的藤蔓向四面八方延伸，为的是汲取更多阳光、雨露和养分，但它的块茎始终是在根基部，藤蔓的延伸扩张最终为的是块茎能长得更加粗壮硕大。可以说"地瓜经济"就是浙江高水平开放的缩影。

壮大"块茎"是固本之策。当前，总部经济已成为城市综合竞争力和现代化水平的重要标志。比如，今年杭州就提出了个目标：到2025年，总部企业数量新增100家以上，百亿级总部企业突破60家，千亿级总部企业突破10家。通过总部的"块茎"，把全球的资源集聚起来，进行产业链价值链的重构，"地瓜经济升级版"已经呼之欲出。

延伸"藤蔓"是制胜之道。春节假期刚过，浙江投资促进团又出发了，他们向外资企业宣传投资浙江的优势，也收集对外投资的信息和线索。不论前方等着的是机遇还是挑战，浙江人向来敢于勇闯天涯。

培植"土壤"是长远之计。推进高水平对外开放，关键还要稳步扩大规则、规制、管理、标准等制度型开放。比如，浙江自由贸易试验区自2017年设立以来，持续为全国制度型开放"探新路"，2022年，浙江自贸试验区新增制度创新成果143项，全国首创36项。在制度型开放的道路上，还需要我们勇探新路、勇开新局。

创新深化、改革攻坚、开放提升，中国式现代化浙江篇章一开局就打出了"组合拳"，让人信心满满。

同时也要看到，前路漫漫，中国式现代化的康庄大道并不意味着一马平川。唯有保持干在实处、走在前列、勇立潮头的奋斗姿态，秉持敢为、敢闯、敢干、敢首创的精神状态，才能不断巩固优势、放大优势，让明日之浙江更美好。

何诗航 徐毅 谢滨同　执笔

2023年3月5日

"一大"路

> 重走"一大"路没有尽头，拨开烟雨，通往的是一条复兴之路。

3月1日，上海至嘉兴"南湖·1921"红色旅游列车疫后恢复开行。列车一路驰骋，串联起上海中共一大会址与嘉兴南湖的红色岁月。

1921年，中共一大代表们从危机四伏的上海，秘密转移到嘉兴南湖，为中国点燃红色圣火、敲响嘹亮晨钟埋下伏笔。如今，他们留下的足迹，被还原、被铭记。嘉兴通过修缮、改造、恢复等举措，全景重现了中共一大南湖会议重要节点，并把它命名为新时代重走"一大"路。

列车朝发夕返，每日8时45分从上海西站驶出，18时10分由嘉兴站返回。10个小时，饱含深意。当年，一大代表们乘坐上海的火车抵达嘉兴时正是上午10时13分，会议结束，南湖已是暮霭沉沉、渔火点点，赶回上海时一算，在嘉兴停留正是10小时。

今天，我们如何重走"一大"路？让我们回到那个觉醒年代，一起感悟这条路的精神内涵。

一

列车抵达嘉兴后的第一站，便是复建后的嘉兴火车站老站房，随后步行一直往西，穿过宣公弄，跨过宣公桥，从春波门外的狮子汇渡口抵达湖心岛，登上画舫，荡舟南湖，这便是重走"一大"路的具体线路。

或许很难再找到这样一条路，路上有美景、有故事、有人文、有情怀，它重现了百年前的历史，流淌着千年江南风韵，还展现着新时代的脉动。

从上海到嘉兴，这趟列车足足要开70分钟。党史竞答、专题讲座、青马课堂等红色教育从教室搬到了愉快的旅途中。置身其中，眼前是木质座椅、刺绣窗帘、复古台灯、老档案，耳边是承载记忆的经典红歌……一切都仿佛穿越回到了百年前，在不知不觉间，大家了解了"一个大党与一条小船"的故事，也了解了我们党波澜壮阔的百年历程。

从宣公弄到宣公桥，从春波门到狮子汇渡口，时光斡旋、交错，千年前的历史翻涌而来。唐朝名相陆贽，后世称"宣公"，一生严于律己。以清廉著称，为万世敬仰。千百年来，如今的宣公祠和宣公桥一直是南湖一景，漫步其间，在宣公精神的感召下，感受世间动人的风景。

江南人家，依水而生，春波门是民国以前从嘉兴东门坐船到南湖的一个公渡口。"春波门外上春船，春涨葡萄绿浸天"，明媚春日里的春波门，应了这个曼妙的名字，春意盎然、碧波荡漾。和煦的春风一吹，好似千百年经历的世间百态和沧桑沉痛，都随之消散。

历史与现在、历史与未来，在新时代重走"一大"路上不断交错，我们缅怀于历史的同时，更感慰着当下，期待着未来。

随着沪杭铁路建成，狮子汇一带热闹非凡，一条条渡船穿梭在环城河与湖心岛之间，勾勒出繁华的民生形态；环绕着老站房的新站房，在屋顶铺装了约1.2万块光伏组件，年发电量预计达110万度；自然光线透过全玻璃幕墙照进"下沉式"候车厅，公园的森林绿地覆盖着车站广场，处处体现着生态绿色、以人为本的理念……

祖国在革命、建设、改革中取得的辉煌成就，在人们的亲身体验中变得更加生动具体，"美好生活照进现实"的感受更为真切。

二

近年来，亮点纷呈的红色旅游新业态，越来越多可视化呈现、互动化传播、沉浸式体验的产品和服务，让人们触摸到有温度的革命历史。

有一组有意思的数据，2022年暑期红色旅游人群中，"80后"占比41%，"90后"达到26%。重走在"一大"路上的人群，也越来越年轻化，这条路也越来越时尚。

最令人耳目一新的就是"森林中的火车站"，刚下车，就与"颠覆性创意"撞个满怀。不同以往火车站"唯大""唯高"的设计，嘉兴站的候车大厅完全下沉仿佛"隐匿"，置身大厅仰望天空和复古月台，百年历史呼啸而过，站前1∶1复原的老站房，掩映在"森林"中，青红相间的砖，诉说起百年前一大代表们来到嘉兴时的故事。

这个有着百年历史的老车站一经改造亮相，就在网上掀起热搜话题"现在的火车站都这么美了吗",超话阅读达2.7亿,网友纷纷留言:"好看到想现在就买票去车站打卡!"

随着元宇宙概念的火爆兴起,"沉浸式体验"的理念一时风口无两。对于当下年轻人来说,线下空间体验既要有历史文化的厚重感,也要有身临其境的体验感。

新时代重走"一大"路既是一条实体的路,也是一个无限延展的红色文化"博物馆"。你可以在"南湖·1921"红色旅游列车上的初心邮局,寄一封穿越时空的书信;也可以用手机预约,在狮子汇渡口登上通向南湖的画舫,化身觉醒年代的青年,聆听水上党课,放飞青春梦想;走进南湖革命纪念馆,声光交织,红船轮廓渐渐清晰,穿越历史烟云,百年前的仁人志士通过1∶1等身幻影成像技术站在你的面前,"中国共产党万岁!"低沉而坚定的声音穿透了20世纪中国的雾霭,也冲击着每个人的内心。

如今,漫步在南湖旖旎的风光中,由老厂房改造的创意城市综合体南湖天地成了年轻人的最爱;在望湖楼台里点一杯"我在南湖遇见你"咖啡;在烟雨楼前文创店入手一款"初心学习包""南湖开会专用杯";在鸳湖旅社1921餐厅品尝一番民国美味……个性鲜明的当代年轻人热衷追逐新潮流,"年轻化消费"场景的打造,也让更多年轻人爱上了"红色+"。

三

"什么是路?就是从没路的地方践踏出来的,从只有荆棘的地方开辟出来的。"习近平总书记曾引用鲁迅先生的这句话勉励人们。

知所从来,方明所去。重走"一大"路,是一趟叩问初心的旅程。时间虽然不同，但我们可以沿着同一条足迹，感受先辈筚路蓝缕时的壮怀激烈。

在嘉兴火车站停一停，红色站房前，旅客如梭。百年前，他们同样背负行李，机警而从容，看似平静却又惊心动魄；在鸳湖旅社多看几眼，拱形的窗棂后目光如炬，一大代表就在这注视着嘉兴老城，胸中块垒燃成星星火种；泛舟游湖，轻轻扣下船板，听一曲渔家小调，当年的王会悟扮成船娘，哼着小曲儿坐船头，隐秘中完成伟大护航……

登上湖心岛，红船停泊的岸上，"访踪亭"格外醒目。1964年的春天，新中国领导人、一大代表董必武在此写下："革命声传画舫中，诞生共党庆工农。重来正值清明节，烟雨迷蒙访旧踪。"

董老的诗，豪迈中带着低沉的感慨。想到为革命捐躯的无数中华儿女，这份百感交集的追思，仿若南湖细浪，长久荡涤在人们的心田。

2017年10月31日，党的十九大闭幕仅一周，十九届中共中央政治局常委瞻仰上海中共一大会址和浙江嘉兴南湖红船，习近平总书记语气坚定："只要全党全国各族人民团结一心、苦干实干，中华民族伟大复兴的巨轮就一定能够乘风破浪、胜利驶向光辉的彼岸。"

重走"一大"路没有尽头，拨开烟雨，通往的是一条复兴之路。

从上海的石库门出发，驶过高楼大厦、希望田野、江南水乡、现代新城，听着开天辟地、激情澎湃的故事，人们不仅感动于革命先辈"舍小家、为大家""抛头颅、洒热血"的慷慨壮举，也感佩于今日富庶的来之不易。

　　"遵从马列无不胜，深信前途会伐柯"，重走"一大"路，更是一次信心坚定之旅。若是初心未改，多应此意须同。"只有回看走过的路、比较别人的路、远眺前行的路，弄清楚我们从哪儿来、往哪儿去，很多问题才能看得深、把得准。"

　　重走，是为了更好地出发。世上的路有千万条，但"一大"路只有一条。期待有越来越多的人，能重走一次"一大"路，抵达我们党梦想起航的地方，重温苦难与辉煌，汲取勇毅前行的力量，从而走好自己的路，共同走好新时代的路。

　　　　　　　　　　　　　　　朱鑫　孔越　吴梦诗　执笔

　　　　　　　　　　　　　　　2023 年 3 月 6 日

别让"污名化"言论干扰民营经济

> 发展的问题要靠发展来解决，改革的阵痛需要改革来平息，中国的事要由中国人自己来主宰。

支持民营经济发展一直是个没有太大争议的命题。这些年，国家的态度非常明确，"两个坚持""两个毫不动摇"的原则深入人心。

就在昨天上午，国务院总理李克强在政府工作报告中指出，"切实落实'两个毫不动摇'"。政府工作报告还提出，"鼓励和吸引更多民间资本参与国家重大工程和补短板项目建设，激发民间投资活力"，"依法保护民营企业产权和企业家权益，完善相关政策，鼓励支持民营经济和民营企业发展壮大，支持中小微企业和个体工商户发展"，"更大力度吸引和利用外资"。

然而近几年，还是有人总是拿民营经济做文章，一有"风吹草动"，"离场论""国进民退""以人民经济取代市场经济"等各色论调就甚嚣尘上，动辄"阴谋""大棋"，唯恐天下不乱。

在今年全国两会上，有全国政协委员就提出，在社会舆论层面鼓励支持民营经济发展壮大，坚决反对丑化、污名化民营企业的言论。

我们不禁要问，为啥一些"污名化"言论总拿民营经济说事儿？我们又该如何为民营经济发展营造良好的舆论环境？

一

这些年，网络上不时冒出一些激进言论，有的老调重弹，有的花样翻新，背后都有较量、斗争的影子。归结起来，有这么几种"把式"。

其一，"贴标签"。顾名思义，就是居高临下，戴着有色眼镜进行所谓的"定义""归类"，混淆视听、误导大众。比如，给民营经济冠以新兴经济体"国家资本主义"之名，给民营企业家扣上"资本家"的帽子，企图抹杀社会主义市场经济体制优势和民营经济发展成就。

其二，"翻旧账"。不顾时代背景，用时下视角看待历史遗留问题，要么"低级红"、要么"高级黑"。比如，将混合所有制改革与"公私合营"画上等号，把加强企业党建和工会工作强行解释为控制民营企业发展。还有的"砖家"教条化理解社会主义公有制理论，用早期数据来验证"国企而非民企才是国家的经济支柱"。

其三，"放大镜"。截至2022年9月末，我国民营经济市场主体已超1.57亿户，如此庞大的体量，有的企业在生产、经营、发展上出现这样那样的问题再正常不过了，都是正常的市场经济活动，当然也需要政府及时引导、规范。但总有人以偏概全、上纲上线，把个别民营企业出现的点上问题，放大为行业问题、政府问题，甚至让社会主义市场经济体制"背锅"。比如，治理平台经济、整顿个别企业，就多次被各大外媒污蔑成打压民营经济。

其四，"带节奏"。看似"以理服人"，实则恶意歪曲事实，带偏经济发展预期。比如，早年网上发布的《中国私营经济已完成协助公有经济发展的任务，应逐渐离场》一文就是反面典型。党的二十大召开前夕，有人竟然借着中国将迎来重大理论创新之机，公然发表"社会主义市场经济体制将会改变"的谬论博眼球。

其五，"唱老调"。总有一些言论不时拿"士农工商，商为末"这种封建社会的陈旧观点来贬低民营经济的地位，认为商人就是奸诈的、企业就是不良的，进而认为发展民营经济是错误的。殊不知，今天的民营经济和民营企业家的社会地位大大提高，崇尚诚信、合法经营早已成为一种导向和社会风尚。

"不管黑猫白猫，能抓老鼠的就是好猫。"经过40多年发展，当下的民营经济已占我国GDP六成以上，贡献五成以上的税收、八成以上的城镇劳动就业岗位。事实证明，民营经济就是那只"好猫"。

二

对于民营经济，本不该有这么多无谓的争论。

1999年宪法修正案首次以根本大法的形式，肯定了非公有制经济"是社会主义市场经济的重要组成部分"；2002年，党的十六大报告第一次提出"两个毫不动摇"；2013年，党的十八届三中全会作出了"两个都是"的重要论述；习近平总书记在民营企业座谈会上亲切地称民营企业和民营企业家为"自己人"，提出三个"没有变"，后来又提出"希望民营企业放心大胆发展"，等等。可以说，这些年来，国家对发展民营经济的态度一直是明确的。

假如时针拨回到45年前，人们对民营经济有这样那样的声音尚可以理解。但时至今日，针对民营经济依旧有形形色色的杂音噪音，不免让人警惕背后的原因。

很多时候，拿民营经济"说事"，其实是在为意识形态较量"做局"。

经济基础决定上层建筑，经济问题是进行政治体制攻讦和意识形态攻击的绝佳"借口"。所谓的民营经济"离场论""退场论""清算论""国进民退"等论调，很多都来自美西方的媒体、学者，他们看似站在"专业角度"讨论经济问题，实则"项庄舞剑，意在沛公"，含沙射影地攻击中国特色社会主义制度。比如，利用民营经济挑拨"姓资姓社"的老话题；凡是没按西方经济学教科书走的就是"体制弊端"；政府调控就是违背市场经济原则……其目的是通过引发争论掀起社会思潮，借机煽动网民情绪对立、共识撕裂，让我们自乱阵脚。

说白了，关于民营经济的论调很多时候只是幌子，就像外部势力惯用的"人权"大棒、"民主"双标，最终是为干涉他国内政、攻击他国政权服务的。

做低民营经济预期，背后是阻滞中国经济发展和科技进步的图谋。

当今世界，国力较量离不开科技竞争。企业是创新活动的主体，民营企业更是我国创新发展的主力军。数据显示，我国70%以上的技术创新成果源自民营企业，80%的高新技术企业是民营企业。像华为智能手机市场份额稳居全球前三，比亚迪新能源汽车摘下全球销冠，大疆创新占领全球消费级无人机70%的市场份额……

中国民营企业正从跟跑、并跑逐渐转向领跑。这显然不是美西方想看到的，于是他们不仅借"反垄断""反倾销""国家安全""芯片法案"等手段在外部极限打压，更妄图由外及内渗透传导，抓住一切机会释放不安信号，借此打击中国民营企业家的投资预期和发展信心，一旦有企业因此迟疑却步，那么就正中他们的下怀。

民营经济领域屡起争议，折射出我们自身存在的短板。其中，最突出的是话语权的弱势。

学界在进行话语阐释和理论建构时，仍有人在机械套用美西方资本主义的话语体系进行"解读"，对中国基本国情把握不准，对中国特色社会主义道路自信、理论自信、制度自信、文化自信不够，原创性的理论建构很少，有时候说到最后成了"外国的月亮比较圆"。专家说不明白，老百姓搞不明白，一些人对民营经济和民营企业家缺乏清楚的认识，对社会主义市场经济体制认识不足。

百度搜索数据显示，2021年以来，"资本家"这个词的指数均值是"企业家"的1.7倍多。科技落后会"挨打"，话语落后会"挨骂"。如果有一天，我们能用自己的学术话语反击外界关于"国家资本主义"的质疑，揭露西方市场原教旨主义的"真相"，或许关于民营经济的种种论调就会自行退场了。

三

民营企业从迅速萌芽、勃发、壮大，到如今撑起中国经济的"半壁江山"，成绩有目共睹，但总有"成长中的烦恼""发展中的问题"。客观上说，任何一种市场主体都是如此，外资企业、国有企业、民营企业皆不例外。

发展的问题要靠发展来解决，改革的阵痛需要改革来平息，中国的事要由中国人自己来主宰。

后疫情时代，百年变局加速演进，国际时势波谲云诡，我国经济依然面临着"需求收缩、供给冲击、预期转弱"三重压力。民营企业作为市场肌体的"毛细血管"，感受最为深切，承压最为明显。

在这个企稳回升的关键节点，更要放开"看不见的手"，用好"看得见的手"，以担当有为的"稳"为民营经济的"进"保驾护航。

名气要更香。民营经济成长在中国希望的田野上，民营企业和民营企业家都是"自己人"。比如，畅通参政议政、反映诉求的合理渠道，健全企业家诚信经营激励约束机制，营造鼓励创新、允许试错、宽容失败的舆论氛围，让他们有更多的荣誉感、自豪感、成就感，能够安心经营、专心创新、用心发展。总之，目标就是把民营企业家搞得香香的、民营经济做得壮壮的。

反击肃清"污名化"论调，我们不是为某个企业、某个行业"站台"，而是为民营经济和社会主义市场经济体制撑腰。因此，流言来袭之际，该揭露的揭露、该辟谣的辟谣、该力挺的力挺，光明磊落地站在事实真相的一边，旗帜鲜明地站在公众利益的一边。

预期要更稳。有人说，市场经济是预期经济，稳定的预期是经济发展的"硬通货"。疫情三年，民营经济发展处于低谷。面对全球产业链重构、现金流不足、订单流失、人工紧张、两头挤压导致利润率下降等多重困难叠加，也就不难理解，民营企业正面临的那种挥之不去的焦虑感、"失重感"。

"稳"本身就是最大的"进"。稳预期的实质，就是以政策的确定性应对市场的不确定性。具体来说，一以贯之坚持"两个毫不动摇",扎扎实实兑现各类政策,真心实意解决困难问题,倾情倾力帮助民营企业在震荡中重塑、在转型中突围,这些都是提振民营企业发展信心的当务之急。毕竟,信心比黄金更重要。

环境要更好。水大鱼大,水优鱼肥。营商环境就是市场之"水"。如何依靠深化改革,破除在审批许可、市场准入、要素获取等方面的隐性壁垒?如何确保各类市场主体权利平等、机会平等、规则平等,使民营经济可以参与公平竞争?如何助力民营企业翻越"市场冰山、转型火山、融资高山",让"阳光雨露"能补到点子上、贴到根子上?这些都检验着营商环境之优劣、行政效率之高下。

法治是最好的营商环境。"亲""清"风来天地新,刹歪风、疗"沉疴"、立新规,破除以权谋私、索贿受贿、权力寻租、利益输送的"潜规则",让法治成为民营企业发展的"护道者"。

还记得2017年,万向集团创始人鲁冠球在《时代契机,我们没有理由错过》一文中写道:回想我们这代人的创业梦,从被当作"资本主义尾巴"东躲西藏,到在计划经济夹缝中"野蛮生长",再到改革开放中"异军突起",以及全球化中无知无畏闯天下,可以说是跌宕起伏。

从更广的视野来看,中国民营经济这条"大江大河"其实更为跌宕起伏、波澜壮阔。而且,它还将继续穿越风雨、奔涌向前,滋养神州大地。

朱越岭 何诗航 刘雨升　执笔

2023年3月6日

相救当如"左右手"

> 这份关键时刻"搭把手"的情谊深植于每一个渔民内心深处。他们相信，若有一天自己遇到困难，也一定会有海上的人无私救助。

"让来路，带我回来吧，归途上，总有风。"去年，一首《归途有风》火了。一句"归途"，胜过千言万语。

前些天，一则舟山渔民海上施救的视频上了热搜。东极海域上，一艘生产渔船突发轮机故障，失去动力被困在繁忙的航道上。情况紧急，接到求助消息，已经开到普陀山附近海域的"浙岱渔04598"船折返拖带6小时，来去50海里，将抛锚渔船安全送达沈家门渔港。

船长刘松土说，"海上渔民们都是兄弟，一定带你回家！我要是有事，别人也会帮忙！"网友纷纷点赞。

事实上，如此舍生忘死、不计成本的海上救援，不止出现过一次。如果在搜索引擎输入"渔民救人"的关键词，就会发现，海上施救的不止一个"刘老大"，还有"沈老大""许老大""李老大"……他们中的不少人，都有一个共同的身份——舟山渔民。

为什么每当海上遇险，总会出现舟山渔民倾力救援的身影？又是怎样的精神，支撑着舟山渔民在海上守望相助、相伴回家？

一

"同舟共济"是不少出海人的座右铭。这个词最早出自《孙子·九地》："夫吴人与越人相恶也，当其同舟而济，遇风，其相救也如左右手。"

而对于以海为生的舟山渔民而言，哪怕乘的不是同一艘船，相救也当如"左右手"。看见困事险情都要管，护送每一个迷航遇险的"跑船兄弟"安全回家，是舟山渔民在海上一个不成文的规矩。

每到千钧一发的救人关头，最难的其实是"舍"与"得"的抉择。

比如，在近两年的"最美浙江人·浙江骄傲"人物中，连续出现了两位舟山海员的身影。在危难时刻，他们作出了相同的抉择。

2021年9月，在得悉附近有船遇险沉没时，"浙岱渔11492"船长沈华忠没有丝毫犹豫，下令一刀斩断连接绳，将蟹笼全丢回了大海，开足马力开展救援。他舍弃的，是市值超10万元的渔获，但他从死神手里抢来的，是两小时的宝贵救援时间和16条鲜活的生命。

而在千里之外的另一片海域，面对救生筏上陷入休克的两位船员，时任舟山籍油轮"建桥502"大副的许波纵身一跃，跳入了冰冷刺骨的海水之中，用一条绳索将自己的生死存亡和两位遇险人员牢牢绑在了一起，用尽全身力气将他们拖上了船。

抉择当前，两位"老大"的回应出奇的一致："他们家里还有家人等着回家。跑船的都是兄弟，能救的，我肯定去救！"

海上相遇便是自家兄弟，没有什么比自家兄弟的性命更值得守护。向海谋生的船员们有着同样的风雨生活，大海变幻莫测、风浪瞬息万变，渔民们在海上的生活也仿佛是一场与大自然的"豪赌"。是波涛教会了他们何谓真正的携手与共、风雨同舟。

船员们的这种将心比心、互相扶持，缔造了海上真情。这份关键时刻"搭把手"的情谊深植于每一个渔民内心深处。他们相信，若有一天自己遇到困难，也一定会有海上的人无私救助。

二

一方水土养一方人。

常年的海上生活孕育了舟山渔民包容大气、重义轻利的性格底色。他们的海上救援，是危难关头的挺身而出，也是海洋文化和渔家习俗的千古传承。

自古以来，渔民风里来、浪里走，"三寸板外见阎王"。拜海神以求庇佑，是沿海渔区的固有风俗。而在舟山，不少渔民拜的是本地的"龙裤菩萨"。

"龙裤菩萨"并不是真的菩萨，而是一位本名陈财伯的渔民。他出海捕鱼遇风浪，一路漂流到了尚为荒岛的东极庙子湖岛定居。每逢海上大雾弥漫、风高浪急，他便上山点燃篝火示警，保护途经的渔夫舟子安全通航。他过世后，渔民们便建了财伯庙以示纪念。东海一带，至今还传唱着"青浜庙子湖，菩萨穿龙裤"的歌谣。

这位鲁滨孙式的渔夫，也因此成为了舟山渔民心中的守护神，他救人的义举启迪着许许多多的出海人。"风雨同舟，携手与共"

的助人担当，就像茫茫大海的波浪一样从未停歇。

早在南宋的《开庆四明续志》里，就记载了700多年前舟山花鸟渔民救起一船6名高丽商人的故事。到了清乾隆年间，日本气仙沼市的"春日丸"在海上漂流4个多月后，被舟山虾峙渔民所救，两地自此结下了绵延200多年的情谊，舟山市和气仙沼市也结为了友好城市。

到了近代，载有英国战俘的"里斯本丸"号货船沉没后，舟山渔民冒着日军的枪弹，划着小舢板救起了384名奄奄一息的英国战俘，而在被称为"东方泰坦尼克号"的"太平轮"沉船事故中，失事地舟山白节山附近的渔民也是第一时间闻讯而来，救起了落水人员17人。

在舟山渔民看来，"人命大于天"，在海上没有国别和地域的阻隔。常年漂泊海上，难免遭遇风浪，唯有和衷共济、守望相助，方能化险为夷。在关键时刻竭尽己力、鼎力相助，这也是人类命运共同体理念在海边人身上最朴素的体现。

舍利取义、守望相助，犹如一串密码，刻在了一代代闯海人的基因深处。

三

习近平总书记强调，无数平凡英雄拼搏奋斗，汇聚成新时代中国昂扬奋进的洪流。

涓涓细流，亦可汇聚成茫茫沧海。如果说以前渔民的海上救援透露出孤勇者的无畏，现今的渔家兄弟则进一步演绎了携手共进的真谛。如今，光舟山一地，就已建立海上救援志愿者队伍70多支，吸纳志愿者600余名，每年在海上救助千余人，引领了互助救人的共济风尚。

但是，民间的互助力量终究有限，唯有吸纳各方力量凝结汇聚，才能攥指成拳，形成在海上乘风破浪的团结之力。

比如，原先的海上救援多出于自发，渔民因施救耽误渔业生产而产生的经济损失，该如何补偿；施救的渔民大都欠缺专业的救援知识，如何组织起更专业的培训；施救渔船本身性能参差，如何根据实际情况，组织更高效的救援行动；等等。

这些年，浙江的宁波、舟山、台州等沿海城市都建起了专门的海上搜救中心，统筹组织政府和民间的海上救援行动。而海上救援也被纳入海上安全生产的岗前培训内容，不仅保障了海上人自身安全，也提高了互救互助的能力。

此外，浙江还在全国率先成立了渔业互保协会，建立渔船互救奖励机制，在减轻施救渔船损失的同时，鼓励更多渔船投身海上救援。从自发救人到形成机制，海上救援起于个体，始于民间，终成体系。

如今，当年简陋的小舢板已进化成了现代化的大轮船，舟山也从当初的小渔村蜕变成为现代化海洋城市。但变化并没有解构人与人之间的温情，因为习惯倚风缚浪的渔民知道，困境面前，也许机器会失灵、定位会失准，只有那份救危扶困的义气和一颗想要回家的心，永不缺席。

回望这片海域，是一艘艘船舶耕海牧渔的万里征程，也是一个个家庭日夜期盼的海上归途。

黄燕玲　王之媛　黄雯铮　执笔

2023 年 3 月 7 日

赛事与城事

> 迎接和举办亚运会，这是一道关乎经济、社会、民生的论述题，考验着城市的综合实力，但这每一道题目的最终落脚点，还是在于让群众受益。

"很快亚运会就将在杭州召开了，希望更多的世界各国友人和我们一起来见证活力四射的中国。"日前，在全国两会首场"委员通道"上，全国政协委员、中国旅游研究院院长戴斌说。

今天，杭州亚运会迎来倒计时200天。亚运会的脚步越来越近，筹办紧锣密鼓，这场赛事受到的关注度也越来越高。前不久结束的杭州市两会明确提出：要举全市之力"办好一个会、提升一座城"，确保亚运后的杭州发生质的飞跃。

在国内，继北京、广州之后，杭州成为第三座举办亚运会的城市。那么，亚运会究竟能给一座城市带来什么？"办好一个会"与"提升一座城"之间是一种怎样的关系？我们来"剥剥洋葱"。

一

过去的 2022 年是体育大年。北京冬奥会拉开一年的序幕，年末的卡塔尔世界杯又为之画上休止符，给世界体坛留下浓墨重彩的两笔。女足亚洲杯上，中国女足逆转韩国、时隔 16 年再夺冠，带给中国球迷久违的沸腾。

一场体育盛会，会给一座城市带来什么？我们不妨先看看历史。

往远处说，1990 年北京亚运会，熊猫盼盼的风头一时无两，《亚洲雄风》唱遍大街小巷；2010 年广州亚运会出了个"小蛮腰"，至今仍是地标，而林丹和李宗伟决赛时的对手缠斗、英雄相惜，更让很多人记忆犹新。

往近处说，卡塔尔凭借一届被誉为"铸造了光荣与历史"的世界杯成功"出圈"，收获的不仅仅是一场举世关注的"热闹"，也让全世界领略了这个波斯湾国家经济的实力和"值得一游"的魅力。

可以说，每个城市都有属于自身的独特记忆锚点。大型体育赛事的举办，会给主办城市和主办国留下独特身份标识，如奥运会和巴塞罗那、世界杯和意大利、环法自行车赛和法国。

持续在国际舞台的曝光、数以亿计的投资、规模空前的城市基础建设、持续的消费拉动……从申办到落地，每一场体育盛会的举办，都会给主办城市乃至主办国带来巨大机遇和发展红利。

也正因如此，历史上不乏为申办一场体育盛会而"卷"得十分激烈的情况。比如，1993 年竞争 2000 年奥运会举办权时，中国以两票之差惜败悉尼。这是历史上申奥国家最多的一次，除中国北京之外，还有七个国家的城市同在竞争榜之列。2001 年 7 月 13 日，当北京申办 2008 年奥运会成功的消息传到国内，举国欢腾。

亚运会之于杭州，也是一次等待已久的相遇。成为大型体育运动会主办地，杭州心仪已久。笔者还记得，2015 年 9 月 16 日，亚奥理事会主席艾哈迈德亲王宣布"中国杭州获得 2022 年亚运会举办权"之时，内心中升起的热血和沸腾。

如同在《卡塔尔世界杯并非只有足球》一文中我们曾说，当今社会的体育盛会，其意义早已超越了体育本身。

二

尽管亚运会的举办权来之不易，但一直以来，总有人提出疑问：为一场不到一个月时间的赛事，要投入巨大的财力和精力，花上几年时间来筹备，杭州值得吗？

形象地说，成功举办一次重大体育赛事，无异于东道主主演了一部"现象级"热播剧。

首先，一场成功的体育盛会，是向国际展示与推介自我的窗口。大型体育赛事天然具有广泛参与性和强大聚媒性。短至小几天，长至一两个月，赛场内外的精彩片段将牢牢聚拢外界眼球。

这两年，杭州把"国际化"纳入城市发展的目标之中，体现出打造国际化大都市的实力和决心。而亚运会恰好能使杭州在国际舞台上得到充分展示，为下一步发展积蓄后劲。

在承办赛事的同时，将赛事宣传与文化旅游宣传有机结合，城市实力、自然景观、人文历史等，也将通过亚运会得到对外展示。届时，西湖、西溪的秀丽山水，斑马线让行的文明礼仪，移动支付的便捷生活，都将通过媒体记者、运动员和游客的社交媒体传播出去。可以说，这是一次带流量、宣传城市形象的好机会。

其次，一场成功的体育盛会，也是城市自我提升的过程。在筹办过程中，除了必需的体育场馆建设外，还有不少的投资花在城市基础设施的更新上。

借助亚运东风，杭州近年来的城市建设也一直在加速过程中，绿化更新、绿道建设、快速路通车、停车泊位，城市翻新带来的不只是面貌的改变，更是市民生活品质的改变。

比如地铁。截至2022年底，杭州已完成12条线路、总长度达516公里的城市轨道网络，实现了十城区全覆盖。在2022年全国城市地铁通车里程排行榜上，杭州也从上一年度的第九名，跃升到了第六名。

此外，一场成功的体育盛会，也将拉动消费需求，并能在赛事后相当长一段时间内发挥"后续效应"。

今年春节假期，北京的延庆奥林匹克园区吸引了近2万人次的游客。首钢滑雪大跳台所在的首钢园区，通过冬奥及配套设施常态化运营项目和各类赛事活动，去年总计吸引约8万人次产生消费，2023年春节假期，从除夕到正月初五总入园人流量达17.6万余人次，总销售额达800余万元。

体育与旅游的融合，对任何城市而言，都意味着巨大的消费需求，餐饮、住宿、交通……带动的是一整条产业链，直接受惠的是旅游服务业的从业人员。

因而，值还是不值，需要放在一个更长时间维度上考量，除了追求短期收益，更应该考虑长久效益；也需要放在多元的视角下考量，看到体育之外更多的元素。

正如习近平总书记强调，体育是提高人民健康水平的重要途径，是满足人民群众对美好生活向往、促进人的全面发展的重要手段，是促进经济社会发展的重要动力，是展示国家文化软实力的重要平台。

三

当然，亚运带给杭州的，无论是赛事经济带来的短期收益，还是城市升级带来的长期效益，最终的评判权在广大市民的感受。

比如参与感。在家门口举办一场高水平的体育赛事，谁都不想错过，也满怀着期待。通过互动活动，强化市民与亚运会筹办的关联度，让全城为亚运而动。

2月5日起，杭州各民意互动平台都开设了"我为亚运献一策"栏目，面向市民征集有关亚运会的意见建议。交通设施怎样优化？杭州企业该如何把握亚运风口？在一来一回的互动之中，民众的参与感被激发出来，对亚运会的筹办产生了自发的责任感和成就感。

还有，面向大众的亚运会主题歌曲征集活动，吸引了国内外众多音乐爱好者、知名歌手参加，其中年龄最大的是一位90多岁的老人。《早安隆回》的创作者袁树雄，也加入其中。

比如获得感。获得感的来源，在于带给生活实实在在的改变，这种改变，可以是物质上的，也可以是精神上的。

像地铁网络的建设，拉近了城市的距离，对于每日通勤的上班族来说，不用再受堵车之苦。特别是机场轨道快线的通车，串联起萧山机场、杭州东站、杭州西站，让市民出行更为方便。

还有，在去年亚运会宣布延期后，已经竣工的亚运竞赛场馆实施免费或低价开放。惠民开放的体育馆，让市民有了可以一展身手的场地。截至目前，已有660万人次提前享受了亚运场馆带来的福利。

此外，作为亚运会的重要交通保障项目，新彭埠大桥在去年9月底通车，从原来收费的高速公路桥，变成了免费的城市快速路。除了机动车，大桥还考虑了电瓶车、行人的通行，爱好跑步的杭州人，夜晚时分跑到这里，也能欣赏到美丽的钱塘江夜景。

比如愉悦感。愉悦感更多的是心理状态的体现，简单说，就是精神得到满足后的快乐。

这也许是现场观看一场荡气回肠的亚运会比赛，也许是在展厅欣赏到了一场亚运展览，也许是亚运公园里散步遛娃时的养眼美景，也许是跑步踢球带来的多巴胺分泌，等等。

种种感觉的综合，最终指向的是市民的幸福感。这些年，为了迎接亚运，杭州持续加强基础设施建设，很多市民付出了一定的牺牲，相信广大市民最终也会从亚运当中享受到真真切切的福利。

迎接和举办亚运会，这是一道关乎经济、社会、民生的论述题，考验着城市的综合实力，但这每一道题目的最终落脚点，还是在于让群众受益。

钱伟锋　谢俊　执笔

2023年3月7日

古刹梅花为啥这么俏

> 人们爱这里的梅花，爱她带来的审美意境，爱她蕴含的人文气质，爱她光风霁月的品格。

一入三月江南春。每逢此时，湖州铁佛寺内默默伫立的两株古树红梅俨然成了远近闻名的"浙里网红风景"。有网友赞叹，梅花开的时候，铁佛寺可能是江南最美的寺院之一。

梅花盛开时节，铁佛寺人气飙升，迎来一众赏梅、访古、参禅的客人。除了湖州本地市民，来自杭州、上海、苏州、南京等附近城市的游客纷纷赶来，还有人从深圳、北京等地乘高铁过来，只为一睹这两株古梅的风华。更有摄影团队早上5点就蹲守在寺门前。着汉服或唐装的姑娘们执卷拂袖，引来了近乎全方位的镜头捕捉；偶有僧人穿过庭院，更是能听到此起彼伏的快门声。

论面积，铁佛寺仅有2500平方米；论景点，周边不乏种梅、赏梅之地。"年年岁岁花相似"，在众多梅林梅海中，这里的红梅究竟有何魅力，让人流连驻足？

一

红梅只有两株，身份却不一般。这两株梅树大约栽种于民国时期，为野树移栽，已有百来年树龄。世间梅树多，六瓣梅却少。铁佛寺古梅每朵花皆为六片花瓣，且为红色，故而异常稀有可贵。六瓣梅与雪花同瓣，更多了一份诗意想象。

两株古梅立于正殿前。古梅树干苍劲虬曲，清奇遒劲，古意全极；其花色泽浓郁，花盛时节远远望去，嫣红密密匝匝，如云雾般遮了过来。

同样都是梅花，北京故宫的梅花是红墙黄瓦下的暗香疏影，南京梅花山的梅花是漫山遍野的繁花似锦，苏州香雪海的梅花是窈无穷际的花枝纷披，湖州铁佛寺的梅花则是云蒸霞蔚的双株相映。梅花暗香丝丝绕绕，袅袅回回，微风吹过，落英缤纷，如梦如幻。

铁佛寺的梅花之美，可以归结为四个字：古、奇、灿、意。

一是古。这两株红梅至今已有百来年的树龄。岁月给它们增添了沉静的力量，使得它们高大茂密，枝干粗壮。仔细观之，两株红梅一如游龙嬉戏，一似凤栖梧桐，姿态各异、动静相宜。

二是奇。六瓣梅花背后有一段古时的凄美爱情故事。据铁佛寺的义工们讲述：江南一对青梅竹马的年轻男女相恋，后男子应征从军，待回到家乡却得知女子相思成病已香消玉殒，悲痛不已。后经得道高人指点寻到象征着圣洁的六瓣梅树，将女子衣冠埋于六瓣梅树下。

三是灿。铁佛寺的梅花是红梅，从不吝啬自己的美，每到花季便开得灿烂夺目，远远望去仿若两片升腾聚集的红色朝霞。它不同于江南惯有的温柔内敛，而是一开花就怒放呐喊，呼唤着春天的来临。

四是意。据说，苏东坡一生爱梅，曾遍寻六瓣梅树，却苦寻不见，于是写下了《西江月·梅花》以为纪念："玉骨那愁瘴雾，冰姿自有仙风。海仙时遣探芳丛。倒挂绿毛幺凤。素面翻嫌粉涴，洗妆不褪唇红。高情已逐晓云空。不与梨花同梦。"

立于铁佛寺的六瓣古梅树下，久远的历史、动人的传说在沁人的幽香中穿越了古今，彰显着美景与哲思的交融，呼应着浙江的江南诗意和浪漫情怀。这大约也是铁佛寺红梅为人们所爱的缘由之一。

二

古树红梅与千年古刹这对组合，带来的人文想象令人沉醉。

据清代同治《湖州府志》记载，铁佛寺始建于南朝梁天监年间（502—519）。1963年，铁佛寺被列为浙江省重点文物保护单位。"南朝四百八十寺，多少楼台烟雨中。"对一座古迹来说，岁月流转中，能够经受住风雨侵蚀实属不易。铁佛寺仿佛一个见证历史的长者，今天依然能够在原址保留自己的风华。

这座具有1500年历史的古刹，围墙不高，周围被大型商场、写字楼、医院和餐饮店环绕，颇有"大隐隐于市"的感觉。

殿前古梅，花开花落。在冷暖、晴雨、晨昏的交替中，怒放的花色不仅"淡妆浓抹总相宜"，而且都是独一无二的。一年花期很短，千年时光却很长。当我们走进寺内，抬头看的是正在怒放的梅花，脚下踩的是静静沉淀的古朴气韵，在这里心能静下来，脚步能慢下来。

网友留言道："在这里，不经意转身，又是一处风景。"当人们漫步其间，历史与现实仿佛在这一方天地重合，拂面的春风自廊道送来梅香和梵音，莫名的宁静和喜悦自心田涓涓流淌。

铁佛寺古红梅的"出圈"，体现了人们在与自然美景的相融中寻觅心灵安顿处的人文期冀。人们爱这里的梅花，爱她带来的审美意境，爱她蕴含的人文气质，爱她光风霁月的品格。

三

这些年，互联网的人人分享、快速传播机制让铁佛寺的红梅难以再低调下去。社交媒体的蓬勃发展和短视频的广泛传播使铁佛寺古红梅为越来越多人熟知，可以说成了江南梅花的最佳代言。

摄影师们往往对美最为敏感，又最为苛刻。恰恰是他们，抢先捕捉到铁佛寺里这抹"造化钟神秀"的天然之美。前些年，花期一到，就有二三十名摄影发烧友前来取景。事实上，早在爆红网络之前，铁佛寺红梅就已经成为摄影圈的宠儿。

新媒体平台为两株红梅带来了更广范围的关注，铁佛寺开始成为一些旅行社导览的必去一站，不少摄影俱乐部还将这里作为组织摄影活动的固定地点。铁佛寺工作人员说，他们常会不经意间在"央视新闻""谁最中国"等各类微信公众号的文章配图中发现六瓣红梅的身影。

各地前来的游客多从小红书、抖音等自媒体平台获知信息。越来越多的年轻人身着传统服饰，走进古刹，在红梅、黄墙、黛瓦相互掩映中，定格最美的瞬间，再发到社交平台上。

互联网时代人人都是发声筒、个个都是"播音员"，热爱美、热爱分享成为网民的普遍习惯，也让铁佛寺古红梅的美名越传越远。

可以说，独一无二内容＋专业水准拍摄＋社交平台指数级传播，铁佛寺红梅从小众走向大众也就不难理解。

人文地理学家段义孚曾提出"恋地情结"，解释人与空间环境的内在纽带。移动互联时代，人们如何爱上日常生活以外的另一个地方？始于传播，陷于内涵，终于情感——这或许就是铁佛寺红梅的"出圈之道"。

朱小芳　俞旭东　王永芳　尤静怡　执笔

2023年3月8日

高质量发展需避免五大认识误区

> 现实已经不止一次告诉我们，依靠规模和数量的老路早晚"凉凉"，唯有依靠质量和效益的新路才是"王道"。

"高质量发展"是今年全国两会上的一个热词，受到各方高度关注。3月5日下午，习近平总书记在参加江苏代表团审议时强调，要"牢牢把握高质量发展这个首要任务"。3月6日下午，习近平总书记在看望参加政协会议的民建工商联界委员时强调，正确引导民营经济健康发展、高质量发展。

如果说经济社会发展是一个复杂大系统，那么"高质量发展"就是那一根指挥棒。有网友说，从昨天的"中国制造"行销世界，到今天的"中国质造"闪亮国际，再到明天的"中国智造"起航飞翔，其实我们这些年来就是跟着这根指挥棒在走。

没错，如果把时间轴拉得更长，我们会看见，从"发展才是硬道理"到"发展是党执政兴国的第一要务"，从"科学发展"再到"高质量发展"，我们国家向质量进军的路线非常清晰，脚步也异常坚定。

然而，在现实中，我们也发现有时会存在一些认识误区，没有真正学懂、弄通、悟透高质量发展的深刻内涵，梳理下来，一般有以下五种形式：

一是只顾经济、不顾结构的"片面观"。一提到高质量发展，往往想到的就是经济领域，于是就和经济结构优化、产业发展转型、商品服务升级等联系在一起。

这有一定的现实原因。改革开放以来，我们坚持以经济建设为中心，从当初那个需要靠"8亿件衬衫换一架波音飞机"的时代，大踏步地赶了上来。狠抓经济发展，人民的生活水平得到持续提高。

然而，高质量发展是经济、政治、文化、社会和生态文明全方位立体式的发展导向，不是单一的经济发展要求。我们说当前迈入新发展阶段、贯彻新发展理念、构建新发展格局，从根本上来说，就是因为我们社会主要矛盾已经转化为人民日益增长的美好生活需要和不平衡不充分的发展之间的矛盾。这意味着，老百姓的需求越来越多元，不仅在物质方面有更高要求，而且在民主、法治、公平、正义、安全、环境等方面的需求也在不断增长。

经济高质量"一枝独秀不是春"，全方位高质量才能"百花齐放春满园"。这就要求我们把高质量发展放大到整个国家发展全局、整个现代化发展全程，真正让高质量发展成为一条管总的要求，贯穿到经济社会发展的筋骨血脉，成为激发内涵式、质量型发展动力的"躁动"基因。

二是只顾一时、不顾长期的"权宜观"。放眼世界，变革和动荡两种趋势持续演进，团结与分裂两种取向相互激荡。人类社会这艘巨轮穿越世纪疫情的波涛，又遭遇地缘冲突的飓风，阵营对抗的漩涡，通胀高企的暗流，能源短缺的寒潮，前路充满颠簸动荡。特别是美国对我国产业和技术封锁遏制加码，一纸禁令就可能使得一个企业、一个行业陷入困境乃至"休克"。

正是在这样的国际环境下，我们强调以高质量发展为总方向。但同时，这也给有些人留下"印象"——高质量发展就是为了应对全球逆流、经济低迷而作出的"临时举措"，是不得已而为之的"权宜之计""被迫之举"。

事实上，推动高质量发展，既是因为立足当前国际形势，但更多的还是立足于我们自身的实际。"打铁还需自身硬"，高质量发展绝不是简单的"应付之策""应时之举"，而是发展理念的"破圈"，是发展方式的"升级"，是发展动力的"换挡"，是发展目标的"迭代"。所以说，高质量发展不是一时一事的要求，而是必须长期坚持的要求。

同时，这也是面向现代化的必答题，是迈向现代化之路"绕不开的一道坎"。罗马不是一天建成的，现代化之路也需要我们转换思路、更新打法、讲求策略，朝着"高质量发展"的方向"积跬步至千里""积小胜为大胜"。

三是只顾一域、不顾全局的"局部观"。有的人认为高质量发展是有前提的，那就是首先经济社会要发展到一定程度，因此高质量发展是发达地区的事情，欠发达地区该考虑的事情应该是如何"高速增长"。

事实上，推动高质量发展是地不分南北的。只有各地都实现高质量发展，共同富裕才能真正落地。放眼全国，高质量发展不是只对经济发达地区的要求，而是所有地区发展都必须贯彻的要求。各地需要因地制宜、扬长补短。对于本地来说核心在于走出适合自身实际的发展之路，对于全国而言，就是既讲"一个都不能少"，重视区域协调发展，也承认客观差异，强调"各美其美、美美与共"。

像在广西柳州，习近平总书记指出，发展产业一定要有特色；

在青海西宁，他强调要善于抓最具特色的产业、最具活力的企业，以特色产业培育优质企业，以企业发展带动产业提升；在陕西榆林，他强调，要推进煤炭消费转型升级。从国有企业到民营经济，从壮大实体经济到绿色低碳……总书记一直在为地方找准融入新发展格局定位、探索具有地方特色的高质量发展之路指明方向。

四是只顾"新"、不顾"旧"的"功利观"。高质量发展这个词，会让有的人将它与新潮、时尚、前沿等词汇联系起来，像耕种、养殖等传统产业，听起来和"高质量"似乎沾不上边，还容易被贴上低端、守旧的标签。

不可否认，新颖的事物可能潜藏着新趋势，带来新的增长点，但不能因为它光彩夺目、象征着探索和开拓，就忽视那些基础的、偏于传统的产业的巨大作用。当基础产业不景气时，就没有足够的能力支撑可持续发展。

正所谓万丈高楼平地起，再高的楼层也得从地基打起。几十年的高速发展，让中国经济不断"做大"，现在的关键是还要"做强"。无论是信息产业和数字经济，还是农业、制造业和服务业，缺了哪一块拼图都不行。

我们要考虑的不是如何与过去做"切割"，而是怎么利用"新技术、新业态、新模式"等升级传统产业，让它们更好地契合相融，构筑起经济发展的稳固城墙，完善和健全整个高质量发展体系。

五是只顾量、不求质的"粗放观"。当前，各地都铆足了劲，不做"懒兔"当"赤兔"，开启了一场"花卷式"拼经济的赛跑。

但是如果以"拼经济"为名行"拼凑经济"之实，不顾客观条件和经济规律盲目追求量的增长，不重视生产效率和创新水平的提升，只要是"来钱快"的，不管是"辣的""酸的""咸的"，都想方设法统统搂到自家篮子里，那么就不是真正的高质量发展。从长远看，这种为了出政绩而由着性子来的"短视"行为，仍然是粗放型发展方式，而没有做到依靠创新驱动。走老路，就去不了新的目的地。粗放型发展只会对一个地方的发展生态造成污染和破坏。

习近平总书记强调，必须更好统筹质的有效提升和量的合理增长。高质量发展当然不是不要量的扩张，而是要更有效率、更高水平的量的增长。这是对过去"以速度取胜""GDP至上""数字出圈"理念的"大换血"，从以往注重"有没有""快不快"转向现在的"好不好""优不优"，更加注重保障人民群众的获得感幸福感安全感。

总而言之，高质量发展是一个动态的、全面的过程，不可能一蹴而就、一劳永逸。面向未来，在奔赴光荣与梦想的远征中，高质量发展是必经的关口。

往小处说，"高质量发展"并不"高高在上"，它关系到我们生活的柴米油盐、衣食住行；往大了说，"高质量发展"又关乎民族未来。现实已经不止一次告诉我们，依靠规模和数量的老路早晚"凉凉"，唯有依靠质量和效益的新路才是"王道"。如果我们用不好高质量发展这一招，那么，一步落后就会步步落后。

学懂弄通，方能做实。树立正确的政绩观，始终保持战略定力，在拼经济的同时坚持有所为、有所不为，既尽力而为，又量力而行，把握规律和客观实际，才能烧好高质量发展的一道道"大菜""硬菜"，朝着人民群众向往的美好生活"一路向前"。

王云长　陈培浩　张俊　执笔

2023 年 3 月 8 日

《送东阳马生序》，你读懂了吗

> 这篇赠序给我们开出了一剂良方：业精于勤，行成于思。

公元1378年，应天府的冬天，天气酷寒。

已经退休的明朝"开国文臣之首"宋濂，应诏从浙江浦江北上应天府（今南京）觐见朱元璋，同乡晚辈马君则前来拜访，宋濂写下了一篇赠序，勉励马君则等太学生刻苦求学。这就是情感真挚、颇具感人力量的名篇《送东阳马生序》。

> 余幼时即嗜学。家贫，无从致书以观，每假借于藏书之家，手自笔录，计日以还。天大寒，砚冰坚，手指不可屈伸，弗之怠。录毕，走送之，不敢稍逾约。

许多人第一次读到这篇《送东阳马生序》时，还是个懵懂的中学生，那时候满脑子想的，或许是怎么把书桌上的书堆高些，好挡住老师投来的目光。而对文中的那些话，只是"小和尚念经"般地背着，理解大概是不深的。

而如今，当年的学子大多已经走入而立、不惑之年，几经社会的打磨，重读《送东阳马生序》，竟被宋濂这番饱含苦心的自述震撼得忍不住落泪，直感叹：少不知所云，而今方悟。奈何花有重开日，人无再少年。

宋濂一生作品无数，为何这篇赠序能名垂青史、广为流传？那些重读后如梦方醒的人们，究竟从中读到了什么？我们一起来读读《送东阳马生序》。

一

1310年，宋濂出生于金华潜溪（今浙江义乌），虽自幼体弱，但聪明伶俐，博闻强识，是远近闻名的"神童"。在儒士家风的熏陶下，他"幼时即嗜学"，从小与书本为伴。

古代人读书很不容易。宋濂家境贫寒，只得向藏书人家借书以观，手抄笔录，就连下雪天手冻僵了也要"录毕，走送之，不敢稍逾约"。

提及借书，三借《史记》的故事也是一段佳话。

有一次，少年宋濂向藏书家张齐轴借《史记》，张齐轴假言已借他人。三个月后，宋濂第二次登门求借。那时正是数九寒天，宋濂身穿单薄衣物，冻得浑身发抖。张齐轴虽再次婉拒，但于心不忍，就借给宋濂一本《乐府诗集》。

又过了三个月，汗流浃背的宋濂三登张门，奉还的《乐府诗集》用一张油纸包着，完好无损。张齐轴被宋濂的诚心深深地打动了，宋濂终于如愿借到《史记》。张齐轴还许诺，自己的藏书，宋濂可以随时借阅。

长此以往，宋濂凭借按时还书的诚信，"因得遍观群书"。

在加冠之后，宋濂"益慕圣贤之道"，开始百里求学，拜访名师"执经叩问"。虽已"遍观群书"，他的求学姿态却从来都是谦卑的，即使身居高位，但在赠序中仍自言"今虽耄老，未有所成"。

他在"与名人游"时以礼求学，在老师的严厉教学中抓住机会请教，"获有所闻"。随着对学问的逐步钻研，问道之路愈发宽广、深邃，"负箧曳屣行深山巨谷中"成了他求学问道的常态。

宋濂雪天行路足肤皲裂、四肢僵硬不能动弹、吃不饱穿不暖的"上学"画面，像极了当今不少"小镇做题家"的求学场景。

也难怪有人说，倘若人生不如意，不妨读读《送东阳马生序》。每个人的一生，努力不一定有回报，刻苦不一定有成就，可是不甘于庸庸碌碌的你我，即使出身平凡，最好的办法也是胼手胝足、脚踏实地。

正是由于这些文化共鸣"源代码"，《送东阳马生序》成为无数人用读书改变命运的写照，也激励后世学子，啃下读书之苦，将治学成果化作利刃，划破重重困局。

二

在今人与古人勤学精神同频共振的同时，《送东阳马生序》也让人感受到古代读书人之间忘年相交的珍贵。

文中的"东阳马生君则"，"以乡人子谒余，撰长书以为贽"，仿佛当年"趋百里外，从乡之先达执经叩问"的宋濂。或因相同的求学若渴心态，宋濂与马生之间才能成就这场忘年交。

在写此序时，宋濂并未摆出长辈姿态，而是谦逊平和地回顾个人生平，像是与年轻的自己交谈，将往事娓娓道来，循循善诱，让人如沐春风。

"谓余勉乡人以学者，余之志也；诋我夸际遇之盛而骄乡人者，岂知予者哉？"《送东阳马生序》的结尾，宋濂写下这句话，其实是在表明心志。他在这句话中说：我写下此文，是为了鼓励马生这样的后辈能找到求学方向，而不是向小老乡夸耀自己是如何出名的人物。如果这样误解我，是懂我的人吗？

为名所累，宋濂吃过苦头。宋濂早年因元代特殊的科举政策，始终无法考取功名。他选择回到浦江东明精舍，在郑义门教书20余年，他与"江南第一家"郑义门彼此成就。

此间，宋濂名声远扬，元朝的显贵要求他出仕。然而，宋濂在当时就敏锐地察觉到元朝朝廷腐败无能，必不长久，所以多次推脱，甚至进入仙华山当道士隐居。

"心中自有圣人"，这是宋濂独特的认识论。"不劳外慕"，不需要依赖其他人的肯定，才能活出真正的自我。

宋濂的思想承于吕祖谦倡导的婺学。他非常强调"文"的实用性和教化作用。作为老师，宋濂潜心研学，将自己的理论持续推广、传承下去。然而，在50岁的人生关口，宋濂选择了受朱元璋礼聘，入朝为太子朱标讲经，又奉命主修《元史》，累官至翰林学士承旨、知制诰等。

《送东阳马生序》的结尾，宋濂除了表明心志，或许也是希望马生这样优秀的晚生后辈，能把学问和入世的努力结合起来，学有所成、学有所用。

三

赠序中提及马生的内容并不多，从"流辈甚称其贤""辞甚畅达""与之论辩，言和而色夷""用心于学甚劳"等词句中可以看出，宋濂对后生评价不仅注重学问能力，德行也是关键。

优秀的读书人，不仅要"业精"，还应"德成"。

宋濂的一生，刻苦好学是他求学的外在，德行端正是他治学的内在。无论是年少按时还书，还是入朝从政，宋濂的品行一直是他的"金名片"。

朱元璋这样评价宋濂："宋景濂事朕十九年，未尝有一言之伪，诮一人之短，始终无二，非止君子，抑可谓贤矣。"

朱元璋曾问宋濂，与他共事的大臣们孰优孰劣，他答曰："善者与臣友，臣知之；其不善者，不能知也。"

在宋濂心目中，名声重于钱财，力求清正廉洁。相传他曾在门上写着：宁愿忍受饥饿而死，不能贪利而活着。

在《送东阳马生序》中，宋濂希望可以教导更多的后辈学人选择好人生方向，扣好人生的"第一粒扣子"。

自明朝开始，《送东阳马生序》中所蕴含的精神品质一直是浙江尤其是很多东阳学子漫漫求学路上的标配。一代代东阳学子曾经吃着霉干菜，最终成长为博士、院士，在物质的清贫中，砥砺精神、业精德成。

可以说，《送东阳马生序》不仅仅只是宋濂的求学回忆录。宋濂德才兼备的文人形象，早已成为古今读书人的精神代表。

645年后的今天，我们已经无须像宋濂那样四处借书、长途跋涉、忍饿挨冻，然而"束书不观，游谈无根"的现象却变得普遍起来，速食文化、碎片化阅读也成为时代发展的附加品。这篇赠序给我们开出了一剂良方：业精于勤，行成于思。

徐健辉　王依娜　执笔

2023 年 3 月 9 日

跟着"八八战略"学优势论

> 其实说到底，发展就是一场充满辩证法的赛跑。谁能用足优势、转化劣势，谁就能在这场激烈竞争中赢得先机、领跑未来。

中国有句古话叫"授人以鱼不如授人以渔"，意思是说传授给人既有的知识，不如传授给人学习知识的方法。对浙江来说，"八八战略"就是一份既"授人以鱼"又"授人以渔"的"战略资产"。

在地方发展的跑道上，浙江为什么能持续跑出高质量发展的加速度？答案就在"八八战略"中。

从哲学视角看，"八八战略"闪耀着与时俱进的马克思主义光芒，贯穿着辩证唯物主义和历史唯物主义的立场观点方法。它不仅为我们打开高质量发展大门提供了一把"金钥匙"，也为浙江以"两个先行"打造"重要窗口"找到了过河的"船"和"桥"。

"浙江宣传"将推出系列文章解读"八八战略"当中蕴含的重要方法论。今天，我们首先来聊一聊"八八战略"蕴含的优势论。

一

很多人都知道田忌赛马的故事。这个故事正是说明，"尺有所短，寸有所长"，找准自己的优势至关重要。

每个人都有长处和短处，每个省份也都有自己的优势和短板。如何对待自身的优势和短板不是小事，因为这可能带来不同的发展"剧情"。

"八八战略"的内容就是发挥"八个优势"、提出"八项举措"，其核心和精髓就在于充分认识和把握浙江的优势，并结合实际把长板做得更长，努力把原有的劣势转化为新的优势。

一方面，"八八战略"就像一面放大镜，条分缕析地阐明了浙江长期积淀的体制机制优势、区位优势、块状特色产业优势、城乡协调发展优势、生态优势、山海资源优势、环境优势、人文优势等，提供了一份非常有针对性的发展"优势指南"。

以体制机制优势为例，在《习近平浙江足迹》一书中，习近平同志就曾总结，正因为多种所有制经济在市场竞争中相互促进，共同发展，才形成了浙江的体制机制优势。

知道了优势在哪、优势从何而来，就能更明确"做长长板"的方向。这些年来，浙江始终坚持市场化改革基本方向，探索"有为政府"和"有效市场"这"两只手"更好地配合，不断创造体制机制新优势。浙江凭着这份"优势指南"埋头赶路，2022年，浙江107家企业上榜中国民营企业500强，连续24年居全国第一；目前省内各类市场主体超900万户，有人说，浙江每7个人里面就有1个是老板，每20个人中就拥有一家企业。

另一方面，"八八战略"就像一台显微镜，毫不回避"先天的不足"和存在的问题，想方设法补齐木桶中最短的那块板，努力把原有的劣势转化为新的优势。

比如，作为资源小省的浙江，山多、岸长，一条"清大线"将"山海"分割，也划分出了省内欠发达的区块。针对这块短板，浙江创新出"山海协作工程"这本专为浙江撰写的"山海经"，让山与海优势互补。在二十年如一日的深入推进下，山区26县放大特色、转换优势，走出一条山区高质量发展的蝶变之路。2022年山区26县实现地区生产总值7404.0亿元，占全省的比重为9.5%，比上年增长4.1%，增速比全省高1.0个百分点。

由此可见，"八八战略"就是以辩证的眼光，为浙江对症下药开出了一剂"扬长补短"的"药方"，用足了优势论。

二

用辩证的眼光来看，无论"优势"还是"劣势"，都是一个相对的、动态的概念。

现在的浙江不乏优势，比如，通江达海的区位优势、集群配套的产业优势、内联外通的市场优势、活力迸发的主体优势、绿水青山的生态优势、协调发展的布局优势、国家战略的叠加优势，等等，这些优势既源于自身付出的不懈努力，也离不开时代赋予的宝贵机遇。

但这绝不意味着可以一劳永逸、自我满足。要清醒看到，优势不会自己变成胜势，过去有优势不意味着今天有优势，今天有优势也不意味着永远有优势。随着时代的发展变化，既有优势如果不顺应时势进行强化，则可能会慢慢减弱甚至消失。

在今年的"新春第一会"上，浙江"三箭齐发"，一口气亮出了数字经济创新提质"一号发展工程"、营商环境优化提升"一号改革工程"、"地瓜经济"提能升级"一号开放工程"三个大招，很重要的一个目的就是为了在高质量发展中塑造优势，依托优势持续争先。

比如，在数字经济这条赛道上，浙江被称作"领跑者"。数据显示，"十二五"期间，全省数字经济核心产业增加值年均增长15.2%。2022年，浙江数字经济核心产业增加值占地区生产总值比重从9.5%提高到11.7%。今年省政府工作报告明确提出，到2027年，数字经济核心产业增加值超过1.6万亿元。目标很"丰满"，但如果不解决有高原无高峰、新技术不突出、技术与产业融合不够等问题，浙江能否抢占数字经济发展C位就要打上一个问号。

比如，在营商环境优化方面，浙江的营商环境是有口皆碑，去年11月，全国工商联公布的万家民营企业评价营商环境年度排名，浙江位居第一。然而，经济发展形势和企业发展环境在不断变化，稳预期、强信心的关键所在就是不断深化改革，进一步破除藩篱，营造市场化、法治化、国际化一流营商环境，让政府的"有形之手"和市场的"无形之手"更加协同高效。

再如，面对日益复杂的开放环境，要打造更具韧性、更具活力、更具竞争力的"地瓜经济"，让"地瓜"越生越大、越来越甜，浙江就必须构建全方位全要素、高能级高效率双循环，高质量参与"一带一路"建设，主动参与国际竞争和合作，实现双循环战略枢纽地位再提升、制度型开放再提升。

事实证明，只有将"既往"与"开来"统一起来，把既有优势与新兴优势融会贯通、相互加持、叠加放大，不断蓄积优势、放大优势，推进优势集成，才能形成胜势、巩固胜势。

三

学习的目的在于运用。如何坚持和运用好优势论？笔者以为，至少有四点值得考虑：

首先，保持头脑清醒。在优势面前切不可自我陶醉，而要始终对现状和趋势有清醒认知。无论发展到什么阶段，始终要怀着强烈的忧患意识，真正弄清楚现有优势在哪、潜在优势在哪、哪些优势在削弱、哪些优势能再造、哪些优势能培育，只有把这些问题想明白、搞透彻才能做到有的放矢。就像习近平同志当年在《习近平浙江足迹》一书中所强调的，面对激烈的市场竞争，我们决不能有丝毫懈怠，不能满足于现状，必须树立不进则退、慢进也是退的竞争意识。

其次，贴着大地思考。对优势劣势的科学判断不是靠坐在办公室里想出来的，而是建立在对省情深入了解的基础上。习近平同志在浙江工作期间，坚持调研开局、调研开路。他说："几年下来，我几乎跑遍了浙江的山山水水，也跑深了与浙江广大干部群众的真切感情，并在实践中逐渐跑透了浙江的省情市情县情。"2015年5月，习近平总书记回浙江考察时强调，他在浙江工作时，省委就提出"八八战略"，这不是拍脑瓜的产物，而是经过大量调查研究提出来的发展战略，聚焦如何发挥优势、如何补齐短板这两个关键问题。

再者，善于化劣为优。省第十五次党代会在全面总结过去五年工作成就的同时勇于"自我揭短"，鲜明指出了浙江当前发展中的一些问题和短板：科创、人才支撑还不够强，新旧动能转换还不够快，产业链供应链韧性和竞争力有待提升；持续缩小"三大差距"任重道远，优质公共服务供给不足；绿色低碳转型任务艰巨，生态文明建设不平衡问题依然存在；等等。每一项问题和短板，都需要我们运用优势论的方程式予以解答。

最后，因地制宜用好优势论。《习近平浙江足迹》一书中写道，习近平同志在浙江工作期间，曾根据各地特色和优势，量体裁衣式进行支招指路，提出港口是宁波最大的资源，开放是宁波最大的优势；嘉兴是浙江推进城乡一体化的先导地区；金华的中心城市形态是组团式城市群的形态；舟山要把海洋经济这篇文章做大做深；丽水的发展一定要围绕生态做文章；等等。时至今日，这些"强筋壮骨方"依然具有极强的针对性和指引性，需要各地结合新的时代特点做好优上加优的文章。

其实说到底，发展就是一场充满辩证法的赛跑。谁能用足优势、转化劣势，谁就能在这场激烈竞争中赢得先机、领跑未来。做好工作是如此，过好我们每个人的生活也是如此。

陈培浩　执笔

2023 年 3 月 9 日

治愈系作品魅力在哪里

> 我们可以把这类作品作为一种情感小吃，放松心情，但它无法代替正餐。真正的治愈之道永远要在真实的生活里寻找。

前段时间，电视剧《去有风的地方》靠"治愈之旅"俘获了不少观众的心。

这部剧讲述"北漂"青年许红豆由于闺蜜去世而深受打击，决定辞职去云南散心，最终在旅途中收获爱情、友情，并重拾生活勇气的故事。

电视剧已完结一个多月，但网友意犹未尽。相关话题微博阅读量突破50亿次，豆瓣评分高达8.6，还引发了拍摄地的旅游热，《人民日报》等称其"一部剧带火一座城"。

从《你好生活》《奇遇人生》等慢综艺口碑爆棚，到《蛤蟆先生去看心理医生》等治愈类书籍长期占据当当销售榜前列，再到《去有风的地方》等主打治愈的影视作品越来越火……面对日益扩张的"治愈系版图"，不禁要问：此类作品，魅力何在？

一

治愈系作品，是一种以治愈人心、缓解心理疲惫为目的的创作，包括图书、电视剧、电影、综艺等。这类作品聚焦生活细节，关注现代人的内心和成长，展现亲情、友情、爱情等情感联结。

笔者观察大众愿意买单的治愈系作品，一般有以下特征：

一是定位介于说教和娱乐之间。知识点太多难免成了心理课，娱乐性太强就可能滑入庸俗。此类作品正好取其中间值，既是轻松愉悦的下饭小菜，也能给受众带来启发。

二是角色接地气，更关注普通人生活。动画片《中国奇谭》中任劳任怨的小妖怪、图书《被讨厌的勇气》中为人际关系所困扰的青年、漫画《带壳的牡蛎是大人的心脏》中没能成为煎蛋冠军的阿猪……作品的主角无一例外都是你我他，他们的生活也正是我们的生活。

三是叙事方式节奏较慢、更情感化。如果说《狂飙》是用紧张刺激的剧情激发观众肾上腺素飙升，那么《去有风的地方》就是在燥热的夏夜用习习微风拂过观众的脸庞。剧情没有大起大落、情感没有大喜大悲，舒缓、温和的基调，正是这类作品的特色。

或许有人会觉得，这不就是"心灵鸡汤"吗？笔者认为，两者虽都能给受众带来心灵慰藉，但不能混为一谈。

一方面，心灵鸡汤多刻意忽略生活的复杂性，偏好阐述表层的大道理，缺少具体性，放之四海而皆准。而治愈系作品的素材多来源于生活，在表达对人性的理解和尊重时，思考相对更深入。

另一方面，两者作用机制不同。心灵鸡汤往往直接刺激人们的情感，但大多看完即止，难以激发持久的驱动力。而从治愈系作品中，受众通过体验角色在困境中成长，更容易产生情感共鸣，认同感更持久。

二

从人群上看，治愈系作品的拥趸多是"90后""00后"，他们为何愿意买单？除了这届年轻人爱"冲浪"、爱分享外，从心理上看还绕不开两个词：焦虑和孤独。

先说焦虑。不可否认，当代年轻人正被各种焦虑裹挟，正如有网友形容自己：白天愁工作，晚上愁生活。

比如，社交软件铺天盖地发展，在带来工作生活便利的同时，也制造了焦虑。"35岁危机""机器换人"等淘汰预警，就像悬在年轻人头顶上的达摩克利斯之剑，多少催生了竞争性"内卷"；网络上很多"报喜不报忧"又真假难辨的帖子，让普通人对比现实中的自己，感到了较大的心理落差。一边是压力，一边是深思，或许很多人本来想睡前刷刷手机放松，却反而焦虑得难以入眠。

再说孤独。过去几十年里，我国城镇化水平迅速提升，社会形态发生了较大变化。从以家族为核心的"熟人社会"到以契约和规则为主的"陌生人社会"，客观上给年轻一代带来了父辈不曾感受到的孤独感。从老家到出租屋，从充满爱意的唠叨到独自两点一线上下班的日常，人情味变成了令人向往的治愈良药。

这份钢筋水泥里的焦虑和孤独，使治愈系作品应运而生。它们为年轻人的心理治愈开出了几味药方：

虚构空间。用各种治愈元素，给都市人构建短暂的精神乌托邦。辞职旅行、开间餐馆、养只小狗、遇见一群把酒言欢的朋友，是常见的剧情，也正切中了压力山大的打工人对简单生活的渴望。

或许人们很难对竞争激烈的外部世界、信息爆炸的社交平台视而不见，但一个"童话"世界足以让人暂时忘忧，过一把"面朝大海，春暖花开"的瘾。

身份认同。让大家知道自己的普通并非个例，"没房没车没对象""工作不突出、业绩不突出、腰椎间盘突出"，这些台词一定程度让屏幕前的年轻人找到被看见的感觉，从而成为自我纾解情绪的一种途径。

情感代偿。在现实生活中难以满足的情感需求，可以通过治愈系作品中角色的体验，得到一定补偿。尤其是当将职业倦怠、社交恐惧、渴望得到认可等情绪以剧情的方式具象化时，便会勾起大众"抱抱自己"的想法。

三

"治愈系"这股风，是从哪里刮来的？

这个词最早来源于20世纪90年代的日本。当时日本面临泡沫经济，很多人资产一夜间化为乌有，为了弥补理想与现实间的巨大落差，保持内心平和，一种能给人们带来心灵慰藉的产业体系——治愈系，随之而起。

像《小森林》《深夜食堂》《夏目友人帐》《解忧杂货店》等，很多观众和读者耳熟能详。因此，有人认为，治愈风是从日本吹来的。

其实这话只说对了一半。

从国产治愈剧身上，我们看到柔和滤镜的使用、大段金句的输出，看到将情绪价值进行商业化的模式，的确与日本治愈作品有类似之处。

但倘若追根溯源，中国人追随"治愈"文化的历程要久得多。比如，老庄"重视生命、道法自然"的人生理念，这可是早两千多年前的事儿了；东晋陶渊明毕生追寻美好田园生活，实质也是寻求治愈。

时代变了，表达变了，但人们渴望被治愈的主题一直没有变。同样是消解焦虑，以前是"为而不争"，现在是"要追求卓越而不是追求成功"；同样是看待差异，以前是"鱼处水而生，人处水而死"，现在是"每个人有每个人的时区"。

只不过，正是当代年轻人普遍的情感需求、当下多元的创作环境等，让治愈文化得以借助治愈系作品这一载体，又刷了一波存在感。

作为一类时代产物，它成为年轻人缓解压力、发泄焦虑情绪的出口，让人们在繁重的生活工作压力下略感放松；作为一种商业产品，它探索"影视＋文旅"融合发展等模式的可能性，带动小众景点得到更多关注，为创作现象级爆款提供新题材、新方向。

但对治愈系作品，还需用更理性的眼光来看待。因为再高清的4K画质都比不上人的双眼，再完美的作品也不能代替真实生活。我们可以把这类作品作为一种情感小吃，放松心情，但它无法代替正餐。真正的治愈之道永远要在真实的生活里寻找。与其羡慕角色的勇气，不如自己鼓起勇气。

就像歌里唱的那样，"生活是房，日子是窗，想要的故事，就发生在身旁"。

郑林红 尚咪咪 丁谨之 郑梦莹 执笔

2023年3月10日

美西方为什么害怕TikTok

> 对于中国来说，拥抱变革、顺应变革、引导变革，或许可以推动世界传播格局朝着一个更加美好的方向发展。

TikTok，抖音的海外版应用，或许是过去几年全世界最成功的社交媒体App。

光是2022年，TikTok下载次数就超过6亿，是去年全球下载次数最多的中国软件。美国沃克斯新闻网的报道则指出，美国超过2/3的青少年使用这款应用程序，30岁以下年轻人用户的比例要高于Instagram、Twitter、YouTube等社交媒体平台。而在去年年底的美国中期选举中，TikTok是选举团体接触年轻选民的有效途径。

树大招风，TikTok在美西方世界的狂飙突进，也让它成了某些人的眼中钉、肉中刺。

据报道，美国国会众议院外交委员会当地时间3月1日通过了一项法案，授权美国总统拜登全面禁止短视频社交媒体TikTok用于美国所有设备。7日，美国参议院12名议员又联合提出一项法案，要求美国政府调查来自中国、俄罗斯等国家的科技产品，包括社交

App 等。在此前后，欧盟、英国、加拿大等国家也都出台了针对 TikTok 的禁令。

这些法案一旦成行，TikTok 或将从美国乃至整个西方世界彻底消失。TikTok 为什么让他们如此害怕？

—

美西方国家对 TikTok 的恨意由来已久，其中尤以美国为甚。

早在 2020 年 8 月，当时的特朗普政府就以"维护美国国家安全"为名发布行政命令，准备在 45 天后禁止任何美国个人或实体与 TikTok 及其母公司"字节跳动"进行任何交易。

同时，美国的政治精英、新闻媒体、商业巨头轮番上阵，不断为 TikTok 会危害国家安全的论调造势。Facebook 公司 CEO 扎克伯格就在多个场合公开宣称 TikTok 会对美国价值观和技术主导地位构成威胁，他将自家 Facebook 与 TikTok 的竞争视作中美之间的网络军备竞赛。

虽然历经数月拉锯，这一封禁行动随着拜登政府于 2021 年 6 月 9 日签署的撤销行政令而宣告失败，但万万没想到的是，美国的新一轮封禁如今又卷土重来，再次将 TikTok 推上风口浪尖。

去年 12 月，美国国会投票决定禁止联邦雇员在政府拥有的设备上使用 TikTok，并给拜登政府 60 天时间来发布机构指令。今年 2 月 27 日，美国白宫要求政府机构于 30 天内确保在其联邦设备和系统上禁用 TikTok。直到最近接连的监管风暴，对 TikTok 的封杀范围终于从政府内部推向全社会。

树欲静而风不止，一浪高过一浪的"江湖追杀令"，似乎不把

TikTok "赶尽杀绝"不罢休。

二

从今年3月的这项法案看，如果美国政府认定TikTok及其母公司"可能故意将用户数据移交给为中国政府工作或受其影响的任何外国人"，拜登需要对这些公司实施惩罚措施。

出此可以看出，**数据和信息安全再次成为封杀借口**。但仔细思索之后不难发现，美国政府的所谓安全风险统统站不住脚。

比如，所谓的"TikTok过度收集了用户数据"。根据数据研究团体"公民实验室"的一项调查结论显示，TikTok收集使用数据从而跟踪用户行为的模式和其他流行的社交媒体App没有任何不同。有英国学者表示，如果美国的TikTok禁令是基于数据泄露，那么首当其冲需要被政府部门卸载的应该是Facebook和WhatsApp，它们违规采集数据的行为才是实锤，并且多次遭到官方处罚。

比如，"TikTok会被中国政府用来监视用户"。根据TikTok官方信息，相关用户数据都保存在美国和新加坡的服务器，从没有储存在中国境内。

还有，"TikTok会被用作洗脑工具"。同样是"公民实验室"的研究显示，除了那些在所有社交平台都需要处理的敏感有害信息外，TikTok不做其他明显的内容审查。

甚至还有人将美国对TikTok的封杀与当年谷歌退出中国混为一谈。对此，原谷歌大中华区总裁李开复早有表态。他表示，中国对于想进入中国的外国互联网公司需要如何符合法律法规，描述得非常清楚，当年正是谷歌不愿意遵守才决定退出。而美国对TikTok的控诉没有任何证据。

美方"歇斯底里"式的封杀，在西方世界同样引发了不小争议。就连BBC都看不下去了，将美国政府对TikTok的封杀和对华为的绞杀相提并论，认为二者都来源于一种"理论上的恐惧"。

三

这种"理论上的恐惧"从何而来？

历史曾无数次证明，那些率先在生产力发展取得突破、生产关系发生变革的国家，往往能在国际社会中获得关键性优势，进而在国际竞争中占得先机。经过多年的探索与布局，中国在数字经济领域取得了许多举世瞩目的成绩，部分企业在5G、互联网创新能力发展等方面占据到了全球领先地位。

然而，从美西方国家霸权主义安全观的视角看，中国的成功无疑将削弱他们在全世界的影响力和利益。中国的崛起正是导致这种"理论上的恐惧"的重要原因。这也解释了为什么在过去几年，一旦中国在哪些方面取得了一定的全球性优势，就会遭到美西方国家的厌恶与打压。

特别是在高端技术领域，美国政府一方面宣称自己是全球最开放的市场，另一方面为了维护自身优势或霸权，屡屡以国家安全为名在关键领域选择"脱钩"，对中国企业进行"精准打击"。这种"小院高墙"式的打法已然多次上演。

这一点，从"中兴"到"华为"再到"TikTok"，无不如此。

因此，BBC的阐释深中肯綮，在中美战略博弈大背景之下，美国政府对于中国科技公司的打压已经成为其对华遏制的重要手段。

这其中既有与中国企业争夺经济利益的目的，也有遏制中国高新技术发展，维持自身科技与金融霸权的考量。

四

TikTok 与中兴、华为等有着相似之处，却又大不相同。不同之处在于，TikTok 不仅是一家网络科技公司，更是一个内容传播平台，围绕它展开的斗争同时也是两种话语权的斗争。

正如美国学者约翰·耶马在其《世界的美国化》中指出，美国真正的武器是好莱坞的电影业、麦迪逊大街的形象设计厂和马特尔公司、可口可乐公司的生产线。这些"武器"在攻城略地中所向披靡，美国得以构建起媒体霸权、舆论霸权，不断对别国进行渗透甚至颠覆。此前，"浙江宣传"就曾发文解读过美国影视作品中的"硬汉文化"。所以，美西方国家会禁止向我们出口高端芯片，但从不禁止出口好莱坞大片，因为文化与意识形态的渗透成本最低、隐蔽性最强而效果最好。

然而，横空出世的 TikTok 却用科技与新传播模式，在美西方国家凭借技术与内容优势形成的话语垄断中撕开一个口子，一下子杀入了他们的大本营。

以俄乌冲突为例，冲突爆发后的一周，TikTok 话题 #ukraine 视频观看量飙升至 171 亿次，一年之后这一数字更是达到 710 亿次。普通士兵通过 TikTok 拍摄战争、记录战争，政客也将 TikTok 视作舆论宣传和主导叙事的阵地。

移动互联网时代，平台就是话语权，平台优势、渠道优势就是决定性优势。如果 TikTok 是一家欧美公司，那它流量再大也不会引起任何担心。然而，它不是。因此美西方国家想方设法要把TikTok强取豪夺过去，甚至不惜彻底封杀。

英国前首相撒切尔夫人曾说，中国没有什么可怕的，他们可以出口电视机，但他们出口不了电视节目。的确，当我们无法挑战美西方国家强大的话语霸权时，他们对于自己所谓自由、民主、开放、包容的文化何其自信。

而一旦我们拥有了一个可以与之匹敌的信息传播平台，承载着"电视节目"，对他们在国际传播上的绝对优势发起挑战时，那些他们所谓的自信就会产生动摇，转而露出最原始的"獠牙"以及嗜血贪婪的本性。这也是美西方国家如此恐惧、着急封杀TikTok的一个更深层次原因。

不过，这也提醒我们，世界传播体系并非总是一成不变的，新的信息技术让由西方主导的世界话语体系有了重新建构的可能。对于中国来说，拥抱变革、顺应变革、引导变革，或许可以推动世界传播格局朝着一个更加美好的方向发展。

云新宇　执笔

2023年3月10日

古 道

> 古道就像是一首首厚重的诗，久久静寂，却幽长无尽。行走其上，就是在跟古人对话，感受从脚下滋长的宽厚博大的人文精神。

世人皆知江南多水路。人们对水路通达的江南之迷恋，诚如晚年流寓此处的诗人韦庄所说，"人人尽说江南好，游人只合江南老。春水碧于天，画船听雨眠"。

其实，走在遍布浙江山野的古道上，也可邂逅迈着轻盈步伐款款而来的另一种江南。

浙江域内，七山一水二分田，西部、南部山陵纵横起伏。大山里、森林间至今仍存有1200余条、总长9000多公里的古道。马岭古道、杭宁古道、大窑古道、苍岭古道、茶山古道、天姥山古道和天台山霞客古道……每一条逶迤于群岚之间的古道，都有自己的风情。

作为大地上的生命线，古道如何勾连起浙江的山水风光，又如何体现我们祖祖辈辈艰苦卓绝的跋涉史？在古道旅游正热的今天，人们踏上古道时，到底该游什么？

一

"山川之美，古来共谈。"古道的绝妙，首先当属景致之绝妙。

恰是三月，古道又逢春。随着春色在浙江大地渐次铺开，越来越多的人深入山野。人们踏上千年前商贾行走、马队铃铛声的古道，在乡野之间寻觅着城市中难得一见的田园画卷，享受片刻诗意时光。

古道犹如古代的"高速公路"，是古时人们往来各地常走的路。山石铺就的古道，往往狭窄逼仄、蜿蜒曲折。

明末清初，兰溪戏剧家李渔自常山抵开化，途经璞信古道。这条古道初兴于东汉，盛于南宋之后，知名度并不高，却已有2300多年历史。古时，这是浙江往西通向江西上饶的一条重要官道。

行走在崎岖山路上，李渔感慨，"鸟道羊肠信不虚，路才容足更无余"。仅14个字，就把山路弯曲狭窄、高低不平，自己在山间小路上颠簸前行的画面写得刻骨。

也正因此，许多古道曲径通幽、野趣横生。每逢开春，依山傍水的璞信古道，总能吸引着后人前去寻幽访古。从山脚出发，与古道一同盘旋在绿木环绕的群山之中，竹木葱郁、满目苍翠。抬头望向远方，山林入眼，山花烂漫。

"背包一哥"徐霞客靠着一根竹竿走天下30多年，著成《徐霞客游记》。《游天台山日记》正是开篇。他在日记中清晰记录了行走天台山时的情境："行十五里，路有歧，马首西向台山，天色渐霁。又十里，抵松门岭，山峻路滑，舍骑步行。自奉化来，虽越岭数重，皆循山麓；至此迂回临陟，俱在山脊……"

一路上的高、奇、险和心惊胆战，被他写得细致入微。

正逢一场春雨过后，路虽滑了些，但雨后美景令他万分欣喜，甚至一激动，忘记了一路上吃的苦头："雨后新霁晴，泉声山色，往复创变，翠丛中山鹃映发，今人攀历忘苦。"

石雕石刻、关隘、凉亭、古桥、古井，等等，都是古道上最美的点缀。

古道的"标配"少不了古凉亭。像璞信古道，历史上就先后建有 16 座凉亭。凉亭是供过往行人歇脚乘凉或躲风避雨之处。李白一句"何处是归程？长亭连短亭"，读来画面感强，也让人领略到古道的幽古深邃。

桥也是古道上最常见的，顺着古道行走，总不能避免遇上几座石桥。"枯藤老树昏鸦，小桥流水人家……"元代马致远笔下的小桥，想必大家并不陌生。若正好雨后踏上石桥，更是能清楚听到溪水潺潺中，水流哗哗作响。

二

万水千山总是情，古道之上故事多。踏上古道，除了赏景，更能聆听千百年历史的回响。

《古道歇棚记》记载："古道者，古来人世跨空移时、运往行来之途；贯朝穿代、纫忧缀乐之线。"这条线，既跨越时空，也串联着古往今来行走在古道上的人的喜怒哀乐。

要深刻体味这些，或许我们可以从一些诗词中找到线索。

"长亭外，古道边，芳草碧连天。"1914 年，李叔同在送别挚友许幻园时写下《送别》，悠扬意境中寄托着离情，仿佛这样的场景，一定要配上乌鸦啼鸣的凄凄切切之感才好；在长安古道上，宋朝柳永发出"长安古道马迟迟，高柳乱蝉嘶"的哀愁，悲慨更在言外；明代高濂作《玉簪记·追别》勾勒离人将行的背景，"夕阳古道催行晚，听江声泪染心寒"，一语道尽千愁万恨。

浙江大地上的很多古道，走出了许多名人，留下了众多名人的足迹，也见证着悠悠千古事。

去年初，浙江曾公布初步数据，全省古道沿线有自然景观资源3800多个，保存人文古迹2400多处，记载民间传说1600多个。

比如，位于西湖景区的古道十里琅珰，就留下了一段浪漫的爱情传说。在吴越国时期，主政的钱镠和夫人戴妃十分恩爱。戴妃年年要穿过十里琅珰回娘家小住。有一次，钱镠在山间看到野花次第开放，便对远在娘家的戴妃心生挂念，于是修书，"陌上花开，可缓缓归矣"。仅仅九字，却是意味深长。

再比如，很多文人墨客为了山水诗意来到浙东唐诗之路上行走游吟。1500多年前，山水诗鼻祖谢灵运被贬，从始宁县出发，一路伐木开径，开创的山道被称为"谢公古道"。而后，李白脚着"谢公屐"慕名访天姥，留下气势恢宏的"天姥连天向天横，势拔五岳掩赤城"。

可以说，古道就像是一首首厚重的诗，久久静寂，却幽长无尽。行走其上，就是在跟古人对话，感受从脚下滋长的宽厚博大的人文精神。

三

古道犹如筋脉，深植于崇山峻岭之中。作为人类重要文化遗产，它们所承载的，更是一部部蕴藏着风土人情与文明交往的人类跋涉史。

有人的地方总会有路。一条道路的开凿，即便是咫尺间的鸟道羊肠，也体现着前人筚路蓝缕、以启山林时的吃苦耐劳、不畏艰险。

东汉《释名》这样解释道路的形成："道，蹈也，路，露也，人所践蹈而露见也。"古时，生活在大山中的人们，必须调石铺路，通过古道走出大山。他们翻山越岭，跨过县域、翻越省界，从家园走向外面的世界。

自唐代就已修成的杭徽古道，曾是古时浙商和徽商互通贸易的要道，不仅见证了徽商的经济繁盛和艰辛经营，更代代传承着徽商精神。这条古驿道绵延数十里，一头连着古徽州，一头连着杭州。千余年的历史，让它成了继"丝绸之路""茶马古道"之后的第三条著名古道。

每一条古道都有自己的传奇。要说杭徽古道的传奇，必然少不了一个人，就是红顶商人胡雪岩。据记载，1823年，13岁的少年胡雪岩，就是跟着同行的徽商们由徽杭古道进入浙江，开始了沉浮的一生。

古时，商人们运送着盐、茶叶、瓷器、山货等，往返于一条条古道上。想必每当春风吹绿了西湖边的茶山时，四溢的茶香也会随着往来的商队马队飘向各地。外地百姓冲上一壶龙井，便可与杭州人共饮"春味"了。

一条条横亘向东西南北的古道，是一处处有形的文化遗产，也是无形的文明行进之路。

比如，仙霞古道、杭宁古道，曾是军事要道，上演了一段段慷慨激昂的军事故事；比如，大窑古道、苍岭古道，分别见证着龙泉青瓷、山海盐商的发展之路；还有茶山古道、石梯—野毛坞古道之上，则铭记着难以忘却的红色记忆。

试问，这些石块垒砌的古朴小道，历经多少雄厚苍凉与风雨剥蚀，又印刻着多少饱含风霜的身影？

四

时过境迁，随着现代交通网络的四通八达，很多古道都随时间没落了，它们曾经拥有的交通、军事、行政、商贸等功能逐步弱化。

如今，那些林荫遮日的小径上，没了商人的脚步匆匆，没有了车船往来的踪影，没有了孑然一身的孤凄苦闷或对亲人爱人的深切思念，但它们所承载的一切，不该荒芜在历史的尘烟中。

古道，是前人涉水过滩、翻山越岭走出来的军事之路、贸易之路、文化交流之路，不断淬炼出满是闯劲、韧劲和干劲的拼搏和奋斗精神，是祖祖辈辈留下的宝贵财富，也不该被忘却。

古道悠悠，青山依旧。寄存在青山碧水间的故事，铭刻在时光中的珍贵文化印记，等待着更多的人去用脚步叩响，去用心聆听。

山间韵味长，在今人的行旅之间，它们还能更长、更远、更丰满。

陆遥　黄红霞　郑梦莹　执笔

2023 年 3 月 11 日

8259个视角看浙江

> 浙江的故事很长，浙江的未来很潮。历史与未来贯通的审美意境，高质量发展的现实图景，都期待着我们一起来谱写。

　　一千个读者心中，有一千个哈姆雷特。在每一个网友的眼中，都会呈现不一样的"诗画江南、活力浙江"。

　　2022年，浙江开出最高百万大奖，向全球征集"诗画江南、活力浙江"logo和短视频作品，历经半年的征集，参赛短视频数量达到8259部。可以说，大赛调动了社会大众关于浙江省域品牌的具象创作热潮。

　　3月10日下午，第一届"诗画江南、活力浙江"全球短视频大赛正式落下帷幕，32部获奖作品揭晓，259万元奖金"名花有主"。一部部脱颖而出的优秀作品，如同给观众打开了一扇扇了解浙江的窗口，也拓展了我们关于"诗画江南、活力浙江"的想象，刷新了我们对省域品牌打造的认知。活动现场，第二届"诗画江南、活力浙江"全球短视频大赛正式启动。

　　我们为何钟情于短视频的表达？第二届全球短视频大赛，又有哪些新看点值得期待?

一

这是一个移动优先的时代。最便捷、最广泛的传播方式之一,就是短视频。《中国互联网络发展状况统计报告》显示,我国短视频用户规模近10亿。拿起手机就能录,打开App就能剪、能发,短视频拍摄、制作、推送的门槛大大降低。那么,人人只要拿起手机,就可以参与我们的大赛,分享他们心目中的"诗画江南、活力浙江"。

因此,我们看到,参赛者中,除了浙江本地的创作者,还有北京、上海、陕西、新疆等地的创作者和机构,以及美、法、德、意、俄等国的社交媒体达人,也有波兰、刚果(布)等的在浙外籍友人。在行业上,既有新锐影视制作团队、市县传媒集团,还有普通市民朋友、青年导演、自媒体短视频拍客以及外地来浙的普通游客。在内容上,既有赏心悦目的山川风物,也有让人忍俊不禁的段子笑点,还有出人意料的情节反转。总而言之,用户创新创造的活力得到充分激发。人人都是创作者,人人都可以成为省域品牌的传播者、推广者。

相比文字、图片,短视频传播是"最直观的利器"。今年2月,由歌手郭富城、郑秀文等人参与拍摄的宣传片《你好,香港!》,虽然时长仅仅1分多钟,但迅速引发网友对香港的再度关注、热议。而今年1月,杭州西湖的"兔子船"在海外视频平台登上热榜第二,让海外网友感受杭州的独特城市韵味。同理,借助短视频这一载体,千山万水、千言万语,都浓缩进一帧一帧的画面里,省域品牌进入形象化、场景式、个体化传播，从而让人们对浙江产生最直观、最真切的感受。

在短视频中，城市百态彰显得淋漓尽致，市井生活呈现出千姿百态，个体的欢笑和泪水充满了喜乐哀愁，一草一木、一花一树都有呼吸和生命，短视频大赛的参赛作品印证了这一观点。有人随手拍下村前的溪流，告诉我们家乡的水质好了、环境美了；有人拍下崭新的乡村民居，分享共富路上的点滴收获；还有人拍下城市斑马线前的礼让瞬间，感慨浙江的和美。浓浓的烟火味儿，让省域品牌从"千城一面"走向"千人千面"。

人人参与创作的过程，也是对"诗画江南、活力浙江"进行再感受、再认识的过程。有人说，从人类发展历史来看，人之所以区别于万物，就在于人能够从纯粹的物质生活中跳脱出来，一方面进行审美体验，另一方面通过感性而获取理性。网友们自主策划、拍摄、剪辑，一系列操作中蕴含着他们对浙江厚重人文和秀丽山水的审美体验和理性考量。要想脱颖而出，就得在画面呈现、叙事方式、技术创新、细节展示、情感表达等方面下好功夫。

短视频通过社交平台的海量传播，也带来了网友的高频互动，让网友从"我看"变成"看我"，从"要我看"变成"我要说"。在热闹的评论区中，网友的点赞、转发和评论，让省域品牌变得更有血有肉、可知可感。

二

如果用一个词来形容浙江，答案一定是多样的。婉约秀丽、生机蓬勃、敢于弄潮……这些都是"诗画江南、活力浙江"的不同侧面。那么，视频影像里勾勒的浙江又是怎样的？

我们发现，超过30%的作品使用了"大海"的意象。浙江是一个面向海洋的省份，而大海也是宽广和深邃的象征。用大海来表现浙江，就是用海的视觉冲击力，展现出浙江人勇立潮头的精神和奔腾不息的活力。

如果海是活力的象征，那么最能代表江南的，又是什么呢？超过20%的作品用了"桥"的画面，既有江南水乡的小桥流水，钱塘江大桥的雄伟壮阔，泰顺廊桥的风雨历史，更有杭州湾跨海大桥的现代气息。

影像本身也具备强烈的感染力，传递出创作者的思绪和情感。

比如，组委会特别奖获奖作品《家住两岸·台湾龙仔玉环行》，用微电影方式讲述时代故事，传递两岸浓浓亲情。台胞"龙仔"第一次来到阿公的故乡——玉环，在热心大陆青年阿华的帮助下拍摄风景。当阿华问他"玉环哪里最美"时，龙仔脱口而出："家乡处处好风光。"此刻，玉环不仅是浙江的缩影，更是台湾同胞心中"家"的代名词。这部作品获得奖金100万元。

比如，最佳海外传播奖获奖作品《在青山村安家》，通过国际视野，讲述浙江故事。德国设计师克里斯从非遗油纸伞中获得灵感，制作"飘"纸椅，摘取国际设计大赛最高奖，进而发现"几乎所有的传统工艺都有创造新事物的可能"，并致力于传承创新中华优秀传统文化。作品在海外社交平台上，播放量突破10万＋。

再如，最佳网络传播奖获奖作品《如你所愿》，讲述了一位年轻游客对良渚玉琮"许愿"，玉琮用"不寻常"方式实现他的愿望。一场"奇妙之旅"中的惊喜与幽默感，带领观看者穿梭千年、纵横跨越，展示出"诗画江南、活力浙江"的美好画卷。短视频播放量超2251万，微博话题阅读量超5468万，登上微博文娱热搜榜，深受年轻人喜爱。

此外，有的创作者脑洞大开，用诸多创意手段或视角，来展现"诗画江南、活力浙江"。如大众组一等奖获奖作品《梦游·西湖·十景》，将色粉画原稿扫描成电子版文件，通过软件后期处理，最终形成3D效果中的"新西湖十景"。而专业组一等奖获奖作品《在菜场我们谈诗说画》则把目光转向烟火味十足的菜市场，展示了平凡背后的不平凡：余姚"菜场作家"陈慧，萧山"鱼虾画家"沈建江，诸暨"水果诗人"赵杰……诠释"诗画江南、活力浙江"深植于民间的原动力。

还有，《留学浙江》中浙江理工大学留学生们用中文rap说唱，从历史、文化、科技、生活等方面点赞浙江，洗脑神曲和青春出演让人一笑到底；《诗画江南、活力浙江》拆字动画在省域品牌八个字的笔画里，"藏"入浙江的标志性风物，动静结合、妙趣横生。

三

省域品牌是一种社会价值再造的传播工具，理应具有强大的社会感召力和文化引领力。"诗画江南、活力浙江"值得被更多人"看见"，要实现这个美好的心愿，我们可以探索哪些新"打法"，不断丰富省域品牌传播的广度和深度？在3月10日宣布启动的第二届"诗画江南、活力浙江"全球短视频大赛中，组委会提供了新看点。

比如，寻找更深的情感共鸣。不论大众赛道，还是专业赛道，都需要首先进入"情感价值的赛道"，寻找深切的共鸣。今年是杭州亚运会亚残运会举办之年，全球网友的体育热情将在杭州点燃。第二届全球短视频大赛，增设亚运创意专项奖，就是期待借助这个巨大的赛事IP，邀请全球各路好手，"记录美好，共迎亚运"，推动"诗画江南、活力浙江"深度传播。

比如，拓展更大的国际视野。怎样突破地域标签，让全球网友形成对"诗画江南、活力浙江"的"条件反射"？换言之，什么样的浙江才能走进全球网友的视野？可以是西湖、良渚、京杭大运河这样曼妙的世界遗产，可以是丝绸、茶叶、青瓷、黄酒这样的日常物品，也可以是海外浙商、年轻学子这样的个性化存在。比起传统的鸿篇巨制来，借助这些鲜明标识和流量密码，可以更机巧地打开通往世界的大门，可以让省域品牌乃至国家形象真正跨越国界、凝聚人心。我们也期待，在第二届全球短视频大赛中，有更多创作者用巧思、出大招，用小小的切口，推动省域品牌这艘船扬帆出海。

再如，吸引更多的年轻朋友。年轻人是玩转短视频的主要人群，是分享、互动、吸粉的核心人群，也是个性化"破圈传播"的最大量变空间。官方机构、海内外媒体、专业机构、拍客达人、普通网友……不论什么身份，年轻人都可以在短视频大赛中找到自己的舞台；创意宣传片、微综艺、脱口秀、VLOG、微短剧、纪录片……只要"嗨"起来，形式不设限。而新技术的迭代，也引发了我们的遐想：人工智能技术加持下的"诗画江南"会不会有别样的趣味？元宇宙视野又会给"活力浙江"带来怎样的惊喜？我们欢迎更多年轻人参与进来，用更多新玩法、新创意，拓宽省域品牌短视频传播边界。

总之，浙江的故事很长，浙江的未来很潮。历史与未来贯通的审美意境，高质量发展的现实图景，都期待着我们一起来谱写。特别是在移动互联网时代，省域品牌如何打破传统格局，在传媒生态、社会网络、融媒技术的变迁中实现华丽蜕变，在激烈的品牌比拼与再造中交出浙江的高分答卷，我们静候更多精彩答案。

姜思铄 汤汉涛 何怀志　执笔

2023 年 3 月 11 日

看　桥

桥上望一路，是水乡风景；桥边吟一路，是人生画卷。

欲问春来消息近，几多垂柳在溪桥。

桥头报春，是江南千年不变的景致。展开现存最早的山水画《游春图》，远近山川，咫尺千里，近处游人站在桥头，趁着春光，款款而行。

水乡江南，河网密布，大小桥随处可见、形态万千，是最具特色的江南元素之一。正如民谚所说，"若到江南不看桥，恰如江南未曾到"，也如诗中描绘的，"晦日新晴春色娇，万家攀折渡长桥"。

时光如水，桥上的人换了又换，古桥依然静静矗立，连通古今，讲述着春天的故事。

一

浙江嘉兴位于江南水网的地理中心，素有"水乡泽国"之称，为了利于生产生活，这里的人们广架桥梁，据不完全统计，留有古桥5000余座，"小桥流水人家"就是真实写照。

一川烟雨，满城花事。嘉兴的春意，常常被花团锦簇的热闹簇拥着前来，漫过浅绿的田野，越过潮湿的土壤，蹚过清澈的河流，栖息在一座座古桥之上。

在南湖边长大的人，印象最深的古桥，莫过于月河上的秀城桥。它像一条美丽的彩虹，悬挂在月河上。桥身上古老的石纹，在河水的冲刷下，变得斑驳模糊，宛如老人饱经风霜的手，印记着时光的年轮。

春日里，携一缕朝阳，拾三十六级台阶而上，伫立秀城桥头眺望，但见月河水寂静悠长，两岸柳树滴翠拂风。夜幕低垂，沿河向西，便是热闹的月河老街。三四月晚风细软，正是夜游的好时候，推杯换盏的人影交叠，融合着霓虹跌入水面的烟火气息，呈现出一派繁华的街景。

出城，古桥更是野趣横生。在南湖区凤桥镇梅花洲的长生河上，横卧着两座形状奇特的单孔石拱桥，叫作"三步两爿桥"。桥的名字很奇特，桥的形状更是国内少有。远远看去，两座石桥首尾相连，呈直角状，古桥四季湮没在繁茂的树丛间，像一对双生姐妹。从一座桥走到另一座桥，只有三步距离，这也是古桥名称的由来。

尤其如今正值初春，行人争相前来，看千年银杏遗世独立，闻春花怒放、暗香浮动，不自觉便浸入"朱雀桥边野草花，乌衣巷口夕阳斜"的诗境。

桥上望一路，是水乡风景；桥边吟一路，是人生画卷。春天，与亲人一道看桥，人行其上。沈从文那句"在青山绿水间，我想牵着你的手，走过这座桥。桥上是绿叶红花，桥下是流水人家，桥的那头是青丝，桥的这头是白发"，便不自觉地被狠狠共情了。

有"嘉兴最美古桥"之称的文星桥，架起了江南水乡的历史风貌。桥下，是静静流淌的南湖水；桥的两端，是粉墙黛瓦、飞檐翘角的古寺、古塔建筑群，将桥的秀美神韵蔓延开去。

烟花三月，春花、新绿、古桥、阡陌、炊烟、传说……当这些元素并置眼前时，便是人间烟火的极致处。

二

"春雨断桥人不度，小舟撑出柳阴来"。早春天气，江南乡间石桥头细柳飘丝，那纤细的游丝拂着桥身坚硬的石块，即使碰不上晓风残月，也令游人销魂。

看桥，那忽高忽低的起伏，就是平原上跳跃的音符。

嘉兴的古桥，像彩虹、像玉带、像满月，这里有"一线凌波"的板桥，有"古朴典雅"的廊桥，还有"新月出世"的拱桥，千变万化的形态无不展现着桥的造型之美。

画家吴冠中在《桥之美》一文中写道："茅盾故乡乌镇的小河两岸都是密密的芦苇。那拱桥的强劲的大弧线，或方桥的单纯的直线，都恰好与芦苇丛构成鲜明的对照。"

清代学者朱彝尊对嘉兴故土的桥爱得深沉，在他的《鸳鸯湖棹歌》中，就有13首诗作言及16座嘉兴古桥："秋泾极望水平堤，历历杉青古闸西。夜半呕哑柔橹拨，亭前灯火落帆齐"，一幅流水潺潺、舟楫穿梭的画卷缓缓铺展。

品桥，细读那一条条纹路，就像一册册内蕴丰富的古书，随处是飘逸的诗韵。

来到位于嘉兴洪合镇的国界桥，只见桥两端的两尊石像形态古拙而生动，北为吴王夫差，南为越王勾践，再读两侧桥联"披莱远溯夫余泽，端委常存泰伯风"和"星映斗牛临鹊驾，地连吴越判鸿沟"，令人感慨。

眼前再现刀光剑影、旌旗猎猎，仿佛回到2500年前那个尘烟飞扬的春日，西施的马车碾过这片吴越交界的土地，九里港水兀自流淌，却载不动她的惆怅……一座小小的国界桥，历经金戈铁马，藏尽人世烟火。

伴着奔流的运河之水，雄伟壮观的长虹桥也从悠远的历史深处款款走来。

王江泾的长虹桥，是嘉兴最大的石拱桥，也是大运河上罕见的巨型三孔实腹石拱大桥，气势宏伟，形似长虹，堪称国宝。

清朝嘉庆年间，当地名医唐秉义发起重修长虹桥，修建中途积劳成疾，为此付出了宝贵的生命。后唐氏友人继承遗志，续建不停，终使大桥屹立于大运河上，留下惊鸿一抹："满湖烟雨湿莺声，庭院飞飞散落英。目断长虹晴亦雨，春来难得是多晴。"

春水有情，桥便是见证。有道是，往事如烟，一桥一念。

三

一座桥，就是一段历史、一种文化。

也许是桥梁跨越河流、延续道路的功能意义，让桥成为连接江南人一生重要节点的图腾。在浙江绍兴一带，新妇怀孕，娘家人要送"过桥面"催生，要求通过三座桥，寄望母婴平安。在嘉兴，婴儿周岁生日要穿新衣，举办"过关"仪式，由亲人抱着过桥，含义太平"顺达"。

婚恋嫁娶更是人生大事，桥梁的通济功能也被应用于为男女做媒，民间也就多了"鹊桥""春桥"的故事。

"你站在桥上看风景，看风景的人在楼上看你。"春日出游，除了观赏美景，更是让年轻人打开朋友圈，寻找相宜相知、相托终身。

待到大喜之日，水乡人家的新娘花轿也要在鼓乐声中热热闹闹地行经三座不同的桥，再到新房落地。

江南人爱桥，还爱它对抗风险灾害的坚韧。俗语说："逢山开路，遇水搭桥。"对于古人来说，建筑桥梁，就是突破河流天堑最直接有效的手段，也蕴藏了江南人遇事通达的智慧、遇难不避的勇气。

造桥不易，寒冬腊月时，河流枯水，便是开工吉日。打桩、凿石、盖板、雕花，待到几度寒暑，终于迎来春暖花开。普济、永年、太平、永福、高义、万安、放生……一座座桥就是一个个勤劳、善良的符号，一篇篇祈福、传善的道德文章。

在嘉兴，还有许多"桥痴"。濮院老镇的老人张贵忠，就在桥上来来回回，沉淀了大半生的记忆。为了再现往日的濮院老桥，他花费七年时光，一座座走访，一个个考证，绘制出一张老桥地图。

去年，来自嘉兴海宁的草根村书记陈飞火出了圈，他在抖音账号"左小七"上发布的大量古桥视频，获赞超过30万。在抖音详情页中他如此自我介绍：我不是历史老师，也不是导游，更不是播音员。只是痴迷历史文化、乡土文化，立志寻找文明的碎片。

爱桥，正因为桥就像时钟的指针，准确地记录历史更替，邂逅一代代过客，串起一段悠长的文脉。每个江南人的心中，都有一座不同的江南桥。"摇啊摇，摇到外婆桥"，江南游子的文化记忆总是少不了那座儿时的桥。

还记得今年央视春晚舞台上的《碇步桥》，蒙蒙烟雨，淙淙溪水，翩翩舞姿，又唤醒千万人记忆深处的情结。春日江南游，万不可辜负那些丽影绰约的江南桥。

孔越　朱鑫　吴梦诗　执笔

2023 年 3 月 12 日

种 树

> 有句话说得好，植树造林，是最普惠的民生工程，惠及的是人，依靠的也是人。

这几天，杭州法喜寺的"网红"玉兰花开得正盛，引得年轻人前去打卡。一树繁花，惹得市民"怒赞"："对得起500年高龄！""孟春之月，盛德在木。"春天来了，宜赏花郊游，也宜植树造绿。

习近平总书记指出："造林绿化是功在当代、利在千秋的事业，要一年接着一年干，一代接着一代干，撸起袖子加油干。"党的十八大以来，习近平总书记连续10年参加首都义务植树。

在今年全国两会上，绿色、生态、碳汇等关键词受到不少代表、委员的关注。政府工作报告指出，五年来，森林覆盖率、湿地保护率分别达到24%、50%以上；人民群众越来越多享受到蓝天白云、绿水青山。

如今，植树护绿已成为越来越多人的共识和在春天的约定。今天是植树节，我们来理一理，人与树，究竟有着什么样的关系？浙江人又有多爱这一抹青绿？

一

树在地球上的存在时间远超人类。在历史长河中，树木不仅为人类提供了源源不断的氧气、食物，还可以用于建筑、造纸等，是人类文明的重要贡献者。

中华文化讲求"天人合一""道法自然"。我们不妨从古代的地名、流传至今的姓氏以及许多人类活动中，一窥人与树的密切关系。

春秋时"杞""棠""桃""桐""柽""柏"等即是当时的国名或地名，百家姓中有梅、林、柳、叶等。再如，《山海经》言，"汤谷上有扶桑"；《论语》记载："夏后氏以松，殷人以柏，周人以栗。"一些高大的乔木还被视为故园的象征，因此家乡也称"桑梓"。

树木见证岁月，无声讲述着人与自然的故事，并因历史人物、传说典故而不断生成丰富的文化内涵。比如，公元前219年秦始皇于泰山封的"五大夫松"，公元前110年汉武帝于嵩山嵩阳观册封的"将军柏"，都被写入史册。

浙江天台国清寺中，有一株隋梅，相传为首任方丈灌顶大师手植，至今已有1400多年，是国内三株最老的梅树之一。每逢春天，依然满树繁花，馨香四溢，引得游人驻足观赏。不少地方的古树名木植于山间古寺，立于村头巷尾，称得上当地人的情之所系。

树木的天然属性，经过人们的想象加持与情感倾注，更有了文学之美和哲学深意。如，老子用树打比方讲道理，"深其根，固其柢，长生久视之道也"。"桃李不言，下自成蹊""十年树木，百年树人"等诗文中，流淌着中国人的教育观、人生观。树木的顽强生命力，更是引起人们赞颂。相信很多人都读过《胡杨礼赞》，"在寸草不生的戈壁尽头，胡杨林高挺着永不弯曲的脊梁"。

即便是普通的一棵树，历经光阴流转、情感沉淀，也能成为不一样的"存在"。

苏东坡一生爱松，"予少年颇知种松，手植数万株"。他怀念亡妻的词作《江城子·记梦》中，一句"料得年年肠断处，明月夜，短松冈"令人读之怆然。归有光在《项脊轩志》文末写道："庭有枇杷树，吾妻死之年所手植也，今已亭亭如盖矣。"仅21字，淡语藏深情。有人说，每个离开家乡的人心中都有一棵树，如作家苏沧桑《树知道》一文所说，只好躺在异乡的静夜里，细细怀想娘家的花园。心魂在梦里跋山涉水，奔向那个树喜欢、我也喜欢的地方。

二

植一方绿，迎满园春，中国人历来爱种树。

相传舜帝时就设立了虞官，这可以说是最早的"林业部部长"。西周时，特设"山虞""林衡"专职管理山林草木，并规定孟春之月和季夏之月"禁止伐木"，同时宣布"不种树者死后不给棺材"，以调动民间植树的积极性。春秋时，齐国政治家管仲提出："民之能树艺者，置之黄金一斤，直食八石。"给出这么优厚的待遇，可见当时对植树之重视。

尽管植树活动绵延千年，但古代中国一直没有一个法定意义上的植树节。1979年，在邓小平同志的提议下，第五届全国人大常委会第六次会议决定将每年的3月12日定为植树节。

从某种程度上说，植树节的诞生与演变，也与工业发展史相关。随着工业化进程的加速，人类对自然的改造远超原始社会、农业社会，甚至影响到了人类自身赖以生存的外部环境。于是，人们渴求回归自然，以树木维系生态、保护环境。

所以，今天我们探讨植树造林，更多是注重树木的生态价值。树木的生态功能强大，释放氧气、净化空气、保持水土、美化环境、维护生物多样性，作用多多。科学研究表明，森林每生长出1立方米蓄积量，约吸收1.83吨二氧化碳，释放1.62吨氧气。

时光流淌，树有年轮，刻下的是绿色发展的印记。2012年12月，党的十八大后，习近平总书记首次赴地方考察，来到改革开放前沿广东，在具有地标意义的深圳莲花山上，种下一棵高山榕。

从深圳到北京，十年来，每逢春日，习近平总书记都会择一处植树点，挥锹培土、围堰浇水，带领少先队员或民众一起植树。去年在参加首都义务植树活动时，习近平总书记强调：党的十八大以来，我连续10年同大家一起参加首都义务植树，这既是想为建设美丽中国出一份力，也是要推动在全社会特别是在青少年心中播撒生态文明的种子，号召大家都做生态文明建设的实践者、推动者，持之以恒，久久为功，让我们的祖国天更蓝、山更绿、水更清、生态环境更美好。

有句话说得好，植树造林，是最普惠的民生工程，惠及的是人，依靠的也是人。

且看河北塞罕坝，"黄沙遮天日，飞鸟无栖树"的沙地上，如今流淌着一片绿色海洋；河西走廊深处的林场上，原先"秋风吹秕田、春风吹死牛"，而今黄绿交织、沙退人进。每一寸绿色奇迹的背后，都有一群面朝黄土背朝天的背影，秉持敢把沙漠变绿洲的信念、扎根荒漠、接续奋斗。

义务植树40多年，中国拿出了一份令人惊叹的答卷：森林覆盖率由20世纪80年代初的12%提升到现在的24%以上，城市建成区绿化覆盖率由10.1%提高到42.06%。中国人取得了全球森林资源增长最多国家和人工造林面积位列世界之首的非凡成就。

三

"植"此青绿，也是浙江人的共识。

据《浙江日报》报道，2007年植树节前夕，时任中共浙江省委书记习近平来到杭州钱江新城的副阳台景观绿化工程现场参加植树活动。他一连种下6棵山杜英和桂花树，并为种下的一棵棵树浇水，为新城增添一抹新绿。

习近平同志说，要注重植树质量，提高存活率，努力做到种一棵成一棵，种一片绿一片，通过坚持不懈的努力，使浙江的天更蓝、山更绿、水更清，大地更加秀美，为城乡居民创造优美的环境。

浙江人有多爱树？先看几组数据。"七山一水二分田"的浙江，森林覆盖率达61.24%，位居全国第三；国家森林城市18个，位居全国首位；省森林城镇752个，实现省森林城镇中心镇创建全覆盖。可以说，浙江处处皆有绿意。

浙江人与树木有着不解之缘。樟树是浙江的省树，许多浙江人的家门口，都有"一树葱茏向碧空"的香樟。杭州是浙江省第二大林区，森林覆盖率66.85%，连续多年位居全国省会城市榜首。西溪湿地涵养"天堂绿肺"，西湖风景区树木参差，难怪作家宗璞也沉醉于西湖的"绿"。

这些年来，围绕森林管理、城市绿化、古树名木保护等，浙江出台了一系列政策文件，为树木撑起"保护伞"。2022年，浙江首次将林长制考核列入省委、省政府年度全省性督查检查考核计划。此外，浙江一轮轮"一村万树"行动已经启动，一幅幅山峦层林尽染、平原蓝绿交融、城乡绿树成荫的画卷正徐徐展开。

而随着科技的进步，植树的形式更丰富了，"码上种树""云上护树"也在浙江蔚然成风。在"蚂蚁森林"小程序上，用户通过绿色出行、减纸减塑等低碳行动积攒绿色能量，在手机上"养"成一棵树后，平台方就会在荒漠化地区种下一棵树。

可以说，一棵普通的树的命运也会牵动万人心绪，无论是大运河边的垂垂杨柳，还是山区村口的参天古木，又或者是一棵远在阿拉善的梭梭树，人们都无比珍视。从2005年"绿水青山就是金山银山"理念的提出，到18年后的今天，浙江实践成果斐然，把绿水青山变成了幸福靠山。

植树增绿是善行，更要立行。正如一位名人所说，他种下一棵树，他就已经看见了千百年的结果，已经憧憬到人类的幸福。春风吐绿、草木初萌，赶快行动起来吧。

徐伟伟 杨昕 沈佳　执笔

2023 年 3 月 12 日

宋词里的春

> 若是在春日里"单衣试酒、光阴虚掷",虽百感交集,可"寸寸柔肠,盈盈粉泪"却难以表达,便去多读读晏殊、晏几道、秦观、李清照、苏轼,因为宋词里有最丰富的春天。

中国古代文体丰富,诗词歌赋在表达时各有所长,也各有钟爱的话题。其中最喜欢写春天的,或许就是宋词了。

曾有人给《全宋词》做过检索,里头出现频率排名前十的词汇,有"东风、春风、江南"。要是去随意翻翻《宋词鉴赏辞典》,厚厚六大卷,时不时就能蹦出描写春天的词作。看词牌,便有沁园春、玉楼春、武陵春、江南春、留春令、庆宫春等,"春"字频频出现,宋代词人确实对春天有种着了魔的偏爱。

今日,且让我们在"吹面不寒杨柳风"的阳春三月到宋词里寻觅最浓厚的春意。

一

词人中，最着急惦念江南之春且写得风趣的应是王观。

王观是江苏如皋人，在词人中与高邮的秦观并称"二观"。他还给自己的词集取名《冠柳集》，表示高出柳永之意，有点托大了。

他送朋友鲍浩然回浙东老家，在词作《卜算子》里打趣好友，说"水是眼波横，山是眉峰聚。欲问行人去那边？眉眼盈盈处"，把鲍浩然老家的山水比成他爱人的眉眼，构思别致，比喻贴切，被认为"新丽处和轻狂处皆足惊人"。结尾句"若到江南赶上春，千万和春住"一语双关，是千古佳句。有这首词托底，王观在宋词里便可占得"江湖地位"了。

而春意最闹的，来自宋祁的名作《木兰花》。他写道："东城渐觉风光好，縠皱波纹迎客棹。绿杨烟外晓寒轻，红杏枝头春意闹。"王国维评价："着一'闹'字而境界全出。"仅靠这个"闹"字，宋祁在词史上就留下了浓墨重彩的印记。他其余的词，都是泯然众人，不太出彩。由此，宋祁被人称为"红杏尚书"，正如秦少游因词里有名句"山抹微云，天连衰草，画角声断谯门"，而被人叫作"山抹微云学士"一样。

而宋祁《木兰花》的下阕是"浮生长恨欢娱少，肯爱千金轻一笑。为君持酒劝斜阳，且向花间留晚照"。这是宋代高官达人的富贵通病。宋祁生在升平盛世，两兄弟又同举进士，人称"大小宋"，一生享尽荣华，写起词来自然轻松惬意。但是，在这欢乐之余，就会在词作里营造点浮生若梦的淡淡哀愁。即便如欧阳修、范仲淹的词作也不能免俗，这调性在晏殊身上就体现得更深。

晏殊七岁能文，十五岁以同进士出身进入官场，像范仲淹、欧阳修、富弼等名臣均出其门。春日里无所事事时，"一曲新词酒一杯，去年天气旧亭台"，紧接着询问"夕阳西下几时回？"，又哀叹"无可奈何花落去，似曾相识燕归来"，最后一人在"小园香径独徘徊"。

其中，"无可奈何花落去，似曾相识燕归来"是千古名句，工整对仗，浑然天成，把花的零落、春的消逝说得淋漓尽致。

而他的另一首《浣溪沙》，"一向年光有限身，等闲离别易销魂，酒筵歌席莫辞频。满目山河空念远，落花风雨更伤春，不如怜取眼前人"，也是这种"富贵病"的滋味。

这是风雅大宋的独有魅力，展示了人性的丰富。像晏殊、范仲淹，很多时候白天忙于军国大事，晚上回到府中，就卸下盔甲面具，写起了伤春惜时的宋词。晏殊的词虽然继续了花间词的风格，但已有个性化的生命感悟在涌动。

二

和晏殊一样，在诗文里倡导改文风的欧阳修，也把内心最柔软的一面留给了词。尤其到了春天，他的伤春情怀也展露无遗。在他的名篇《蝶恋花》里，一起句就是"庭院深深深几许？杨柳堆烟，帘幕无重数。玉勒雕鞍游冶处，楼高不见章台路"。到最后变成："雨横风狂三月暮，门掩黄昏，无计留春住。泪眼问花花不语，乱红飞过秋千去。"

这让人很是诧异，正襟危坐编写《新五代史》，酣畅淋漓书写《醉翁亭记》《秋声赋》的欧阳修，能将细腻的情感描述得如此贴切动人。这也是宋朝文人技多不压身的"斜杠"印证。

到了春天，人的情感会特别细腻敏感。李清照还是少女时，她的《如梦令》是："昨夜雨疏风骤，浓睡不消残酒。试问卷帘人，却道海棠依旧。知否，知否？应是绿肥红瘦。"短短几行，犹如一个短剧，用镜头感把少女时代的慵懒感写得纤毫毕现，"绿肥红瘦"也成了春天繁花落尽的代名词。

但一旦到了中年，经历了家国之痛，李清照对春天就很是伤心了。她在《武陵春》里写道："风住尘香花已尽，日晚倦梳头。物是人非事事休，欲语泪先流。"上阕一出场，就显出中年媌妇的慵懒无力、万事皆空的倦怠感。在下阕她继续写道："闻说双溪春尚好，也拟泛轻舟。只恐双溪舴艋舟，载不动许多愁。"这春日里的愁，已经多得用船都载不动了。

这么写春愁的，还有很多名句，如贺铸的"试问闲愁都几许？一川烟草，满城风絮，梅子黄时雨"，秦观的"便做春江都是泪，流不尽，许多愁"。这些词句的出彩，在于把抽象的愁变成具体的形象，才成为神来之笔，成为典范。

而晏几道写春愁也自有其高妙处。晏几道是晏殊的幼子，父亲高官厚禄，他却晚年潦倒。文学史上，著名的父子有三曹、三苏，而大小晏靠着婉约词的成就也能占得一席之地。

晏几道最好的词《临江仙·梦后楼台高锁》，写的也是春天里的故事。一开头是"梦后楼台高锁，酒醒帘幕低垂。去年春恨却来时。落花人独立，微雨燕双飞"，到下阕便点出具体思念的姑娘小苹，"记得小苹初见，两重心字罗衣。琵琶弦上说相思。当时明月在，曾照彩云归"。大家评价晏几道是"真古之伤心人也"。春日若是有所惦念之人，读读晏几道的《小山词》是很能共情的。

被春愁困得最深的当是李后主。李后主前半生是南唐帝王，生命最后几年在宋朝当阶下囚。他最好的词多是成为阶下囚后写的，也算宋词。《相见欢》只有短短几十字，"林花谢了春红，太匆匆。无奈朝来寒雨晚来风。胭脂泪，相留醉，几时重？自是人生长恨水长东"，却说尽人生之恨。而另一首《虞美人》，"问君能有几多愁？恰似一江春水向东流"，更是千古伤心之笔。

春日里的亡国恨，在姜夔的《扬州慢》里尤为深刻。他看到昔日繁华的扬州城，在金兵过境肆虐后，到今日"过春风十里，尽荠麦青青""废池乔木，犹厌言兵"。他想着，即便是杜牧重生，回到扬州也是"难赋深情"了，唯一不变的是"二十四桥仍在，波心荡、冷月无声"，但也不知"念桥边红药，年年知为谁生"。

三

也非所有人到了春天，在词里就是一副满怀愁绪、吐血赏花的病态样。比如苏轼，即便他表达过"春色三分，二分尘土，一分流水。细看来，不是杨花，点点是离人泪"的沉重感，但多数情况下，春日感怀在他的笔下，是一副超脱的模样。

如他在《望江南·超然台作》里写春天时，就有强烈的苏氏风格。起头说"春未老，风细柳斜斜。试上超然台上望，半壕春水一城花。烟雨暗千家"，那时他刚从杭州调到了密州，密州当时属于欠发达地区。到了清明寒食时节，他眺望全城、思念故人，便写下了这首词。词的结尾是"休对故人思故国，且将新火试新茶。诗酒趁年华"，便有超然物外、忘却尘世的超脱感。所以现在一到春天新茶采摘，微信朋友圈就到处是"且将新火试新茶。诗酒趁年华"，可见大家对这两句的钟爱。

这种超脱的表达在他的《蝶恋花》里也是异曲同工。一开头是"花褪残红青杏小。燕子飞时，绿水人家绕"。这下句要是让李煜接下去，就要变成"别来春半，触目愁肠断。砌下落梅如雪乱，拂了一身还满"。但苏轼接的是"枝上柳绵吹又少，天涯何处无芳草"。此句让多少单恋无果的痴男怨女们又有了重新出发的勇气底气，这倒是苏轼创作时所始料未及的。

当然，苏轼最旷达的春日词还是体现在《定风波》里。那时他正被发配黄州，为了生计跑去三十里外的沙湖买田种地。"莫听穿林打叶声，何妨吟啸且徐行。竹杖芒鞋轻胜马，谁怕？一蓑烟雨任平生"很是随性潇洒，结尾处"回首向来萧瑟处，归去，也无风雨也无晴"更是超脱旷达，成了很多人一生的指引。苏轼在开头也颇为自得地写道："沙湖道中遇雨，雨具先去，同行皆狼狈，余独不觉。"当然不带雨具装潇洒也有点小代价，过了两天，他就在文章里说自己淋雨冻感冒，请医生来针灸了。

春天百花盛开，但又繁花易落。来的时候是"昨日春如，十三女儿学绣。一枝枝、不教花瘦"，走的时候是"而今春似，轻薄荡子难久"，是四季里人的情绪最为细腻敏感之时。而宋词文体丰富，又天生自带乐韵，最适合表达这种如梦似幻的丰富情感。若是在春日里"单衣试酒、光阴虚掷"，虽百感交集，可"寸寸柔肠，盈盈粉泪"却难以表达，便去多读读晏殊、晏几道、秦观、李清照、苏轼，因为宋词里有最丰富的春天。

赵波　执笔

2023 年 3 月 13 日

"网红"版本馆如何"长红"

> 纵观这些"长红翘楚",虽然红得各有特色,但它们似乎都有一个共同点,那就是参观者都能从中找到满满的文化认同感。

如果要评选杭州最难预约的文化场馆,版本馆肯定"名列前茅"。自去年8月2日开馆以来,杭州国家版本馆热度一直居高不下,频频在各大媒体平台刷屏。

开馆之初,各类社交平台关于版本馆预约难的"吐槽声"不绝于耳。很多人查攻略设闹钟、拼"网速"比"手速",只为一睹版本馆的"芳容"。

而在开馆半年后,版本馆的火热程度不减,展厅内依旧每天人头攒动。前天下午,杭州国家版本馆迎来了第30万名观众。不到半年,版本馆收获了"30万+"的流量。相比"网红"大馆,这数据不算太好,但作为一个新馆,又在远离市区的位置,杭州国家版本馆的表现已实属出色。

人们不禁感叹,版本馆究竟有何魅力,能在短短半年时间内破壁出圈?往后,它又如何变当前的"网红"为未来的"长红"?

一

版本馆，到底是怎么走红的？

我们把时间线往回拉。2021年，以建设国家版本馆为实体依托的中华版本传世工程被列入"十四五"规划纲要。2022年，浙江省党代会的报告中也提到"建成杭州国家版本馆……"，未见其貌，先闻其声，版本馆还未面世，已自带"国家重大文化工程"的话题度。

去年8月，杭州国家版本馆揭开神秘面纱，正式面向公众开放，也迎来了第二波热度。人们好奇，究竟什么是版本？在公众固有的认知中，版本往往用来指代同一书籍的不同印本，就这也能开个馆吗？在"文献之邦——江南版本文化概览"等开馆展览中，观众们徜徉其中，寻找答案。一问一答，话题热了。

如果说，前两个话题让版本馆收获了一批对文化事业和版本概念饶有兴趣的"种子用户"，那么版本馆的建筑风格——宋韵江南园林建筑，则为版本馆带来了又一波热度。

建筑领域国际最高奖项"普利兹克奖"的首位中国获得者王澍老师是版本馆的主创建筑师。现代建筑语言和宋代园林神韵的碰撞，收获了网友们"随手一拍都好看""高级""出片"等如潮好评。

"网红机位"青瓷屏扇门以瓷仿玉、大气铺陈，在阳光的映射下清澈透亮，在光影的流动中仿佛携缕缕宋韵风华踏美而来，将简约与灵动之美诠释得淋漓尽致。在一片梅子青前拍个照、打个卡，是许多观众进馆后的必选项目。一张张美景美图通过社交媒体飞速传播，为版本馆"出圈"添了把火。

随着版本文化进入更多人的视野，丰富的展览展陈和数字化场景随之成了版本馆走红的"加分项"。

在各具特色的展览中，不同专业背景、各个年龄阶段的观众都能在这里找到共鸣。珍贵的商周青铜器、唐写经、宋刻精品满足了古籍版本、金石专家的胃口；印刷出版行家流连于清代雕版、各类活字、近代石印版、七八十年代的印刷工具；"生活中的版本"牵动着老人们的回忆，他们在展台前感慨人民币版本的变迁，聊起用一分钱纸币折菠萝的往昔记忆；而年轻人则更多沉浸于互动区和数字馆带来的新奇体验。

二

很多人或许不知道，面对不断攀升的流量，杭州国家版本馆实则喜忧参半。

喜的是，高关注意味着文化传播的范围更广了，这是大利好；忧的是，所谓的"网红"，常常昙花一现。热点过后，如果后劲不足，将很快消失在大众的视线里。"流星式"命运，也可能会在版本馆上演。

对于不断涌入的观众，如何吸引他们来了还想来、不断来，才是版本馆一直追求的。

版本馆给出的答案是：踏实做好内容，认真完善服务。

"内容为王、常展常新"。跨越千里从湖南博物院借展"马王堆一级文物"，上新在浙江首次发现、出土的珍贵汉代书迹——"乌程汉简"……版本馆不断调整展品内容，提升展陈效果、丰富展览体验。此外，还打造了"文润讲坛"学术品牌、每周举办四场文润（展览）讲座，在重要的时间节点连续推出短视频等，加强公众对版本文化的认知和理解。

同时，版本馆十分重视观众的意见，认为既要向版本求知，也要向观众请教。展览"盛世浙学"的状元名录牌，短短三个月内重做了三版，正是对观众反馈意见的"反馈"。

"软件"做到位，"硬件"保障也不能缺失。预约问题、解说问题、公共设施问题，是公共文化服务的几大痛点问题，极大影响参观体验。有问题，那就一个个解决。

观众抱怨版本馆预约票数少、零点放票影响睡眠、电话预约困难，就不断提升限额人数、调整预约时间、完善预约方式；讲解需求无法得到充分满足，就组建文润时代宣讲团和专职讲解员队伍、设置二维码语音导览，优化讲解服务；停车难、找不到路、上厕所要排队，就造停车场、立导引牌、增建公厕，用暖心服务赢得观众"金口碑"。

通过"软件""硬件"两手抓，版本馆迎来了自己的"回头客"。数据显示，版本馆30万参观者中，进馆3次以上的超过300人，最多的一人前前后后来了8次。

三

如今，越来越多的年轻人开始对逛博物馆、逛美术馆"上头"。打卡一座城市的文化场馆，了解这座城市的文化底蕴，从旅途的"可选项"变成了"首选项"。"文化场馆热"的背后，展现出人们对于"精神大餐"的渴求。

可以说，版本馆的流量，就是借此趁势飞扬的。

但对于初步走红的版本馆来说，如何守住热度、成为"长红"，则更为艰难。

笔者认为，"年轻"的版本馆，或许能从文博界的"长红翘楚"中得到一些启发。

其一，藏品是文化事业的基础，没有藏品，后续工作就无从谈起。比如，位于英国伦敦的大英博物馆收藏文物超过800万件，珍藏的文物和图书资料在世界上久负盛名，由于空间限制，虽有99%的藏品未能公开展出，但也不"妨碍"它成为世界四大博物馆之一。全世界的人，都会奔着"镇馆之宝"而来到此地。

对于版本馆来说，持续推进具有浙江标识、江南特色的藏品体系建设是重中之重，是更新迭代展览内容、深化学术研究的基础。

其二，不再端着"高冷范"，走有温度的"亲民路线"，切实提升观众的参与度和体验感也是"长红"的不二法门。比如，河南博物院推出的以考古和文物修复为主题的系列盲盒，吸引了很多家长带着孩子深度参与"文物"挖掘、修复、还原"一条龙"式的考古体验，在活动中培养了孩子对历史文化的浓厚兴趣。

版本馆推进"珍稀雕版保护工程"，设置雕版印刷体验区，有着异曲同工之妙，还可以尝试在这方面做更多的探索。将严肃厚重的传统文化，以新奇有趣的方式展现，"躺"在博物馆里的文物和历史才能被观众真切地触摸和感知。

其三，推陈出新的文创产品和影视精品是让博物馆里的文物"活起来、走出去"的重要方式，它让人们频频惊叹"原来文物还能这么玩儿"。

比如，近年来，故宫博物院凭借高质量的创意节目、亮眼的文创产品圈粉无数。"雍正萌萌哒"的壁纸让无数年轻人熟悉了《清人画胤禛吉服读书像》和故宫博物院。《我在故宫修文物》系列纪录片则在对文物修复师平实日常的描述中，令观众感受到文物从古至今跳动着的脉搏。而《上新了，故宫》文创综艺展示了许多未开放区域与文物的高清图像资料，补充展陈内容的同时，也激发了许多年轻人对故宫文化的兴趣。

对于版本馆来说，文创和IP工作才刚刚起步，需要进一步挖掘自身特色，做好内容创新，打出有辨识度的品牌。

最后，文博行业已有200多年的历史，到了今天，数字化的重要性日益凸显。利用数字化手段采集版本，丰富版本的载体和形式，是顺应信息化的历史必然，也更有利于版本文化的传播推广。比如，"中国历代绘画大系"，就让很多件散落在世界各地的绘画珍品实现"数字回归"。版本馆的总分馆信息化协同体系建设任重道远，必将在版本异地灾备、文化交流互鉴上发挥举足轻重的作用。

重量级的藏品、亲民化的体验、别出心裁的文创、吸睛的影视作品、高科技赋能的数字场景……纵观这些"长红翘楚"，虽然红得各有特色，但它们似乎都有一个共同点，那就是参观者都能从中找到满满的文化认同感。抓住这个"关键"，踩中这些"得分点"，才能掌握"长红"的"制胜密码"。

"赓续中华文脉、坚定文化自信、展示大国形象、推动文明对话"是新时代赋予版本馆的使命。想要做时间的朋友，成为"长红"，版本馆就要不断学习思考、交流互鉴、创新创造。

　　开放177日，30万观众如约到馆，这是版本馆献给新时代的高分答卷。接续传承、加压奋进，下一个30万，必定不会久远。

林作祯　季子翔　章晓云　执笔

2023年3月13日

这场总理记者会，让我们想到五个词

> 回首改革开放40多年，有了这种精神力量的传承"加持"，我们一直在应对挑战、克服困难、战胜风险、破解危局中不断前行，取得了浸透汗水的骄人成绩。正应了那句话，"如果没有奇迹，那就成为奇迹"。

"新一届政府的工作，就是要把党中央的决策部署贯彻好、落实好，把党的二十大擘画的宏伟蓝图变成施工图，与全国人民一道，一步一个脚印把宏伟蓝图变成美好现实。"国务院总理李强说。

今天上午，十四届全国人大一次会议闭幕后，人民大会堂三楼金色大厅"长枪短炮"林立，国务院总理李强及新任副总理等，首次出席记者会并回答中外记者提问。这是每年全国两会的"规定动作"，吸引了全国、全球的目光。

一个多小时的十问十答，涉及经济民生、中美关系等内政外交热点话题，干货满满、不绕弯子，搭"天线"、接"地气"，将新一届政府未来五年的"施工图"清晰勾勒出来，既是对习近平总书记治国理政思想的一次生动解读，也是民有所盼、政有所为的一次公开回应。

接下来，我们就结合"自信、辩证、开放、务实、亲民"五个关键词，聊一聊总理讲了什么、又传递出什么信息。

关键词一：自信

有什么样底气，就有什么样的姿态。

总理铿锵有力的语调、直截了当的回答，无不彰显着新一届政府施政兴国的自信从容、中国共产党风华正茂的自信成熟、中华民族走向复兴的自信底气。

自信，源于施政目标的清晰。总理在回答新一届政府的工作重点时，简明扼要地讲了"牢固树立以人民为中心的发展思想""集中力量推动高质量发展""坚定不移深化改革开放"三个方面重点。总理强调，"习近平总书记讲：'人民对美好生活的向往，就是我们的奋斗目标。'我们任何时候都必须始终牢记人民政府前面的'人民'这两个字，扎扎实实办好每一件民生实事"。提纲挈领的话语，开诚布公的态度，传递出"明天一定会更好"的鲜明信号，让人一听就懂、倍感振奋。

自信，源于光明前景的底气。虽然，今年世界经济形势总体不容乐观，不稳定、不确定、难预料因素比较多，如何稳增长对世界各国都是一个考验。但对于中国经济的前景，总理用"长风破浪，未来可期"八个字精准概括，既表达出应对"需求收缩、供给冲击、预期转弱"三重压力的胆气底气，更体现出"路在脚下、事在人为"的勇气豪气，道出了打赢高质量发展这一仗的必胜信念。

自信，也源于内心精神的强大。同困难作斗争，需要物质的角力，更是精神的对垒。正如总理谈道，"我们这一代中国人从小听得最多的故事就是大禹治水、愚公移山、精卫填海、夸父逐日等等，都很励志，讲的都是不怕困难、不畏艰险、勇于斗争、自强不息的精神，我们中国人不会被任何困难所压倒"。回首改革开放40多年，有了这种精神力量的传承"加持"，我们一直在应对挑战、克服困难、战胜风险、破解危局中不断前行，取得了浸透汗水的骄人成绩。正应了那句话，"如果没有奇迹，那就成为奇迹"。

关键词二：辩证

自信不是盲目乐观，实事求是、遵循规律的回答更能让人信服。

透过整场总理记者见面会，给人的直观感受就是唯物辩证法的思想味很浓，一言一行、一事一论不是凭空产生的，而是基于本质的、全面的、系统的分析，作出的符合客观规律的判断和解答。

比如，着眼"变"与"不变"。在谈及民营经济话题时，总理说，"'两个毫不动摇'是我国基本经济制度的重要内容，是长久之策，过去没有变，以后更不会变"，同时也强调，"民营经济的发展环境会越来越好，发展空间会越来越大"，希望"广大民营企业家谱写新的创业史"。总理还提到了"四千"精神，他说，虽然现在创业的模式、形态发生了很大的变化，但是当时那样一种筚路蓝缕、披荆斩棘的创业精神，是永远需要的。

还比如，统筹"两点论"和"重点论"。当被问及中国人口红利是否即将消失时，总理回答说，"人口红利既要看总量，更要看质量，既要看人口，更要看人才"，人口红利是否存在，不能用人口增长率简单地判断，而要兼顾总量与质量、人口与人才，并且质量与人才正越来越成为核心指标。基于"我国接受高等教育的人口已超过2.4亿，新增劳动力平均受教育年限达到14年"，我们才得出"'人口红利'没有消失，'人才红利'正在形成，发展动力依旧强劲"。

关键词三：开放

开放是当代中国的鲜明标识。今年是中国改革开放45周年，改革开放激活了中国发展的澎湃春潮，也让中国更加昂首阔步走向世界舞台中央。

"对外开放是我们的基本国策，无论外部形势怎么变，我们都将坚定不移向前推进。""中国开放的大门会越开越大、环境会越来越好、服务会越来越优。""改革开放是决定当代中国命运的关键一招，我们在推进中国式现代化、在实现第二个百年奋斗目标的历史进程中，还是要'吃改革饭、走开放路'。"总理的回答，充分展现了大国的开放气度和坚定态度，给观望中国对外开放政策变化的各界人士送上了"定心丸"。

在对外开放的道路上，中国始终迎的是五洲客，计的是天下利，主动向世界开放市场、分享发展机遇和红利。总理举了两个例子，一个是去年中国实际使用外资1890多亿美元，创历史新高，比三年前增加了近500亿美元；另一个是中国已连续举办5届中国国际进口博览会，即使在疫情之下也没有中断，去年有127个国家和地区的2800多家企业参展。不管是外资的使用，还是进博会的举办，充分说明了中国对外开放的大门永远不会关上，只会越开越大，中国的大市场是世界的大市场、共享的大市场、发展的大市场。

开放带来机遇，合作方能共赢。面对这几年美国国内有些人在炒作两国"脱钩"的论调，总理回答道，"据中方统计，去年，中美贸易额近7600亿美元，创下历史新高。中美两国经济你中有我、我中有你，彼此都从对方的发展中受益"，"中美合作大有可为。围堵、打压对谁都没有好处"。

事实证明，唯有继续深化开放合作，把开放的动力搞得越来越大、阻力搞得越来越小，中国才能更好地把握发展机遇、赢得美好明天。

关键词四：务实

总理的回答真挚诚恳，单刀直入，直奔主题，没有空话套话，提出的各项对策举措务实管用，谈到点子上，讲到关键处，全场听下来让人感受到大国总理务实的形象和风范。

特别是总理多次结合自身的工作经历谈感受、谈看法、谈思路，对基层实际情况有充分的了解和掌握。比如，讲到民营经济发展时，他说："我长期在民营经济比较发达的地方工作，经常有机会与民营企业家交流，对他们发展中的期盼和顾虑还是比较了解的。"比如，讲到大兴调查研究之风时，他举例："我长期在地方工作，有一个很深的感受：坐在办公室碰到的都是问题，深入基层看到的全是办法。"

总理的务实，体现在他定目标、谋发展坚持从实际出发、实事求是。针对经济增长目标，总理提出"今年，中国经济预期增长目标定为5%左右"，这是从实际情况出发，综合考虑各方面因素定下的目标，是"跳一跳能摘到桃子"的目标。针对推动经济高质量发展，总理提出要打好宏观政策、扩大需求、改革创新、防范化解风险四套组合拳，这些章法和打法都贯穿了实干实效的导向。

总理的务实，还体现在他清晰地知道群众的所思所盼。他讲道，"客观地讲，绝大部分老百姓不会天天盯着看GDP增长了多少，大家更在乎的是住房、就业、收入、教育、就医、生态环境等身边具体事"。这提醒了广大干部要找准实干的方向，走好新时代群众路线，脚踏实地、务实为民、多办实事。

空谈误国，实干兴邦。"提高创造性执行能力""真正做有创造力的执行者"是总理对加强政府自身建设提出的要求，体现了本届政府实干笃行的理念追求。在新征程上，各级政府部门和公务人员更应重实干、强执行、抓落实，以实绩实效彰显实干担当。

关键词五：亲民

"政府工作就是要贴近老百姓的实际感受去谋划、推进，真正做到民有所盼、政有所为"，总理在记者见面会上开篇明义，把"牢固树立以人民为中心的发展思想"摆在了第一位。

人民政府为人民。本次见面会，"人民"两个字无疑具有沉甸甸的分量，"亲民"是贯穿整场的主色调。

话讲得很接地气。在被问及网民对一些民生问题的关切，总理回答说："我很愿意回应网民的关切，一有时间我也会上网，看看网民关注什么，有什么好的意见建议。"站在老百姓的角度想问题，融入网民中间听观点，人民群众的"田间地头"和大国总理的"工作案头"没有什么距离。在谈到"提高创造性执行能力"时，总理说："凡事要多作'应不应该办'的价值判断，不能简单地只作'可不可以办'的技术判断。要坚决反对一切形式主义、官僚主义，真正做有创造力的执行者。"

问题答得很实在。像大家关心的就业问题，总理回答说："今年高校毕业生预计1158万，从就业看，有一定压力，但从发展看，注入的是蓬勃的活力。我们将进一步拓宽就业渠道，帮助年轻人通过劳动和奋斗，更好地实现自己的人生价值。"既直面存在的挑战，更彰显破解的决心。还有像延迟退休政策等问题，也都进行了回应。

决心亮得很鲜明。在谈及乡村振兴问题时，总理专门对农民朋友们说，"政府所有支持粮食生产的政策只增不减，鼓励大家多种粮，确保14亿多中国人的饭碗牢牢端在自己手中"，给了全国5亿多农民一颗"定心丸"。

面向未来发展的这篇大文章，新一届政府写下了"民有所盼、政有所为"的诺言，开启了"勇毅前行、廉洁奉公、鞠躬尽瘁、不辱使命"的篇章。

站在新的起点，我们相信，"长风破浪，未来可期"。

朱越岭　何诗航　徐毅　执笔

2023 年 3 月 13 日

正能量短视频何以直击人心

> 归根到底，正能量短视频之所以能成爆款，靠的是直抵人心的真、善、美力量。人类对真善美的追求，从来没有停止过。

俗话说"好事不出门，坏事传千里"，在新闻报道上指的是负面新闻传播速度远远快于正面报道。而近年来，越来越多的正能量短视频也能量不凡，动辄收获上亿的播放量，使得好人好事瞬间"出圈"、刷屏热传，让"正能量产生大流量"。

在正能量短视频方面，浙江也有不少尝试。比如浙江省政府新闻办官方账号"美丽浙江"，坚持发布涉浙正面内容，全网已经积累2000多万粉丝。

而一些地方媒体，在各方面资源均不占优势的情况下，依靠正能量短视频走出了一条逆袭之路。比如，常住人口只有27万的温州泰顺，其融媒体中心抖音号"泰顺30秒"粉丝数达到147万。

一

　　那么，为什么正能量短视频能拥有直抵人心、引流吸粉的力量呢？

　　其一，在于画面的真实感。"真实是新闻的生命"，是获取认同的基础。大多数正能量短视频素材来源是公安部门的监控摄像头、执法记录仪，路人的手机镜头，看似"粗糙""不经修饰"，呈现的却是最直观的、原生态的画面、声音。

　　比如，前不久嘉兴110接警员暖心劝慰哭诉者的一段对话视频在网上火了，这个短视频只有原声和字幕，没有事先彩排的"真实"激起受众关切，最终播放量突破2.8亿，点赞量超650万，成为现象级爆款。

　　其二，扣人心弦的故事性。正能量短视频讲述的多是一个故事或是突发事件，情节紧张、刺激，抓人眼球。比如，2022年7月19日，桐乡一名3岁女童从6楼坠落，就在千钧一发之际，两名路人飞奔上前，徒手接住女童，让网友提到嗓子眼的心放了下来，相关短视频全网传播量突破40亿次。

　　其三，朴实的情感共鸣。《弱传播》一书写道，舆论世界是一个情胜于理的世界。人类的悲欢总体而言还是相通的，传播者要摆事实讲道理，更要会共情。短视频在几十秒甚至几秒内，就能输出强烈的情绪，迅速引发受众的共鸣。

　　"退伍老兵的敬礼""许久未见到爸爸的孩子高兴得手舞足蹈""护士和男友隔着玻璃的吻"等，这些正能量故事从细微处传递了人类朴实的感情，让手机前的我们不禁跟着感动。

此外，深度的参与感、互动性也是重要因素。移动互联网时代的舆论场，传播者和受众的角色已经没有严格的区分，在前一个传播链条中你是受众，在下一个传播链条中你就是传播者，多方力量共同塑造了舆论。正能量短视频中网友的点赞和评论，让传播得以持续深入进行。

比如，在疫情防控初期，一位不能回家的一线工作人员，远远地朝自己的孩子挥手、隔空拥抱。有位在家隔离的网友在短视频下点评：我们觉得再也待不下去的家，却是他们无法回去的远方。评论瞬间传遍网络，使得更多的网友理解支持配合防疫工作。

归根到底，正能量短视频之所以能成爆款，靠的是直抵人心的真、善、美力量。人类对真善美的追求，从来没有停止过。新闻、电影、小说、视频……对"美好""正能量"各种形式的表达，都是人类共情的表现。

二

正如硬币有正反面，事物总是可以一分为二来看。正能量短视频带来巨大流量的同时，也出现了一些不好的倾向值得关注和警惕。

最恶劣的是"以正能量之名骗取流量"。在巨大的流量面前，有的机构和个人动起了歪脑筋，利用观众的好奇心和同情心，故意编造一些奇闻异事或悲惨故事，靠博眼球和卖惨来赚取流量，甚至骗取钱财。

比如，2021年，有一段短视频在网上刷屏，一位小姑娘满眼泪光对着镜头自述："我叫阿佳，今年7岁，来自四川凉山，我从没见过自己的妈妈，爸爸也早就去世了，我要上不起学了……"小姑娘的凄惨身世让众多网友流下同情的眼泪，随后网友纷纷慷慨解囊，争着下单视频中所谓凉山地区家庭困难的村民自己种的苹果。后被央视曝光这是一个假视频。还有爆红网络的"女孩考上清华后感恩父母"，女儿是假的，爸爸是假的，考上清华也是假的。

最无奈的是"为了短视频而短视频"。有的媒体片面地将"正能量也能带来大流量"理解为"只有正面短视频才能有流量"，犯了将短视频泛化运用的错误。比如，有些正能量故事很有历史纵深感和深度，需要用长篇通讯的形式来讲述，却也被做成了短视频；有的媒体将文字直接转为短视频，配上音乐，有短视频之形无短视频之神；还有的视频虽然压缩了时长，但采访剪辑还是老套路，语言表达、画面选取等没有网感。

最常见的是高度雷同。再好吃的饭菜天天吃也会索然无味。"新闻是个易碎品"，类似的情节反复讲述必然会产生审美疲劳。而翻看网上正能量短视频，常常发现不少主题雷同、剪辑雷同、角度雷同的内容，非但没有起到传播正能量的作用，反而暴露了媒体和一些机构内容的贫乏和创新能力的缺失。

三

早在十年前，习近平总书记就在全国宣传思想工作会议讲话中指出，必须坚持巩固壮大主流思想舆论，弘扬主旋律，传播正能量，激发全社会团结奋进的强大力量。

正能量短视频对于涵养文明、凝聚合力具有十分重要的作用。但在人人都有麦克风、个个都是自媒体的今天，打造正能量短视频并不易。笔者认为三个能力很重要。

第一时间拿到一手资源的协调力。互联网时代，眼球之争背后是速度之争。正如前文所说，爆款短视频的来源往往是第三方拍摄所得，而非媒体直接采制。要想拿到第一手资源，既取决于你所处平台的影响力，更取决于你和其他部门、机构、网友个人是否建立了顺畅的沟通关系。比如，"美丽浙江"打造的生态矩阵协作成员覆盖媒体、政企、个人等，数量超1000个，许多爆款的素材来源于这些合作伙伴。

捕捉美好的发现力。下水救人的背后是有人落水，救鲸的背后是鲸鱼搁浅，其实许多爆款短视频的背后都有一件突发事件，一旦处理不好就可能引发负面舆情。在此千钧一发时刻，对媒体来说，有没有发现美好、进行引导的能力和本领就十分重要了。

比如，2022年夏天的重庆山火，在救灾之外，许多媒体发掘出了重庆人的精神、中国人的团结、"90后"的担当等多个正面主题，推出的短视频充满感染力凝聚力。又如，2021年，舟山紧急营救"弘进"轮时，各级媒体与舟山当地紧密配合，不仅巧妙化解了网上的负面声音，一批爆款短视频还阐释了"浙江不仅有共同富裕，还有共同治愈"的理念和精神。

将好题材吃干榨尽的挖掘力。一个好选题，不能浅尝辄止，而是要十八般武艺齐上，"吃干榨尽"，实现传播效果最大化。对媒体来说，即使没跟上第一落点，也要去跟进第二落点。不能第一时间抵达现场，可以及时安排电话采访或联动当地媒体，进行进一步的采访直播。

如"涌泉爱国蜜橘""台州临海救鲸鱼""桐乡路人接住坠楼女童"，各级媒体不断挖掘新的角度、新的素材，持续跟进报道，掀起一波又一波的宣传热潮。

根据第50次《中国互联网络发展状况统计报告》，截至2022年6月，我国网民规模为10.51亿，其中短视频用户规模达9.62亿。国内最大的短视频平台抖音日活跃用户数已经达到7亿。短视频日益成为影响我们生活方式、传播行为的重要载体。

有"正"便有"负"。当下传播载体快速迭代，网络空间日益复杂，一些谣言诈骗、绯闻炒作、享乐炫富、恶搞经典等"负能量"也在博眼球，污染社会风气。主流媒体既要祛邪，更要扶正，要以正能量去消解负能量，打造出更多像"最美妈妈"吴菊萍的奋勇一接、"托举哥"周冲的善良一举这样的爆款，让正能量充盈网络、滋养心田。

余丹　马国海　何怀志　执笔

2023年3月14日

再提"四千"精神，有何深意

> 历史不止一次告诉我们：困难靠躲是躲不开的、靠绕也是绕不过的。现在，我们遇到的困难并不比以前少，难度系数也并不会低于以往，反而会更趋复杂、更有挑战。越到冲波逆折处，越需要大力激发精神的力量，一次次打破现实的"囚笼"、冲破思想的"藩篱"。

十四届全国人大一次会议闭幕后，国务院总理李强出席记者会并回答中外记者提问。在谈到民营经济的发展时，他特别提到了当年江浙等地发展个体私营经济、发展乡镇企业时所创造的"四千"精神，即走遍千山万水、说尽千言万语、想尽千方百计、吃尽千辛万苦。

在全世界的眼球都汇聚在此之时，李强总理特意点出"四千"精神，足见其分量之重。

那么，经过改革开放40多年，在推动高质量发展、构建新发展格局的今天，再提"四千"精神，深意何在？

一

有人说，精神看不见、摸不着，有点虚。实际上，精神力量是思想、文化、信念、志向、气魄等要素的组合，任何一种精神形成的背后，都凝结着经验、智慧、信心和优势。从发展经济学的角度看，法国学者佩雷斯特就指出，"精神气质"在一个地区的发展过程中起着关键性的作用。

回溯改革开放之路，有人说：如果要在大中国的"班级"里评选一个"最快进步奖"，浙江一定位在前列。

四十多年前，浙江被称为典型的"三无"省份，在自然资源、国家扶持、政策优惠方面无任何优势可言。当时，浙江土地面积仅为全国的1.1%，人口为全国的3.8%，人均资源拥有量仅相当于全国平均水平的11.5%，居全国倒数第三。短短几十年间，浙江经济总量就从全国十多位跃升到如今的第四，成为我国经济最发达的省份之一。浙江之所以能，既是靠改革开放的时代机遇，也是靠浙江人敢闯敢拼敢干的一股子气、一股子劲。而这其中，"四千"精神就是最令人称道的。

所谓"四千"精神，是指浙江人民在特定历史阶段勇闯改革大潮的一种精神状态。"走遍千山万水"，才能穷尽一切发展的机会；"说尽千言万语"，才能寻求一切合作的可能；"想尽千方百计"，才能找到各种成功的办法；"吃尽千辛万苦"，才能看到风雨过后的彩虹。这些是智慧，也是经验。

想当初，温州民营企业创业时，很多人"白天当老板、晚上睡地板"是常有的事；绍兴很多乡镇企业创办伊始，缺少资金、设备、技术、人才等等，广大厂长和供销人员攻克一个又一个难关；为了解决资金难题，台州人靠"出硬股、打天下"，开创了中国股份合作办企业的先河；为了破解技术瓶颈，萧山、慈溪一带乡镇企业聘请"星期日工程师"，让先进理念和先进技术流动起来；在义乌、永康等地，很多人勇闯天涯、四海为家，用"拨浪鼓摇出大市场"，在"五金工匠走四方、府府县县不离康"中把手艺传遍天下。

不忘来时路是为了走好奋进路。"四千"精神虽然只有短短的四句话，却生动反映了浙江人在极其艰苦的条件下筚路蓝缕、披荆斩棘的创业创新历程，这也是中国改革开放大潮中所有民营企业奋发向前、敢拼敢闯的集体写照。

一种精神就是一段历史。今天，我们重温"四千"精神，既是要回望曾经走过的不凡之路，铭记那一段非凡历史，更是要深悟蕴藏其中的智慧和经验，汲取整装再出发的内在力量。

二

精神的主体是人。浙江民营经济"莫名其妙""不合常理"的成功，是把人的主动性、创造性发挥到了极致。正如李强总理在回答中外记者提问时谈道："经济发展有其客观规律，也依赖客观条件，但更需要很强的主观能动性。"

浙江的家底可谓"又薄又不薄"，说它"薄"是因为与周边省份比起来，平原少、耕地少，也没有大片的黑土地和原始森林，老百姓靠山靠水根本吃不饱。说它"不薄"，主要在于历史人文厚重，兼具内陆文化和海洋文化的特点：浙江人不尚空谈，不重形式，灵活多变，勤勤恳恳又敢于创新，人的潜能在地域文化的滋养下得到了"满级"释放，在资源不足的困境中，把"人"变成了最有优势的资源。

有浙江人的地方就有生意，有生意的地方就有浙江人，没有什么能阻挡浙江人把商品卖到全世界。他们不怕生意做得小，只要有得赚，几分几厘也不嫌少；他们不怕路途远，一根扁担也能把货挑到西北的戈壁滩；他们不怕有危险，冒着炮火也愿用脚步丈量世界。只要把人的主观能动性激发出来，什么事情都能做成，一切皆有可能。

正是在"四千"精神的激励下，浙江的"老板"们从一个个小生意做起，凭着对市场的灵敏嗅觉，敏锐发现商机、善于把握时机、主动捕捉契机，将"小生意"谈成了"大买卖"、"小商品"汇成了"大市场"、"小作坊"变成了"大企业"，赢得了把生意做遍天下的美名。

也正是在"四千"精神的激励下，才造就了鲁冠球、步鑫生、宗庆后、徐冠巨、南存辉、李书福等一大批叱咤商海的风云人物，同时也滋养了千千万万个开着小店网店的"草根"老板，书写了浙江民营经济发展的传奇。

可见，"四千"精神是浙江人民不可多得的一笔宝贵精神财富。正如《之江新语》中《不畏艰难向前走》一文中所说："浙江之所以能够由一个陆域资源小省发展成为经济大省，正是由于以浙商为代表的浙江人民走遍千山万水、说尽千言万语、想尽千方百计、吃尽千辛万苦，正是由于历届党委、政府尊重群众的首创精神，大力支持，放手发展。"

换句话说，不论是一个人的进步还是一个地方的发展，先天禀赋当然很重要，但绝不是决定性因素，人本身才是关键要素。今天，我们回顾"四千"精神，就是要强化改革发展的主体论，最大限度地把人的主观能动性保护好、激发好、运用好。

三

小到个人的工作与生活，大到国家的改革与发展，困难都无处不在、如影随形。正如李强总理在记者会上指出的，说到困难，大家都有困难，今年我们的困难也不会少。

看全球，世界之变、时代之变、历史之变正以前所未有的方式展开，从乌克兰危机延宕发酵，再到全球粮食、能源安全问题突出，世界正处在新的动荡变革期。新一轮的技术浪潮和产业变革接踵而至，单边主义和保护主义升温、高新技术"卡脖子"等难题仍横亘在前，各种不确定的风险挑战愈加剧烈。

再看国内，我们仍然是一个发展中国家，处于社会主义初级阶段的国情没有变，经济增长企稳向上基础尚需巩固，需求不足仍是突出矛盾，民间投资和民营企业预期不稳，一些基层财政收支矛盾较大……

"但是，大家想一想，哪个时候、哪一年没有困难呢？我们从来都是在克服困难中不断实现新发展的。"李强总理的回应铿锵有力！

他还举例"大禹治水""愚公移山""精卫填海""夸父逐日"等励志神话故事，它们有一个共同点，就是突出强调了不怕困难、不畏艰险、勇于斗争、自强不息的精神。

回头看，"四千"精神正是产生于改革开放初期，从计划经济转向市场经济。走过那个年代的人，都能感受到，尽管改革的春风已经吹进来了，但是计划经济的"惯性"力量仍然是很强大的，这就需要我们用精神的力量打破现实的"囚笼"、冲破思想的"藩篱"。

白手起家、"无中生有"，可以说，浙江民营企业家什么样的风浪没有经历过，什么样的困难没有碰见过。浙江民营经济的崛起史就是一部民营企业家不断激发精神力量，敢为人先、敢闯敢干、敢于胜利的拼搏史。

历史不止一次告诉我们：困难靠躲是躲不开的、靠绕也是绕不过的。现在，我们遇到的困难并不比以前少，难度系数也并不会低于以往，反而会更趋复杂、更有挑战。越到冲波逆折处，越需要大力激发精神的力量，一次次打破现实的"囚笼"、冲破思想的"藩篱"。

就像习近平总书记说的："同困难作斗争，是物质的角力，也是精神的对垒。"拿出新长征的豪情和斗志，不畏困难、保持定力，克难攻坚、闯关夺隘，我们才能在大战大考中凤凰涅槃、浴火重生，在转危为机中打开事业的新天地。

四

李强总理说，虽然现在创业的模式、形态发生了很大的变化，但是当时那样一种筚路蓝缕、披荆斩棘的创业精神，是永远需要的。

可以说，企业家的使命就在于科学应对不确定、积极有为引领创新。有经济学家提出，没有不确定性，就没有经济学意义上的利润，利润是对不确定的补偿。创新是企业家的责任，创新是把发明变成一个对消费者有价值的东西。

当前，面对高质量发展的新时期，企业在考虑自身如何发展壮大、兴旺长隆的同时，也肩负着推进国家经济发展的责任使命。民营企业如何走得更远？"四千"精神无疑是一剂良方。笔者有三句话。

其一，商海沉浮，乐观自信的向上精神是最坚韧的"帆"。改革开放以来，浙商能达成今天这番成就，离不开朴素的实干精神，从办乡镇企业、到建要素市场、再到建立现代企业制度，经受住一次次的市场洗礼，从无到有、从弱到强，山很高、路很长，但只要肯攀登。今时亦如此，无论面对怎么样的困难和挑战，只要乐观自信的态度还在，筚路蓝缕、披荆斩棘的创业精神还在，民营企业走出家门、跨出国门的发展机会就永远都在。

其二，时势造英雄，风浪当头更要勇做"弄潮儿"。百川赴海、大势所趋。只有顺势而为、借势发力，创业才能成功，企业也可以实现"弯道超车"。正如李强总理在回答记者提问时表示，未来，民营经济的发展环境会越来越好，发展空间会越来越大。当下全球经济领域的"风口"如新一轮科技革命、产业革命和能源革命正兴起波澜，广大民营企业要牢牢把握大势、辩证看待形势，勇敢地主动站在"风口浪尖"，以新思维推动创新的百舸争流，方能再创发展新优势。

其三，登高才能望远，胸怀有多大未来舞台就有多大。当前，丝绸之路经济带、21世纪海上丝绸之路等国家战略成效愈显，新发展格局也为民营企业提供了更大的平台机遇。若不甘为只能低空飞行的"燕雀"，想成为腾空万里的"鸿鹄"，企业就应进一步拓宽自己的全球化视野，放眼世界、放大格局，把企业发展同国家富强、民族振兴、人民幸福紧密相连，以宽宏如海的胸怀开拓出一片新的发展天地。

王云长 王人骏 陈培浩 张俊 执笔

2023年3月14日

浙江中国画何时再登"高峰"

> 在我们脚下的这片土地，每一天都有动人的故事发生，每一处都有值得书写的时代命题。画家要去田间地头、街头巷尾感受一下泥土气、烟火味，拾起或闪烁、或隐匿的文化印记，捕捉历史更迭、社会变迁的脉络，刻画平凡人的不平凡。

浙江，素有"美术重镇"之称，其中尤属源远流长的中国画艺术为甚。无论是从历史底蕴、艺术造诣，还是从时代发展来看，浙江都曾多次攀上中国画的"高峰"。

2009 年，深具地方特色的浙江中国画，在全国美展上的获奖数量曾达到全国的五分之一。但此后十年，浙江的中国画作品连续两届在中国美展上"缺席"中国美术奖。

虽说能否获奖并不能作为评判艺术水准的唯一标准，但诸如中国美术奖这样的奖项，一定程度上体现了国家的文化主张，也是衡量区域美术发展水平的重要标尺。

两次与重要奖项失之交臂，也足以引起我们的思考：最具传统优势的浙江中国画，该如何发力才能接续往日辉煌？

一

浙江中国画的传承发展史，是一部写意精神与时俱进的演变史。画家以自然为师，绘天地万物，将自身的美学趣味、精神取向、人格风骨融入创作中。

始于唐代、兴于宋元的"文人画"，是写意传统极重要的源流。元代画家黄公望崇尚自然、讲求写意，八十高龄提笔绘写富春江，将山川浑厚、草木华滋尽数收入长卷《富春山居图》。

到了明代，画家戴进既沿袭了南宋院体遗风，又有元人水墨画意；绍兴人徐渭开创"泼墨大写意花鸟"画风，将花鸟画提升到前所未有的高度。

一方水土养一方人，正是浙江的自然山水，养成了画家们讲诗性、重笔墨的写意精神，以及关注本体表达、追求个人修养的价值观念。

后来，浙派绘画的文脉持续繁衍生息。1928年，我国第一所高等美术院校——国立艺术院创立于杭州，一批中国画大师汇集于此，探索和思考中国时代艺术的发展之路。在这里，林风眠提出"调和中西"的思想，潘天寿提出"中西绘画要拉开距离"，奠定了浙江当代中国画的品性。

现当代国画史上的大家，如黄宾虹、诸乐三、陆俨少、李可染、方增先等都曾在美院工作或学习，他们将诗性涵养融入笔墨，开创写意精神新境界。此外，曾宓、吴山明、童中焘、姜宝林、何水法等名家，以水墨艺笔，将山水情韵与人文精神互融互通。

二

正因为人们对浙江美术有较高的期待，在历届全国美展上，浙江中国画的表现都是备受关注的话题。

据统计，从第六届（1984）到第十一届（2009）全国美展，浙江中国画无论是入选作品还是获奖作品，数量都独占鳌头。但在最近两届全国美展中，浙江入选作品虽不少，但进京展作品却较少，获奖作品更是无所斩获。于是外界不免发出质疑：这样的成绩单，与"高峰"地位还能匹配吗？

古人云，"目见百步之外，不能自见其眦"。要回答这个揪心之问，我们须"揽镜自照"，方知画中得失——

重本体表达，对时代主题着墨不够主动。浙江的一部分中国画画家对现实主题创作"不感冒"，其主题性创作往往是被动承接的任务，而非发自内心的艺术表达。他们个人的艺术生活更愿意沉浸在中国画本体语言和笔墨技法的探索中，创作方向多囿于表现花鸟山水等传统题材，相对较少反映社会主流意识、历史题材、百姓生活等时代命题。当创作的作品与热气腾腾的群众生活不贴近，对日新月异的时代变迁不敏感，作品自然很难打动看画人的心。

偏"单打独斗"，集体创作氛围不浓。团队作战本是浙江画界的优良传统，20世纪50年代就有"国画山水写生组"，到80年代又成立了"莫干山创作组""两江创作组"等，带动画界欣欣向荣。现如今，浙江中国画领域虽不缺创作研究机构和团体组织，但缺少向心力强的"学术共同体"；不缺领军人物，但缺少协调力强的服务型带头人。

好话套话多，批评乏力锐度不足。文艺批评被称为文艺创作的一剂良药，但这味"药方"，很多评论家似乎不敢开。浙江是艺术史研究的重镇，却鲜见一针见血式的艺术评论。有些艺术家办个展，大家都来捧场，图的是宾客尽欢而非创作提升，整个文艺界普遍存在批评乏力、批评失语的现象。

受市场羁绊，部分艺术家难守本心。在艺术市场化背景下，中国画的超逸化、小品化倾向日趋凸显，人文关怀和现实观照则有被弱化的迹象。有些画家在经济大潮中找到"捷径"，少谈创作而常谈市场。认为纯粹的艺术创作花大精力、费大力气，兴趣缺缺。

回望那些流传千古的经典之作，必定是历经时间打磨、沉淀时代精华的作品。任何脱离时代的艺术都难以具有持久的生命力，粗制滥造的"快餐艺术"更是转瞬即逝。它们，终将被时代远远甩下。

三

有人说，浙江绘画传统崇尚写意精神，重视艺术本体，若刻意迎合、过度雕琢便是落了下乘。笔者恰恰认为，中国画理应体现时代精神，写意精神也需要守正创新，赋予其时代表达。

如今的"写意"，已不是文人画的狭义"写意"，而是应"眼纳千江水、胸起百万兵"，写身边的故事，写这个滚烫的大时代。

写意精神绝不是让艺术家活在旧时代、封闭在自己的世界里。在我们脚下的这片土地，每一天都有动人的故事发生，每一处都有值得书写的时代命题。画家要去田间地头、街头巷尾感受一下泥土气、烟火味，拾起或闪烁、或隐匿的文化印记，捕捉历史更迭、社会变迁的脉络，刻画平凡人的不平凡。

主题创作是艺术家的时代使命与责任担当。它绝不是让艺术家丧失个性、空唱赞歌，也不是片面地将主题性等同于程式化、概念化，忽视艺术精进的追求，而是提倡"从时代之变、中国之进、人民之呼中提炼主题、萃取题材"。

主题创作与艺术创作不是对立的，而是同向的。艺术家只有在借鉴、融合与创新中把握文艺规律，在人民的创造中进行艺术创造，展现新时代的万千意象，才能实现艺术性、时代性与人民性的平衡。

浙江的历史上并不缺乏兼具主题性和艺术性的扛鼎之作。早在20世纪50年代，"浙派人物画"崛起，以李震坚、周昌谷、方增先为代表的水墨写意人物画，以及宋忠元、顾生岳为代表的工笔人物画，在中国画坛产生了广泛深远的影响。

比如周昌谷的代表作品《两个羊羔》就是他深入藏区生活所作，画中的藏族女孩满眼爱怜地看着两只小羊羔，天真淳朴跃然纸上，展现浓郁的藏区风情；李震坚毕生坚持"画老百姓的画，给老百姓看"，在他创作的《在风浪里成长》中，一位老渔民手把手教年轻的舵手在风浪中驾驶船只，表达了当地渔民不服输的精神。

近年来，在国家重大题材美术创作工程中，浙江画家的身影也并不鲜见。在中国画领域，尉晓榕的《社戏》、张捷的《井冈山》、茹峰的《绿水青山》、吴宪生的《十送红军》、黄骏的《在伦敦德意志工人教育协会作报告》等，皆为佳作。

但不得不承认，相比其他艺术门类，浙江中国画主题创作整体氛围不浓，在出精品、出力作方面呈现疲态。笔者认为，在全国美展这样的中青年艺术家展示才能、突围冒尖的舞台上，浙江不应该缺席，更不应该孤芳自赏。

美术界应以更优的机制激励美术工作者到全国舞台争金夺银，留下属于自己的时代刻度；应鼓励青年生力军挑大梁，激励中生代骨干再展翅，开展试验性、准备性创作，发挥团队作战的传统优势，培育发掘一批"种子选手"。

对画家而言，还须提升知识的丰度、语言的深度、精神的高度，深入一线采风、感悟百姓生活，创作出一批有浙江辨识度、紧扣新时代脉搏的精品力作，成就浙江文化强省建设的澎湃"大我"。

"若批评不自由，则赞美无意义"，浙江文艺界也需要更多敢讲真话、能开"药方"的艺术评论家，用富有锐度的评论引领创作风向、推动创作提升。

相信具有时代精神的写意新风，将让浙江中国画"高原"之上再现"高峰"。

茹雪雯 沈勇 徐霞 执笔

2023 年 3 月 15 日

"长风破浪，未来可期"的信心源自哪

> 康庄大道并不等于一马平川，一时一事或有颠簸，但长远看，总是东风浩荡。依靠坚定的信心，我们已经走过千山万水；靠着坚定的信念，我们还将跋山涉水，在奋跃而上中创造新的伟业。

习近平总书记曾谈道："信仰、信念、信心，任何时候都至关重要。小到一个人、一个集体，大到一个政党、一个民族、一个国家，只要有信仰、信念、信心，就会愈挫愈奋、愈战愈勇，否则就会不战自败、不打自垮。"

3月13日，国务院总理李强出席记者会，一句"长风破浪，未来可期"迅速登上热搜。在奋进中国式现代化的开局之年，总理用这8个字概括中国经济前景，既亮明了新一届政府的积极态度，又彰显了中国推进高质量发展的坚定信心。

越是风高浪急，越需要信心激励。"中国号"巨轮新的航行，离不开扬帆的自信。然而，现实生活中，总有一些人老是唱衰发展形势，热衷发表或者传播会动摇人心的信息和言论，他们总是要泼上一盆冷水，持"不看好"的态度，甚至还自以为很聪明、有远见。这到底是为什么？不禁要问，"长风破浪，未来可期"的信心源自哪儿？

—

"后疫情时代"，百年变局加速演进，世界经济形势总体不容乐观，外部不稳定、不确定、难预料成为常态。根据有关国际组织预测，今年世界经济可能面临滞胀局面，世界经济增长2.7%、通胀率6.5%，全球货物贸易增长1%，将明显低于正常年份，如何稳增长对世界各国都是一个考验。

与此同时，多家国际机构纷纷上调我国经济增长预期，这无疑是看好中国经济的鲜明信号。这个信心，是对各项稳定向好的经济数据进行综合分析的结果，更是对中国共产党的领导、对中国特色社会主义制度优势的认可。

信心从来不是凭空产生的。我们常说，政治上的坚定，源于理论上的清醒。可以说，对发展形势的信心，源自认知上的高度清醒。反过来说，有的人总是以一副"悲观主义"的面孔看中国之未来、谈发展之前景，甚至总是一味唱衰中国发展，也绝对不是偶然为之。每到关键节点，总有这样那样的杂音噪音，企图动摇社会信心。笔者以为，这背后有以下几个原因。

先说制度的较量。岁月静好的另一面是暗流涌动，意识形态的斗争从来没有消停过。就以民营经济发展为例，此前，"浙江宣传"在《别让"污名化"言论干扰民营经济》一文中就分析过，改革开放已有45年，但时至今日，仍有形形色色的"污名化"言论干扰民营经济发展，这些论调看似站在"专业角度"讨论经济问题，深层次的目的是含沙射影攻击中国特色社会主义经济制度，企图引发争论掀起社会思潮，动摇发展民营经济、社会主义市场经济的信心。其实，我们党的方针政策一直非常明确，"两个毫不动摇"作为我国基本经济制度的重要内容，是长久之策，过去没有变，以后更不会变。中国具有超大规模的市场需求，还有很多新领域新赛道有待开拓，民营经济大有可为。

再说思维的桎梏。当前，世界之变、时代之变、历史之变正以前所未有的方式展开。新冠肺炎疫情尚未消除，乌克兰危机延宕发酵，全球粮食、能源安全问题突出，产业链供应链遭遇严重冲击。我国仍面临"需求收缩、供给冲击、预期转弱"三重压力，不稳定、不确定、难预料因素仍在不断增多。此时，我们就要善于用联系的、发展的、全面的辩证思维来看待现实。危中育机、危可转机，大国崛起总是在危机动荡中加速实现的。古人说，福兮祸所伏，祸兮福所倚。关键要把信心装进行囊，发挥主观能动性，在危机中育先机、于变局中开新局。

最后说自信的缺失。回望中国历史，"仰视"的国际观曾长期成为主流，如今网上依然不乏有人觉得"外国的月亮比较圆"。一路走来，我们从摸着石头过河，到在世界市场的汪洋大海中搏击风浪，稳居世界第二大经济体，开启中国式现代化的新征程，"中国之治"取得的成效令人瞩目。远在大洋彼岸的英国，一年内三位首相"走马灯"式更替，还有一些西方国家每逢政府换届，政策就被重新洗牌。而中国特色社会主义制度就是我们最大的优势。像"两弹一星"、"南水北调"工程、三峡水利工程等世界级奇迹，以及面对新冠肺炎疫情爆发出的伟力，都是我们集中力量办大事的实证。

因此，我们没有理由不对我们的道路、理论、制度、文化等充满信心，没有理由不"立定脚跟撑起脊，展开眼界放平心"。

二

困难是客观存在的，但并非不可战胜。对于弱者来说，困难是前进道路上的"拦路虎"，而对于强者来说则是磨砺信心、砥砺前行的"垫脚石"。只有经过困难的"润色"，信心的"成色"才会更足，发展的成果才显得更为珍贵。

总理在记者会上讲到"大禹治水、愚公移山、精卫填海、夸父逐日"四个典故。这些典故正是中华民族迎难而上、百折不挠精神的体现，给我们当下增强发展信心、解决发展问题带来深刻启迪。

比如"大禹治水"，它让我们相信人定胜天，只要不惧艰难、智慧应对，最终定能克服困难。中国这样一个人口众多、国情复杂的大国，决定着我们的发展和治理一定比其他国家更有难度。不管是经济社会发展面临的种种矛盾，还是外部环境的严峻复杂，都牵一发而动全身，需要我们始终保持全心投入、全力以赴的攻坚劲头，因势利导、化堵为疏、克难攻坚。

比如"愚公移山"，告诉我们许多原来认为不可能攻克的困难，只要我们下定决心，敢想敢干，坚持不懈，最终定能让人刮目相看。革命战争年代，我们"搬走"了帝国主义、封建主义、官僚资本主义三座大山；全面小康的道路上，我们又"搬走"了绝对贫困这座大山，等等。这些大山，哪一座不曾让人望而生怯？哪一座不是当时看起来无法攻克的？但是，只要我们迎难而上，埋头苦干，最终定能把阻挡我们发展前行的一座座大山都搬掉。

比如"精卫填海",告诉我们面对困难之时,只要一步一个脚印,永不屈服、永不放弃,定能积小胜为大胜。自新中国成立以来,我们在"一穷二白"的条件下迎难而上,研制大型计算机,勘探大庆油田,成功发射"东方红"一号,到如今实现了"蛟龙"下海、"天眼"探空、"嫦娥"奔月、"北斗"棋布……这些成果的取得,无不彰显了我们国家和民族自立自强、接续奋斗的风采。

比如"夸父逐日",告诉我们要胸怀大志,为了梦想勇敢执着、不停奔跑。1934年10月,中央红军长征出发时共8.6万余人,长征胜利最后保留下来的兵力只有3万多人,当时国民党的军事力量却十分强大。面对飞机和大炮,我们拿小米和步枪,敢于牺牲、敢于胜利,最终建立了新中国,实现了近代以来无数仁人志士的夙愿。不管逐梦征途中有多少坎坷崎岖,我们对光明未来的憧憬和向往从来没有变,我们为了梦想勇于探索、全力追逐的斗志没有变。

说到底,面对困难时,最重要的就是"信心"二字。信心就像曙光,照亮了在磨难中成长的道路;信心就像号角,催促着从磨难中奋起的步伐。如果连迈出第一步的信心都没有,即便拥有再好的基础和资源,最终发展只会停滞不前、陷入泥沼。

三

在960万平方公里的土地上,从来不缺创业的条件,关键要有谱写创业史的信心。可是,信心源于何处?

在柳青的《创业史》里,主人公梁生宝有句口头禅:"有党的领导,我慌啥?"

疫情三年,中国人民在中国共产党的坚强领导下,同心抗疫,取得了重大的决定性胜利；我们发挥社会主义制度集中力量办大事的优势，打赢脱贫攻坚战，创造了人类减贫史上的奇迹；我们贯彻新发展理念、构建新发展格局、推动高质量发展，在全球通胀达到40多年来新高的情况下，物价总水平保持平稳。事实证明，政治制度的显著优势是我们抵御风险、攻坚克难的根本保证。

同样是在小说里，关于"梁生宝买稻种"有这样一段描述："度过了讨饭的童年生活，在财东马房里睡觉的少年……他不知道世界上有什么可以叫作'困难'！"

经历过大风大浪，什么困难都不用怕。从苦难到辉煌，中国从来都是在克服困难中不断实现新发展的，中国人不会被任何困难压倒。尽管外部环境急剧变化，以美国为首的西方国家想尽办法地遏制、围堵、打压，但我们不信邪、不怕压、不避难，5年来，国内生产总值年均增长5%以上，去年实际使用外资1890多亿美元，创历史新高……中国开放的大门会越开越大、环境会越来越好、服务会越来越优，因为我们有信心。中国经济是一片大海，而不是一个小池塘。大海有风平浪静之时，也有风狂雨骤之时。狂风骤雨可以掀翻小池塘，但不能掀翻大海。

创业的历史只有进行时，没有完成时，丰收的场景总是预示着新一轮的耕耘。

发展的脚步，什么时候都不会停。今天的中国，市场规模巨大，产业体系完备，人力资源丰富，发展基础厚实。我国有14亿多人口，占全球总人口规模的近20%，2022年社会消费品零售总额达到44万亿元，是世界第一大实物消费市场；按照国民经济统计分类，我国制造业拥有31个大类、179个中类和609个小类，是全球产业门类最齐全、产业体系最完整的制造业；我国有近9亿劳动力，每年新增劳动力都超过1500万，且接受高等教育的人口已超过2.4亿，"人口红利"没有消失，"人才红利"正在形成。"长风破浪，未来可期"，我们完全有能力有条件实现更高质量、更高层次的发展。

四

稳发展，关键是要稳信心；稳信心，说到底是要把思想的迷雾廓清、把心中的"灯塔"点亮。

明辨走过的路。俄罗斯联邦共产党中央委员会主席根纳季·久加诺夫曾撰文指出："中国共产党的经验证明，20世纪末社会主义的失利，并不是各种反共产主义者喜欢说的'乌托邦社会主义计划的失败'……在中共领导下，中国人民有能力应对时代的一切挑战，沿着建设新时代中国特色社会主义的正确道路前进。"

旁观者尚能够看清这一点，又何况亲历者？我们需要更加理直气壮地把中国共产党团结带领全国各族人民创造历史的历程说明白，把社会主义制度"集中力量办大事"的优势说清楚，把一个又一个发展奇迹背后的理论逻辑、实践逻辑、历史逻辑说透彻，用无可辩驳的事实证明，只有社会主义才能发展中国。

看清脚下的路。当有人企图用"民主""人权"的大棒阻滞中国发展时，我们就要低头看一看，脚下的路是一条把人民放在最高位置的初心之路，"人民对美好生活的向往，就是我们的奋斗目标"。当别有用心者费尽气力"唱空"中国时，我们不妨翻翻数据、瞧瞧身边正在发生的变化，超120万亿元的经济总量，增长5%左右的发展目标，我们的"太空之家"正遨游苍穹，国产航母正劈波斩浪，国产大飞机正翱翔蓝天……这是一条梦想接连实现的道路。唯有如此，面对攻击非难和迷惘质疑，才能步履坚定、笃行不息。

走好前行的路。党的二十大提出，以中国式现代化全面推进中华民族伟大复兴。今天，科学社会主义在21世纪的中国正焕发出蓬勃生机，中国式现代化为人类实现现代化提供了新的选择。全国两会期间，习近平总书记围绕推动高质量发展、加快实现高水平科技自立自强、加快构建新发展格局、推进农业现代化、守护人民幸福安康以及发展好民营经济等重大课题作出一系列重要论述。这些都是我们前行道路的当为之事、必为之事。只有锚定目标不动摇，坚定不移走下去，才能最终穿越惊涛骇浪，抵达成功彼岸。

康庄大道并不等于一马平川，一时一事或有颠簸，但长远看，总是东风浩荡。依靠坚定的信心，我们已经走过千山万水；靠着坚定的信念，我们还将跋山涉水，在奋跃而上中创造新的伟业。

朱越岭 何诗航 苏畅 执笔

2023 年 3 月 15 日

春耕的意味

> 　　春耕是黄土地的希望，是劳作在这片土地上的人们一年的惦念和期待，是大国粮仓的基础。
>
> 　　其实，春耕也是文化，争抢春时、奋发有为，是刻在民族血液中的传承，是我国农耕文明的组成部分。

　　"微雨众卉新，一雷惊蛰始。田家几日闲，耕种从此起。"惊蛰过后，大江南北，广袤田畴，已陆续进入春管春耕时节，希望的田野上生机勃发。

　　春耕的诗意，代代相传。"布谷飞飞劝早耕，春锄扑扑趁初晴"，催耕的布谷鸟声声吟唱，劝人珍惜春时；"手把青秧插满田，低头便见水中天"，把弯腰插秧的劳作场景描写得如诗如画；"烟暖土膏民气动，一犁新雨破春耕"，抒发了旷野蓄势待发的喜悦和希望……

　　荀子曰："春耕，夏耘，秋收，冬藏，四者不失时，故五谷不绝。"没有春天的播种，就没有秋天的收获。今天，我们一起"下田"去，共赴这场与春天的约会。

一

春耕，是朴实的农家人面向土地的盛大抒情。展开这幅"千里江山春耕图"，纵横阡陌间，拔秧苗、插秧、耕田、戽水……万物在春色中次第"耕"新。

地处江南平原的嘉兴，素有"鱼米之乡""浙北粮仓"美誉，这里耕地面积307万亩，其中水田占比近九成。

嘉兴最懂得"春时贵如金"。正月一过，农民们便已关心起春耕这一头等大事。在嘉兴新塍镇，运河水被引至大片农田里，泥土被浸润着，泛起浅浅的水花，水田如镜，人影如豆。挽起裤管，农民们深深浅浅踩在冰凉的水中，脚底透着冷气，心中却满是火热。

俯瞰嘉兴大云镇的成片高标准农田，只见田埂上春光烂漫，一道道绿色把农田剪裁成千姿百态，拖拉机轰鸣，那是最动听的乐曲，缀满泥土的插秧机在地里"埋头苦干"。农民的喜悦不亚于秋收，待到犁铧翻开泥土，种子播下希望，脸上尽是满足。

在湖州太湖南岸，数十万亩的水塘开始了"水上春耕"。连片的稻蛙基地内，村民们将数千万尾黑斑蛙苗下到育苗池里。在绍兴的粮田上，农人驾驶着耕地机，实行翻地作业，并操纵无人植保机喷洒基肥……

如果说浙北平原的水田，是一曲悠扬的春耕小调，那么浙南丘陵里的梯田，则是一首奇崛的山歌。

比如，温州平阳，为了更好利用水资源，当地想方设法改造升级灌溉泵站机埠，村民在手机上启动泵机，清澈溪水就能被抽入水渠灌溉农田。再如，丽水的云和梯田，线条流畅、群山如黛，仿若大地的雕塑，然而限于陡峭的地势，农民们保留着传统农耕习惯。春雨淅淅、水满田畴之时，穿着蓑衣、戴着箬笠的农人肩扛农具，赶牛耕田，在山花中时隐时现，别有一番瑰丽动人之美。

再放眼全国，春耕各有各的美。江南水乡，草长莺飞，在五彩斑斓的春光里耕种，那是秀美；北国黑土地上，泥浪翻滚，那是大规模机械化耕种的壮美；中原粮仓，寒意未祛，小麦率先返青，那是春回大地的俊美……

春耕，是一个时节、一种景致，更是农民与大地的生命之歌，萦绕于广袤的田野，带给乡村以希冀。

二

"自古有年，今适南亩，或耘或耔。黍稷薿薿，攸介攸止，烝我髦士。"如今，我们依然能从古代典籍中，领略先民春耕时的风采。可以说，人类与自然的生活史，正是一条不断革新的春耕路。

春耕背后，是一场人与土地持续了千万年的相识、相知、相守。从目前的考古发现看，稻作起源地就在广布上山文化遗址的浙江金衢盆地一带，上山人就是最早将中国带入农业社会的人群之一。可以想象，万年前春耕，一株株野生稻一年年被驯化，匍匐在地面上迎风摇曳，支撑着早期人类的繁衍生息，点燃了文明的火种。

从破土到收获，耕耘的故事里，还有百姓对美好生活的愿景，也有与土地的不懈"较量"。曾经的杭嘉湖平原，水多、地低、潮湿，耕种条件其实十分恶劣。就在被称作"禾城"的嘉兴，有过一场千年为期的耕种抢位战。

嘉兴从战国秦汉时就开始"与水争地"。那一场场春耕，远没有诗情画意，而是在滩涂泥沼中围垦。特别是唐代，安史之乱后，全国耕作人口、耕地面积大减，吃不饱饭成为最突出的问题。为此，嘉兴开始了轰轰烈烈的屯田。唐朝《苏州嘉兴屯田纪绩颂并序》就有记载："浙西有三屯，嘉禾为大。"

相知中，农民与土地更为默契，在"与水争地"后，又是数百年的"向田夺粮"，也就是在有限的土地上种出更多的粮食。宋代之后，"精耕细作"成为嘉兴农民的主要耕作方式，他们不断改进生产工具、耕作技术，形成一年两熟制甚至一年三熟制。

在与土地一年又一年的相守中，春耕也有了更多打开方式。

如今，农技与科技的结合，让农耕文明又焕发出新的光彩。走进乌镇国际互联农业博览园，采摘机器人来回穿梭采集室内环境数据，环境模拟系统已经让环境四季如春；在有机农业园的育苗大棚内，春耕时节"静悄悄"，这里的人工已经被各种机器替代；在嘉兴王店种粮大户魏元五的麦田里，只见他站在田边，遥控着农业植保无人机，精准为麦田施肥……

"新农人"们从看天种地到看数据种地，从"会种地"变身"慧种地"的能手……但"春种一粒粟，秋收万颗子"的美好追求依旧。人类用勤劳的双手，一步步开垦出一条契合天地的生存之道。

三

"春为岁首，农为行先。"春耕在我国，具有格外的意义。2020

年2月，习近平总书记曾对全国春季农业生产工作作出重要指示：全力组织春耕生产，确保不误农时，保障夏粮丰收。

春耕为何如此重要？首先有其现实意义，作为拥有14亿多人口的大国，吃饭永远是最大的事情。而春播粮食产量占全年六成左右，春管粮食产量占主要口粮的近四成。

春耕是黄土地的希望，是劳作在这片土地上的人们一年的惦念和期待，是大国粮仓的基础。

其实，春耕也是文化，争抢春时、奋发有为，是刻在民族血液中的传承，是我国农耕文明的组成部分。

一次春耕，就是一次精气神的提振。例如，在吴越地区就流传着鞭春牛的年俗。立春后，就要造土牛或者稻草扎的耕牛，农民争相鞭打，象征春耕开始。鞭子打在牛上，同样也打在农民的心里，策励农耕，撸起袖子，又要奔一年的好光景。

"月亮地、明光光，男女老少去开荒，多开一亩地多打一亩粮，一家老小不再闹饥荒……持久战，打东洋，家家户户去完粮，抗日的力量大家来保障，打走鬼子才能把福享。"抗战年代，中国共产党也在抗日根据地领导开展过春耕运动。除了解决当地军民吃饭问题，春耕更是一次田野里的生动教育，教会大家勤劳和创新、团结和协作。

今年入春以来，线上平台营养土销量增长了三倍，年轻人在阳台、办公室栽培、养护、分享，掀起了另一股春耕热潮。有网友在社交平台分享：看着植物的生长，在劳动中感受踏实，在希望中自我疗愈，在面对困难挑战时追求更高目标。

所以，有人说，喜欢春耕时的景致，喜欢闻到新翻的泥土气息，但更喜欢春耕时的氛围，那种让人充满干劲的场景，时时激励人奋力前行。

春耕的教育意义，在任何时代都不会过时。犁田育秧赶春时，每一块田野都在春天孕育希望。如今，全国两会刚刚结束，擂鼓催征，处处又是播撒春种的气息。此时，你又在播种什么呢？

吴梦诗 朱鑫 孔越 执笔

2023 年 3 月 16 日

"高手在民间"的话外音

> 基层是社情民意的源头，也是政令落地的"最后一公里"，不走出办公室见不到大天地，"一心只读圣贤书"也永远写不出大文章。

习近平总书记高度重视调查研究。他曾强调，要大兴调查研究之风，多到分管领域的基层一线去，多到困难多、群众意见集中、工作打不开局面的地方去，体察实情、解剖麻雀，全面掌握情况，做到心中有数。总书记一席话，说的实际上就是问政于民、问需于民、问计于民。

十四届全国人大一次会议闭幕后，国务院总理李强在出席记者会并回答中外记者提问时，谈到自己有一个很深的感受：坐在办公室碰到的都是问题，深入基层看到的全是办法。他还说，高手在民间。

生动幽默的话语让现场的记者们会心一笑，也引发了广大网友的深深共鸣。那么，为什么说"高手在民间"？我们又该如何做好调查研究工作？这些问题值得我们细细体悟。

一

"高手"，是功夫片中的常见词语，通常是指武功高超、技能高明，或精通某一领域、该领域排名较高的人。现在很多网友在形容一个人很厉害时，往往会用"这是高手"这句话。"民间"，从字面意思看，是群众中间，指代人民群众的汪洋大海和广阔的基层实践。

在中国历史上也有许多高人来自民间，比如"运筹帷幄之中，决胜千里之外"的张良，"国家每有吉凶征讨大事，无不前以咨询"、时人谓为"山中宰相"的陶弘景，未出茅庐已知三分天下的诸葛亮，等等。他们中有的是天生奇才，有的是后天努力。

我们熟知的儒学经典、诗歌源头《诗经》，也源于群众生活，其中"风雅颂"三部分的"风"，专指民间歌谣。比如"关关雎鸠""桃之夭夭"的爱情，"七月在野，八月在宇，九月在户，十月蟋蟀入我床下"的日常劳动等，无不来自最民间、最基层的哼唱，却最终被奉为中华文化不朽篇章。

在笔者看来，李强总理提到的"高手"，不是奇人异士，更不是天纵奇才或者英雄人物，而是遇到困难有高招、处理复杂事情有高见的人民群众，群众才是真正的英雄。

古人云："知屋漏者在宇下，知政失者在草野。"李强总理之所以在如此重要场合强调"高手在民间"，不是简单提醒我们民间有高手，更重要的是，要求党员干部深入基层，体察民情，拜人民为师，向群众学习，到基层、到群众中找办法。

就像《三国志》里说的："能用众力，则无敌于天下矣；能用众智，则无畏于圣人矣。"

二

"高手在民间"看似只是一句简单的口头语，实际却闪耀着充满智慧的辩证观和方法论，给我们带来诸多启示。

其一，"最强大脑"往往来自群众。《之江新语》一书里有一篇文章叫《办法就在群众中》，其中就讲道："群众的实践是最丰富最生动的实践，群众中蕴藏着巨大的智慧和力量。"

比如，发源于武义县后陈村的村务监督委员会制度，一开始只是为了解决村务监督问题，后来经过不断深化完善，这一制度被写入《中华人民共和国村民委员会组织法》《中国共产党农村基层组织工作条例》，充满泥土味的"治村之计"逐步成为"治国之策"。

其二，多跑跑"民间"，自己才可能成为"高手"。

研究问题、制定政策、推进工作，刻舟求剑不行，闭门造车不行，异想天开更不行，必须进行全面深入的调查研究。习近平总书记历来十分重视调查研究，他在浙江工作期间一个鲜明的工作特点就是"以调研开局、以调研开路"。《之江新语》中有三篇短评专门谈到调查研究，全书第一篇文章就是《调研工作务求"深、实、细、准、效"》；打通浙江"任督二脉"的"八八战略"就是经过大量调查研究提出来的。要知道梨子的滋味，就得亲口吃一吃，调查研究多了，情况才能了然于胸。

其三，"高手在民间"，政府更要善于集中智慧。

"高手在民间"反映了基层蕴藏的强大活力和动力，但同时要看到，政府也要善于倾听不同意见，汲取各方智慧，把基层的声音转化为决策的参考，真正地推进工作改进。一个优秀的党员干部，能把对历史的思考和对现实的观察，与群众的智慧结合起来加以总结、升华，往往会产生新的理论成果、实践成果。

三

来自基层直接的呼声、鲜活的事例，最能帮助党和政府制定出符合实际需要的政策，打通工作推进落实中的难点痛点堵点。而如何能让群众"敞开心扉说亮话"、向群众取得"真经"，则考验我们工作的方式方法。对此，笔者有几点想法：

与人民群众"以心换心"，沉下身子、放下架子。有些干部在与群众交流时，会因为对方职位没自己高、书没自己念得多而产生轻视、怠慢之心，从而也总得不到积极回应。殊不知"三百六十行，行行出状元"，各行各业在不同历史时期都不乏杰出代表和社会楷模。正所谓："诚无不动者，修身则身正，治事则事理。"

若是心中诚恳，常怀"空杯心态"，真情实意地尊重人民群众的经验智慧，和老百姓面对面、心贴心、实打实，鼓励基层群众讲真话、讲实话、讲心里话，那么老百姓也自然会回以心里话、真心话。

直指问题"痛点难点"，不讲空话套话。调查研究的过程就是科学决策的过程，也是一项讲求方法的艺术。对于一些党员干部而言，一方面要处理的事情量大且杂，另一方面个人的时间和精力有限，这就要求我们在掌握调查研究一般规律的基础上，既要全面查找解决问题，又要抓住主要矛盾，围绕中心工作发现和梳理问题，重点关注市民群众和企业反映强烈的突出问题、政策供给和落实中的突出问题等。因此，必须突出问题导向，奔着问题去，抓住问题改。

切实走访"第一现场"，用脚板丈量民情。只有直通老百姓的田间地头、工厂企业的车间，才能听到群众最真实的声音、看到企业最真实的状况，找到、学到很多在办公室"闭门造车"想不出的思路和办法。

线上亦是如此。当前我国网民规模已逾10亿，互联网俨然构成了一个数字社会，各种信息数据千头万绪，更要切记键盘不能代替脚板，指尖不能代替脚尖，否则就容易"一叶障目"，变成"纸上谈兵"。

常怀常念"窗外风雨"，谨记人民群众是历史的推动者。基层是社情民意的源头，也是政令落地的"最后一公里"，不走出办公室见不到大天地，"一心只读圣贤书"也永远写不出大文章。

习近平总书记在学习贯彻党的二十大精神研讨班开班式上着重强调，推进中国式现代化需要正确处理好顶层设计与实践探索之间的关系。做好调查研究、问计于民，不仅有利于解决实际问题，也有利于提升我们把握全局、推进改革发展的能力。

当前，中国经济社会发展正处潮头，更应立足当前、着眼长远，汇聚各方智慧和力量，激发起广大人民群众的积极性和创造性，共同推动中华之舟驶向更远的未来。

王云长　陈培浩　应明君　张俊　执笔

2023 年 3 月 16 日

"老少通吃"的年代剧

> 年代剧最让人着迷的，就是能在剧中"看见自己"。在平凡生活中融入"家国情怀"，让每个人都能找到自己的影子，并呼应现实生活，满足了青年一代对社会真相的好奇心，甚至影响了他们对未来职业的规划。

"不知看了多少遍，把剧中人看成了自己的亲戚！""一部接一部，越看越上头"，这些年，在充斥着IP热、仙侠玄幻潮的市场夹缝中，年代剧恰如一股"清流"沁入人们的心田。不论是年轻人，还是他们的父母辈，都热衷于这一类颇有怀旧色彩的剧集。

像近期迎来大结局的浙产电视剧《我们的日子》，就因为故事情节紧凑、演员演技在线，圈了一波"情怀粉""年代剧粉"。加上之前的《鸡毛飞上天》《大江大河》《人世间》等，部部都是现实主义题材的佳作。

不过，随着观众看剧的"胃口"越吊越高，也给年代剧制作者提出了一个问题：年代剧，如何拍得更具质感、更有年代味？

一

年代剧，大多以特定年代为故事背景、主人公生活成长为主线，剧情时间跨度数十年，反映大时代下人物的命运和生活。

一个时代有一个时代的"年代剧"。上世纪80年代，观众常听父辈讲述革命故事，熟稔家国、英雄、正反派对决等主题和场景。最早的年代剧就出现在这一时期。一部脍炙人口的《上海滩》带出了华语年代剧的概念。那些年，不少青年披上大衣，戴上"墨镜"，幻想自己就是上海滩上那个呼风唤雨的"许文强"。

随着时间推移，年代剧的概念悄然变化，年代家族剧登上舞台。此时，"年代"并非简单的时间线，而是大家族故事发生发展的时空背景和载体。它们剧情节奏紧凑，戏剧冲突强烈，主角经历充满传奇，成为有过丰富生活体验的中年观众的最爱。2001年推出的电视剧《大宅门》，以及其后上映的《大染坊》《大药坊》《乔家大院》等，就是代表。

后来，以描述普通人家庭生活和情感故事为主题的年代剧开始走红。这类剧不再注重故事的传奇性，而是将更多目光转向了大时代下小人物命运和平凡的家庭生活。许多步入婚姻和家庭的观众认为，自己能在《金婚》《父母爱情》《王贵与安娜》等中感到情感共鸣，体悟生活真谛。

近年来，我国经济社会蓬勃发展，人们的生活水平持续改善，思想观念和个体意识也在不断更新。年代剧的概念和主体再次发生变化。

年代剧的主角变成了陈江河、宋运辉这样的改革创业先锋，马得福这样的基层扶贫干部，或是刘淑霞这样的独立职业女性。这类剧集逐渐摘掉"不吸引年轻人"的标签，辐射更广泛人群，成为"新主流剧"。精神独立、事业成功、心系家国，成为新一代观众对年代剧角色的内核要求。

像去年央视播出的《人世间》，创下近5年央视综合频道黄金档电视剧最高收视率，多日全网热度第一，再次掀起"全民追剧""隔代讨论"等热潮。

二

年代剧可以说是"老少通吃"，老一辈观众从中忆往昔，年轻观众则渴望从中感知时代变迁。据统计，年代剧的网络收视主力是25—35岁的年轻受众，他们虽没有在年代剧描绘的历史大场景中担当主角，但乐于从中体味祖辈和父辈命运的跌宕起伏。

年代剧的迷人之处就在于，它在现实世界之外，创造了一个易于融进我们情感和想象的平行宇宙。

对于各类型年代剧的成功，我们可以提炼出几个共性的"出圈密码"：

它们之所以抓人眼球，首先胜在"场景真实"。相比很多流水线生产偶像剧强行"甜宠"、全程"尬聊"、造型辣眼睛、猛撒工业糖精，年代剧基调朴素，细节真实。从灰色筒子楼，到随身听、小彩电，再到充满年代气息的标语，各种置景道具做到深度还原。

不论是前阵子的爆款《狂飙》取景点江门老城，还是《鸡毛飞上天》带火的浙江缙云岩下村，都让人瞬间闪回到历史现场中，老观众高呼"爷青回"，年轻观众也觉得真切新奇，看年代剧有种

"烂柯人"恍如隔世的神奇体验。

一部剧好不好看、看不看得下去，关键要人设合理、故事有趣。剧中的角色设定，从社会发展和日常生活片段中寻找原型。真实的社会，没有完美的好人，也没有极致的坏人，角色有人性、有私心、有追求，才是人间烟火。正因合情合理，所以可感可信。

剧情上，上山下乡、改革开放、民营经济创业潮等，都具有深层次的故事挖掘潜力，能让人强烈代入剧情和人物。比如，《大江大河2》中大刀阔斧的青春创业、聚少离多却冲不淡的亲情友情、剪不断理还乱的日常生活琐碎，让观众体验了一把剧版的"模拟人生"游戏，看了很解馋。

年代剧最让人着迷的，就是能在剧中"看见自己"。在平凡生活中融入"家国情怀"，让每个人都能找到自己的影子，并呼应现实生活，满足了青年一代对社会真相的好奇心，甚至影响了他们对未来职业的规划。

有专家就说，年代剧"写了生活中的苦难，却不靠苦情叙事撩人；写了对美好生活的期许，却没有贩卖廉价的理想主义"。可以说，是在见事中见人，让收看者在同理中共鸣。

三

不过，随着各种题材年代剧纷纷进入市场，一些追风作品剧本粗糙，摄制"品控"不严，拍出来不是年代味缺失，就是细节不真实、剧情牵强，变成了"肥皂剧""快消剧"。同时，年代剧的难度在于，观众对经历的特定年代有自己的体会，一旦剧情平淡俗套，就会让人觉得味同嚼蜡。

对此，笔者认为，可以从答好四道题目入手。

年代剧怎样拍出匠心雕琢的质感？要从取景地、着装、道具、故事表达等全方位着手。比如，有的剧深入千年古镇实地拍摄，斑驳砖石、屋檐青苔衍射出的质感和文化沉积，是最好的时间代言和历史见证；还有，在角色刻画上，考虑到不同时期人们的发型有所不同，很多剧也进行了非常细节的调整。正是这些工匠雕琢，才诞生出一部部质感厚实的作品，让人回忆起那时的空气、味道和人们的笑容。

有了好的质感，又该怎么抓住少经世事的年轻观众？一方面，应当多给年轻演员机会，挖掘他们的潜力，让他们成为联结剧中过往岁月与新生代观众的桥梁，带着"90后""00后"和"Z世代"走进年代剧。另一方面，在话语表达和故事设定上，加入青年感兴趣的元素、话题，通过有血有肉的真实历史讲述，防止"历史虚无主义"对年轻人的误导，拍出更多让年轻观众"一键三连"的年代热剧。

还有一个问题是，如何体现年代剧中人性和家庭的温度？无论哪个时代，人们内心都是渴望温暖和人情的。所以年代剧将历史进行简单还原还不够，要从人和家庭的关系中提炼出生活哲学，这是当代观众仍可以为之共情的关键所在。应该更加重视人与人之间的情感表达，通过剧情冲突和情感"抓马"，用更多笔墨温柔地展现生活的厚重与隽永，因为人间很值得。

最后要考虑，如何挖深年代剧中历史和家国的厚度？在中华传统文化熏陶下成长起来的观众，对家国情怀拥有类似的审美感觉。因此，无须打着高大全的主旋律旗帜，而要用老百姓的视角，带着观众了解国家社会的历史过往，在丰满的剧情中感受改革开放精神等，在个人、历史、国家的"家国同构"中提高对祖国和民族的认同感、荣誉感。

《庄子·人间世》曾说，来世不可待，往世不可追也。从某种意义上来说，年代剧却为重现历史、为人们再次感受历史进程提供了一种艺术化的可能。

在一帧一幕画面当中，我们感受到，年代剧所表达的价值理念，在当下这个时代仍然具有强烈的感召力。它向我们展现历史的厚度、思想的深度，传递生活的温度，并告诉我们：

无论在历史洪流中的哪个阶段，总有许多瞬间触动人心、余韵悠长，无论身处何时何地，中国老百姓总能把日子过过去、过过好。

应钢 喻谦　执笔

2023 年 3 月 17 日

价值判断与技术判断

> 把"实事办好"离不开"为人民谋幸福"的价值判断,把"好事办实"则离不开基于研究扎实、实事求是的技术判断。然而,正确的决策必须在价值判断和技术判断的排序上保持高度的清醒。

决策干事、改革创新,经常面临两难判断。一件事办还是不办?一项工作干还是不干?一些决策者既怕把握不好上级精神"做多错多",又怕"本领恐慌""好心办了坏事",索性碰到困难绕道走,一有问题往后拖,不下文件不办事,不见批示不执行,有的事情看似合法合规,其实并没有办到老百姓心坎上,群众也有不少意见。

习近平总书记指出,改革发展稳定工作那么多,要做好工作都要担当作为。担当和作为是一体的,不作为就是不担当,有作为就要有担当。做事总是有风险的。正因为有风险,才需要担当。凡是有利于党和人民的事,我们就要事不避难、义不逃责,大胆地干、坚决地干。总书记的话告诉我们,有利于党和人民的事,党员干部就应该做。

李强总理在记者见面会上谈到加强政府自身建设时提出，凡事要多作"应不应该办"的价值判断，不能简单地只作"可不可以办"的技术判断。这两个判断事实上说明，党员干部应该做的工作就要想方设法去做好，做有创造力的执行者，而不能找任何借口推脱。

那么，技术判断与价值判断的标准是什么？如何用好这两个判断，为改革创新事业打开新局面？

一

决策就是选择，选择源于判断。顾名思义，价值判断上"应不应该"的依据是价值观、执政理念、发展规律等，主要在原则性问题上辨析对错，把更多不可能变为可能；而技术判断上"可不可以"的依据是过往经验、条文规定、数据分析，等等，侧重在整体利益考量上权衡利弊、判断可行性，从本位出发机械执行。

把"实事办好"离不开"为人民谋幸福"的价值判断，把"好事办实"则离不开基于研究扎实、实事求是的技术判断。然而，正确的决策必须在价值判断和技术判断的排序上保持高度的清醒。

从两者关系来看，"看对错"是方向，"看利弊"是条件，缺一不可。没有"以百姓心为心"，面对群众诉求只会对着形式上的条文，机械地打钩画叉，就是只做了技术判断，却没做价值判断。脱贫攻坚中，一些地方盲目跟风发展不适合当地的产业，导致"好心办坏事"，就是典型的只做价值判断，缺乏技术判断。

有的决策者之所以会迷恋简单技术判断而跳过价值判断，是因为技术判断的判断标准看似更清晰，可供参考的资料、经验更易获取，容易产生"路径依赖"；而价值判断似乎比较抽象，需要决策者具备更加主动的思考和更为长远的眼光，有时甚至要为无先例可循的决策而挑担子、担风险。还有部分决策者把技术判断当借口，却一门心思想着给自己留后路，看似有理有据有技术，实质却是精致利己主义、本位主义在作祟。

我们常说，要做正确的事，然后正确地做事。面对改革过程中的各种抉择，要果断作出价值判断，由此明确方向，再依靠技术判断来解决具体问题。不能抱着求稳怕乱、击鼓传花、得过且过的心态，以各种客观限制为借口，不想为、不敢为、不作为，这样只会错失先机、付出代价。

二

回顾浙江改革发展的历史，如果凡事只问"可不可以办"，不问"应不应该办"，就不会有从"资源小省"到"经济大省"的华丽蜕变。

上世纪80年代，谢高华毅然拍板给路边摊市场"开绿灯"，首创"兴商建县"的区域经济发展战略，提出"四个允许"、简化税制，并在开放市场的过程中冲破重重阻碍，催生培育了义乌这一"建在市场上的城市"。如今，义乌小商品市场已然成为全球最大的小商品集散中心，年销售额超5000亿元，成就"鸡毛飞上天"的传奇。

很多先例告诉我们，发展机遇稍纵即逝，容不得瞻前顾后。发展面前，如果"随大流等等看"，一念之差就会失之千里；如果

"差不多就行"，一步之遥就会咫尺天涯。

能不能正确处理这两个判断的关系，背后反映着党员干部肩膀够不够"硬"，能不能担当。

《习近平浙江足迹》记载，1999年末的丽水，正处于撤地设市过渡期，财力非常有限，但还是启动了城市防洪工程建设。对此，一些干部认为："花大力气、大价钱征迁的土地，白白浪费了！"2002年11月，习近平同志在丽水调研时注意到了这个争议项目，他指出："既要把防洪工程建成城市的安全屏障，也要让它成为城市的亮丽风景线。"从而彻底打消了大家的顾虑。

在那个已经习惯把GDP作为判定工作好坏重要标准的时期，能够厘出建设生态、绿色发展的思路，去关心身边的一草一木，去关心城市的安全基础，用长远的眼光去谋划到底该走怎样的发展道路，如何才能让老百姓得到更多福祉，很是不易。这才是应该办的事情。

无论何时何地，人民利益始终是决策判断最重的那块"砝码"。在这道判断题面前，必须把握的标尺是，为民造福是党和政府一切工作的宗旨，容不得权衡取舍。凡是为民造福的事就一定要千方百计办好，凡是损害广大群众利益的事就坚决不办。

三

如今，中国经济刚刚从大疫中初愈，再加上外部环境瞬息万变，不管哪一级政府面对的困难都不少。一些老问题可能还没有解决，一些新情况又不断涌现，特别是在一些没有经验可以借鉴、没有先例可以遵循的情况面前，干事创业不一定能够放开手脚，这时候不妨就从"应不应该办"与"可不可以办"的辩证关系中寻找解题方法。

在"为谁办事情"这个问题上一点都不能含糊。中国政府是人民政府、服务政府，一切工作都要从服务老百姓出发。如果不把屁股端端地坐在人民群众这一面，位置是坐不稳的。开展一项工作、制定一项决策之前，应该问问自己：是先看到小我，还是先看到大我？是先看到职位，还是先看到事业？不能因事情有难度，就将群众拒之门外、置之不理，更不能为了一味完成指标任务刷政绩与人民群众对立起来，要想方设法为群众排忧解难，把应该办的事办成办好。

跳出条条框框的思维定势，"超纲"内容要努力寻找新解法。没有哪一个办法、哪一条经验可以包打天下，有些问题看似不能解决，其实只要突破固有的思维模式，就能找到全新的解决办法。面对多元多样的群众诉求，更好发挥政府作用，就不能老想着"以前是怎么样""这事不可能"，而是要实事求是地研究怎样做最合理、最高效，在问需于民、问计于民中改革创新、大胆探索。

"可不可以"强调的可行性也不容忽视。违背规律、突破底线，就会撞到"南墙"。执政施策过程中，需要多学习、多思考、多调研，所有的好主意、好办法都是从基层长出来的，从人民群众中冒出来的，对群众了解得越深入，才能对规律把握得越透彻，决策才能更科学。

认准了的事情，就要拿出"背着石头上山"的劲头。当前，有很多难题需要解决、很多麻烦需要克服、很多风险需要排除、很多沟坎需要跨越，轻轻松松敲锣打鼓是过不去的，只想在鲜花与掌声中为人民办事，也是不切实际的。各级政府需要把吃苦头作为常态，少考虑个人后路，多考虑群众的出路，把责任担当起来。对敢干事者也要有更多的"审慎包容"，为担当者担当，让敢为、敢闯、敢干、敢首创成为时代风尚。

总而言之，干事创业不能只想着留"后路"，"应不应该"确定后，哪怕面对别人一时的不理解、不看好，只要方向找对了、问题看准了，就应当有"虽千万人，吾往矣"的气魄，坚定不移干起来，历史和人民会有正确的评判。

王人骏　倪佳凯　沈於婕　执笔

2023 年 3 月 17 日

千年贡茶的沉与浮

陆羽荐茶时，形容它"芳香甘辣，冠于他境"，给宰相杨绾写信时，又赞它"青翠芳馨，嗅之醉人，啜之赏心"。后人从文字中大体可以窥见当时紫笋茶口味的特点：芳香、浓郁、甘甜。

最近央视热播栏目《典籍里的中国》中，"茶经篇"话题度挺高。

开场戏中，主持人王嘉宁穿越到公元851年的大唐贡茶院，与湖州刺史杜牧品茶论道。杜牧感叹："虽陆公仙逝数十年，但这贡茶的味道醇香如前！"

杜牧所说的贡茶，便是湖州长兴顾渚山中的紫笋茶。也许你并不熟悉它，但它在中国茶文化历史中颇具传奇：茶圣陆羽推崇备至、贡茶历史绵延千年、咏诵它的古诗将近百篇。

鲜有人知，"紫笋"最初指代所有上乘茶，但后来顾渚茶专享了"紫笋"之名。

生长于浙北群山烂石中的紫笋茶，何以曾登上庙堂之高？为何逐渐归于沉寂？又该如何书写新茶事？

当下已是众多春茶上市的时节。泡一壶新茶，在芽叶的浮沉中，我们来聊聊紫笋茶的前世今生。

—

一株野茶是怎么抓住时代的风口，一飞冲天近千年的？

中唐之前，顾渚山中的野茶世代生长，籍籍无名。

就是这种不起眼的野茶，最终成为《茶经》力推的上等茶，被陆羽誉为"茶界第一"。

好茶那么多，陆羽为何偏偏青睐紫笋茶？

今天看来，紫笋茶之所以从寒微中起大势，既有时代的因缘际会，也有自身特殊品相的因素。

大前提是茶文化中心的南移。安史之乱的动荡，打破了南北"文化势差"，官宦大家和平民百姓纷纷南逃，大批诗人茶客云集江南。

要不是孤苦无依的陆羽，处在了大唐盛极而衰的转折点上，他也不至于流落湖州长兴、结庐顾渚山，更遇不到紫笋茶。

从内因来说，紫笋茶的味道有特殊之处。陆羽荐茶时，形容它"芳香甘辣，冠于他境"，给宰相杨绾写信时，又赞它"青翠芳馨，嗅之醉人，啜之赏心"。后人从文字中大体可以窥见当时紫笋茶口味的特点：芳香、浓郁、甘甜。

除了味道，紫笋茶自身兼具的"野""紫""笋"等特点，也符合当时鉴茶的主流文化。野茶比园茶更满足唐人饮茶保健的药性诉求；嫩芽呈紫色，符合"紫气东来"的富贵吉相；茶芽呈笋状，也接近唐人追求饱满富态的审美意象。

古人判断什么是好茶，不可能像今天所依据的检测数据那般客观。几经修改的《茶经》，难免藏着陆羽个人对茶品的好恶。世人皆以为陆羽凭《茶经》找到了紫笋茶，但谁又能说，不是他以紫笋茶为原型，描绘了《茶经》中的"嘉木"模样？

最后，紫笋茶能够跻身贡茶之列，离不开一定的规模作支撑。正因为宜兴阳羡茶贡额不足，常州刺史求策于陆羽，才给了紫笋茶一同列贡朝廷的机会。

绵延百里的野茶面积、朝廷官办的贡茶机构，保证了紫笋茶充裕的产量，最高峰时"岁贡一万八千四百斤"。

陆羽《茶经》"带货"、呈贡朝廷连续千年，一时间洛阳纸贵、"顾渚春稀"。

火到什么程度？北宋沈括将紫笋茶与阳羡、天柱、蒙顶并列唐代名茶。苏轼为挚友刘攽送行时，写下"千金买断顾渚春"，感叹明前紫笋贵如油。

时运带来的历史机遇，让不可能成为可能，但故事总有变化。

二

明清之后，顾渚山中的紫笋茶，一年年生长，品质如故，却不复当年的盛名。

自唐以后，贡茶品目近百种，经大浪淘沙，如今人们耳熟能详的不过龙井、白茶。那些一度声名赫赫的贡茶，因何湮没在历史长河中？

关于紫笋茶落寞的原因，茶界一直众说纷纭：茶线南移说、气候变化说、名茶群起说、面积萎缩说，这些说法大部分关注的是外部客观因素。

如果换个角度，从现代商业逻辑出发，载入《茶经》、上贡朝廷，是紫笋茶之幸，也是不幸。

其中最大内因，可以说是漫长的贡茶经历，使它对市场和技术的变化反应麻木。

最直接的体现，是它遭到了饮茶口味变化和制茶技术变革的"双杀"。

消费端，随着宋代中后期饮茶习惯和器具的简化，民间几乎都喝便宜且方便的散茶，团茶在民间"失宠"。

生产端，从团茶研磨到散茶烘炒，技术门槛陡降，松萝茶、六安茶等新茶趁势崛起，挤占市场。

在这波"团茶改散茶"的变革大潮中，紫笋茶固守传统，丧失了先机。

直到明洪武八年，朱元璋下令"罢贡团茶，改进散茶"，紫笋茶才推出条形散茶。此时入局，已较其他知名散茶迟了200多年。

本来，团茶、散茶并无高下。普洱团茶至今仍是国人钟爱的高端茶品牌。

但紫笋茶的问题在于，对技艺和口味的革新是被动的、仓促的，再没有第二个陆羽为它把脉，既丢了"团茶"的传统特点，又创不出"散茶"的新优势。到了清初，紫笋茶每年向朝廷的贡额已减少至32斤。

或许是类似的原因，阳羡茶、龙凤团茶等一批头部贡茶，也都陆续走下了神坛，成为人们生活中的小众品牌。

欲戴皇冠，却不能承其重。我们除了惋惜之外，更要深思，古老的贡茶如何才能与时代共进步？

三

今时今日，紫笋茶的价值重塑，成为了一道经济算题和文化考问。

上世纪70年代末，在中国茶学泰斗庄晚芳等学者的奔走呼吁下，紫笋茶重新试制，成功"复活"。

但复活并不等于复兴。

扩产量、定标准、办活动、提口味……40多年来，紫笋茶却始终无法像当年那般"出圈"走红。

据《2022中国绿茶区域公用品牌价值评估报告》，紫笋茶品牌价值位列全国第42名，不在一线品牌之列，仅是西湖龙井茶价值的1/4。

那么，紫笋茶还有机会挤到头部品牌去吗？

不妨到它历史出发的起点，去寻找答案。

彼时的紫笋茶，路子走对了。由皇家贡茶院制作，并打造"紫笋茶＋金沙泉"的"贡茶礼盒"，流到民间的私茶奇货可居。

彼时的紫笋茶，粉丝稳住了。江南的文人访茶出游多去顾渚山，只为品一瓯醇正的茶香；他们热烈地咏赞紫笋茶，《全唐诗》中紫笋茶的诗人"朋友圈"多达47人。

彼时的紫笋茶，平台搭好了。以茶为媒推动了当时的"长三角峰会"。每年早春在顾渚山境会亭，湖常两州刺史都要举办斗茶盛会，各地官员和社会贤达共品茶香与春色。收到邀约的苏州刺史白居易抱病不能参加，还作诗遥寄。

上述启示便是：做精品、做流量、做品牌。

除了在历史中汲取营养，现实的跑道中也有名茶复兴的"他山之石"。

安吉白茶、峨眉竹叶青等不少历史名茶，也是从本世纪初才声名大噪，重回"江湖地位"。它们的发展轨迹或可给紫笋茶若干借鉴。

有几个共同点：创新历史表达，像竹叶青茶主打峨眉雪芽的血脉传承、安吉白茶深挖宋徽宗赵佶饮白茶的故事。注重产品开发，推出轻度白茶甜饮、龙井抹茶甜品等年轻态产品。强化品控战略，做好标准化生产和地理品牌保护，等等。

近年来，当地党委、政府兼取古今益处，持续破题，从培育新时代茶人，到构建茶叶标准化体系，再到打造茶文旅综合体，紫笋茶价值新空间正在慢慢打开。

不久前，中华全国供销合作总社批准发布紫笋茶行业标准，增加了紫笋"饼茶"的产品类型。按《茶经·三之造》还原的紫笋饼茶将能重新量产，消费者得以一窥千年前贡茶的模样。

这不是简单的复制历史，而是基于新工艺、新口味的传承创新，在创新中找回历史自信。

"谷雨林中先紫笋"，属于它的春色正慢慢回归。

春日正好，云雾袅袅的顾渚山上，紫笋茶的一芽一叶正在尽情舒展，它们将赶在清明节气到来前，为五湖四海的品茗者，带去甘洌如初的茶香。

张啸松 金梦裳 执笔

2023 年 3 月 18 日

治理不能"光踩刹车""尽设路障"

> 踩"刹车"还是"油门",设"路障"还是"路标",反映出截然不同的工作理念和思维方式,更体现出一个地方的治理能力和治理水平。

一切为民者,则民向往之。习近平总书记指出,要以牢固的公仆意识践行初心,永远铭记人民是共产党人的衣食父母,共产党人是人民的勤务员,永远不能脱离群众、轻视群众、漠视群众疾苦。这意味着,作为党员干部,就应该想群众之所想,急群众之所急,想方设法为群众创造方便、提供服务。

日前,国务院总理李强的首次记者见面会,留下了不少接地气的句子。其中,有一句话特别让人印象深刻,总理说,"各级政府部门和公务人员,都要有服务意识、发展意识,特别是在履行审批、管理职能时,不能光踩刹车、不踩油门;不能尽设路障、不设路标"。

很多公务人员听了这话一定会有所触动,不少普通群众听了也深有感触。因为在现实中,这种"光踩刹车不踩油门""尽设路障不设路标"的问题确实多多少少还存在，有的群众也遇到过。

一

针对政务服务，群众口中曾经流传着"四难"："门难进、脸难看、话难听、事难办"。还有一些企业曾反映，最艰难的是用地，最麻烦的是审批，最头痛的是检查，最反感的是"三乱"。

这些年来，随着"放管服"改革的不断深化，政务服务和营商环境明显改善，但一些"衙门痼疾"还不同程度存在。之所以出现总理在记者会上所说的"光踩刹车不踩油门""尽设路障不设路标"情况，现实原因是复杂的。

有的不愿担责。有学者曾指出，农民申请新宅基地却变成死结，因为"分户要先有房子，申请宅基地又需先分户"，很多乡村40年来没有分配过宅基地，农民只能通过在本村或外村购买、进城买房等办法解决住房问题。像这样"死循环"的状况反映出，一些部门在办理审批时缺乏主动担当，存在"踢皮球"的心态。

有的机械执行。有的地方和部门不顾实际情况机械执行上级指令，甚至对政策理解有偏差，最后让老百姓和市场主体来买单。像一些地方为了推行清洁取暖，简单"一刀切"，甚至采取禁止烧柴、封堵炉灶等极端手段，导致部分老人孩子和困难群众挨冷受冻；一些地方为了所谓市容市貌简单地"不准摆摊"，而不是引导商贩规范经营，导致夜间经济比较萧条。

有的滥用权力。总有人认为"踩刹车""设路障"是一种权力的体现，因此迟迟不愿放弃，却不能认识到手中的一切权力都是人民赋予的。比如，一些部门擅自抬高或降低审批门槛，让政府行政审批这只"有形之手"随意裁量，打乱市场的步伐，与简政放权的方针政策严重不符。

还有的本末倒置。一些领域"重审批、轻监管"，放权之后监管没有跟上。像一些领域安全风波时有发生，但与此同时，行业的准入门槛却不低。如何避免"一放就乱、一管就死"，以及"该管不管、不该管瞎管"，仍是值得有关部门认真思考的问题。

毫不夸张地说，"光踩刹车不踩油门""尽设路障不设路标"是一种懒政。"刹车"踩多了，"路障"设多了，又不给"油门"多加点力，也不给"路标"指引方向，社会活力就会降低，市场主体的信心也将随之消耗。

二

踩"刹车"还是"油门"，设"路障"还是"路标"，反映出截然不同的工作理念和思维方式，更体现出一个地方的治理能力和治理水平。

传说尧舜时代，"洪水滔天，浩浩怀山襄陵，下民其忧"。鲧奉命治水，鲧用"湮"法，愈湮愈决，不可收拾，结果"九年而水不息"。后任用鲧的儿子禹治水，改用"导"法，"高高下下，疏川导滞"，最后消弭了水患。

将这个方法运用到社会治理上，如果政府能从实际出发，摒弃"一刀切"的笨办法，改为正确的政策引导，想必就会取得意想不到的效果。

比如，"路边摊"曾经是城市管理的难点，外摆摊点的垃圾清理、噪音扰民、公共安全等问题给城市治理带来了挑战。日前，杭州市城管局出台新举措，在52个智慧商圈、商业特色街、夜间经济聚集示范区，以及若干个区级商圈等区域，加大对商业外摆、户外文化商业活动户外促销等经营活动的支持力度。此举一出，商家和市民纷纷点赞。

正如习近平总书记2020年3月在杭州考察时所说，"该管起来就能够迅速地管起来，该放开又能够有序地放开，收放自如，进退裕如，这是一种能力"。一味地"管"而不懂得如何有序地"放"，就无法实现治理能力现代化。

哪里需要"刹车""路障"，哪里需要"油门""路标"，不能凭感觉来判断，也不能朝令而夕改。比如，通过建立"权力清单""责任清单""负面清单"等，真正界定清楚政府的权力有哪些、如何依法行政、哪些是必须出政府来管理服务的。对那些侵害群众利益的违法违规行为，有关部门要坚决查处；对那些本应属于市场的事项，则应回归市场，防止部门利益、个人利益危害市场公平竞争，阻碍社会主义市场经济发展。

随着社会持续发展，一些新情况新问题新事物也不断涌现，应对起来并不容易。此时，如果把精力都花在猛踩"刹车"、增设"路障"上，那么很可能就会贻误发展时机。相反，踩住"油门"、增设"路标"，说不定就能顺势而上、占得先机，打开新的发展空间。显然，踩住"油门"、增设"路标"要比猛踩"刹车"、增设"路障"难得多。这是对一个地方治理能力和治理体系的巨大考验。

只有正确使用"刹车"和"油门"，合理设置"路障"和"路标"，多为基层着想、多为发展出力，才能在高质量发展这条宽广大道上跑出"加速度""推背感"。

三

艰巨繁重的发展任务，对政府的履职能力、工作作风都提出了高要求。对于"光踩刹车不踩油门""尽设路障不设路标"这类问题的破解，笔者认为，要把握好三个方面。

第一，办实每件事，赢得万人心。民生无小事，枝叶总关情。在革命战争时期，多少先辈抛头颅、洒热血，就是为了给人民群众创造幸福美好的生活。现在是和平年代，不用扛着炸药包去炸碉堡，但是初心不能忘，为人民服务不能停留在口号和一般要求上。

2004年，在时任浙江省委书记习近平同志亲自擘画下，浙江省委、省政府在全国率先启动为民办实事长效机制，明确当前和今后一个时期为民办实事的十大重点领域，同时建立健全民情反映、民主决策、责任落实、投入保障、督查考评等制度安排。近20年来，浙江每年都会公布一批为民办实事项目，这些项目几乎集中了群众最关心的问题。

政府部门把反映群众呼声、代表群众利益的实事都做实做细做好了，尤其是很多和群众打交道的一线窗口部门，尽心尽力为群众解决急难愁盼问题，把"路标"指得明明白白，让群众办起事来简单又便捷，人民群众才能更有获得感。

第二，破除能力天花板，首先要破除思想天花板。思想是行动的先导、力量的源泉，思想观念的保守可能导致最致命的落后。

比如，有极少数人有了行政之权，就作威作福；有了度支之权，就为己敛财；哪怕有了一点小小的权力，就要无所不用其极。跟民营企业打交道的时候，有的地方和部门"门难进""脸难看"

"事难办"，有的"新官不理旧账"，有的对政策不明确的地方一拖了事，还有的吃拿卡要。这样的"官老爷"思想首先就要破除。

再如，有的干部群众觉得，浙江是经济大省，有着尊商亲商安商的浓厚氛围，营商环境已经很好。这其实也是一种自我设限的思想桎梏。营商环境很好，好到什么程度？还能不能更好？在"白热化"的比拼中，我们的营商环境优势能不能保得住？

今年，浙江省委在"新春第一会"上就把实现营商环境优化提升作为"一号改革工程"，让政府敢为、地方敢闯、企业敢干、群众敢首创的氛围更浓郁起来。形势瞬息万变，解放思想永无止境，特别是为人民服务要提高创造性执行能力，少说"不能办"、多想"怎么办"，少说"办不了"、多想"办得好"。

第三，创新治理永无止境。在履行审批、监管职能时，"光踩刹车不踩油门""尽设路障不设路标"，既是部门界限、功能分割、各自为政等客观原因导致的，也在于一些地方和部门拥有"踩刹车""设路障"的自由裁量权。破除这些弊端，需要政府治理模式自身的创新变革。

这不是简单的"放"与"收"的问题，根本的是要形成科学有效的行政权力运行机制，把行政权力关进制度的笼子里。以浙江为例，早在1999年，以建立"一站式"便民服务大厅为标志，在全国率先启动行政审批制度改革。

2002年、2003年，浙江相继进行第二、第三轮行政审批制度改革。到了2013年，浙江又推出了"四张清单一张网"，以清单形式明确政府权限，规规矩矩用权、明明白白花钱。2016年底，浙江迭代实施"最多跑一次"改革，让跑一次是底线、一次不跑是常态、跑多次是例外，由此倒逼政府部门改革。再到2021年，浙江全面启动数字化改革，以此撬动各领域各方面改革，让数据多跑路、群众少跑腿。

从审批制度改革到"四张清单一张网"，再到"最多跑一次"、数字化改革，历届浙江省委、省政府坚定不移地推进改革，削手中的权、去部门的利，从而达到激活市场、"松绑"社会的效果，不断提高治理效能。当前，浙江实施营商环境优化提升"一号改革工程"，就是要从治理端、服务端双向发力，推进集成式改革，努力打造最优环境，让一切创造社会财富的源泉充分涌流。

只有把政府的职能厘清了，把社会管理和公共服务的边界明确了，才能不想踩刹车就踩刹车、想设路障就设路障了。

谢滨同　云新宇　执笔

2023 年 3 月 18 日

穿越800多年的凝视

> 在新的历史坐标上，宋韵正是我们文化自信的底气。这场穿越时空的约会，将历史与现实交汇的独特韵味，以艺术的能量藉此潜移默化地"住进"了人们的心里，也许正是以艺术"用情用力讲好中国故事"的最好回应。

坊间曾有说法，衡量一个博物馆庋藏书画的水平，有无宋画是一个标尺。如果有宋代名家之作，就更高一筹。目前，杭城各大博物馆、美术馆里关于宋画的馆藏凤毛麟角，所以在杭州很难有机会见到宋画真迹。

但昨天开幕的这场宋画特展，够得上"超级大展""重磅"这样的形容词——3月18日，"宋韵今辉"艺术特展在中国美术学院美术馆与观众见面。可以想见，此展将引起一波观展热潮。正如有人在朋友圈里说："见宋画，跑去过北京故宫、台北故宫、上海博物馆、东京国立博物馆……这次是家门口。"

热，是因为这场特展中有37件（套）宋、元、明、清传世书画，其中国家一级文物13件，系统呈现了从宋、元、明、清到近现代江南地区的宋韵书画艺术文脉。

宋画，为啥惹人瞩目？对于正在推进"宋韵文化传世工程"的浙江，这场展又有什么意义？让我们从这场特展说起。

一

回到南宋。

彼时朝廷定都临安府（今杭州），开启了一世江南繁华。宋高宗赵构在今天望江门一带设立了绍兴画院，画院有浙江籍画家38人。他们往来于皇宫和西湖山水之间，雅致、清润、婉约成为南宋院画的主流风格。

其中最出名的是四位画家——李唐、刘松年、马远、夏圭，并称为"李刘马夏"。这"南宋四大家"，被认为代表了中国宋画的一个高度，具有世界级影响力。

要聚齐"李刘马夏"这南宋四大顶流的作品真迹，绝不是一件容易的事。现在，在杭州，"宋韵今辉"特展做到了。

排在第一个的李唐，是中国绘画史上跨越南北宋的关键人物。艺术史上流传着这样一个故事：宋徽宗政和年间，李唐赴开封参加当时的翰林图画院考试。"艺术皇帝"宋徽宗对宫廷画师要求很高，所以喜欢亲自命题。

李唐应试时，拿到的题目是"竹锁桥边卖酒家"。这作何理解？他独辟蹊径，巧妙地构思，在画中桥头竹外挂一酒帘。也正因这一巧思，他一举得到徽宗赏识，得以进入画院。此次展出的《濠梁秋水图》，是他的画风从雄峻厚重转变为苍劲洒脱的重要见证。

刘松年，因家住钱塘清波门，故号"清波"。这次他的《四景山水图》就"回到"了清波门。这组深藏于故宫博物院的国宝级文物，生动地描绘出西湖四季景色——苏堤春晓、曲院风荷、平湖秋月、断桥残雪，一笔一画中都是他对家乡山水的挚爱和对西湖景色的体察。

马远、夏圭，被称为"马一角""夏半边"，西湖山色无疑滋养了他们的画笔。马远的《雪屐观梅图》《松寿图》，夏圭的《烟岫林居图》，都出现在展厅里，让人能一睹宋韵与江南那不朽的魅力。

南宋的画，距今800多年。当800多年后的今天，通过一场展览上的一幅幅画与历史上的画家邂逅时，我们不得不惊叹岁月的无形与有情。

除了这四人，展览中还有北宋画作，比如郭熙的《溪山行旅图》和翟院深的《雪山归猎图》，同时出场的还有南宋李嵩的《西湖图》，等等，在宋画中皆为稀见珍品。

而元代作品，如浙江省博物馆的"镇馆之宝"——黄公望《富春山居图（剩山图）》以及赵孟頫的行书《吴兴赋》等，也在展出之列。

总之，学过中国绘画史的人，在这场特展展厅里，恐怕心跳会快起来，当那些书面上的描述，以目之可及的真迹鲜活地呈现出来的时候，文化的自豪感会油然而生。

二

宋画作为一种美学基因，是根植于国人的文化传统与生活习俗的。

比如画中人的生活，你看见那些小小的古装人儿，坐于松下、游于湖中、行于山间，那些景致，那些氛围，那些场景，莫不描摹出宋韵美学的迷人。它不仅属于南宋，更从南宋步步走来，与今天的中国文化生活紧密相连。

黄宾虹曾这样评唐画宋画："唐画如曲，宋画如酒。"宋画不似盛唐画的饱满绚烂，却像一壶醇酒，简单、含蓄、谦柔，成为属于宋画的独特韵味。

宋画中的宋韵，首先体现在人文意识的苏醒，普通题材开始进入创作视野。宋之前的中国山水画，目前可见的传世名作多为描绘帝王贵胄出行的场景，如展子虔的《游春图》，或为文学作品的图解，如传为顾恺之的《洛神赋图》。

但在宋人笔下，花鸟虫鱼、山川河流、街坊城楼，皆能入画，皆有其韵。比如，展览中的《柳下双牛图》，画面一边为在水田中耕耘的农夫，一边为母子双牛，一片江南常见农耕季节景象跃然纸上。

宋画中的宋韵，也流露于绘画技法的创新。南宋以前，中原地区为中国的文化经济政治中心，画家们描绘的作品内容多为北方的大山大水。随着文化经济中心的南移，江南山水成为绘画作品的主要表现内容。此外，自然状貌的改变等也激发了艺术家对于绘画技法的创新。

从全景式的《万壑松风图》到细腻刻画人物的《采薇图》，李唐的笔墨技法产生从北到南的显著变化。而马远、夏圭以边角之景的构图方式，成为后世历代山水画的主流图式，南方山水由此进入中国文化视野的中心。

宋画中的宋韵，还彰显于写意与写实的完美结合。在宋代，写实达到顶峰，又开启了后世文人画写意的传统。比如，翟院深的《雪山归猎图》中，峰峦留白，古木交柯，肩荷野物的猎户、欢奔的猎犬影影绰绰在画面左下角，近看栩栩如生，笔触细腻，远看意境开阔，天地甚宽。

宋画高峰的意义，长久以来在世界艺术界被充分认定，正是因为它所代表的宋韵，从美学上、发展的脉络上为世界提供了目之可及的范例。

三

"宋韵今辉"面向的是历史，立足的是当代，指向的是未来。

2021年8月，浙江省委文化工作会议提出实施"宋韵文化传世工程"，强调"让千年宋韵在新时代'流动'起来、'传承'下去"。此次特展的深意，正是讲述宋韵文化在丹青世界里的传承与创新，从一个侧面，对"宋韵文化传世工程"的意义作了阐释。

那么，宋韵，该如何绽放"今辉"？

韵，首先是一种情趣。培育大众的审美情趣，不是一件易事。这就让我们以高质量为标准去追寻足以代表宋韵之美的文艺作品和文化活动，让人们发现宋韵之美，感受宋韵之深厚，继而爱上宋韵文化。此次展览，就是一次很好的尝试，以"南宋四大家"作品为首的宋画齐聚，让观者饱览宋画艺术巅峰的同时，也帮助宋韵文化"圈粉"无数。

韵，还是一种独特辨识度。挖掘好、保护好宋人留下的文化传统，正是为了让人们在当下的生活中，能时时感受到宋韵文化的独特气质，继而为后代留下足以代表今日文化的力作。南宋德寿宫遗址博物馆开放至今，依旧每日爆满；杭州国家版本馆创造性的现代宋韵建筑，吸引了一拨又一拨的青年打卡。好的文化，总能够给人以力量，这正是"流动"和"传承"的题中之义。

韵，是一种追求美好的文化感召力。浙江珍藏的宋画真迹少，但有一个广阔的"朋友圈"。本次特展的真迹来自故宫博物院、上海博物馆、辽宁省博物馆、天津博物馆、云南省博物馆、安徽徽州历史博物馆等，名家真迹的汇合，是中国文化共同的感召；同样，"中国历代绘画大系"这样的国家文化工程能够在浙江建成，也正是文化感召下的坚韧与担当。

习近平主席就 2016 年二十国集团峰会发表致辞时说："杭州是一座历史名城，也是一座创新之城，既充满浓郁的中华文化韵味，也拥有面向世界的宽广视野。"

在新的历史坐标上，宋韵正是我们文化自信的底气。这场穿越时空的约会，将历史与现实交汇的独特韵味，以艺术的能量借此潜移默化地"住进"了人们的心里，也许正是以艺术"用情用力讲好中国故事"的最好回应。

今日之浙江，要解开宋韵的时代密码；今日之中国，要向世界展示文化连绵不断的厚积薄发。

执古之道，以御今之有。"承继"不是抱残守缺，而是要发显古人之创始精神，努力与古人心心相印，让当代人重新找回艺术底气，重新生发文化自信。

陈瑜 李戈辉 陆遥 余旭红　执笔

2023 年 3 月 19 日

政府"有为"与"无为"的深层逻辑

> 改革彰显"有为",善治近于"无为"。对于执行者来说,找准定位、看清"有为"与"无为"至关重要。只有把思想的"旧墙"敲掉,把观念的"闸门"打开,创造力才能朝着前进的方向涌流。

早在上一轮机构改革发轫之始,习近平总书记就强调指出,经济不断发展,社会不断进步,人民生活不断改善,上层建筑就要适应新的要求不断进行改革。

不久前召开的十四届全国人大一次会议表决通过了关于国务院机构改革方案的决定。近日,《党和国家机构改革方案》印发。

无论是机构改革,抑或是政府自身改革,都是向着国家治理体系和治理能力现代化的目标发起的一场场深刻变革。改革者的内驱力、执行者的创造力,源于尊重客观规律基础之上的主观能动性,蕴藏着深刻的理论逻辑、实践逻辑和发展逻辑。

一

改革彰显"有为",善治近于"无为"。对于执行者来说,找准定位、看清"有为"与"无为"至关重要。只有把思想的"旧墙"敲掉,把观念的"闸门"打开,创造力才能朝着前进的方向涌流。

2004年,一场以加强机关效能建设为主题的大会在浙江召开。时任浙江省委书记习近平同志在会上作了讲话,讲话全文发表在《今日浙江》。他开宗明义地指出,"开展机关效能建设,一个重要目的就是要推进政府职能转变,使政府真正按照市场经济发展的要求来履行自己的职能"。

一席话,明确了政府转型变革的路径、打法。今日重温,我们仍能得到许多启发。

比如,转型变革首先要从思想观念入手。习近平同志在会上强调,"思想是行动的先导",要求"大力开展宗旨观、政绩观教育,引导广大机关干部特别是领导干部把正确的政绩观同正确的权力观统一起来,牢固树立人民利益至上的理念,提高为人民服务的质量和水平,为人民谨慎用权、公正用权、廉洁用权"。

一项政策举措的制定,出发点不是为了让企业和老百姓做什么,而应该立足企业需要什么、人民群众期盼什么。这就要求我们加快从管理型向服务型转变,通过结构优化、职能转变、流程再造等方式,更好地适应经济社会发展需要。

比如,转型变革的目的重在提高效率。习近平同志提出,"提高效率是加强效能建设的目的所在",要求"简化办事程序,提高办事效率,切实解决办事层次和环节过多的弊病,真正把机关职能从过去微观管理为主转到宏观管理、依法管理和搞好服务上来"。

又如，转型变革要坚持有所为、有所不为。这也不难理解。"有所为"就是要尊重规律、顺势而动、主动作为，创造条件让一切生产要素的活力竞相迸发。而"有所不为"，就是要做到不扰民、不与企业争利，坚决地反对形式主义、官僚主义，要深刻认清"为"是手段而不是目的，不搞无故折腾，更不能为"为"而为，舍本而求末。

二

俗话说，理可顿悟，事需渐修。管理型政府与服务型政府虽然只有"两字"之差，但从前者到后者，理念、行动和角色的转变却并不是一朝一夕能够完成的。这需要政府始终倾听社会、企业、群众的呼声，找准牵一发而动全身的"主线任务"，不断刀刃向内地清除"荆棘"、突破"藩篱"，创造更加公平公正的发展环境。

放眼全国，要论为企业营商创造环境，浙江允称走在前列。在全国工商联2022年万家民营企业评价营商环境排名中，浙江营商环境满意度连续第三年居全国各省（区、市）之首。营商环境是一面镜子，折射出的是"有为"的温度与"无为"的智慧。

在浙江工作期间，习近平同志曾结合浙江的改革实践指出：要努力建设服务型政府、法治政府、有限政府。一路走来，浙江政府一直锐意改革创新，摸索出一系列创造性的经验做法。

政府权力清单、企业投资负面清单、政府责任清单、省级部门专项资金管理清单和浙江政务服务网，熟悉浙江的人一定对这"四张清单一张网"耳熟能详。2014年6月25日，浙江政务服务网正式上线，标志着浙江首创的"四张清单一张网"补齐了最后一块"拼图"。自此，横向撬动经济社会改革、纵向撬动政府自身改革进入全面提速阶段，并在往后的数年时间里，深刻影响着浙江经济社会发展。

2016年底，一个改革关键词突然在全网走红："最多跑一次"。这项改革取名很直接，"小目标"就是通过材料"瘦身"、流程"打包"、数据"跑路"，让企业和群众到政府办事只跑一次。经过3年的努力，"最多跑一次"改革实现率和群众满意率分别达到92.9%、97.1%，成为浙江一张响当当的"金名片"。数据实打实地说明，政策好不好，关键看成效。

进入数字时代，以数字变革赋能政府转型成了新课题。依托数字技术的"桥"和"船"，浙江提速建设"掌上办事之省""掌上办公之省""掌上治理之省"，不少数字化成果"墙内开花，香飘墙外"。比如，新冠肺炎疫情发生后，浙江率先推出健康码，成为全国首个健康码全覆盖的省份；"海外智慧物流""浙农服""政采云"等数字应用，也从浙江走向全国。这些，都不是偶然。

当然，这些只是浙江转变政府职能、提升治理能力的缩影，更多的创新和探索涌动在广袤的基层大地。《习近平浙江足迹》一书，记载着习近平同志说过的一段话："有什么问题就解决什么问题，什么问题突出就重点解决什么问题，群众需要什么就重点解决什么。"这其实也可以作为推进改革的深层逻辑。毕竟，政府服务与创造的本质就是让社会更有活力、人民生活更加美好。

三

不管是理论还是实践，都证明了政府的理念、职能和治理模式在不断地优化提升，不仅在于解决问题、推进工作，更在于主动撬动变革、引领发展。

在推进中国式现代化的新征程上，推动高质量发展，关键需要提高资源的配置效率。效率的提升，既需要市场的灵活配置，也离不开政府的高效服务。笔者以为，须重点处理好三对关系。

首先是"独唱"与"合唱"的关系。在过去，一些地方政府遇到事就喜欢大包大揽，结果时常越位错位，管了许多不该管、管不了、管不好的事情。事实上，政府应该在政策制定、经济调节、市场监管、社会治理等方面多发力，能交给市场上的其他主体干的可以交出去，企业和社会等市场主体各司其职、齐心协力，充分激发创新创造的"洪荒之力"，百舸争流、千帆竞发的发展景象自然就会呈现出来，推动经济社会发展就不会只是政府部门的"独唱"，而是社会的"大合唱"。

比如，在微观层面上，凡是市场能有效调节的就交给市场，凡是社会能有效治理的就交给社会，尽最大可能减少干预，把该放的权放到位；在宏观层面上，加强制度设计，明确职能范围，通过服务承诺、首问负责、限时办结、激励考评等制度，倒逼政府履职提效，把该管的事管到位、管出成效。

其次是"有限"与"有为"的关系。"有限"并非弱化，"无为"不是不为。现代政府，应该是有限政府，它的职能、权力、管理模式都应受到一定约束，但"有限"并不是让政府束手束脚，而是要求政府正确地履行职能，积极作为，不断创新公共服务提供方式和社会治理模式，持续提升社会治理水平。

比如，政府有为就需要与时俱进。面对科技发展日新月异的形势，新产业新业态新模式层出不穷，既会创造很多机遇，也可能给社会治理和群众生活带来新风险新挑战，政府就需要跟上变化、主动应对。

最后是"执行"与"创造"的关系。把党的二十大擘画的宏伟蓝图变成施工图，最重要的是要抓好执行。但执行不是墨守成规、照本宣科，也不是"无畏"地突破底线红线去办事，最有效的执行是要在新形势新情况新问题面前提出创造性的解决方案并抓好落实。遇到问题困难时，不能简单地"一刀切"，而要充分发挥主观能动性，激发内在驱动力，多为办好想办法，不为不办找借口。

时代变革的浪潮奔涌而至，经济社会的挑战伴随机遇。党的二十大擘画了全面建设社会主义现代化国家、以中国式现代化全面推进中华民族伟大复兴的宏伟蓝图，只要党委、政府和广大群众心往一处想、劲往一处使，就没有比人更高的山、比脚更长的路。

朱越岭 何诗航 徐毅　执笔

2023 年 3 月 19 日

朱自清心中的"女儿绿"

> 从朱自清笔下这抹"女儿绿",我们看到的,不仅是梅雨潭的生机,更是朱自清在"五四"时期创造的"口语化"散文的生机,是中国现代汉语的生机。

"西湖的波太明了,秦淮河的也太暗了。可爱的,我将什么来比拟你呢?我怎么比拟得出呢?……我送你一个名字,我从此叫你'女儿绿',好么?"

这段话出自朱自清早期的游记散文《温州的踪迹》里一篇脍炙人口的文章《绿》,文中的"女儿绿"是他对温州瓯海梅雨潭的"昵称"。

"断崖日夕自撞春,未近先看气象雄""飞下数千尺,全然无定形"……温州坐拥文成百丈漈、乐清大龙湫等万仞飞瀑,朱自清为何对梅雨潭这山谷中小小的景致情有独钟?醉人心扉的"女儿绿"又给我们留下了什么?

一

"飞瀑半天晴亦雨，寒潭终古夏如秋。"

梅雨潭是一个瀑布潭，其所在地叫"仙岩"，因轩辕踩岩成仙而得名，自古就有"五潭二井之秀、九狮一象之奇"的美誉。

1922年出版的中国旅游杂志中，仙岩与雁荡山一起名列来温旅游必去"打卡点"。如果再往前溯，早在唐代，仙岩就是文人墨客来温留诗最多的景点之一。

"水激千雷发，珠联万贯垂""澄潭见猿饮，潜穴知龙盘"……《全唐诗》中写仙岩瀑布的就有6首，可见仙岩盛名不虚。如此说来，朱自清先生"二游"仙岩应该不是因缘际会，而是慕名前往了。

梅雨潭就是仙岩瀑布下落而成的"五潭"之一。

站在潭边，水花乱溅，宛若朵朵白梅扑面而来，"微雨似的纷纷落着"，又让人仿佛走进了黄梅细雨天，故名梅雨潭。潭的形状像"一张极大极大的荷叶铺着"，潭水"宛然一块温润的碧玉"。

朱自清称其为"女儿绿"。

这种"常若梅天细雨"的奇观吸引朱自清两次前往，沉浸于这令人心旷神怡的"离合的神光"中。

仙岩"五潭"中以梅雨潭最美，曾引得谢灵运"蹑履梅潭上，冰雪冷心悬"，也让朱自清"揪着草，攀着乱石""又鞠躬过了一个石穹门"，来到这一汪碧潭边。

"女儿绿"是一种什么绿？

朱自清在文中写道："我若能裁你以为带，我将赠给那轻盈的舞女；她必能临风飘举了。我若能挹你以为眼，我将赠给那善歌的盲妹；她必明眸善睐了。"可见这"女儿绿"，是充满生机活力的绿，也是清澈无瑕的绿。

1923年，朱自清刚到温州时，就去过一次梅雨潭，印象颇佳。同年10月，又跟马公愚等几个好友再次前往。据马公愚回忆，那次去仙岩，朱自清很是激动，辗转江南的几年里他看过很多好山好水，但没有哪潭水如梅雨潭，绿得这么静，这么有活力，他表示，一定要写一篇关于梅雨潭的文章。

1924年2月，朱自清提笔撰写《温州的踪迹》第一篇后，仅用了8日便创作出了散文《绿》。在朱自清的祖籍绍兴，"女儿红"是最好的酒，想必在先生心中，梅雨潭便是世间最美的潭。

二

从朱自清笔下这抹"女儿绿"，我们看到的，不仅是梅雨潭的生机，更是朱自清在"五四"时期创造的"口语化"散文的生机，是中国现代汉语的生机。

今日读来，这篇《绿》依旧让人对朱自清心中的那份喜悦颇有同感："瀑布在襟袖之间；但我的心中已没有瀑布了。我的心随潭水的绿而摇荡。"

《绿》之所以能脍炙人口、传诵至今，正因为这是一次写景与抒情的融合，一次文言转向白话的尝试。

自1923年3月朱自清来温州任浙江省立第十中学国文老师，到1924年2月前往宁波，他在温州停留仅一年。而这一年间，是他创作的高峰期。被誉为"白话美术文的模范"的《桨声灯影里的秦淮河》就是在温州所作,《温州的踪迹》里的四篇散文更是仅用三个多月就完成。

朱自清这一代诞生于新文化运动时期的作家,他们的写作担负着特殊的历史使命。在中国文学传承与发展面临激烈变化的时代,急切需要一种现代化的文学语言,一种能根植于民族下一代心中的汉语表达。

朱自清是主张用"口语"写作的第一人,他认为不应"使文字失去自然的风味"。因而,朱自清细腻、微妙的"口语化"散文应时而生。

《绿》《背影》《春》《匆匆》等散文名篇,历经百年仍旧能让人感动于他笔下朴素的真情。时至今日,朱自清的散文仍是中学语文课本里的"常驻嘉宾",是指导学生的"示范性写作"。

朱自清曾在《写作杂谈》里说:"我是个国文教师,我的国文教师的生活的开始可以说也就是我的写作生活的开始。"他的遣词造句、对象风格都受到身份和环境的影响。在某种程度上,学生就是他的受众群。

这在《欧游杂记》的序言中也可以得到印证。朱自清说,"本书绝无胜义""用意是在写些游记给中学生看"。也许就是在这种"别有用意"的写作中,朱自清认识到散文直抒胸臆、雅俗共赏的价值所在,因而开始了从诗人到散文家的转型。

三

在温州,提起朱自清,便能想到梅雨潭。对温州来说,朱自清留下的,远不止这一抹"女儿绿",还有思想上的启蒙。

在温州任教期间，年仅25岁的朱自清已是一名文学新星，他把读写白话文引进课堂，打破了文言文独霸的局面，使新文学运动在校园中大放光芒，学生的思想和文笔都得到解放。整个学校的教学风气也十分开明，甚至有老师在学生的作文后面赞叹地批道："文章我不如君！"

在"五四"新教育思想的熏染下，朱自清深知"国以才强、校以师兴"的道理，格外重视人格教育和思想启迪，并为浙江省立第十中学写下了"英奇匡国，作圣启蒙。上下古今一冶，东西学艺攸同"的校歌。

其中，"英奇匡国，作圣启蒙"八字被温州中学（前身是浙江省立第十中学）作为校训。作英才匡扶国家、作圣贤启蒙大众，这正是先生的殷殷期望，也是如今温州中学立业育人的最好写照。

"思想自由之门开，而新天地始出现矣"。朱自清种下的启蒙种子，鼓励了一代代温中学子去追求梦想、匡复国家，他们汲取中华文化之涵养，引进西方之先进学问，生出了爱国爱群之公德和造福万家之能力。

如投笔从戎的温州文学家朱维之，为探索革命真理而奋斗终身的烈士金贯真，拒向日寇低头的工程师朱子取……他们在国家动荡的危急关头，或以笔作剑，投身于爱国的文艺复兴运动；或上下求索，为振兴家乡民族奋斗不息。

抚今悼昔，斯人已逝，忧思长存。

回顾朱自清辗转江南的时光，可以发现他对温州的情有独钟。离开温州后，朱自清再也没有回来过，但他一直没有忘怀温州的山水。他在给马公愚的信中说："温州之山清水秀，人物隽永，均为弟所心系。"

世人或有想再觅启蒙源头者，可循着先生之踪迹，去梅雨潭赏那醉人的"女儿绿"，登白水漈观那"一片飞烟"，赴四营堂巷先生旧居小坐……

范依琪　执笔

2023 年 3 月 20 日

影视出海的"帆"是什么

> 往大了说，影视作品作为世界通用的艺术语言，被称为"铁盒子里的外交大使"，是讲好中国故事的重要形式之一；往小了说，影视作品"走出去"对一个地方搞好对外宣传推介而言具有事半功倍之效。

3月的影坛着实热闹。从香港打到好莱坞的杨紫琼，成为首位奥斯卡华裔影后；成龙、梁朝伟、刘德华、张学友、张家辉在影展同框合影，影迷纷纷感叹"爷青回"，而这个影展，就是刚刚落下帷幕的第27届香港国际影视展。

香港国际影视展是亚洲最大的跨媒体、跨业界的影视娱乐交易博览会。通俗地说，只要你的影视作品质量够"硬核"，在这个展会上就既能交到新朋友，也能做成大买卖。

过去3年，香港国际影视展因疫情"移师"线上，而今年展会回归线下举办，吸引了超过330家内地展商参与，这个破纪录的数量，足证国际影视交流"渴展会久矣"。

念念不忘，必有回响。在这个举足轻重的电影交易市场，作为中国影视最为活跃板块之一的浙江，带去了什么作品？浙江影视从出海到乘风破浪，还有多远的距离？

一

先来说说，香港国际影视展回归线下后，这个场子究竟有多热？

放眼全球，来自美、日、韩等30个国家及地区逾700家展商都来了，世界著名制片人、发行商、投资者及业界代表也都来刷了刷脸。超过330家内地企业组团参展，《流浪地球2》《满江红》《人世间》《三体》等内地爆款影视剧集体亮相。

把视线投回浙江，60余家影视文化企业带着优质项目组团参展，省政府新闻办、省广播电视局、省电影局还联合举行了"影向未来"浙江影视国际推介会。在兼具江南韵味与数字化设计的浙江展区，《去有风的地方》《良渚寻梦夜》等一批优秀剧目以及云交易平台亮相，浙产电影《寻秦记》《艺术学院》，浙产剧《富春山居》《泳往直前》等进行了项目发布。这些已播或待播的影视剧，让海内外观众零距离感受了一把何为"诗画江南、活力浙江"。

或许有人会问，影视剧的"浙江制造"们跨越一千多公里到香港布展、参展，意义何在？

一方面，是浙产影视有搭台唱戏的底气。这几年浙产影视持续发力，拿精品创作来说，《送你一朵小红花》《外交风云》《独行月球》等叫好又叫座；拿影视业主体来说，浙江有近4000家影视制作机构，其中影视文化上市企业有26家，影视基地数量和规模位居全国第一。但"酒香也怕巷子深"，再好的片子、再强的企业也需要登台吆喝，而本次组团赴香港参展就是为了"政府搭舞台，企业好唱戏"。

另一方面，是浙江影视有借船出海的刚需。往大了说，影视作品作为世界通用的艺术语言，被称为"铁盒子里的外交大使"，是讲好中国故事的重要形式之一；往小了说，影视作品"走出去"对一个地方搞好对外宣传推介而言具有事半功倍之效。如《鸡毛飞上天》让"义乌"在多国成为网络热搜词，再如在国内热播的电视剧《去有风的地方》，将被翻译成六国外语向全球发行，并且在两百多个国家及地区的影视平台播出，"有一种生活叫大理"的美好生活方式也将随着这部剧传播出去。

香港作为东西方文化交流的窗口城市，是中国影视"扬帆出海"的重要港口。浙江和这样一场影视盛会双向奔赴，就是希望在全球文化融合中，寻找到更多让浙江出品的中国故事走向世界的机会。

二

其实，影视出海，早已不是新鲜话题。

公开报道显示，上世纪80年代，中国电视剧开始以赠送、合拍等方式走出国门，向世界传播中华文化。比如，86版《西游记》就曾先后出口到缅甸、越南、泰国、加纳、坦桑尼亚以及尼泊尔等国家，孙悟空不只是"每个中国孩子的童年"。

进入阅屏时代，出海潮尤甚。据报道，这些年来，《延禧攻略》《琅琊榜》等古装剧向亚洲市场稳定输出，多元赛道、IP出售等新打法纷纷登台……作为全国电影前三票仓和影视剧重要出产地，位列"出海量"第一方阵的浙产影视，固然硕果累累，拿奖拿到"手软"，但也存在一些不可回避的问题。

其一，"走到海外"离"海外出圈"，尚有距离。

整体上看，走出去的浙产影视剧数量高于质量，真正出圈的爆款还不多，有了高原，但需要更多的高峰。特别是与国内表现比，海外影响力极其有限。比如2020年海外网络传播力综合指数排名第一的电影《八佰》，在海外的票房仅约98.83万美元（约等于672万人民币）；在IMDb的论坛上，《狂飙》的留言数只有272条，相比《权力的游戏》动辄百万的评论量来说，颇有"水土不服"之感。

其二，从"共享"到"共情"，仍需努力。

对于影视作品来说，与海外观众"共享"只是第一步，如何让人们"记得"，才是最难的。很多人都记得，"迪士尼买下了《人世间》在非中国地区播放的版权"一事上了热搜，一家以动画闻名的外国公司买下了中国现实主义题材的影视作品，为什么？在笔者看来，迪士尼看中的或许就是"共情"的力量和时代的肌理，也就是《人世间》背后展现出的"生逢其时"。用细节复原出中国人半个世纪以来"吃穿用度"的《人世间》，讲的并不是苦难本身，而是更多地通过鲜活的人物重塑真实立体全新的中国形象。

有专家就指出，海外受众不但想从中国文艺作品中感受飞扬的想象力、绚丽多彩的中华文化，也有体认现实、感受历史，从各个维度观察思考当代中国的需求。这也启示我们，并不需要去"仰视"或者"俯视"任何人，而是需要以一种"平视"视角，心平气和地讲故事，讲好时代的故事。

其三，从"借船出海"到"造船破浪"，亟待"东风"。

　　刚刚出征海外时，中国影视在"借船出海"背景下，往往处境被动，经典如《甄嬛传》也被奈飞从76集剪辑至仅剩6集，韵味大减。

　　如今，以华策影视为代表的浙企在2005年就成立国际发行部，实施"华流出海"战略，自己"造船"。目前海外的"华剧场"，频道数达到50个、覆盖超过30个国家和地区，走出了一条国产影视的出海新路。

　　但离真正"乘风破浪"，还有不小差距。一方面，走出去的市场有局限。报告显示，亚洲仍然是国产剧最大的出口市场，我们还未真正走向全球；另一方面，海外市场占有率依然偏低。比如在海外发行方面走在全国前列的华策影视，即使出产的《长歌行》创造了单集15万美元的海外版权纪录，但距离"成功驶进暴风眼"还有距离。

　　与"借船出海"相比，"造船出海"显得更加自主、灵活。但无论是"哪一条腿走路"，都仍需从制度设计、平台建设、传播渠道等多个维度赋能升级。

三

　　浙江既是经济大省、开放大省，也是文化大省。面对逐渐复苏的全球影视市场"蓝海"，组团参展只是一个开始。接下来的问题是怎样更好"出海"、开辟"新航线"。

　　事实上，"出海"一词，颇具人类文明史的悠久韵味。参照历史，不难发现"地理大发现"离不开三桅帆船，而船上扬起的征帆则是让其乘风破浪的关键所在。笔者认为，浙江影视出海，或许也可试试扬起三道帆。

先说扬起内容的帆。

对于影视行业来说，优质内容始终是国际传播中的核心竞争力。在经济学领域有个概念叫"文化折扣"，指在国际文化贸易中，会因为其蕴含的文化因素不被其他民族的观众认同或理解而带来产品价值减损的现象。

为什么过去国产影视剧出海激起的涟漪，在日韩与东南亚市场显现得最为明显？究其根本，还是文化同源。感人心者，莫先乎情。譬如，《开端》作为定位成治愈性和趣味性兼具的剧情片，在韩国的亚洲电视剧频道 AsiaN 热播；《卧虎藏龙》让外国人感受到东方文化的神秘，海外票房高达2.1亿美金。浙江影视要想顺利出海，前提是做到在国际传播和跨文化视域下讲好中国故事，寻找到文化契合元素，表达全人类共同价值。

再说扬起融合的帆。

俗话说，"酒香也怕巷子深"。在现代社会，营销和宣传尤为重要。当下，"人才出海""技术出海""资金出海"等，都成了国产剧海外营销传播的重要通道。然而，还有个问题亟待引起重视。海外市场由若干民族、国家、文化组成，如何差异化、精准化传播，中文如何转译为恰如其分的其他语言？比如，国产影视出海的主要目的地东南亚有11个国家、至少11种官方语言，近年影视交往日益密切的非洲，更是有54个国家、900多种语言。

近代启蒙思想家、翻译家严复曾说，翻译的理想境界是"信、达、雅"。因此，国产影视剧的翻译，绝对不能"他译""速译"，而是需要制片方与发行提前完成原汁原味而又精准通畅的转译工作。这一点，浙产电影《西游记之大圣归来》值得借鉴，为了方便外国观众理解，译者用了"特异功能""神奇的香蕉"等词，最大限度消除了文化差异造成的理解障碍。

最后说扬起集群的帆。

出海，势必会碰到困难、遭遇风浪，单打独斗风险极大。浙江影视要想成功出海，还需要变单兵突进为集团作战，把分散的资源集中起来，握指成拳、聚沙成塔。

事实证明，集群出海是一条"走出去"的共赢之路。这次，浙江组团参加香港国际影视展，品牌名气更大了，参展商选择更多了，合作互补更强了。正如一位参展商所说，"政府组织我们组团参展，让我们背靠大树、手挽伙伴，我们更有底气了，也得到了更多的合作机会"。

航母作战、各舰种配合，关键在于指挥系统。政府组团参展适用于重大节展等特殊时刻，但无法及时处理影视出海在日常所遇到的各类问题。从长远来看，浙产影视出海作战的关键还在于形成常设性的"指挥系统"。在美国，有充当电影业出海"眼睛"的商务部电影分部、专门处理国际事务的电影出口协会；在法国，有高举民间大旗但事实上由政府出资扶持的电影对外传播协会。而在国内，影视行业亟须更多高层级、有力量的"指挥系统"。

尽管出海任重而道远，但我们相信，这次的香港国际影视展只是掀起的第一道浪，浙江影视汹涌澎湃的出海潮，就在不远的将来。

汤燕君　张彧　孟非凡　沈听雨　执笔

2023 年 3 月 20 日

何谓"台州式硬气"

> "硬气"已凝铸成这座城市的"根"与"魂",成为撑起台州人的"脊"和"梁",其核心就是"敢于反抗、勇于斗争",表现为在困境面前不退缩、在强权面前不低头,始终坚持真理,毅然抗争到底。

90年前,鲁迅先生在《为了忘却的纪念》一文中,曾评价左联五烈士之一的柔石:"只要一看他那台州式的硬气就知道,而且颇有点迂,有时会令我忽而想到方孝孺,觉得好像也有些这模样的。"

每一座城都有自己的秉性,文学巨匠的寥寥数字点明了台州这座城市的精气神。那么,何谓"台州式硬气"?它从何而来,又将如何继续?

一

鲁迅是绍兴人,与台州人柔石称得上半个老乡,他对柔石的评价，用一个字形容就是"迂"，两个字就是"硬气"。然而此处之"迂"，并非迂腐，而是说台州人有种知其不可而为之的坚守。

在鲁迅笔下，柔石"无论从旧道德，从新道德，只要是损己利人的，他就挑选上，自己背起来"。他在监狱中仍然关心国家大事，笔耕不辍，始终满怀热切希望。面对敌人拷打，他坚强不屈，最后壮烈牺牲。

柔石的硬气，与台州人方孝孺一脉相承。《明史·方孝孺传》记载，大儒方孝孺性格刚直、满腹经纶，被人称为"明之学祖"和"天下读书种子"。因不肯为燕王朱棣草拟登基诏书，宁肯"诛十族"，也不愿低下高贵的头颅。"台州式硬气"在方孝孺身上体现得悲壮凄凉。

其实"台州式硬气"还可以追溯得更早。

在临海东湖之畔有两座祠堂——骆临海祠与樵云阁。骆临海祠为纪念骆宾王而建，被称为千古檄文的《为徐敬业讨武曌檄》是其人生响亮的终止符。樵云阁纪念的是一位樵夫，据说他在靖难之役后，毅然投湖而死。一个是名满天下的才子，一个是默默无闻的樵夫，均因"硬气"二字为台州人所敬重。

倘若硬气到了极致，难免会被认为不懂变通，有点"不合时宜"，就像鲁迅口中的"台州式的硬气"，沾染一些"迂"的味道。这在很多台州人身上，表现为"虽九死其犹未悔"的坚贞不屈。

抗日战争时期，天台籍进步作家陆蠡入狱后被日本人拷问，"你爱不爱国？"陆蠡坦然回答："爱国。"日寇又问："你赞不赞成南京政府（汪伪政府）？"他毅然回答："不赞成！"再问："依你看，日本人能不能把中国征服？"他梗着脖子，断然答道："绝对不能征服!"一字一句铿锵有力,最终屈死狱中。他的《囚绿记》入选人教版语文教材。

除了仁人志士,台州民风自古亦偏硬,如因"缩大山之力聚于拳掌"而闻名的缩山拳,一招一式刚强有力;在山兵高腔影响下发展起来的台州乱弹,大锣大鼓高亢激昂;亮相"亚运舞台"的黄沙狮子熟稔硬派功夫,在高台上辗转腾挪、飞桌走凳。诸如此类,皆留有"硬气"的烙印。

不得不说,"硬气"已凝铸成这座城市的"根"与"魂",成为撑起台州人的"脊"和"梁",其核心就是"敢于反抗、勇于斗争",表现为在困境面前不退缩、在强权面前不低头,始终坚持真理,毅然抗争到底。

这股掷地有声的"硬气"看似与秀气的江南格格不入,实则穿彻历史、擎举当下,镌刻出一个如赤子般鲜活的江南。

二

白马秋风塞上,杏花春雨江南。江南水乡为何能孕育出这股"硬邦邦"的气质?

先说地理因素。把区域文化精神和文化性格的形成,归因为自然环境的观点古已有之,人文地理学家王士性就曾分析过,"海滨之民,餐风宿水,百死一生,以有海利为生不甚穷,以不通商贩不甚富,闾阎与缙绅相安,官民得贵贱之中,俗尚奢俭之半"。

台州三面环山,东面抱海,由于环境封闭、资源短缺,人们为谋生计,不是面山开拓,就是向海而生,故而孕育出四海为家、喜欢闯荡的个性。山峦起伏、交通不便，人们常以斧斤入山林，与各种野兽搏斗，强健剽悍的体魄成了繁衍生活的必备条件。

此外，台州还拥有600余公里的海岸线，出海打鱼的渔民与风浪斗争，还要经常面对台风侵袭和海盗抢劫的风险，住在海边的台州人养成了坚韧不拔、吃苦耐劳的性格。

再说文化因素，宋明理学"崇尚天理"的取向在台州影响深远，如朱子理学推崇气节，朱熹来台讲学弟子众多，成为台州"气节之学"的源头。

台州历史上具有硬气的典型人物不胜枚举。清代王棻所著《台学统》中就汇总了高节之士20人、忠节之士23人、清节之士23人，他们共同形成了台州人持义守道、舍生取义的人文群像。

最后说政治因素。台州在唐代以前一直远离政治中心。"我命由我不由天"和"自古天高皇帝远"都出自台州人之著作。明朝时期，台州倭患猖獗。依赖大山大海讨生活的台州人奋起反抗，涌现出郝钟、刘恩至等一批英雄人物，更有九战九捷的戚家军。被称为"江南长城"的台州府城墙，至今仍留有八座由戚继光创设的双层空心敌台，是这段荡气回肠历史的最好见证。

当然，在"台州式硬气"传播开来的过程中，鲁迅的如椽大笔起了很大作用。他以"忍看朋辈成新鬼，怒向刀丛觅小诗"的决绝，为半殖民地半封建社会刮骨疗毒。有了《为了忘却的纪念》一文中的"软广"，再加上这篇文章被选入高中语文课本，"台州式硬气"因而变得更加广为人知。

追根溯源，"台州式硬气"是基于地域特色、历史文化等多个方面而形成的城市气质，与这片土地相生相伴。

三

"台州式硬气"古而有之，就像一条绵延不断的河流，由许多支流、干流汇合而成，随着时代奔涌向前。这在改革开放以后体现得尤为明显。

遥想40多年前，台州80多万人外出闯荡，走街串巷、鸡毛换糖，再苦再累再小的生意都愿意干。带着"台州式硬气"的他们如同休眠的火山，在蛰伏多年后喷发出滚烫的岩浆，谱写了一个又一个民营经济传奇。

面对资源困境，他们在没有矿产等资源的地方发展起了工业，在缺少木材的玉环发展起了家具业，在没有资金的情况下走出了股份制的新路子；在将近15年没有"民资入铁"成功案例的前提下，依靠经营模式灵活的优势破除制度桎梏，实现中国首条民营高铁——杭台高铁开通运营……台州人精明务实、敢于闯荡，在市场经济很多领域都是"第一个吃螃蟹的人"。

除了民营经济这颗"夜空中最亮的星"，台州人在求改革之真、务发展之实、解民忧之难等多个维度中，都始终贯穿着"台州式硬气"。一路走来，城市在"台州式硬气"的润泽下，不断获得持续发展的生命力。同时，"台州式硬气"也在城市进阶中逐渐衍生出更为兼容并蓄的精神气质：水的灵气、海的大气、拼的豪气。

总之，硬气不代表保守，不意味着故步自封。只有不断在传承中转化，在创新中发展，才能有历久弥新的生命力，成为支撑和滋养当下的精神富矿。

当下，这份历经淬炼的"硬气"，如何更好地转化为重塑台州新优势的澎湃动力？在创建民营经济示范城市过程中，如何充分先行先试，保持猛虎扑食的锐气？这些都值得台州深思。

站在充满希望的春天，期待"台州式硬气"再添绚烂一笔。

施佳丽　刘亚文　执笔

2023 年 3 月 21 日

如何避免"调研"变"调演"

> "调查研究是一门致力于求真的学问，一种见诸实践的科学，也是一项讲求方法的艺术。"它连着真知与行动，串着信息与决策，系着党心与民心，是反映干部工作水平的"温度计"，检验宗旨意识的"试金石"，提高工作实效的"加速器"。

《习近平浙江足迹》记载了这样一些场景，深深印刻在当地人的记忆里。在衢州，2002年12月，时任浙江省委书记习近平走进老人家中嘘寒问暖，他还专门看了老人家里的米袋子，打开菜柜看中午吃剩下的菜；在景宁，2005年8月10日，为了勘察一处地质灾害点，他顶着37℃的高温，从杂草丛生的黄泥小路爬坡而上……

调研之细之实，可见一斑。浙江很多干部说："欠发达地区干部群众对习书记的情意，是习书记一趟一趟跑出来的。"

近日，中共中央办公厅印发了《关于在全党大兴调查研究的工作方案》。客观而言，绝大多数干部是明白调查研究之重要性的，特别是党的十八大以来，想调研、愿调研的干部越来越多，但在实际工作开展中，一些调查研究与预期有差距，没能取得相应成效，"情况不明决心大，心中无数点子多"的现象也多多少少存在，这或许是我们再度如此强化调查研究的现实原因所在。

要想在田间地头真正找到解决问题的办法，不仅要想调研、愿调研，更要能调研、会调研、善调研。今天，笔者就来聊一聊调查研究。

一

一些调查研究之所以没有取得实效，概括起来讲，有四个方面的问题：

一是"作秀式"调研，走马观花、蜻蜓点水。名为下基层调研，却没有真正深入到群众中去。有的放不下架子，以调研之名，实为换个地方"发表高见"，未调研先签到，入户后再合影；有的坐在车里转，隔着玻璃看，群众没接触几个、情况没了解多少，脚不沾泥，身不染土，就着急作结论、下指示。

二是"盆景式"调研，浅尝辄止、以偏概全。事先对调查研究的线路进行精心设计，什么让看、什么不让看，什么让说、什么不让说，都写在"脚本"里，排在"预演"中。有的走经典路线，看示范样板，听标准汇报，变成"精品游""盆景展"；有的停留在了解点上情况、表面现象，不能由表及里、由此及彼、去伪存真。

三是"脱节式"调研，调而不研、回避矛盾。只注重调研形式，忽视了为谁调研、为何调研。有的看不到真正问题所在，从现象到现象，从电脑到电脑，只做材料的统计师、收集员，不做材料的分析师、研究员，不出对策净出新概念、新名词。有的一发现问题就当鸵鸟，怕揭短伤和气，怕细究得罪人，对问题轻描淡写，就算了解搜集了问题，就是不处理、不反馈，只把脉、不开方，调查前调查后一个样。

四是"框框式"调研，先入为主、刻舟求剑。有的带着框子找例子，带着论点找论据，把调查研究变成结论的预设。有的对当前身处"两个大局"认识不清，对新情况、新问题、新变化、新经验、新创造挖掘不够、视而不见，还停留在原先的思维方式中，束缚在原先的话语体系里，局限于原先的方法上，不能做到与时俱进。

以上种种，都直接影响了调研的实效，把调研变成了"调演"。从工作层面看，这样的所谓"调查研究"，不仅解决不了问题，还容易带偏决策。从政治角度来看，这样的调研就是形式主义、官僚主义的折射，损害了干部形象，影响了干群关系。

二

从河北到福建，从浙江到上海，习近平同志始终身体力行，践行着以调研抓工作落实、以调研抓工作开局的要求。特别是党的十八大以来，习近平总书记调研的足迹更是遍布大江南北。

笔者阅读《习近平正定足迹》时注意到，习近平同志到正定工作后，他做的第一件事就是调研。他调研一般不打招呼，不让人家事先准备，而是直接下乡、下厂、入户。在正定工作期间，他转遍了全县25个乡镇、221个村。这一时期正定形成的许多文件和重大决策，都跟这些调研有关系。

在浙江工作期间，习近平同志每年至少用三分之一的时间深入基层和部门调查研究。他说："几年下来，我几乎跑遍了浙江的山山水水，也跑深了与浙江广大干部群众的真切感情，并在实践中逐渐跑透了浙江的省情市情县情。"

如何做好调研，提高调研实效？习近平总书记给出了一系列答案。我们不妨来捋一捋。

比如，在调研要求上，《之江新语》开篇之作给出了"深、实、细、准、效"五字。对此，浙江宣传在《总书记为何老惦记这个事》一文中曾详细解读。比如，在调研方法上，《之江新语》给出了"交换、比较、反复"的要求。再如，在调研材料运用上，在2020年秋季学期中央党校中青年干部培训班开班式上，习近平总书记强调，对调研得来的大量材料和情况，要认真研究分析，由此及彼、由表及里。

说一千道一万，实效是检验调查研究的根本标准。一切不以解决问题、取得成效为目的的调研都是"耍花招"。

今年新年伊始，浙江开展"大走访大调研大服务大解题"活动，省委主要领导明确强调，要坚持问题导向，奔着问题来、解决困难去，真心实意为企业、各类市场主体和广大群众办实事、解难题。这与《关于在全党大兴调查研究的工作方案》中强调的，"必须坚持问题导向，增强问题意识，敢于正视问题、善于发现问题，以解决问题为根本目的，真正把情况摸清、把问题找准、把对策提实，不断提出真正解决问题的新思路新办法"，是高度一致的。

三

笔者以为，要推动调查研究取得更好实效，真正解决问题，在实际工作中关键要看是否做到"五个有没有"：

一看有没有真正揣着问题去。调查研究首先是要找准问题、有的放矢。政策落实得怎么样？有什么困难？群众反响怎么样？有什么意见？等等。每一次开展调查研究前，都应该悉心梳理想要通过调研解决的问题。

只有揣着问题去，调研才会有方向、有重点。正如习近平同志在《谈谈调查研究》中指出，"领导干部搞调研，要有明确的目的，带着问题下去，尽力掌握调研活动的主动权，调研中可以'有规定路线'，但还应有'自选动作'，看一些没有准备的地方，搞一些不打招呼、不作安排的随机性调研，力求准确、全面、深透地了解情况，避免出现'被调研'现象，防止调查研究走过场"。

二看有没有带着真实情况回。基层的真实情况怎么样？群众最有发言权。下基层调研，除了要看，更要问、要听、要交流，通过集体座谈、个别问询、随机走访等各种形式，听真话、察实情，了解群众的真实想法，获取群众的真实意见，虚心向群众请教问题。只有眼睛往下看，脚步往下迈，走进群众的"后院"与"角落"，用真心实意换得真实情况，才能做到坚持真理、修正错误，有一是一、有二是二，既报喜又报忧，不唯书、不唯上、只唯实。

毛主席当年做社会调查时，曾与佃农细算一年收入，不仅列出4项收入和11项支出，还细心地算出了15种农具的折旧成本，最终得出"收支相抵，不足一十九元六角四分五厘五"的结论。

三看有没有把具体问题解。调查研究关键在于发现问题、解决问题。要直奔问题，往矛盾大、情况复杂的地方去，与意见大的群众聊一聊，搞清楚问题所在、症结所在，逐一梳理形成问题清单、责任清单、任务清单。对一些短期就能解决的问题，应该立行立改、马上就办；对于一时难以解决、需要持续推进的，也要明确目标，紧盯不放，一抓到底，并要定期回访，督查督办，跟踪问效。

新华社《民生小事大情怀——记习近平总书记倡导推进"厕所革命"》中写到，习近平同志在地方工作期间，一直高度重视、十分关心厕所问题，推动解决当地群众的如厕困难。党的十八大以来，习近平总书记在国内考察调研过程中，经常会问起农村厕所改造问题……在习近平总书记的持续关注并倡导推动下，"厕所革命"取得重大成效。

四看有没有真知灼见出。三分调查，七分研究。开展调查研究，特别要防止调查多研究少、情况多分析少，提出的对策建议不解决实际问题。要用好调查所得的一手资料，精心梳理分析，把握好全局和局部、当前和长远、宏观和微观、主要矛盾和次要矛盾、特殊和一般的关系，由表及里，以点及面，透过现象看本质，把握规律性东西，形成解决问题、促进工作的思路办法和政策举措。

只有既迈开步子察实情、又静下心来谋对策，才能真正在调查研究中提高工作本领。正如2015年1月，习近平总书记在同中央党校县委书记研修班学员座谈时指出："情况搞清楚了，就要坚持从实际出发谋划事业和工作，使想出来的点子、举措、方案符合实际情况，不好高骛远，不脱离实际。"

五看有没有赢得民心民意归。开展调查研究，不仅要"身入"基层，更要"心入"基层，要转换角色、走进群众，了解群众的烦心事操心事揪心事，帮助解决群众最关心最直接的现实问题。只有这样，才能真正和群众坐在一条板凳上，才能真正获得群众信任，增进与群众的感情，赢得民心民意。

史官提笔当观六朝风雨，医者开方需经望闻问切。

　　《之江新语》中写道："调查研究是一门致力于求真的学问，一种见诸实践的科学，也是一项讲求方法的艺术。"它连着真知与行动，串着信息与决策，系着党心与民心，是反映干部工作水平的"温度计"，检验宗旨意识的"试金石"，提高工作实效的"加速器"。因此，我们不仅要重视调研，更要能调研、会调研、善调研，用调查研究更好地为科学决策服务，为提高党的执政能力和领导水平服务，为完成新时代新征程的使命任务服务。

姜建勋 朱宇翔 周俊　执笔

2023 年 3 月 21 日

小城咖啡里的"大世界"

> "藏"于山水之间的咖啡馆,更像一个个精心挑选的乡村美学符号:有的设在拥有百年历史的废旧水磨碾米坊改造而成的民宿里,有的坐落于全省最美绿道的露营基地中,"一边是满目翠色,一边是无敌江景"……在乡村野趣中,人们品味一杯青田咖啡,感受山水气韵。

1989年,雀巢咖啡一句"味道好极了"的广告语,配上标志性的红色马克杯,开启了中国人对咖啡的认知。

时至今日,在中国各大中小城市,喝上一杯咖啡早已是稀松平常的事。但如果在小县城,要想喝得上,且能随时喝上,却不一定容易。

不过,在青田却不一样,喝咖啡是当地百姓最日常的生活。在青田2493平方公里的土地上,350多家咖啡馆保持着自己独树一帜的风格。几口喝完一杯,这也让青田人对咖啡的体验,变得尤为超前。

日均饮用咖啡1.5万杯、年均消耗咖啡豆80吨……常住人口不到60万的青田,不产一粒咖啡豆,为何处处咖啡袅袅生香?青田咖啡，留住了什么？

一

很多人认识青田，是从一杯意式浓缩咖啡开始的。

在青田，几乎没什么连锁的商业咖啡，多的是小小的独立咖啡馆，安扎于望得见风景的商圈闹市，入驻在远离喧嚣的深巷居民区，"在生活的漫漫中调和匆匆的早 C 晚 A"。

所谓"早 C 晚 A"，"早 C"就是早上喝一杯 coffee（咖啡），开始一天的工作；"晚 A"就是夜幕降临之时，需要 alcohol（含酒精的饮料）来结束这一天。

青田咖啡的醇香，吸引着各地咖啡爱好者"寻味而来"。据不完全统计，在小红书平台"青田咖啡"的相关搜索中，笔记超过2500篇。

与很多地方不一样的是，青田人喝咖啡没有人群之分：

比如，一批回国安享晚年的老华侨，会在早晨准时出现在咖啡馆里。于他们而言，每天入口的第一杯意式浓咖，或许可以慰藉半生风尘；

空闲时，城郊的一些老人，也喜欢踱进咖啡馆。即便这辈子从未踏出国门，但他们的味蕾也早已习惯了咖啡的味道；

如果你来到青田，青田人招待你，端上来的不是茶，可能是一小杯浓郁的意式浓缩咖啡，而后道出诸如"浓缩咖啡上面那层油脂，其实是二氧化碳""据说咖啡是由一位牧羊人发现的"等冷门知识；

在自驾途中或是户外运动时，青田人也需要一杯咖啡。若"咖啡瘾"犯了，他们会将随身携带的咖啡粉倒入矿泉水瓶中，轻晃几下，一口饮尽。

正是这份平实、朴素、充满市井烟火气的欢喜，让咖啡文化在青田的活跃和延续，有了更多的底气和可能。

二

源自西洋的舶来品，为何漂洋过海，在小山城青田落地生了根？

且将时间的指针，拨回到300多年前。

据1935年英文版的《中国年鉴》记载："在十七、十八世纪之交，就有少数国人循陆路经西伯利亚前往欧洲经商，初期前往者，以浙江青田籍人为多，贩卖青田石制品。"商人的开拓性和冒险精神，让青田人开辟出一条别样的出国之路。

青田人首个出国高峰期出现在20世纪二三十年代，"有3万多人一骨碌往国外跑"。第二个出国高峰是20世纪八九十年代，青田人大多靠一把剪刀、一把理发刀、一把菜刀闯天下。

出国的青田人吃苦耐劳，象征"力量与热情"的咖啡，成为他们入乡随俗的生活方式，也帮助他们在劳作之余提神解乏。用老华侨的话说，"30毫升，一口喝下，力气又生出来了"。

上世纪30年代起，青田华侨开始用皮箱将来自产地的咖啡豆、咖啡机、咖啡壶作为日用品、伴手礼带回青田。初尝咖啡的青田人爱不释手，咖啡文化氛围也从当地百姓家中一点点积攒而成。

38.1万青田华侨生活在146个国家与地区，世代遵循着相同的生活路径："国外创业、回国投资"。于是，当年"背着石雕闯世界"的青田华侨，又带着"全世界"回来了。

与此同时，咖啡馆也慢慢在青田聚集。

1991年，青田街头出现第一家咖啡馆。不过，当时的冲泡方式传统而单一：选用精心研磨的上等咖啡粉，加入热水手工搅拌，待粉末慢慢渗透，浓郁的咖香便轻而易举地闯入感官体验。

在数十平方米的咖啡馆里，归国老华侨用咖啡分析问题、追忆过去，而更多的青田人开始区分不同产地精品咖啡的特点、探究真正的咖啡是什么味道。尽管当时每杯售价达5元，但咖啡馆仍常常挤满了人。

很快，在沿着瓯江的临江东路上，咖啡馆的招牌相继亮起。

从第一家到100多家，青田只用了不到10年；从2015年开始，每年新增30多家咖啡馆，直至300多家……咖啡馆以一种低调平和的商业姿态，安静地席卷青田人的生活。

三

显然，智慧的青田人不止于此。青田人对咖啡的深情里，还藏着另一片蓝海。

在品尝了来自世界各地的咖啡后，他们选择另辟蹊径。于是，浓度更高、味道更醇的"青田咖啡"便从舌尖百味中脱颖而出。

2020年，在第三届青田侨博会开幕式上，"青咖LOGO"正式发布，咖啡名正言顺地扛起品牌培育大旗；2021年，丽水首条拥有正规生产资质的咖啡豆生产线在青田落地投产，从此咖啡产业链开始纵向延伸；2021年，青田举办第二届国际咖啡博览会，200多家国内外知名咖啡企业、1000家专业采购商蜂拥而至……

如今，青田咖啡业从业人员超过7000人，仅咖啡馆年营业额就达到8000多万元。每年11月，当临江路上银杏满目金黄、龙津公园里暖阳和煦温和，咖啡音乐节便如期而至。醇厚的咖啡，碰撞着滚烫的音乐，"青田又一次来到世界面前"。

青田咖啡，连接世界，靠近山水，也拥抱人群。

没有大城市的狂飙与喧嚣，这里的咖啡文化一路下沉，这便有了乡村咖啡馆，"一眼望生态，一杯读风光"。用诗人郭力家的话说，叫"人生转场"。

当乡村有了咖啡馆甚至咖啡产业，是种什么体验？

年轻人不用"逃离乡村"，就可以拥有"北上广深"同款"朋友圈"；一批批在城里工作的人，更喜欢回家了，因为乡村不再是从前模样，反而成为他们追逐的"诗和远方"；远道而来的游客，也会奔赴乡间"喝一杯"……

"藏"于山水之间的咖啡馆，更像一个个精心挑选的乡村美学符号：有的设在拥有百年历史的废旧水磨碾米坊改造而成的民宿里，有的坐落于全省最美绿道的露营基地中，"一边是满目翠色，一边是无敌江景"……在乡村野趣中，人们品味一杯青田咖啡，感受山水气韵。

作为一种场景化的旅游新业态，建在乡村里的"村儿咖"如同一个个连接点，串联起周边的景区、田园、花海、民宿，创造出更多的"第三空间"，让乡村的样子更立体了。

在"九山半水半分田"的青田，咖啡呼应这座小山城继续生长，留住回味和人心，于小杯盏中装下"大世界"。

陈炜芬　执笔

2023年3月22日

"时间银行"如何存取时间

> "时间银行"的优势，就在于能够将"触手"伸到基层毛细血管最深处，从个体志愿服务做起，从而成为养老服务体系的有益补充。

与许多发达国家走过的历程相似，中国目前也进入了人口老龄化的加速发展期。国家统计局数据显示，至2022年末，中国60岁及以上人口占全国总人口的比例为19.8%。

老龄化现象不禁让人担忧，未来的养老服务谁来提供？社会资源如何更有效地分配？"时间银行"，就是不少专业人士提出的一种路径和解法。

乍一看，或许令人难以置信：时间也可以存取？"时间银行"到底是个什么银行？它如何助力我国完善养老服务体系？我们一起来探讨。

一

所谓"时间银行"，一言以蔽之就是"年轻存时间，年老享服务"。比如，志愿者将服务老年人的时间存进"时间银行"，当自己年满60周岁时，就可以兑换等时的服务或各类商品。

这一概念起源于日本和美国，目前全球已有30多个国家相继建立"时间银行"。上世纪90年代传入中国后，"时间银行"经历了30余年的"本土化"过程，在北京、上海、广州等一些城市社区有了初步探索和尝试。

浙江的"时间银行"起步不算早，但覆盖面相对广，在杭州、宁波、嘉兴等地都有相应实践。

比如2002年起，杭州上城区湖滨街道在全省率先开展"时间银行"志愿服务项目，是浙江最早开始探索的点位之一。经过20余年积累，已经形成相对成熟的经验。去年5月，浙江将杭州上城区设为浙江省"老有所为'时间银行'浙江子模式"建设试点，从县域层面探索构建更加精准的助老模式。

比如，上城的一家"时间银行"，去年创新了服务内容，将社区志愿者分成爱心送餐、倾听陪伴等4支小队，为社区老年人提供家庭服务。为了激励居民，还丰富了积分模式，给志愿者灵活的选择：开展志愿服务，可存入等时的"善时金"，换取今后的养老服务；参加社区活动，可积相应的"霞光分"，随时兑换生活物品或文化活动等。

虽然是"舶来品"，但在长久探索中，"时间银行"逐渐找到了在中国发展的独特优势。北京大学人口研究所所长陈功教授认为，

"时间银行"这一实践在中国的发展有独特的制度和体制优势,有助于构建政府和市场之外的第三次社会分配机制。

其实,如今不管是哪一种服务方式,都需要极大地依靠社区及社会组织的力量。"时间银行"的优势,就在于能够将"触手"伸到基层毛细血管最深处,从个体志愿服务做起,从而成为养老服务体系的有益补充。

除了生活上的照顾外,"时间银行"的另一层意义在于为广大老年人搭建互助共享的平台,找到奉献的快乐。

今天的老年人,尤其是低龄老年人,他们需要的不仅是社会的嘘寒问暖,而且还有对他们的能力以及价值的认可。在我国,一半以上的老人是年龄在60—69岁的"低龄老人",不少拥有较好身体素质,并愿意参与志愿服务。

"时间银行"正是瞄准了这一小切口,让低龄老人服务年长老人,让"年龄相近、性情相投"的老年人共享晚年。

二

习近平总书记在河北省承德市高新区滨河社区考察时曾说,要把老有所为同老有所养结合起来,研究完善政策措施,鼓励老年人继续发光发热,充分发挥年纪较轻的老年人作用,推动志愿者在社区治理中有更多作为。

我国人口规模巨大,养老的任务任重道远。要在更大范围推广"时间银行",还需加快破解一系列问题。

比如,"储户"信任不足。时间储蓄的周期较长,通常在10多年甚至20多年后才会提取兑现。不少人担心,政府多年后会不会

"新官不理旧账""时间银行会不会破产"。事实上，在各个地方探索中，确实有不少"时间银行"由于管理人员调动、组织机构变化、人工记录遗失等原因而"半途而废"。

比如，"跨行转账"难。"时间银行"国内试点通常以社区为单位，没有全国性的"总行"，甚至还没有"省分行""市分行"。换句话说，假如年轻时在一个城市做志愿者，但多年后住到另一个城市甚至另一个社区，很可能就无法兑换服务。这样一来，"时间货币"的使用范围大大缩小。

比如，"通货膨胀"的问题。随着老龄化程度的加深，必定有越来越多的老人需要养老服务，因此有人质疑，今后高龄老年人越来越多，后面的兑换服务会不会有缺口？存入的时间币会不会"贬值"？今天的长时间服务，是否只能换来明天"象征性"的回报？

此外，推行"时间银行"要厘清多个问题，比如它究竟是志愿服务还是有偿服务，"时间银行"平台与参与者之间是什么关系，国家如何进行制度保障，是强制性的还是鼓励性的，等等。

三

老年人幸不幸福，是社会幸不幸福的重要指标。随着老龄化态势的加速，"时间银行"更加凸显了意义。而要让"时间银行"更加制度化、专业化、常态化，笔者以为，可以从以下几方面进一步破题。

依托政府力量，完善顶层设计。"时间银行"虽然很大程度上依赖社区、志愿者和市场主体，但要实现常态化发展，还需健全科学的顶层设计，把其他社会资源"串起来"。

纵观目前国内的实践情况，比较成功的"时间银行"都离不开政府的支持，由政府给予资金、队伍、礼遇和机制等全链条要素保障，让"时间银行"更权威可信。

比如，从2012年开始，上海就开展了一项名为"老伙伴"计划的老年群体互助服务活动，由市政府投入专项资金，通过就近原则让低龄老人与高龄老人进行一对多结对，以政策引领为高龄老人提供养老服务。

养老是全社会共同的事情，是一项体系性工作，除了政府，还需要社会化力量的广泛参与，调动社区街道、老年志愿者、社会养老机构等多方资源。

在这方面，浙江侧重以项目化的形式开展，有针对性地培育一批助老志愿服务组织，让他们成为"时间银行"的主力军。比如杭州一家养老院，就吸纳了一批固定的"时间银行"助老志愿者长期参与助老服务，当他们年纪再大一些也会相约住进养老院，享受"时间银行"养老服务。

而在互联网发达的今天，技术化手段赋能"时间银行"显得尤为必要，时间如何存、如何取，需要一体贯通的技术平台。

在社区"时间银行"建设初期，志愿服务信息以手工记录为主，难以保证统计的准确性，更做不到跨区域共享。如今，可以通过构建互联网信息平台来实现"数据多跑腿"，实现高效的录入和快速的配对。同时，这也有助于实现多跨协同的场景化服务，让居家照护、康养服务、医疗救助等各类需求，都能在线匹配，形成线上线下的联动。

"时间银行"画出的愿景，最终要靠志愿者的点滴实践来一一实现。它希望激发的，是广大志愿者的内生动力。"时间银行"作为一项志愿服务，它能做的还非常有限，更无法代替社会养老。但这一尝试仍有值得推广的价值，通过动员多方力量营造"低龄帮高龄、一代帮一代"的接力氛围，为爱"增值"，让社会更有温度。

正如一位"时间银行"组织者所表达的，这一批志愿者干不动了，要有新的志愿者能顶上，并逐步由"低龄老人"服务"高龄老人"，扩展至全社会的广泛参与。我们期待"时间银行"让爱老助老蔚然成风，让老龄社会焕发出新的活力。

你愿意在"时间银行"储蓄时间吗？

谢滨同 季方 斯民娅 熊侃 执笔

2023年3月22日

"书房"招牌不能一挂了之

> "书房"是需要流量、人气，但更需要静水流深、日积月累。为了喧嚣的人气而放弃文化底蕴，气散了，书店也就没落了。

在浙江，各种各样的"书房"已成为全民阅读的重要载体，有布局农村文化礼堂的农家书屋，有依托于现有阅读机构增加模块的"杭州书房""浙江书房"，还有各种特色主题的专业书房，如"红旗书屋""南宋书房"等。

"全民阅读在线"显示，目前全省有各类"书房"近2.5万个。这些"书房"，给热爱阅读的人更多选择，也是浙江公共文化服务体系日臻完善的体现。

但这本"好经"在"念"了几年后也出现了一些"跑冒滴漏"现象，有些"书房"迷失了方向，从一开始的满腔雄心壮志变成了后来的放任自流，挂上去的一块块牌子也成了摆设。

"书房"，该如何让群众愿意来、待得住，真的把它当作自家书房呢？

一

书房，在中国人的观念里是非常神圣的地方。尤其对读书人而言，这里不仅是其读书写字、思考人生的地方，更是与同好者交流志向、观察天地的场所。

一间书房，一方书桌，反映着主人的品位和阅读偏好，代表着读书人对精神世界的追求。

在推广全民阅读的过程中，书房就走出了小天地，成为所有爱书人能够读书、交流的大众文化空间。

然而，"书房"数量一多，难免出现各种情况。

有的"书房"只是空有一个名头，真正走进去，里面可能连本书都找不到。像是有家号称开在山峰之巅的"书房"，开业宣传做得声势浩大，时间一久，不仅门户紧闭，里面还堆满了矿泉水瓶子，"书房"功能早已丧失。

如今，走网红路线的"书房"越来越多，但不少只想着怎么出名，没有静下心来打造内容。它们往往装修豪华，书墙高高摞上天花板，样子很好看，读者却够也够不着；专门搞了各种各样的阅读区域，却只适合打卡拍照，不适合久坐阅读，有悖于阅读服务大众化的导向。

在农村地区，有些"农家书屋"常年上锁，只在领导来视察时才开门点灯，书架上的书籍也陈旧破烂，开了跟没开一个样。村民摇摇头说，就算开门了，也没有兴趣去看，还怕小朋友被灰尘呛到。

种种"假把式"的"书房"，不仅对营造全民阅读的氛围与热情没有裨益，还浪费了装修成本、政府补贴等公共资源，甚至影响了群众对政府的信任感。

二

党的二十大报告中提出要"深化全民阅读活动"，"全民阅读"也已连续10次被写入政府工作报告，成为促进大众精神生活更加富裕的有力支撑。

一边是社会各方面推动全民阅读，重视"书房"等阅读场所的建设；一边是有些"书房"成了摆设，处于牌子一挂了之的状态。理想和现实之间的差距，到底在哪里？

比如，定位分析不清。对于"书房"如何发挥作用的理解不到位，把书定位成摆设品与附庸物，将阅读边缘化。于是，"书房"本身应该承担的养成阅读惯性、营造读书氛围、传播优秀文化的使命就被弱化，阅读对读者、用户的吸引力也日趋削弱。

比如，盲目追求流量。一味把吸引流量作为初衷，用各种手段把书店打造成花哨的"网红书店"，不考虑"网红"如何"长红"。这是想一口气吃成个胖子，是急功近利的思想作祟。"书房"是需要流量、人气，但更需要静水流深、日积月累。为了喧嚣的人气而放弃文化底蕴，气散了，书店也就没落了。

比如，运营能力缺乏。"书房"是文化阵地上的枪炮，需要特色文化活动及专业的选书配书来持续提供"文化弹药"，这对从业者有着专业素养要求。从业者要爱书也要爱看书，对这个行业的动态及时了解，对某些领域有专业涉猎；也要接触互联网文化，懂得紧跟热点，将热门事件的文化内核与"书房"的展陈、活动结合，让读者常逛常新。

远看华丽、近看模糊、内核松散的"书房"，无法吸引"挑剔"又时间宝贵的读者，人气的下降又将带来新一轮的恶性循环，最终就形成了"有书有房却无客"的尴尬局面。

三

在打造各类"书房"的过程中，如何避免少数"书房"招牌一挂了之？这需要各方形成合力。

对运营者而言，需要利用场景特色提升文化阵地的吸引力和利用率。笔者认为，以下几句话值得思考：

贴近性是"书房"的底色。建立"书房"的初衷是为市民、村民提供服务，让他们走出家门几步路就能看书、借书、听讲座、进行交流互动。这需要对所在地的人群需求有精准定位。

去年，杭州图书馆整合社会力量和各方资源，试点开设了20个邻里图书馆，把位置选在了社区及周边楼盘，将人群精准定位为"一老一小"两个族群，为他们提供适合的书籍及公益性阅读活动，形成"即刻抵达的书香空间"和"触手可及的书籍与活动"，将阅读蔓延到城市的"毛细血管"。

独特性是"书房"的生命力。互联网时代，"书房"的"人设"同样重要，这依赖于大量同类型的文化活动形成集聚效应，让人一提便知，形成参与文化活动的"路径依赖"。

比如温州用"全开放、纯公益、24小时不打烊"的标签打响了城市书房的品牌，立了一个"全国第一"的人设，成为各地效仿的标杆；杭州背靠御街的南宋书房，通过举行大量与两宋文化相关的分享、交流、展陈活动，立住了"弘扬宋韵文化"这个人设，给自己贴上了独特的标签。

多样化是"书房"的续航力。面对新生代读者的需求，运营者要打破单一的固化模式，以"场景、体验感、多元业态"为关键词，将图书阅读、艺术展览、文化沙龙等新型文化业态有机融合，营造小而美的公共阅读空间。利用运营模式的迭代来增强软实力，用专业水准的人才培养提升书房的创新力，形成良性循环。

比如，桐庐青龙坞里的放语空乡宿文创综合体，依托15家国内外知名建筑设计公司，将民宿、艺术空间与品牌书店有机结合，为当地村民、到访游客提供了与众不同的公共文化服务体验，开辟出另一条发展之路。

而主管部门当然不能一授牌就做"甩手掌柜"。要以高站位为基准，为各家"书房"运营提供专业的指导与政策解读；以强服务为目标，组织各层次的培训交流，培养合适的管理人才，提升书店整体水平。此外还应以质量作为绩效考核的标准，优胜劣汰，不合格就摘牌，优秀的予以政策倾斜与奖励。

读书要往深里走、往实里走、往心里走，打造有浙江标识的各类"书房"也须如此。唯有这样，政府投入到全民阅读的资金，才能用在刀刃上、花在实效处；老百姓才会买单，才能更爱走进"书房"，更爱拿起书来读，全民阅读的氛围才能更加蓬勃。

许雪娟 张磊 张元 执笔

2023年3月23日

乡村旅游何以"无中生有"

> 在这个不缺"市井"缺"乡愁"的时代，乡村旅游以其独特的气质，挺立在旅游业的变换迭代中，扎根于中国人的精神原乡里。

早春三月，草长莺飞，正是出门踏青的好时节。不少人选择远离城市喧嚣，来到乡间田野，来一次全身心放松的自由行。

统计显示，我国乡村旅游已经稳稳占据国内旅游总人次的半壁江山。如今，去一处心仪已久的乡村民宿，选一座空旷的高山营地看星星，等等，成为越来越多人旅行的首选。

值得思考的是，与传统旅游不同，许多乡村地区既没有广为人知的名胜古迹，也没有项目加持和业态聚集，甚至还面临着激烈的同业竞争，乡村旅游如何实现"无中生有"的蝶变？"热"起来以后，它又该如何站稳风口？

一

近年来，随着市场需求多元化，旅游行业格局经历了从传统观光游一元主导，到文化体验游、休闲度假游、研学知识游、康养体育游等多种业态"群雄逐鹿"的变化，震荡不可谓不剧烈。

有人认为，乡村旅游市场已接近饱和，一些先天条件不足的村只能放弃这条"黄金赛道"。但许许多多案例告诉我们，乡村旅游恰恰靠的是"无中生有"的能力：没有所谓的独特旅游资源，但依然可以站上风口。那么，它有哪些真正吸引人的"杠杆"？

乡村旅游之所以能够脱颖而出，得益于其切中了与传统旅游不一样的赛道。如果说传统景点旅游是"集团军"，那么乡村旅游就是"游击队"，它的特点更适合短期旅行需求。

对于忙碌的现代人来说，经历了平日满负荷的工作，不太可能再为旅行计划大费脑筋，他们需要的是一场"说走就走的旅行"。乡村旅游，省去打卡式的奔波，不囿于行程路线，也无须拘泥于特定景点，甚至不需要提前做攻略，任何风景秀丽的乡间田野都能成为扎寨露营的场地。

乡村旅游之所以能，当然与其自身独特的资源禀赋相关。可以说，这是一场乡村生活之旅，更是一场精神原乡之旅。

与主打名山大川的大景区不同，乡村风貌千村千面，原汁原味。像浙江的农村，素以"十里不同风、百里不同俗"著称，丰富的文化元素广泛分散留传于农村地区，这是别人学不会也拿不走的，是乡村旅游独一无二的资源。正因远离城市"大熔炉"，所以乡村最大限度保留了特色、彰显了个性。

而不论是"莫笑农家腊酒浑，丰年留客足鸡豚"，还是"采菊东篱下，悠然见南山"，从古至今，中国人的田园情结、乡土情结是刻印在骨子里的。当都市年轻人纷纷感慨"城市套路深，我要回农村"时，更多是向往乡村淳朴的民风、纯净的山水、地道的美味，这是人们对未经雕琢的世界的遐思。

此外，中国刮起乡村旅游休闲风，还有其独特时机。特别是三年疫情以来，"微度假"已经成为许多游客的出行习惯。有业内人士认为，疫情带给旅游市场最大的改变，在于游客对个性化、独特化、定制化旅游产品的需求与日俱增。

忽如一夜春风来，乡村旅游遍地开。从实践效果看，很多地方通过发展乡村旅游尝到了甜头。2017年，浙江提出"万村景区化"战略，浙江文旅率先迈入"村"时代。从2017年到2022年，浙江景区村庄共接待游客13.68亿人次，实现旅游收入1432亿元。方兴未艾的乡村旅游，以诸多"卖点"精准俘获了城里人、年轻人的心，正是乡村实现嬗变的一个注脚。

二

在浙江，乡村旅游实现"弯道超车"的成功案例不少，起步也早。

据《习近平浙江足迹》记载，2006年6月13日，习近平同志来到磐安县尖山镇管头村，调研当地农家乐发展情况。当时，管头村的新村已经造好，但产业发展仍然存在问题，除了种茶，村民缺少别的收入来源，刚开业的四家农家乐，已有两家因为游客稀少、生意冷清而准备转行。

"习近平同志听说后，鼓励我们要有信心。他说，农家乐是朝阳产业，前途无量。他告诫我们，发展旅游经济必须要有好的生态环境。"时任管头村党支部书记张威平回忆。习近平同志的一番话，让大家坚定了信心。

管头村风景秀丽、生态宜人，传统民居以千年不化的黑色火山石构筑外墙，外观典雅古朴、室内冬暖夏凉，在国内尤为罕见。多年来，当地村民持续挖掘放大乌石建筑居住舒适的比较优势，做大特色农家乐产业。如今，这个遍地是丘陵山包的村子，村头却常年停靠着来往上海、杭州的大巴，村里各类民宿农家乐有近130家，村民人均年收入超过8万元。

诚然，乡村旅游在上升发展阶段，正在经历大浪淘沙的过程，遇到一些问题在所难免。

有的游客感到，当今乡村旅游同质化倾向愈发严重。像玻璃栈道、高山滑梯等"网红"旅游项目，一旦哪个火爆"出圈"，周边乡村就一哄而上、生搬硬造，陷入同质内卷、低水平竞争的尴尬局面。

部分游览项目"滤镜"破碎后，口碑断崖式下滑，沦为"白天晒太阳，晚上晒月亮"的观赏品，还要搭上巨额的维护费用。更有刚建好的项目就要被新"网红"取代，走马灯式地循环往复，劳民伤财还不叫座。

此外，乡村旅游发展不平衡的问题也困扰着一些地方。笔者在浙中某山区县了解到，有的"网红村"精品民宿定价动辄一晚上千元，旅游旺季一房难求；而周边一些村的民宿还处在低水平运营阶段。这从侧面反映出，"网红村"带动周边乡村发展的能力有限，全域联动发展乡村旅游的格局尚未形成。

发展不平衡问题要靠发展解决。今年中央"一号文件"特别提出，要"实施乡村休闲旅游精品工程，推动乡村民宿提质升级"。上个月，《浙江省乡村旅游促进办法》正式公布。如何在资源融合整合的基础上，进一步提升乡村旅游的发展质量，进而赋能乡村振兴，亟待地方政府和文旅从业者破题。

三

尽管每个村庄都有自身的独特性，但细数乡村旅游迎风而起的案例，要总结如何让乡村旅游进一步站稳风口的经验，并非无迹可寻。笔者以为，至少有以下几个方面值得关注。

把"单干"变为"组团"，以大 IP 带动小 IP，亮出最吸引人的卖点。正如有业内人士分析，目前，大多数乡村旅游开发依托相关资源、产业、市场、景区进行单点式开发建设，缺乏系统整合和整村运营。未来，单打独斗的产业模式已经无法满足多元化的市场需求，乡村旅游将不再局限于早期的农家乐模式，逐渐向综合一体化的现代乡村旅游模式发展。

比如，位于安吉县灵峰街道的横山坞曾是个"空心村"。当年，建筑设计师陈谷选择返乡创业，租下整个村落打造集群民宿，于是衰败的村子变成了网红的"小瘾·半日村"。整村改造的"小组团"，还融入了安吉灵峰山景区这个相对成熟的大 IP，与周边乐园、滑雪场、高尔夫球场等一起，形成联动组团发展的局面。

把"故事"变为"体验"，用创意吸引游客，打好"特色"这张牌。乡村地区从来不缺好故事，但缺少让故事眼见为实、可触可感的载体。假如游客只能看见"躺"在博物馆里的乡村文化，体验感就会大打折扣,还为什么一定要来这里游玩呢?突出乡土风情、乡村特色风貌和文化传承,才能做到"人有我优"。

比如,去年入选人类非物质文化遗产的"中国传统制茶技艺及其相关习俗",人们对于其中一个项目——赶茶场习俗还知之甚少。金华磐安县的古茶场初建于宋代,每年有两场盛大的庙会,届时茶场里竖龙虎大旗、办茶神祭祀等,吸引着天南海北的茶农、茶商、茶客。再如,磐安尚湖镇,在挖掘"非遗"内涵、打造乡村旅游亮点上有不少思路。他们以印染花布和龙虎大旗为装饰,打造"非遗"特色高山农产品村礼礼盒,当地还在谋划建设"非遗"广场,常态化表演"竖大旗"。

酒香也怕巷子深,先抓人眼球进而才能留住脚步。网络平台为乡村旅游"玩家"带来了更为公平的机会,很多偏远乡村通过"触网"也能实现与都市景区同样的新媒体曝光度。

比如,近年来,不论是杭州导游小黑诸鸣、普陀山导游小帅,还是各地"出圈"的文旅局长,他们都为地方旅游的宣传推介起到了奇效。最近,全国多地的文旅局长纷纷出镜,也是为了给地方文旅发展"打广告"。山区县要做大乡村旅游,更要学会招才引智,以新形式在新场景下吆喝叫卖。

多些奇思妙想,乡村旅游也可以时尚、新潮。比如,有的地方就开发越野线路,组织游客参与越野,宁静的乡村有了人流车流,还有的地方靠"咖啡+露营"打开发展新空间,游客喝着咖啡,看着湖光山色,顿觉心旷神怡。立足实际,多想些办法,促进乡村旅游业态创新、模式创新,让乡村旅游凸显"时尚味",也是值得努力的方向。

总而言之,如果说游客在"用脚投票",那么乡村旅游从业者则要想方设法"留住脚步",努力给广大游客提供能"到此一游"的理由。

在这个不缺"市井"缺"乡愁"的时代,乡村旅游以其独特的气质,挺立在旅游业的变换迭代中,扎根于中国人的精神原乡里。相信,守住文化根脉之正、开拓融合发展之新,乡村旅游一定能迎来新一轮升级。

谢滨同　徐迪　执笔

2023 年 3 月 23 日

《资治通鉴》的"铁粉"

当文天祥振臂一挥呐喊出"人生自古谁无死？留取丹心照汗青"的时候，胡三省则选择用细密的注脚搭砌一座文字天梯，也许是因为他读懂了司马光写就《资治通鉴》的初心——"专取关国家盛衰，系生民休戚，善可为法，恶可为戒者"，也企望人们能够经由他的注解找到"何以为家""何以为国"的答案。

北宋年间，司马光召集了上百位名人学者一起搞一项"大工程"，他们从东周王朝写起，到五代十国停笔，洋洋洒洒三百多万字。这项工程，就是编纂《资治通鉴》。

然而，面对很多人看了一页就昏昏欲睡的现实，也许司马光也很无奈。想必当时读书人内心都在嘀咕：不是我不想看，是真的看不懂，要是有一本工具书就好了。

一百多年后，这个写工具书的人出现了，他叫胡三省，宁海人。要说"铁粉"的自我修养，还得看胡三省，研读偶像作品之外，更是凭一己之力为《资治通鉴》作注。

他写的《资治通鉴音注》与司马光的《资治通鉴》一起，构成了我们当今阅读的现代标点本的主要面貌。为《资治通鉴》注释或者尝试过注释的人何其多，为什么历史独独记住了胡三省的名字？

一

最初，编写《资治通鉴》的司马光还只是胡三省父亲的偶像。

父亲胡钥笃爱史学，痴迷《通鉴》又惑于《通鉴》的他，对当时通行的浅陋粗疏的注释本极为不满，问还只有14岁的胡三省："若能勘正乎？"儿子回答："愿学焉。"

一年后，父亲匆匆离世，可父子间的交谈始终萦绕在少年胡三省的脑海里，他为自己定下了一个看起来不可能完成的任务：完整准确地注解《资治通鉴》。

三省自小笃学勤勉，是同乡读书人口中那个"别人家的孩子"，26岁便与文天祥、陆秀夫等人同榜进士及第，春风得意之时，他没有忘记父亲的嘱托。

入仕，对绝大多数人而言是读书、考学的终点，但对胡三省来说却是著书、立说的起点。

他的俸禄大多用来"淘书"，《通鉴》的不同版本，买；关于《通鉴》的奇书异册，买。他辗转各地当官时，只要有机会，都会拜访、请教当地对《通鉴》有研究的名士大儒，就连外出游玩也随身带书。

他26岁落下《资治通鉴广注》的第一笔，原稿因战乱丧失后，发奋重撰，终于在55岁之时完成《资治通鉴音注》。其间，他被权臣贾似道罢官免职，在宋元交战之时东躲西藏，也亲眼见证了南宋亡国，但这些都不曾动摇他作注的决心。甚至，胡三省对成稿的增补修改一直持续到他72岁辞世的那一年。

可以说，胡三省的生命与《资治通鉴》是交融的，没有坚忍执着的意志作为支撑，以及广泛的考证考据和日积月累的探索作为保障，作注根本无法实现。

他把自己活成了一部行走的典籍，为什么？

或许我们可以从他对《资治通鉴》的评价中得到答案："为人君而不知《通鉴》，则欲治而不知自治之源，恶乱而不知防乱之术；为人臣而不知《通鉴》，则上无以事君，下无以治民；为人子而不知《通鉴》，则谋身必至于辱先，作事不足以垂后。"

这一刻，作注的意义已经不再局限于完成父亲的遗愿，"铁粉"胡三省的后半生，是心甘情愿"追逐"偶像的后半生。

二

胡三省与《资治通鉴》，是相互成就的。

"胡注"中不仅把《资治通鉴》错误的地方改正了，把难懂的地方搞明白了，还把遗漏的地方补充完整。他对书中出现的历史事件、历史人物作出了精彩评述，不少行文还流露出个人风格鲜明的小趣味和小情致。试问，谁能拒绝精彩程度媲美正文的"弹幕"呢？

正是这样全方位、百科式的"胡注"，反过来也成就了《资治通鉴》，让这部书为更多人所读、所感、所思。

先说音注，这也是"胡注"最基础、最重要的作用。

《资治通鉴》中出现了许多怪僻的人名、地名、术语，要读出来都很难。比如，在《汉纪三》"阏氏"一词之后，他写道："阏，於连翻，氏，音支。"如此一来，相当于给当时的读书人配了一部《新华字典》，碰上不认识的字，先翻翻"胡注"。

再说释义，他巧用方法，并大胆存疑。

《晋纪十三》提道："彼乌合而来，既无统壹……久必携贰"。"乌合"是什么意思呢？胡三省用鸟群比喻："飞鸟见食，群集而聚啄之。人或惊之，则四散飞去。"他认为，像鸟群一样，没有严密组织而临时凑合的群体可以称为"乌合"。

还有正文中记载，权臣王莽假装生活节俭，有一次，百官派自己的夫人去探望他家生病的老夫人，王莽的妻子穿得破破烂烂来迎接，见者皆以为是下人。胡三省批注：此处应有"皆惊"二字，才能充分表现出王莽的伪装。

最后说说勘误，他尊重原著，但不迷信原著。

《晋纪二十六》云："是岁，秦大熟，上田亩收七十石，下者三十石，蝗不出幽州之境，不食麻豆，上田亩收百石，下者五十石。"这段违背事实的浮夸记载，被胡三省无情指出：这种产量自古以来没听说过。

这样校勘的实例还有很多。时至今日，"胡注"仍然代表着我国史家史注的最高水准，与王夫之的评论《读通鉴论》成为研读《资治通鉴》的经典伴侣，与裴松之的《三国志注》被一些学者并称为"史注双璧"。

三

"胡注"出现之后，其他注本很快销声匿迹。《四库全书总目提要》中介绍《资治通鉴》时，特别点名是胡三省作注，清代中期"胡注"被学者奉为宝书。能青史留名的人，总是因为有一些别人所不具备的东西。

比如，胡三省是坚忍执着、矢志不渝的。

1276年，元军南下，胡三省携带家小逃到新昌避难。出发前，他把前97卷书稿装进木箱，掩埋在村旁的山野里，回来后却发现书稿被盗了。谈及这次经历，胡三省只是淡淡地说"失其书"，并决定重新来过。当他完稿后，战乱又起，他把书稿藏在石窖中，封上石灰躲过一劫。

比如，浙东史学对胡三省的深刻影响。

"浙东之学，言性命者必究于史，此其所以卓也"，这表明，浙东这片土壤上从来不乏精研史学的人，吕祖谦、陈亮"由经入史"的治学风格为胡三省指明了方向。

"胡注"延续着浙东史学"经世致用"的传统，梳理并总结历史上兴衰成败的经验教训。胡三省对文中记载的魏赵韩三家分晋之事予以抨击："三卿窃晋之权，暴蔑其君，剖分其国，此王法所必诛也。"

再比如，胡三省对家国大义、民族气节的坚守。

虽然写的是工具书，但胡三省绝非一个"工具人"。《资治通鉴》中涉及许多朝代更替的史实，与他所处的时代何其相似，"胡注"正是他在"山河破碎风飘絮"的南宋捧出的一腔赤子之心，也是他不肯阿谀事权贵的一种托付。

当文天祥振臂一挥呐喊出"人生自古谁无死？留取丹心照汗青"的时候，胡三省则选择用细密的注脚搭砌一座文字天梯，也许是因为他读懂了司马光写就《资治通鉴》的初心——"专取关国家盛衰，系生民休戚，善可为法，恶可为戒者"，也企望人们能够经由他的注解找到"何以为家""何以为国"的答案。

每每翻阅《资治通鉴》，我们仿佛能看到，这位皓首穷经于皇皇巨著的老人，有着博采众长不拘泥的灵活，以及终一生毕一事的朴拙。

王心怡　陈冬妮　执笔

2023 年 3 月 24 日

算法推荐谨防"五种风险"

> 算法推荐就如硬币两面。我们既要清醒认识到算法的正面意义，利用算法技术和规则为社会服务，又要通过良法善治减少或避免其负面影响，这样才能更好营造风清气正的网络舆论环境。

近年来，随着算法强势崛起，用户简直被"宠上了天"。比如，打开资讯类 App，"爱看"的信息总是第一时间跃入眼帘；规划出行道路时，算法会把最短或最快的路线推荐给我们；点外卖时，平台会优先呈现评分高、距离近的餐馆；等等。

但是算法有时像是"天使"，有时像是"魔鬼"。"困在算法里"俨然成为一种新型社会焦虑，据不完全统计，当前基于算法的个性化内容推送已占整个互联网信息内容分发的70%左右。平台通过算法推荐赋予用户信息定制功能的同时，算法操纵舆论、制造"信息茧房"、滥用数据等乱象也逐渐凸显出来。

那么，今天的我们应该以何种态度对待算法？笔者认为，规范算法推荐需谨防"五种风险"。

一防主流价值观受到算法冲击。马克思曾说过，"人们为之奋斗的一切，都同他们的利益有关。"这句话用在奉行"流量至上"的一些社交平台上再合适不过。在资本裹挟下，它们将主流价值观与网民偏好人为割裂开来，想当然地以为"高大上的内容会影响流量"，为获取流量利益不断炒作桃色、暴力等事件，导致主流价值的传播空间被大大挤压，造成网络信息"劣币驱逐良币"。

比如，一些短视频平台时常出现"卖惨营销"视频。有媒体报道，这些卖惨视频的背后，实为一条"吸引眼球—赚取流量—变现获利"的产业链，尽管这些视频述说着不同的故事，但其共性和本质仍为"求关注""蹭热点"。

二防"信息茧房"加剧舆论失焦。网络舆论被"带怒党"引领，被"爱国爽文"收割，被水军漫灌，都不是罕见现象。当网民在平台发布热点事件的相关信息后，平台根据算法模型，将帖文迅速分发到有同样标签的"兴趣气泡"内，形成"回音室效应"，相似观点、同质化信息的叠加重复，造成话题的高热不退。

2021年，有网民称，浙江杭州一女子遭遇"敲门杀人"，并且绘声绘色地讲述"案件"发生过程，在网络上引发舆论高度关注。尽管后被证实为虚假信息，但在"信息茧房"的助力下，网民不断参与到类似标签的话题讨论中，无疑加剧了公众的紧张情绪。

三防"吃瓜"乱象背后的黑产。"吃瓜群众"热衷于"吃瓜"，作为一种群体行为本也无可厚非，可问题在于这种"吃瓜"行为很多时候是被动的。一些内容聚合平台把算法当作"摇钱树"，为了激发用户参与讨论，那些劣质低俗，甚至是虚假、极端、刺激、煽动性的内容仿佛成了流量密码，久而久之，对国家安全和社会稳定造成严重挑战。

很多社交平台采用信息流漏斗算法，内容创作者上传内容后，平台会先投放到一个小的流量池，再根据完播、点赞、评论、转发、停留时长等指标评分，决定是否投放到更大的流量池。在这种算法机制的作用下，无形中助长了雇佣水军、刷虚假流量、集中炒作负面舆论等乱象。不法分子将"假瓜""烂瓜"包装成"实锤"，不遗余力地调动负面因素，"靶向"推送争议性话题，加剧了舆论啸聚和群体对立。

尤其一些刑事案件的网络舆情，在网民"求安慰""同吃瓜"等多种社交心理的作用下，经历群圈交叉传播后，产生各种"脑补"出来的"恐怖故事"，如"辽宁省中医院医生被枪杀，更多细节透露""南宁万达茂男子捅死女友后逃跑，背后是令人警醒的真相"等。类似论调将悬疑感拉满，公众出于"猎奇"心理，迅速转向公开平台讨论，对案件细节"抽丝剥茧"，导致热点舆情难以"退烧"。

四防青少年的观念被算法带偏。如今，未成年人刷短视频上瘾成为一种社会现象。有调查报告显示，20%的青少年"几乎总是"在看短视频。短视频平台为了抢占有限的注意力，通过精准捕捉青少年的"爽点"和"痒点"，不断"投喂"无须思考的"爆米花信息"。以"极端女权""饭圈"两个圈层为例，这类账号转载、发布的内容基本上是男女对立、追星类信息。

试想，青少年一代如果长期沉浸在消遣化、娱乐化内容的"茧房"之中，他们还会潜心思考和琢磨科学、哲学、文学、历史这些深刻问题吗？青少年的思考力一旦钝化，势必会削弱整个社会、整个民族的创造力，这不得不引起警惕。

五防美西方利用算法加剧对华认知战。算法看似是一个"中立性"的工具，但它可以被政治、商业等非技术力量操纵和改变。美西方在利用社交平台算法妖魔化中国方面一直有着"不俗表现"，那些美化西方、抹黑中国的言论在推特、脸书等社交平台上往往拥有更大"被推荐"可能，从而加剧国际舆论偏见。一个比较典型的例子是，新冠肺炎疫情暴发后，国际社交平台利用算法推荐技术，将大量"无脑黑"中国的信息内容，"精准"推送给用户。

除此之外，美西方也常常"扣准"时间对我国进行隐蔽的舆论操纵，将一些普通的民生问题政治化、国际化，通过机器算法的扩大传播，将小事炒大、大事炒炸，故意将网民情绪引导到对人权保障、社会治理、体制改革等问题的抨击上来。2021年，在"成都49中学生坠楼事件"中，美西方利用机器人账号大规模转发，使之迅速形成舆情热点。

值得深思的是，面对算法技术的种种侵蚀和"暴击"，我们应该随波逐流还是积极应对？《互联网信息服务算法推荐管理规定》的正式施行，标志着监管的靴子已然落地。人们寄希望于新规能够一展雄风，管住一度脱缰的算法，但要实现对算法的有效监管，还有一段路要走。

先说分级分类监管思路的确立。正如有学者所说，"算法决策虽然是新事物，却并非洪水猛兽，监管也要像大禹治水一样，宜疏不宜堵。如果抡起大棒乱打一气，把数字产业全都阉割了，用户也没尝到啥甜头。"所以，算法无处不在的今天，我们所需要的不是简单粗暴的"一刀切"，在"强监管"基础上还得有"细监管"。比如，不妨根据算法可能给经济社会以及个人带来的风险程度，探索实行差异化监管，特别是将那些具有舆论属性或者社会动员能力的算法推荐服务提供者纳入严格监管，在保障用户权益的同时，也要考虑对算法发展空间的呵护。

再说网络空间"人行道"的构建。芝加哥大学法学教授凯斯·桑斯坦认为，公共领域就应该像"人行道"一样，会遇到种种非计划和不想要的情景，不同的人群会体认到新鲜体验。平台可以探索改进以机器为核心的信息分发模式，建构网络空间的"人行道"，以增加用户接触不同观点的可能性，营造理性宽容的舆论氛围，避免一言不合就陷入非理性的"骂战"。

事实上，2011年帕里泽提出"过滤气泡"的概念后，就掀起过一场声势浩大的"戳泡运动"，主要参与者为媒体、科技公司、非营利性组织，意在帮助人们开放包容地倾听全方位的声音。比如，瑞士报纸NZZ开发了一款App，每次给读者推荐的信息中都会包含一个"惊喜"，也就是超出读者原本偏好范围之外的内容，帮助摆脱"信息茧房"的束缚。

最后说算法与人的"和谐相处"之道。说到底，把算法装进笼子里的最终目的，还是要回归到人的主体价值上来，让算法更好地为用户服务。终结算法"霸权"，要把算法的选择权利交还给用户。平台可以向用户提供便捷的关闭算法推荐服务的选项，变"平台主导"为"用户选择"。

总而言之，算法推荐就如硬币两面。我们既要清醒认识到算法的正面意义，利用算法技术和规则为社会服务，又要通过良法善治减少或避免其负面影响，这样才能更好营造风清气正的网络舆论环境。

徐岚 徐松 执笔

2023年3月24日

江南的鱼为何让人惦念

> 江南人爱吃鱼更善做鱼，西湖醋鱼、松鼠鳜鱼、宋嫂鱼羹、三丝敲鱼、银鱼羹、软兜长鱼、大汤黄鱼、天目湖鲢鱼头、温州鱼饼等，烹饪技法各有千秋，都是响当当的"鱼中名菜"。至于清水鱼、臭鳜鱼、油炸小溪鱼等，更如山间野花，姿态万千，鲜香怒放。

兰溪三日桃花雨，半夜鲤鱼来上滩。水和鱼，成就了江南充满灵气的春天。

一夜春水生，绿尽江南山林溪岸。蒌蒿满地，春江回暖，鱼儿们纷纷怀卵洄游，抖擞着精神，追逐、嬉戏、游弋……嘉兴月河、古镇西塘、西湖花港、富春江上，名胜景点之外，此时的江南郊野更是春意烂漫，桃李争妍，菜花开遍，轻鲦出水，白鸥矫翼，处处皆是画图。

在中国，两字都带水的省名，唯有浙江。这里江、河、湖、海一应俱全，此外，溪、泾、浜、湾、港、浦、滩、荡、泽、浔……

伴水而居的人们把身边的水体空间分得细致多样，就像青、草、鲢、鳙之外，人们细心地给鱼命名鲫、鲤、鳜、鲈、鳜、鳝、鳊、鲟、鳢、鲇……至于喊不上名字的鱼儿，更是不在少数。

水是江南魂，鱼是水精灵。春日江南游，怎能少得了这一尾鱼？

一

俗话说"冬去春来，鱼登台"。有了鱼儿的重磅"加盟"，成就了江南餐桌上最"鲜"的季节。

相传，仓颉在造"鲜"字时，脑海中浮现的是鱼的味道。为了具象表达这份感受，他一口气连写了三个鱼字（鱻xiān）。重要的事情，果然值得说三遍。

2000多年前，司马迁在《史记》中就精准概括了江南人的饮食调性，简单归纳就是"饭稻羹鱼""果隋蠃蛤"。蠃蛤，指螺蛳、蚌、蚬等贝类，与鱼同为水产品。在江南不少片区方言中，吴国的国号"吴"字，发音就近于"鱼"，足见江南地区与鱼鲜的羁绊之深。

水乡的孩子，在吃奶前就已经开启了吃鱼的一生。产妇生下宝宝后，娘家或婆家人会端上一碗鲫鱼汤催奶，鲫鱼先用油煸煎，加黄酒、葱、姜等去腥提鲜，再加水煮至沸腾后转小火慢炖，直到汤色如牛乳般醇白浓厚。一碗鲜美的鱼汤喝下去，丰富的营养成分和美好的祝愿透过母乳进行传递，代代传承，生生不息。

江南人爱吃鱼更善做鱼，西湖醋鱼、松鼠鳜鱼、宋嫂鱼羹、三丝敲鱼、银鱼羹、软兜长鱼、大汤黄鱼、天目湖鲢鱼头、温州鱼饼等，烹饪技法各有千秋，都是响当当的"鱼中名菜"。至于清水鱼、臭鳜鱼、油炸小溪鱼等，更如山间野花，姿态万千，鲜香怒放。

"菜花开后鱼方上，竹笋香时信早通。"三月菜花盛开、春笋萌发，正是鱼儿最为肥美的季节。此时，泛舟嘉兴南湖，徜徉在云天碧水之间，远处楼台丝管悠悠，两岸新柳绿浪层层，与相知好友共赏一席特色船宴，浑然不觉烟雨迷了眼眸，醇醇春风醉在心头。

江南人吃鱼的讲究也多。比如，格外偏爱鲜鱼，菜市场里的鱼摊上，那些奄奄一息的鱼基本无人问津。清代李渔在他的《闲情偶寄》中就谈到了江南人吃鱼的秘诀——"首重在鲜，次则及肥，肥而且鲜，鱼之能事毕矣。"邀请客人，其他菜肴尽可以先上，鱼则必须活养，客至旋烹，"鲜之至味只在初熟离釜之片刻"。对一口鱼的追求已达极致。

因此，到江南人家赴宴，必是"无鱼不成宴，有鱼才是席"。而这一道鱼菜，往往压轴登场，圆满了春日江南食事。

二

岁月悠悠，长河漫漫。

鱼与江南人的生活实在是久远得难以分割。

在嘉兴马家浜文化遗址出土的文物中，曾多处发现网坠、鱼骨，余姚河姆渡遗址出土的陶盆更是装饰上了鱼衔水草纹，侧面印证了自新石器时代起，先民们就已经在这片土地上进行渔猎。

鱼米之乡，鱼在稻米之前。"渔者以船为家，率能致富"，鱼是江南富庶繁华的见证者。

据考证，江南人是很早开始研究人工养鱼的，系统的文字记载最早见于春秋时"商圣"范蠡所写的《养鱼经》，这也是世界上第一部介绍养鱼的专著。

斗转星移，时序更张。寓意美好又充满意趣的鱼，游进了江南人生产生活的方方面面。

在家居装潢中，鱼扮演了驱邪纳福的角色。汉代时，画师绘于门上的扣环，多以鱼饰作镇邪物；隋唐时，屋门、柜门、箱门等，都盛行鱼形拉手，以便驱走鬼怪；唐代门锁也设计成鱼形，大到王宫城门，小至首饰箱匣，取意"鱼目日夜不闭"，可以防盗。

象征金玉满堂的鱼纹饰，在人们的衣着文化中更是大放异彩。殷商时人们就爱把玉石雕琢为鱼形，随身佩戴，更赋风流。隋唐改"佩玉"为"佩鱼"，以官员佩戴鱼符的不同来识别官职大小，并一直延续到宋、明。

吉庆有余的形象在建筑中被大量运用。曲水流觞的江南园林中，更是"无水不园""无鱼不水"，观鱼赏乐，在园林造景中俯拾皆是，鱼儿游弋在"无声的诗，立体的画"中，自然且和谐。明代书画家董其昌游览嘉兴南湖后，放眼江南楼台美景，满怀羡鱼之情，在烟雨楼手书碑刻"鱼乐国"。

鱼与江南，相依相偎，折射出江南人对美好生活的动人愿景。

三

鱼在江南人的心中有着特殊的地位。一条鱼游到江南，仿佛便有了诗意。

翻开《诗经》："南有嘉鱼，烝然罩罩。君子有酒，嘉宾式燕以乐。"江南多鱼鲜，有朋自远方来，何其快哉？

"江南可采莲，莲叶何田田。鱼戏莲叶间。鱼戏莲叶东，鱼戏莲叶西，鱼戏莲叶南，鱼戏莲叶北。"一曲汉乐府《江南》，宛如一尾小鱼，自由自在地穿梭在时光中，牵动撩拨了多少人的江南情思。

鱼儿更是传情达意的信使，那是比微信、视频更为浪漫的载体。"客从远方来，遗我双鲤鱼。呼儿烹鲤鱼，中有尺素书。"驿寄梅花、鱼传尺素是文人的含蓄表达。百姓的抒怀直接得多，嘉善田歌悠悠："结识私情隔条河，手攀柳枝望阿哥，娘问小妹望个啥？我望水面川条多。""川条鱼"也叫白水鱼，溯洄溯游，在欢欣愉悦中传递了绵绵情意。

唐诗宋词中的鱼儿更是频频在浮萍间、细雨中、风波里翕忽往来，尾巴轻轻一摆，挥洒开江南诗画里的点点星光。至于水调歌头、鱼游春水、渔家傲、渔歌子、渔父乐、如鱼水、摸鱼儿……一曲曲长调小令，更如一尾尾曼妙的鱼，在人们的低吟浅唱中，惊艳了岁月流光。

"今晚鱼儿巧梳妆，做一个神女去会襄王"，越剧经典剧目《追鱼》演绎着多情的鲤鱼精爱上落魄书生的故事；黄梅戏《龙女》被搬上电影银幕，网友盛赞"纯粹的感情，美好的演绎"。

充满灵性的鱼儿游进了中国文化史，诗词乐舞中更增添了许多的江南风流。江南有鱼，丰美了四季三餐的滋味，点缀了衣食住行的意趣，萦绕在情侣或游子的梦中，寄托着凡人美好的愿望，更生生不息地滋养着充满活力的江南文化。

诗意的江南，梦里的水乡，正如鱼儿离不开水，水乡又怎能离得开这一尾活泼泼的江南鱼？

胡佳　执笔

2023 年 3 月 25 日

浙江人应当读什么书

> 万年上山文化、八千年跨湖桥文化、七千年河姆渡文化、五千年良渚文化……如同串珠一样，它们连成了浙江人的历史文化记忆。要读懂这些文化，一是要去实地看，用脚去丈量，用手去触摸，读懂这天地之间的无字之书，二是也要读些相关的书。

浙江，自古以来就重视文化，有诗书传家的传统。论印书，两宋时杭州就是全国的出版中心，留存至今的浙版宋刻堪称一绝；论藏书，有天一阁、玉海楼这样的藏书圣地，是阅读的文化地标。作为当代浙江人，在阅读上该如何继承优良传统，应当读哪些书呢？

给人开书单，是费力不讨好的，因为读书是很个人的事。作为浙江人的鲁迅，就不喜欢开书单。《京报副刊》让他给年轻人开个必读书目，他啥书都没列，却写道：我以为要少——或者竟不——看中国书，多看外国书。

当然鲁迅这么干，是有其特殊时代背景的。笔者认为，如今，生活在浙江，要做一个精神丰盈、"越"味十足的浙江人，在阅读上得经历"三重关"。

一

阅读的第一重关，得看书了解我们脚下的这片土地，去深度触摸浙江的文化根脉，知道我们的根在哪里。

万年上山文化、八千年跨湖桥文化、七千年河姆渡文化、五千年良渚文化……如同串珠一样，它们连成了浙江人的历史文化记忆。要读懂这些文化，一是要去实地看，用脚去丈量，用手去触摸，读懂这天地之间的无字之书，二是也要读些相关的书。

如良渚文化，对浙江人而言有着特别的意义。浙江大学出版社的"良渚文明丛书"，有《神王之国：良渚古城遗址》等11本，让考古学术走出了深闺，专业性和科普性结合得较好，是系统了解良渚文明的好帮手。而浙江古籍出版社的《看见5000年——良渚王国记事》，是良渚文明的入门级读本。该书以5000年良渚文明为叙述底色，将远古时代的片段遗迹拼接出有头有尾的故事，好看耐读。

千年宋韵也是有必要触摸的。但从书本上了解宋韵不是件易事。比如，读宋史就让人头疼。从专业角度读，如果读断代史，《宋史》草草成书，在二十四史当中编得不算好；如果读编年史，也缺乏《资治通鉴》这样的不朽之作，《续资治通鉴长编》之类的普通人很难啃下去；如果读大众历史，没有《明朝那些事儿》这种经典的草根读本。不过，像虞云国的《细说宋朝》、赵冬梅的《大宋之变》等，一些宋史专家写的普及本，兼具学术味和可读性，值得一试。

若从宋朝的诗词文入门看，那么读宋文，可翻翻《古文观止》的宋文部分，毕竟"唐宋八大家"中宋朝就占了六位；读宋诗，钱钟书的《宋诗选注》可翻翻；了解宋词，可试试朱孝臧的《宋词三百首》。另外像叶嘉莹、王水照、吴熊和的著作都可作为借鉴。宋人的个人传记也必不可少。要是喜欢苏东坡，林语堂的《苏东坡传》胜在好玩有趣，李一冰的《苏东坡新传》胜在扎实完备。此外，现在火爆的"中国历代绘画大系"中的《宋画全集》，很值得一看。

要想深入系统了解浙江的历史文脉，近年出的两套书是首选。学术上，当仁不让的是《浙江文丛》。这套书代表了浙江出版人守护浙江文脉的担当。《浙江文丛》出版了186种浙江文化史上影响力最大的传世典籍，共计800册，约计1.7亿字，是新中国成立以来浙江出版史上规模最大、影响最广的编纂出版工程。这套书的启动时间是2010年，至今已13年，第三期还在继续。当你面对这800册书砌成的巨幅书墙时，你只会感慨一句——斯文在"浙"，浙江所有占人的思想精华都浓缩在此了。

而普通读者更适合读浙江人民出版社新出的《浙江文史记忆》丛书，这是面向大众的普及书籍。这套书是浙江省文史研究馆编纂的，在尊重历史的前提下，讲究生动好看，既是一套纵观古今的"大书"，更是一套简明易读的"小书"。

二

阅读的第二重关，当读浙江先贤志士的书，从他们的文字中拼接出我们的精神谱系，知道何为真正的浙江人。

若是立志，让这一生不迷茫，当读王阳明。浙江的思想家里，王阳明对中国文化思想影响最大，他的"心即理""致良知""知行合一"对我们为人处世都有启发。当读他的《传习录》，书里的问答语录生动活泼，常带机锋，充满智慧。

若是创业，当读浙东学派。读懂以陈亮为代表的永康学派，读懂以叶适为代表的永嘉学派，读懂以吕祖谦为代表的金华学派，知道我们浙江文化的独特之处在于"经世致用、农商并行和义利统一"，这是浙江人刻在骨子里的基因，对如今的浙商也影响深远。

若是解惑，拨开人生十字路口的迷雾，当读鲁迅。《鲁迅全集》18卷，卷卷精彩，小说、杂文、书信、日记皆可读，深刻且生动。他是白话文的开创者之一，亦是不可逾越的巅峰。读懂了鲁迅，也就读懂了古老的中国。

若是怡情，学会在事业和生活中寻找平衡点，当读张岱，当读袁枚，当读李渔。读张岱的《陶庵梦忆》《西湖梦寻》，这"双梦"尽得人间风流；读袁枚的《随园食单》，326种南北菜肴饭点，琳琅满目，让人垂涎欲滴；读李渔的《闲情偶寄》，可在这本"中国人生活艺术的指南"里寻找养生之道。

当读陆游，读他的《剑南诗稿》，读懂"亘古男儿一放翁"的壮怀激烈；当读黄宗羲，读他的《明夷待访录》《明儒学案》，读懂他"天下为主，君为客"的民主思想；当读龚自珍，读他的《己亥杂诗》，懂得他的愤怒、呼唤和期望；当读章太炎，读王国维，读懂近代浙江穿越时代三峡的困惑和奋争。

此外，现当代浙籍作家名家辈出，也可读。读徐志摩，读他新诗里的一腔柔情；读郁达夫，读他小说散文里的豪放不羁；读艾青，读他对这块土地和人民的深情；读王旭烽，读懂"茶人四部曲"里的百年沉浮；读金庸，读懂"飞雪连天射白鹿，笑书神侠倚碧鸳"，懂得"人在江湖，身不由己"的无奈，树立"侠之大者，为国为民"的豪情。

三

阅读的第三重关，当了解现代浙江的精神谱系，了解浙江建设"重要窗口"的定位，这是浙江人生活工作的坐标和参照，如此才能更好地理解当下和奔向未来。

浙江是片红色的土地。要对此形成真切了解，得到嘉兴南湖走一走，真实地去感知一下。若要从文字上了解，写"一大"历史的作品已汗牛充栋，作家丁晓平的《红船启航》是其中的翘楚。本书分上下两卷，上卷以"从红楼到红船"的历史脉络为主线，讲述陈独秀、李大钊等党的主要创始人开天辟地的历程；下卷"精神聚人心"，深入挖掘记录南湖儿女保护、建设和用好红色资源，描绘共同富裕新画卷的感人故事，这本书拿下了第八届鲁迅文学奖。

浙江是改革开放先行地。浙江人是吃改革饭富起来的，若是要了解"改革和开放"的历史，读读《浙江改革开放40年口述历史1978—2018》，非常朴实生动。这本书用口述历史的方式展现浙江40年来的壮阔历程，令人耳目一新。此外，若是要了解改革者的群像，像《改革先锋谢高华：一个勇于担当的共产党人》等也必不可少。唯有深入阅读，才能更真切地了解那段筚路蓝缕的历史，才能继承改革的锐气、开放的勇气，才能明白今年全省"新春第一会"上，省委强调要大力实施三个"一号工程"的精妙所在。

今年恰逢"八八战略"实施20周年，以下几本书是阅读清单当中不可或缺的。《之江新语》意蕴深刻，短小精悍，文风隽永；《习近平在浙江》采用口述记录方式，生动翔实，原汁原味；《习近平浙江足迹》是报告文学体，善于提炼总结。"八八战略"的解读在出版上今年亦有大动作，既有大部头的理论重磅，也有"浙宣体"的入门读本，值得期待。此外，共同富裕、数字经济等都是浙江省委、省政府一任接着一任干的重头工作，相关的阅读功课也不能落下。

读书重要，但读什么书、如何读书更重要。浙江人在读书上一向务实，不贪多求全。陆游讲"纸上得来终觉浅"，最后"绝知此事要躬行"；袁枚说"书非借不能读也"，提倡对书是要去阅读，而不是占有。而最好玩的是张岱，他曾在《夜航船》序里，用"且待小僧伸伸脚"的故事来讽刺那些只会"高谈阔论"的两脚书橱。

虽列了这么多，你且去找到那些意气相投的书，要真正地内化它，成为你精神和生命的一部分。

读书，是为了生活得更美好。在浙江读和这片土地息息相关的书，也是为了更深刻地了解这块土地，让这块土地和自己都变得更美好。

赵波 许雪娟　执笔

2023 年 3 月 25 日

"大运河"的十年之约

> 大运河自开凿的那一天起，就一直与人类互相连接、互相见证。滔滔运河水，缓慢而坚定地流，在千年荡涤岁月中，将历史精华沉淀，串起中国人的精神世界，也见证着为生计与理想奔波、奋斗的芸芸众生。

一段恋情跨越十年，称为"爱情长跑"；一株树苗跨越十年，能成"可造之材"。那如果，一部舞剧演绎十年呢？

近日，作为2023之江艺术季演出剧目之一的舞蹈剧场《遇见大运河》，在首次创排后的第十个年头重新上演。

如剧名所表达的，十年间，《遇见大运河》不仅与中国大运河沿线6省2市"相遇"，还开启了"世界运河遇见之旅"：全球巡演200余场、行程30万公里。艺术是世界共通的语言，来自中国大运河的一滴水，在世界各地的观众心中激荡起别样涟漪。

不禁要问，这部穿越十年的舞剧，到底魅力何在？背后有哪些不为人知的故事？它又能给当下的艺术创作带来怎样的启发？

一

有位历史学家曾这样说，中国有两大人工奇迹，一个是长城，一个是运河。长城代表了中国的历史，它是防御的、坚守的，但运河代表了中国的今天，它是交流的、开放的、共融的。

大运河上故事多。大运河自开凿的那一天起，就一直与人类互相连接、互相见证。滔滔运河水，缓慢而坚定地流，在千年荡涤岁月中，将历史精华沉淀，串起中国人的精神世界，也见证着为生计与理想奔波、奋斗的芸芸众生。

而《遇见大运河》的故事，还得从十多年前说起。2010年，以大运河申遗为契机，杭州歌剧舞剧院萌生创作一出体现大运河历史文化的舞剧的想法。作品的核心，就是讲述人与运河的故事，对悠悠运河文化进行一次"疏浚"。

此后，主创团队花了三年时间挖掘运河史料，还将大量精力投入到沿河采风，收集到了许许多多各具特色的人与河的故事。2013年正式进入创作，2014年进行首演。

安徽泗县的老奶奶陈绍兰，日复一日地保护隋唐古运河免遭破坏；河南洛阳的守仓人张永生，用一生守护运河上的含嘉仓；还有位年轻时做过船工的杭州人，听闻要创作与运河有关的舞蹈后，每年都将自己收集的运河消息做成剪报，送至剧院……

100多个鲜活的"水故事"，无一例外都让运河的形象变得越来越具体可感。它们成为创作灵感、作品元素，撑起了《遇见大运河》。当舞台上的灯光亮起时，画面也徐徐展开：

女主角是来自大运河的一滴水——水灵，男主角承望则是一位寻踪大运河历史文明脚步的现代人。作品以两人相知、相恋、相互守望的故事为视角，呈现了运河在开凿、繁荣、遗忘和复兴的千年历史中，与人类关系不断产生变化却始终紧密交织在一起的命运交响。

观得到景，留得住情，《遇见大运河》也与大运河一样，很是吸睛。灯光、舞美、音响……在一个多小时的演出中，观众们能从舞台呈现中看见水的清澈灵动，也能看见滔滔长河陷入泥泞的挣扎；能看见运河两岸生生不息的百姓黎民，也能看见一代代人追古问今探索运河的保护之道。

这部舞剧，也让很多人从中收获了独一份的认知。一位宿州观众看后说："从前在祁县运河南边的矿上上班，坐船到河北边赶集，记得水面很宽、水很深，但不知道它有这么深厚的文化背景。"

二

一部舞剧上演十年，不断在各地巡演，从中国出发，走向世界。不同地域、不同文化背景的人们究竟怎样从《遇见大运河》中得到共鸣？

笔者认为，舞台艺术的魅力，在舞台上，更在舞台之外。而创排者追求的，当然不仅仅只是舞台上的美感呈现，更应该是台下观众与作品之间的情感联结，乃至落入生活日常，与大家在心理上形成同频共振。

比如，演绎运河的故事，要挖掘千百年来人类的心灵深处与运河、与水的情感，用艺术语言让水流流进人们的内心深处，去感受她的波澜壮阔、豪情万丈，或是静水深流的力量。

从这一意义上来说，《遇见大运河》努力做到了。舞剧巡演每到一处，都会往作品中加入当地的运河记忆，像地名与方言等。巡演至绍兴时，创作团队得知当地的八字桥是中国最古老的立交桥时，便在当晚的演出中展现了"八字桥"。看似是加入了一座桥，实则是对浙东运河开凿与变迁历史的感知与触摸。

又如，演绎运河的故事，不该局限于剧场，而应落于日常。舞剧的灵感来自生活，火热生活一线都是舞台。正如我们常说的，艺术的追求，是让来源于生活的艺术，最终又回归到生活中去。那些因运河而联系起来的人们，也是这部舞剧最不可或缺的一部分。

就在不久前，《遇见大运河》在杭州地铁凤起路站、大运河站为往来旅客献上了两场快闪，让路人惊喜不已。而这样的情景，已在世界各地上演了很多次。在金字塔下、在塞纳河旁、在繁华都市的中心公园里，《遇见大运河》这一捧东方之水，不断汇入世界运河水，汇聚而成人与运河和谐共生的理念。

对许多观众来说，《遇见大运河》独特的余韵，不仅在于能在剧场内激起心绪波澜，而且是当看完演出，再去运河边走上一走的那个时刻，仍能品味回甘。

三

在高速发展的时代背景之下，传统舞台艺术一度面临巨大冲击。外界瞬息万变，潮流的变迁、资本的席卷、娱乐的泛滥，都将文艺裹挟其中。

很多人发出这样的疑问，在短视频时代，几秒内就能让人又哭又笑，传统的文艺形式是否还能给受众带来快感？如何打造适应群众日益增长的文化需求的作品，成了文艺创作者无法回避的命题。

事实上，这些年里，舞台艺术家们并没有闲着。

有人选择深耕传统文化资源富矿，实现传统舞台艺术与传统文化的互相成就，让古老的文化遗产在极致的美的体验中焕发生机；也有人选择主动"拥抱"变化，通过多种艺术形式的"跨界"创新，实现传统艺术的"破圈"。

我们欣喜地看见，近几年，像《遇见大运河》这般，能够触动人心、引发共鸣的舞蹈作品越来越多。

比如，舞蹈诗剧《只此青绿》以"舞绘"形式，让北宋画家王希孟的传世之作《千里江山图》为更多人所熟知，掀起了一股"向宋人学审美"的风潮；登录央视春晚的舞蹈《碇步桥》，凭借清澈柔美的江南气韵快速出圈，带给观众无与伦比的视觉享受。

还有，在年轻人喜爱的B站上，能看到在杜丽娘和柳梦梅的《惊梦》中出现了花样滑冰，也能看到方锦龙与虚拟偶像洛天依同台，在赛博世界里演绎"新国风"。

细看这些"破圈"之作，可以发现它们都有两个共同点：

首先，这些作品无一例外，都是以崭新的演绎形式，带领观众领略东方美学。它们在现代艺术中探寻中国传统文化元素的当代表达，或是意境还原，或是造型美化，等等。当演员们开始翩翩起舞时，"惊艳"几乎是所有观众的共同感受，人们不约而同欢呼，文化自信由衷涌动。

其次，不仅"见物"，更"见人""见情"。它们不是生硬地将某一事物、某段历史搬上舞台，更重要的，是希望通过艺术的表现形式，让人们在美的享受中感受真挚的情感、感知背后的精神，与此同时，寻找新的可能，这种可能，是一种向"新"的力量。

一部好作品，往往就有这样的感召力，在人们心中种下一颗种子，等待来日吐露新芽。

人们常说历史如洪流，波澜壮阔，天翻地覆。相较之下，文化的传承，确实更像人工开凿的运河。正如有人这样形容大运河：有些地方的运河有断流现象，但保护运河的精神力量不会断流。大运河就是这样重要的文化符号，传唱起古与今，连接着中与西。

李戈辉　陈淡宁　执笔

2023 年 3 月 26 日

如何玩转城市营销

中国的每一座城市，资源禀赋各有差异，风俗各异、千姿百态。城市营销，比的不是谁的基础条件更好，而是谁更能唤醒城市"沉睡"的资源，推广出去、打出名声。城市营销越来越成为城市发展这盘大棋的"关键落子"。

假如让你选择，你最向往的城市是哪一座？它最吸引你的地方又是什么？

也许，有人会回答杭州，因为喜欢它兼具诗情画意和澎湃活力；有人会回答成都，因为这是一座来了就不想走的城市；有人会回答厦门，因为迷恋这座海上花园……

其实，很多人对一座城的最初印象，或多或少都受到城市营销的影响。比如大家耳熟能详的"七彩云南""多彩贵州""水韵江苏""老家河南""阳光海南"等，它们散发的新鲜感，总能立刻触动人们的兴奋点。

一座城市之所以能够散发魅力，令远在千里之外的人心生向往，离不开城市营销的助力。

———

当今时代的竞争是全方位的，国与国在竞争，企业与企业在竞争，城市与城市也在竞争。城市营销本质上是为了帮助城市赢得更多的发展资源，也是一种竞争。

如果把偌大的城市当成一件商品，那么城市营销就是要尽可能找寻这件商品的卖点，并且用大众化手段成体系地传播出去。不管是大城市还是小城市，在城市营销的竞技场上，比的都是"真刀真枪"，争的都是流量资源。谁的品牌形象最具特色、营销策划最有新意、推广手段最富效果，谁就更有机会被人了解、记住甚至喜欢。

许多经验证明，成功的城市营销会给城市带来更多的机遇和可能。比如，早在1977年，纽约就用"一个Logo拯救一座城市"。当时，纽约城中垃圾遍布、治安堪忧，一度经济停滞。平面设计师米尔顿·格拉瑟为家乡纽约设计了"I♥NY"标志，用圆胖的心形代替爱，意为"我爱纽约"。此后，这个标志被印在各种商品上，一直火到现在。

可以说，城市营销之于城市，不是简单的加法或者乘法，它带来的是幂数效应，影响着一座城市的综合竞争力。

营销成不成功，关键看这座城市有没有吸引人的独特标识。城市营销不是"平地起高楼"，而是要借力城市独特的地理风貌、人文环境、经典地标、美食景点等IP，转化为让人过目不忘的城市标识。就像提到故宫、长城就想到北京，提到洪崖洞、解放碑就想到重庆，提到"小蛮腰"、广式茶点就想到广州，这些都是城市的独特烙印，也是城市硬实力所在。

而各异的城市地标只有附上人文内涵，才能更加深入人心。城市营销属于软实力竞争，很大程度上拼的就是城市文化底蕴。像一句"诗画江南、活力浙江"，就把浙江江南水乡的诗情画意和澎湃活力展现得淋漓尽致；一句"好客山东"，山东汉子质朴大气、豪爽热情的形象瞬间扑面而来。这背后，是一座城市、一个地区历经长久的文化积淀后迸发出的魅力。

因而，城市管理者能不能像市场销售者一样，具备营销城市的理念和能力，找到营销城市的密码和钥匙，决定着城市知名度和美誉度能不能提升、影响力和辐射力能不能放大。

二

城市营销并没有一套固定的"模板"，不同的城市需要不同的营销方式，而随着媒介技术的迭代，营销手段也得时时更新。

在这个变化过程中，并非所有城市都能跟上节奏，让城市出圈出彩，甚至常出现一些"脱节""错位"的案例。

比如，有的地方还没嗅到竞争的"硝烟"，独自闲庭信步，却不知已经被别的地方弯道超车。新传播格局下，城市的竞争日渐激烈。一些城市对城市营销的认知还停留在可有可无，殊不知别人已经打出一套组合拳，抢占移动端、瞄准年轻人，享受到流量带来的红利。

有的地方还认准"一招鲜吃遍天"的老黄历，却没认识到移动互联网时代，创新才是营销成败的关键。一些城市惯用"提炼一句城市宣传口号、拍摄一部城市宣传片、打造一座城市地标"这"三部曲"。比如,宣传片制作陷入思维定势,用一些自然和城市景观的蒙太奇剪辑,配上一个本地出身的明星旁白,再来一句大同小异的城市口号,受众甚至不用猜就能预判下一帧画面是什么。这样套路化的营销已经没有市场了。

还有的地方没有找准品牌定位,口号隔几年就换一个,打不出辨识度。品牌是一个城市留给外界的第一印象,频繁变换只会得不偿失。一些城市,换一任领导就换一句城市宣传语,包括城市定位和城市品牌,甚至是为了改变而改变,不仅前期的营销投入都付诸东流,还难以给人留下深刻记忆。

特别是有的地方政府,看到其他地方有地标性建筑,就盲目上马新建一些形象工程、政绩工程、面子工程,耗时耗力耗财,最后只是劳民伤财。

三

营销意味着竞争,给城市管理带来了挑战和考题,善用智慧和创新自然是少不了的。

这不是炒作,而是一个整体推广的概念,是一项系统工程。找准城市发展定位、掌握城市核心资源、顺应传播发展趋势、运用出色营销手段,这一套组合拳缺一不可,需要统筹兼顾、系统谋划、整体推进。

首先,得找准城市定位这一营销的"准心"。营销战略专家杰克·特劳特认为:"在残酷的竞争环境之中,如果品牌缺乏一个独一无二的定位,将会像房子没有产权一样,令企业无立足之地。"

对于城市营销来说，这同样适用。城市不怕有缺点，就怕没特点，特色定位就是城市的DNA，所有的营销也应从城市的定位出发。定位找得准不准，很大程度决定了城市品牌形象和营销的最终效果。

其次，给城市贴上最具地域文化特色的鲜明标签。纵观世界知名城市，都是把城市营销建立在城市特色文化基础上的。人们一提到"时装之都"，就想到巴黎；一提到"音乐之都"，就想到维也纳；一提到"水上之都"，就想到威尼斯……从地域文化土壤里生长出的城市IP，才更具感染力和吸引力，才能让城市变为投资热土、旅游胜地。

此外，要做好城市营销，创意永远不嫌多。城市营销关键在于制造新鲜感，别出心裁的创意点子往往能带来意想不到的效果。最著名的案例就是熊本熊故乡——日本熊本县，城市没有熊却"无中生有"，只是通过城市名称中的"熊"字就大开脑洞，打造出城市吉祥物熊本熊，到处"出没"，让熊本这个小县城闻名世界。营销城市，就是要把最潮、最新颖的创意融入渗透到城市的肌理中，在碰撞中产生化学反应。

值得一提的是，精品创作有时也是点亮城市口碑的一簇火花。一首歌、一本书、一部电影都可能带火一座城。一部《非诚勿扰》电影，让原本名不见经传的西溪湿地成为邂逅爱情的胜地；一首《早安隆回》歌曲，成功解锁了隆回县"出圈"的流量密码；年初热播的电视剧《狂飙》，更是带火了主要取景地广东江门。精品佳作塑造城市"符号"和"标签"的成功案例比比皆是。

最后，还得抓住平台渠道这一城市营销的流量入口。谁掌握了平台渠道，谁就掌握了营销的话语权，就掌握了城市走红的流量密码。一座城市的爆红，除了自身的独特资源外，更重要的是在营销过程中契合了互联网传播规律，实现了裂变式传播。

比如西安的"摔碗酒"曾在抖音上广泛传播，吸引了游客"打飞的"前来体验，最多时日摔2万个碗。近段时间，各地文旅局长也"花式内卷"，借助抖音、小红书、快手等平台捕捉受众眼球、吸引游客前往游玩，让城市"走出深闺为人识"。

中国的每一座城市，资源禀赋各有差异，风俗各异、千姿百态。城市营销，比的不是谁的基础条件更好，而是谁更能唤醒城市"沉睡"的资源，推广出去、打出名声。城市营销越来越成为城市发展这盘大棋的"关键落子"。

不营销就意味着默默无闻，不突围就意味着失败淘汰。是想出圈还是甘于沉寂，城市的命运掌握在每个城市管理者手中。下一个网红城市是谁，让我们拭目以待。

徐毅　执笔

2023 年 3 月 26 日

陆游的杭州一夜

> 陆游梦想中的英雄，并不是李白笔下白马银枪的潇洒侠客，而更像是金庸所写的"侠之大者、为国为民"。他的所梦所思，出于为国效力的拳拳之心，无时无刻不同情怀念着南望王师的故土乡民。

1186 年，62 岁的陆游接到调令，要去严州（今杭州建德）赴任。上任之前，他要先到临安城（今杭州）觐见宋孝宗。

那一年的春天，陆游住在如今已是杭州市中心的孩儿巷一带。有一天夜里，临安城下着雨，陆游辗转反侧，听着窗外的雨声一直到了早晨。

失眠的诗人，为诗坛和杭州留下了千古名句："小楼一夜听春雨，深巷明朝卖杏花。"江南的春季，看起来如此轻快生动，却不知陆游心中的苦闷与惆怅。

一夜听春雨，陆游在想些什么？

一

62岁的年龄，即使放在现代，也是要退休颐养天年的时候了。在这次任命之前，陆游已经在故乡山阴（今绍兴）闲居了4年多时间。

再次出山，陆游的心里是有期盼的。他的期盼，不在于官职有多大，而是能不能做他心心念念的那件事——前线杀敌、收复故土。

起码，严州知州的官职，不是他想要的。在临安城的那段时间里，陆游四处访友，也许就在寻找转机。

再次见到宋孝宗，陆游才明白，朝廷看中的，是他的文采而不是其他。宋孝宗跟他说，严州风景不错，适合你作诗。

对于朝廷和皇帝来说，他们只想要一个舞文弄墨的诗人陆游，而不是金戈铁马的军人陆游。

不甘心闲居乡村，又不想去严州虚度岁月，这场绵绵春雨似乎就下在了陆游的心头。"小楼一夜听春雨，深巷明朝卖杏花"看似明快，开头的"世味年来薄似纱，谁令骑马客京华"两句，才暴露了陆游的真情实感。

临安城虽好，但人情淡薄，他只是这座繁华城市的客人。陆游的惆怅，并不是为个人而发，这其实是陆游最令人感动的地方。

这个淅淅沥沥的雨季，陆游的失眠不是因为个人前途未卜，也不会是因为家庭生活的贫苦，他的情绪，更多的是因为一生的志向，在年老之时，依然看不到实现的可能。

一辈子都在写诗，一不小心成为了中国历史上留下诗歌最多的人。但是，如果有得选择，陆游肯定选择成为上阵杀敌的勇士。

听着雨声，望着窗外逐渐亮起来，就如同他之前众多的无眠之夜一样，陆游的思绪，总是不免想起48岁那年。

南郑（今陕西汉中）8个月的戎马生涯，是陆游第一次离志向如此接近，"上马击狂胡，下马草军书"，满腔热血投入战场。

但是，也就仅仅这8个月，当陆游离开南郑，带着满身的尘灰进入剑门关时，写下了对人生的疑问："此身合是诗人未？细雨骑驴入剑门。"

去时踌躇满志，归来惆怅若失，进入中年的陆游没有想到，在他接下来漫长的人生中，只能在一次次的咏唱中，感叹"心在天山，身老沧州"，虽有心杀敌，却无力回天。

二

书生陆游，绝不是手无缚鸡之力，他的英雄梦，也不是平白而起。

"但喜寒夜永，那知睡味浓。"少年时喜爱读书的陆游，将兵书也列入了学习的范畴中。而且从他的诗歌中来看，他的剑术、马术也并不弱。

1172年，正在四川为官的陆游，被四川宣抚使王炎所召，从夔州（今重庆奉节）去往抗金前线南郑。

"投笔书生古来有，从军乐事世间无。"满怀期待的陆游将积累了前半生的激情和豪情，用在了这8个月。

他打过仗，雪夜突破金兵防线，强渡渭水，在大散关一带长期巡查，风餐露宿，有时候还需要夜间行军。大散关的军事活动，后来也多次出现在他的诗歌中，如"铁马秋风大散关"。

望着被金兵占领的故土，陆游念叨着泪尽胡尘里的遗民，想着古都西安的灞桥烟柳和曲江池馆，应该在等待前来收复故土的将士们。

戎马倥偬的日子虽然清苦，却是陆游一生中最为怀念的时刻。但在当时南宋整体的大政策之下，陆游的理想注定无从实现。

1172年11月，王炎被皇帝召回临安城，随后被罢免官职。陆游不得不回到成都，继续当他的小官。

人生最苦痛的，是你无限接近过梦想，但永远也无法实现梦想。从那以后，在无数个失眠的夜晚，陆游都会想起他驰骋疆场、杀敌报国的日子。据统计，《剑南诗稿》中，回忆南郑军旅生活的诗词就有100多首。

三

窗外雨声渐停，繁华的临安城里，卖花的姑娘即将经过。接下来，陆游想到自己又将在喝茶、写字中度过平淡的一天，思绪又起。

他也许想到了唐琬，"红酥手、黄滕酒"，这个让他怀念了一生的女子，终究是错过了，此生再也无法挽回。

他也许想到了儿子，在教育上，陆游写了很多给儿子的诗词，教导他们如何读书："纸上得来终觉浅，绝知此事要躬行。"

他也许想到了陶渊明和杜甫，一方面希望自己能像陶渊明一样采菊东篱下，另一方面又觉得不能放弃志向，如同他在四川时拜祭过的杜甫，一生忧国忧民。

62岁的年纪，还要成为宦游人，各种心情交织在一起，临安城这一夜，陆游迟迟无法入睡。

晚睡或者失眠，对于陆游来说并不是新鲜事。年轻时为读书，后来大多是因为国为民，感叹自己一身本领，却无从施展。

6年后，即1192年，又一次被罢官的陆游，闲居在故乡山阴，在一个风雨大作的夜晚，陆游在风雨声里又一次失眠。

"僵卧孤村不自哀，尚思为国戍轮台。夜阑卧听风吹雨，铁马冰河入梦来。"直到这个年纪，陆游仍然没有放弃自己的志向，想着有朝一日，能够成为白头将军，征战沙场。

陆游梦想中的英雄，并不是李白笔下白马银枪的潇洒侠客，而更像是金庸所写的"侠之大者、为国为民"。他的所梦所思，出于为国效力的拳拳之心，无时无刻不同情怀念着南望王师的故土乡民。

即使到了即将离开人世的时候，他还想着"王师北定中原日，家祭无忘告乃翁"。这种纯粹的爱国情怀，如同宗泽临终时连呼"渡河！渡河！渡河"，辛弃疾过世时喊着"杀贼"，这种坚守纵使跨越千年，依然打动人心。

陆游的一生，在失望的漩涡里打转，科举失败，多次罢官，生活困顿，但他从来没有放弃对志向的追求。位卑未敢忘忧国，哪怕无人知，又如何？他的信念，造就了他强大的内心，他的赤诚，也正是他的伟大之处。失败和挫折从来无所避免，相信信念的力量，或许能帮助我们每个人度过最为困难的时候。

钱伟锋　执笔

2023年3月27日

游向"深融"

> "逆水行舟用力撑，一篙松劲退千寻。"
> 传统媒体新平台打造，没有"一把尺"，也
> 没有"回头箭"。只有坚持勇者无畏、行者
> 无疆的探索，自我逼迫、自我迭代，才能
> 在赢得流量人心的同时，挺进主战场、开
> 辟主阵地、凝聚正能量。

在今年全国两会上，"媒体深度融合"首次被写进政府工作报告。自2014年以来，媒体融合发展经历了"相加""相融""深融"三个阶段。特别是从党的十八大到二十大，从构建"现代传播体系"到"全媒体传播格局""全媒体传播体系"，媒体融合发展不断向纵深推进。

相比于"相加""相融"，"深融"难了不止一个量级。"深融"阶段的很多传统媒体，不仅追求打造"爆款"产品、创新传播渠道，更把重心放在打造自主可控平台上，也不再单求流量突破和用户沉淀，而把成败锚定于更强的资源整合能力和更为数字化智能化的发展策略。

那么，传统媒体打造新平台，需要厘清哪些观念？在具体路径上，有什么成功经验可循？围绕"深融"目标，又该如何破局突围？

一

毋庸置疑，"深融"阶段的传统媒体新平台，需要升级内容生产、资源整合、流量兑现等方面的综合能力。而实际上，大部分传统媒体新平台仍处于艰难的爬坡期，规模大而不强、产品多而不精、力量散而不融。

比如，有的平台动辄坐拥千万甚至过亿的装机量，实际却靠着几十万甚至几万日活维系生存；有的平台高喊"算法推荐"，内容生产能力却不能提供真正支撑；还有的平台，"用户画像"的词儿用得很溜，却无法积累足够多的"画像"数据。因此，一些传统媒体新平台在高呼"主力军挺进主战场"的同时，在网络传播力、社会影响力等方面却相差甚远。

如何做好内容创新，更好地"引关""圈粉"？如何完善系统化架构，精准地找到并留住用户？如何解开内容与服务、经营的逻辑"绳结"？在笔者看来，面对这些问题，理念上的模糊和偏差尤需厘清。

是"自造大船"还是"借船出海"？这些年来，各级传统媒体的新平台四处开花，但有的建成后不尽如人意，在要不要加速推进、如何转型升级方面，持观望、徘徊情绪的人不在少数。毕竟打造自主新平台需要投入良多，其影响力未必能超越第三方平台账号。可是第三方平台自有其定位、发稿量、引流等方面的限制，其用户数据也有所保留，传统媒体账号作为依附于"皮"上的"毛"，无法形成"生产—传播—反馈—优化"的闭环链条。对于努力重回主阵地的传统媒体来说,通过第三方平台开号"借船出海"与建好自有平台并不矛盾,都是为了传递主流价值、做强主流舆论,但最终还是很有必要引流入户、"自造大船"。

是"自我中心"还是"用户中心"? 长期以来,不少传统媒体习惯于以自我为中心开展宣传,写稿子、做产品想的是"我要说什么",而不是"读者要看什么",所言所评仍有隔靴搔痒之嫌。而今,虽然一些媒体在内容呈现形式、话语表达方式上已有改观,但还是放不下架子,"我说你听"的现象仍有发生。就像一名舞者,穿上了现代服装,舞出了新潮姿态,打出了炫酷灯光,但耀眼光鲜的外表,既不能打动人,也不能引发思考,甚至笑点也很无力。究其原因,还在于它们的出发点在"我"而不在"你"。摒除"自我中心"、坚持"用户中心",意味着想用户之所想、言用户之所言、急用户之所急,朴实而不粗糙,浅显而不肤浅,求新而不求怪,从而吸引用户、留住用户、引领用户。

是"流量至上"还是"人心至上"? 在移动互联网时代,流量就是人心,每一位读者的"一键三连",都潜藏着他们的想法和态度。传统媒体需要流量,而不是自说自话;需要真正"破圈"的好作品,而不是"谁写谁看""写谁谁看"。可是,要流量不能变成"唯流量"。用模式化、低俗化内容一味迎合受众,甚至不惜博人眼球、毁人三观来赚取流量,这绝非传统媒体的追求。传统媒体崇尚的流量,是定位于正能量所辐射的影响力,跳脱出唯发稿量而无视传播量的窠臼。在"用指尖投票"的舆论环境中,这样的"流量"成为重要的"人心"指数。因此,传统媒体追求的"流量",是结合了社会效益的流量,凝聚人心才是其中真意。

二

近些年来，澎湃新闻、芒果 TV、大象新闻、红星新闻、潮新闻……省级传统媒体打造新平台的探索从未停止，有泥泞坎坷，也有长风破浪。在具体路径上，一些成功经验值得借鉴。

比如，做到"人无我有"。对传统媒体来说，头部商业平台是流量争夺者，但竞争并不意味着"你死我活""非此即彼"，而是可以同台竞技、互为拓展。比如，商业平台往往优先做聚合内容，传统媒体却能够生产、发布大量原创独家新闻，可以在原创内容品质化上寻求突破。北京日报客户端的重要栏目"长安街知事"，就是从内容着手，以犀利的眼光、专业的分析，持续输出"爆款"文章，全网订阅用户超 3000 万，获得第三十届中国新闻奖"新闻名专栏"一等奖。

比如，尝试"人有我优"。其实，传统媒体也可以做内容聚合。各地的政务号、系统号，以及媒体深耕多年的垂类板块，都可以在为新平台生产优质内容的同时，发挥持续引流的作用，关键是账号不能一开了之，而要持续做好内容生产、运营，满足读者的多元需求。"南方＋"客户端，陆续邀请了 7000 家政务号，一大批教育、公安、健康等系统矩阵及 1.5 万余名新媒体运营者入驻，打造了丰富多元的"南方号"。2021 年，"南方＋"客户端发稿量超百万条，端内总流量 11.2 亿，全网总流量 94 亿，同比增长 57%，既聚合了内容，也聚合了用户。

再如，探索"人优我特"。仍以内容聚合为例，商业媒体擅长构建内容生态，激活用户生产内容的潜力。对省、市、县三级新媒体而言，无论在融合发展的方向和目标受众上，还是在内容生产、运营模式等具体打法上，都有着天然的相似性和关联度。在这一前提下，依托新媒体云联结成强大的内容和资源战友，形成"加盟我，反哺你"的良好局面，是推动三级媒体融合的题中应有之义，也是传统媒体融合发展的独特优势所在。

在这方面，"新湖南云"已初尝甜头，不仅搭建了涵盖"策采编发审管"全流程的技术平台，2021年就联动策划生产300多件重大主题融媒体产品，而且通过"融媒App推荐"板块，集中展示69个县级客户端，并通过位置识别引流用户精准下载，累计为县级客户端新增用户近400万，在省、市、县三级新媒体共建共融共享方面迈出了扎实的一步。

三

说一千道一万，所谓"深融"，需要传统媒体在整体转型基础上，充分利用制度优势，积极融入国家和地方经济社会发展大局，通过不断优化自主可控新平台，实现重塑生产流程、重建用户连接、重构商业模式的目标。笔者以为，围绕这个目标，机制、人才、生态是三个关键词。

先说再造机制。体制机制不变，"深融"无异于"换汤不换药"。敢于对体制机制进行彻底再造、重组，才能激发全新内生动能。比如，要实实在在地再造采编发流程，而不止步于建一个可视化"中央厨房"，可以以新媒体端为主体，打造一个符合全媒体传播逻辑的新组织架构，真正把新媒体作为策划、编发、运营的主体，从而推进媒体与各类社会业务和数据的深度融合。比如，主流媒体集团要尽可能将优质资源向新媒体端倾斜，把更多的要素、力量投放到新平台上，广泛汇聚起向"融"而生的内驱力、创造力。

齐鲁晚报在培育齐鲁壹点客户端时，就以移动端为中心组织内容生产，98%以上的人员转向了移动端，报纸只保留了一个小编辑部，很快打造出众多平台级产品，新媒体端的小宇宙爆发了。

再说网聚人才。能否吸引人才、留住人才、培养人才，成为媒体深度融合成败的关键之一。如在薪酬激励方面，可以打破以行政职级为标准的考核机制，探索建立以发稿量、阅读量、评论量、转发量为重点的新评价体系，以此激励优秀人才放下包袱、大展身手。在人才引进方面，特别是全媒体人才、技术性人才，要下大决心、花大力气引进来，营造干事创业的氛围，让人留下来。公开竞聘、因事设岗、以岗定薪等方式都值得尝试，真正把优秀人才放在合适岗位上，推动解决高职称、高职级、低产出的机构低效难题。

最后说打造生态。媒体深度融合的对象，不仅是内容、产品、渠道，更是平台、生态。在融媒体时代，传统媒体也应主动适应移动传播规律，通过自设议题、精准分发，在放大声量的同时唱准最拿手的"声部"。更进一步说，还需要打破传统媒体原本相对封闭的体系，以更加开放的姿态，发挥新平台作为"超级端口"的接入能力，探索形成"传媒＋文化产业""传媒＋政务""传媒＋商务"等多场景、破圈层的新型媒体生态圈，打通各类社会资源，实现自我超越和发展。

"逆水行舟用力撑，一篙松劲退千寻。"传统媒体新平台打造，没有"一把尺"，也没有"回头箭"。只有坚持勇者无畏、行者无疆的探索，自我逼迫、自我迭代，才能在赢得流量和人心的同时，挺进主战场、开辟主阵地、凝聚正能量。

　　传统媒体，是时候脱下长衫，狠狠游一把了。

　　　　　　　　　　　　　　　　　　　姜思铄　执笔

　　　　　　　　　　　　　　　　　　　2023年3月27日

青年茅盾的选择

文学成了青年茅盾的"自救之舟"，但文学始终是他观照现实的镜子。正如有人说，"他是信仰坚定的马克思主义者，他的作品里有生活，有人生，有时代洪流"。他在时代的惊涛骇浪中，以笔为矛，排解内心深处的政治幻灭感，在艺术宣泄中找到另一种革命力量。

1916年初夏，一位来自嘉兴的年轻人轻轻走进上海商务印书馆，他自报家门："沈德鸿，道德的德，'燕雀安知鸿鹄之志'的鸿。"见门房一头雾水，他又连忙补充："是翩若惊鸿的鸿。"门房仍未反应过来。最后，旁人忍不住插话："是江鸟鸿。"

沈德鸿，就是后来鼎鼎大名的"茅盾"。彼时的他，刚从北京大学预科毕业，距离20周岁生日还有两个月。百年前的这个有趣细节，映射出他的志趣和抱负，尽显书生意气、青春飞扬。然而，旁人的不解风情，也让他的入职略显窘迫。

刚刚过去的3月27日是茅盾先生的逝世纪念日。我们常常关注

1927年后的现代文学巨匠茅盾，但大师不是一天"炼"成的。刚刚走向社会的沈德鸿，和当代青年一样，既怀揣着理想，也有着职业焦虑和对前途的迷茫。

动荡的年代，他是如何在生活逆流中一直坚定走下去，完成从沈德鸿到"茅盾"的成长和蜕变？今天，我们一起去看看青年茅盾的选择。

——

茅盾出生在乌镇的"小康之家"，自小便有才名，既在礼义诗书等旧学问上出类拔萃，也是新思想风潮的受益者，从江南水乡一路走到北京大学。

然而，由于父亲早逝，家中经济条件变得不再充裕，茅盾读完预科后便只得加入求职大军，提前走出校门。初到商务印书馆，他在函授学社从事英文阅卷工作。

这是份什么工作呢？据记载，大概就是修改函授班学生寄来的课卷，工资是每月二十四元，是编译中最低的，不过工作相对轻松。之后两年，他又翻译科学小说、编著童话，在《学生杂志》《妇女杂志》等期刊发表了一些论文。

在进入商务印书馆前，在老家的母亲曾极诚恳地给亲戚写信，请求他为儿子谋一个安稳的职位，远离官场。进入商务印书馆的青年茅盾，俨然已成为母亲理想中的模样。

但以文谋职，在他看来只是为了生存，与"大丈夫要以天下为己任"的志向相去甚远，未能实现自己期待的角色。待到顺风顺水地度过新人期，茅盾却躺在逼仄的宿舍里，久久不能入睡。是成为平凡人眼中的"江鸟鸿",还是继续追逐青春理想?今后的路,又该怎么走呢?这让他陷入了深深的迷茫。

选择的彷徨与被选择的无奈,让青年茅盾的心灵不断经历磨难。在《从牯岭到东京》中,他自白心境:"我对于文学并不是那样的忠心不二。那时候,我的职业使我接近文学,而我内心的趣味和别的许多朋友,则引我接近社会运动。"

1919年,五四运动爆发。这一年夏天,大批青年的热血随着暑气一起升腾,他们在全国各地用各自的方式寻求救国真理。茅盾禁锢已久的热情,也瞬间被点燃。他带领进步学生,在故乡乌镇创办《新乡人》,在创刊号中热情地写道:"我们读书是欲求学问,求学问是欲尽人的责任去谋人类的共同幸福!"

一如后来他在《青年苦闷的分析》一文中写的:"正因为你是一无所有的青年,你的出路是明明白白的一条:为了大多数人也为了你自己的解放而斗争!"

这些话如今看来依然"炸裂"。在命运的网里,努力不一定收获预期,在动荡的年代,"打工人"沈德鸿在生活逆流中迎难而上,追逐着高远天空中的鸿鹄,追赶着心中理想的自己。

二

1920年,一个足以改变茅盾一生的"选择"出现了。在接到一份特别的邀请后,他怀着无比激动的心情,来到了上海法租界环龙路渔阳里二号。在这里,他见到了陈独秀,以及陈望道、李汉俊、李达等青年。

茅盾后来回忆说:"这是我第一次会见陈独秀……我们曾在上

海报上看到他于1919年夏季被捕、关押三个月的消息，都想知道详细情况。他笑了笑，滔滔不绝地说了一大堆话……"

秘密来到上海的陈独秀，带来了《新青年》，也给茅盾带来了新希望。在为《新青年》撰稿的同时，他愈加深入懂得了马克思主义，并真正选择了马克思主义。在上海共产主义小组正式成立后，25岁的茅盾便主动加入，以"沈雁冰"的身份，义无反顾地走上了革命道路，从此将其文学理念与中国革命紧紧联系在了一起。

然而，革命的道路是曲折的。1927年的春夏之交，时局特别艰难。轰轰烈烈的大革命被国民党反动派出卖了、葬送了，国家瞬时腥风血雨、灰暗无光。茅盾"眼见许多人出乖露丑"，眼见身边人发狂颓废、悲观消沉。"幻灭"这个词第一次萦绕着他，成为心底的悲号。

为之奋斗的国民革命理想，如今看来却只是一片漆黑，人生也"只是一片空虚"，在文章中，茅盾用"疲倦"来概括这种状态，不安的情绪吞没了他。

此时的他，与党组织失去了联系，形同孤雁，被列入了国民党南京政府通缉名单。该何去何从？沉痛的事实、窘迫的境遇，促使茅盾又一次回归文学，他再次拿起了创作的笔，想要"以生命力的余烬从别方面在这迷乱灰色的人生内发一星微光"。

9月的上海，葱郁的香樟树和绵延的花园里弄住宅环绕，茅盾隐匿于其中一间写字楼内。大革命中，火热的生活和悲壮的落幕在他笔下生动还原，他毫不留情地将矛刺向了反动派最深的毒瘤之中。

仅仅2周，茅盾完成了第一部小说《幻灭》的前半部，将对小资产阶级知识分子个人主义弱点的洞察，对大革命前北洋军阀统治下社会黑暗的控诉，以及发生不到一个月的南昌起义悉数写进了作品里。

也就是在这部作品中，他第一次使用"茅盾"这个笔名，迈出了文学巨匠创作的第一步。

三

眼下，时近清明，《子夜》里的小火轮早早驶离了时间长河，柳绿桃红的乌镇依稀仍有百年前的模样。茅盾故居，每天都有不同的来客。

茅盾临终遗言，要求追认为中共党员，建议设立长篇小说茅盾文学奖基金。伟大的革命事业与壮美的文学丰碑，正是茅盾一生的象征。

从青年茅盾的一次次选择上，我们又能读到什么呢？

习近平总书记曾指出："文运同国运相牵，文脉同国脉相连。"青年的茅盾，有过彷徨、有过迷茫，但他始终于星火依微处寻光，于阴风怒号中呐喊，于神州陆沉之际挺身而出，将革命进行到底。

文学成了青年茅盾的"自救之舟"，但文学始终是他观照现实的镜子。正如有人说，"他是信仰坚定的马克思主义者，他的作品里有生活，有人生，有时代洪流"。他在时代的惊涛骇浪中，以笔为矛，排解内心深处的政治幻灭感，在艺术宣泄中找到另一种革命力量。

通读茅盾作品，我们不难发现，这是中国现代革命史的艺术大纪事。茅盾的许多不朽之作围绕的都是血淋淋的社会现状，是纪实的文学报告，亦是现代革命的现实主义编年史。如记录了第一次国内革命战争经验教训的《蚀》三部曲；又如宏伟再现了中国上世纪30年代初期社会现状的《子夜》。学者朱明曾这样评价《子夜》："他（茅盾）四顾无人的霍地一声，把重鼎举起来了。"

青年茅盾试图从文学的窗口"伸出头去，倾听社会战场的风声"，正如他早期抒发的观点，"作家的人格，也甚重要。革命的人，一定做革命的文学"。

支撑青年茅盾一次次选择的，依然是那坚定的家国信念。无论是自身还是在作品中，他都将个人命运放置在国家命运巨变的大环境中，将个人命运的走向与国家命运的走向紧紧相连。

正如茅盾自己所讲，"文学为人生"。这绝不是一人一家的人生，乃是一社会一民族的人生。他如长枪大戟、如风樯阵马的笔风中，蕴含着坚贞不渝的马克思主义信仰和拳拳不息的为民之心。

孔越　朱鑫　吴梦诗　执笔

2023 年 3 月 28 日

调查研究最怕没有走进问题

> 今年是学习贯彻党的二十大精神的开局之年，改革发展各项任务异常艰巨、深层次矛盾亟待破解，特别是外部不确定、难预料因素明显增多，"黑天鹅""灰犀牛""回头浪""拦路虎"时有出现，迫切需要我们弘扬党的优良传统，拿起调查研究这个"武器"攻坚突破。

关于调查研究，习近平总书记曾提出"三个防止"的要求，即"要防止为调研而调研，防止搞'出发一车子、开会一屋子、发言念稿子'式的调研，防止扎堆调研、'作秀式'调研"。"三个防止"都指向一个关键：调查研究必须树立问题意识，要对准问题、走进问题、解决问题。

近日，党中央部署了大兴调查研究的工作，这在历史上是不多见的。一个重要原因是，新征程上"国内改革发展稳定面临不少深层次矛盾躲不开、绕不过，各种风险挑战、困难问题比以往更加严峻复杂"，迫切需要我们拿起党的传家宝，找到破解难题的"金钥匙"。

要推动党中央的重大部署落实落地，我们必须从一开始就想清楚，为何而调研？调研什么？要解决哪些问题？

一

调查研究是一种工作手段和方法，解决问题才是根本目的。

自中国共产党诞生之日起，老一辈革命家就始终把调查研究视为"秘籍"。思想上出现了迷茫、现实中碰到了难题、工作上打不开局面，首先想到的就是调查研究。

1930年，毛泽东同志在《反对本本主义》一文中指出："调查就像'十月怀胎'，解决问题就像'一朝分娩'。调查就是解决问题。"他还在文中提到，如果不能解决问题，那就要去调查这个问题的现状和历史，调查明白了，问题也就有了解决的办法。

1961年，面对社会主义建设探索遭遇的一系列困难和挫折，特别是农业生产出现了新中国成立以来的首次下滑，党中央决定在全党大兴调查研究之风，推动制定出台了"农业六十条""手工业三十五条""商业四十条"等一系列政策，破解了发展中的难题困惑，农业实现了恢复性增长。

2020年3月，抗击新冠肺炎疫情的关键时期，习近平总书记到浙江宁波舟山港考察复工复产。据《习近平谈治国理政》（第四卷）记载，习近平总书记就是在浙江考察时发现并感觉到，现在的形势已经很不一样了，大进大出的环境条件已经变化，必须根据新的形势提出引领发展的新思路。回京后不久，习近平总书记在中央财经委员会第七次会议上鲜明提出，构建以国内大循环为主体、国内国际双循环相互促进的新发展格局。

可见，每一次调查研究，都应该具有鲜明的问题导向。而且越是困难时期，越要深入基层、走进问题、寻找答案。

今年是学习贯彻党的二十大精神的开局之年，改革发展各项任务异常艰巨、深层次矛盾亟待破解，特别是外部不确定、难预料因素明显增多，"黑天鹅""灰犀牛""回头浪""拦路虎"时有出现，迫切需要我们弘扬党的优良传统，拿起调查研究这个"武器"攻坚突破。

二

调查研究要解决问题，关键在于走进问题。《关于在全党大兴调查研究的工作方案》明确，要重点研究解决"本地区本部门本单位长期未解决的老大难问题"。我们尤其需要增强问题意识、担负破题使命。这个过程中，应处理好五对关系：

把握全局和局部。《方案》中提到，要紧紧围绕全面贯彻落实党的二十大精神、推动高质量发展。同时，明确了12个方面的调研内容。在开展调查研究时，既要把局部的问题摸清楚，也要站在高质量发展的全局去思考问题、找准定位。

比如，当年习近平同志擘画"八八战略"前后，就开展了广泛深入的调研。他到嘉兴、湖州等地调研后，有了接轨上海、融入长三角的思路；在温州、义乌等地调研后，又形成了关于民营经济体制机制创新的想法，等等。在每个地方调研发现的问题不尽相同，但始终着眼全局，最终形成"八八战略"的整体谋划。

兼顾当前和长远。当前是基础，长远是目标。调查研究要增强系统性、前瞻性，既立足当下，沉到一线去发现问题、解决问题；也着眼长远，有针对性地部署牵引未来的重大规划、重大改革，牢牢掌握发展主动权。

比如，改革开放之初，为了考察人均国民生产总值能否在20世纪末达到1000美元，邓小平同志进行了深入调查研究，他既去了陕西、四川等内陆地区，也到了江浙沪等沿海地区。在此基础上，他不断调整设想，最终提出了"三步走"的发展战略，为社会主义现代化设计了清晰切实的战略目标和步骤。

穿透宏观与微观。调查研究最微观的对象就是个体，但穿透微观个体，又能折射出社会全貌。调查研究不能忽视群众身边的"急难愁盼"和"关键小事"。

比如，纪录片《我为群众办实事之局处长走流程》中，某地人社部门一位领导干部，对外卖小哥工作进行了体验式调研。一天外卖送下来，累瘫的他感叹："这个钱太不好挣了。"后来的一年里，该部门牵头为户外劳动者建起100多个务工人员之家，真正帮助了务工群体。

分清主要和次要。在调查研究中，难免会发现各式各样的问题，来自不同思想理念、行为方式、利益诉求的矛盾。调研正是一个在矛盾中抽丝剥茧、理清思路，在多目标平衡中找到最优解的过程。

比如，习近平同志在安吉余村调研时首次提出"绿水青山就是金山银山"的理念。这就是在经济发展与环境保护产生冲突时，加强利弊分析研判，抓住主要矛盾和矛盾的主要方面，最终找到生态价值转化为经济价值的解题思路。

联系特殊和普遍。有的问题是点上的，有的问题是面上的，调查研究既要注意分层分类，兼顾到个体、少数的特殊性，防止简单

"一刀切";也要以点带面、层层推进,归纳总结出普遍性问题,找到普遍性规律。

比如,1930年5月,毛主席在赣、粤、闽三省交界的寻乌县城,开展了为期20余天的社会调查,最终形成8万多字的《寻乌调查》。通过调查,毛主席对寻乌乃至整个赣南农村有了深刻认知,后来将其转化为党的农村土地政策。

三

在笔者看来,这次调查研究中,我们应该结合自身实际,进一步凸显浙江特色。包括但不仅限于以下四种方式,是走进问题的关键,应大力提倡:

其一,小切口的大调研。一项好调研往往能从小切口中找到大课题,用小杠杆撬动大成效。多方面平均用力、"撒胡椒面"式的调研无法触及问题本质,也很难解决实际问题。

当下,浙江正在深入推进创新深化、改革攻坚、开放提升,特别是三个"一号工程"牵一发而动全身。在调研中弄清楚产业能级、创新模式、数字赋能等方面的难点在哪里,贸易投资、政府服务、法治保障等方面的环境还缺什么,"地瓜经济"提能升级、自贸区平台能级提升、保障外贸畅通等方面还存在哪些堵点,等等,以小见大、举一反三,才能推动系统性跃升。

其二,沉下去的深调研。焦裕禄有句名言:"蹲下去才能看清蚂蚁。"调查研究既要身入,也要心入,不能心猿意马、蜻蜓点水。尤其是时间要保证,不能跟这个结合、与那个一起,把调查搞成了"指导"、把研究搞成了"活动"。

比如，要鼓励开展蹲点调研、驻村调研，老老实实地在基层住上几天，田间地头走一走，背街小巷看一看，社情民意听一听，通过细微观察作出真实判断，进而"解剖麻雀"，而不是"被安排"，去走那些精品路线，去看那些个案"盆景"，还给基层增加负担。

其三，前瞻性的新调研。愚者暗于成事，智者见于未萌。调查研究，既要对当下的问题进行深入剖析，也要增强对未来的预见性、洞见力，率先提出解决方案、找准对策打法。

浙江在很多领域走在前列，也意味着会遇到其他地方没有遇到过的难题。特别是高质量发展建设共同富裕示范区这道全新考题，在全世界范围内也没有可供参考的经验，因此也是调查研究必须啃下的"硬骨头"之一。只有以调研开局，敢于说新话、走新路，才能在时代的追问中抢占先机、掌握主动。

其四，制度化的常调研。调查研究不能"一阵风"，要持之以恒地坚持，在全社会刮起好学能文的学风、求真务实的作风、清新朴实的文风，形成制度、增强自觉。

尤其要建立调研工作的闭环，对于一项重大决策，事前是否进行了充分深入的调研；对于重点工作项目的执行情况，是否建立了跟踪式调研、督查式调研；对于解决那些长期未解决的"老大难"问题，是否建立了清单化的调研推进机制，等等，真正打开从调查研究到解决问题的转化通道。

走进问题，才能走进群众的心坎里。因为通过对问题的一次次逼近，服务群众、服务企业、服务基层的好办法也就不远了。

倪海飞　谢滨同　云新宇　执笔

2023 年 3 月 28 日

"光明"题词的故事

在民族危难之秋，中国青年总是满怀激情，义无反顾。他们热血难凉，致敬梦想，向往光明。湘江畔，同学少年中流击水、浪遏飞舟；五四运动中，热血青年振臂疾呼，开启觉醒年代；燕园里，莘莘学子喊出"团结起来、振兴中华"，中国青年永远热泪盈眶。

1998年，一批退休电力工人来到绍兴周恩来纪念馆参观。在展厅内的一幅木刻版画前，一个80多岁的老人热泪盈眶，久久伫立。

版画里一灯独照，周恩来同志身着戎装，左臂靠在方桌上，手掌下摆，右臂微抬，手伸向前方，与围坐在身边的几位青年侃侃而谈。深浅粗细的线条间看出，他的神态温暖而坚定。

纪念馆里，只见老人颤颤巍巍抬手指着版画中的一个人，激动地说："这就是我，是我啊……"说罢老泪纵横。

临画而泣的老人叫史美钰。那天，史美钰老人和纪念馆工作人员讲了很多往事，反复提到几十年前，周恩来同志赠给他们的"光明"题词。

当年，周恩来同志究竟和青年人说了什么？"光明"题词的背后，又蕴藏着什么？

一

一场密谈，几纸寄语，燃烧在黎明前夜，诉说着一个关于光明与希望的故事。

1939年，抗日战争进入对峙期，国内政局空前复杂。日寇开始转变侵华策略，试图以政治阴谋分化瓦解抗日民族统一战线。

国民党在日本侵略者的政治诱降下开始动摇。这一时期华东地下党组织遭严重破坏，人民抗战信心受到极大打击。当年3月28日至31日，在关键时刻，时任中共中央革命军事委员会副主席、南方局书记的周恩来决定借祭扫祖茔、寻访亲友的名义，在绍兴开展抗日宣传，指导地方党组织和广大群众团结斗争。

在绍兴的四天三夜里，周恩来同志每天工作超过20个小时。他拜谒大禹陵、登临越王台，用演讲告诉家乡人民，"国家兴亡，匹夫有责。今天要卧薪尝胆，誓雪国耻！"

故乡之行的最后一夜，他特意抽出时间邀请几名年轻人，开了一场小型座谈会。前文提到的史美钰老人就是其中一个。

这一夜，绍兴古城被绵绵小雨浸润着。

为了躲避国民党的监视，周恩来同志将座谈安排在表弟王贶甫家中。现场正如版画中的画面，光线洒在大家的脸上，将他们兴奋的神情映衬得很是清晰。

周恩来同志亲切详细地询问了青年们的工作情况、家庭成员及生活情况。他温暖的手掌和话语缓解了青年们的焦虑,三言两语间将彼此的距离拉近。

"一个是日本帝国主义,一个是汉奸。只要充分发动群众,进行全民抗战,这两个敌人都会被打倒,抗战一定会获得胜利,中国的前途是光明的。"在精辟分析抗日救国形势之时,周恩来同志的拳头是紧握的。

座谈持续时间不长,大约半个小时,但句句勉励像阵阵鼓点敲进青年心中。

当年参加座谈的青年陆与可等留有一批手稿,对那晚的座谈有这样的记载:

"他勉励我们要关心国事,勿生事,勿怕事,首先要做好本职工作,思想上要有四万万同胞,做有益于社会的工作。""他亲自送我们到门口,我们在门槛外,他在门槛内,我们有些不舍。他又一次和我们握手道别。"

二

那天夜里,送走青年后,周恩来同志挥毫题词,为5名青年写下"前途光明""无限光明""光明在前""光明灿烂""为光明而奋斗"5幅题词。每幅题词中都有"光明"二字。

次日,王觐甫来到5名青年工作的大明电气公司,为他们送去题词。现场的工人们一拥上前,抢着观看,像得到珍宝一样。

无须长篇大论,一幅幅小小的题词,便让"光明"的种子深埋在了这些青年的心中,等待着破土而出的那一刻。

5幅"光明"题词，今何在？

遗憾的是，"光明在前""光明灿烂""为光明而奋斗"这3幅题词，因战乱、搬迁等各种原因，如今已难觅踪迹。"无限光明"题词，因保存不当破损。为避开战火，5名青年之一的蒋桐生特地将这幅题词转移到江苏老家，千叮万嘱让家人妥善保管。家人为确保万无一失，将题词层层包好，埋于几米深的地下。然而过了10多年，等再从地下挖出时，题词已破损严重、难以辨认。

万幸的是，"前途光明"题词被奇迹般保留了下来。

1941年4月宁绍战役爆发，绍兴沦陷。陆与可匆忙收拾了撤离用的箱子，但有一封牛皮纸包一直攥在手心，无处安放。他思索再三，将牛皮纸摊平缝入衣衬内袋。

他一路上攥着衣角，惴惴不安地抵达了绍兴火车站。站内日军戒备森严，陆与可一下子慌了神，纸包里的题词一旦被查获，后果不堪设想。

回到公司宿舍，他卸下牛皮纸包，看着题词，久久不能平静。陆与可知道这是值得他一生守护的东西，于是他用图钉将藏有题词的牛皮纸包钉在了书桌抽屉板下。

终在1950年，陆与可辗转回到绍兴，来到曾经的宿舍。看着里面的陈设一切如旧，他喜出望外。他轻轻卸下图钉，留有墨迹的小笺从隔板里滑落到地上，上面写着："前途光明　与可先生　周恩来"。

那时，新中国刚刚成立，如题词所写的那样，神州大地迎来了真正的前途光明。

三

如今，人们常说的关于"光明"的珍贵题词有两幅：

一幅是"光明在前"，潇洒肆意、奇逸开张，是毛泽东同志撤离延安、转战陕北时，在炮火纷飞、敌势汹汹中写给青年的赠言，现藏于中国人民革命军事博物馆；另一幅，点画沉着、笔力遒劲的"前途光明"四个字，就是周恩来同志于民族危亡之际对青年的嘱托，该题词被绍兴鲁迅纪念馆珍藏。

回看两幅题词，我们可以发现惊人的一致：

一是背景相似，一个在撤离延安、革命关键之时，一个在抗日战争民族存亡之际，都是千钧一发之时；二是内容相似，"光明""前方"是两者共有的元素。更为深刻的是，其中都蕴含着对中华民族、对青年前途命运的美好期望。青年与国家，热血与希望，在此刻相互交织。

在民族危难之秋，中国青年总是满怀激情，义无反顾。他们热血难凉，致敬梦想，向往光明。湘江畔，同学少年中流击水、浪遏飞舟；五四运动中，热血青年振臂疾呼，开启觉醒年代；燕园里，莘莘学子喊出"团结起来、振兴中华"，中国青年永远热泪盈眶。

即便普通如5名电力青年，怀揣着光明理想，在关键时刻亦能迸发出无穷力量。1940年，日寇逼近绍兴，国民党不顾民众安危，在撤退前下令炸毁大明电气公司设备。危急之时，陆与可、史美钰等在地下党组织下参与护厂行动，冒着被敌机轰炸的危险，抢修发电机，为百姓在"至暗"中找回光明。

时光荏苒，沧海桑田。当年的绍兴大明电气公司沿革成今日的国网绍兴供电公司，当时的青年也都已作古。但"光明"的种子早已破土而出、枝繁叶茂，在一代又一代青年人中传承。

新时代青年接过"光明"接力棒，"好像早晨八九点钟的太阳"，在无比广阔的舞台上施展才干。

赛场上，像吴易昺那样的运动健儿创造历史，激励更多青年人为梦想不懈努力；星空中，航天青年们叩问苍穹、逐梦星河，以奋勇攀登的姿态推动科技自立自强；基层广阔天地里，无数如黄文秀般的大学生村官绽放一线，用奋斗绘就青春最亮丽底色。

中国与青年，总是同向而行，青年奔赴光明，国家与民族便拥有无限希望。

【档案资料】

黑白木刻作品《明灯》，长66.5厘米，宽51厘米，由著名版画家邬继德创作于上世纪80年代，现藏于浙江美术馆。

作品再现了1939年3月30日晚，周恩来与5位绍兴大明电气公司青年职工座谈的情景。作品中左一是史美钰，左二是陆与可，左三是周文元，右一是王觊甫，右二是蒋桐生，右三是顾康年。

吴琪 许倩汝 王乾鹏　执笔

2023年3月29日

新乡村的艺术"植入"

> 在浙江,艺术乡建成为活化乡村历史文脉的"催化剂",打通城乡要素资源的"连接桥",促进乡村整体振兴的"助推器"。一个个乡村,通过艺术找到了新的生命坐标。

在很多人眼中,乡村是多少带有"土气"的,艺术又是散发着"洋气"的,那么,当乡村邂逅艺术,会擦出怎样的火花?

一夜春风,吹得千树万树梨花开。此刻,走进湖州长兴,春光和煦,景色明媚,还能看到不少摄影爱好者在"文艺村长"的带领下,用充满诗意的照片带动美丽风景"出圈"。

前几日,多位专家学者齐聚湖州长兴。吸引他们到来的,除了山水间的美景,还有首届"艺术乡建助推共同富裕"研讨峰会。他们不约而同抛出观点:艺术乡建,就是要以艺术介入乡村建设,发挥强大动能,赋能乡村振兴。

从2023年中央的一号文件到地方的一号文件,乡村振兴都是其中最为聚焦的议题之一。今天就来谈谈,在乡村振兴之路上,艺术究竟有何作为？

一

早在20世纪二三十年代，一批知识分子就开展起了乡建试验。晏阳初推行"以文艺教育救愚"，梁漱溟推进"乡村都市化"，卢作孚倡导"以乡村城镇化带动、重视文化教育事业"……站在一个世纪后回望，物质遗产烟消云散，但留下来的精神遗产却从未被时间湮灭。

今天的艺术乡建，早已不同于百年前，有了更稳定的社会环境、更丰厚的物质基础和更充沛的文艺力量。

乡村振兴，既要塑形，也要铸魂。乡村仅凭"美丽颜值"当然不够，还需要涵养"精神内核"。而艺术乡建，则为涵养"精神内核"提供了可能。正如有艺术家说："我们能为乡村带来什么？不是物质，而是精神上的抚慰，是重新发现生活的智慧。"

镜头拉回到浙江。10多年前，在"千村示范、万村整治"工程及"绿水青山就是金山银山"理念等的引领下，浙江乡村实现美丽蝶变，焕然一新；2013年起，浙江文艺界先后开展了"浙江书法村""国乐乡村"建设，推进"浙江摄影之乡"品牌，逐步打造了一批艺术乡建典型示范案例。

比如，衢州市柯城区余东村，农民画画笔勾勒出乡村发展之路。20世纪70年代，村里6名喜爱画画的农民在县文化馆老师的指导下，"白天扛锄头，晚上提笔头"，开启别具特色的美术创作。

这些年来，已有300多位村民化身"灵魂画手"，将对家园的情感寄托于一幅幅充满泥土味、生活味和乡愁味的农民画中。村口就是中国乡村美术馆,展示群众画作;村里古朴小巷中,墙面上"雄鸡"高唱,欢腾的舞龙舞狮场景扑面。此外,农民画更是点墨成金,发展出"农民画+文创+旅游+研学"的文化产业链。从2021年起,该村农民画及文创产品产值每年均超过2000万元,带动人均增收每年均超5000元。

因画而兴、以艺赋美的,还有嘉兴市秀洲区胜丰村菱珑湾、桐乡市墅丰子恺漫画村……去年,嘉兴评选出11个首批市级艺术村落,成建制地推进"乡村悦心"艺术村落培育行动。

如今在浙江,艺术乡建已从早期的"星星之火"形成"燎原之势"。走在很多乡村,仿佛置身吴冠中画笔下的水墨江南,人在村中走,恍若画中游。

二

乡村为啥需要艺术?在笔者看来,"诗意地栖居在大地上",或许是对此最好的注脚。

不可否认,在推进乡村发展的过程中,艺术的现代化触角在乡村尚未普遍蔓延,乡村文化资源的附加值还没被充分挖掘。比如,部分地区的乡村陷入了"千村一面"的怪圈。有人甚至写下打油诗,"临街是白墙,村头建牌坊。广场和亭子,村村一个样";有的地方,"植入"艺术元素后,出现一些洋不洋、土不土的项目,令人啼笑皆非……

乡村是人类社会生产生活的重要一域,是许多人人生的起点和心灵的归处,倘若乡村社会被遗落,又何谈回归精神原乡、诗意栖居?

因此，艺术与乡村并非偶然的"情缘"。让艺术激活乡村闲置资源，催生农村产业变迁，让艺术和乡村从邂逅到相依、相融，让乡村文脉通过艺术行为、审美认知得到创新性传承，是艺术乡建应有之义。

作为一项循序渐进的系统性工程，浙江的艺术乡建在纵向发展上大致可分为三个版本。

先说"塑形"版。通过艺术植入来改变乡村环境与面貌，是最直接的方式。和美宜居的乡村生活，离不开"硬件"的提升。这些年来，我们看见大片花海绽放在乡村，也看见"乡村影像艺术季""父亲的水稻田"等在地艺术项目的实施，一个个艺术节、工作室等植入乡村，成为别具一格、可视可感的符号，让乡村特色入眼入心。

再说"赋能"版。提升村民对美的领悟，留住"原乡人"、召唤"返乡人"、吸引"新乡人"，是艺术乡建的第二个层级。比如，永嘉上日川村受地方乡贤、北大博士后周建朋改造自家老宅的启发，启动"箬溪国际艺术村"建设，开办艺术市集，打造乡村美术馆、图书馆，邀请艺术家工作室入驻。村民有了新的就业渠道，游客有了前来游玩的理由，更多乡贤逆流而上、情归桑梓。

最后说"共生"版。在众多艺术乡建实践中，"共生"一词被频繁提及。而要做到共融共生，则需要村民在体验美之外去主动创造美。伫立在被拯救的松阳老屋前，人们常常会被其散发的崭新生命力所震撼。如今，村民们不再将老屋一租了之，而是当起了艺术家们的"合作者"，学着"修复"老物件，描摹心底最本真的老屋生活。

在浙江，艺术乡建成为活化乡村历史文脉的"催化剂"，打通城乡要素资源的"连接桥",促进乡村整体振兴的"助推器"。一个个乡村,通过艺术找到了新的生命坐标。

三

艺术家扎根乡村、融入生活,村民主动参与建设、获得认同感,产业发展、乡风文明……或许都是打造"艺术乡建示范村"的硬性标准,但是,"示范之路"绝对不能被简单复制。艺术乡建,讲究方式方法。

那么,艺术乡建到底应该怎么建?笔者有以下几点思考。

村村各美其美,不能一刀切。浙江大地上,村庄星星点点,从南到北,自然条件、资源禀赋各异;从东到西,经济发展水平不尽相同,有的适合"单打独斗",有的适合"组团发展"。

但每个乡村都蕴含自身独特的气质。比如,长兴县小沆渎村蕴含文学气质,而江山市大陈村拥有的是音乐气质;兰溪市游埠镇富含摄影潜力,而德清莫干山、温州市鹿城区樟里村则是得天独厚打造综合型艺术村的宝地。

所以,在积极推进"艺术乡建"全覆盖的基础上,也要因地制宜谋发展。艺术赋能乡村振兴的过程,就是逐步破除"千村一面"的过程。

艺术乡建不是一阵风,而是一条路。前些年,某些村庄看到网红墙绘能吸引游客"打卡",便不顾实际条件,大兴"涂鸦"之风,将艺术作品生硬地放置于乡村,一心想着把风口变现,制造出一个个可消费的"美丽乡村"。但是,这样的虚假图景却是与地域文化割裂的,更与村民的真实生活毫不相关。

"艺术"是手段，"乡建"才是目的，"网红"带来的流量只是一时的，"长红"的"留量"才真正被需要。只有将艺术重新纳入乡村、纳入村民生活，激发乡村与村民的"自我造血"功能，传统村落才能生生不息。

"一厢情愿"的艺术乡建走不远。乡村不是艺术家们的"造梦工厂"，而是村民的安居乐业之所；乡建不是艺术家的"独奏"，而应该成为村民与艺术家的"交响"。在乡村中，村民是最鲜活的元素，乡建做得好不好，村民最有发言权。因此，在相关项目启动之前，应该摸清村民们真正喜欢什么、需要什么。

除了"富口袋"，还应"富脑袋"。艺术乡建，不仅要有产业的兴旺，更要有文化的繁盛。如果不顾文脉传承，只看眼前利益，随意破坏古建古迹，大肆兴建现代化产业，那么源自乡土的"真善美"、乡村振兴的"精气神"便无处可寻。乡村的文化土壤越深厚，乡民才能更好地扎根其中，与故土故园产生更牢固的情感联结。

党的二十大报告提出的中国式现代化，离不开农业、农村、农民的现代化，更不能落下农民自身观念的现代化。而实践也证明，只有让艺术深深扎根乡村大地，才能流露出真挚的情感，才能产生动人心魄的力量。

诗和远方，总要多花些心思才能抵达。"看得见山、望得见水、记得住乡愁"的未来正在向我们阔步走来。

祝融融　童颖骏　李其雪　曹松　李啸　郑晨　姜敏　执笔

2023年3月29日

龙井问茶

> 不尽西湖美，一品龙井香。看着蜿蜒的山、高低的树，听着叮咚的泉，品着西湖龙井，心境悠然。难怪有人说："喝一杯西湖龙井，等于是把西湖山水喝到了肚子里。"

如今，杭州西湖龙井茶已经进入开采期，翁家山村、龙井村的采茶工，一大早就上山忙乎了。西湖群山间的茶园里，又热闹了起来。

春尝一口鲜，西湖龙井是很多人追捧的"春日限定"。如同西湖一般，龙井茶也是杭州最具文化辨识度的名片之一。

独步天下的龙井茶，以"色绿、香郁、味甘、形美"著称。一片片青绿的茶叶，不仅是茶农勤劳致富的依靠，更是经过西湖山水温润的历史文化，是千百年来一代代杭州人的烟火人间。

今天，我们随着这杯春日清香，一起来细品。

一

这片叶子的香，让人闻得见西湖山水。

清代美食大家袁枚在《随园食单》里说："杭州山茶，处处皆清，不过以龙井为最耳。"《钱塘县志》中也写道："茶出龙井者，作豆花香，色清味甘，与他山异。"

西湖龙井是"上过户口"的。龙井茶之中，又以被评为中国十大名茶之首的西湖龙井为最贵。在杭州，真正能称为西湖龙井的，只有"狮、龙、云、虎、梅"五大字号。其核心产区东起虎跑、茅家埠，西至杨府庙、龙门坎、何家村，南起社井、浮山，北至老东岳、金鱼井，共168平方公里。

一壶新茶，承一湖春色。西湖龙井产区属西湖的外围地带，茶区北高南低，向东一揽西湖水汽，云蒸霞蔚里，"雾芽吸尽香龙脂"。伫立西湖畔极目远眺，三面云山更兼南北两高峰，武林群峰环抱，为细嫩的茶芽挡住寒流侵袭。江南初春，绵绵群山雨意浓，使得茶树茶性涵养到极致。

龙井茶是自然与人文共生交融的产物。与西湖龙井茶文化相关的名泉有龙井泉、虎跑、玉泉等，名寺有灵隐寺、韬光寺、法净寺等，相关的文化景观更是不计其数。明代文人高濂在《四时幽赏录》中提道："西湖之泉，以虎跑为最。两山之茶，以龙井为佳。"虎跑泉配龙井茶，是大自然馈赠给杭州的珍品。

不尽西湖美，一品龙井香。看着蜿蜒的山、高低的树，听着叮咚的泉，品着西湖龙井，心境悠然。难怪有人说："喝一杯西湖龙井，等于是把西湖山水喝到了肚子里。"

不过，喝这一杯"西湖山水"，可是有"成本"的。尤其清明前后，是西湖龙井最抢手的时节，也是最贵的时候。春茶上市的时候，几千元一斤实属常见，如顶级狮峰龙井等手工炒制的群体种龙井茶，最贵的两三万元一斤都有。

汪曾祺先生就曾"望茶兴叹"："龙井真是好茶！只是太贵了。一杯茶，一块大洋，比吃一顿饭还贵。"

二

这片叶子的香，让人品得出匠心淬炼。

去年，包括西湖龙井制作技艺在内的"中国传统制茶技艺及其相关习俗"入选联合国教科文组织人类非物质文化遗产代表作名录。

西湖龙井的采摘堪比"绣花"。乾隆皇帝说的"火前嫩，火后老，唯有骑火品最好"，这"骑火"指的是采茶时限，即清明前后几天。明《嘉靖通志》中写道："取其一旗一枪，尤为珍品第。"一公斤特级西湖龙井采摘的鲜叶，需要8万—10万个芽梢。

此外，采茶还要做到"三要""五不要"，"三要"是指晴天采、标准采、提手采，"五不要"就是不带柄蒂、不带鳞片、不带鱼叶、不带碎片和不带雨水叶。

再说炒茶。这项古老的技艺，是在明代成熟的。清明谷雨时节，身在龙井村，时不时就能循着茶香找到正在劳作的手工炒茶人。从枝头叶到杯中茶，炒茶技艺至关重要，堪称一绝。

明洪武年间，朱元璋下诏罢团饼，改贡叶茶，"唯采芽茶以进"，让此前只在民间流行的叶茶，成了皇家用茶。这一变化，让原本复杂烦琐的喝茶方式变得更平民化，同时也对炒茶技术提出了更高的要求，催生了许多创新突破。比如，现代炒茶中的"炒青"环节，就是起源于明代。

外行人看热闹，惊叹老师傅们"抖、带、挤、甩、挺、拓、扣、抓、压、磨"的动作行云流水；内行看门道，炒制的时长、温度、力度，要根据茶叶的大小、含水量、饱满度随时调整变化。

手工炒制看似简单，实则一举一动皆是手上功夫，没有几十年的磨炼，难以登堂入室。就说在炒茶过程中，炒茶师不能佩戴手套，要直接用手感受茶叶温度湿度的变化。

从历史的脉络中可以看到，手工炒制技艺从来没有脱离茶乡人的生产生活。比如，"80后"翁家山村人孙斌，已从事炒茶12年，直至今天，他仍然在不断摸索、感受自己炒茶动作上的"感觉"。因为茶叶炒制绝不是端坐在炒炉前摆出几种动作，而是要把自己对于茶叶的认知与手上的技术融为一体。

为了保证西湖龙井的产量，标准与效率兼备的机械制茶近年来占据了主流，炒叶产量一度占总产量的95%。不可否认，标准化生产给龙井茶带来了产业的兴旺，但这不妨碍手工炒制出来的西湖龙井，始终是市场上的抢手货。因为大家都认可一件事：手工炒制技艺是西湖龙井的根基。

三

这片叶子的香，让人读得出文化的绵长回响。

西湖龙井茶如此风靡，不仅是因为制作技艺的匠心独具，更源于深厚的历史文化。它带着诗篇文章的书香，带着风雅生活的情趣，带着百姓日常的烟火气，穿越千年仍清香醉人。

唐代陆羽的《茶经》记载，"钱塘灵隐、天竺二寺产茶"。那时的西湖龙井，还只是雏形，在以煮茶为主的唐宋，并不出名。随着明代制茶技艺的革新，龙井茶逐渐声名远扬，成了生活在这里的人们的小骄傲。

叶绍翁、林和靖等人的诗文里，都出现过龙井茶。苏东坡在杭州时，就是龙井的常客，喝茶吟诗会客，日子过得有滋有味，他和辩才和尚问茶的故事，成了一段佳话。在明代陈眉公的《试茶》诗中，还能读到"龙井源头问子瞻"的诗句。连《红楼梦》里，黛玉喝的也是龙井，可见西湖龙井在文人墨客心中的地位。

龙井村牌坊上，有一副对联："问山得路宜晴后，汲水烹茶正雨前"，出自乾隆皇帝的诗，讲究的是喝龙井茶的时间得刚刚好。杭州九溪十八涧的林海亭的楹联"小住为佳，且吃了赵州茶去；日归可缓，试同歌陌上花来"，讲的是喝茶之道与生活之道的融合。

高洁清雅，自然和谐，饮一杯西湖龙井，不仅是满足口腹之欲，更是一种生活情趣。喝茶人的风雅乐趣一直在浙江人的血脉中延续。郁达夫就很喜欢"由清波门坐船至赤山埠，翻石屋岭，出满觉陇……上翁家山，在老龙井旁喝茶三碗，买龙井茶叶、桑芽等两元，只一小包而已"。

龙井，是茶名，也是地名。以茶为业，世代居住的村民，为西湖龙井续写着新的故事。

前两年上映的浙产电影《龙井》，就以龙井村为背景，讲述了三段因龙井茶而结缘的爱情故事，此为"龙井新说"；越来越多"90后"茶二代回归，他们的眼光跳出了7000余亩龙井茶园，转而寻找破圈的路径。比如，把村里一处老库房变成了地中海风格的餐厅，把茶田山色变成年轻人打卡拍照的背景……

这也难怪说，西湖龙井的"根""魂""芯"，均在文化。

春天里的一片叶子，不论在何时，都引发无限遐想。

俗语说，柴米油盐酱醋茶。喝茶，是人们生活中不可或缺的部分。看着载浮载沉的龙井茶，生活仿佛也变得简单明快起来。正所谓"且将新火试新茶，诗酒趁年华"，春茶与春天，都不容错过。

钱伟锋　陶悦清　执笔

2023 年 3 月 30 日

"村BA"的启示

在这里，人人都有展现自己的机会。无关胜负、奖金，民间自发组织、村民自愿参与，气氛始终热烈，欢笑声不绝于耳，这就是篮球赛带给每一个热爱运动者的最本真的快乐。

"村BA"又火了！近日，贵州省第一届"美丽乡村"篮球联赛总决赛，在黔东南州台江县台盘村落下帷幕。场内，队员们挥汗如雨；场边，观众山呼海啸；线上，直播间网友们更是把心提到了嗓子眼。大山里清冷的空气，也因这场球赛而沸腾。

一个只有1188人的小山村，一个由村民自发组织起来打打球的村组赛，却拥有如潮如海的现场氛围，全网关注量更高达5亿人次，赛事持续3天，盛况空前。

"从来没看过这么纯粹的比赛。""这才是接地气的好项目。""教练，我想打篮球！""篮球圣地台盘村，谁赞成？谁反对？"从一次次登上网络热搜、层出不穷的话题来看，"村BA"的热度可能不亚于CBA、NBA。

值得思考的是，"村BA"为何能火？这场土味球赛的燃点在哪里？

—

"村BA"最初是由当地人自发组织的乡土篮球比赛。说白了，也就是百姓们"在村口打打篮球"，这在全国各地都不算新鲜。

此前，台盘村篮球年年打，一般只是苗家人独自欢乐的舞台，但就在去年，这场热闹的乡土篮球比赛在互联网上火出圈。不要门票、自发组织、上来就打、奖品随意……热火朝天的苗家人，用最狂野的赛况，吸引了网友们的广泛关注。大家按"NBA""CBA"的起名规则，亲切地称其为"村BA"。

如果要问"村BA"为啥能快速"出圈"？笔者认为，有这么几个原因。

"土味"比赛能如此火爆，正在于一个"土"字。"村BA"球场上，没有鲜花横幅、电子大屏，以前也没设观众看台，取而代之的，是大小、形态不一的塑料凳、人字梯，一些村民还从家里带来铁锅、铁盆等，为比赛摇旗呐喊。篮球入筐，顿时一片"乒乒乓乓"的锅碗瓢盆撞击声。

比赛中，现场解说员在普通话、贵州话和苗语之间自如切换，妥妥地"土洋结合"；啦啦队表演的是苗家传统歌舞，场外小吃摊的折耳根、煳辣椒透着苗乡特有的香气；颁奖奖品是国家级"非遗"苗族银帽、活蹦乱跳的鲟鱼、当地特产的三穗麻鸭、台江特色的木雕龙舟……一场"村BA"，展现出了黔东南小山村的质朴魅力。

此外，"村BA"能够破圈传播，还要归功于当下便捷、发达的互联网。

"村BA"最初的爆火，源自去年的一则短视频。密密麻麻的观赛群众把球场围得密不透风，人们聚精会神地盯着那方不大的篮球场，比赛的火热透过屏幕感染了天南地北的网友们。搭着社交媒体蓬勃发展和短视频兴起的快车，"村BA"以极具现场感、生活化、冲击感的画面，一度"震惊"了网友。

不过，最动人的，还是村民们对篮球运动最纯粹的热情。"逢节必比赛，比赛先篮球"。据记载，台盘村举办篮球赛的历史可以追溯到1936年，比美国NBA的历史还早了13年。每年"六月六"吃新节时，篮球赛便火热登场，慢慢演变成"从天亮打到天黑，又从天黑打到天亮"的"天亮文化"。除了我们印象中的青壮年运动员，这里还有不常见的"嬢嬢打球"，篮球运动在许多中老年女性间也是流行已久。

当地人拒绝商业化，只求办好最纯粹的篮球赛。有人说，"村BA"之所以话题性十足，一大半要归功于"场外因素"。观众席里，有人端着火锅看球，有人喝着米酒助兴，甚至还有挂着吊瓶的"死忠粉"，不论年龄、职业、性别，大家都全身心地投入这场比赛中。

现场呐喊声震耳欲聋，就是见惯NBA大场面的姚明、马布里等巨星也为之感到震撼。姚明在采访中就说，非常想去贵州"村BA"现场，但不确定自己能不能拿得到票。可以说，村民们这种纯粹的热爱，才是"村BA"极具感染力的流量密码。

二

通过"村BA"，我们知晓了台盘村，知道了那里的农副特产，听到了苗族的民族音乐，也认识了那里热烈鲜活的老百姓。有人开始去那里旅游，有人从中发现了商机。作为宣传文化工作者，我们不禁思考，"村BA"的火爆，带给我们怎样的启示？笔者想到了三句话。

群众的需求，你见或者不见，它都在那里。有人说，乡村老百姓就喜欢唠唠嗑、打打麻将；也有人说，与"90后""00后"相比，年纪稍大的人没那么潮，丰衣足食、过好安稳日子就足够了。其实，在广袤的乡村大地上，群众也需要丰富多彩的文化活动，有着多元的精神文化需求，只是缺少高质量的文化供给。

比如，"村BA"的队员就都来自草根，野路子出身的他们，有的是面朝黄土背朝天的农民，事完农桑，鞋底沾满泥土，换了"战场"继续投入"战斗"；有的是大山里的教师，一身书卷气，却在运起篮球的那一刻，周身便燃遍了坚毅的杀气；有些打工人则是专门从外地赶回来参加比赛的。"村BA"像风筝的线，把大家牵引在一起，参加一场比赛，寻味一抹乡愁，凝聚一种力量……

开心好玩是硬道理，高手在民间。反观当下，有的活动缺乏受众意识，忽视了它的可接受度，带给人的只是灌输感、说教感。有的活动一味追逐"高大上"，要请大明星、放在正规场馆、搬来一套正规赛程，业余比赛也要尽量办得像职业比赛，似乎只有这样才能体现出水平，群众看完却可能无感。如何以群众喜闻乐见的方式为群众奉上文化盛宴，是值得探索和实践的课题。很多时候，群众图的就是一个开心、看的就是一个热闹。创新创造的灵感源于基层，让群众当主角，由群众办、群众演，不失为好办法。

网友总结得好，有一种快乐叫"村BA"。在这里，人人都有展现自己的机会。无关胜负、奖金，民间自发组织、村民自愿参与，气氛始终热烈，欢笑声不绝于耳，这就是篮球赛带给每一个热爱运动者的最本真的快乐。进球，乡亲们为你欢呼；失球，耳畔传来的则是更响亮的"加油"声。

拿着旧地图，找不到新大陆。今天，要想办一场有人气的基层文化活动，甚至是把它打造成一个品牌，就得有新玩法。如果总是停留于放一场电影、办一场讲座、送几套书，就不可能在群众中间叫得响、传得开。移动互联网时代，每一个地方都有被大众看见的机会。好的创意和推广，带来的可能是裂变式的传播。顺应互联网传播规律，借助互联网放大地方特色，需要各地不断创新打法。

凭借短视频在网上走红后，台江县就趁热打铁，为"村BA"发展创造更加有利的环境。在这次的"村BA"比赛现场，一位歌手唱起了苗语版的《一生所爱》，观众随着旋律挥舞手机手电筒，跟着一起唱，别具一格的演唱会在网上又赚足一波流量。

三

"村BA"的火爆，让人们看到了基层文化繁荣的新形态，也让更多人对基层文化建设的重要性有了新思考。

在台江县，文化就是基层治理的润滑剂。在当地，篮球比赛成为全村上下关注度最高的公共事务。基础设施的建设、比赛规则的调整，都需要经过讨论。不少村民也因为篮球赛而更加关心村里的事儿。正如有人说，"多一个球场，少一张麻将桌"。"村BA"带来的积极向上精神，感染着所有人，于无形中提升了群众的精气神，激发起每个人心底对体育运动最真的共鸣。

然而，如今随着城市化进程加快，很多年轻人外出求学、工作，乡村逐渐人气不足。我们常常看到，一些基层地区一边是热热闹闹的广场舞、棋牌室，一边却是冷冷清清的农家书屋、文化场馆。家门口近在咫尺的文化活动，为何难以走进百姓的心里？"村BA"的成功能否复制呢？笔者认为，有三种眼光必不可少。

多用"透视"的眼光发现亮点。基层文化凝聚着浓郁的乡土气息，承载着厚重的历史底蕴，是一座怎么挖都挖不尽的富矿。多从本地特色文化中提炼题材、从基层群众生活中获取灵感，再根据当地的生活生产规律把特色做透，基层文化必将"一江春水看潮生"。

在台盘村，打篮球是一种乡土文化现象。就像"村BA"源于苗族的吃新节一样，浙江也有很多乡村通过挖掘地方特色，成功"出圈"。比如唱了16年村歌的衢州江山市大陈村，一首又一首的新创作，唱到了大山之外，一举跻身"中国村歌发祥地"；在丽水，一台月山村"村晚"一演就是43年，村民们放下锄头去排练、放下筷子当演员，一年又一年的演出，让"村晚"成了乡村最灿烂的舞台。

多用"鸟瞰"的眼光来落子布局。基层文化也需要跨界的融合，整合各种资源力量，催生奇妙的化学反应。当有着高辨识度、自带流量的文化IP出现时，考验基层的时刻就到了：如何站在全局的角度，将当地产业、文化进行有效融合、延展，从而焕发和提升其原有的价值，使村民和参与者共同受益？

从"村BA"现场的一张航拍图中我们看到，篮球场旁不远处搭了不少陈列当地特色产品的摊位，各种"村"味的穿插让这里不仅是一场篮球赛，更是一次与乡土传统业态的共融共生。在浙江，衢州的"非遗"邵永丰麻饼在嘉兴举办的"村晚"舞台上翻飞跃动、大放异彩，赢得观众连连叫好的同时，从"土得掉渣"的小吃变成了网红名点；嘉兴海盐沈荡的老酒，在丰年留客、香溢会场内外的同时，更让自己久藏深巷人不知的上乘品质和独特工艺借助传统文化活动声名远扬。

多用"欣赏"的眼光来激发创造。习近平总书记指出，只要我们始终坚持为了人民、依靠人民，尊重人民群众主体地位和首创精神，把人民群众中蕴藏着的智慧和力量充分激发出来，就一定能够不断创造出更多令人刮目相看的人间奇迹！

民间多"高手"，他们农忙时是"泥腿子"，一有舞台就变成"艺术家"。比如宁海葛家村村民中就流传着："烂石堆泼彩成了印象画，竹风铃叮当响好风雅，我也成了艺术家……"尊重群众的主体地位，才能更好地激发群众热情。在嘉兴海宁桃园村，从2016年开始实行"每人一把礼堂钥匙"自主管理模式，让村民当起文化礼堂主人，就曾出现11万人次围观6小时乒乓球赛的盛况。

乡村振兴，既要产业兴旺，更要文化繁盛。唱好唱响乡村里的大戏，还得靠群众自己，只有让群众由"文化看客"变为"文化主角"，基层文化活动才能"枝繁叶茂"。任何时候，群众热爱才是持续的动力。

朱鑫 孔越 吴梦诗 执笔

2023年3月30日

江南至味是笋鲜

> 江南不乏烹饪春笋的高手，一道腌笃鲜是春笋与江南的完美融合。春笋洗净切滚刀块，与咸肉、鲜肉一起煸炒，小火慢炖发出"笃笃笃"的声音，各种食材的味道在沸腾中融合……腌笃鲜源于徽州，质地单纯的春笋与肥腻的肉类脂肪形成美妙平衡，像极了江南人的性情，温婉而醇厚。

最近，春雨淅淅沥沥。在丽水的茂密竹林里，泥土松着筋骨，肥嫩的笋芽儿探出尖尖脑袋。刨开湿润的土层，扒出吸足了水分的竹笋，三两下剥去笋衣，一颗鲜嫩的春笋便"诞生"了。

春笋，犹如葱葱玉指，弹奏着江南的"春之曲"。江南人好吃笋，将春笋视为一年中品鲜的序幕。刚出锅的笋，冒着热气，泛着清香，夹一箸送入口中，鲜美顿时从舌尖溢到心间。

世间百味，各有所爱。唯独一个"鲜"字，能够集万千宠爱，停留在人们的味蕾深处。谁不喜欢那一口"笋鲜"呢？

一

有人说：无笋不成春。江南许多人家的一天，是从一碗春笋开启的。

《舌尖上的中国》曾把镜头对准丽水农家，介绍了一道令人垂涎的常见美食——油焖笋。取最新鲜的笋，切寸段，下重油，加各种调味料上下翻炒，等到笋块油光锃亮，即可出锅。一家人围坐一桌，端上一碗油焖笋，配以主食，填充口腹，充实力量。

江南不乏烹饪春笋的高手，一道腌笃鲜是春笋与江南的完美融合。春笋洗净切滚刀块，与咸肉、鲜肉一起煸炒，小火慢炖发出"笃笃笃"的声音，各种食材的味道在沸腾中融合……腌笃鲜源于徽州，质地单纯的春笋与肥腻的肉类脂肪形成美妙平衡，像极了江南人的性情，温婉而醇厚。

春笋驾驭得了大鱼大肉，也陪伴得了小素小斋。比如，在嘉兴人的手中，春笋与土步鱼、咸肉"混搭"，烹饪出鲜上加鲜的"江南一绝"蒸三宝；在衢州人的厨房里，别有一番"辣"味，春笋切片，与腊肉、青红辣椒一起下锅，爆炒出春笋腊肉；在绍兴的餐馆里，春笋与鳜鱼、虾滑等多种食材混合，烹饪出"春季头牌"绍八珍……

可以说，在浙江大地上，有了春笋，便有了不一样的"舌尖上的春天"。

春笋是美食，也见证一场场欢喜。在浙西南，出嫁的女儿带丈夫回门，娘家人都会做一道"笋衣铺蛋"，送出满满当当的祝福。浙中人家，每逢喜事都会做白笋炖肉，盛满一大碗，和大馒头一同上桌，寓意美满。

在江南，竹笋贯穿日常、氤氲四季，表达着朴素生活中的美好追求。

二

竹笋自古以来被视为上好蔬菜。它的味觉传承，蕴藏在鲜活的历史故事里。

竹笋，常登大雅之堂。《周礼·天官·醢人》记载，宴会上食物不少，"加豆之实，笋菹鱼醢"，腌竹笋成为和鱼肉酱一样的存在。马王堆汉墓出土的简牍记载"鹿肉鲍鱼笋白羹"。能与鹿肉鲍鱼齐名，足见竹笋在食材界的"江湖地位"。西汉文学家枚乘写出《七发》大赋，为"楚太子"列举最美味九种菜品，直言"雏牛之腴，菜以笋蒲"。

竹笋的味觉传承，是最直观的文化表现，也是最朴实的精神旁白。

有人吃出了纯粹。白居易对竹笋情有独钟，他喜欢把竹笋洗净，放进炊甑，和饭一同煮熟，笋壳裂开露出笋肉，就像无瑕的白玉一般，如此食笋，可以"每日遂加餐，经时不思肉"。

有人吃出了乐观。苏轼人到中年时，深陷"乌台诗案"，被发配到黄州。苏轼走出"黄州困境"的方式很多，吃是一种。"长江绕郭知鱼美，好竹连山觉笋香。"很快，苏轼找到美味江鱼，吃上新鲜竹笋，怡然自得。

有人吃出了豁达。李渔人生坎坷，但作为食笋专家，他从笋之鲜中汲取到养分。李渔做笋颇有办法，化繁就简，"素宜白水，荤用肥猪"，白水煮完稍加酱油，或搭配肥猪肉烹调，宜荤宜素，均得笋之鲜美。

历代食客吃笋爱笋，记下了知笋品鲜的菜单。被誉为"中国第一部饮食文化百科全书"的《随园食单》，记录了三百多道菜，其中笋菜占了十道。

由此而看，竹笋，真味在自然，余味在心中。

三

竹笋，在江南人心里占有特殊位置。它，满溢鲜味，慰藉心灵。

江南盛产竹笋的地方不少，品种也多。竹笋一上市，江南人家做足准备、大快朵颐之余，生活也多了分诗意。

早笋价格高，但对不少江南人来说，竹笋只是自家竹林里的一个小菜。有的人甚至把灶台搬进竹林，扫就竹叶林中煨熟，其味甚鲜，名曰"傍林鲜"。平常，上山挖几颗笋，抑或到菜场买上一些，剥皮去壳，洗净烹饪，在欢欣愉悦中升腾起江南情愫。

竹笋，最能勾起游子的馋虫。到了台湾，梁实秋还写文章回忆儿时便爱吃的冬笋炒肉丝，加一点韭黄木耳，临起锅浇一勺绍兴酒，那是无上妙品——但是一定要母亲亲自掌勺。多少在外漂泊的人像梁实秋一样，怀念笋的鲜美，难忘家的味道。

江南人对笋的"谜之爱好"，味觉背后是家乡的老底子，是心灵的安放处。

欢乐时，约三五好友，炖一锅鲜笋，吟唱"苦笋鲋鱼乡味美"，心头瞬间被"梦江南"填满。失意时，煮一盘青笋，自斟自饮，清唱"南园苦箸味胜肉"，恬淡坚定直抵灵魂深处。即便是送春，也能背出"成行新笋霜筠厚"的诗行，任由明快底色在内心荡漾。

其实，竹笋是食材界的"大咖"，也是养生界的"小生"，具有清热化痰、益气和胃之功效。浑身是宝的竹笋不张扬，总被深厚土层所覆盖，默默生长。拥趸们会意其"懂节制"的品行，食笋也不贪多。有些食客还以竹笋抒怀，赞其向上向前的气节。

一根竹笋，馈赠美味，启迪精神。何不在春季走上一趟江南，从品尝春笋开始，以舌尖体味春之生气，收获不一样的春日体验？

邓其锋 谢孔伟 叶捷 执笔

2023 年 3 月 31 日

为啥着急把中国往"发达国家"上推

> 路就在脚下。我们现在要做的就是走好自己的路、办好自己的事，不要被别人"带节奏"。

近日，美国国会众议院全票通过的一项法案引起热议，法案的名字简单直接——《中华人民共和国不是发展中国家法》。

这让不少人感到困惑和不适应：一觉醒来，我们竟被美国"盖章"为"发达国家"了？美国国会突然给中国"发奖状"，葫芦里究竟卖的什么药？

—

回溯历史，美国依靠操弄"发达国家"和"发展中国家"的身份问题来打压中国，是由来已久。

早在2019年，时任美国总统特朗普就曾向世贸组织提案要求修改"发展中国家"评判规则。2022年，美国参议院在批准气候条约《蒙特利尔议定书》修正案时，再次提出"终止中国的发展中国家地位"的附加提案。再到近日美国又"故技重施",可谓处心积虑。

在这一事件中唱主角的美国国会众议院,其名额按各州人数分配,共计435人。相当罕见的是,这次投票中除了20张弃权票,剩余415票,竟是全票通过。可见,在"将中国排除出发展中国家"一事上,美国各类原本摩擦不断、难以调和的政治派别和利益团体达成了惊人的一致。

只不过,虽然美国国会做足了工作,许多网友还是一针见血地指出了这一立法的问题所在。"标准美国定,说你发达你就发达,多么霸权。""我们是不是发达国家,为什么要美国决定呢?"

实际上,中国发展中国家的地位,并不是美国说取消就可以取消。联合国等国际组织对发达国家和发展中国家的界定也有一个公认的通行标准,像经济总量、产业结构、国民生活水平、社会生活便利程度等都在考察范围之内。

无论从程序上还是逻辑上,这一立法都是不经之谈。

二

美国为啥要不遗余力地给中国冠以"发达国家"之名呢?笔者认为,至少有三点考量。

最小代价卸下中国的"buff加持"。"特殊与差别待遇"一直以来都是世界贸易组织的重要基石,也是确保多边贸易互利共赢,各国能走向共同繁荣的重要保证。然而,习惯了宣扬"零和博弈"的美国显然对"互利共赢"这个词不感兴趣。美国前领导人曾多次公开发言声称,如果中国是发展中国家,那么美国也是,甚至企图篡改发展中国家的判定门槛，进而否认中国等25个联合国认定的发展中国家的地位。

而今，该法案若一旦落实，那中国部分领域的贸易保护就会被取消、贷款优惠会减少、部分市场准入也会收紧，将面临更高的贸易壁垒。

极力"捧杀"，给中国套上超出负重能力的"光环"。"发达国家"这顶帽子在国际社会不仅是象征一个国家实力水平的标签，也代表着一份责任和义务。美国国会一致投票认定中国是"发达国家"，是在强行给中国附加上超出实力限制的国际义务。

虽然中国发展成绩有目共睹，但我国现阶段发展不平衡不充分，人均GDP远低于世界发达国家平均水平等问题同样不容忽视，盲目给中国施加更多义务是对中国发展的不负责，也是对国际社会秩序的不负责。我国并非不乐于成为"发达国家"，但我们讲求实事求是，饭要一口一口吃、路要一步一步走。

制造"话语陷阱"，为进一步"围猎"做准备。可以想象，今天美国给中国戴上"发达国家"的高帽，紧跟着各种如中国"实力足够强大""裁剪南南合作纽带"的舆论就会铺天盖地而来，从而给围堵打压中国找到种种堂而皇之的借口。

三

清楚自己的位置，才能找到前进方向，走得自信、坚定还从容。

说实话，大多数人都很清楚美国的"套路"，正像网友总结的：在需要执行气候条约时，中国就不是发展中国家；在需要国会拨款时，中国必须成为"脚踩欧洲、拳打美国"的国际威胁；在需要对华强硬时，中国就要成为年年崩溃、风吹即倒的弱国。

这次被"投进""发达国家"，就是美国"恐中症"的再一次发作。尽管事实摆在眼前，但网上还是有一些声音在讨论：有人说这是中国放弃"韬光养晦"的后果。

大象不可能隐于小树之后。在中国经济总量按照现价美元测算已经超过美国70%的情况下，一些人希望靠"韬光养晦"来隐藏我们的实力，本身就不现实。

但我们也必须保持头脑清醒。尽管我们的发展是肉眼可见的日新月异，但没有改变我们对我国社会主义所处历史阶段的判断。整体的快速发展和不平衡不充分是并存的。比如，我国经济总量稳居世界第二，同时在2021年正式宣布打赢了脱贫攻坚战。巩固脱贫攻坚成果，深入推进乡村振兴，我们还有很多工作要做好。

正如习近平总书记所强调的，社会主义初级阶段不是一个静态、一成不变、停滞不前的阶段，也不是一个自发、被动、不用费多大气力自然而然就可以跨过的阶段，而是一个动态、积极有为、始终洋溢着蓬勃生机活力的过程，是一个阶梯式渐进、不断发展进步、日益接近质的飞跃的量的积累和发展变化的过程。

这就已经告诉我们了，路就在脚下。我们现在要做的就是走好自己的路、办好自己的事，不要被别人"带节奏"。

王云长　沈於婕　张俊　执笔

2023 年 3 月 31 日